Günter Weick, Alexander Basse
Recht des internationalen Handels- und Wirtschaftsverkehrs
De Gruyter Praxishandbuch

Günter Weick, Alexander Basse

Recht des internationalen Handels- und Wirtschaftsverkehrs

DE GRUYTER

Günter Weick, Dr. jur., emeritierter Professor an der Justus-Liebig-Universität Gießen
Alexander Basse, Dr. jur., Rechtsanwalt in Königstein/Ts.

ISBN 978-3-11-030518-0
e-ISBN 978-3-11-030533-3

Bibliografische Information der Deutschen Nationalbibliothek
Die Deutsche Nationalbibliothek verzeichnet diese Publikation in der Deutschen
Nationalbibliografie; detaillierte bibliografische Daten sind im Internet über
http://dnb.d-nb.de abrufbar.

© 2013 Walter de Gruyter GmbH, Berlin/Boston
Einbandabbildung: Comstock/thinkstock
Datenkonvertierung: jürgen ullrich typosatz, Nördlingen
Druck und Bindung: Hubert & Co. GmbH & Co. KG, Göttingen
♾ Gedruckt auf säurefreiem Papier
Printed in Germany

www.degruyter.com

Vorwort

Das Buch dient der effizienten Einarbeitung und der Vertiefung in die Vertragspraxis, in typische Probleme und rechtliche Regelungen von internationalen wirtschaftlichen Transaktionen. Es handelt sich um einen Bereich, der für die deutsche Wirtschaft und die Rechtspraxis von enormer Bedeutung ist. Mit dem Doppelbegriff „Handels- und Wirtschaftsverkehr" soll einerseits der Ursprung dieses Rechtsgebiets im traditionellen Warenhandel, andererseits die Ausweitung in Bereiche der Dienst- und Werkleistungen, des Technologietransfers, der Auslandsinvestitionen und der internationalen Zusammenarbeit zum Ausdruck gebracht werden. Im angloamerikanischen Rechtskreis ist dieses Rechtsgebiet seit langem unter dem Begriff „Law of International Trade" etabliert. Der Schwerpunkt liegt auf dem Privatrecht. Berücksichtigt werden jedoch auch Einflüsse des öffentlichen Rechts auf die internationale Vertragspraxis, ferner das internationale Kollisions- und Einheitsrecht sowie die Mechanismen und Regelungen der Konfliktvorbeugung und Schiedsgerichtsbarkeit.

Dieser Stoff wird in erster Linie aus der Sicht von im Auslandsgeschäft engagierten deutschen Unternehmen, der rechtlichen Berater und juristisch versierten Wirtschaftsfachleute behandelt. Die Darstellung ist besonders praxisnah und verarbeitet nicht nur die einschlägige Rechtsprechung und die weltweit angewendeten Regelwerke, sondern legt auch besonderes Gewicht auf die rechtliche Gestaltung der wirtschaftlichen Transaktionen und dabei erforderliche Problemlösungen. Die Lektüre und das Verständnis werden dadurch erleichtert, dass zahlreiche wesentliche und häufig nicht einfach zugängliche Dokumente im Anhang zur Verfügung gestellt werden. Das Werk richtet sich also primär an Juristen, die bereits in diesem Gebiet tätig sind oder sich darin einarbeiten wollen, ferner an Wirtschaftsfachleute, die aufgrund ihrer Arbeit bereits eine Fachkompetenz auf diesem Gebiet erworben haben. Es eignet sich aber auch zum praxisnahen Vertiefungsstudium und zur Weiterbildung für Rechtsreferendare und Trainees.

Wir danken den Unternehmen und Organisationen, die uns freundlicherweise mit Unterlagen und Abdruckgenehmigungen unterstützt haben und die bei den betreffenden Dokumenten genannt sind. Ferner sind wir zahlreichen Gesprächspartnern aus Praxis und Wissenschaft für sachkundige Auskünfte und Ratschläge dankbar.

Frau stud. iur. Julia Hoffmann danken wir für ihre wertvolle Hilfe bei den Literatur- und Rechtsprechungsnachweisen.

Gießen und Königstein/Ts., Juli 2013

Die Verfasser

Inhaltsverzeichnis

Abkürzungsverzeichnis —— XV

1. Teil: Grundlagen, Quellen und Literatur —— 1

§ 1 Charakteristik des Rechtsgebiets und des rechtlichen Ansatzes —— 1

§ 2 Überblick über die „Rechtsquellen" (Regelungen und Regelungsmodelle) —— 3
I. Einführungsfall —— 3
II. Wichtige Regelungen und Regelungsmodelle —— 7
   1. Rechtsnormen i.e.S. —— 7
   2. Regelwerke ohne Rechtsnormcharakter —— 8
   3. Fehlende Systematik —— 9

§ 3 Die Auseinandersetzung um ein transnationales Handels- und Wirtschaftsrecht —— 9
I. Analyse der praxisrelevanten Regelungen und Regelungsmodelle —— 9
II. Transnationales Handelsrecht als „autonome" Rechtsschicht? —— 10
III. Die Diskussion im Schrifttum —— 11
IV. Praktische Relevanz —— 13
V. Stellungnahme —— 15

§ 4 Allgemeines Schrifttum zum internationalen Handels- und Wirtschaftsrecht —— 19

2. Teil: Staatliche und überstaatliche Aktivitäten im Bereich des internationalen Handels- und Wirtschaftsverkehrs —— 21

§ 5 Volkswirtschaftliche Bedeutung —— 21

§ 6 Formen der Betätigung von Staaten und internationalen Organisationen —— 23
I. Staatliche Aktivitäten —— 23
II. Aktivitäten internationaler und supranationaler Organisationen —— 26

§ 7 Einwirkungen auf privatrechtliche Verträge —— 29
I. Ebene des Zustandekommens der Verträge —— 30
II. Ebene der Vertragsgestaltung —— 32
III. Ebene der Durchführung der Verträge —— 33
   1. Beispielfälle —— 34

    2. Force majeure-Klauseln —— 35
    3. Hardship-Klauseln —— 39
    4. Material Adverse Change (MAC)-Klauseln —— 41

3. Teil: Vorvertragliche Phase und Zustandekommen internationaler Verträge —— 43

§ 8 Allgemeine Probleme —— 43
I. Anwendbares Recht —— 43
    1. Problematik —— 43
    2. Entwicklung einheitlicher internationaler Regeln —— 44
    3. Das IPR in Bezug auf vorvertragliche Phase und Vertragsschluss —— 46
II. Einbeziehung von Allgemeinen Geschäftsbedingungen in einen internationalen Kaufvertrag —— 50
III. Das Problem unterschiedlicher Allgemeiner Geschäftsbedingungen —— 51
IV. Verhandlungs- und Vertragssprache —— 55
    1. Die Perspektive der Verhandlungspartner —— 55
    2. Die juristische Perspektive —— 56
    3. Beispielfall —— 58
    4. Maßgebliche Vertragssprache (*„ruling language"*) —— 60
    5. Sprachenstatut? —— 61

§ 9 Abschluss von durchschnittlichen Kaufverträgen —— 64
I. Allgemeines —— 64
II. Vertragsschluss nach dem Einheitlichen UN-Kaufrecht —— 66
    1. Allgemeines —— 66
    2. Beispielfall zum Kauf auf der Grundlage der CISG —— 67
III. Bindung an das Vertragsangebot —— 71
IV. Weitere Regeln der CISG zum Vertragsschluss —— 73
V. Elektronischer Geschäftsverkehr (E-Commerce) —— 74
VI. Resümee —— 76

§ 10 Zustandekommen von umfangreichen und komplizierten Verträgen —— 77
I. Einführung —— 77
II. Ausschreibungsverfahren —— 78
III. Informelle Verfahren —— 81
IV. Letter of Intent —— 85
V. Memorandum of Understanding —— 87
VI. Heads of Agreement/Term Sheet/Heads of Terms —— 88

4. Teil: Gestaltung der Vertragsbeziehungen —— 91

§ 11 Allgemeine Vertragsgestaltung für internationale Warengeschäfte —— 92
I. Typische Regelungsgegenstände —— 92
II. Verknüpfung mit bestimmten Transportarten —— 93
III. Incoterms —— 96
    1. Entwicklung —— 96
    2. Inhalt —— 97
    3. Beispiele: CIF, FOB und FCA —— 99
    4. Lücken und Konkretisierungen —— 103
    5. Verhältnis zum übrigen Vertragsinhalt —— 104
    6. Voraussetzungen für die Geltung im konkreten Vertrag —— 105
IV. UNECE-Standardbedingungen —— 112
    1. Entwicklung —— 113
    2. Rechtspolitische Vorstellungen und inhaltliche Gestaltung —— 113
    3. Bedeutung —— 116

§ 12 Inhaltliche Ausgestaltung der Vertragsbeziehungen —— 118
I. Pflichten der Vertragsparteien (Beispiel: FOB-Geschäft) —— 118
II. Währungs- und Zahlungsklauseln —— 120
    1. Vertragliche Währungsklauseln —— 120
    2. Andere Möglichkeiten der Absicherung gegen Kurs-, Inflations- und Transferrisiken —— 123
    3. Zahlungsklauseln —— 125
III. Sicherheiten —— 127
    1. Sicherheitsleistung nach deutschem Zivilrecht —— 127
    2. Zur Interessenlage im internationalen Handels- und Wirtschaftsverkehr —— 127
    3. Überblick über typische und atypische Sicherungsformen im internationalen Bereich —— 128
IV. Bankgarantien —— 137
    1. Anwendungsbereiche —— 138
    2. Beispielfall (direkte Garantie) —— 139
    3. Rechtsbeziehungen —— 140
    4. Bedingte und unbedingte Garantien —— 141
    5. Das Problem des missbräuchlichen Abrufs —— 142
V. Ausführungsphase —— 149
    1. Ausführung der Verträge in der vertragsrechtlichen Dogmatik und in der Vertragspraxis —— 149
    2. Lieferung und Abnahme bei Kaufverträgen —— 150

3. Quantitätskontrolle —— 152
　　　4. Finanzielle Ausführung —— 153
VI. Qualitätskontrolle und Gewährleistung —— 161
VII. Sonstige Störungen der normalen Erfüllung —— 167
　　　1. Allgemeines —— 167
　　　2. Vertragsverletzungen auf der Verkäufer- bzw. Auftragnehmerseite —— 168
　　　3. Vertragsstörungen in Langzeitverträgen —— 170
　　　4. Gefahrtragung —— 171
　　　5. Anpassung von Verträgen —— 173
　　　6. Außerordentliche Beendigung des Vertrages —— 176
　　　7. Verhältnis der verschiedenen Klauselarten zueinander —— 179
　　　8. Verjährung —— 180

§ 13 Besonderheiten bei komplexen Langzeitverträgen —— 183
I. Veränderungen im internationalen Wirtschaftsverkehr —— 183
II. Eigenarten der Verträge —— 184
III. Internationale Großbauverträge —— 185
　　　1. Bedeutung der FIDIC Vertragsbedingungen —— 185
　　　2. Vertragsdokumente —— 186
　　　3. Der „Engineer" —— 187
　　　4. Konfliktbehandlung —— 189
　　　5. Planungsänderungen und Zwischenentscheidungen —— 189
IV. Anlagenverträge —— 190
　　　1. Grundmodelle —— 190
　　　2. Verträge mit oder ohne „Engineer" —— 191
　　　3. Abnahme und Tests —— 192
　　　4. Abrechnungs- und Zahlungssystem —— 193
　　　5. Mehrzahl von Beteiligten und ihr Zusammenwirken —— 193
　　　6. Besondere Probleme beim Einsatz von Subunternehmern —— 194
V. Internationale Logistikverträge —— 199
　　　1. Logistik im Außenhandelsverkehr —— 199
　　　2. Transport von großen Anlagen —— 199
　　　3. Logistik im Geschäft mit Massenprodukten – Systemdienstleistung —— 200
　　　4. Auswirkungen im IT-Sektor —— 201
　　　5. Gestaltung langfristiger Logistikverträge (Kontraktlogistik) —— 201
　　　6. Anlaufphase, normaler Vertragsmodus, Deadlock und Beendigungsphase —— 204
　　　7. Multimodaler Transport —— 205

§ 14 Probleme in Bezug auf das anwendbare Recht —— 210
I. Anknüpfung nach allgemeinem Kollisionsrecht —— 210
II. Probleme bei Verknüpfung von Standardvertragsbedingungen mit einem fremden Vertragsstatut —— 214
III. Stabilisierung der Rechtswahl bei Langzeitverträgen —— 222
    1. Vertragsgestaltungen, welche den Interessen des Investorsentgegenkommen —— 223
    2. Vertragsgestaltungen, welche die Flexibilität und die wirtschaftspolitische Unabhängigkeit des „Gastgeberstaates" betonen —— 224
IV. Internationalisierung des Vertragsstatuts —— 225

§ 15 Vernetzung verschiedener Verträge im Rahmen eines Projekts —— 229
I. Allgemeines —— 229
II. Vertragsgefüge bei einem internationalen Anlagenprojekt —— 230
III. Kompensationsgeschäfte —— 231
    1. Erscheinungsformen —— 232
    2. Beispielfall für Counterpurchase —— 232
IV. Hauptvertrag und Logistikverträge —— 234
V. Verknüpfung mehrerer Verträge beim normalen Liefergeschäft —— 234
    1. Kaufvertrag und Transportverträge —— 234
    2. Kaufvertrag und Versicherungsverträge —— 235
    3. Kaufvertrag und Sicherheiten —— 235
VI. Typische Probleme der Abhängigkeit des Hauptvertrages von Finanzierungsverträgen —— 236

5. Teil: Finanzierung und Versicherung —— 239

§ 16 Finanzierung von außenwirtschaftlichen Transaktionen und Projekten —— 239
I. Allgemeines —— 239
II. Finanzierungsgrundsätze —— 240
III. Modell einer langfristigen Lieferanten-Exportfinanzierung —— 242
IV. Lieferanten- und Bestellerkredit —— 243
    1. Lieferantenkredit —— 243
    2. Bestellerkredit —— 243

§ 17 Versicherungen im Zusammenhang mit Exportgeschäften —— 244
I. Exportkreditversicherung —— 244
    1. Allgemeines —— 244

        2. HERMES-Deckungen —— 245
        3. Politische Implikationen —— 248
  II. Transportversicherungen —— 249
        1. Seeversicherung —— 250
        2. Andere Transportversicherungen —— 252
        3. Multimodaler Transport —— 252
        4. Versicherung politischer Risiken —— 252
        5. Nebenzweige der Transportversicherung —— 253
  III. Versicherungen für den Bereich der Großbauten und Anlagenprojekte —— 253

6. Teil: Wirtschaftliche Betätigung im Ausland und internationale Kooperation —— 257

§ 18 Aktivitäten inländischer Unternehmen im Ausland —— 257
  I. Repräsentanz —— 257
  II. Direktverkauf —— 258
  III. Handelsmakler —— 258
  IV. Selbständige Handelsvertreter —— 258
  V. Kommissionäre —— 259
  VI. Vertragshändler —— 259
  VII. Franchising —— 260
  VIII. Zweigniederlassung —— 260
  IX. Tochtergesellschaft —— 261
  X. Eigenmarkengeschäft —— 261

§ 19 Rechtsformen der internationalen Kooperation —— 263
  I. Ziele —— 264
  II. Rechtliche Instrumentarien —— 265
        1. Konzessionen —— 265
        2. Tochtergesellschaft im Rohstoffland —— 265
        3. Andere Formen internationaler Kooperation auf vertraglicher Ebene —— 266
        4. Gesellschaftsrechtliche Lösungen —— 266
        5. Projektgemeinschaften —— 266
        6. Joint Ventures —— 268
        7. Verträge der „dritten Generation" —— 271
        8. Public Private Partnership (PPP) —— 272
  III. Investitionsförderung und Investitionsschutz —— 276
  IV. Compliance im Außenhandelsrecht und in der internationalen Zusammenarbeit —— 278
        1. Begriff und Grundlagen —— 278

  2. Compliance bei internationalen Kooperationen —— **279**
  3. Compliance im Export-Geschäft —— **280**

7. Teil: Vorbeugung und Beilegung von Konflikten —— 283

§ 20 Mechanismen der Streitvorbeugung und -beilegung außerhalb von Schiedsgerichts- und Gerichtsverfahren —— 283
I. Einführung —— **283**
II. Überblick über Gestaltungsformen und Verfahren —— **284**
  1. Vorbeugende Vertragsgestaltung —— **284**
  2. Vertragsergänzung und -konkretisierung —— **285**
  3. Zwischenentscheidungen —— **286**
  4. Vorverfahren bei Meinungsverschiedenheiten —— **286**
  5. Schlichtungsverfahren —— **287**
III. Vielfalt und funktionale Zusammenhänge —— **288**
IV. Rechtliche Beurteilung —— **290**
  1. Deutsches Recht —— **290**
  2. England, USA, Italien —— **292**
V. Folgerungen für die internationalen Verträge —— **293**
  1. Prämissen —— **293**
  2. Lösungsansätze —— **294**

§ 21 Internationale Schiedsgerichtsbarkeit —— 299
I. Gründe für die Vermeidung von Streitverfahren vor staatlichen Gerichten —— **299**
II. Verhältnis der staatlichen Gesetzgebung zur Schiedsgerichtsbarkeit —— **300**
  1. Vorbehalte des staatlichen Rechts —— **300**
  2. Calvo-Doktrin —— **302**
III. Arten von Schiedsgerichten —— **302**
  1. Ständige (institutionelle) Schiedsgerichte —— **302**
  2. Ad hoc-Schiedsgerichte —— **303**
  3. Staatliche Schiedsgerichte —— **303**
  4. Mehrparteienschiedsverfahren *(Multiparty Arbitration)* —— **303**
IV. Grundlagen der schiedsgerichtlichen Entscheidung —— **304**
V. Beispiele für Schiedsklauseln —— **305**
  1. Beispiele für Schiedsklauseln mit Vereinbarung der Zuständigkeit des ICC-Schiedsgerichts —— **305**
  2. Beispiel einer Schiedsklausel für ein Verfahren nach den UNCITRAL Arbitration Rules —— **306**

VI. Skizze eines Schiedsverfahrens nach der Schiedsgerichtsordnung der ICC —— 306
VII. Kosten von Schiedsverfahren —— 310
VIII. Gerichtliche Kontrolle von Schiedssprüchen —— 311

Anhang —— 315

Sachregister —— 413

Abkürzungsverzeichnis

a.A.	anderer Ansicht
aaO	am angegebenen Ort
ABl EG	Amtsblatt der Europäischen Gemeinschaften
A.C.	Law Reports Appeal Cases
ADR	Amicable Dispute Resolution
ADS	Allgemeine Deutsche Seeversicherungsbedingungen
ADSp	Allgemeine Deutsche Spediteurbedingungen
a.E.	am Ende
AEUV	Vertrag über die Arbeitsweise der Europäischen Union
AGB	Allgemeine Geschäftsbedingungen
AIA	Association for International Arbitration
AKA	AKA Export Finance Bank
All ER	All England Law Reports
Arch.Phil.Droit	Archives de Philosophie du Droit
Art.	Artikel (Singular)
Artt.	Artikel (Plural)
AWD	Außenwirtschaftsdienst des Betriebs-Beraters
AWG	Außenwirtschaftsgesetz
B.&Ald.	Barnewell and Alderson's Reports
BB	Betriebs-Berater
BeckRS	Beck-Rechtsprechung
Beil.	Beilage
BFH	Bundesfinanzhof
BFHE	Sammlung der Entscheidungen des Bundesfinanzhofs
BGBl	Bundesgesetzblatt
BGE	Entscheidungen des Schweizerischen Bundesgerichts
BGH	Bundesgerichtshof
BGHZ	Entscheidungen des BGH in Zivilsachen
B/L	Bill of Lading (Konnossement)
BMJustiz	Bundesministerium der Justiz
BMZ	Bundesministerium für wirtschaftliche Zusammenarbeit und Entwicklung
BOT	Build, Operate, Tranfer
BRICS	Brasilien, Russland, Indien, China, Südafrika
BStBl	Bundessteuerblatt
BT-Drucks.	Bundestags-Drucksache
BuB	Bankrecht und Bankpraxis
BUJ	Bundesverband der Unternehmensjuristen
Bus.Law.	The Business Lawyer (USA)
Cab.&Ell.	Cababe and Ellis' Queen's Bench Reports
CAR	Contractor's All Risks
Cass	Cour de Cassation
Cass Civ.2	Cour de Cassation, 2e Chambre Civile
CC	Code Civil (Frankreich)
CDS	Credit Default Swap
CEO	Chief Executive Officer

CFO	Chief Financial Officer
CIF	Cost, Insurance and Freight
CIP	Carriage and Insurance Paid to
CISG	Convention on Contracts for the International Sale of Goods
cl.	clause
Clunet	s. JDI
CMNI	Convention relative au contrat de transport de marchandises en navigation intérieure (Budapester Übereink. über den Vertrag über die Güterbeförderung in der Binnenschiffahrt v. 2000)
CMR	Convention relative au contrat de transport international de marchandises par route
COTIF	Convention relative aux transports internationaux ferroviaires
D.	Recueil Dalloz
DAB	Dispute Adjudication Board
DAP	Delivered at Place
DAT	Delivered at Terminal
DB	Der Betrieb
DCESL	Draft Common European Sales Law (Entwurf für ein Gemeinsames Europäisches Kaufrecht)
DCRF	Draft Common Frame of Reference
DDP	Delivered Duty Paid
ders.	derselbe
dies.	dieselbe
DIS	Deutsche Institution für Schiedsgerichtsbarkeit
dpci	droit et pratique du commerce international
DTV	Deutscher Transport-Versicherungs-Verband
DZWIR	Deutsche Zeitschrift für Wirtschafts- und Insolvenzrecht
ECA	Export Credit Agency
E-Commerce	Electronic Commerce
ed.	edition, editor
EDF	European Development Fund
EDI	Electronic Data Interchange (elektronischer Datenaustausch)
eds.	editors
EEG	Erneuerbare-Energien-Gesetz
EG	Europäische Gemeinschaft(en)
EGBGB	Einführungsgesetz zum Bürgerlichen Gesetzbuch
EGKS	Europäische Gemeinschaft für Kohle und Stahl
EPC	Engineering, Procurement, Construction
ERA	Einheitliche Richtlinien und Gebräuche für Dokumenten-Akkreditive
EU	Europäische Union
EuBestG	EU Bestechungsgesetz
EuGH	Europäischer Gerichtshof
EuGVVO	Verordnung (EG) Nr. 44/2001 über die gerichtliche Zuständigkeit, die Anerkennung und Vollstreckung von Entscheidungen in Zivil- und Handelssachen (auch „Brüssel I-VO" genannt).
EUV	Vertrag über die Europäische Union
EWiR	Entscheidungen zum Wirtschaftsrecht

EWIV	Europäische Wirtschaftliche Interessenvereinigung
EWR	Europäischer Wirtschaftsraum
EXW	Ex Works
EZB	Europäische Zentralbank
FAZ	Frankfurter Allgemeine Zeitung
FCA	Free Carrier
FIATA	Féderation Internationale des Associations des Transporteurs et Assimilés (Federation of Freight Forwarders Associations)
FIDIC	Fédération Internationale des Ingénieurs-Conseils
Fn.	Fußnote
FOB	Free on Board
FOR/FOT	Free on Rail/Free on Truck
FS	Festschrift
F Supp	Federal Supplement
GG	Grundgesetz
GRUR Int	Gewerblicher Rechtsschutz und Urheberrecht, Internationaler Teil
GWB	Gesetz gegen Wettbewerbsbeschränkungen
HansOLG	Hanseatisches Oberlandesgericht
HansRGZ	Hanseatische Rechts- und Gerichtszeitschrift
HGB	Handelsgesetzbuch
H.L.	House of Lords
h.M.	herrschende Meinung
HOA	heads of agreement subject to contract
IAS	International Accounting Standards
ICC	International Chamber of Commerce
ICLQ	International and Comparative Law Quarterly (U.K.)
ICSID	International Center for Settlement of Investment Disputes
i.d.R.	in der Regel
i.e.S.	im engeren Sinne
IFRS	International Financial Reporting Standards
IHK	Industrie-und Handelskammer
ILA	International Law Association
ILM	International Legal Materials
IMA	Interministerieller Ausschuss
IMF	International Monetary Fund
Incoterms	International Commercial Terms
InfoV	Verordnung über Informations- und Nachweispflichten nach bürgerlichem Recht v. 2.1.2001
IntBestG	Gesetz zur Bekämpfung der internationalen Bestechung
IPR	Internationales Privatrecht
IPRspr	Die deutsche Rechtsprechung auf dem Gebiete des internationalen Privatrechts
IPRax	Praxis des Internationalen Privat- und Verfahrensrechts
ital. Cc	Italienischer Codice civile
i.w.S.	im weiteren Sinne

JBL	Journal of Business Law (U.K.)
JDI	Journal de Droit International (auch zit. „Clunet")
J.L.&Com.	Journal of Law and Commerce (USA)
J.L.Econ.&Org.	Journal of Law, Economics and Organization (USA)
JR	Juristische Rundschau
JZ	Juristenzeitung
KfW	Kreditanstalt für Wiederaufbau und Entwicklung
KommJur	Kommunaljurist (Zeitschrift)
L/C	Letter of Credit (Akkreditiv)
LG	Landgericht
L.J.	Law Journal
LOI	Letter of Intent
M & A	Mergers and Acquisitions
MAC	Material Adverse Change
MAE	Material Adverse Effect
m.a.W.	mit anderen Worten
MDR	Monatsschrift für Deutsches Recht
MERCOSUR	Mercado Comum do Sul
MOU	Memorandum of Understanding
MTO	Multimodal Transport Operator (multimodaler Beförderer)
MünchKommBGB	Münchener Kommentar zum BGB
MünchKommHGB	Münchener Kommentar zum HGB
m.w.Nw.	mit weiteren Nachweisen
NAFTA	North American Free Trade Agreement
NJW	Neue Juristische Wochenschrift
NJW-RR	NJW-Rechtsprechungs-Report Zivilrecht
NZBau	Neue Zeitschrift für Baurecht und Vergaberecht
OECD	Organization for Economic Co-operation and Development
OGH	Oberster Gerichtshof (Österreich)
OLG	Oberlandesgericht
OLGR	OLG-Report (Zivilrechtsprechung der Oberlandesgerichte)
OPEC	Organization of the Petroleum Exporting Countries
o.w.	ohne weiteres
OWiG	Gesetz über Ordnungswidrigkeiten
p.	page
PECL	Principles of European Contract Law
pp.	pages
PPP	Public Private Partnership
ProdHaftG	Produkthaftungsgesetz
publ.	publication
Q.B.	Law Reports Queen's Bench Division
QS	Qualitätssicherung

RabelsZ	Rabels Zeitschrift für ausländisches und internationales Privatrecht
R & D	Research and Development
Red Book	FIDIC Conditions of Contract for Construction, for Building and Engineering Works Designed by the Employer
Rev. Arb.	Revue de l'Arbitrage (Frankreich)
RGW	(ehemaliger) Rat für gegenseitige Wirtschaftshilfe
RIW	Recht der Internationalen Wirtschaft
Rn.	Randnummer
Rom I-VO	Verordnung (EG) Nr. 593/2008 über das auf vertragliche Schuldverhältnisse anzuwendende Recht
Rom II-VO	Verordnung (EG) Nr. 864/2007 über das auf außervertragliche Schuldverhältnisse anzuwendende Recht
Rs	Rechtssache
S.A.	Société Anonyme
ScheckG	Scheckgesetz
SchGH	Schiedsgerichtshof
SchGO	Schiedsgerichtsordnung
SE	Societas Europaea (europäische Aktiengesellschaft)
Slg.	Sammlung (der Rechtsprechung des Europäischen Gerichtshofs)
sog.	sogenannte
SPV	Special Purpose Vehicle
st. Rspr.	ständige Rechtsprechung
Stw.	Stichwort
UCC	Uniform Commercial Code (USA)
UCP	Uniform Customs and Practice for Documentary Credits
Üb.	Übereinkommen
u.E.	unseres Erachtens
U.K.	United Kingdom of Great Britain and Northern Ireland
UKHL	United Kingdom House of Lords (veröffentlichte Entscheidungen des House of Lords)
UNCITRAL	United Nations Commission on International Trade Law
UNECE	United Nations Economic Commission for Europe
UNIDO	United Nations Industrial Development Organization
UNIDROIT	International Institute for the Unification of Private Law
UPICC	UNIDROIT Principles of International Commercial Contracts
URDG	Uniform Rules for Demand Guarantees
u.U.	unter Umständen
VA	Verwaltungsakt
VersR	Versicherungsrecht
VO	Verordnung
VOB	Vergabe- und Vertragsordnung für Bauleistungen
VOB/A	Vergabe-und Vertragsordnung für Bauleistungen, Teil A
VOB/B	Vergabe- und Vertragsordnung für Bauleistungen, Teil B
VOF	Vergabeordnung für freiberufliche Leistungen
VR	Volksrepublik

WG	Wechselgesetz
WiRO	Wirtschaft und Recht in Osteuropa
WL	Westlaw
W.L.R.	Weekly Law Reports (U.K.)
WM	Wertpapier-Mitteilungen, Zeitschrift für Wirtschafts- und Bankrecht
WTO	World Trade Organization
WVB	Bedingungen des Warenvereins der Hamburger Börse
Yellow Book	FIDIC Conditions of Contract for Plant and Design-Build
ZEuP	Zeitschrift für Europäisches Privatrecht
ZfBR	Zeitschrift für deutsches und internationales Baurecht
ZfRV	Zeitschrift für Rechtsvergleichung
ZGB	Zeitschrift für Unternehmens- und Gesellschaftsrecht
ZHR	Zeitschrift für das gesamte Handelsrecht und Wirtschaftsrecht
ZIP	Zeitschrift für Wirtschaftsrecht und Insolvenzpraxis
ZJS	Zeitschrift für das Juristische Studium
ZvglRWiss	Zeitschrift für vergleichende Rechtswissenschaft
zzt.	zurzeit

1. Teil: Grundlagen, Quellen und Literatur

§ 1 Charakteristik des Rechtsgebiets und des rechtlichen Ansatzes

Die rechtswissenschaftliche Behandlung internationaler wirtschaftlicher Aktivitäten und Transaktionen kann unter verschiedenen Aspekten erfolgen, denen jeweils unterschiedliche Ebenen der Rechtsordnung, also verschiedene rechtliche Regelungssysteme entsprechen.

Aus der Sicht des einzelnen Nationalstaates kann es darum gehen, grenzüberschreitende wirtschaftliche Betätigungen zu fördern, zu lenken, zu kontrollieren, im Interesse eigener Unternehmen oder übergeordneter politischer Ziele zu beschränken oder als Quelle staatlicher Einnahmen zu behandeln. Dies ist ein überwiegend öffentlich-rechtlicher Ansatz; ihm sind Rechtsgebiete, wie das Außenwirtschaftsrecht, Zollrecht oder auf internationale Sachverhalte bezogenes Steuerrecht zuzuordnen. Ein ganz anderer Aspekt liegt der Disziplin zugrunde, die als „internationales Wirtschaftsrecht" *(„droit international économique")*, „Weltwirtschaftsrecht"[1] oder auch „Wirtschaftsvölkerrecht" bezeichnet wird – die entsprechende Terminologie ist noch unscharf. Ihr Gegenstand ist die internationale (im Idealfall globale) Ordnung der internationalen wirtschaftlichen Transaktionen und des grenzüberschreitenden Einsatzes der Produktionsfaktoren, wie Rohstoffe, Kapital, Arbeitskraft oder geistiges Eigentum. In diesen Rahmen fallen die anhaltende Diskussion um eine Weltwirtschaftsordnung, das Weltwährungssystem, den gerechten Ausgleich zwischen Rohstoffländern und Industrieländern oder die Grundentscheidungen zwischen Freihandel und Protektionismus. Auf einer mittleren Ebene liegen internationale Regelsysteme, die sich auf Wirtschaftsrecht und Wirtschaftspolitik einer Gruppe von Staaten beziehen, zum Beispiel der EU, NAFTA, MERCOSUR oder OECD. Der für Deutschland wichtigste Komplex ist ohne Zweifel das Recht der Europäischen Union mit seiner Fülle und Vielfalt von wirtschaftsrechtlichen Normen. Wegen seiner Eigenart wurde für das Recht der EG (heute EU) der Begriff „supranationales Recht" geprägt.[2]

Dieses Buch hat einen Ansatz, der sich wesentlich von den drei genannten unterscheidet. Ihm geht es um die Perspektive der an den wirtschaftlichen Transaktionen direkt Beteiligten, in der Regel also der Vertragsparteien, seien es Käufer und Verkäufer, Auftraggeber, Auftragnehmer und Subunternehmer, Kreditgeber und Kreditnehmer, Sicherungsgeber und Sicherungsnehmer, Versicherer und Versicherte, Partner eines *Joint Venture* usw., und natürlich ihrer praktisch tätigen Akteure,

---

1 Vgl. *Fikentscher*, Wirtschaftsrecht, München 1983, Bd. I, S. 49 ff.
2 Vgl. zu diesem Begriff u. § 6 II. S. 27.

leitenden Angestellten und rechtlichen Berater. Typisch für internationale Transaktionen und Projekte ist, dass zu ihrer Realisierung eine Mehrzahl von (i.d.R. zweiseitigen) Verträgen abgeschlossen wird. Das gilt schon für Warenlieferungen[3], insbesondere aber für größere Projekte. Große internationale Vorhaben sind in rechtlicher Hinsicht kunstvolle Gefüge aus zahlreichen zweiseitigen oder auch mehrseitigen Verträgen und aus sonstigen rechtlichen Beziehungen, die wiederum eine Vielzahl von teils klassischen, teils eigenständig entwickelten rechtlichen Instrumenten und Verfahren anwenden. Hier sind nebeneinander stehende Vertragsverhältnisse (z.B. Liefervertrag und Versicherungsvertrag oder ein *Countertrade*-Vertragssystem) von untereinander stehenden Vertragsverhältnissen (z.B. Anlagenvertrag und Subunternehmervertrag) zu unterscheiden. Es ist für die beteiligten Wirtschaftsfachleute und Juristen wichtig, diese verschiedenen Mechanismen und Regelungsformen im Zusammenhang zu sehen, ihr Verhältnis und ihr Ineinandergreifen zu verstehen. Deshalb ist ein wesentliches Ziel dieses Buches, die Verknüpfung und das Zusammenspiel der verschiedenen Rechtsbeziehungen im Rahmen eines Projekts oder einer sonstigen wirtschaftlichen Transaktion zu zeigen.

Wichtig ist in diesem Zusammenhang auch, nicht nur auf die inhaltliche Abhängigkeit der unterschiedlichen Aspekte hinzuweisen, sondern die Bedeutung der *zeitlichen* Abhängigkeit der rechtlichen Schritte hervorzuheben. Wenn z.B. für eine bestimmte wirtschaftliche Aktivität eine Lizenz einer lokalen Behörde benötigt wird, sollten entsprechende Anträge nicht erst nach Unterzeichnung des Vertrages gestellt und bearbeitet werden, sondern die betreffende Behörde sollte parallel zu den eigentlichen Vertragsverhandlungen kontaktiert werden. Ansonsten kann es bei einer Versagung der Lizenz zu unerwünschtem, aber notwendigem Anpassungsbedarf des Vertrages kommen – mit dem damit verbundenen „Erpressungspotential", um die Vertragsziele überhaupt noch zu erreichen.

Es sollen ferner Probleme deutlich werden, die sich bei Störungen in diesem komplizierten Gefüge ergeben und die oft im Spannungsfeld zwischen der Selbständigkeit des einzelnen Vertragsverhältnisses und seiner funktionalen Abhängigkeit liegen. Ferner geht es um die inhaltliche Gestaltung der einzelnen Verträge, die Rolle von in der Praxis verbreiteten Regelwerken, die Formulierung wichtiger Vertragsklauseln und um dabei erforderliche Problemlösungen. Außerdem werden Aspekte aufgezeigt, an die sinnvoller Weise zur Vollständigkeit des Vertragsverhältnisses gedacht werden sollte. Hier ist besonders darauf hinzuweisen, dass eine juristisch indizierte Lösung eines wirtschaftlichen Sachverhalts gerade in einem Unternehmen gravierende – und manchmal unerwünschte – Auswirkungen auf andere Bereiche, wie z.B. Steuerabteilung, Controlling oder Bilanzwesen haben kann.

---

[3] Hier geht es neben dem eigentlichen Kaufvertrag z.B. um Logistikverträge, Versicherungsverträge, Dokumentenakkreditiv u.a. Bankgeschäfte.

Auch wenn man die Perspektive der an einem Vertrag oder einem Projekt Beteiligten wählt, bedeutet das jedoch nicht ein Ausblenden der eingangs genannten staatlichen, internationalen oder supranationalen Regelsysteme bzw. der sonstigen öffentlich-rechtlichen Einwirkungen. Abgesehen von der direkten Beteiligung staatlicher oder staatlich kontrollierter Vertragsparteien, ergeben sich vielfältige Verbindungen zum nationalen, europäischen und internationalen Wirtschaftsrecht, zum Handeln staatlicher oder übernationaler Stellen, die das Zustandekommen, die inhaltliche Gestaltung und das weitere Schicksal der Verträge beeinflussen. Diese Querverbindungen zum nationalen und internationalen Wirtschaftsrecht sowie zum Europarecht werden im 2. Teil kurz zusammengefasst behandelt, und werden auch in den übrigen Teilen dieses Werkes immer wieder eine Rolle spielen.

Wenn in diesem Buch in Bezug auf juristische Themen bestimmte Länder bzw. Staaten namentlich erwähnt werden, dann soll damit nicht ein generelles Problem mit Vertragspartnern aus diesem Staat oder mit dessen Rechtsordnung angedeutet werden. Es sind Beispiele zur Illustration, die der Anschaulichkeit dienen und in der Regel ihren zufälligen Ursprung in einem realen Fall haben.

§ 2 Überblick über die „Rechtsquellen" (Regelungen und Regelungsmodelle)

I. Einführungsfall

Das englische Unternehmen E-Ltd. kauft bei der deutschen D-GmbH eine bestimmte Maschine. Beide sind im Auslandsgeschäft erfahren und hatten bereits früher Geschäftsbeziehungen zueinander, so dass kein drittes Unternehmen zur Vermittlung eingeschaltet werden musste.

Der Kaufvertrag wird in englischer Sprache abgefasst. Hierbei verwenden die Vertragsparteien die „*General Conditions Form 188 for the Supply of Plant and Machinery for Export*", die von der *UN Economic Commission for Europe* verfasst worden sind. Die Parteien nehmen diese Bedingungen mit einigen Änderungen und Ergänzungen in ihren Vertrag auf.

In dem Vertrag wird u.a. vereinbart, dass die Lieferung „CIF *Incoterms 2010*" erfolgen solle. Die Zahlung soll mittels Dokumentenakkreditiv gemäß den „*Uniform Customs and Practice for Documentary Credits (UCP 600)*" der ICC von 2007 abgewickelt werden. Im Vertrag steht ferner eine Schiedsklausel mit folgendem Wortlaut: „*Any dispute that may arise out of or in connection with this contract including its validity, construction or performance, shall be settled by arbitration under the ICC Rules of Arbitration by three arbitrators appointed in accordance with those rules.*"

Schließlich findet sich am Ende des Vertragstextes noch die Bestimmung, dass die Gültigkeit, Auslegung und Erfüllung dieses Vertrages „*shall be governed by the law of the Federal Republic Germany*" und dass das Wiener Einheitliche Kaufrecht (CISG) nicht angewendet werden soll.

1. Was fällt an diesem kurzen Vertrags-Szenario auf? Der Vertrag nimmt an vier Stellen Bezug auf „Regelungen" oder jedenfalls außerhalb des Vertrages existierende juristische Texte.

Im Einzelnen sind das:
- *UNECE Conditions Form 188* (vgl. Text im Anhang Nr. 3). Es handelt sich dabei um Musterbedingungen, die von einer Unterorganisation der UNO für den internationalen Geschäftsverkehr entworfen wurden.
- *Incoterms 2010* (Abkürzung für *International Commercial Terms*, vgl. u. § 11 III.), von der *International Chamber of Commerce (ICC)* in Paris entwickelte Standardklauseln.
- *Uniform Customs and Practice for Documentary Credits (UCP 600)*, auf Deutsch: Einheitliche Richtlinien und Gebräuche für Dokumentenakkreditive (ERA) Fassung 600, von 2007, aufgestellt von der ICC (vgl. u. § 12 V.4.a).
- *ICC Rules of Arbitration*, die Schiedsgerichtsordnung der ICC, gültig ab 1.1.2012 (vgl. Text Anhang Nr. 17).

Außerdem wird in negativer Hinsicht das „Wiener Einheitliche Kaufrecht" erwähnt, d.h. seine Geltung ausgeschlossen. Dabei handelt es sich um das Kaufrecht nach dem UN-Kaufrechts-Übereinkommen von 1980, im Folgenden nach der englischen Bezeichnung *(„Convention on Contracts for the International Sale of Goods")* abgekürzt „CISG".

Die ersten vier sind jedenfalls keine gesetzlichen Vorschriften. Ihre Verfasser bzw. Herausgeber sind keine Gesetzgeber. Die entsprechenden Regelwerke sind auch nicht in Deutschland oder dem U.K. als Gesetze oder Verordnungen eingeführt worden, was theoretisch immerhin denkbar wäre. Sie haben auch nicht internationale Abkommen als Grundlage.

2. Die **vier Regelwerke** haben mit dem geltenden Recht der Bundesrepublik Deutschland, des United Kingdom oder irgendeinem anderen nationalen Recht eigentlich nichts zu tun. Sie sind nicht Bestandteil dieser nationalen Rechtsordnungen, **weder** als **formelle oder materielle Gesetze noch** als **Gewohnheitsrecht**. Sie sind internationalen Ursprungs und werden im internationalen Geschäftsverkehr praktiziert.

Trotz dieser fehlenden formellen Rechtsqualität sind sie weltweit sehr verbreitet; sie „regeln" in einer Vielzahl von Fällen die Rechtsbeziehungen und das Verhalten der Vertragsparteien, wenn und soweit die Parteien es vereinbart haben.

Näheres folgt dazu später in § 3.

3. Die Bezugnahme auf diese Regelungen **entlastet die Verhandlungspartner**. Sie müssen die betreffenden Vertragsbestimmungen nicht im Einzelnen aushandeln und ihr unterschiedliches Rechtsverständnis koordinieren. Sie müssen auch nicht eventuelle politische Rücksichten nehmen. Die Regelwerke führen also auch zu einer „Entpolitisierung", was gerade bei Vertragspartnern aus verschiedenen Teilen der Welt und verschiedenen Wirtschaftssystemen (man denke an Verträge zwischen deutschen und chinesischen Partnern) wichtig sein kann. Allerdings sollten sich die

Verhandlungspartner, insbesondere deren rechtliche Berater, darüber im Klaren sein, welche **Rechtsfolgen** eine derartige Bezugnahme haben kann. Oft fehlt es an einer solchen Kenntnis – und sei es nur auf der Seite *eines* Verhandlungspartners – was in der Regel dazu führt, dass die entsprechenden Regelungsgegenstände mühsam „ausverhandelt" werden müssen.

4. Am Schluss kommt etwas aus dem Internationalen Privatrecht Bekanntes: die Unterstellung des Vertrages unter ein nationales Recht als **„Vertragsstatut"** (*lex contractus*). Hier ist es das deutsche Recht. Aber welche Bedeutung hat das neben den in den Vertrag einbezogenen internationalen „Regelwerken"? Gelten die dann überhaupt statt des einschlägigen deutschen Rechts, und, wenn ja, hat diese Geltung vielleicht Grenzen? Wie viel Bedeutung das Vertragsstatut bei einem derartigen Vertrag noch hat, wird später zu klären sein. Verzichten wollen die Vertragsparteien darauf offenbar nicht, und sie haben Recht damit. Sicher ist aber: Sie wollen das staatliche Recht nur subsidiär, z.B. falls der Vertragstext und die einbezogenen Regelwerke Lücken lassen.

5. Im Verlauf der Durchführung des Vertrages und der Lösung eventueller Konflikte können übrigens noch **andere Regelungen mit internationalem Charakter** eingreifen, zum Beispiel wenn D die Maschine mit LKW eines Frachtunternehmens nach England transportieren lässt (Internationales Übereinkommen über Beförderungsverträge auf Straßen – CMR)[4] oder wenn in einem Streitfall ein Schiedsspruch ergeht und dieser in Deutschland oder Großbritannien vollstreckt werden soll (u.U. das New Yorker Übereinkommen über Anerkennung und Vollstreckung ausländischer Schiedssprüche[5]). Auch das sind Normen aus dem Bereich dieses Buches, in den genannten Fällen allerdings auf der Grundlage völkerrechtlicher Abkommen. Dort geht es also um echte Rechtsnormen.

6. Schließlich haben die Parteien unseres Vertrages die Geltung des **„Wiener Einheitlichen Kaufrechts"** ausgeschlossen. Welche Bedeutung hat das für den Vertrag? Das sog. UN-Kaufrecht nach dem Wiener Übereinkommen von 1980 ist inzwischen in zahlreichen (zzt. ca. 80) Staaten der Welt in Kraft getreten,[6] in der Bundesrepublik Deutschland 1991. Hier gilt es ohne besondere Parteivereinbarung für internationale Kaufverträge, insbesondere dann, wenn beide Vertragsparteien ihre Niederlassung in verschiedenen Vertragsstaaten haben. Das U.K. ist aber kein Ver-

---

4 Das CMR gilt nach seinem Art. 2 Abs. 1 grundsätzlich auch dann, wenn – wie hier – die Ware ohne Umladung über den Ärmelkanal transportiert werden soll, was i.d.R. durch Übersetzen des LKW mittels Fähre („Roll on/Roll off-Verkehr") geschieht.
5 S. Text im Anhang Nr. 18.
6 Bisher aber nicht in so wichtigen Staaten, wie U.K., Brasilien, Indien und Südafrika.

tragsstaat des CISG. Dennoch könnte sich über Art. 1 Abs. 1(b) CISG[7] die Anwendung auf den vorliegenden Fall ergeben. Aber die Parteien können das ausschließen (Art. 6 CISG). Hier verlassen sie sich für die Füllung von Lücken lieber auf nationales Recht. Vielleicht hat der deutsche Verkäufer das auch in den Verhandlungen durchgesetzt. Die deutschen – und erst recht die englischen – Unternehmen haben gegenüber dem UN-Kaufrecht immer noch erhebliche Vorbehalte.[8] In der Mehrzahl der Fälle wird, wie hier, seine Geltung ausgeschlossen.[9] Nach englischem Recht gilt es sogar nur dann, wenn die Vertragspartner das ausdrücklich vereinbart haben.

Praxis-Tipps
Im Gegensatz zu den Incoterms, den ERA und anderen von der ICC herausgegebenen „Einheitlichen Richtlinien und Gebräuchen" hat das UN-Kaufrecht (CISG) in Deutschland Gesetzeskraft. Es gilt für internationale Warenkaufverträge unter den Voraussetzungen des Art. 1 CISG automatisch und vorrangig vor dem auf den Vertrag anwendbaren nationalen Recht (Vertragsstatut), wenn es nicht von den Vertragsparteien ausgeschlossen wird. Dies ist ebenso wie die Abänderung oder der teilweise Ausschluss im konkreten Vertrag (mit Ausnahme des Art. 12 CISG) nach Art. 6 CISG zulässig.

Gegenüber dem Gesetzesrecht haben die eingangs genannten Regelwerke jedoch große Vorteile: Sie können relativ schnell veränderten tatsächlichen und rechtlichen Verhältnissen angepasst werden. Die Bezugnahme darauf entlastet die Parteien von politischen und nationalen Vorbehalten sowie dem mühsamen „Ausverhandeln" von Einzelheiten, die das Gesetz offen lässt. In konkreten Vertragsverhandlungen kann argumentativ die Bezugnahme auf die Incoterms und andere ICC-Regeln dazu führen, dass bei der Rechtswahl ein geringerer Diskussionsbedarf besteht, da es sich bei diesen Regeln eben nicht um nationalstaatliche Rechtsvorschriften handelt, sondern um Bestimmungen, die sich die entsprechenden Wirtschaftspartner selbst als übergeordnete Regelungsmechanismen gegeben haben.

Hinweise
Vgl. zum CISG auch unten § 9 II–IV, § 12 I und VII 4.
S. ferner die **Kommentare** und sonstige Literatur zum CISG, z.B.:
Schlechtriem/Schwenzer, Kommentar zum Einheitlichen UN-Kaufrecht, 5. Aufl. München 2008.
Staudinger/Magnus, Wiener UN-Kaufrecht (CISG), Bearb. 2013, Berlin 2013.

---

[7] Vgl. dazu u. §§ 8, 9 II.
[8] Die Gründe dafür sind vielfältig: Unsicherheit wegen der relativen Neuheit und der ungewohnten Dogmatik, fehlende einheitliche Auslegungsinstanz, stattdessen Auslegung durch die Rechtsprechung in zahlreichen Vertragsstaaten und dementsprechende Unkenntnis, Ungünstigkeit bestimmter Vorschriften für eine der Vertragsparteien, Lückenhaftigkeit der CISG, so dass doch zusätzlich ein nationales Vertragsstatut bestimmt werden muss, Verwendung von AGB, die auf ein nationales Recht abgestimmt sind, u.a.
[9] Vgl. dazu *Mankowski* IHR 2012, 45 (48) m.w.Nw. Auf Befragungen beruhende Schätzungen deuten darauf hin, dass nur ca. 10% der Unternehmen in Europa das CISG-Kaufrecht benutzen; vgl. *Mankowski*, IHR 2012, 45 (48), Fn. 53 m.Nw. Für seine Anwendung wirbt *Piltz*, NJW 2012, 3061 ff.

Honnold, Uniform Law for International Sales, 3d ed. The Hague 1999.
Honsell (Hrsg.), Kommentar zum UN-Kaufrecht, 2. Aufl. Berlin/Heidelberg 2009.
Kröll/Mistelis/Perales Viscasillas (Hrsg.), UN Convention on Contracts for the International Sale of Goods (CISG), Commentary, München 2011.
Münchener Kommentar zum HGB, CISG, bearb von *Benicke* u.a., Bd. 6, 3. Aufl. München 2013.
Piltz, Praktische Handreichung für die Gestaltung internationaler Kaufverträge – Vorteile des UN-Kaufrechts gegenüber nationalem Recht, NJW 2012, 3061–3066.
Schlechtriem/Schroeter, Internationales UN-Kaufrecht, 5. Aufl. Tübingen 2013.

II. Wichtige Regelungen und Regelungsmodelle

Vgl. dazu Übersicht im Anhang Nr. 1.

Anders als bei den „klassischen" Rechtsgebieten kann man hier zwei deutlich unterscheidbare Gruppen von „Rechtsquellen" erkennen.

1. Rechtsnormen i.e.S.

Die Bestimmungen dieser Gruppe (Anhang Nr. 1, Gruppen I. und II.) können sich auf einen **Normsetzungsakt von dazu kompetenten Gesetzgebungsorganen** stützen:
- nationale Gesetzgebungsorgane,
- völkerrechtliche Übereinkommen, die auf internationalen Konferenzen ausgearbeitet und unterzeichnet werden, die aber als solche noch kein Recht setzen, sondern einen Geltungsbefehl der nationalen Gesetzgeber oder eine Umsetzung in nationale Normen brauchen,
- supranationale Gesetzgeber (EG- und EU-Normen).

Bei den **nicht-nationalen Normen** dieser Gruppe sind drei Unterformen erkennbar:
a) Direkt anwendbare (*self-executing*) internationale Übereinkommen, die aber vor ihrer innerstaatlichen Verbindlichkeit einem Zustimmungsprozess durch nationale Organe durchlaufen müssen (im deutschen Recht: Zustimmungsgesetz, Ratifizierung durch den Bundespräsidenten) und dann noch in dem Übereinkommen festgelegte Geltungsvoraussetzungen (z.B. eine bestimmte Anzahl von Ratifikationen und eine zusätzliche Übergangsfrist) erfüllen müssen.
b) Übereinkommen, die erst in nationale Gesetze transformiert werden müssen und dann durch (weitgehend) uniforme nationale Gesetzgebung „Einheitsrecht" schaffen, z.B. Wechselgesetz, Scheckgesetz, CISG[10].

---

10 Für die CISG ist das jedenfalls in Deutschland der Fall. Nach den Richtlinien des Auswärtigen Amtes für die Behandlung völkerrechtlicher Verträge ist nämlich das „Gesetz zu dem Übereinkommen der Vereinten Nationen über den internationalen Warenkauf" v. 5.7.1989 (BGBl II 586) kein bloßes Zustimmungsgesetz, sondern ein „Vertragsgesetz", das die CISG in deutscher Übersetzung in

c) Direkte Normsetzung durch supranationale Organe, so insbesondere die EU-Verordnungen (*regulations*), z.B. Rom I- und II-Verordnungen.

Die EU-Richtlinien (*directives*)[11] fallen unter keine dieser Kategorien, sondern stellen ein besonderes Modell dar, das auf dem EU-Primärrecht beruht und speziellen Regeln unterliegt. EU-Richtlinien geben den Mitgliedstaaten bestimmte Aufgaben und Ziele vor, bedürfen aber noch der „Umsetzung" (*implementation*) durch die Gesetzgebungsorgane der Mitgliedstaaten.

2. Regelwerke ohne Rechtsnormcharakter

Die zweite Gruppe von „Regelungen" (Anhang Nr. 1 Gruppe III.) ist rechtstheoretisch interessanter. Sie ist dadurch gekennzeichnet, dass es sich nicht um Rechtsnormen im strengen Sinne handelt, ihnen also **kein Rechtsgeltungsbefehl eines dazu kompetenten Gesetzgebers zugrunde liegt.** Dennoch haben sie erhebliche Bedeutung für den Rechtsverkehr, wie anhand unseres Beispiels und der Erläuterungen oben in Abschnitt I. erkennbar wurde.

Im Einzelnen haben sie sehr **unterschiedliche Entstehungsbedingungen** und Charakteristika. Manche kommen aus dem großen Apparat der UNO und ihrer Unterorganisationen (z.B. UNCITRAL, UNECE). Andere stammen von der Internationalen Handelskammer (ICC) in Paris, die überhaupt keine Hoheitsbefugnisse hat. Wieder andere haben ihren Ursprung bei internationalen Wirtschafts- oder Berufsverbänden (z.B. FIDIC[12]), wobei häufig ein Zusammenwirken mehrerer Verbände zugrunde liegt.

In der Regel ist für ihre Verbindlichkeit erforderlich, dass die Geltung dieser Regeln von den Parteien des konkreten Vertrages vereinbart wird. Es gibt aber auch internationale Handelsbräuche, die automatisch für die betreffende Art von Geschäften anwendbar sind.

Dieser zweite Bereich ist also viel größer und unübersichtlicher, aber von enormer Bedeutung für das reibungslose Funktionieren der internationalen Transaktionen und die tatsächliche Vereinheitlichung des Rechts des internationalen Handels- und Wirtschaftsverkehrs.

---

der BRD als Gesetz in Kraft setzt. Aber es ist eben nicht zwingend, sondern seine Anwendung kann gemäß Art. 6 CISG ausgeschlossen werden.

11 Vgl. dazu auch u. § 6 II. zu Fn. 70, 71.

12 Abkürzung für „Fédération Internationale des Ingénieurs Conseils", die größte Organisation Beratender Ingenieure mit Mitgliedern aus über 60 Ländern, Sitz in Genf.

3. Fehlende Systematik

Die Übersicht zeigt schließlich, dass ein geschlossenes „System" der Quellen in diesem Rechtsgebiet nicht zu erwarten ist. Es geht um vielfältige Initiativen, wechselnde Gruppen und Organisationen, konkurrierende Vereinheitlichungsbestrebungen und gegenläufige Interessen. Das ergibt einen Teppich in vielen Farben, an dem viele Beteiligte von verschiedenen Seiten aus mitweben. Gerade deshalb ist es wichtig, dass dem Praktiker und jedem, der sich in dieses Feld einarbeiten will, wissenschaftliche Orientierungshilfen und Anleitungen gegeben werden.

§ 3 Die Auseinandersetzung um ein transnationales Handels- und Wirtschaftsrecht

I. Analyse der praxisrelevanten Regelungen und Regelungsmodelle

Die oben in § 2 vorgestellten zwei Gruppen von Regelungen sind im Schrifttum mit den Begriffen *„international legislation"* und *„international commercial custom"* bezeichnet worden.[13] Dabei ergeben sich scheinbar Parallelen zu den klassischen Rechtsquellen Gesetz und Gewohnheitsrecht. Der Begriff **international commercial custom** ist allerdings schillernd. Er könnte sowohl internationales Gewohnheitsrecht als auch internationalen Handelsbrauch bedeuten. Im letzteren Sinne ist er wohl von *Schmitthoff* gemeint. Auch dann ergibt sich ja eine Anlehnung an einen traditionellen Begriff der Rechtsquellenlehre. Betrachtet man jedoch die oben und im Anhang Nr. 1 unter Ziff. III aufgezählten Regelungsmodelle, so erfüllen sie keineswegs alle die Voraussetzungen des Handelsbrauchs, jedenfalls nicht, wie er im deutschen Recht verstanden wird.[14] In den meisten Fällen gelten die Regelwerke nicht ohne weiteres, sondern sind abhängig von der Bereitschaft der beteiligten Vertragsparteien, sie ihren Verträgen zugrunde zu legen oder sonst zu praktizieren.

Zweifelhaft ist auch die **Internationalität** im strengen Sinne. Bei der ersten Gruppe von Regelungen ist meist – allerdings nicht mehr bei den EU-Verordnungen – noch ein irgendwie gearteter Rechtsetzungsakt oder Transformationsprozess der nationalen Gesetzgeber erforderlich. Aber müssen bei der zweiten Gruppe nicht erst

---

[13] *Schmitthoff*, in: Horn/Schmitthoff (eds.), The Transnational Law of International Commercial Transactions (1982), 19 (23).
[14] S. *Köbler*, Juristisches Wörterbuch, 5. Aufl. München 1991, S. 167: „Handelsbrauch (§ 346 HGB) ist die Gesamtheit der unter Kaufleuten geltenden Gewohnheiten (nicht Gewohnheitsrecht) und Gebräuche bzw. die Verkehrssitte des Handels." Er soll ohne besondere Bezugnahme im Einzelvertrag gelten und wird vom Gericht durch Gutachten der IHK ermittelt. Gewohnheitsrecht müssen die Gerichte dagegen i.d.R. von Amts wegen kennen und anwenden.

die nationalen Rechtsordnungen Vertragsfreiheit gewährt haben, damit die Vertragsparteien die betreffenden Regeln zum Inhalt ihrer Vereinbarung machen und an die Stelle des nationalen Rechts setzen können? Und setzen nicht die nationalen Rechtsordnungen dieser Vertragsfreiheit auch bestimmte Grenzen?

II. Transnationales Handelsrecht als „autonome" Rechtsschicht?

An diesen Fragen scheiden sich die Geister in der Diskussion um die Normqualität und „Autonomie" des Rechts des internationalen Wirtschaftsverkehrs. Da sie seit Jahrzehnten international geführt wird, ist eine nicht mehr überschaubare Meinungsvielfalt entstanden. Sie kann hier nicht annähernd dargestellt werden. Wir müssen uns auf eine Skizze der wichtigsten Auffassungen beschränken und dabei Vieles vereinfachen. Ein Angelpunkt in dieser Auseinandersetzung ist der Begriff „transnationales Recht". In bezug auf das transnationale Handelsrecht spricht man auch von **„neuer *lex mercatoria*"**.[15] Unter weiterer Vereinfachung kann man dann als Frage an den Anfang stellen, ob es neben den nationalen Rechtsordnungen und dem Völkerrecht noch als besondere Rechtsschicht ein transnationales Recht des internationalen Handels- und Wirtschaftsverkehrs gibt. Die weiteren Fragen nach seiner „Autonomie" und der Möglichkeit von Verträgen, die keinem nationalen Vertragsstatut unterliegen *(„homeless contracts")* stehen in engem Zusammenhang mit dieser Frage.

Die **Annahme einer dritten Rechtsschicht** ist keine Kaprice systemfreudiger Wissenschaftler oder eine Erfindung von Praktikern, die sich von lästigen nationalen Rechtsnormen freimachen wollen. Im Hintergrund steht die Erfahrung mit der alten *lex mercatoria,* die im Mittelalter und in den ersten Jahrhunderten der Neuzeit zweifellos eine eigenständige Rechtsschicht darstellte.[16] Wichtiger und aktueller sind aber drei Erfahrungen im modernen Wirtschaftsverkehr:

(1) Die Kollisionsnormen und die nationalen Sachnormen, auf die sie verweisen, sind in der internationalen Vertragspraxis von sekundärer Bedeutung. Die Akteure des internationalen Wirtschaftsverkehrs sehen sie als subsidiäres System für den Notfall fehlender oder lückenhafter Regelungen an. In Wirklichkeit werden die internationalen Transaktionen nach anderen Normen und Regeln abgewickelt. Entsprechendes gilt für Streitentscheidungen in diesem Bereich.

---

[15] In England spricht man statt von „lex mercatoria" auch von „law merchant".
[16] Vgl. dazu *Blaurock*, ZEuP 1993, 247 (249–252); *Rudolf Meyer*, Bona fides und lex mercatoria in der europäischen Rechtstradition, Göttingen 1994.

(2) Auch das Völkerrecht im klassischen Sinne stellt nicht die eigentlichen Regeln für grenzüberschreitende Geschäfte bereit.[17] Freilich kann es in Form von Konventionen und Staatsverträgen Regelungen vorbereiten, die für diese Verträge relevant werden (z.B. einheitliches Wechselrecht oder Kaufrecht, Schiedsgerichtsabkommen), aber das klassische Völkerrecht kann in Normalfällen internationaler Wirtschaftsverträge weder dem vertragsgestaltenden noch dem streitentscheidenden Juristen Regeln oder Maßstäbe an die Hand geben.

(3) Die rechtlichen Mechanismen, nach denen internationale Wirtschaftstransaktionen tatsächlich abgewickelt werden, zeigen eine überraschende **Gleichförmigkeit**, und das sogar **über die Grenzen der Wirtschaftssysteme und -blöcke hinweg**. Dies gilt nicht nur für das traditionelle rechtliche Instrumentarium, sondern gerade auch für speziell entwickelte Rechtsformen des internationalen Wirtschaftsverkehrs (z.B. Handelsklauseln, Dokumentenakkreditive oder Bankgarantien). Fehlt die Gleichförmigkeit, so besteht doch ein starker Trend zur Vereinheitlichung: Das hat zur Folge, dass Vertragsparteien häufig versuchen, ihren Vertrag einem internationalen Vertragsstatut zu unterstellen.[18]

Es sind diese drei Erfahrungen, die Anlass gaben zu Zweifeln, ob das Recht des internationalen Wirtschaftsverkehrs einfach als Teil oder Annex des Völkerrechts oder der nationalen Rechtsordnungen angesehen werden kann. Und sie ließen die Idee einer eigenständigen Rechtsschicht als „*neue lex mercatoria*" wieder aufleben.

III. Die Diskussion im Schrifttum

Der Begriff **„transnational law"** wurde bereits vor ca. 57 Jahren von dem amerikanischen Autor *Jessup* benutzt.[19]

---

17 In dem wachsenden Bereich der Verträge zwischen Unternehmen und staatlichen Partnern („state contracts") werden dem Völkerrecht z.T. schon weitergehende Möglichkeiten zuerkannt, aber bezeichnenderweise ist das mit einer Erweiterung des Begriffs des Völkerrechts verbunden. Vgl. dazu u.a. *Rengeling*, Privatvölkerrechtliche Verträge, 1971; *Velten*, Die Anwendung des Völkerrechts auf State Contracts ..., 1987, S. 38 ff.
18 Vgl. dazu u. § 14 IV.
19 *Jessup* Transnational Law, (Yale University Press) 1956, p. 2. Der Begriff war allerdings nicht von vornherein mit der Vorstellung einer eigenständigen dritten Rechtsschicht verbunden. *Jessup* verwendete ihn als zusammenfassende Bezeichnung „*to include all law which regulates all actions or events that transcend national frontiers.*" Er verstand darunter sowohl öffentliches Recht als auch Privatrecht und andere Regeln, die sich nicht eindeutig diesen Kategorien zuordnen lassen. Damit wurde ein Konglomerat sehr unterschiedlicher Normen und Regeln erfasst. Der Begriff ist so weit, dass er wenig Chancen bietet, über das so verstandene transnationale Recht substantielle Aussagen zu machen.

Der wohl profilierteste Befürworter eines eigenständigen transnationalen Handelsrechts ist *Clive M. Schmitthoff* in England. Er grenzt es deutlich vom Völkerrecht ab. *„Transnational law of international trade"* gründet sich nach seiner Ansicht auf **paralleles Handeln der Beteiligten und** damit **auf Privatautonomie**.[20] Es sei autonom, aber seine Autonomie erhalte es *„by leave and licence of all national sovereigns"*[21], also aufgrund der von den nationalen Rechtsordnungen gewährten Privatautonomie, die so detaillierte vertragliche Regelungen erlaubt, dass eine Bezugnahme auf ein nationales Recht überflüssig wird.[22] De facto werden so auch *homeless contracts* möglich. Aber bei *Schmitthoff* bleibt noch eine theoretische Brücke zu den nationalen Rechtssystemen erkennbar. Andere entschiedene Befürworter der Eigenständigkeit sind zum Teil noch einige Schritte weiter gegangen. Zu ihnen gehören *B. Goldman*[23] und *Ph. Kahn*[24] in Frankreich, *Luithlen*[25] in der Schweiz und *Goldstajn* (England).[26] *Goldman* sieht ähnlich wie *Kahn* in der neuen *lex mercatoria* ein Recht mit außerstaatlichem Geltungsgrund, *„un droit d'origine purement professionnelle"*[27] und geht so weit, dass er den Schiedsgerichten nahe legt, bei Lücken der *lex mercatoria* nicht etwa das nationale Recht anzuwenden, sondern auf allgemeine Rechtsgrundsätze zurückzugreifen.[28]

Wie nicht anders zu erwarten, stieß die Lehre vom transnationalen Recht vor allem bei Vertretern des klassischen **Internationalen Privatrechts** auf entschiedenen **Widerstand**. Bereits *Raape* hatte den inzwischen fast sprichwörtlichen Satz geschrieben, dass das Schiedsgericht nicht „in der Luft schwebe", sondern dass es „irgendwo landen, irgendwo erden" müsse.[29] Allerdings bezieht sich diese Äußerung nach ihrem Zusammenhang eigentlich nur auf das schiedsgerichtliche *Verfahren*, aber sie wird von Gegnern des transnationalen Handelsrechts gern zitiert, weil sie ihre Überzeugung trifft, dass es sich bei der Idee vom transnationalen Recht um eine Art „Wolkenkuckucksheim" handle. Ablehnend äußern sich u.a. auch *Ferid*[30],

---

20 *Schmitthoff*, Nature and Evolution of the Transnational Law of International Commercial Transactions, in: Horn/Schmitthoff, The Transnational Law of International Commercial Transactions, Deventer 1982, p. 19 (22).
21 *Schmitthoff*, Commercial Law in a Changing Economic Climate, 2d ed. London 1981, p. 22.
22 *Schmitthoff*, in: Schmitthoff (ed.), The Sources of the Law of International Trade, 1964, p. 3 (33 ff, 260).
23 JDI 1979, 475 ff.
24 La Vente Commerciale Internationale, Paris 1961, 17–43.
25 Einheitliches Kaufrecht und autonomes Handelsrecht, Freiburg (CH) 1956, S. 57.
26 JBL 1961, 12. *Goldstajn* spricht von *„autonomous commercial law that has grown independent of the national systems of law."*
27 *Goldman*, Arch.Phil.Droit 9 (1964) 177, 181.
28 JDI 1979, 475 (483f.).
29 *Raape*, Internationales Privatrecht, 5. Aufl. 1961, S. 557.
30 *Ferid/Böhmer*, Internationales Privatrecht, 3. Aufl. 1986, Rn. 6–24.

von Hoffmann[31], *Schlosser*[32] und in besonders scharfer Form *von Bar*. Er bezeichnet die Lehre von der *lex mercatoria* als „rechtsquellentheoretisch falsch, begrifflich verschwommen und rechtspolitisch verfehlt."[33] Eine neuere Tendenz in der Literatur sieht das transnationale Handelsrecht als Recht der globalen Zivilgesellschaft („Weltgesellschaftsrecht"), das auf dem Prinzip der Selbstbestimmung beruhe, allerdings bis zur staatlichen Anerkennung nur „vorläufiges Privatrecht" schaffe.[34]

IV. Praktische Relevanz

Bei der Diskussion um die Existenz eines transnationalen Rechts des Handels- und Wirtschaftsverkehrs geht es nicht nur um akademische Begriffe und Systembildungen, sondern mit der Diskussion verbinden sich **Fragen von erheblicher praktischer Bedeutung:**

(a) Ist es möglich, einen Vertrag durch eine entsprechende Rechtswahlklausel von nationalen Rechtsordnungen zu lösen und einem irgendwie definierten trans- oder internationalen Vertragsstatut zu unterstellen?

(b) Kann eine solche Unterstellung unter ein nicht-nationales Statut schon dann angenommen werden, wenn in einem internationalen Vertrag weder eine ausdrückliche noch eine konkludente Rechtswahl getroffen wurde und auch kein deutlicher Schwerpunkt des Vertrages erkennbar ist?

(c) Wie sollen Probleme der Auslegung und Lückenfüllung bei internationalen Verträgen gelöst werden, die keine eindeutige Ausrichtung auf ein nationales Recht aufweisen, z.B. weil sie ausschließlich auf internationale Standardvertragsbedingungen gestützt sind?

---

31 IPRax 1984, 106 (107).
32 RIW 1982, 857 (867).
33 *Von Bar*, Internationales Privatrecht, 2. Aufl. Bd. I (2003) Rn. 75, 76. Eine mittlere Position nimmt *Eugen Langen* (Transnationales Recht, 1981, S. 16) ein. Er erkennt zwar kein selbständiges übernationales Recht des internationalen Handels („Esperantorecht") an. Sein Ansatz für „transnationales Recht" sind aber die Gemeinsamkeiten der Rechtsordnungen, die durch Rechtsvergleichung zu ermitteln sind, von ihren nationalen Schlacken befreit und unter den Leitgedanken der Vernunft und der Natur der Sache weiterentwickelt werden müssen. Eine ähnliche Perspektive der Konfliktentscheidung durch internationale Schiedsgerichte wird bei *Bonell* RabelsZ 42 (1978), 485 ff, zugrunde gelegt. Er verwirft die Vorstellung eines völlig autonomen Rechts ebenso wie den nationalstaatlichen Ansatz und legt – augenscheinlich aus der Sicht eines internationalen Schiedsgerichts – stattdessen Gewicht auf besondere transnationale Sachnormen, die entweder als internationales Einheitsrecht auf der Grundlage völkerrechtlicher Übereinkommen geschaffen werden oder – wo diese fehlen – aufgrund von Rechtsvergleichung gefunden werden müssen.
34 *Emmerich-Fritsche*, Die lex mercatoria als transnationales Handelsrecht und Weltgesellschaftsrecht, in: FS H. Herrmann, Nürnberg 2011, S. 303 (320 f); *dies.*, Vom Völkerrecht zum Weltrecht, Berlin 2007.

(d) Nach welchen Normen entscheiden Schiedsgerichte in solchen Fällen, insbesondere wenn sie nach der Schiedsklausel ihre Entscheidung losgelöst von nationalen Rechtsnormen treffen sollen, z.B. nach „allgemein anerkannten Grundsätzen des internationalen Handelsverkehrs"? Sind solche Klauseln überhaupt zulässig?

Gäbe es ein transnationales Handels- und Wirtschaftsrecht als selbständige Rechtsschicht, so würde das die Beantwortung der oben gestellten Fragen wesentlich beeinflussen. Es läge nahe, dass dieses Recht anstelle einer staatlichen Rechtsordnung Vertragsstatut werden könnte, dass es zur Lückenfüllung herangezogen werden oder als Grundlage von internationalen Schiedsurteilen dienen könnte.

Es verwundert deshalb nicht, dass die Lehre vom transnationalen Recht in der **internationalen Handelsschiedsgerichtsbarkeit**, insbesondere der Praxis des ICC-Schiedsgerichtshofs, ihre **größte praktische Resonanz** gefunden hat.[35] Dagegen darf man von den *staatlichen* Gerichten klare Aussagen zu diesem rechtstheoretischen Problem nicht erwarten. Deren Reaktionen sind eher pragmatisch und diffus. Immerhin mussten sie sich nicht selten mit Schiedssprüchen befassen, die auf der Grundlage der oben genannten Lehre zustande gekommen waren. Die Stellungnahmen verschiedener staatlicher Gerichte reichen von positiver Aufnahme[36] über wohlwollende Duldung[37], distanzierte Zurückhaltung[38] bis hin zu entschiedener Ablehnung[39]. So ging etwa – entgegen der ausdrücklich negativen Äußerung von *Lord Diplock* im *Amin Rasheed*-Fall des *House of Lords* – der englische *Court of Appeal* einige Jahre später im Fall *„Deutsche Schachtbau"*[40] pragmatisch an einen offensichtlich auf die Lehre vom transnationalen Recht gestützten Schiedsspruch heran. Das Schiedsgericht hatte seiner Entscheidung *„internationally accepted principles of law governing contractual relations"* zugrunde gelegt. Der *Court of Appeal* überprüfte diese Grundlage nüchtern auf seine Wirksamkeit, insbesondere im Hinblick auf den *ordre public*. Im Ergebnis kam er zu einer Bestätigung des Schiedsspruchs, sah also diese Rechtswahl als zulässig an. Das *House of Lords*[41] hat dann erstaunlicherweise diese Einschätzung nicht beanstandet.

---

35 Vgl. *Goldman*, JDI 1979, 475 (481f) m.w.Nw.
36 Z.B. österr. *OGH* 18.11.1982, IPRax 1984, 97; franz. *Cour de Cass.* 9.10.1984, D 1985, 101 note *Robert*.
37 Ital. *Corte di Cass.* 8.2.1982, zit. nach *Kappus*, IPRax 1990, 133 Fn. 5.
38 So insbes. deutsche Gerichte, z.B. *OLG Frankfurt*, RIW 1984, 400 Anm. *Diehlmann*.
39 House of Lords in *Amin Rasheed Shipping Corp.* v *Kuwait Insurance Co.* [1983] 3 W.L.R. 241, 249 (*Lord Diplock*). Vgl. zu den Reaktionen der Rechtsprechung auch *Blaurock* ZEuP 1993, 247 (264ff).
40 *Deutsche Schachtbau- und Tiefbohrgesellschaft mbH* v *Ras Al Khaimah National Oil Co.* [1987] 2 All ER 769.
41 *Deutsche Schachtbau- und Tiefbohrgesellschaft mbH* v *Shell Intern. Petrol Co.* [1988] 3 W.L.R. 230. Insgesamt dazu *Kappus*, IPRax 1990, 133f, der eine Trendwende sieht.

V. Stellungnahme

1. Was oben in § 2 als „Quellen" skizziert worden ist, eignet sich keineswegs alles als „transnationales Recht" im Sinne einer selbständigen Rechtsschicht neben einzelstaatlichem Recht und Völkerrecht.

Bei genauerer Betrachtung handelt es sich bei der ersten Gruppe (§ 2 II.1.) um **parallele nationale Gesetzgebung** aufgrund von vorherigen völkerrechtlichen Vereinbarungen (z.B. Wechsel- und Scheckrecht, einheitliches Kaufrecht), um **direkt anwendbare völkerrechtliche Normen** (z.B. Übereinkommen über Handels-Schiedsgerichtsbarkeit) oder um **Normen, die von supranationalen Organen gesetzt** worden sind (z.B. EU-Verordnungen).

Die zweite Gruppe (o. § 2 II.2.) bilden **Regelungen oder Regelungsmuster ohne Rechtsnormqualität**, die grundsätzlich eine Vereinbarung der Vertragsparteien voraussetzen und erst über diese für den konkreten Vertrag relevant werden (z.B. von der ICC herausgegebene „Einheitliche Richtlinien und Gebräuche", die *Incoterms*, oder die *FIDIC Conditions*). In dieser Gruppe gibt es allerdings zu einigen Regelwerken (z.B. den *Incoterms*) die Meinung, dass sie den Charakter von **Handelsbräuchen** oder zumindest von Auslegungsmaßstäben haben und deshalb auch ohne konkrete Vereinbarung gelten können. Keine der beiden Gruppen ist *per se* ein Beleg für die Existenz eines eigenständigen transnationalen Handelsrechts. Man kann sich ihre Bedeutung auch so erklären, dass hinter ihnen entweder der Rechtsgeltungswille der einzelstaatlichen bzw. supranationalen Gesetzgeber steht oder der Rechtsgeltungswille der am einzelnen Vertrag beteiligten Parteien, denen das nationale Recht Privatautonomie einräumt.

2. Bei der Frage nach der **„Autonomie"** des Rechts des internationalen Wirtschaftsverkehrs ist zunächst zu klären, was man unter diesem Begriff versteht. *Rozmaryn*[42] hat auf eine Bedeutung hingewiesen, die darauf abzielt, dass es sich um ein Normengebäude handelt, welches über ein Gerüst von eigenen Begriffen und Prinzipien verfügt. In diesem Sinne könnte man das internationale Handelsrecht als autonom ansehen, aber das würde es nicht besonders von anderen speziellen Rechtsgebieten, wie Arbeitsrecht oder Steuerrecht, unterscheiden.

Man muss also auf eine Bedeutung abstellen, welche die Unabhängigkeit und Eigenständigkeit neben dem nationalen und dem Völkerrecht betont. Diese Art von Autonomie ist bisher jedoch nur bei der *alten lex mercatoria* erkennbar. Mit der Entwicklung der staatlichen Rechtsordnungen moderner Prägung ist sie verloren gegangen. Seither ist allenfalls eine Entwicklungstendenz in dieser Richtung erkennbar, aber eine eigenständige dritte Rechtsschicht ist noch nicht etabliert. Die

---

42 Diskussionsbeitrag, in: *Schmitthoff* (ed.), The Sources of the Law of International Trade (1964) S. 260.

oben (zu II.) festgestellten Erfahrungen reichen dafür nicht, zeigen jedoch, dass es einen wachsenden Fundus von Normen, Regelungen und Regelungsmodellen mit spezieller Ausrichtung auf den internationalen Wirtschaftsverkehr gibt, die ihren Ursprung nicht in nationalen oder supranationalen Gesetzgebungsgremien haben.

Ferner sind Angleichungen in den verschiedenen Rechtsordnungen erkennbar und in beachtlichem Umfang auch gemeinsame Bräuche und Ordnungsvorstellungen der beteiligten Wirtschaftskreise, also eine Vereinheitlichung auf einer „vorrechtlichen" Stufe oder eine „weiche" Rechtsvereinheitlichung. Es gibt also noch keine Autonomie im Sinne der Rechtsquellenlehre und in Bezug auf den Geltungsgrund. Wohl aber existieren im internationalen Handels- und Wirtschaftsverkehr **rechtliche Instrumente, Grundsätze und Begriffe von einer gewissen Eigenständigkeit** sowie **gemeinsame Ordnungsmodelle, Usancen** und Geltungsvorstellungen der Akteure in diesem Bereich.

3. Ein weiteres Problem, das durchaus von der Problematik des autonomen transnationalen Rechts getrennt werden kann, ist der **Streit um den** *„homeless contract"* *(„contrat sans loi")*. Ein unglücklicher Ansatz ist in diesem Zusammenhang die Frage, ob es solche Verträge „gebe", so als gehe es um die Existenz eines realen Lebewesens. Diese Betrachtungsweise spricht zum Beispiel aus der oben erwähnten Äußerung von *Lord Diplock*, dass Verträge nicht in einem rechtlichen Vakuum existieren könnten.[43] Die Rechtswissenschaft hat es jedoch nicht mit Aussagen über „Sein" und „Existenz" zu tun, sondern mit der normativen Steuerung und Ordnung sozialer oder wirtschaftlicher Tatbestände. Praktisch geht es doch darum, dass in bestimmten Verträgen die Partner versuchen, den Vertrag einer nicht-nationalen Ordnung zu unterstellen. Sie können dafür gute Gründe haben.[44] Rechtlich handelt es sich dann um die Frage, ob und in welchen Grenzen solche Klauseln als *zulässig* und *durchsetzbar* anzusehen sind.

Fehlt eine ausdrückliche oder konkludente Rechtswahl, so ist aus der Sicht des deutschen und europäischen Kollisionsrechts die „engste Verbindung" des Vertrages zu einer staatlichen Rechtsordnung zu suchen.[45] Stattdessen gleich auf ein transnationales Statut zu springen, wäre ein Kurzschluss, der bisher von kaum einer Rechtsordnung gebilligt wird. In bestimmten Fällen, die Bezüge zu zahlreichen Staaten ohne klare Priorität aufweisen (*„multistate situations"*), ist jedoch die engste Verbindung schwer zu finden, so dass die Unterstellung unter eines der nationalen Rechte keine Überzeugungskraft hat. Für diese selteneren Fälle kann die Frage des transnationalen Rechts im Sinne von *Langen* und *Bonell*[46] sinnvoll gestellt werden.

---

43 S.o. S. 14.
44 Vgl. dazu u. § 14 III und IV.
45 Vgl. z.B. Art. 4 Rom I-VO.
46 Vgl. o. III. Fn. 33.

Was die **Unterstellung eines Vertrages unter eine nicht-nationale Ordnung** betrifft, so werden wir darauf später (§ 14)[47] noch näher eingehen. Kurz ist hier schon klarzustellen, dass die Parteien grundsätzlich frei sind, im Vertrag alle Einzelheiten ihrer Rechtsbeziehungen festzulegen und dabei von den meisten Normen des innerstaatlichen Rechts abzuweichen. Verbraucherschutz u.ä. zwingende Schutznormen spielen bei internationalen Wirtschaftsverträgen keine nennenswerte Rolle. Ist es dann nicht konsequent, dass sie für die Auslegung ihrer Vertragsbedingungen und für etwaige Lücken im Vertrag nicht wieder auf nationale Rechtsnormen zurückgreifen wollen? Sollen wir ihnen das aus einem überholten Souveränitätsdenken heraus verbieten und gegen ihren Willen ein nationales Vertragsstatut aufzwingen? Mag sein, dass ihnen die Unterstellung unter ein internationales Ordnungssystem nicht hundertprozentig gelingt. Dann werden sie daraus lernen und notfalls ergänzend auf nationale Rechtsnormen zurückgreifen. Das konkrete Problem des *homeless contract* ist also, wenn man es von theoretischem Ballast befreit, aus einem freiheitlichen Verständnis der Parteiautonomie zu lösen.

4. Grenzen der damit gewährten Freiheit ergeben sich aus dem internationalen (oder transnationalen) *ordre public*.[48] Auch in internationalen Handels- und Wirtschaftsverträgen ist nicht alles vertraglich Vereinbarte *per se* gerecht. Kontrollfunktionen übernehmen dann gemeinsame Rechtsgrundsätze und allgemein anerkannte Maßstäbe der Fairness im Geschäftsverkehr. Diese Frage nach den Grenzen der Privatautonomie ist also zu trennen von der Frage, ob es überhaupt zulässig ist, Verträge einer nicht-nationalen Ordnung zu unterstellen.

5. Ähnlich sind auch die Lösungen der restlichen oben[49] gestellten Fragen – also der **Auslegung** und **Lückenfüllung** sowie der Entscheidungsgrundlage internationaler Schiedsgerichte – nicht unbedingt von der Entscheidung für oder gegen ein autonomes internationales Handelsrecht abhängig. Zur Auslegung wird unten in § 8 und § 14[50] Näheres gesagt werden. Die Praxis der Schiedsgerichte und Gerichte hat inzwischen den Schematismus überwunden, dass das Vertragsstatut die Auslegung und Lückenfüllung grenzüberschreitender Verträge lückenlos beherrschen müsste. Und in § 21 wird sich zeigen, dass die internationalen Übereinkommen **den Schiedsgerichten** und den Streitparteien **weitgehend Freiheit lassen, die Entscheidungsgrundlagen festzulegen,** und das sogar bei Entscheidungen „*ex bono et aequo*" ohne strikte Bindung an Rechtsnormen.[51]

---

47 § 14 IV.
48 S. dazu *Horn*, FS Karsten Schmidt (2009), 705 (716, 721 f.).
49 Vgl. o. Abschn. IV, S. 13/14.
50 Vgl. u. § 8 III und § 14 II.
51 S. u. § 21 IV.1.

6. Resümee

Der hier zugrunde gelegte Standpunkt lässt sich wie folgt zusammenfassen: Nach dem gegenwärtigen Entwicklungsstand ist es verfrüht, von einem transnationalen Handelsrecht im Sinne einer eigenständigen dritten Rechtsschicht neben nationalen Rechtsordnungen und Völkerrecht zu sprechen. Allerdings sind **Tendenzen zu einer Verselbständigung** der weltweit angewendeten Normen, Regeln und Regelungsmuster zu erkennen. Sie äußern sich vor allem in einem eigenständigen Instrumentarium und Begriffsapparat,[52] der sich weitgehend unabhängig von staatlicher Normsetzung und nationaler Rechtsterminologie entwickelt hat, ferner in gewissen gemeinsamen Grundsätzen und in der Erarbeitung von internationalen Regelwerken, wie den „*UNIDROIT Principles of International Commercial Contracts (UPICC)*"[53] oder den „*Principles of European Contract Law (PECL)*"[54]. Die wissenschaftliche Beschäftigung und praktische Erprobung sollte sich **auf die** oben behandelten **konkreten Probleme konzentrieren**. Hier lassen sich Fortschritte und Lösungen auch ohne das Postulat eines autonomen transnationalen Rechts erreichen, und zwar vor allem auf der Grundlage eines freiheitlichen und flexiblen Verständnisses der Parteiautonomie.

Praxis-Tipps
Nach dem gegenwärtigen Entwicklungsstand ist es riskant, internationale Verträge nicht einem nationalen Vertragsstatut, sondern einem irgendwie definierten „transnationalen Recht" (z.B. „*internationally accepted principles of the law governing contractual relations*") zu unterstellen. Solche „Prinzipien" bieten keine lückenlose rechtliche Regelung. Die Anerkennung einer derartigen Vertragsklausel durch deutsche staatliche Gerichte ist nicht gewährleistet. Vor internationalen Schiedsgerichten ist ihre Anerkennung bei entsprechender Argumentation und Sachlage nicht per se auszuschließen.

Wenn die Vertragsparteien den Vertrag von nationalen Rechtsordnungen weitgehend unabhängig machen wollen, sollten sie alle vertragsrelevanten Rechtsfragen und alle absehbaren Konflikte detailliert im Vertrag regeln; dabei können sie auch auf internationale nichtstaatliche Regelwerke, wie UPICC oder PECL, Bezug nehmen. Dann sollten sie jedoch für etwaige Lücken ein anzuwendendes nationales Recht wählen. Können sie sich darüber nicht einigen, so wird in der Regel das Vertragsstatut nach den einschlägigen Normen des IPR durch objektive Anknüpfung (vgl. z.B. Art. 4 Rom I-VO) bestimmt.

---

[52] *Horn*, FS Karsten Schmidt (2009) S. 705 (717) sieht die *lex mercatoria* schon als „zusammenhängendes Rechtsgebiet", *Blaurock*, ZEuP 1993, 447 (263) in Bezug auf den Geldverkehr sogar schon ein „Rechtssystem".
[53] Ursprünglich von 1994, Neufassung Rom 2010. Auf Ansätze zu einer gesetzlichen Anerkennung in Frankreich und den Niederlanden weist *Blaurock*, aaO (Fn. 52) 266 hin.
[54] Prepared by the Commission on European Contract Law, ed. by *Ole Lando* and *Hugh Beale*, ursprünglich von 1995, Neufassung 2002, Dordrecht (NL) 2003.

Schrifttum zu § 3

Berger, K.P. (Hrsg.), The Practice of Transnational Law, Deventer (NL) 2001.
Berger/Dubberstein/Lehmann/Petzold, Anwendung Transnationalen Rechts in der internationalen Vertrags- und Schiedspraxis, ZvglRWiss 101 (2002), 12 ff.
Blaurock, Übernationales Recht des Internationalen Handels, ZEuP 1993, 247–267.
Bonell, Das autonome Recht des Welthandels –Rechtsdogmatische und rechtspolitische Aspekte, RabelsZ 42 (1978), 485 ff.
Emmerich-Fritsche, Die lex mercatoria als transnationales Handelsrecht und Weltgesellschaftsrecht, in: FS Harald Herrmann, Nürnberg 2011, S. 303–322.
Goldman, Berthold, La lex mercatoria dans les contrats et l'arbitrage internationaux: réalité et perspectives, JDI 106 (1979) 475–505.
Horn, Transnationales Recht: zur Normqualität der lex mercatoria, in: FS Karsten Schmidt, Köln 2009, S. 705 ff.
Jessup, Transnational Law, New Haven (USA) 1956.
Kahn, Philippe, La Vente Commerciale Internationale, Paris 1961, insbes. S. 17–43.
Kappus, A., „Lex mercatoria" in Europa und Wiener UN-Kaufrechtskonvention 1980, Frankfurt/M. u.a. 1990.
Langen, Eugen, Transnationales Recht, 1981.
Lew, Achieving a Dream. Autonomous Arbitration, Arb.Int. 22/2 (2006) S. 179 ff.
Schmitthoff, Nature and Evolution of the Transnational Law of Commercial Transactions, in: *Horn/ Schmitthoff* (eds.), The Transnational Law of Commercial Transactions, Deventer 1982, 19–31.
Schroeder, H.-P., Die lex mercatoria arbitralis. Strukturelle Transnationalität und transnationale Rechtsstrukturen im Recht der internationalen Schiedsgerichtsbarkeit, München 2007.
Stein, Ursula, Lex Mercatoria. Realität und Theorie, Frankfurt a.M. 1995.
Zumbansen, Lex mercatoria: Zum Geltungsanspruch transnationalen Rechts, RabelsZ 67 (2003), 638 ff, 675 ff.

§ 4 Allgemeines Schrifttum zum internationalen Handels- und Wirtschaftsrecht

Die Literatur zum internationalen Handels- und Wirtschaftsrecht ist, wenn man auch ausländische Schriften einbezieht, kaum noch überschaubar. Die folgende **Auswahl** konzentriert sich auf Werke, die zumindest auch den in § 1 umrissenen Gegenstand dieses Buches betreffen, klammert also Schrifttum zum öffentlichen Wirtschaftsrecht und zum Weltwirtschaftsrecht aus. Nicht genannt werden auch die zahlreichen einschlägigen Lehrbücher aus dem englischen und französischen Sprachraum, in dem *„Law of International Trade"* bzw. *„Droit du Commerce International"* zum üblichen Lehrstoff der Universitäten und sonstigen Einrichtungen der Juristenausbildung gehören.

Conrads/Schade, Internationales Wirtschaftsprivatrecht, München 2008.
Ferrari/Kieninger/Mankowski/Otte/Saenger/Staudinger, Internationales Vertragsrecht, (Kommentar), 2. Aufl. München 2012.

Folsom/Gordon/Spanogle/Fitzgerald, International Business Transactions, 8th ed., St. Paul (MN, USA) 2009.
Fontaine/De Ly, Drafting International Contracts. An Analysis of Contract Clauses, Leiden (NL) 2009.
Goode/Kronke/McKendrick/Wool, Transnational Commercial Law, 2d ed. Oxford 2012.
Graf von Bernstorff, Rechtsprobleme im Auslandsgeschäft (Praxishandbuch), 5. Aufl. Frankfurt a.M. 2006.
ders., Vertragsgestaltung im Auslandsgeschäft, 6. Aufl., Frankfurt a.M. 2007.
Grau/Markwardt, Internationale Verträge, Berlin/Heidelberg 2011.
Häberle, S.G./Lißner, S., Handbuch für Kaufrecht, Rechtsdurchsetzung und Zahlungssicherung im Außenhandel, (Oldenbourg-Verlag) 2002.
Herdegen, Internationales Wirtschaftsrecht, 9. Aufl. München 2011.
Kronke/Melis/Schnyder (Hrsg.), Handbuch Internationales Wirtschaftsrecht, Köln 2005.
Krugman/Obstfeld/Melitz, Internationale Wirtschaft. Theorie und Politik der Außenwirtschaft, 9. Aufl. (Pearson) 2011.
Ostendorf/Schulz-Papst, Internationales Wirtschaftsrecht, Internationales Privatrecht. Arbeitsbuch, Stuttgart 2011.
Racine/Siiriainen, Droit du Commerce International, Paris 2007.
Ramberg, International Commercial Transactions, ICC Publ. No. 711, 4th ed. Paris 2011.
Reithmann/Martiny (Hrsg.), Internationales Vertragsrecht. Das Internationale Privatrecht der Schuldverträge, Handbuch, Köln 7. Aufl. 2010.
Schaffer/Earle/Augusti, International Business Law and its Environment, 8th ed. Andover (U.K.) 2011.
Schmitthoff's Export Trade: the Law and Practice of International Trade, 11th ed. by *Murray/Holloway/Timson-Hunt*, London 2007, Reprint 2011.

Zeitschrift „Internationales Handelsrecht" (IHR), Verlag Sellier European Law Publishers, München (seit 1999).
Zeitschrift „Droit et Pratique du Commerce International" (dpci), Verlag Masson, Paris (1979–1996).
Zeitschrift „Journal of Law and Commerce" (Pittsburgh, USA).

Literatur zu einzelnen Problembereichen werden bei dem jeweiligen Abschnitt angegeben.

2. Teil: Staatliche und überstaatliche Aktivitäten im Bereich des internationalen Handels- und Wirtschaftsverkehrs

§ 5 Volkswirtschaftliche Bedeutung

Die Bedeutung des internationalen Handels- und Wirtschaftsverkehrs ist – zumindest was die Industrieländer betrifft – evident. Die Volkswirtschaft in Ländern wie Deutschland, Frankreich, Großbritannien, Italien, Finnland, Niederlande, Belgien oder der Schweiz ist in hohem Maße vom Import und Export abhängig, und zwar nicht nur vom Import von Rohstoffen und Energieträgern oder vom Export von Industrieprodukten, sondern zunehmend auch von Dienstleistungen, Investitionen im Ausland, Technologietransfer und anderen Formen des internationalen wirtschaftlichen Austauschs und der wirtschaftlichen Zusammenarbeit. Auch die wirtschaftlichen Beziehungen zu den sog. BRICS-Staaten (Brasilien, Russland, Indien, China, Südafrika) gewinnen immer größere Bedeutung.

Die **Ausfuhr** von Waren und Dienstleistungen **aus der Bundesrepublik Deutschland** im Jahr 2012 hatte einen Wert von ca. € 1,1 Billionen.[55] Deutschland lag damit an dritter Stelle hinter der VR China und den USA. Im Vergleich zu 1995 haben sich die Exporte nominal ungefähr verdreifacht. Dem standen im Jahr 2012 **Importe** im Wert von ca. € 900 Mrd. gegenüber. Der gesamte Exportanteil betrug ca. 50% des deutschen Bruttoinlandsprodukts. Die Summe der meldepflichtigen unmittelbaren und mittelbaren **Direktinvestitionen** deutscher Unternehmen im Ausland betrug 2010 ca. € 1.075 Mrd.[56] Ferner noch einige konkrete **Beispiele**: Von den in Deutschland produzierten Kraftfahrzeugen wird ungefähr jedes zweite ins Ausland verkauft. „Volkswagen" steht für eine internationale Unternehmensgruppe mit 62 Betrieben und ca. 500.000 Beschäftigten in aller Welt.[57] Der Siemens-Konzern hatte 2010 ca. 410.000 Mitarbeiter, davon 130.000 in Deutschland und 280.000 im Ausland.[58] Der internationale Baukonzern *Bilfinger* mit Sitz in Deutschland erbringt heute nicht nur Bauleistungen im Ausland, sondern zunehmend auch Dienstleistungen, die meist mit dem Bauwesen und Immobilien zusammenhängen; im

---

[55] http://de.statista.com/statistik/daten/studie/.
[56] Deutsche Bundesbank, Bestandserhebung über Direktinvestitionen, April 2012, S. 30.
[57] Angaben für 2011 ohne MAN, zitiert nach *J. Ritter*, VW und die Weltspitze, FAZ v. 12. 3. 2012, S. 11.
[58] *Siemens*, Daten und Fakten für Aktionäre zum Geschäftsjahr 2012, München Jan. 2013. Nach dieser Quelle betrug der Umsatz der Siemens AG im Jahr 2012 ca. € 78 Mrd.

Geschäftsjahr 2010 hatten die Dienstleistungen nach eigenen Angaben einen Anteil am Gewinn von ca. 80%.

Auch in Ländern mit geringerem Exportanteil wird den außenwirtschaftlichen Aktivitäten hohe Bedeutung zugemessen. Dies gilt vor allem für die Ausfuhr als Quelle für dringend benötigte Devisen. Staatliche Stellen nehmen daher zum Beispiel in Entwicklungs- und Schwellenländern meist noch stärkeren Einfluss auf die Export- und Importwirtschaft als in den Industrieländern. Insbesondere werden ausländische Investitionen stark reglementiert, in erwünschten Branchen begünstigt, in sensiblen Bereichen (z.B. Medien, Telekommunikation, Banken etc.) verhindert. Von größter Intensität war natürlich der staatliche Einfluss in den sozialistischen Staaten und ist es heute noch in den verbliebenen. Dort läuft der Außenhandel praktisch völlig über staatliche Organisationen und Wirtschaftseinheiten, sei es in Form staatlich kontrollierter rechtsfähiger Unternehmen oder in rechtlich unselbständiger Form. In einigen Schwellenländern sichern sich staatliche Institutionen ihren Einfluss auf Außenwirtschafts-Verträge über halbstaatliche Unternehmen und eine rigide Genehmigungs- und Lizenzpolitik zu Lasten der am Import/Export beteiligten Unternehmen.

Das Verhältnis zwischen dem **Staat und** den **außenwirtschaftlichen Aktivitäten** wird also geprägt durch Grundentscheidungen der Wirtschaftspolitik und Wirtschaftsverfassung. In Systemen mit Zentralverwaltungswirtschaft – selbst bei einer gewissen Selbständigkeit der Wirtschaftseinheiten – wird der außenwirtschaftliche Sektor einer umfassenden staatlichen Kontrolle unterworfen. Eine (oft inoffizielle) Elastizität zeigt man u.U. hinsichtlich der Mobilität der inländischen Arbeitskräfte und der Devisenbeschaffung. In der „gemischten Marktwirtschaft"[59] nehmen staatliche Stellen und staatlich kontrollierte Unternehmen sowohl über den Markt[60] als auch über politische und administrative Mechanismen Einfluss auf die außenwirtschaftliche Betätigung. In einer gelenkten Marktwirtschaft wird der Staat bei grundsätzlichem Primat des Marktes durch vielfältige devisenrechtliche, handelspolitische, strukturpolitische und andere wirtschaftbezogene Regeln und Interventionen auf die außenwirtschaftlichen Aktivitäten einwirken, indem er zum Beispiel strukturschwache Branchen fördert, Investitionen lenkt oder Devisen bewirtschaftet. Wenn *Friedmann* vier Funktionen des Staates in einer *„mixed economy"* unterschei-

---

59 Begriff von *Kirchner* in *Mertens/Kirchner/Schanze*, Wirtschaftsrecht, 2. Aufl. 1982, S. 44. In der Literatur werden z.T. als gemischte Wirtschaftsverfassungen auch andere Systeme verstanden, die Marktwirtschaft mit Staatsinterventionen verbinden; vgl. *Fikentscher* Wirtschaftsrecht (1983), Bd. II S. 39, 50. *W. Friedmann*, spricht von „mixed economy", s. *Friedmann*; The State and the Rule of Law in a Mixed Economy, London 1971, p. 2.
60 Schon 1961 hat *B. Goldman* festgestellt, dass die Staaten selbst sich zunehmend zu *„commerçants"* entwickeln und zwar in den verschiedensten Wirtschaftssystemen, s. *Goldman*, Vorwort zu *Kahn*, La Vente Commerciale Internationale (1961), S. VII.

det, nämlich *provider, regulator, entrepreneur* und *umpire*"[61], so sind alle vier auch für den Bereich der Außenwirtschaft relevant. Eine moderne Form von besonders enger Verzahnung von Staat und Privatwirtschaft stellt die sog. Public Private Partnership (PPP) dar (vgl. dazu u. § 19 II.8.).

Was schließlich die (alt)liberale Marktwirtschaft ohne jede Staatsintervention betrifft, so dürfte dieses Modell wohl inzwischen aus der Realität verschwunden sein; vielleicht hat es noch in einigen exotischen Insel-Staaten oder in Gelehrtenstuben überlebt. Bei einer globalen Betrachtung kann man also nicht mehr davon sprechen, dass Staat und Außenhandel nebeneinander stehen und sich allenfalls wechselseitig beeinflussen. Vielmehr ist die Entwicklung so weit fortgeschritten, dass der gesamte Bereich der **Exportwirtschaft und ihrer rechtlichen Regelungen ein Mosaik aus vielfältigen Elementen** darstellt, und zwar aus den Tätigkeiten privatrechtlicher Unternehmen, Unternehmensverbindungen und Einzelpersonen, den Aktivitäten privatrechtlich organisierter Einrichtungen und Verbände (z.B. ICC, ILA, FIDIC, ORGALIME)[62] sowie internationaler Organisationen im Sinne des Völkerrechts, supranationaler Institutionen[63] und schließlich aus unmittelbaren oder mittelbaren staatlichen Maßnahmen.[64] Aber auch die gesamtwirtschaftlichen Einflüsse auf die einzelnen unternehmerischen Entscheidungen haben in den letzten Jahrzehnten enorm zugenommen. Auch letztere werden also häufig – zumindest mittelbar – von der Politik beeinflusst.

§ 6 Formen der Betätigung von Staaten und internationalen Organisationen

I. Staatliche Aktivitäten

Die Vorstellung, dass der Staat durch Zölle. Exportverbote oder Exportlizenzen, Devisenbeschränkungen u. dgl. eher hemmend auf den Außenhandel einwirkt und folgerichtig von den Wirtschaftskreisen meist als störend angesehen wird, entspricht – jedenfalls in Deutschland – nur noch einem Teil der Realität. Neben diese traditionellen und eher restriktiven Instrumente der Außenwirtschaftspolitik ist eine Vielzahl von Aktionen, Regelungen und Mechanismen getreten, die überwiegend eher anreizenden, fördernden und lenkenden Charakter haben. Erklärte wirtschaftspolitische Ziele der Bundesrepublik Deutschland sind die **Erleichterung und Ausweitung** des internationalen Handels- und Wirtschaftsverkehrs, der Abbau von

---

61 *Friedmann*, aaO (Fn. 59), S. 3.
62 S. dazu näher u. § 6 II.
63 Dazu näher u. § 6 II.
64 Vgl. dazu auch *Schanze*, Investitionsverträge im internationalen Wirtschaftsrecht (1986), S. 33 ff.

Handelsschranken, aber auch Entwicklungshilfe und Verringerung des Nord-Süd-Gefälles, also insgesamt Ziele, die unmittelbar oder mittelbar die internationalen wirtschaftlichen Beziehungen liberalisieren und stärken sollen. Die folgende – keineswegs erschöpfende – Aufzählung[65] gibt eine ungefähre Vorstellung von der Breite und **Vielfalt** entsprechender **staatlicher Aktivitäten,** vor allem in westlichen Industriestaaten:

- Anregungen, Informationen und andere „Einstiegshilfen" staatlicher Stellen, früher z.B. durch die sog. „Exportfibel" des Bundeswirtschaftsministeriums, jetzt u.a. durch den sog. RSS-Service[66] des BM für Wirtschaft und Technologie, ferner Informationen und Dienstleistungen der Bundesstelle für Außenhandelsinformation;
- laufende Informationen über geplante Projekte im Ausland, vermittelt durch diplomatische Vertretungen und andere staatliche Stellen;
- Beteiligung von Wirtschaftsfachleuten an Staatsbesuchen und anderen politischen Kontakten;
- Zuschüsse zu Industrieausstellungen im Ausland;
- Absicherung inländischer Unternehmen gegen bestimmte Risiken mit Hilfe von staatlich finanzierten Exportkreditversicherungen, in der BRD vor allem durch sog. HERMES-Deckungen;
- staatlich initiierte Selbstbeschränkungsmaßnahmen der inländischen und ausländischen Wirtschaft;
- staatlich geförderte Exportfinanzierung, z.B. durch staatlich kontrollierte Kreditinstitute (in der BRD z.B. die KfW);
- staatliche Entwicklungshilfe an ausländische staatliche und nichtstaatliche Empfänger mit mehr oder weniger starker Rückkoppelung, d.h. Beteiligung inländischer Unternehmen an der Ausführung der Projekte;
- Subventionen für bestimmte Wirtschaftszweige mit hohem Exportanteil (z.B. Flugzeugbau, Werften) in Form von Steuerbegünstigungen, zinsgünstigen Krediten, Rüstungsaufträgen etc.;
- Gemeinschaftliche Finanzierung und gemeinschaftlicher Betrieb von großen Anlagen (z.B. Flughäfen, Brücken, Häfen etc.) durch den Staat oder Gebietskörperschaften und Unternehmen in Form der sog. Public Private Partnership (PPP);
- Absicherung von Unternehmen bei Auslandsinvestitionen durch Investitionsschutzabkommen mit dem Gaststaat;

---

[65] Eine Übersicht über 10 typische Förderungsformen in den USA findet sich bei *McNeill Stokes*, International Construction Contracts, 2d ed. New York 1980, pp. 7–8.
[66] Die Abkürzung RSS steht für *„Really Simple Syndication".* Es geht dabei um Formate für die Veröffentlichung von Änderungen auf Websites.

- Exportverbote (z.B. Waffen in Krisengebiete, Verbote nach dem Atomsperrvertrag, Anti-Terror-Listen);
- staatliche und europäische Qualitäts- und Sicherheitsbestimmungen, *dual use*-Einschränkungen[67];
- Meldepflichten und Genehmigungsvorbehalte (betrifft z.B. Verkehr mit Gold, Handel mit Kaffee, Kakao, Zucker);
- Erhebung von Zöllen, Ausgleichsabgaben, Abschöpfungen usw.
- gesetzliche oder administrative Restriktionen für den Wirtschaftsverkehr mit bestimmten Ländern oder für bestimmte Waren (z.B. früher die „CoCom-Liste", jetzt das *Wassenaar Arrangement on Export Controls*);
- Gesetzliche Verbote und Einschränkungen bestimmter Praktiken (z.B. nach dem *Foreign Corrupt Practices Act* der USA oder dem am 1.7.2011 in Kraft getretenen *Bribery Act 2010* im U.K.; beide können auch für deutsche Unternehmen relevant werden. Zu entsprechenden deutschen und europarechtlichen Vorschriften s.u. Abschnitt „*Compliance*" § 19 IV.2.
- Corporate Governance Codices und ähnliche *Soft Law*-Regelungen;
- devisenrechtliche Regelungen;
- währungs- und kreditpolitische Maßnahmen (z.B. Auf- und Abwertung, Erhöhung der Leitzinsen, Stützungskäufe und -verkäufe der eigenen Zentralbank, Ankauf ausländischer Währungen durch Staaten oder Staatsfonds);
- staatliche Beteiligung an oder Beherrschung von für die Außenwirtschaft wichtigen Unternehmen (insbes. in sozialistischen oder Entwicklungsländern);
- Beschlagnahme oder ähnliche Hoheitsakte in Bezug auf einzelne Güter;
- schleichende Enteignung (z.B: durch extreme Besteuerung oder Abgabenlast, Verbot von Gewinntransfers);
- offene Enteignung.

Hinzu kommen europäische und weltweite Interventionen und Maßnahmen, wie die Etablierung des European Security Mechanism (ESM) im Jahr 2012 oder Aktionen des Internationalen Währungsfonds (IMF).

Versucht man, diese verwirrende Vielfalt der Interventionen und sonstigen staatlichen Handlungen nach einigen grundsätzlichen Kriterien zu ordnen, so lassen sich – wiederum vereinfachend – folgende sieben Stichworte nennen:
- Förderung
- Kontrolle
- Restriktion
- Beschaffung von Finanzmitteln

---

[67] Es handelt sich um „doppelverwendungsfähige Güter", die sowohl für zivilen als auch militärischen Gebrauch geeignet sind; s. dazu die EU-Verordnung Nr. 428/2009 („Dual-Use-VO"), ABl Nr. L 134 v. 29.5.2009, S. 1.

- Lenkung
- Schutz gegen Wirtschafts- und Finanzkrisen
- Entwicklungs- und Auslandshilfe.

II. Aktivitäten internationaler und supranationaler Organisationen

Eine große Zahl internationaler Organisationen verfolgen schwerpunktmäßig Ziele im Bereich des internationalen Handels- und Wirtschaftsverkehrs oder betätigen sich jedenfalls unter anderem in diesem Bereich. Hier sollen nur einige wichtige angeführt werden:
- World Trade Organization (WTO), Sitz in Genf (CH), Nachfolgeorganisation des GATT (General Agreement on Tariffs and Trade).
- Organization for Economic Cooperation and Development (OECD), Sitz in Paris (F).
- International Monetary Fund (IMF), seit 1944, Sitz in Washington D.C. (USA).
- International Bank for Reconstruction and Development („Weltbank"), seit 1945, Sitz in Washington D.C. (USA).
- United Nations Commission on International Trade Law (UNCITRAL), Hauptsitz in Wien (A).
- United Nations Conference on Trade and Development (UNCTAD), seit 1965, Sitz in Genf (CH).
- United Nations Industrial Development Organization (UNIDO), Sitz in Wien (A).
- United Nations Commission for Europe (UNECE), Sitz in Genf (CH).
- World Intellectual Property Organization (WIPO), Hauptsitz in Genf (CH).
- Transparency International (nichtstaatliche internationale Organisation mit nationalen Unterorganisationen), gegründet 1993, Sitz in Berlin (D).
- Council of Europe (Europarat), seit 1949, Sitz in Strasbourg (F).

Die **Ziele** dieser Organisationen sind ebenso vielfältig wie die Arten ihrer Tätigkeiten and Einflüsse auf die internationale Wirtschaft. Sie reichen von der Abfassung von Studien, Analysen, Statistiken etc. über die Veranstaltung von internationalen Kongressen, Lieferung von Informationen an Staaten und Wirtschaftsunternehmen, technische Zusammenarbeit mit Regierungen und anderen staatlichen Dienststellen, Entwicklung von Musterverträgen und Standardvertragsbedingungen, die Vorbereitung von Übereinkommen und Einheitsgesetzen, Abbau von Zöllen und sonstigen Handelsbeschränkungen, Beilegung und Entscheidung von internationalen Streitigkeiten bis hin zur Errichtung von internationalen Währungssystemen und Vergabe von Krediten und anderen Finanzhilfen. Einige dieser Aktivitäten werden in den folgenden Kapiteln näher behandelt.

Mit der Gründung der Europäischen Gemeinschaft – jetzt **Europäische Union (EU)** – wurde eine neue Art von internationalen Organisationen geschaffen, für die der Name „supranational" geprägt wurde.[68] Besonderheiten dieser neuen Qualität sind, dass die Mitgliedstaaten Teile ihrer Hoheitsrechte an die Organisation übertragen, so dass diese in bestimmten begrenzten Bereichen die Mitgliedstaaten verpflichten können, ohne dass es im Einzelfall auf deren Zustimmung ankommt, dass die Gemeinschaftsorgane in begrenztem Umfang unmittelbar verbindliche Rechtsnormen (in deutscher Terminologie „Verordnungen", auf Englisch *regulations*) setzen können und dass gemeinsame ständige Gerichte der Gemeinschaft mit Sitz in Luxemburg eingerichtet wurden, deren Entscheidungen sich die einzelnen Mitgliedstaaten von vornherein unterwerfen. Es handelt sich um den Europäischen Gerichtshof (EuGH), das Gericht erster Instanz der EU und das Gericht für den öffentlichen Dienst der EU. Die EU hat ferner spezifisch europäische Gesellschaftsformen[69] geschaffen. Durch sog. „Richtlinien" (englisch *Directives*), Europäische Übereinkommen (englisch *European Conventions*) und Empfehlungen (englisch *Recommendations*) sorgt sie ferner für eine Angleichung bestimmter Rechtsgebiete in den Mitgliedstaaten (z.B. Außenhandelsrecht, Gesellschaftsrecht, Handelsvertreterrecht, Verbraucherschutzrecht, Patentrecht) sowie die Ausarbeitung europäischer Industrienormen. Europäische Richtlinien[70] schaffen aber nicht notwendig einheitliches Recht, sondern setzen Zielvorgaben und sind in Bezug auf das Erreichen dieser Ziele verbindlich, überlassen aber die Wahl der Form und der Mittel den Mitgliedstaaten (Art. 288 AEUV). Beim Verbraucherschutz schaffen sie nur Mindestanforderungen, lassen also eine Umsetzung mit mehr Verbraucherfreundlichkeit zu.[71]

Heute entfaltet die EU vielfältige Tätigkeiten in diversen Bereichen, die weit über den Bereich der Wirtschaft hinausgehen. Unter anderem wurde die Einheits-Währung „Euro" von einem Teil der Mitgliedstaaten eingeführt („Euro-Gruppe"); für diese wurde die Europäische Zentralbank (EZB) eingerichtet. Nach den Verträgen von Maastricht (1992), Amsterdam (1997) und Lissabon (2007) wird zum Teil eine politische Union angestrebt. Dem trägt auch der Name „EU" Rechnung.

Zu erwähnen ist schließlich die **Bedeutung der „privaten" Organisationen**, wie der *International Chamber of Commerce (ICC)* in Paris, der *International Law Association (ILA)* mit Sitz in London, des *UNIDROIT Institute for the Unification of Private Law* in Rom, der *Association for International Arbitration (AIA)* mit Sitzen in Brüssel und New York oder der *International Federation of Consulting Engineers*

---

[68] Vgl. dazu *Schweitzer/Hummer*, Europarecht, 5. Aufl. Wien, 1996, S. 275 Rn. 872. Der Begriff war am Anfang sogar im Primärrecht der ersten europäischen Gemeinschaft EGKS verwendet worden, vgl. Art. IV, V EGKSV, ist dann aus den Vertragstexten verschwunden, wird aber nach wie vor in der Wissenschaft verwendet.
[69] Europäische Aktiengesellschaft „Societas Europaea (SE)" und „Europäische Wirtschaftliche Interessenvereinigung (EWIV)".
[70] Vgl. dazu auch o. § 2 II.1. zu Fn. 11.
[71] Art. 169 Abs. 4 AEUV.

(nach dem französischen Namen „*Fédération Internationale des Ingénieurs Conseils*" abgekürzt *FIDIC*) mit Sitz in Genf. Diese können zwar keine Rechtsnormen im eigentlichen Sinn setzen, üben aber über die Schaffung von einheitlichen Regeln, Verfahren, Mustervertragsbedingungen etc. dennoch erheblichen faktischen Einfluss auf die internationale Wirtschaft aus.[72] Immerhin können sie mittelbar Einfluss auf Rechtsquellen nehmen, z.B. indem sie zumindest einen beratenden Status bei Staaten und internationalen Organisationen erhalten, an der Vorbereitung internationaler Abkommen mitwirken, indem sich ihre Regelwerke zu Handelsbräuchen entwickeln oder sogar teilweise in staatliche und internationale Rechtsnormen eingehen.

---

72 Vgl. dazu o. § 2.

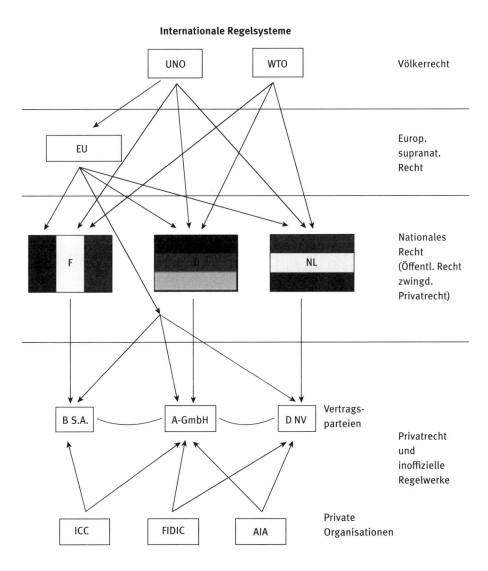

§ 7 Einwirkungen auf privatrechtliche Verträge

Aus der Sicht der Vertragsparteien ist es wichtig, die Einflüsse von Seiten der Nationalstaaten, der internationalen und supranationalen Organisationen auf ihre privatrechtlichen Beziehungen zu kennen. Vor allem interessieren sie die vertragsrechtlichen Mechanismen, mit denen diese Einflüsse aufgenommen und verarbeitet werden. Dabei sind drei Ebenen zu unterscheiden: Zustandekommen der Verträge, ihre inhaltliche Gestaltung und schließlich die Durchführung der Verträge einschließlich der Bewältigung von externen „Störungen".

Bevor ein Unternehmen erstmals längerfristige Geschäftsbeziehungen zu einem Unternehmen in einem anderen Land aufnimmt, wird es eine Reihe von Informationen einholen und Daten bzw. Punkte prüfen, die sowohl den zukünftigen Vertragspartner selbst, nicht zuletzt aus Compliance-Gründen[73], vor allem aber auch das politische, administrative und rechtliche Umfeld betreffen. S. dazu die „Checkliste Internationaler Handelsverkehr" im Anhang Nr. 4.

Im Folgenden kann selbstverständlich nicht die ganze Skala möglicher Einflüsse von staatlicher und internationaler Seite sowie entsprechender rechtlicher und administrativer Mechanismen dargestellt werden, sondern nur einige repräsentative Beispiele.

I. Ebene des Zustandekommens der Verträge

In negativer Hinsicht sind Außenhandelsverbote und -beschränkungen zu berücksichtigen, die dem Vertragsschluss entgegenstehen können. Diese ergeben sich in Deutschland vor allem aus dem **Außenwirtschaftsgesetz (AWG)**[74] und den dazu ergangenen Rechtsverordnungen. Das AWG stellt in § 1 Abs. 1 klar, dass der „Güter-, Dienstleistungs-, Kapital-, Zahlungs- und sonstige Wirtschaftsverkehr mit dem Ausland grundsätzlich frei" ist; Einschränkungen dieser Freiheit ergeben sich aus dem AWG und aufgrund des AWG erlassenen Rechtsverordnungen. Hinzu kommen aber die Vorschriften in anderen deutschen Gesetzen und Rechtsverordnungen, aufgrund von zwischenstaatlichen Vereinbarungen, denen die Bundesrepublik beigetreten ist, sowie den Rechtsvorschriften der Organe zwischenstaatlicher Einrichtungen, denen die Bundesrepublik Hoheitsrechte übertragen hat, hier vor allem der EU (§ 1 Abs. 2 AWG n.F.).

Das Gesetz enthält dann generelle **Beschränkungsermächtigungen**, z.B. zur Erfüllung rechtsverbindlicher internationaler Vereinbarungen (z.B. über Embargos), zur Verfolgung wirtschaftspolitischer, währungs- und konjunkturpolitischer Ziele oder auch allgemeiner politischer Zielsetzungen. Hier ist also eine direkte Einbruchsstelle für die jeweilige Politik.

Die Instrumente für die Realisierung dieser Beschränkungen sind dann in der Regel **Rechtsverordnungen**. Diese sollen der Regierung u.a. ermöglichen, schnell und gezielt auf Problemlagen im Außenwirtschaftsverkehr zu reagieren. Die Gesetzgebungsorgane müssen dem normalerweise nicht mehr zustimmen, doch hat der Bundestag – gegebenenfalls mit Zustimmung des Bundesrates – ein nachträg-

---

73 S. auch zum „Business Partner Check" u. § 19 IV.2.
74 Außenwirtschaftsgesetz i.d.F. v. 06.06.2013 (BGBl I 1482).

liches Änderungsrecht. Ferner können nach § 6 AWG n.F. durch **Verwaltungsakte** außenwirtschaftliche Handlungen beschränkt und Handlungspflichten begründet werden, um eine im Einzelfall gegebene Gefahr zum Schutz der öffentlichen Sicherheit und der auswärtigen Interessen Deutschlands (vgl. § 4 AWG) abzuwenden.

Positive Einflüsse auf das Zustandekommen von Verträgen ergeben sich u.a. aus **staatlichen Hilfen** bei der **Finanzierung und Risikoverteilung**, insbesondere die Übernahme bestimmter Risiken durch die vom Staat finanzierte und getragene „Exportkreditversicherung". Diese ist oft Voraussetzung für das Zustandekommen eines Außenhandelsgeschäfts. So werden etwa für einen Exportvertrag zwischen einem deutschen Unternehmen und dem Käufer aus einem Entwicklungsland die erforderlichen Kredite seitens deutscher Privatbanken oder der staatlich kontrollierten KfW nur gegeben, wenn „HERMES-Deckung" gewährleistet ist., d.h. wirtschaftliche und politische Risiken durch Bürgschaften oder Garantien der Bundesrepublik Deutschland abgedeckt sind.[75]

Ferner kann das Zustandekommen von der Finanzierung durch die Weltbank[76], den Europäischen Entwicklungsfonds (*European Development Fund EDF*)[77] oder andere **internationale Institutionen** abhängen. Diese nehmen dann oft unmittelbaren Anteil an den Vertragsverhandlungen und fördern bei positiver Einstellung zu dem Projekt das Zustandekommen des Vertrages. Dieses kann auch abhängig sein von der Befreiung von Zöllen, Steuern, Abgaben und sonstigen Restriktionen, vor allem von Seiten des Einfuhrlandes. Derartige Befreiungen sind oft auch Gegenstand von bilateralen Investitionsschutzverträgen zwischen dem Staat, aus dem ein Investor kommt, und dem Gastland, in dem das Projekt realisiert werden soll.[78]

---

75 Näheres dazu u. § 17 I.2.
76 S. oben § 6 II.
77 Der EDF ist eine Einrichtung der EU; der gegenwärtige verfügt zzt. über ca. € 22 Mrd.
78 Vgl. zum Investitionsschutz u. § 19 III.

Beispiel: Errichtung einer Fabrikanlage in Algerien durch ein deutsches Unternehmen U für die staatlich kontrollierte B-S.A. mit Mischfinanzierung

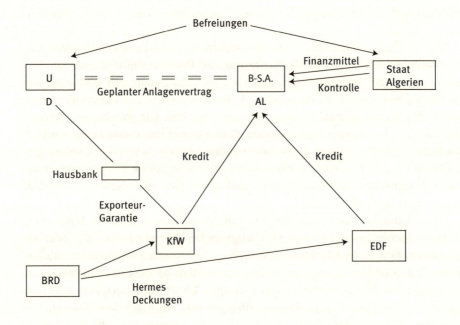

II. Ebene der Vertragsgestaltung

Den finanzierenden Institutionen ist aus verständlichen Gründen auch die Gestaltung des zu finanzierenden Hauptvertrages (Kauf-, Werk-, Werklieferungs- oder Anlagenvertrag etc.) und eventueller Nebenverträge für das Projekt nicht gleichgültig. Sie müssen beispielsweise ein dringendes Interesse daran haben, dass das Projekt wirtschaftlich sinnvoll ist sowie erfolgreich durchgeführt und in Betrieb genommen wird, dass die Parteien die Kosten unter Kontrolle halten, dass die Verteilung von Verantwortlichkeiten und Risiken angemessen gestaltet wird, jedenfalls nicht einseitig zu Lasten des Partners, dem der Kredit gegeben werden soll. Diese Interessen veranlassen die Kreditgeber, schon auf die betreffenden **Vertragsbedingungen des Hauptvertrages** Einfluss zu nehmen, bewährte Musterklauseln vorzuschlagen oder sogar umfangreiche Standardbedingungen für den Hauptvertrag vorzugeben, deren Vereinbarung im Wesentlichen zur Bedingung der Kreditgewährung gemacht wird.[79]

---

[79] S. dazu z.B. General Conditions for Works Contracts Financed by the EDF, zzt. i.d.F. von Juli 2012.

Bei der Vertragsgestaltung sollten Praktiker darauf achten, dass ggf. die Wirksamkeit des Hauptvertrages von der Wirksamkeit der Vereinbarungen mit den finanzierenden Institutionen abhängig gemacht wird. Sonst besteht die Gefahr, dass formal Verpflichtungen aus dem Kaufvertrag begründet werden, aber der Zahlungsfluss nicht gesichert ist.[80]

Auf einer mehr allgemeinen Ebene haben internationale Organisationen, wie UNECE, UNIDO oder der *European Development Fund*, Modellverträge[81] oder Standardvertragsbedingungen für bestimmte Vertragstypen ausgearbeitet, die von den Vertragsparteien übernommen werden können oder zum Teil auch müssen. Andere haben jedenfalls Empfehlungen oder Richtlinien für die Vertragsgestaltung herausgegeben (z.B. UNCITRAL *Legal Guides* zur Abfassung von internationalen Verträgen).[82]

III. Ebene der Durchführung der Verträge

Am auffälligsten werden staatliche Interventionen oder Auswirkungen staatlicher Maßnahmen dann, wenn sie *nach Abschluss des Vertrages* seine Durchführung und Erfüllung beeinflussen oder sogar in Frage stellen. Das ist der Albtraum aller an einem internationalen Geschäft beteiligten Vertragsparteien. Von diesen werden nahezu alle nachträglichen staatlichen Aktivitäten in dieser Hinsicht als **„Störungen"** (*interference*) empfunden, denen sie durch entsprechende Vertragsmechanismen Rechnung zu tragen versuchen. Man kann hier an dramatische Szenarien, wie Kriegserklärungen, Embargos oder Blockade von Schifffahrtswegen denken, aber auch an weniger sensationelle Einwirkungen, wie veränderte Genehmigungserfordernisse, neue Abgaben, Devisenvorschriften, Zollbestimmungen oder Ein- und Ausfuhrbeschränkungen. Zu Vertragsstörungen können auch unter dem Deckmantel der staatlichen Autorität erfolgende Maßnahmen führen, wie willkürliche Behinderungen in der Abwicklung von Zollformalitäten, bei denen z.B. angeblich unvollständige Dokumentationen bemängelt werden.

Die wohl häufigste Form, in der die Vertragsgestaltung derartige Situationen reflektiert, besteht darin, sie in *Force majeure*-Klauseln oder *Hardship*-Klauseln mehr oder weniger ausdrücklich zu antezipieren und in den Vertrag einzubauen (vgl. u. zu 2. und 3.).

---

80 Vgl. dazu näher u. § 15 VI.
81 Vgl. z.B. UNIDO Turnkey Lump Sum Model Form of Contract, Document UNIDO/PC.25/Rev.1, (1983), abgedruckt bei *Dünnweber*, Vertrag zur Erstellung einer schlüsselfertigen Industrieanlage im internationalen Wirtschaftsverkehr, Berlin 1984, Reprint 2011, dort Anhang S. 171 ff.
82 Z.B. Legal Guide on Drawing up International Contracts for the Construction of Industrial Works von 1988; Legal Guide on International Countertrade Transactions, Wien 1992.

1. Beispielfälle

(a) *Gas-Pipeline Embargo*

Im Jahr 1982 wurde als Sanktion gegen das auf sowjetischen Druck verhängte Kriegsrecht in Polen von den USA ein – völkerrechtlich umstrittenes – Embargo gegen die Sowjetunion für technische Güter zum Erdgas-Fernleitungsbau angeordnet. Es erfasste nicht nur direkte Lieferungen US-amerikanischer Unternehmen, sondern auch solche einschlägigen Güter, die irgendwann in den USA hergestellt und dann in ein Drittland exportiert worden waren. Ferner wurden Güter erfasst, die von ausländischen Tochtergesellschaften US-amerikanischer Konzerne oder von ausländischen Unternehmen mit US-amerikanischem Know-how hergestellt wurden (sog. „long-arm-statute").[83] Dadurch wurden auch deutsche Unternehmen betroffen. Die EG verfasste daraufhin eine ablehnende Stellungnahme.[84]

(b) *Helms Burton Act*

Gegen den Widerstand des damaligen Präsidenten Clinton verabschiedete der US-Kongress 1996 den sog. Helms-Burton Act[85]. Es ging um Sanktionen gegen die kubanische Regierung, u.a. auch um das Verbot des Imports von Produkten aus Drittländern, welche kubanische Rohstoffe (z.B. Zucker oder Nickel) enthalten, also wiederum auch um Sanktionierung von Handelsbeziehungen ausländischer Unternehmen. Das Gesetz wurde vom Europarat, der EU, Kanada, Mexiko u.a. Staaten verurteilt. Einige Staaten erließen eigene „Abwehrgesetze", z.B. Kanada den „Foreign Extraterritorial Measures Act (FEMA)"[86].

Wie können deutsche Unternehmen z.B. auf Folgen von US- oder EU-Embargos etc. reagieren? Können sie sich gegen die Folgen wehren oder ihnen vorbeugen?
- Klage vor den Verwaltungsgerichten gegen Außenhandelsverbote oder Verweigerung von Außenhandelsgenehmigungen in der Folge eines ausländischen Embargos.
Das nützt aber nichts, wenn das deutsche Unternehmen mit der Schadensersatzklage vor einem US-amerikanischen Gericht oder mit Sanktionen (Einreiseverbote etc.) in den USA konfrontiert wird. War das Embargo nach deutschem Recht wirksam, so nützt eine verwaltungsgerichtliche Klage auch nichts.

---

83 Vgl. Text in ILM 21 (1982) 864 ff.
84 ILM 21 (1982) 891 ff.
85 Cuban Liberty and Democratic Solidarity (Libertad) Act of 1996, 22 U.S.C. §§ 6021–6091.
86 Basisgesetz von 1985, auf Grund dessen dann mehrere Verordnungen, in denen kanadischen Unternehmen- verboten wurde, Anordnungen der US-Behörden auf Grund des Helms-Burton-Act zu befolgen und die Unternehmen angewiesen wurden, alle einschlägigen Einschüchterungen und Sanktionen zu melden. Eine dieser Verordnungen ist noch in Kraft.

- Geltendmachung eines Anspruchs auf Entschädigung durch den deutschen Staat bei einem Embargo, an dem sich die BRD beteiligt.
  Selten erfolgreich, ablehnend z.B. BGH v. 27.1.1994 – III ZR 42/92, BGHZ 125, 27 zum Irak-Embargo der EG von 1990.
- Auffang durch allgemeine vertragliche Mechanismen, z.B. *Force majeure*-Klauseln. Dadurch kann zumindest der Schaden begrenzt werden.
- Gegenüber einem ausländischen Vertragspartner: Berufung auf allgemeine Rechtsgrundsätze, z.B. rechtliche Unmöglichkeit, Wegfall der Geschäftsgrundlage,[87] *frustration of contract* etc.
- Absicherung durch private Exportkreditversicherung, bei der auch Sonderdeckung gegen Embargo-Risiken möglich ist.
- Rückgriff auf HERMES-Deckung: Diese kann bei ausländischem Embargo als politischem Risiko eingreifen. Bei Schäden durch ein von der BRD mitgetragenes Embargo ist die Rechtslage differenziert zu beurteilen. Hier kann eine Verschärfung des Embargos durch Ausschluss von der HERMES-Deckung eingreifen, so dass auch die Schäden durch vergebliche Produktionskosten nicht gedeckt sind.

2. Force majeure-Klauseln

Die Begriffe in den verschiedenen Rechtsordnungen für unsere Problematik (*„force majeure"*, „höhere Gewalt", „act of God") sind zwar ähnlich, aber inhaltlich keineswegs deckungsgleich, sondern **unterscheiden sich in den Einzelheiten** erheblich.[88] Im Folgenden konzentrieren wir uns auf den Begriff *„force majeure"*, der in der internationalen Wirtschaftsvertragspraxis am häufigsten ist, auch wenn die Verträge – wie üblich – in englischer Sprache abgefasst sind. Primitive Formen von derartigen Klauseln bestehen oft nur aus wenigen Worten, z.B. *„unforeseen circumstances excluded"* oder *„subject to force majeure"*, sind aber nicht zu empfehlen, weil sie oft Auslegungskonflikte auslösen.

Bei der Interpretation und praktischen Anwendung von *Force majeure*-Klauseln wäre es methodisch falsch, einfach das französische Begriffsverständnis zugrunde zu legen, das im Wesentlichen die drei Voraussetzungen *„événement extérieur, imprévisible und irrésistible"* aufstellt. Der Begriff der *force majeure* **im internationalen Wirtschaftsverkehr** hat sich inzwischen von diesem nationalen Verständnis

---

[87] Vgl. dazu BGH NJW 1984, 1746 (Dosenbier in den Iran), wo Wegfall der Geschäftsgrundlage infolge der islamischen Revolution anerkannt wurde.
[88] Die „Principles of European Contract Law" (PECL) vermeiden deshalb bei ihrer Behandlung des Problems die nationalen Begriffe und sprechen von *„excused non-performance"*, vgl. Lando/Beale (eds.), PECL, ed. 2002, Art. 8.108.

gelöst; die Vertrags- und Schiedsgerichtspraxis hat eine **eigene Dogmatik** entwickelt, auf die es hier ankommt.

Aufbau einer typischen „ausgereiften" Klausel:

Jede entwickelte *force majeure*-Klausel besteht aus einem **Tatbestands-** und einem **Rechtsfolgenteil**. Hinzu kommt i.d.R. ein **Verfahrensteil**, der jedoch auch in den Rechtsfolgenteil eingebaut sein oder ganz fehlen kann. Letzteres bedeutet allerdings ein Defizit und ist nicht zu empfehlen.

a) Tatbestand:

Beschreibung der *force-majeure*-Situation

aa) Tatsächliche Umstände, die eine Ausnahmesituation begründen (*circumstances*)

aaa) allgemeine Formel

bbb) Regelbeispiele

bb) Auswirkungen auf die Erfüllung vertraglicher Pflichten (*consequences*)

b) Verfahren (*procedure*) z.B. Benachrichtigung, Form, Frist

c) Rechtsfolgen:

insbes. Befreiung von der vertraglichen Haftung, z.B. „*... party not considered to be in breach of contract*", u.U. Vertragsbeendigung. Dieser Teil kann, wie im folgenden Beispiel, auch differenzierter sein und z.B. unter bestimmten Voraussetzungen die Vertragsbeendigung vorsehen.[89]

Beispielklausel

Force majeure are circumstances beyond the control of the parties, for example earthquake, tsunami, tornado, revolution, acts of war, piracy, embargo, strike or blockade, which are unforeseeable at the time of the conclusion of the contract, and which render the further execution of the contract impossible.

In such a case the party suffering from these events shall immediately give the other party notice in writing of the cause of delay. The notice shall be confirmed by official evidence.[90] *The parties are obliged to examine the situation together. If they do not reach an agreement and if the force majeure situation lasts for at least three months, then either party shall have the right to*

---

[89] Vgl. Beispiel bei *Brabant*, Le Contrat International de Construction, Bruxelles 1981, p. 407.

[90] Dieser Satz wird oft weggelassen, weil die Erfahrung gezeigt hat, dass in derartigen Situationen eine offizielle Bestätigung, z.B. seitens einer Behörde, in vielen Ländern nicht zu bekommen ist und deshalb die vertragliche Regulierung durch dieses Erfordernis nur verzögert wird. Ferner ist er problematisch, weil unklar bleibt, wer und was mit „official evidence" gemeint ist. Reicht bei „storm" eine Bescheinigung des örtlichen Wetterdienstes oder bei „riot" eine Bescheinigung der lokalen Polizeibehörde? M.a.W.: Welche nationalen Behörden sind befugt oder ermächtigt, Tatbestände der *force majeure* rechtsverbindlich zugunsten der einen oder anderen Vertragspartei zu zertifizieren?

terminate the contract, but without prejudice to the rights and obligations of the parties prior to such termination. No indemnity shall be claimed by either party in case of force majeure.[91]

Viele *Force majeure*-Klauseln beziehen in die Regelbeispiele auch **Einwirkungen aus der staatlichen Sphäre** ein, z.B. Handlungen des Importstaates, wie *„any legislative, judicial or governmental action"* oder *„prohibition of export or import"*.[92] Das ist bei unsicherer Lage im Importland durchaus sinnvoll, wird sich aber nicht immer durchsetzen lassen, vor allem dann nicht, wenn Importeur bzw. Auftraggeber der dortige Staat selbst oder ein von ihm kontrolliertes Unternehmen ist. Dann ist es besser, auf die ausdrückliche Nennung zu verzichten, sich auf die allgemeine Formel und die Vernunft des eventuell entscheidenden Schiedsgerichts zu verlassen.[93] Der beratende Jurist macht sich sonst schnell unbeliebt, weil er durch solche Vorschläge u.U. den Vertragsschluss gefährdet. Ist der betreffende Staat selbst Auftraggeber, so fehlt es übrigens schon an einem *„circumstance beyond the control of the parties"*, wenn er durch staatliche Maßnahmen die Vertragserfüllung behindert; es liegt dann eine Vertragsverletzung von seiner Seite nahe.

Bemerkenswert ist, dass die **Rechtmäßigkeit** staatlicher Maßnahmen – sei es im innerstaatlichen oder völkerrechtlichen Sinne – regelmäßig für die *Force majeure*-Situation keine Rolle spielen soll, weil auch rechtswidrige Eingriffe des Staates meist als unwiderstehlich und unabwendbar angesehen werden müssen. Da nützt es nichts, dass vielleicht die Möglichkeit besteht, die staatlichen Akte in einem langwierigen verwaltungsgerichtlichen Verfahren anzugreifen. Zum Teil wird dieser Gesichtspunkt auch in den Klauseln ausdrücklich klargestellt, z.B. *„... acts of Government or any governmental authority or representative thereof (whether or not legally valid) ..."*[94] oder *„... act of authority, whether lawful or unlawful ..."*[95]. In vielen Staaten gibt es nicht einmal die theoretische Möglichkeit, staatliche Maßnahmen vor einem unabhängigen Gericht anzugreifen.

Ferner ist davon abzuraten, die Klausel durch lange **Aufzählungen** von einzelnen Ereignissen zu belasten. Dies ist bei der ICC *Force majeure*-Musterklausel 2003[96] der Fall, wo ca. 70 einzelne Störungsquellen (z.B. allein fünf verschiedene Arten von Stürmen) aufgezählt werden. Damit beschwört man die Gefahr, dass formalistisch denkende Schiedsrichter einen nicht ausdrücklich genannten Fall nicht unter die

---

91 Es handelt es sich hierbei um eine relativ kompakte Klausel. Die Musterklausel der ICC – www.trans-lex.org/700700 und ICC Publ. No. 650 (2d ed. 2003) – ist viel länger, erst recht die in US-amerikanischen Verträgen. Dies trägt aber nicht unbedingt zu größerer Rechtsklarheit bei.
92 Beispiele nach *Fontaine*, dpci 1979, 469 (479).
93 Man sieht daran aber, wie wichtig es ist, dass die Force majeure-Klausel eine allgemeine Formel enthält und sich nicht auf die Aufzählung von Einzeltatbeständen beschränkt.
94 *Fontaine*, aaO (Fn. 92), 479.
95 Zitat aus der ICC Force Majeure Clause 2003, vgl. o. Fn. 91.
96 Vgl. Fn. 91.

Klausel subsumieren. Die ICC verfolgt bei ihrem Klauselvorschlag allerdings die Absicht, die Beweislast umzukehren, wenn einer der aufgezählten Tatbestände zutrifft. Es ist jedoch fraglich, ob dieses Ziel realistisch ist. Es genügt nämlich für den Beweis der Befreiungsvoraussetzungen nicht, dass sich im betreffenden Land ein Tornado, ein Aufstand etc. ereignete, sondern dieser muss für die Nichterfüllung ursächlich gewesen sein. Hinzukommen muss ferner, dass der Schuldner diese Störung bei Vertragsschluss nicht vorhersehen bzw. einkalkulieren konnte. Diese beiden Beweise kann aber der betreffenden Partei fairerweise nicht deshalb erspart werden, weil in dem betreffenden Land ein Tornado gewütet hat. Die andere Vertragspartei hätte dann die Last, den äußerst schwierigen Gegenbeweis zu führen, dass dieses Ereignis für die betreffende Leistungshandlung gerade nicht ursächlich war bzw. dass die Partei es zzt. des Vertragsschlusses doch in Betracht ziehen musste.

Es gibt auch Klauseln, die *statt* des Begriffs oder *statt* der Umschreibung der *force majeure* einzelne Ausnahmetatbestände aufzählen, also diese nicht nur als Regelbeispiele anführen. Dieses Verfahren wird häufig in der Versicherungswirtschaft angewendet.[97] Unter den formalen Oberbegriff „Exclusions" finden sich dann lange Aufzählungen von Ereignissen, von *„war, civil war, revolution"* über *„arrest, derelict mines, strikes, lockouts, terrorism"* bis hin zu *„acts of any government"*. Naturgemäß wird auf diese Weise nie Vollständigkeit erreicht. Deshalb werden die Ketten von Einzeltatbeständen bei jeder neuen Ausgabe der Vertragsbedingungen länger. Schiedsrichter sind an diese kasuistische Methode gebunden, stellen sich darauf ein und werden bei Ereignissen, die nicht genannt werden, keine Analogien bilden, sondern eine Ausnahme verweigern. In Versicherungsbedingungen mögen solche Klauseln einen Sinn haben, aber im Übrigen sind sie auf keinen Fall empfehlenswert.

Der durch den verheerenden Tsunami im März 2011 und den Atomunfall von *Fukushima* (Japan) ausgelöste wirtschaftliche Schock für japanische Unternehmen stellt sicherlich einen Fall dar, in dem sich ein direkt betroffenes Unternehmen auf *force majeure* berufen kann. In diesem Zusammenhang wird aber die Frage bedeutsam, wie der Fall zu beurteilen ist, dass sich in einer **Lieferkette** der erste direkt betroffene Vertragspartner (z.B. ein Zulieferer eines Autoherstellers) auf *force majeure* berufen kann, die weiteren in die Lieferkette eingebundenen Unternehmen jedoch **nicht unmittelbar, aber doch mittelbar von dem Naturereignis betroffen** sind.[98] Entsprechende Fragen stellen sich bei Verhinderung der Leistungen von Subunternehmern.

---

97 So z.B. in den Institute Cargo Clauses (A) (vgl. Anhang Nr. 13) und (B) für Transportversicherungen.
98 S. dazu *Tanaka, Mikio* in Japan Markt 2011 S. 40 f.

3. Hardship-Klauseln

Trotz unterschiedlicher Formulierungen laufen *Force majeure*-Klauseln im Allgemeinen darauf hinaus, die Verantwortung des Schuldners der gestörten Leistung für deren Nichterfüllung bzw. Verzögerung oder Schlechterfüllung auszuschließen und evtl. den Vertrag zu beenden. Die sog. *Hardship*-Klauseln tendieren dagegen in erster Linie zu einer *Anpassung* der vertraglichen Pflichten und Rechte in Fällen der Leistungs*erschwerung* oder nur vorübergehenden Störung.

Typischerweise geht es also in *Force majeure*-Situationen um **Unmöglichkeit** der Vertragserfüllung, in *Hardship*-Situationen dagegen um deren **Erschwerung**, also i.d.R. eine höhere Belastung einer Partei.

Im Übrigen ist der Aufbau der typischen *Hardship*-Klauseln aber ähnlich dem oben zu 2. beschriebenen Aufbau der *Force majeure*-Klauseln. Auch bei ersteren kann man Tatbestands- und Rechtsfolgenseite und zusätzlich eventuell noch einen Verfahrensteil unterscheiden.

Beispiel[99]

> „1) A party to a contract is bound to perform its contractual duties even if events have rendered performance more onerous than could reasonably have been anticipated at the time of the conclusion of the contract.
>
> 2) Notwithstanding paragraph 1 of this Clause, where a party to a contract proves that:
>   [a] the continued performance of its contractual duties has become excessively onerous due to an event beyond its reasonable control which it could not reasonably have been expected to have taken into account at the time of the conclusion of the contract; and that
>   [b] it could not reasonably have avoided or overcome the event or its consequences, the parties are bound, within a reasonable time of the invocation of this Clause, to negotiate alternative contractual terms which reasonably allow for the consequences of the event.
>
> 3) Where paragraph 2 of this Clause applies, but where alternative contractual terms which reasonably allow for the consequences of the event are not agreed by the other party to the contract as provided in that paragraph, the party invoking this Clause is entitled to termination of the contract."

Kommentar d. Verf. zu dieser Modellklausel

Die Fassung dieser Musterklausel ist nicht ideal. Zunächst ist die Gliederung ungewöhnlich: In Absatz 2 werden Tatbestand, Rechtsfolgen und Verfahren miteinander

---

[99] ICC Hardship Clause 2003, ICC Publik. 650, Copyright der ICC, abgedruckt mit freundlicher Genehmigung der ICC. Der hier abgedruckte Text ist gültig zur Zeit der Publikation dieses Buches. Zu späteren Änderungen und mehr Informationen s. ICC Publikation Nr. 650, www.iccbooks.com.

vermischt. Er beginnt mit einem Verfahrensdetail (Beweislast), geht über zu einer Wirkung auf die Vertragserfüllung (*consequences*), deren Ursachen (*circumstances*) dann anschließend unter Ziff. [a] und [b] dargestellt werden. Unter [b] wird das wieder verknüpft mit einer Verfahrensvorschrift (Pflicht zu Verhandlungen) und mit der ersten Stufe der Rechtsfolge, die aber nicht klar zum Ausdruck bringt, dass es um Vertragsanpassung geht. Dann folgt in Absatz 3 schließlich die zweite Stufe der Rechtsfolgen. Hinzu kommt der siebenmalige Gebrauch der Leerformel „*reasonable*"[100]. Man vermisst beim Verfahren ferner klare zeitliche Vorgaben, etwa statt „*within a reasonable time*" eine maximale Frist.

Im Übrigen werden in der Vertragspraxis die Unterscheidungen zwischen *force majeure* und *hardship* nicht immer streng eingehalten. Zum Teil überschneiden sich dort in den Klauseln die *Force majeure*-Tatbestände mit den *Hardship*-Tatbeständen. Das ist natürlich unglücklich und führt zur Verwirrung, weil dann die Verfahren und Rechtsfolgen durcheinander geraten. Man sollte als beratender Jurist solche verwaschenen Klauseln vermeiden, die **Tatbestände klar auseinander halten** und in den Formulierungen unterscheiden. So werden zum Beispiel in den UNIDROIT Principles 2010 der Tatbestand und die Rechtsfolgen der *force majeure* in Art. 7.1.7 von denen der *hardship* in Art. 6.2.2 deutlich getrennt.

Als Härtesituationen werden in *Hardship*-Klauseln wiederum häufig **staatliche Einwirkungen** genannt, z.B.

> „... *discriminatory Governmental action or regulation on customs duties* ...";
> „... *changes in monetary values* ...".
> „*Au cas où une quelconque mesure légale, administrative ou réglementaire serait imposée à (...) par des autorités publiques ....*"[101]

Andererseits gibt es gelegentlich auch Klauseln, die bestimmte Umstände im Sinne der *hardship* als unbeachtlich ausschließen, z.B.

> „... *price control by the Government of the state of the relevant buyer affecting the price of ... in the market shall not be considered to constitute substantial hardship.*"[102]

Eine enge inhaltliche Verbindung besteht zwischen den oben beschriebenen speziellen *Hardship*-Klauseln und allgemeinen Loyalitäts-Klauseln (*loyalty clauses*).

---

[100] Der Begriff „*reasonable*" stammt aus dem englischen Recht und ist dort einer der häufigsten Standards. Allerdings wird er dort in den jeweiligen Zusammenhängen durch *Case Law* konkretisiert. Daran fehlt es aber, wenn im konkreten Fall englisches Recht nicht anwendbar ist oder wenn den entscheidenden Schiedsrichtern entsprechende Kenntnisse fehlen. Dann ist die häufige Verwendung eine „Luftbuchung".
[101] Alle Beispiele von *Fontaine*, dpci 1976, 51 (65f.).
[102] *Fontaine*, aaO, 67.

Vgl. zu diesem Problemkreis auch unten § 12 VII, zu Loyalitäts-Klauseln insbesondere § 12 VII.5.

Eine andere Möglichkeit, störenden Einwirkungen von Seiten der öffentlichen Gewalt vorzubeugen, besteht in der Einschränkung der Klausel über das auf den Vertrag anzuwendende Recht. Darauf ist in einem späteren Kapitel einzugehen.[103]

4. Material Adverse Change (MAC)-Klauseln

Hierbei handelt es sich um aus der US-Praxis stammende Klauseln, die bei wesentlichen negativen Veränderungen zwischen Vertragsschluss und -ausführung ein außerordentliches Recht zur Vertragsbeendigung geben. Näheres dazu unten § 12 VII.6.

Praxis-Tipps

Internationale Verträge sollten spezielle Regelungen für die Fälle höherer Gewalt („*Force majeure*-Klauseln") und der Erschwerung der Vertragserfüllung durch äußere Umstände („*Hardship*-Klauseln") enthalten. Bei ersteren geht es typischerweise um die vorübergehende oder andauernde Unmöglichkeit der Erfüllung, bei den letzteren um die höhere Belastung einer Vertragspartei.

Beide Arten von Störungen dürfen nicht vermengt, sondern müssen im Vertrag klar unterschieden werden. Zur *force majeure* sind auch störende Einwirkungen aus der staatlichen Sphäre, wie neue Exportverbote oder Devisenkontrollen, zu rechnen. Beide Arten von Vertragsklauseln sollten auch möglichst klare Verfahrensvorschriften enthalten. Regelmäßige Rechtsfolgen von Fällen der *force majeure* sind Suspendierung der vertraglichen Pflichten bis zur Beendigung der entsprechenden Situation, bei längerer Störung das Recht zur Vertragsbeendigung. Regelmäßige Rechtsfolge der *hardship* ist die Anpassung des Vertrages.

Bei der Formulierung des Tatbestands der *Force majeure*-Klausel ist die bloße Aufzählung von Einzeltatbeständen nicht zu empfehlen. Stattdessen ist eine möglichst genaue allgemeine Definition der *force majeure* mit der Nennung einiger typischer Regelbeispiele vorzuziehen.

Die Klausel, dass die Nachricht über die *Force majeure*-Situation durch „*official evidence*" bestätigt werden müsse, ist nicht zu empfehlen, weil sie unklar ist und eine solche Bestätigung in vielen Ländern nicht zu bekommen ist.

Schrifttum

Blaschczok, Gefährdungshaftung und Risikozuweisung, Köln 1998, S. 37 ff.
Brabant, Le Contrat International de Construction, Bruxelles 1981, S. 292 ff, 406 f.
Fontaine, Les Clauses de Hardship – Hardship Clauses, dpci 1976, 7 ff, 51 ff (zweisprachig).
 ders., Les Clauses de Force Majeure dans les Contrats Internationaux, dpci 1979, 469 ff.
Fontaine/de Ly, Droit des contrats internationaux: analyse et rédaction de clauses, 2e éd. Bruxelles 2003, chs. IX et X.
Heuzé, V., La Vente Internationale de Marchandises, Paris 2000, pp. 421 ff.

---

[103] S. dazu u. § 14 III.

ICC Publication No. 650 Force Majeure Clause 2003/Hardship Clause 2003, 2d ed. Paris 2003.
Jansen, Die Struktur des Haftungsrechts, Tübingen 2003, S. 607–614.
Konarski, Force majeure and hardship clauses in international contractual practice, International Business Law Journal 2003, 405–428.
Oppetit, L'adaptation des contrats internationaux aux changement des circonstances: la clause de „hardship", JDI 101 (1974), 794–814.

3. Teil: Vorvertragliche Phase und Zustandekommen internationaler Verträge

§ 8 Allgemeine Probleme

I. Anwendbares Recht

1. Problematik

Die Untersuchung der Entwicklung und des rechtlichen Schicksals einer internationalen Transaktion kann sich nicht einfach auf das deutsche Recht oder ein anderes nationales Recht stützen. Sie muss der Tatsache Rechnung tragen, dass nur ein kleiner Prozentsatz der Geschäfte im internationalen Handels- und Wirtschaftsverkehr deutschem Recht unterliegen.

Bei den Problemen der vorvertraglichen Beziehungen zwischen den Parteien kommen jedoch zusätzliche Schwierigkeiten hinzu. In der Regel gibt es in diesem Stadium **noch keine Rechtswahl**. Die Kollisionsnormen (z.B. der frühere Art. 31 Abs. 1 EGBGB a.F. und jetzt **Art. 10 Abs. 1 der Verordnung „Rom I"**) behelfen sich, indem sie – nicht immer sehr überzeugend – das Recht, dem der Vertrag nach seinem wirksamen Zustandekommen unterliegt, bereits auf das vorvertragliche Verhältnis und auf die Phase des Vertragsschlusses ausdehnen: Scheitert also der Vertragsschluss, so soll eine hypothetische Betrachtung entscheiden: Welches Recht wäre bei Zustandekommen des Vertrages Vertragsstatut[104] geworden? *Morris* spricht von einem ***„putative proper law"***[105] Es wird sich zeigen, dass dieser Grundsatz an einigen Stellen durchbrochen wird.[106] Noch fragwürdiger ist die Anwendung dieses putativen Vertragsstatuts auf eine eventuelle Haftung aus *culpa in contrahendo*, die nunmehr von der europäischen „Rom II-Verordnung" als Grundsatz aufgenommen worden ist.[107]

Allgemein formuliert erweist sich also die Parteiautonomie, die doch eine der wichtigsten Säulen für eine sachgerechte rechtliche Ordnung internationaler wirtschaftlicher Transaktionen ist, gerade in dem hier interessierenden Bereich der vorvertraglichen Beziehungen und des Vertragsschlusses als wenig tragfähig, allerdings auch nicht als völlig irrelevant.

---

104 Vgl. zum Begriff „Vertragsstatut" u. § 14 I, S. 210 ff.
105 *Morris*, The Conflict of Laws, 3d ed. London 1984, p. 282; s. dazu auch *Albeko Schuhmaschinen v Kamborian Shoe Machine Co. Ltd.* (1961) 111 L.J. 519.
106 S. dazu u. § 8 I.3.
107 S. dazu näher u. § 8 I.3.

Dies zeigt sich am Beispiel des *Letter of Intent (LOI)*, ferner beim *Memorandum of Understanding* und ähnlichen Verrechtlichungen der vorvertraglichen Phase[108]. Wenn es zum Beispiel darum geht, ob bereits im Vorfeld der Vertrages ein gewisser Konsens mit rechtlichen Wirkungen erreicht worden ist oder ob sogar ein Vorvertrag zustande gekommen ist, dann ist die Bedeutung der Privatautonomie, sei es im Sinne der kollisionsrechtlichen Parteiautonomie oder im Sinne der inhaltlichen Gestaltungsfreiheit oder Abschlussfreiheit, evident. Deshalb sollte versucht werden, **bereits beim LOI eine Rechtswahlklausel** zu vereinbaren; bei Erfolg dient dies einer vereinfachten Wahl des gleichen Rechts im Hauptvertrag. Kommt es allerdings zu einer anders lautenden Rechtswahl im Hauptvertrag, so führt das u.U. zu einem „*clash*" (Zusammenstoß) der beiden Rechtsordnungen, denn wenn auch der LOI in der Regel als unverbindlich gilt, so „überleben" doch immer wieder Klauseln aus dem LOI (z.B. zur „Exklusivität" oder „Vertraulichkeit"). Gleichwohl wird in diesem Stadium der Rückgriff auf eine Rechtswahl der Parteien oft nicht ergiebig sein.

Trotz dieser Schwierigkeiten ist die Beschäftigung mit dieser heiklen Phase, die von *Brabant* mit der komplizierten Annäherung von Pamina und Tamino in Mozarts „Zauberflöte" verglichen wird,[109] sowohl von großem praktischem Interesse als auch dogmatisch interessant.

2. Entwicklung einheitlicher internationaler Regeln

Bemühungen um die Schaffung einheitlicher internationaler Regeln für die vorvertragliche Phase und den Vertragsschluss oder zumindest die Annäherung der entsprechenden nationalen Normen sind seit vielen Jahrzehnten unternommen worden. Sie haben zu greifbaren Erfolgen geführt, und zwar zunächst im Haager Einheitlichen Recht über den Abschluss internationaler Kaufverträge von 1964, an dessen Stelle nun die **Artt. 14–24 des „Wiener Einheitlichen Kaufrechts" (CISG)** getreten sind. Allerdings betreffen sowohl das Haager Abschlussrecht als auch Artt. 14–24 CISG nur den Vertragsschluss; beide geben allenfalls mittelbare Hinweise auf die Pflichten und Rechtsfolgen von Pflichtverletzungen in der vorvertraglichen Phase.

Etwas ergiebiger sind in dieser Hinsicht die **UNIDROIT Principles 2010 (Artt. 2.1 bis 2.22)**. Zunächst haben diese dem Vertragsschluss auf der Grundlage von AGB („*standard terms*") einige spezielle Bestimmungen gewidmet, die u.a. die Probleme der überraschenden Klauseln (Art. 2.1.20) und des „*battle of forms*" (Art. 2.1.22)[110] direkt regeln. Ferner gibt es zwei Bestimmungen, die – allerdings in sehr allgemeiner Form – Fragen des vorvertraglichen Verhältnisses ansprechen:

---

108 Vgl. zu diesen Instrumenten u. § 10 IV. und V.
109 *Brabant*, La Contrat International de Construction, Bruxelles 1981, p. 113.
110 Vgl. dazu näher u. III.

Art. 2.1.15 (Schadensersatzpflicht bei Verhandlungen oder deren Abbruch entgegen Treu und Glauben) und Art. 2.1.16 (Pflicht zur Wahrung der Vertraulichkeit – *duty of confidentiality*).

Die **PECL** enthalten allgemeine Bestimmungen zum Prinzip des guten Glaubens (*good faith and fair dealing*) und legen eine Pflicht zur Zusammenarbeit der Parteien fest (Artt. 1.201 und 1.202 PECL), die auch für das vorvertragliche Verhältnis relevant sind. Zum *battle of forms* nehmen die PECL in Art. 2:209 Stellung.[111] Dagegen sagen sie zu konkreten vorvertraglichen Pflichten nichts. Zu diesem Problem unternimmt der **Draft Common Frame of Reference (DCFR)** den Versuch, nähere vorvertragliche Pflichten zu regeln, z.B. in Art. 3:101 DCFR vorvertragliche Informationspflichten. In diesem Kontext postuliert er den Standard des „redlichen Geschäftsverkehrs" (Art. 3:101[2] DCFR).

Ferner sind in diesem Zusammenhang die Leistungen der **internationalen Vertragspraxis und Rechtswissenschaft** bei der Entwicklung besonderer Instrumente für die vorvertragliche Phase (z.B. *Letter of Intent, Memorandum of Understanding, Heads of Agreement, Heads of Terms (HoT), Term Sheet,* Vorvertrag) zu erwähnen, die zum Teil in ihren Konturen und Rechtswirkungen noch unscharf sind, aber doch schon bedeutende Schritte in Richtung auf eine graduelle Sicherung und begrenzte Bindung der Verhandlungspartner darstellen. Sie tragen damit zugleich auch zur Entwicklung von Verhaltensregeln und Sanktionsformen bei, auf die später[112] noch näher einzugehen ist.

Im Schrifttum finden sich ebenfalls vielfältige Ansätze zur Ermittlung gemeinsamer Grundsätze und zur Feststellung gewisser internationaler Regeln für das vorvertragliche Stadium.[113] Schwierigkeiten ergeben sich hier vor allem durch gravierende **Unterschiede zwischen den anglo-amerikanischen und den kontinental-europäischen Rechtssystemen**, zum Beispiel einerseits der Doktrin der *Consideration* mit der Folge der fehlenden Bindung an ein Angebot und der Unwirksamkeit eines *agreement to agree*, andererseits der eigenwilligen Entwicklung der vertragsähnlichen Haftung für *culpa in contrahendo* im deutschem Recht, die vor allem durch die Regelung der Gehilfenhaftung im BGB bedingt ist. Gerade die letztgenannte Besonderheit hat zu einer Spaltung in ein vertraglich orientiertes Lager (z.B. Deutschland, Schweiz, Österreich, Griechenland) und ein deliktsrechtlich orientiertes Lager (z.B. England, Frankreich und davon beeinflusste Rechtsordnungen) geführt.[114] Dennoch

---

111 S. dazu u. Abschn.III.
112 S. u. § 10 IV–VI.
113 Vgl. etwa *Brabant*, aaO (Fn. 109), pp. 111–122; *R. Rodière*, La Formation du Contrat, Paris 1976; *Lutter*, Der Letter of Intent, 3. Aufl. Köln u.a. 1998; *Basse*, Das Schweigen als rechtserhebliches Verhalten im Vertragsrecht, Frankfurt a.M. u.a. 1986; *ICC* (ed.), Formation of Contracts and Precontractual Liability, Paris 1990.
114 Vgl. *Kötz*, Europäisches Vertragsrecht Bd. I, Tübingen 1996, S. 50 ff.

brauchte das die Entwicklung internationaler Verhaltensregeln für Vertragsverhandlungen nicht zu hindern. In diesem Sinne hat *Brabant* eine „*déontologie de la négotiation internationale*" gefordert.[115] Dies ist ein richtiger Ansatz, die nähere Ausarbeitung allerdings noch eine Aufgabe für die Zukunft.

3. Das IPR in Bezug auf vorvertragliche Phase und Vertragsschluss

Ist das UN-Kaufrecht anwendbar, so enthalten dessen **Artt. 14–24 CISG** immerhin einige **einheitliche Sachnormen** zum Zustandekommen des Vertrages und zu wichtigen Problemen aus dieser Phase der Beziehungen zwischen den Parteien (vgl. dazu u. § 9 II). Die CISG regelt jedoch nicht die vorvertraglichen Pflichten der Verhandlungspartner, insbesondere nicht die Haftung für vorvertragliches Verschulden. Haben die Parteien die Geltung des Einheitsrechts ausgeschlossen (Art. 6 CISG) oder fehlt es an einheitlichen internationalen Regeln, so muss notgedrungen für die Beurteilung der vorvertraglichen Beziehungen bzw. des Vertragsschlusses auf die einschlägigen Kollisionsnormen und die danach anzuwendenden nationalen Sachnormen zurückgegriffen werden.

Nach dem in Deutschland anzuwendenden **Kollisionsrecht** gilt, wie schon oben[116] erwähnt, für das Zustandekommen des Vertrages das Recht, welches auf den Vertrag im Falle seiner Wirksamkeit anzuwenden wäre, also das sogenannte **putative Vertragsstatut** (früher Art. 31 Abs. 1 EGBGB a.F., seit 17.12.2009 **Art. 10 Abs. 1 Rom I-VO**). Diese Regelung gilt jetzt einheitlich in allen Staaten der EU außer Dänemark. Es handelt sich um eine sog. *loi uniforme*, d.h. das nach dieser VO bezeichnete Recht ist auch dann anzuwenden, wenn es nicht Recht eines EU-Mitgliedstaates ist (Art. 2 Rom I-VO). Allerdings enthält die Rom I-VO – wie auch früher schon Art. 31 Abs. 2 EGBGB a.F. – eine **Einschränkung in Art. 10 Abs. 2**. Dieser sieht unter bestimmten Voraussetzungen, deren Umschreibung in ihrer abstrakten Formulierung etwas sibyllinisch klingt, eine Sonderanknüpfung vor, und zwar an das Recht des gewöhnlichen Aufenthalts einer Partei. Ohne die Vorgeschichte ist diese Ausnahme kaum verständlich. Im Jahr 1971 hatte der BGH in einem aufsehenerregenden Urteil[117] entschieden, dass für die Frage, ob einem bestimmten Verhalten einer Person – insbesondere ihrem Schweigen – überhaupt rechtsgeschäftliche Bedeutung zukommt, auf deren Wohnsitzrecht „Rücksicht zu nehmen sei"; insofern müsse das auf den Vertragsschluss anzuwendende Recht unter Umständen eingeschränkt werden. Diesem Urteil folgte eine Reihe von weiteren Entscheidungen, welche die

---

115 *Brabant*, aaO (Fn. 109), 137 f. Im Entwurf für ein Gemeinsames Europäisches Kaufrecht (DCESL) vom 11.10.2011 (COM [2011] 635 final) sind in Art. 23 immerhin einige allgemeine vorvertragliche Informationspflichten enthalten. Ausreichend ist das nicht.
116 § 8 I.1. vor Fn. 105.
117 BGHZ 57, 72 = NJW 1972, 391 (394), der sog. Küchenmöbel-Fall.

Ausnahme wieder einschränkten oder konkretisierten.[118] Gerade für derartige Fälle des Schweigens einer Partei auf eine rechtlich erhebliche Erklärung der anderen, beispielsweise ein kaufmännisches Bestätigungsschreiben[119], ist die Ausnahmeregelung zugeschnitten, die über das EG-Schuldrechtsabkommen von 1980 und Art. 31 Abs. 2 EGBGB a.F. nun in Art. 10 Abs. 2 Rom I-VO gewandert und damit zu unmittelbar verbindlichem EU-Kollisionsrecht geworden ist. In den dort umschriebenen Fällen kann es unbillig sein, besondere Regeln einer Rechtsordnung, die Vertragsstatut wäre und nach denen dem Schweigen ein bestimmter Erklärungswert zukäme, einer ausländischen Partei aufzuzwingen, die nach ihrer rechtlichen Erfahrung damit in keiner Weise rechnete.

Allerdings lässt die weite Formulierung der Verordnung auch zu, dass noch andere Unterlassungen oder positive Handlungen in die Ausnahmeregelung einbezogen werden. Die vage Tatbestandsfassung ist bereits mehrfach kritisiert worden[120] und sollte auf keinen Fall dazu verleiten, dass im Ausland tätigen Kaufleuten großzügige Möglichkeiten eingeräumt werden, sich auf einheimischen Regeln und Bräuchen „auszuruhen". Dementsprechend dürfen sich die Akteure nicht auf solche „Heimvorteile" verlassen. Bei einem Vertragsschluss unter Kaufleuten im Lande eines Vertragspartners wird man zumindest dann, wenn Abschlussort und Vertragsstatut übereinstimmen, die Ausnahme zugunsten des gewöhnlichen Aufenthaltsrechts der anderen Partei nicht rechtfertigen können.

Noch unsicherer ist die kollisionsrechtliche Behandlung sonstiger vorvertraglicher Beziehungen, insbesondere eines **Verschuldens im vorvertraglichen Verhältnis.**

Beispiel

Ein deutscher und ein englischer Geschäftsmann, beide CEO von mittleren Unternehmen, treffen sich dreimal zu Vertragsverhandlungen in einem Hotel in Brüssel. Der geplante Vertrag hat die Zusammenarbeit bei „Research and Development" (ohne eine gesellschaftsrechtliche Verbindung beider Unternehmen) zum Gegenstand. Die Verhandlungssprache ist „Business-English". Nach dem dritten Treffen, bei dem schon ein gewisser Fortschritt, aber noch kein Vorvertrag erzielt worden ist, bricht der Engländer die Verhandlungen willkürlich ab. Der Deutsche will nun Erstattung seiner Aufwendungen als Schadensersatz aus culpa in contrahendo (cic). Während der Verhandlungen war von rechtlichen Regelungen keine Rede, insbesondere wurden die UNIDROIT Principles mit keinem Wort erwähnt.

---

118 Z.B. BGH NJW 1973, 2154; BGH NJW 1976, 2075.
119 Nach st. Rspr. der deutschen Gerichte gilt im Handelsverkehr das Schweigen auf ein kaufmännisches Bestätigungsschreiben als Zustimmung zu seinem Inhalt; dieser wird verbindlicher Vertragsinhalt. Dieser Grundsatz gilt inzwischen gewohnheitsrechtlich, vgl. Palandt/Bassenge BGB, 72. Aufl. 2013, §§ 147, 148 BGB, Rn. 8 m.w.Nw.
120 Vgl. z.B. Ebenroth, ZvglRWiss 77 (1978), 182ff.

Im deutschen IPR wurde zwar bis 2009 überwiegend die Haftung aus *cic* dem Statut des angebahnten Vertrages unterstellt.[121] Sehr überzeugend war das nicht, denn *cic* hat nicht direkt etwas mit dem „Zustandekommen" des Vertrages zu tun, eher schon mit dem Nicht-Zustandekommen. Die Auffassungen dazu sind innerhalb der EU auch sehr unterschiedlich. Die romanischen Rechtsordnungen unterstellen – wie schon erwähnt[122] – die entsprechenden Probleme dem Deliktsstatut. Das englische Recht lehnt ein irgendwie geartetes "vorvertragliches Vertrauensverhältnis" ab, betont die gegensätzlichen Interessen der Verhandlungspartner und sieht – jedenfalls unter kommerziellen Partnern – ihr Verhältnis eher so, dass sie sich mit gestreckten Waffen („*at arms' length*") gegenüberstehen.[123] Soll nun das vereinheitlichte europäische Recht an dieser Stelle wieder verschiedene nationale Wege gehen?

Die Lösung kann aus einer anderen europäischen Regelung entnommen werden: der Verordnung (EG) Nr. 864/2007 über das auf außervertragliche Schuldverhältnisse anzuwendende Recht, der sog. **Rom II-VO**[124]. Auch diese VO gilt in allen EU-Staaten außer Dänemark und gilt nach ihrem Art. 3 auch dann, wenn das nach ihr bezeichnete Recht nicht das eines Mitgliedstaates ist. In **Art. 2 Abs. 1** der Verordnung wird „Verschulden bei Vertragsschluss" (*culpa in contrahendo*) ausdrücklich erwähnt und grundsätzlich den außervertraglichen Schuldverhältnissen zugerechnet. In **Art. 12** der Verordnung folgt dann aber eine nähere Regelung, die in einer ersten Stufe der bisherigen deutschen Lösung folgt, also Anwendung des Rechts, das auf den Vertrag anzuwenden ist oder anzuwenden wäre, wenn er geschlossen worden wäre (putatives Vertragsstatut). Dann folgen in Art. 12 Abs. 2 alternative Anknüpfungen für den Fall, dass das anzuwendende Recht nicht nach Abs. 1 bestimmt werden kann, also weder eine putative Rechtswahl noch eine Bestimmung des putativen Vertragsstatuts nach objektiven Kriterien (Vertragsschwerpunkt etc.) möglich ist. Eine dieser Alternativen ist zum Beispiel die Anknüpfung an den Ort, wo der Schaden entstanden ist (Art. 12 Abs. 2 a). Die neue Regelung hat also alle Merkmale einer Kompromisslösung, ist aber ein Fortschritt gegenüber der alten unsicheren und national zersplitterten Rechtslage.

Lösung des Beispielfalles (oben S. 47)

Im oben dargestellten Fall kommt es also darauf an, ob die Verhandlungspartner sich bereits über eine Rechtswahl geeinigt hatten. Nehmen wir an, dass sie die Anwendung des englischen Rechts als Vertragsstatuts vorgesehen hatten, so wäre nach Art. 12 Abs. 1 Rom II-VO dieses

---

121 Vgl. z.B. Palandt/*Heldrich*, BGB, 64. Aufl., Art. 32 EGBGB Rn. 8 m.w.Nw.
122 Vgl. o. § 8 I.2.
123 Vgl. *Goode/McKendrick*, Commercial Law, 4th ed. London 2010, p. 106: „… *each party has to look after itself*".
124 ABl Nr. L 199 S. 40, in Kraft seit 11. Januar 2009.

Recht auch auf ihr vorvertragliches Verhältnis anzuwenden. Danach hätte der deutsche Partner keine Chance auf Ersatz seines Schadens wegen willkürlichen Abbruchs der Verhandlungen. Nach dem Sachverhalt haben die Parteien aber – was normal ist – über rechtliche Regelungen nicht gesprochen.

War keine ausdrückliche Rechtswahl vorgesehen, so kann eine konkludente Rechtswahl auf keinen Fall aus der Verwendung der englischen Sprache als Verhandlungssprache geschlossen werden. Es müssten in einem nächsten Schritt über Art. 4 Abs. 1 a) bis h) Rom I-VO mögliche objektive Anknüpfungspunkte geprüft werden. Auch das führt hier nicht weiter, denn keiner der Tatbestände trifft auf den geplanten Vertrag zu. Es käme dann auf den gewöhnlichen Aufenthalt der Partei an, welche die für den Vertrag charakteristische Leistung zu erbringen hat. Auch das führt hier aber zu keinem Ergebnis, weil es bei einem R & D-Kooperationsvertrag keine charakteristische Leistung *einer* Partei gibt.

Auf der nächsten Stufe wäre nach Art. 4 Abs. 4 Rom I-VO das Recht des Staates anzuwenden, zu dem der beabsichtigte Vertrag „die engste Verbindung aufweist". Eine solche lässt sich hier nach den gegebenen Umständen nicht feststellen. Verbindungen gibt es mindestens zu drei Staaten, Deutschland, U.K. und Belgien. Brüssel als Verhandlungsort ist hierfür kein Kriterium; dieser Ort ist eher zufällig und wurde vielleicht als günstig zu erreichender Treffpunkt und aus der Erinnerung an ein schönes Hotel gewählt. Dass der beabsichtigte Vertrag schließlich in Englisch abgefasst werden sollte, besagt auch nichts, weil es im internationalen Wirtschaftsverkehr fast die Regel ist. Hätte man für eventuelle Streitentscheidungen ein Schiedsgericht in London oder Paris vorgesehen, so wäre auch dies zur Begründung der „engsten Verbindung" ungeeignet, obwohl englische Juristen das bei der Wahl Londons immer noch gern so sehen.

Scheitert danach eine Bestimmung des anzuwendenden Rechts über das putative Vertragsstatut, so kommt **Art. 12 Abs. 2 Rom II-VO** zum Zug. Die Tatbestände des Abs. 2 lit. b) und c) kommen hier nicht in Betracht. Es bleibt die Variante a): Anknüpfung an den Ort, wo der Schaden eingetreten ist. Das ist hier nicht etwa Brüssel, wo die Hotel- und Restaurantkosten des deutschen Geschäftsmanns fällig wurden, sondern der Ort seiner geschäftlichen Niederlassung, wo letzten Endes alle Reisespesen sein Geschäftsvermögen belasten. Sehr zum Ärger des Engländers bestünde also eine Chance, dass der Deutsche, wenn er die Voraussetzungen einer Haftung aus *cic* beweisen kann, Ersatz seiner Aufwendungen beanspruchen kann.

Praxis-Tipps

Das vorvertragliche Verhältnis und das Zustandekommen des Vertrages werden im deutschen Recht in erster Linie durch die Vorschriften des BGB und die Grundsätze der *culpa in contrahendo* bestimmt. Bei internationalen Verträgen sind diese nur selten anwendbar. Es fehlt für diese Phase außerdem meist eine Rechtswahl durch die Verhandlungspartner. Das UN-Kaufrecht (CISG) enthält in Artt. 14–23 für einen Teil der Probleme des Vertragsschlusses Regelungen, die aber viele Lücken lassen. Weitere Ansätze finden sich in den inoffiziellen Regelwerken UPICC und PECL, die die Parteien ihren Verhandlungen zugrunde legen können.

Nach dem einheitlichen Recht der EU ist jetzt für das Zustandekommen eines Vertrages das Recht maßgebend, welches im Falle der Wirksamkeit des Vertrages auf diesen anzuwenden wäre (Art. 10 Abs. 1 Rom I-VO, mit Ausnahme in Abs. 2). Das gilt so jedoch nicht für die Haftung wegen Verschuldens bei Vertragsschluss. Die Lösung dafür findet sich in einer etwas komplizierten Regelung in Artt. 2 und 12 Rom II-VO von 2007. Danach ist zwar die Haftung wegen Verschuldens beim Vertragsschluss grundsätzlich der *außer*vertraglichen Haftung zuzurechnen, doch ist darauf in erster Linie das Vertragsstatut bzw. (bei Nichtzustandekommen) das putative Vertragsstatut anzuwenden. Für den Fall, dass das anzuwendende Recht danach nicht bestimmt werden kann, gibt es in Art. 12 Abs. 2 der VO alternative Anknüpfungen.

Die EU-Verordnungen Rom I und Rom II sind *lois uniformes*, d.h. ihre Verweisungen gelten auch dann, wenn das darin bezeichnete Recht nicht das Recht eines Mitgliedstaates ist.

II. Einbeziehung von Allgemeinen Geschäftsbedingungen in einen internationalen Kaufvertrag

Geht es um einen innerstaatlichen Vertrag, dessen Abschluss deutschem Recht unterliegt, so sind für die Einbeziehung von AGB in den Vertrag entweder § 305 Abs. 2 BGB oder, wenn die AGB gegenüber einem Unternehmer verwendet werden,[125] die allgemeinen Grundsätze des deutschen Rechts über die vertragliche Einigung der Parteien anzuwenden. Nach diesen sind die Anforderungen weniger streng als nach § 305 Abs. 2 BGB. So genügt z.B. auch, dass der Verkäufer seine AGB erstmals mit dem kaufmännischen Bestätigungsschreiben übersendet und der Käufer daraufhin schweigt.

Diese Regeln können jedoch nicht ohne weiteres auf den internationalen Geschäftsverkehr übertragen werden. Hier genügt weder die Möglichkeit zumutbarer Kenntnisnahme seitens des ausländischen Vertragspartners noch sein Schweigen auf ein kaufmännisches Bestätigungsschreiben. Für die Einbeziehung von AGB ist vielmehr erforderlich, dass der Verwender vor Vertragsschluss dem Empfänger erkennbar macht, dass er diese AGB zum Vertragsinhalt machen will *und* dass er dem Erklärungsgegner außerdem den Text der AGB übersendet oder anderweitig zugänglich macht[126], und zwar in der Verhandlungssprache oder einer Sprache, die die entscheidenden Personen im Unternehmen des Verhandlungspartners mit Sicherheit beherrschen. Eine Erkundigungspflicht des Verhandlungspartners nach etwaigen AGB besteht nicht.[127] Das gilt sowohl für einen Vertragsschluss auf der Grundlage des CISG als auch ohne dessen Geltung. Diese Anforderungen ergeben sich aus „dem Grundsatz des guten Glaubens im internationalen Handel (Art. 7 Abs. 1 CISG) sowie der allgemeinen Kooperations- und Informationspflicht der Parteien".[128] Zur Frage, in welcher Sprache die AGB einem ausländischen Partner übermittelt werden müssen, s. unten Abschn. IV.2. und 3. und den Fall des OLG Hamburg NJW 1980, 1232 (u. IV.3.).

Praxis-Tipps
Im internationalen Geschäftsverkehr ist für die Einbeziehung von AGB in den Vertrag erforderlich, dass der Verwender vor Vertragsschluss dem anderen Vertragsteil erkennbar macht, dass er diese AGB zum Vertragsinhalt machen will und ihm den Text der AGB zugänglich macht. Dies ergibt sich bei Anwendbarkeit des UN-Kaufrechts aus dem Grundsatz von Treu und Glauben (Art. 7 Abs. 1 CISG),

---

125 Den Unternehmern gleichgestellt sind nach § 310 Abs. 1 S. 1 BGB auch juristische Personen des öffentlichen Rechts und öffentlich-rechtliche Sondervermögen.
126 BGH NJW 2002, 370 (371).
127 BGH, aaO 372.
128 BGH, aaO (Fn. 126) 372 m.w.Nw.

im Übrigen aus der allgemeinen Kooperations- und Informationspflicht der Vertragsparteien. Die deutschen Regeln über das Schweigen auf ein kaufmännisches Bestätigungsschreiben gelten grundsätzlich nicht.

Unbedingt zu empfehlen ist, dass dem Empfänger die AGB in der Verhandlungssprache zugänglich gemacht werden. Ausnahmsweise kann auch die Übermittlung in einer Sprache genügen, die die Verhandlungspartner oder die über den Vertragsschluss entscheidenden Personen in dem betreffenden Unternehmen mit Sicherheit beherrschen.

III. Das Problem unterschiedlicher Allgemeiner Geschäftsbedingungen

Ein notorisches Problem im internationalen Geschäftsverkehr ist das Stellen unterschiedlicher und insbesondere sich teilweise widersprechender AGB durch die Vertragspartner, im anglo-amerikanischen Rechtskreis bekannt als *„battle of forms"*. Die Situation tritt natürlich auch bei reinen Inlandsverträgen auf, aber das Problem bekommt eine zusätzliche Dimension bei grenzüberschreitenden Verträgen, weil die Parteien oft von unterschiedlichen Gepflogenheiten und Maßstäben ausgehen und gerade hier eine Lösung aus der Sicht *einer* Rechtsordnung unpraktikabel oder jedenfalls wenig überzeugend ist.

Als **Ausgangspunkt** kann folgender einfacher **Fall** dienen:

> Ein französischer Verkäufer von Seidenstoff schickt ein Angebot an einen deutschen Unternehmer unter Bezugnahme auf seine in deutscher und französischer Sprache beigefügten Allgemeinen Verkaufsbedingungen (*conditions générales de vente*). Der Deutsche erklärt die Annahme des Angebots unter Bezugnahme auf seine „Allgemeinen Einkaufsbedingungen", die ebenfalls in beiden Sprachen beigefügt sind. Beide Geschäftsbedingungen weichen hinsichtlich der Gewährleistung erheblich voneinander ab.

Nach deutschem Recht wäre § 150 Abs. 2 BGB maßgebend und danach kein Vertrag zustande gekommen, da der Käufer ein modifiziertes Angebot abgegeben hat, das der Verkäufer nicht angenommen hat. In den meisten Fällen bleibt es jedoch nicht bei diesem Stand, sondern die Parteien nehmen zumindest teilweise Erfüllungshandlungen vor.

> Nehmen wir an, dass – trotz der Divergenz der Erklärungen zum Vertragsschluss – der französische Verkäufer den Stoff liefert, wobei er wieder auf seine AGB Bezug nimmt. Daraufhin nimmt der deutsche Käufer die Ware an, bringt aber dabei wiederum zum Ausdruck, dass er seine AGB zugrunde legt. Dann verarbeitet er den Stoff teilweise weiter, macht aber später Gewährleistungsrechte geltend, weil der Stoff beim Nähen ausreißt.

In diesem Fall liegt weder eine widerspruchslose Hinnahme der AGB einer Vertragspartei noch eine schlüssige Zustimmung zu einem modifizierten Angebot vor.

Bei strenger Anwendung der deutschen Vorschriften über den Vertragsschluss und insbesondere des § 150 Abs. 2 BGB dürfte eigentlich kein Vertrag zustande gekommen sein. Dennoch hat in derartigen Fällen die deutsche Rechtsprechung nicht auf der Unwirksamkeit des Vertrages beharrt, sondern angenommen, dass die Parteien den Vertrag als gültig behandelt haben, dass sie also seinen Bestand nicht von der ungeklärten Frage abhängig machen wollten, welche AGB gelten sollen. Nach Treu und Glauben (§ 242 BGB) soll dann den Parteien die Berufung auf das Nichtzustandekommen des Vertrages verwehrt sein.[129]

Auf den vorliegenden Fall ist aber das deutsche Recht nicht ohne weiteres anwendbar. Wenn die Parteien nichts anderes vereinbart haben, ist das **Einheitliche UN-Kaufrecht** (CISG) anzuwenden, da dessen Geltungsvoraussetzungen nach Art. 1 Abs. 1 a) CISG erfüllt sind. Anders als § 150 Abs. 2 BGB stellt **Art. 19 CISG** darauf ab, ob die Annahmeerklärung eine „wesentliche" Änderung enthält. Man wird zwar nicht generell sagen können, dass die Beifügung eigener AGB des Annehmenden immer eine wesentliche Änderung darstellt, doch werden Verkaufs- und Einkaufsbedingungen in der Regel so stark voneinander abweichen, dass das Merkmal „wesentlich" erfüllt ist. Für diese Frage kommt es auf eine Gesamtwürdigung der abweichenden AGB, nicht auf die einzelne konkrete Klausel an.[130] Hier geht es bei den abweichenden Gewährleistungsbestimmungen immerhin um Haftung für Qualitätsmängel der Ware, die Art. 19 Abs. 3 CISG selbst als wesentlich bezeichnet. Folglich müsste hier eigentlich in der modifizierten Annahme eine Ablehnung des Angebots und ein Gegenangebot gesehen werden (Art. 19 Abs. 1 CISG). Die häufige Situation, dass die Parteien nachträglich doch Erfüllungshandlungen vornehmen, regelt die CISG aber nicht. Dies ist eine bewusste Lücke, denn das Problem, einige Lösungsvorschläge und die entsprechende Regelung in § 2–207(3) *Uniform Commercial Code*[131] wurden immerhin bei der Ausarbeitung des CISG diskutiert, letztlich aber ohne Erfolg.[132]

Dennoch ist damit nicht ausgeschlossen, dass das **nachträgliche Verhalten der Parteien** doch noch zu einem Vertragsschluss oder doch zum Ausschluss des Einwands der Unwirksamkeit führt. Eine starke Meinung will auch nach dem CISG den Vertrag in einer derartigen Situation den Vertrag als gültig ansehen.[133] Dabei beruft man sich zum Teil auf die Auslegung des Erklärungsverhaltens gemäß Artt. 8 Abs. 2, 18 Abs. 1 und 3 CISG oder darauf, dass die Parteien durch ihr Verhalten eben

---

[129] BGHZ 61, 287 = NJW 1973, 2106; BGH NJW 1991, 1604 (1606) und st. Rspr.
[130] BGH NJW 2002, 1651 (1653).
[131] Nach dieser US-amerikanischen Regelung begründet ein Verhalten beider Parteien, das die Existenz eines Vertrages anerkennt, einen Kaufvertrag.
[132] Vgl. *Schlechtriem* in Schlechtriem/Schwenzer, Kommentar zum Einheitlichen UN-Kaufrecht, 5. Aufl. München 2008, Art. 19 CISG Rn. 23ff m.w.Nw.
[133] BGH NJW 2002, 1651 (1652 f); MünchKommBGB/*Gruber*, 6. Aufl. 2012, Art. 19 Rn. 20 m.w.Nw.

bekundeten, dass sie die Widersprüche zwischen den beiderseitigen AGB nicht als „wesentlich" i.S. von Art. 19 Abs. 2 CISG ansehen.[134] Mit § 242 BGB (wie der BGH zum deutschen Recht) kann man in diesem Rahmen natürlich nicht argumentieren. Auch das Einheitliche Kaufrecht enthält aber im Zusammenhang mit der Auslegung in **Art. 7 Abs. 1 CISG** eine Vorschrift über die „Wahrung des guten Glaubens im internationalen Handel".[135]

Dann ist aber sehr umstritten, mit welchem **Inhalt** der so aufrecht erhaltene Vertrag gelten soll. Ein Teil der Literatur favorisiert im Rahmen der CISG die „Theorie des letzten Wortes" *("last shot")*.[136] Danach hätte hier der deutsche Käufer „den letzten Schuss abgegeben" und würde sich mit seinen AGB durchsetzen.

Die Gegenmeinung – der BGH[137] nannte sie 2002 die „wohl herrschende Meinung" – will auch im Rahmen des Art. 19 CISG die oben genannte „Restgültigkeitstheorie" anwenden.[138]

Eine dritte Auffassung will auf nationales Recht zurückgreifen, weil die CISG das Problem offen gelassen habe. Der BGH[139] neigt zur Restgültigkeits-Lösung, lässt aber bisher die Streitfrage offen.

Die **Lösung** muss u.E. aus allgemeinen vertragsrechtlichen Grundsätzen hergeleitet werden. Danach wird der Inhalt des Vertrages zunächst durch die Erklärungen der Parteien bestimmt, soweit sie sich decken. Das ist in unserem Fall für die individuell formulierten (nicht standardisierten) Erklärungen über die beiderseitigen Hauptleistungen (z.B. Menge, Gattung, Qualität der Ware, Kaufpreis, Lieferzeit) anzunehmen. Die Nebenbestimmungen in den standardisierten Vertragsbedingungen – hier im konkreten Fall die Haftung für Sachmängel – sind jedoch nicht völlig unbeachtlich, da auch insofern die Parteien Erklärungen abgegeben und empfangen haben. Soweit sich Bestimmungen in den beiden AGB inhaltlich decken, liegen übereinstimmende Erklärungen vor; das kann man auch aus den allgemeinen Auslegungsvorschriften in Art. 8 Abs. 1 und 3 CISG herleiten. Soweit sich aber die AGB der Parteien widersprechen oder jedenfalls unvereinbar sind, fehlt es an einer Einigung. Das Gleiche gilt, soweit in den AGB einer Partei etwas steht, das die AGB der

---

134 BGH aaO (Fn. 133) 1652f; MünchKommBGB/*Gruber*, aaO (wie Fn. 133); *Schlechtriem*, aaO (Fn. 132), Art. 19 CISG Rn. 20 m.w.Nw.
135 Auch das französische Recht favorisiert übrigens eine Lösung, dass bei kollidierenden AGB durch das nachträgliche Verhalten der Parteien doch ein Vertrag zustande kommen kann; vgl. *Will*, in: Les Ventes Internationales de Marchandises (1981) 99ff.
136 MünchKommHGB/*Ferrari*, 2. Aufl., Art. 19 CISG Rn. 15. Diese Lösung ist heute noch im englischen und US-amerikanischen Recht vorherrschend, vgl. *Goode/McKendrick*, aaO (Fn. 123) p. 92 m.w.Nw.
137 BGH aaO (Fn. 133), 1653.
138 Staudinger/*Magnus* (Bearb. 2013), Art. 19 EGBGB, Rn. 24ff; *Schwenzer/Mohs*, IHR 2006, 239 (244).
139 AaO (Fn. 133) 1653.

anderen nicht erwähnen; dann liegt eine Abweichung der ersteren von der gesetzlichen Regelung vor, so dass auch hier keine Einigung vorliegt. Da die Parteien den Vertrag aber dennoch als gültig behandeln wollten und auch so gehandelt haben, bleibt in Bezug auf diese Punkte nur der **Rückgriff auf das allgemein für den Vertrag anwendbare Recht**, also das Einheitliche Kaufrecht der CISG. Ließe die CISG insoweit Lücken, müsste man über das Kollisionsrecht auf das subsidiär geltende nationale Recht zurückgreifen. Die Gewährleistung für Qualitätsmängel wird aber in der CISG vollständig geregelt. Mit diesem Inhalt ist der Vertrag wirksam.

An dieser Beurteilung würde sich auch nichts ändern, wenn die Parteien in ihren Erklärungen die gegnerischen AGB zurückgewiesen hätten, zum Beispiel durch sog. **Abwehrklauseln** in ihren AGB[140]. Abgesehen davon, dass die Gültigkeit von Abwehrklauseln in AGB zweifelhaft ist,[141] fehlt es jedenfalls an einer Einigung über die Nichtgeltung der zurückgewiesenen AGB. Wenn beide Parteien den Vertrag als gültig behandelt haben, müssen auch die abwehrenden Erklärungen im Hinblick auf das spätere Verhalten einschränkend dahin ausgelegt werden, dass sie inhaltlich Übereinstimmendes in den individuellen und standardisierten Erklärungen gelten lassen wollen und dass der Vertrag auf der Grundlage dieser Teileinigung zustande kommen soll. Die Zurückweisung bezieht sich dann nur auf die gegensätzlichen AGB-Klauseln.

Zu einem ähnlichen Ergebnis kommt man bei Anwendung der *UNIDROIT Principles of International Commercial Contracts UPICC* (Fassung 2010). Nach deren Art. 2.1.22 kommt es bei einer Einigung der Vertragsparteien über den Vertragsinhalt mit Ausnahme der beiderseitigen AGB zum gültigen Vertragsschluss auf der Grundlage der vereinbarten Vertragsklauseln sowie derjenigen AGB, die substanziell übereinstimmen.[142] Davon wird nur dann eine Ausnahme gemacht, wenn eine Partei vor oder unverzüglich nach Einigung gegenüber der anderen Partei klar zum Ausdruck bringt, dass sie durch einen solchen Vertrag nicht gebunden sein will. Eine Abwehrklausel in den eigenen AGB reicht dafür aber nicht.[143] Ähnlich ist die Lösung

---

140 Eine Abwehrklausel kann z.B. lauten: „Für den Vertrag gelten ausschließlich unsere Einkaufsbedingungen; andere AGB werden nicht Vertragsinhalt, auch wenn wir ihnen nicht ausdrücklich widersprechen."
141 Von der Rechtsprechung werden sie als zulässig behandelt, vgl. BGH NJW 1985, 1838 (1839); BGH NJW-RR 2001, 484 (485); Bedenken äußerte u.a. *Wolf* in *Wolf/Horn/Lindacher*, AGB-Gesetz, 4. Aufl. 1999, § 2 Rn. 76, § 9 Rn. E 23. Auch Abwehrklauseln können aber durch individuelles Erklärungsverhalten gemäß § 305b BGB überwunden werden. Der letzte Halbsatz der Beispielklausel o. in Fn. 140 ist also ungeeignet, um den Vorrang der Individualabrede auszuhebeln.
142 Art. 2.1.22 UPICC (*battle of forms*) lautet: „*Where both parties use standard terms and reach agreement except on those terms, a contract is concluded on the basis of the agreed terms and of any standard terms which are common in substance unless one party clearly indicates in advance, or later without undue delay informs the other party, that it does not intend to be bound by such a contract.*"
143 Vgl. Comment Nr. 3 zu Art. 2.1.22 UPICC.

auch in den PECL.[144] Der Draft Common Frame of Reference (DCFR) hat in Nr. II.-4.209 den Inhalt von Art. 2.1.22 UPICC übernommen, nur im Wortlaut leicht verändert. Alle drei Regelwerke haben sich also – ebenso wie das deutsche Recht – gegen die „*last shot*"-Regel und für die „Restgültigkeits-Lösung" entschieden.

Praxis-Tipps
Für das Problem unterschiedlicher AGB der Verhandlungspartner (*battle of forms*) gibt es bisher keine einheitliche Lösung.
Die deutsche höchstrichterliche Rechtsprechung nimmt, wenn die Parteien jeweils ihre eigenen AGB zum Vertragsinhalt machen wollen, einen Fall des § 150 Abs. 2 BGB an, also keine Einigung. Behandeln die Parteien aber dennoch den Vertrag als gültig, indem sie z.B. Erfüllungshandlungen vornehmen, so wird nach dem Grundsatz von Treu und Glauben der Vertrag als wirksam angesehen, jedoch ohne die AGB-Klauseln, die inhaltlich nicht übereinstimmen (sog. Restgültigkeits-Lösung). An deren Stelle tritt das dispositive Gesetzesrecht. In England und USA wird dagegen überwiegend die Regel des „*last shot*" angewandt, d.h. diejenige Partei, die zuletzt auf ihren AGB beharrt hat, setzt sich damit durch.
Die CISG lässt u.E. dieses Problem offen. Danach könnte man annehmen, dass nach Art. 19 Abs. 1 CISG der Vertrag bei wesentlichen Unterschieden zwischen den beiderseitigen AGB nicht zustande kommt. Dennoch wird vielfach (auch vom BGH) vertreten, dass der Vertrag, wenn die Parteien ihn als gültig behandeln, auch nach der CISG wirksam ist. Dies lässt sich über Artt. 7 Abs. 1, 8 Abs. 1 und 3 CISG begründen. Mit welchem Inhalt der Vertrag dann gelten soll, ist aber sehr streitig. Ein Teil der Literatur liest aus Art. 19 CISG die „*Last-shot*-Regel" heraus. Andere befürworten auch im Rahmen von Art. 19 CISG die Restgültigkeits-Lösung. Der BGH hat die Streitfrage bisher offen gelassen. Die Vertragspraxis sollte sich bei diesem Problem nicht auf eine der Meinungen verlassen, sondern – bei Geltung der CISG – möglichst vor Beginn der Erfüllungshandlungen eine Klärung über die dem Vertrag zugrunde gelegten AGB herbeiführen.

Schrifttum zu § 8 III (unterschiedliche AGB):

Hammerschmidt, Kollision Allgemeiner Geschäftsbedingungen im Geltungsbereich des UN-Kaufrechts, Göttingen 2004.
Neumayer, Das Wiener Kaufrechtsübereinkommen und die sogenannte „Battle of the Forms", FS Giger, Bern 1989, S. 501 ff.
Schlechtriem, Internationales UN-Kaufrecht, 4. Aufl. Tübingen 2007, Rn. 92.
Staudinger/*Magnus*, Wiener UN-Kaufrecht(CISG), Bearb. 2013, Berlin 2013, Art. 19 CISG Rn. 22 ff.

IV. Verhandlungs- und Vertragssprache

1. Die Perspektive der Verhandlungspartner

Um in Geschäftsbeziehungen und konkrete Vertragsverhandlungen mit ausländischen Partnern zu kommen, zeigt man sich hinsichtlich der Sprache gern großzügig

---

144 Art. 2:209 PECL.

und entgegenkommend.[145] Deutsche Verhandlungsführer werden deshalb selten auf ihrer Sprache beharren, sondern in der Regel auf Englisch korrespondieren bzw. mündlich verhandeln, sofern sie voraussetzen können, dass die andere Seite dies akzeptiert. Bei französischen Partnern oder solchen aus frankophonen Ländern empfiehlt sich das nicht. Der französische Partner wird, wenn die Verhandlungen nicht in Französisch geführt werden können, eher bereit sein mit dem deutschen Verhandlungspartner über Dolmetscher zu kommunizieren. Für Geschäftskontakte noch günstiger erweist sich, wenn man in einem Land, das nicht zum englisch- oder französischsprachigen Raum gehört, auf Kenntnisse der **Landessprache** des zu gewinnenden Partners zurückgreifen kann. Fehlt eine gemeinsame Sprachbasis, so müssen Dolmetscher eingeschaltet werden, doch hat das den Nachteil, dass die Kontakte formeller werden und zusätzliche Vermittlungsschwierigkeiten auftreten können. Bei juristischen oder technischen Verhandlungen sind außerdem **Fachdolmetscher** erforderlich, für exotische Sprachen aber oft kaum zu bekommen. Ein gerade aufgrund der zahlreichen Juristen mit Migrationshintergrund in Deutschland zu empfehlender Weg ist, bei der Rekrutierung junger Juristen auf Volljuristen mit einem zweiten muttersprachlichen Hintergrund zurückzugreifen. Jedenfalls stehen bei der Sprachenwahl in *dieser* Phase die Erleichterung der Kommunikation, die Kulanz und die Praktikabilität im Vordergrund, während eine etwaige rechtliche Relevanz der Verhandlungssprache den Parteien im Allgemeinen nicht bewusst ist.

2. Die juristische Perspektive

Die juristische Betrachtungsweise ist möglicherweise anders. Der beratende Jurist denkt frühzeitig an das angestrebte rechtliche Ergebnis, d.h. an den Vertrag mit der Festlegung der beiderseitigen Rechtspositionen. Dessen sprachliche Fassung ist für ihn von hochrangiger Bedeutung. Dabei wird er folgende Überlegungen anstellen:

a) Es ist anzustreben, dass die **Verhandlungssprache mindestens eine der Vertragssprachen** wird, weil sonst Probleme bei der sprachlichen Umsetzung des Verhandlungsergebnisses und der Überprüfung des Vertragsentwurfs durch die Verhandlungsführer entstehen können. Nach der Vertragsunterzeichnung können sich auch unerwartete Schwierigkeiten bei der Vertragserfüllung durch die ausführenden Unternehmensabteilungen ergeben, die den Vertragstext in letzter Konsequenz verstehen müssen. Dies gilt insbesondere für Texte der Anlagen zum Vertrag, die in der Regel erst den Vertragsgegenstand genau definieren.

---

145 Schon *Anton Fugger*, ein international tätiger Kaufmann und Bankier im 16. Jahrhundert, soll gesagt haben: Die beste Sprache ist immer jene des Kunden.

b) **Vorformulierte Texte**, die man zum Vertragsinhalt machen will, sollten in der Verhandlungssprache abgefasst sein.[146] Ist diese dann ausnahmsweise nicht Vertragssprache, so müsste dem Vertrag eine Fassung in der Vertragssprache angefügt werden. Ausnahmsweise können die vorformulierten Texte auch in einer Sprache übermittelt werden, die die Verhandlungspartner oder die entscheidenden Personen in dem betreffenden Unternehmen mit Sicherheit beherrschen. Bei längeren Texten in einer anderen Sprache können erheblicher Übersetzungsaufwand und -kosten entstehen.[147]

c) Werden bei der Ausarbeitung des Vertrages mehrere Vertragssprachen verwendet, so muss eine Version als die im Zweifel maßgebende (*„ruling language"*) bezeichnet werden (vgl. u. Abschn. 4.).

d) Es *kann* sinnvoll sein, dass die Vertragssprache bzw. die *ruling language* und das Vertragsstatut übereinstimmen, ein Ziel, das jedoch in vielen Fällen anderen Überlegungen (z.B. dem staatlichen Prestige) untergeordnet wird. Deshalb ist es i.d.R. falsch, wenn bei fehlender ausdrücklicher Rechtswahl aus der Verhandlungs- oder Vertragssprache Argumente für eine stillschweigende Rechtswahl hergeleitet werden.

e) Es kann rechtliche Probleme bereiten, wenn standardisierte Vertragstexte in einer Sprache (z.B. Englisch) abgefasst und in der entsprechenden Rechtsordnung verwurzelt sind, andere Vertragsbestandteile aber auf diese Rechtsordnung nicht abgestimmt werden oder das gesamte Vertragswerk wiederum einem anderen nationalen Recht unterstellt sind.[148]

f) Kommt keine Einigung über das Vertragsstatut zustande, so wird im Rahmen der Überlegung, zu welcher Rechtsordnung der Vertrag die **engste Verbindung** hat (vgl. Art. 4 Abs. 4 Rom I-VO) u.U. auch berücksichtigt, in welcher Sprache die Parteien verhandelt und den Vertrag geschlossen haben.[149] Aus den oben angeführten Gründen ist das u.E. **selten stichhaltig**, weil für die Sprachenwahl andere Motive im Vordergrund stehen. Um solche Kurzschlüsse zu vermeiden, sollte der beratende Jurist den Parteien eine ausdrückliche Rechtswahl im Vertrag dringend empfehlen.

---

146 OLG Hamburg NJW 1980, 1232 (1233) macht das zur Voraussetzung für eine wirksame Einbeziehung und nimmt eine Ausnahme an für den Fall, dass der ausländische Partner die Sprache, in der die AGB abgefasst sind, „beherrscht".
147 So sind z.B. die FIDIC Conditions for Plant and Design-Build Contract, das sog. „Yellow Book", das häufig bei internationalen Anlagenverträgen in den Vertrag einbezogen wird, eine Broschüre mit über 100 Seiten.
148 Z.B. Vertrag in französischer Sprache, einbezogen werden die im englischen Recht wurzelnden FIDIC Conditions, Vertragsstatut soll algerisches Recht sein – sog „Patchwork-Vertrag". Vgl. dazu *Weick*, FS Söllner (1990) 607 (612f, 618–627).
149 Vgl. OLG Hamburg NJW 1980, 1232 (u. S. 59), wo die englische Verhandlungs- und Vertragssprache als Argument gegen ein deutsches Vertragsstatut in Betracht gezogen wird.

3. Beispielfall
(OLG Hamburg, 1.6.1980 – 11 U 32/79, auszugsweise in NJW 1980, 1232f.)

Die Kl., ein deutsches Unternehmen, und die in England ansässige Bekl. hatten seit 1974 Geschäftsbeziehungen, bei denen die Bekl. von der Kl. Waren kaufte. Ihre Verhandlungen und Korrespondenz führten die Parteien in der englischen Sprache. 1977 einigten sie sich erneut über zwei Lieferungen. Für beide Abschlüsse sandte die Kl. der Bekl. eine „Verkaufs-Bestätigung". Bei dieser handelte es sich um einen in deutscher Sprache abgefassten Vordruck, in dem jedoch die maßgeblichen vertraglichen Vereinbarungen in englischer Sprache eingefügt waren. Der Vordruck begann mit folgendem deutschen Satz: „Wir bestätigen hiermit dankend, Ihnen aufgrund unserer umseitigen Verkaufs- und Lieferungsbedingungen verkauft zu haben: ..." Am Ende der vorderen Seite der Schreiben hieß es in deutscher Sprache: „Die angeheftete Bestätigung erbitten wir unterzeichnet an uns zurück. Nichtrücksendung betrachten wir als stillschweigendes Einverständnis." Auf der Rückseite der Schreiben waren die AGB der Kl. in deutscher Sprache abgedruckt, in denen unter Nr. 7 stand, dass Hamburg Erfüllungsort und Gerichtsstand ist. Die Kl. hatte beim LG Hamburg den Kaufpreis eingeklagt. Die Bekl. machte geltend: Die AGB der Kl. seien nicht Vertragsinhalt geworden, zumal die Kl. sich auf sie nicht bei Vertragsschluss, sondern verspätet bezogen habe. Die verantwortlichen Personen der Bekl. seien der deutschen Sprache auch nicht mächtig.

Das LG wies die Klage wegen Fehlens seiner internationalen und örtlichen Zuständigkeit als unzulässig ab. Dagegen legte die Kl. Berufung ein.

Die Berufung hatte keinen Erfolg. Das OLG entschied, dass die internationale und örtliche Zuständigkeit weder kraft Vereinbarung noch über den Gerichtsstand des Erfüllungsortes (§ 29 ZPO) begründet worden sei.

Zusammenfassung der Gründe

a) Zur Vereinbarung der Zuständigkeit

Die AGB der Kl. und die darin unter Nr. 7 enthaltene Regelung des Gerichtsstandes sind nicht Inhalt der vertraglichen Vereinbarung der Parteien geworden. Dabei kann unentschieden bleiben, ob das deutsche Recht Vertragsstatut ist. Auch wenn man dies zugunsten der Kl. unterstellte, würde das nicht dazu führen, dass die Hamburger Gerichte als zuständig vereinbart worden sind. Zwar könnte sich die Kl. bei Geltung deutschen Rechts darauf berufen, dass unter Kaufleuten AGB auch dadurch verbindlich werden können, dass ein Teil sich auf sie in einem kaufmännischen Bestätigungsschreiben beruft und der andere Teil dem nicht widerspricht. Vom Grundsatz, dass das Vertragsstatut auch für das Wirksamwerden etwaiger Willenserklärungen maßgebend ist, gilt nämlich insofern eine Ausnahme, „als es darum geht, ob einem bestimmten Verhalten, insbesondere einem Schweigen, überhaupt rechtsgeschäftliche Bedeutung zukommt. Hat ein entsprechendes Verhalten nach dem Heimatrecht eines ausländischen Beteiligten keine rechtsgeschäftliche Relevanz, so ist es nicht gerechtfertigt, es unter diesen Umständen nach dem Vertragsstatut als konstitutiv für bestimmte Rechtsfolgen zu werten; in derartigen Fällen ist dann vielmehr das Heimatrecht des Betroffenen maßgeblich (vgl. BGHZ 57, 72

[77])." Hiernach kommt es darauf an, ob das englische Recht dem Schweigen auf ein kaufmännisches Bestätigungsschreiben ebenso wie das deutsche Recht besondere Rechtswirkungen beimisst. Das ist zu verneinen. (Wird näher ausgeführt.) Es kann auch nicht angenommen werden, dass die bei früheren Abschlüssen jeweils nachträglichen Hinweise der Kl. auf ihre AGB zu einem Geschäftsgebrauch der Parteien im Hinblick auf Einbeziehung der AGB geführt hätten.

„Der Annahme eines solchen „course of dealing" steht zusätzlich entgegen, dass die Hinweise auf die AGB und deren Text abweichend von der sonst zwischen den Parteien üblichen Verhandlungs- und Vertragssprache in deutscher Sprache abgefasst waren. Zwischen den Parteien ist nämlich unstreitig, dass der Schriftwechsel und auch Telefongespräche zwischen ihnen jeweils in Englisch geführt worden sind." Daran ändert auch nichts, dass der vorgedruckte Text in ihren „Verkaufs-Bestätigungen" in deutscher Sprache abgefasst ist.

„Aber selbst wenn man unter Zurückstellung aller erörterten Gründe davon ausgehen würde, dass die Grundsätze des Schweigens auf ein Bestätigungsschreiben eingreifen könnten (...), so müsste deren Zugrundelegung letzten Endes doch daran scheitern, dass die Kl. sie der Bekl. nicht in der Verhandlungs- und Vertragssprache zugänglich gemacht hat und sich auf sie auch nicht in der genannten Sprache bezogen hat. (...) Auch nach den Grundsätzen des deutschen Rechts (...) setzt eine konkludente Einbeziehung von AGB unter Kaufleuten im internationalen Geschäftsverkehr voraus, dass die entsprechenden Erklärungen des Verwenders für den anderen Teil klar verständlich sind; sie müssen daher grundsätzlich in der Verhandlungssprache (oder einer Weltsprache) abgefasst sein (...). Eine Ausnahme hiervon kann dann gelten, wenn der andere Teil die Sprache der Geschäftsbeziehungen beherrscht." Für die Voraussetzungen dieses Ausnahmetatbestandes trägt dann diejenige Partei die Darlegungs- und Beweislast, die sich auf ihn beruft.

b) Zum Gerichtsstand des Erfüllungsortes
„Ebenso (...) ist auch ein Gerichtsstand des Erfüllungsortes (§ 29 ZPO) nicht gegeben. Der Erfüllungsort für den eingeklagten Kaufpreisanspruch wäre nach § 269 BGB der Sitz der Niederlassung der Bekl. Eine abweichende Vereinbarung (...) ist zwischen den Parteien nicht zustande gekommen, da – wie ausgeführt – die AGB nicht Vertragsinhalt geworden sind."

Kommentar zu dieser Entscheidung
Die Entscheidung zeigt, dass die **Verhandlungssprache** nicht allein unter technischen und Kommunikationsgesichtspunkten zu sehen ist, sondern dass ihr nach Ansicht der Gerichte eine **eigene rechtliche Bedeutung** bekommen kann. Die Entscheidung behandelt sie als eigenständigen rechtlichen Maßstab neben dem Vertragsstatut. Auch wenn man annimmt, dass das deutsche Recht auf den Vertrags-

schluss und den Vertrag anwendbar war, hätten die AGB des deutschen Partners grundsätzlich in Englisch als der Verhandlungssprache abgefasst sein müssen. Ausnahmsweise soll auch ausreichen, wenn die AGB in einer Sprache sind, die der andere Vertragsteil „beherrscht". Das Gericht hält es daneben aber offenbar für ausreichend, wenn sie in einer „Weltsprache" abgefasst wären.[150] Das erscheint problematisch. In Betracht kommt wohl neben Englisch auch Französisch, sicher nicht Deutsch. Ob auch Spanisch als „Weltsprache" angesehen werden kann, ist schon fraglich. Man gerät hier schnell in nationale Eitelkeiten. Abgesehen von diesen Unklarheiten ist die Regel aber auch so nicht akzeptabel: Werden Verhandlungen zwischen einem deutschen und einem englischen Partner in Englisch geführt und ihm dann die AGB in französischer Sprache zugeschickt, weil zufällig diese Fassung zur Hand ist, so kann das nicht ausreichen, weil es nicht auf die abstrakte Festlegung von „Weltsprachen" ankommt. Besser ist dagegen die in einer neueren Entscheidung des OLG Düsseldorf ausgesprochene Regel, dass die AGB dem Verhandlungspartner in einer Sprache übermittelt werden müssen, die dessen „verantwortliche Mitarbeiter" beherrschen.[151]

Übrigens handelte es sich bei der betreffenden „Verkaufs-Bestätigung" um ein „hybrides" Vertragsdokument, weil ein deutsches Formular in englischer Sprache ausgefüllt worden war, die Verweisung auf die in Deutsch abgefassten AGB auf der Vorderseite dagegen wieder in deutscher Sprache erfolgte. Die Auslegung eines solchen Textes ist für jeden Vertragsjuristen eine Herausforderung. U.E. kann sie nicht schematisch nach *einer* Rechtsordnung, z.B. dem Vertragsstatut, erfolgen.[152]

4. Maßgebliche Vertragssprache (*„ruling language"*)

Größere internationale Vertragswerke enthalten meist besondere **Sprachenklauseln**, in denen die maßgebende Vertragssprache oder auch mehrere Vertragssprachen bezeichnet sind. Bei mehreren Vertragssprachen sollte eine als „ruling language", also im Zweifel entscheidende Vertragssprache, genannt werden. Dies ist eine Kollisionsregel, für den (nicht seltenen) Fall, dass die verschiedenen sprachlichen Fassungen voneinander abweichen oder jedenfalls unterschiedlich verstanden werden können.

Eine entsprechende Klausel könnte wie folgt lauten:

> „This agreement has been negotiated and signed in English and translated and signed in Turkish afterwards. In the event of discrepancies the English version shall prevail."

---

[150] OLG Hamburg, NJW 1980, 1232 (1233).
[151] OLG Düsseldorf, IHR 2005, 24.
[152] S. dazu *Weick*, FS Söllner (1990), S. 607 (612f, 618f).

Aus Prestigegründen werden manchmal die verschiedenen sprachlichen Fassungen, also mehrere Vertragssprachen, für gleichberechtigt erklärt. Es soll dann z.B. vier „*ruling languages*" geben. Damit ist in Konfliktfällen der Streit vorprogrammiert. Für Lösungen ist dann der Wortlaut kaum ergiebig, aber in einigen Rechtsordnungen spielt die Wortlautauslegung immer noch eine dominierende Rolle. Es bleibt nur der Rückgriff auf andere Auslegungskriterien, z.B. den Zusammenhang oder Sinn und Zweck.

Im Falle der ausdrücklichen Festlegung einer oder mehrerer Vertragssprache(n) müssten eigentlich alle vertragserheblichen Erklärungen und sonstigen Vertragsbestandteile in dieser Sprache bzw. diesen Sprachen abgefasst sein.[153] In diesem Zusammenhang muss aber auf eine Folgeproblematik hingewiesen werden, welche gravierende Rechtsfolgen nach sich ziehen kann.

Wenn sich die Parteien auf eine *ruling language* in bezug auf den Grundvertrag geeinigt haben, kommt es gerade bei Langzeitverträgen und längerfristigen Erfüllungsleistungen – z.B. nach sog. *change requests* – oft zu neuen oder ergänzenden Vereinbarungen. Jede dieser Willenerklärungen müsste in der *ruling language* des Hauptvertrages abgefasst werden, was aber häufig an Praktikabilitätsgründen scheitert. Die Frage ist dann, ob diese nachträglichen Erklärungen der Parteien verbindlich und durchsetzbar sind. Empfehlenswert ist daher, auch für solche nachträglichen Erklärungen schon im Vertrag nicht nur die Form (z.B. per mail), sondern auch die maßgebliche Sprache zu vereinbaren.

5. Sprachenstatut?

Fälle wie der 1980 vom *OLG Hamburg* entschiedene (s.o. zu 3.) haben zur Idee eines besonderen „Sprachenstatuts" geführt. Dieser Begriff ist allerdings eher verwirrend. Es geht nicht um Kollisionsvorschriften für die Bestimmung der für einen Vertrag maßgeblichen Vertragssprache unter mehreren in Betracht kommenden Sprachen. Auch der Grundsatz, dass das „Sprachenstatut" im Sinne der Vertragssprache mit dem Vertragsstatut „gleichlaufe"[154], kann nicht überzeugen. Wie oben gezeigt, werden in der Praxis die Vertragssprachen nach ganz anderen Gesichtspunkten gewählt als das auf den Vertrag anwendbare Recht. Ferner ist Englisch im internationalen

---

153 Allerdings sieht der UNIDO Turnkey Lump Sum Model Form of Contract, abgedruckt bei *Dünnweber*, aaO (Fn. 81), S. 260, in verschiedenen Absätzen des Art. 35 Bestimmungen über die Vertrags-, Korrespondenz-, Informationssprache etc. vor. Im Einzelfall können hier verschiedene Sprachen festgelegt werden, aber anzustreben ist zumindest die Übereinstimmung der Vertragssprache mit der Korrespondenzsprache. Es kann nämlich sein, dass die Korrespondenz zur Vertragsauslegung oder sogar Vertragsergänzung herangezogen werden muss.
154 *Sandrock/Beckmann*, Handbuch der internat. Vertragsgestaltung, Heidelberg 1980, Bd. I S. 341 Rn. 186.

Handelsverkehr als Vertragssprache dominierend, ohne dass dies etwas mit der Anwendung englischen Rechts zu tun haben soll. In der Zeit des Ost-West-Handels mit den (damals) sozialistischen Staaten war es üblich, das Recht neutraler Staaten (Schweden, Schweiz, Österreich) als Vertragsstatut zu vereinbaren, aber niemand kam auf den Gedanken, *deshalb* die Verträge auf Schwedisch oder Deutsch abzufassen. Die Bestimmung der Vertragssprache muss sich also an anderen Grundsätzen orientieren.

Eine ganz andere Frage ist – und nur insofern erscheint es sinnvoll, vom „Sprachenstatut" zu sprechen –, nach welchem Recht das **„Sprachenrisiko"** verteilt werden soll.[155] Dieses Risiko äußert sich zum Beispiel darin, dass ein Partner einen in einer fremden Sprache abgefassten Vertrag unterzeichnet und dabei Teile des Vertragsinhalts nicht versteht. Es geht dabei im Grunde um wechselseitige Aufklärungs- und Informationspflichten der Verhandlungspartner. Die Partner müssen ihre Sprachkenntnisse offen legen, Übersetzungen oder Dolmetscher anfordern oder zur Verfügung stellen, Unklarheiten im fremdsprachigen Text in der Sprache des Partners erläutern etc. Für die Frage, nach welchem Recht sich diese Pflichten und die entsprechenden Rechtsfolgen richten, kann man eventuell den schillernden Begriff „Sprachenstatut" verwenden. Es ist dann darüber zu entscheiden, ob insofern immer das Vertragsstatut als für die Verhandlungsphase und den Vertragsschluss maßgebendes Recht heranzuziehen ist oder ob u.U. eine Sonderanknüpfung geboten ist. Ein Teilaspekt dieses Problemkreises wurde bereits oben[156] behandelt.

Die Lösung dieser Probleme lässt sich nicht einfach in einem Satz darlegen. Vielmehr müssen einzelne **Fallgruppen** unterschieden werden.

Wenn die Vertragspartner die Vertragssprache bzw. die maßgebliche Sprache *(ruling language)* festgelegt haben, erledigt sich das Problem; dann kann eine Partei nicht mehr damit gehört werden, sie habe Teile des Vertragsinhalts nicht verstanden. Umgekehrt kann niemand sich auf Vertragsbestandteile berufen, die nicht in der festgelegten Vertragssprache bzw. einer der Vertragssprachen abgefasst sind. In diesen beiden Fallgruppen kommt es also gar nicht auf eine bestimmte Rechtsordnung an.

Fehlt es an einer verbindlichen Vereinbarung der Vertragssprache(n), so sollte nicht gleich schematisch auf das Vertragsstatut als Grundlage der wechselseitigen Pflichten der Verhandlungspartner zurückgegriffen werden. Vielmehr ist zunächst zu prüfen, ob die Verhandlungspartner im konkreten Fall besondere Pflichten hinsichtlich der Aufklärung und Information des anderen Partners oder der Übersetzung von Texten in dessen Sprache verletzt haben. Umgekehrt gibt es Pflichten, auf eigene Verständnisschwierigkeiten hinzuweisen und diejenige Sprache herauszufinden, bei der die Kommunikation am besten gelingt. Die Pflichten sollten nun

---

[155] In diesem Sinne auch *Martiny*, in Reithmann/Martiny (Hrsg.), Internat. Vertragsrecht, 7. Aufl. 2010, Rn. 274 ff.
[156] § 8 I.3.

nicht anhand einer nationalen Rechtsordnung, sondern in erster Linie anhand des internationalen Einheitsrechts, hilfsweise nach internationalen Handelsbräuchen, Gepflogenheiten und allgemein im Wirtschaftsverkehr anerkannten Grundsätzen beurteilt werden. Durch Rechtsvergleichung lässt sich insofern ein weitgehender Konsens über bestimmte Regeln feststellen, z.B. dass man als Geschäftsmann oder -frau nicht in einem fremden Land wiederholt am Geschäftsverkehr teilnehmen und sich dann im Einzelfall darauf berufen kann, man habe den in der Landessprache abgefassten Vertrag zwar unterschrieben, aber Teile davon nicht verstanden.[157] Dann hätte man sich zumindest rechtzeitig einen Übersetzer besorgen oder auf die eigenen Verständnisdefizite hinweisen müssen.

Nur wenn auch auf dieser Stufe keine Beurteilungsmaßstäbe gefunden werden, kann als *ultima ratio* auf das Vertragsstatut zur Ermittlung der betreffenden Pflichten im Verhandlungsstadium zurückgegriffen werden.

Praxis-Tipps

Die Verhandlungssprache sollte nach Möglichkeit auch die Vertragssprache oder eine der Vertragssprachen sein. Vorformulierte Texte, die in den Vertrag einbezogen werden, sollten dem Verhandlungspartner in der Verhandlungssprache oder einer Sprache zugänglich gemacht werden, die die entscheidenden Personen in dem betreffenden Unternehmen mit Sicherheit beherrschen.

Gibt es mehrere Vertragssprachen, so muss eine davon als die im Zweifel maßgebliche (*„ruling language"*) bezeichnet werden. Zu beachten ist ferner, dass die *ruling language* und die Form der Erklärung auch für Willenserklärungen während der Vertragsausführung eindeutig festgelegt werden.

Enthält der Vertrag keine Rechtswahlklausel, so dürfen aus der Verhandlungs- oder Vertragssprache keine Schlüsse auf eine stillschweigende Rechtswahl gezogen werden. Da manche Gerichte und Schiedsgerichte dennoch dazu neigen, sollte dem bei der Abfassung des Vertrages vorgebeugt werden.

Ein besonderes „Sprachenstatut" gibt es im IPR nicht. Geklärt werden muss jedoch, nach welchem Recht das „Sprachenrisiko" verteilt wird. Dieses zeigt sich z.B. dann, wenn jemand ein in einer fremden Sprache abgefasstes Dokument unterschreibt, das er teilweise nicht versteht. Es geht dabei vor allem um wechselseitige Aufklärungs- und Informationspflichten der Verhandlungspartner.

Schrifttum

Freitag, Sprachenzwang, Sprachrisiko und Formanforderungen im IPR, IPRax 1999, 142 ff.
Kronke, Zur Verwendung von Allgemeinen Geschäftsbedingungen im Verkehr mit Auslandsberührung, NJW 1977, 992 f.
Martiny, in: Reithmann/Martiny (Hrsg.), Internationales Vertragsrecht, 7. Aufl. Köln 2010, Rn. 274–278.
Spellenberg, Doppelter Gerichtsstand in fremdsprachigen AGB, IPRax 2007, 98 ff.
Weick, Zur Auslegung von internationalen juristischen Texten, in: FS Söllner, Gießen 1990, S. 607 ff.

---

157 In diesem Sinne z.B. *LG Landshut* NJW 1977, 2033.

§ 9 Abschluss von durchschnittlichen Kaufverträgen

I. Allgemeines

Die tatsächlichen Verhältnisse beim Zustandekommen von internationalen Kaufverträgen lassen sich nur schwer typisieren. Börsenkauf, Messekauf, Auktionskauf, Bestellung nach Katalogen und Mustern, über Vertreter oder Vertragshändler, elektronischer Geschäftsabschluss etc. sind zu berücksichtigen und treten wiederum in zahlreichen Varianten auf. Längere Geschäftsbeziehungen spielen wegen des in der Außenwirtschaft wichtigen Vertrauensverhältnisses eine bedeutende Rolle und beeinflussen die rechtliche Beurteilung. Häufig kommt es auch zu sog. Rahmenverträgen *(global frame contracts)*, die in der Folge sog. Abrufverträge ermöglichen. Während in der Rahmenvereinbarung alle wesentlichen rechtlichen und wiederkehrenden wirtschaftlichen Bestimmungen festgelegt sind, werden bei den Abrufen nur noch Menge, Preis, Lieferdatum etc. vereinbart. Diese Struktur bietet sich vor allem bei langfristigen, immer wiederkehrenden, gleichförmigen Leistungsversprechen unter Vertragspartnern an.

Erklärungen werden oft telefonisch, durch Fax, E-mail und andere elektronische Verbindungen – früher durch Telegramm oder Telex – übermittelt, was zu Abkürzungen und Formelbildung geführt hat, z.B. durch die Klauseln „FOB", „CIF" usw. Die nachträgliche Übersendung von schriftlichen Bestätigungen nach diesen schnellen Abschlüssen ist daher verbreitet und führt wiederum zu rechtlichen Besonderheiten und spezifischen Rechtsproblemen.[158]

Mit rechtlichen Besonderheiten ist vor allem dann zu rechnen, wenn der Abschluss des Vertrages einem Recht des anglo-amerikanischen Rechtskreises unterliegt. Das englische Recht und ihm folgend zahlreiche Rechtsordnungen, die das *Common Law* übernommen haben, kennen grundsätzlich keine Bindung an das Angebot.[159] Dies wird etwas dadurch kompensiert, dass die Annahme eines Vertragsangebots nicht erst mit dem Zugang beim Empfänger wirksam wird, sondern schon mit der ordnungsgemäßen Aufgabe zur Post oder Übergabe an den sonstigen Beförderer (sog. *mailbox rule*). Als weitere Besonderheit ist die *parol evidence rule* zu beachten. Nach der ursprünglichen Bedeutung dieser Regel war nach schriftlicher Fixierung *(„reduced to writing")* eines Vertrages ein Beweis über abweichende mündliche Abreden nicht mehr zulässig, und zur Auslegung der schriftlichen Urkunde waren außerhalb von ihr liegende Umstände nicht zu berücksich-

---

158 Vgl. etwa den o. § 8 I.3. zu Fn. 117 besprochenen „Küchenmöbel-Fall".
159 Vgl. *Zweigert/Kötz*, Einführung in die Rechtsvergleichung, 3. Aufl. Tübingen 1996, S. 351; dies hängt mit der Doktrin der Consideration zusammen. Im deutschen Recht ergibt sich dagegen die Bindung aus § 145 BGB.

tigen. Inzwischen ist die Regel aber durch die Rechtsprechung erheblich abgeschwächt worden.[160]

Im deutschen Recht versucht man ähnliche Ziele mit den sog. **Schriftformklauseln** im Vertrag zu erreichen, deren Effizienz wegen des im Gesetz festgelegten Vorrangs der Individualabrede (§ 305b BGB) aber fragwürdig ist. Die Konsequenz für die internationale Vertragspraxis muss gleichwohl sein, dass man sich – vor allem im Verhältnis zu Partnern in Ländern des anglo-amerikanischen Rechtskreises – nicht auf mündliche Nebenabreden oder mündliche Abweichungen vom schriftlichen Vertragstext verlassen darf.

Bei Schriftformklauseln sollte sich der beratende Jurist gut überlegen, ob E-mail oder Telefax zugelassen werden. Hier gewinnt insbesondere Bedeutung, wie der empfangsberechtigte Mitarbeiter des Vertragspartners bestimmt wird. Nicht zu empfehlen sind konkrete Namen; vielmehr sind Funktionsbeschreibungen vorteilhafter, weil diese in der Regel eine längere Gültigkeit haben und nicht vom Mitarbeiterwechsel betroffen sind (z.B. CFO für *Chief Financial Officer,* oder *General Counsel*). Letzteres funktioniert natürlich in der Regel nur bei der regulären Post und allenfalls bei Telefax-Kommunikation, da E-mail-Empfänger im Unternehmen regelmäßig Personen und keine Abteilungen sind.

Beim Versand von Dokumenten mit Willenserklärungen ist zu beachten, dass in vielen Ländern der Welt „Einschreiben/Rückschein"-Briefe nicht unbedingt zuverlässig sind. Insoweit können vertragliche Bezugnahmen auf *„notices per registered mail"* unerwünschte Überraschungen bereiten. In diesen Fällen ist es sinnvoller, einen **Kurier-Service** zu beauftragen. Außerdem zeigt die Praxis, dass gerade für das Außenverhältnis verantwortliche Geschäftsbereiche erst in letzter Minute erkennen, dass sie vertragsändernde oder -gestaltende Erklärungen abgeben wollen oder müssen. Dann ist ein Versand mit den Mitteln der nationalen Postbehörden in der Regel zum Scheitern verurteilt. Kurierdienste, wenn sie denn im Vertrag entsprechend zugelassen wurden, bieten dann die letzte erfolgversprechende Möglichkeit, die Erklärung rechtzeitig und nachweisbar zuzustellen.

Beispielklausel

> „*Each notice, demand or other communication given or made under this agreement shall be in writing and sent/delivered to the other party at its address or fax number, as set out below ....* (details).
> *Any notice, demand or other communication shall be deemed to have been delivered*
> (a) *if sent by letter when actually delivered to the relevant address, or*
> (b) *if sent by fax or E-mail, when dispatched."*

---

[160] S. *Zweigert/Kötz,* aaO (Fn. 159), S. 402f m.w.Nw. Auch in § 2–202 UCC ist die Regel enthalten, aber ebenfalls eingeschränkt.

Praxis-Tipps
Bei Vertragsverhandlungen und dem Vertragsschluss ist mit rechtlichen Besonderheiten vor allem in Ländern zu rechnen, deren Recht unter dem Einfluss des englischen *Common Law* steht (insbes. U.K., Australien, Neu-Seeland, USA, Kanada außer Quebec, Irland, Südafrika). Nach englischem Recht gibt es grundsätzlich keine Bindung an ein Angebot, sofern der Anbieter nicht selbst einen Bindungswillen zum Ausdruck bringt. Die Annahme eines Angebots wird schon dann wirksam, wenn sie ordnungsgemäß an den Empfänger abgeschickt worden ist (sog. *mailbox rule*). Nach der *parol evidence rule* ist nach der schriftlichen Fixierung eines Vertrages der Beweis zusätzlicher oder abweichender mündlicher Abreden grundsätzlich nicht mehr zulässig. Auf mündliche Nebenabreden ist hier also kein Verlass.

Beim Versand von Dokumenten ist zu beachten, dass in vielen Ländern eine rechtzeitige Zustellung durch die Post nicht gesichert ist. Das gilt selbst für Einschreiben mit Rückschein. Stattdessen ist der Einsatz von Kurierdiensten zu empfehlen.

II. Vertragsschluss nach dem Einheitlichen UN-Kaufrecht

1. Allgemeines

Die Vereinheitlichung des Kauf-Abschlussrechts begann schon 1964 mit dem Haager Einheitlichen Kaufrecht, das aber kein durchschlagender Erfolg war. Heute ist das Wiener Einheitliche Kaufrecht („UN-Kaufrecht") auf der Grundlage der CISG maßgebend, das inzwischen in ca. 80 Staaten in Kraft ist, darunter die großen Exportländer VR China, Deutschland, Japan, USA und Russland. **Artt. 14–24 CISG** gehen von dem traditionellen Mechanismus des Vertragsschlusses durch zwei aufeinander folgende, inhaltlich korrespondierende Erklärungen aus (Angebot und Annahme, englisch *offer and acceptance*, französisch *offre et acceptation*). Art. 14 bis 17 befassen sich mit der Aufforderung zur Abgabe eines Angebots (*invitatio ad offerendum*) und dem Angebot, Artt. 18 bis 22 mit der Annahme, Art. 24 mit dem Begriff des Zugangs der Erklärungen und Art. 23 mit dem Zeitpunkt des Vertragsschlusses. Ausgeklammert bleiben u.a. Rechtsfragen im Zusammenhang mit der vorvertraglichen Haftung. Moderne Entwicklungen, wie der *letter of intent* oder das *memorandum of understanding*, wurden ebenfalls nicht aufgenommen. Überhaupt zeigt sich das Abschlussrecht des Wiener Übereinkommens von 1980 indifferent gegenüber spezifischen Problemen im Zusammenhang mit großen und komplexen Verträgen, bei denen sich die Verhandlungen länger hinziehen und die Parteien sich schrittweise annähern und binden. Hierfür hat in den USA der *Uniform Commercial Code* schon wesentlich früher Ansätze für Regelungen entwickelt.[161] Der Gegenstand der Abschlussregeln in der CISG sind der **durchschnittliche Kaufvertrag unter Geschäftsleuten** (der Konsumentenkauf ist nach Art. 2[a] CISG ausgeklam-

---

161 Vgl. §§ 2–202, 2–204, 2–207 UCC.

mert) und die dabei auftretenden Probleme. Deshalb sollen nach der Besprechung des Vertragsschlusses auf der Grundlage des UN-Kaufrechts später in einem besonderen Abschnitt III spezielle Probleme bei besonders umfangreichen und komplizierten Verträgen behandelt werden, für die das Einheitsrecht nur von sehr begrenztem Wert ist.

2. Beispielfall zum Kauf auf der Grundlage der CISG

> Das italienische Unternehmen I, das Damenschuhe herstellt, schickt an das deutsche Versandhaus K Prospekte und Preisliste über seine Schuhkollektion. Unter Bezugnahme auf diese bestellt K mit Schreiben vom 5.7.2010 eintausend Paar Schuhe. Das Schreiben kommt am 14.7.2010 im Postfach der I an. I bestätigt durch Fax am 15.7.2010 den Eingang der Bestellung unter Beifügung ihrer Lieferbedingungen, teilt aber dabei mit, dass inzwischen die Preise um 10% erhöht werden mussten. Zu diesem Preis könne man unverzüglich liefern. Darauf reagiert K nicht. Am 28.7.2010 schickt I die in der Bestellung bezeichneten Schuhe. K behält die Ware, will jedoch nur die in der ursprünglichen Preisliste angegebenen Preise ohne den zehnprozentigen Aufschlag zahlen. I erhebt Klage auf Zahlung des erhöhten Preises beim Landgericht am deutschen Sitz der K. Die Allgemeinen Lieferbedingungen des I enthalten weder eine Rechtswahlklausel noch eine Gerichtsstandsklausel.

In der folgenden rechtlichen Untersuchung des Falles sollen Fragen der Zulässigkeit der Klage nicht näher verfolgt werden. Die internationale Zuständigkeit würde sich in diesem Fall nach der EuGVVO („Brüssel I")[162] richten.

a) Anwendbares Recht

Bei der Prüfung der Begründetheit der Klage stellt sich zunächst die Frage, nach welchem Recht der geltend gemachte Anspruch beurteilt werden muss. Dabei könnte man daran denken, zunächst das deutsche Kollisionsrecht daraufhin zu prüfen, welches nationale Kaufrecht anzuwenden ist. Einschlägige Kollisionsnormen fänden sich in der Rom I-VO von 2008. Der Weg über das Kollisionsrecht wäre hier jedoch ein Irrweg, weil in Deutschland geltendes internationales Einheitsrecht dem über Kollisionsnormen ermittelten nationalen Recht vorgeht. In Deutschland gilt seit 1.1.1991 das Einheitliche Kaufrecht der CISG mit Gesetzesrang. Ob es auch in Italien gilt, ist bei diesem Prüfungsschritt noch nicht relevant. Das Gericht am Ort des Sitzes von K muss also das Einheitliche Kaufrecht wie ein Gesetz auf seine Anwendbarkeit prüfen. Diese ist in Artt. 1–6 CISG näher geregelt. Nach Art. 1 Abs. 1a) ist es auf den vorliegenden Fall grundsätzlich anwendbar, sofern es sich um den

---

[162] Verordnung (EG) Nr. 44/2001 über die gerichtliche Zuständigkeit ... in Zivil- und Handelssachen v. 22.12.2000, ABl EG 2001 Nr. L 12.

Abschluss eines Waren-Kaufvertrages zwischen Partnern mit Niederlassungen in verschiedenen Ländern handelt, und zwar Ländern, die beide Vertragsstaaten sind.[163] Hier kommt es also auch auf die Geltung der CISG in Italien an. Italien ist seit 1.1.1988 Vertragsstaat. Eine Ausnahme nach Art. 2 CISG liegt nicht vor, insbes. handelt es sich nicht um einen Konsumentenkaufvertrag. Die Parteien haben die Geltung des Einheitlichen Kaufrechts auch nicht ausgeschlossen (Art. 6 CISG). Dieses ist also auf den Fall anzuwenden.

b) Anspruch des I gegen K auf Zahlung des Kaufpreises

Vorbemerkung: Es kommen drei rechtliche Lösungen in Betracht: Anspruch des I auf Zahlung des erhöhten Preises, Anspruch des I auf Zahlung des ursprünglich in der Preisliste ausgewiesenen Preises oder fehlgeschlagener Vertragsschluss mit Rückabwicklung der bisherigen Leistung. Eine vierte „Lösung" wäre theoretisch, dass I nur einen um 5% erhöhten Preis bekommt, also eine 50/50 Lösung, aber das wäre eine typischer „Vergleichsrichter"-Vorschlag, den wir hier außer Betracht lassen.

Der Anspruch des I gegen K könnte nach Art. 53 CISG begründet sein. Dies setzt voraus, dass zwischen den Parteien ein entsprechender Kaufvertrag, also Kauf zu dem um 10% erhöhten Preis, zustande gekommen ist.

aa) Angebot

Ein Angebot könnte hier in der Übersendung der Prospekte und der Preisliste an K liegen.

Die Abgrenzung eines Angebots von der bloßen „Aufforderung ein Angebot abzugeben" könnte sich aus Art. 14 CISG ergeben. Art. 14 Abs. 2 – eine Auslegungsregel, trotz der Worte „gilt als" keine Fiktion – hilft hier nicht weiter, weil nicht bekannt ist, ob I die Prospekte und Preislisten nur an bestimmte Personen oder (auch) an einen unbestimmten Personenkreis geschickt hat. Nach Abs. 1 müsste I die Werbung dem K als bestimmter Person zugeschickt haben, sie müsste ferner bestimmt genug sein und den Bindungswillen für den Fall der Annahme zum Ausdruck bringen. Durch die Prospekte und Preislisten hat I zwar die Waren bezeichnet und auch bestimmte Preise benannt, aber es fehlt auf jeden Fall eine Festlegung hinsichtlich der angebotenen Menge. Da völlig offen ist, wie viele Bestellungen in welchem Um-

---

[163] Der alternative Weg über Art. 1 Abs. 1 lit. b CISG ist hier nicht zu prüfen. Er käme dann in Betracht, wenn Abs. 1 lit. a nicht erfüllt wäre. Nach lit. b ist das Einheitskaufrecht auch dann anzuwenden, wenn die Regeln des IPR auf das Recht eines Vertragsstaates verweisen. Dann könnte theoretisch die CISG sogar Anwendung finden, wenn keine der Vertragsparteien ihre Niederlassung in einem Vertragsstaat hat. Zu beachten ist aber die Möglichkeit des Vorbehalts gemäß Art. 95 CISG.

fang eingehen werden, kann auf einen Bindungswillen des I nicht geschlossen werden, sonst würde er bei starker Nachfrage an Verträge gebunden sein, die über seine Kapazität hinausgehen. Ferner fehlt jeder andere Hinweis auf einen Bindungswillen des I, z.B. Angabe einer Bindungsfrist. Nach der Auslegung von *Honnold*[164] soll Art. 14 Abs. 2 auch dann eingreifen, wenn der Vorschlag nicht auf bestimmte Adressaten beschränkt war *(„not restricted to specific addressees")*. Dass I daneben auch an bestimmte Adressaten Prospekte und Preislisten schickte, würde dann die Anwendung der Auslegungsregel nicht ausschließen. So war es wahrscheinlich hier, denn eine Schuhfabrik verteilt ihre Prospekte auch auf Messen, in ihren Ausstellungsräumen oder an Kunden in Schuhgeschäften. Auch über die Ansicht von *Honnold* käme man also zum Zwischenergebnis, dass I zunächst dem K gegenüber kein Angebot, sondern eine *invitatio ad offerendum* abgegeben hat.

Das erste Angebot lag dann in der Bestellung des K, denn diese Erklärung erfüllte alle Voraussetzungen des Art. 14 Abs. 1 CISG; es war insbesondere bestimmt und mit Bindungswillen abgegeben. Es wurde wirksam mit Zugang bei I, in diesem Fall mit Einwurf ins Postfach des I, also am 14.7.2010 (Art. 15 Abs. 1 CISG).

bb) Neues Angebot durch modifizierte Annahmeerklärung

Eine Annahme des Angebots könnte in dem Fax des I vom 15.7.2010 liegen, in dem dieser den Eingang der Bestellung bestätigte, jedoch einen höheren Preis verlangte. Bei Änderungen der Annahmeerklärung gegenüber dem Angebot kommt es nach Art. 19 Abs. 2 CISG auf das Merkmal „wesentlich" an. Diese Lösung weicht von der Regelung in § 150 Abs. 2 BGB ab. Eine Preisänderung ist aber nach der Auslegungsregel in Art. 19 Abs. 3 CISG als wesentlich anzusehen, selbst wenn sie wie hier nur 10% ausmacht. Folglich liegt keine Annahme seitens I vor, sondern, da I im Übrigen seine sofortige Leistungsbereitschaft zu hinreichend bestimmten Bedingungen erklärt, ein Gegenangebot.

cc) Annahme des Gegenangebots?

Im Schweigen oder in der Untätigkeit des K liegt allein keine Annahme (Art. 18 Abs. 1 S. 2 CISG). Bis zur Entgegennahme der Ware ist also keine Annahme erfolgt. Die Annahme durch K könnte jedoch gemäß Art. 18 Abs. 1 S. 1 CISG in seinem späteren Verhalten liegen. Andererseits kommt auch Art. 18 Abs. 3 CISG für die Würdigung der späteren Handlungen in Betracht. Die Abgrenzung dieser beiden Bestimmungen ist nicht ganz klar. Einen Ansatzpunkt für die Abgrenzung bietet in Art. 18 Abs. 3 der Nebensatz „ohne den Anbietenden davon zu unterrichten". Man wird

---

164 *Honnold*, Uniform Law for International Sales, 4th ed. 2009, Rn. 135, 136.

also Art. 18 Abs. 3 auf diejenigen Fälle beschränken müssen, in denen eine Handlung vorgenommen wird, die nicht dem Anbieter gegenüber erfolgt oder ihm nicht zur Kenntnis gebracht wird, also ein nicht zugangsbedürftiges Erklärungsverhalten[165]. Art. 18 Abs. 1 S. 1 betrifft dann den entgegengesetzten Fall, also die zugangsbedürftige Erklärung durch Äußerung oder Verhalten.

Die bloße Entgegennahme der Ware in der Empfangsabteilung des K kann noch nicht als schlüssiges Annahmeverhalten des K gewertet werden. In Anwendung des Art. 18 Abs. 1 S. 1 kann man darin keinen „Ausdruck der Zustimmung" sehen, weil das Personal beim Warenempfang in aller Regel nicht zur Abgabe von vertragsrelevanten Erklärungen befugt ist. Meist wird zwar bei der Entgegennahme der Ware ein Lieferschein o.ä. unterschrieben, aber der besagt eben nur, dass dem Personal des K von der Transportperson die Ware ausgehändigt wurde. Auch über Art. 18 Abs. 3 würde sich insofern nichts Anderes ergeben, doch ist dieser hier eher nicht einschlägig, weil der Empfang der Ware dem Absender nicht unbekannt bleibt und auch nicht bleiben soll (deshalb eben Lieferscheine).

Ein **zustimmendes Verhalten** könnte hier aber in dem „Behalten" der Ware liegen. In diesem Zusammenhang kommt es entscheidend darauf an, ob die für vertraglich relevante Erklärungen Verantwortlichen bei K über den Eingang der Ware von I informiert wurden und welche weiteren Anweisungen sie gegeben haben. Als Zustimmungshandlungen wäre z.B. anzusehen, wenn die Schuhe in den nächsten Katalog aufgenommen oder jedenfalls entsprechende Vorbereitungen für deren Aufnahme in den Katalog getroffen würden.[166] Darüber müsste das Gericht im Streitfall Beweis erheben. Die Ergebnisse wären dann über Art. 18 Abs. 3 zu würdigen, denn jetzt ginge es nicht mehr um den Warenempfang, sondern um späteres Verhalten im Unternehmen des K, von dem I nicht ohne Weiteres Kenntnis bekommt. Ob dabei die bei K verantwortlichen Personen von dem ursprünglichen Listenpreis oder von dem erhöhten Preis ausgingen, wäre nicht entscheidend. Bei ordnungsgemäßer Organisation im Unternehmen des K müsste das Fax mit dem geänderten Angebot zu ihrer Kenntnis gelangt sein, und das allein ist für die Annahme maßgeblich.

Zu fragen ist noch, ob das etwas ungewöhnliche Verhalten des I, dass er seine Ware vor Eingang der Annahme durch K abschickte, zu einem anderen Ergebnis führt. I hat gewissermaßen versucht, den Fuß in die Tür zu stellen. Das geschah zunächst auf eigenes Risiko des I, denn K hätte ohne weiteres die Ware zurückweisen können, auch noch nach Entgegennahme durch das Warenempfangspersonal. I hätte sie dann auf eigene Kosten abholen lassen müssen. Im Sachverhalt heißt es aber, dass K die Ware „behält". Wenn die für den Vertragsschluss Verantwortlichen bei K sich so verhielten, dass dies als Zustimmung zu dem geänderten Angebot ver-

---

[165] Vgl. *Schlechtriem/Schroeter* in Schlechtriem/Schwenzer, Kommentar zum CISG, 5. Aufl. 2008, Art. 18 CISG Rn. 13, 18; Staudinger/*Magnus* (Bearb. 2013), Art. 18 Rn. 10, 25.
[166] Vgl. OLG Hamm, RIW 1983, 56, 58.

standen werden konnte, dann wäre über Art. 18 Abs. 3 CISG ein entsprechender Vertragsschluss zu folgern. Das wäre jedenfalls der Fall, wenn das Verhalten des K innerhalb einer angemessenen Frist erfolgte, was hier unterstellt werden kann. K bliebe dann nur noch das Recht, sich auf Willensmängel zu berufen und deshalb vom Vertrag wieder zu lösen. Die Regeln über Willensmängel und ihre Folgen finden sich aber nicht mehr in der CISG, sondern würden sich nach dem Vertragsstatut richten.

Die **Entscheidung** des Landgerichts, ob I von K den erhöhten Preis verlangen kann, **hängt also davon ab, ob K durch sein Verhalten** nach dem Warenempfang innerhalb einer angemessenen Frist seine **Zustimmung zum geänderten Angebot** des I zum Ausdruck gebracht hat. Ist das nicht der Fall, dann ist gar kein Vertrag zustande gekommen, und die Klage unbegründet. Diese Frage muss durch Beweisaufnahme geklärt werden.

III. Bindung an das Vertragsangebot

Ein anderer neuralgischer Punkt des Einheitlichen Kaufrechts ist das Problem der Bindung an ein Angebot.

> In Abwandlung des oben behandelten Beispielfalles nehmen wir an, dass I dem K am 5.7.2010 ein schriftliches Vertragsangebot über seine neue Schuhkollektion schickt. Noch während der Brief unterwegs ist, ergeben sich Produktionsschwierigkeiten, so dass I nicht mehr in der Lage ist, unverzüglich zu liefern und auch noch die Preise zu halten. I schickt am 9.7.2010 ein Fax mit entsprechender Mitteilung an V, das aber wegen technischer Störungen im Faxverkehr erst einen Tag nach dem Brief des I ankommt. Zwischen der Absendung und dem Zugang des Fax erklärt K die Annahme per E-mail, die am selben Tag bei I eingeht.

Die Lösung des Falles ergibt sich aus **Art. 16 Abs. 1 CISG**. Der Widerruf ist dem K erst nach dem Angebot zugegangen. Das Angebot ist also wirksam geworden (Art. 15 Abs. 1 CISG), aber es konnte grundsätzlich noch widerrufen werden, solange K nicht seine Annahmeerklärung abgeschickt hatte (Art. 16 Abs. 1 CISG). Das ist anders als nach § 130 Abs. 1 S. 2 BGB; dort ist Widerruf der Willenserklärung nur bis zu deren Zugang möglich. Für einen Ausschluss der Widerruflichkeit nach Art. 16 Abs. 2 CISG gibt der Sachverhalt keine Anhaltspunkte. Hier war dem I ein wirksamer **Widerruf** aber **nicht mehr möglich**, weil sich sein Fax mit der Annahme kreuzte, K also die Annahmeerklärung bereits abgeschickt hatte, bevor ihm der Widerruf zuging. Der Kaufvertrag ist also mit dem Zugang der E-mail zu den Bedingungen des ursprünglichen Angebots zustande gekommen.

Zum Verständnis der Regelung im Einheitlichen Kaufrecht ist es nützlich, sich den großen Gegensatz vorzustellen zwischen den Rechtsordnungen des anglo-amerikanischen Rechtskreises, die grundsätzlich keine Bindung an das Angebot kennen, und den kontinental-europäischen Rechtsordnungen, die überwiegend den

Anbieter für eine gewisse Zeit an sein Angebot binden. Eine Regelung im letzteren Sinne treffen die §§ 145ff BGB. Die **Lösung in der CISG** stellt letztlich **einen Kompromiss** dar. Dabei wird zunächst, wie im deutschen Recht, zwischen den Situationen *bis* zum Zugang des Angebots und *nach* dessen Zugang unterschieden. Art. 15 Abs. 2 CISG lässt ebenso wie § 130 Abs. 1 S. 2 BGB einen Widerruf zu, sofern dieser dem Empfänger vor dem Angebot oder gleichzeitig mit dem Angebot zugeht. Verwirrend ist nur der Nebensatz in Art. 15 Abs. 2 CISG „selbst wenn es unwiderruflich ist". Gemeint ist ein Angebot, das sich – eventuell nur bis zu einem bestimmten Datum – als unwiderruflich bezeichnet, das also selbst einen Bindungswillen zum Ausdruck bringt. Es wird, wie § 130 Abs. 1 S. 2 BGB dogmatisch besser formuliert, gar nicht erst wirksam, sofern dem Empfänger vorher oder gleichzeitig der Widerruf zugeht.

Der **problematische Bereich** sind dagegen diejenigen Fälle, in denen **der Widerruf erst ein voll wirksam gewordenes Angebot betrifft.** Der Kompromiss im CISG knüpft an ein Vorbild im Haager Einheitlichen Abschlussrecht an. Art. 16 Abs. 1 CISG bringt zunächst annähernd den Standpunkt des *Common Law* zum Ausdruck, dass ein Anbieter bis zur Annahme nicht an seine Offerte gebunden ist. Das englische Recht milderte diese Doktrin jedoch durch die Regel, dass dann, wenn dem Empfänger mindestens stillschweigend eine Antwort per Post gestattet war, die Annahmeerklärung mit der Aufgabe zur Post (also nicht mit dem Zugang) erfolgte, die sog. *mailbox rule*. Bereits mit diesem Zeitpunkt endete also die Widerruflichkeit des Angebots.[167] Diese englische Rechtslage macht nun verständlich, warum auch Art. 16 Abs. 1 CISG auf die Absendung (englischer Text: *dispatch*) der Annahmeerklärung abstellt, diese allerdings nicht beschränkt auf die Post, sondern in allgemeiner Form. Die Grundregel des CISG lautet danach, dass der Anbieter bis zur Absendung der Annahmeerklärung seines Partners nicht an sein Angebot gebunden ist.

Aber von diesem Grundsatz macht **Art. 16 Abs. 2** doch **gewichtige Ausnahmen**.

Die erste Ausnahme (lit. a) betrifft den Fall, dass der Anbieter selbst einen Bindungswillen zum Ausdruck bringt, zum Beispiel durch die Angabe einer Frist, innerhalb er das Angebot „offen hält", etwa mit dem Wortlaut *„we hold the offer open until ..."*.[168] Allerdings soll die **Bestimmung einer Frist** nur ein **Indiz für den Bindungswillen** sein, kann also durch den Nachweis aufgehoben werden, dass der

---

[167] Vgl. zum engl. Recht *Adams* v *Lindsell* (1818) 1 B.& Ald. 681 = 106 E.R. 250; *Byrne* v *Van Tienhoven* (1880) 5 C.P.D. 344; zum US-Recht: §§ 63(a) und 66 des Restatement on Contracts (2d) mit Ausnahme für Optionsverträge (§ 63[b]).

[168] Im englischen Recht soll auch das nicht binden, wenn keine *consideration* gegeben ist; vgl. *Byrne* v *Van Tienhoven*, aaO (Fn. 167). Nach Art. 16 Abs. 2 CISG entfällt diese Einschränkung; hier wird also ein Zugeständnis an kontinental-europäisches Rechtsverständnis erkennbar.

Anbieter nur zum Ausdruck bringen will, das Angebot erlösche nach Ablauf dieser Frist.[169] Noch unsicherer ist die zweite Ausnahme (lit. b), die im Wesentlichen auf den Vertrauensgrundsatz zurückgreift. Es geht um Fälle, in denen zwar nicht aus dem Angebot, aber aus sonstigen Umständen (z.B. Eigenart des Geschäfts, Verhalten des Anbieters) ein Vertrauen des Empfängers auf Unwiderruflichkeit begründet war. Das UN-Kaufrecht steuert also in diesem Punkt und einigen anderen kritischen Punkten einen mittleren Kurs zwischen den großen Rechtskreisen.

IV. Weitere Regeln der CISG zum Vertragsschluss

Hervorzuheben sind noch folgende Regelungen des UN-Kaufrechts zum Vertragsschluss:

Grundsätzlich folgt es dem **Zugangsprinzip**, d.h. Willenserklärungen werden wirksam mit Zugang beim Empfänger (Artt. 15 Abs. 1, 18 Abs. 2 S. 1, 24 CISG). Die englische *mailbox rule* wurde also nicht allgemein für die Annahmeerklärung übernommen, sondern wird nur an einer marginalen Stelle (Art. 16 Abs. 1) relevant.[170]

Angebot und Annahme sind nach der CISG grundsätzlich formfrei. Es gibt auch keine Beweisbeschränkungen wie in Art. 1341 franz. *Code Civil* oder dem noch in einigen Staaten der USA geltenden *Statute of Frauds*.[171] Ein mündlicher Beweis ist also nach dem UN-Kaufrecht stets zulässig.

Schließlich lässt die CISG, wie die oben genannten Beispiele zeigen, **wichtige Fragen aus dem Bereich des Vertragsschlusses offen**. Sie befasst sich kaum mit Willensmängeln, gar nicht mit der Haftung für vorvertragliches Verschulden und lässt auch die Problematik der sich widersprechenden Standardbedingungen *(battle of forms)* weitgehend offen. Die Wirksamkeit des Vertrages oder einzelner Vertragsbedingungen, also die Problematik der Grenzen der Vertragsfreiheit, werden in Art. 4 lit. a) CISG ausdrücklich ausgeklammert, ebenso die Wirkung des Vertrages auf das Eigentum, also insbesondere der Eigentumsvorbehalt (Art. 4 lit. b). Insoweit fehlt es zzt. an überzeugenden internationalen Maßstäben und Regeln; der Rückgriff auf nationales Recht über die Kollisionsnormen ist unvermeidlich.[172] Einzelfälle

---

169 *Schlechtriem/Schroeter*, aaO (Fn. 165) Art. 16 Rn. 9; *Honnold*, aaO (Fn. 164), Rn. 143 f.
170 Vgl. o. § 9 I.
171 Danach ist z.B. bei Warenkaufverträgen mit einem Kaufpreis ab einer bestimmten Summe Schriftform erforderlich, andernfalls ist der Vertrag nicht durchsetzbar. Die Vorschrift ist auch in UCC § 2–201 enthalten, doch wurde dort inzwischen die Grenze von 500 auf 5000 US $ angehoben. Außerdem ist die Regel für Geschäfte unter Kaufleuten abgeschwächt (§ 2–201 [2] UCC).
172 Deshalb ist es falsch, wenn behauptet wird, durch die Anwendung des UN-Kaufrechts erübrige sich der Rückgriff auf Kollisionsnormen. Es ist auch bei Geltung der CISG ratsam, im Vertrag *ergänzend* ein anzuwendendes nationales Recht zu vereinbaren.

wird man also häufig aus dem Zusammenspiel von Einheitlichem Kaufrecht der CISG, internationalem Privatrecht und nationalem Vertragsrecht lösen müssen.

Praxis-Tipps

Das Einheitliche UN-Kaufrecht (CISG), das inzwischen in ca. 80 Staaten in Kraft ist, enthält in Artt. 14–24 Regelungen zum Vertragsschluss, die zum Teil erheblich vom deutschen Zivilrecht abweichen. Z.B. wird ein Angebot zwar wie nach BGB mit Zugang beim Empfänger wirksam. Es kann aber grundsätzlich noch widerrufen werden, solange der Empfänger seine Annahmeerklärung nicht abgesandt hat (Art. 16 Abs. 1 mit Ausnahmen in Abs. 2). Anders ist es, wenn der Anbieter selbst einen Bindungswillen innerhalb einer bestimmten Frist zum Ausdruck bringt. Diese Vorschriften gelten kraft Gesetzes, sofern die Parteien ihre Anwendung nicht ausgeschlossen haben.

Die CISG lässt jedoch hinsichtlich der vorvertraglichen Beziehungen und der Probleme des Vertragsschlusses erhebliche Lücken. Sie sagt nichts zu *Letter of Intent*, *Memorandum of Understanding*, Vorvertrag, Rahmenvertrag, Haftung für *culpa in contrahendo* oder zu den Problemen der Einbeziehung von AGB in den Vertrag und der sich widersprechenden AGB der Parteien. Auch die Einschränkungen der Vertragsfreiheit werden in Art. 4 lit. a) CISG ausdrücklich ausgeklammert. Diese Lücken müssen dann über das nach dem Kollisionsrecht anwendbare nationale Recht gefüllt werden.

V. Elektronischer Geschäftsverkehr (*E-Commerce*)

Der elektronische Geschäftsverkehr (*E-Commerce*) gewinnt zunehmend an Bedeutung. Er hat viele Facetten, z.B. Willenserklärungen beim Vertragsschluss, nachträgliche Vertragsänderungen (z.B. *change requests*), Ausschreibungs-, Aufmaß- und Abrechnungsunterlagen, Rechnungsstellung, Anzeigen und andere geschäftsähnliche Handlungen, Gerichtsstands- und andere Zuständigkeitsvereinbarungen, Schiedsvereinbarungen etc.

Dem hat sich auch das (sonst eher konservative) BGB nicht verschlossen und immerhin 2002 eine Teilregelung für den elektronischen Vertragsschluss eingefügt: **§ 312e Abs. 1–3 BGB**. Sie legt vor allem bestimmte Pflichten eines Unternehmers fest, der sich zum Zweck des Vertragsschlusses eines Tele- oder Mediendienstes bedient. Damit werden nicht nur die sog. Fernabsatzgeschäfte erfasst. Die Bereiche des *E-Commerce* und des Fernabsatzes sind nicht deckungsgleich, sondern überschneiden sich teilweise. Der „Kunde" des Unternehmers muss nach § 312e BGB nicht Verbraucher sein; die Regelung erfasst also auch sog. B2B-Verträge.

Die Regelung beruht im Wesentlichen auf zwei verbraucherschützenden EG-Richtlinien und der Richtlinie über den elektronischen Geschäftsverkehr [173]. Sie beschränkt sich nach ihrem Wortlaut zwar auf den Abschluss von Verträgen über Warenlieferungen und Dienstleistungen.[174] Das muss jedoch im Hinblick auf den

---

[173] S. u. Fn. 178.
[174] Vgl. § 312e Abs. 1 S. 1 BGB.

europarechtlichen Dienstleistungsbegriff weit ausgelegt werden. Daher besteht Einigkeit, dass in den Anwendungsbereich des § 312e BGB alle Vertragstypen fallen.[175]

Unabdingbare Voraussetzung ist, dass dem Kunden die Möglichkeit verschafft wird, den Vertragstext einschließlich der AGB bei Vertragsschluss auf elektronischem Weg abzurufen und in wiedergabefähiger Form zu speichern. Eine Verschärfung der Einbeziehungsvoraussetzungen für AGB gegenüber § 305 Abs. 2 Nr. 2 BGB ist damit aber nicht beabsichtigt.[176] Weitergehende Informationsvorschriften nach anderen Gesetzen bleiben unberührt (§ 312e Abs. 3 S. 1 BGB). Solche können sich z.B. aus § 312c BGB i.V.m. der InfoV ergeben.

Als wenig hilfreich, da international nicht durchgesetzt, haben sich die Vorschriften über die **elektronische Signatur** erwiesen; vgl. dazu im deutschen Recht § 126a BGB, Signaturgesetz von 2001[177].

In etwas allgemeinerer Fassung stellt **Art. 23 Abs. 2 EuGVVO** „elektronische Übermittlungen, die eine dauerhafte Aufzeichnung der Vereinbarung ermöglichen", der Schriftform gleich. Darunter fallen z.B. Telefax und E-mail. Der Anwendungsbereich ist aber auf Zuständigkeitsvereinbarungen beschränkt.

Eine umfassende Regelung des *E-Commerce* hat die EG-Richtlinie über den elektronischen Geschäftsverkehr v. 17.7.2000[178] in Angriff genommen. Die Umsetzung in Deutschland erfolgte vor allem durch das **Telemediengesetz v. 26.2.2007**[179]. Dieses Gesetz trifft keine Regelungen des IPR. Es verankert in § 3 das „Herkunftslandprinzip": Danach unterliegen in der BRD niedergelassene Dienstanbieter und ihre Telemedien dem deutschen Recht auch dann, wenn letztere in einem anderen Staat geschäftsmäßig angeboten werden. Der freie Dienstleistungsverkehr von Telemedien soll durch das Gesetz nicht eingeschränkt werden. Vorbehalte werden jedoch zum Schutz der öffentlichen Sicherheit und Ordnung, der öffentlichen Gesundheit und im Interesse der Verbraucher und Anleger gemacht (§ 3 Abs. 5).

Außerdem gibt es eine *UN Convention on the Use of Electronic Communications in International Contracts* **vom 23.11.2005**. Sie enthält in Art. 8 den allgemeinen Grundsatz, dass Erklärungen zwischen Vertragsparteien die Rechtsgültigkeit nicht aus dem Grund verweigert werden darf, weil sie in elektronischer Form übermittelt wurden. Das Übereinkommen ist von 18 Staaten unterzeichnet, aber bisher nur von Singapur, Honduras und der Dominikanischen Republik ratifiziert worden und für diese drei am 1.3.2013 in Kraft getreten. Deutschland gehört nicht zu den Signatarstaaten.

---

175 Staudinger/*Thüsing* (Bearb. 2005) § 312e BGB Rn. 26 m.w.Nw.
176 *Thüsing* aaO (Fn. 175), Rn. 57 m.w.Nw.
177 Gesetz über die Rahmenbedingungen für elektronische Signaturen v. 16.5.2001 (BGBl I 876).
178 ABl EG Nr. L 178 S. 1.
179 BGBl I 179.

VI. Resümee

Die Regelungen des E-Commerce im deutschen und europäischen Recht sind also noch unsystematisch und lückenhaft. Erst recht ist der internationale Wirtschaftsverkehr von einer rechtlichen Bewältigung dieses neuen Bereichs weit entfernt, obwohl die elektronischen Medien dort inzwischen in großem Umfang eingesetzt werden. Auch insoweit ist von internationalen Übereinkommen und internationalem Einheitsrecht in nächster Zeit keine Besserung zu erwarten; der Start der UN Convention von 2005 ist nicht ermutigend. Eher können nichtstaatliche Regelwerke auch in diesem Bereich schneller und flexibler eine einheitliche Praxis herbeiführen, sind aber auch noch nicht erkennbar.

Wegen der zahlreichen noch ungeklärten Fragen bezüglich der Wirksamkeit von Willenserklärungen mittels der (inzwischen zahlreichen) elektronischen Medien, empfiehlt es sich dringend, spätestens im Hauptvertrag eine Regelung dahingehend aufzunehmen, wie und welche elektronischen Medien rechtlich wirksam genutzt werden können. Gerade die Abgabe bzw. Übersendung von Willenserklärungen per E-Mail bedarf einer klaren Regelung, nicht zuletzt deswegen, weil der Empfang einerseits nicht immer eindeutig nachgewiesen werden kann, andererseits Adressaten zu einem späteren Zeitpunkt aus dem Empfängerunternehmen ausscheiden können; damit verschwinden dann auch die E-Mail Accounts, die die entsprechenden Willenserklärungen enthalten. Ein weiteres Problem ist die Möglichkeit, E-Mails nachträglich zu manipulieren, so dass die Ausgangsmail einen – wenn auch leicht – modifizierten Inhalt haben kann. Insofern bieten sich Rückbestätigungsmails als Sicherheit an.

Praxis-Tipps

Elektronischer Geschäftsverkehr (E-Commerce) ist ein Sammelbegriff für vielfältigen Einsatz elektronischer Medien in sehr verschiedenen rechtlichen und wirtschaftlichen Zusammenhängen. Er überschneidet sich mit dem Bereich des Fernabsatzes. Eine umfassende systematische Regelung fehlt sowohl im deutschen und europäischen Recht, erst recht im internationalen Kontext.

Einschlägige Regelungen finden sich in § 312e BGB, Art. 23 Abs. 2 EuGVVO, der EG-Richtlinie über den elektronischen Geschäftsverkehr von 2000 und dem darauf aufbauenden Telemediengesetz von 2007.

Die einschlägige UN-Konvention von 2005 ist am 1.3.2013 für drei Staaten in Kraft getreten. Deutschland ist kein Signatarstaat.

Neben diesen offenen juristischen Fragen führt die tägliche Anwendung von elektronischen Kommunikationsmedien in der Praxis immer wieder zu Fragen der Gültigkeit der Kommunikation, nicht zuletzt wegen offener Fragen zum Empfangsnachweis und zur gültigen Vertragssprache (s. dazu o. § 8 IV.4.). Es ist dringend zu empfehlen, spätestens im Hauptvertrag zu regeln, wie und welche elektronischen Medien rechtlich wirksam genutzt werden können.

Schrifttum zu V. (E-Commerce)

A. H. Boss/W. Kilian (eds.), The UN Convention on the Use of Electronic Communications in International Contracts, (Wolters Kluwer) 2008.
Campbell/Woodley (eds.), E-Commerce: Law and Jurisdiction, The Hague 2003.
Müglich, Logistik in der E-Economy, München 2003
Suden, Die elektronische Rechnung im Handels- und Steuerrecht, (Gabler Verlag) 2010.
Thüsing, in: Staudinger, BGB, Bearb. 2005, Kommentierung zu § 312e BGB.

§ 10 Zustandekommen von umfangreichen und komplizierten Verträgen

I. Einführung

Ebenso wie innerstaatliche Verträge lassen sich auch alle internationalen Verträge auf zwei übereinstimmende Willenserklärungen zurückführen. Umfang und Komplexität vieler internationaler Verträge, Probleme ihrer Finanzierung, ihre Abhängigkeit von staatlichem Handeln, ihre Verknüpfung mit anderen auf dasselbe Projekt bezogenen Verträgen und weitere Faktoren führen jedoch dazu, dass vor dem eigentlichen Abschluss des Vertrages eine **längere vorvertragliche Phase** liegen kann. In dieser Phase treten die zukünftigen Vertragspartner schon in mehr oder weniger formalisierte Beziehungen zueinander ein, nähern ihre Standpunkte an und gehen schrittweise gewisse Bindungen ein. Es kann in diesen Fällen Schwierigkeiten bereiten, den exakten Zeitpunkt des Vertragsschlusses zu bestimmen. Die häufig zelebrierte feierliche Unterzeichnung der Vertragsurkunde liegt zeitlich meist nach dem bereits erfolgten Austausch übereinstimmender Willenserklärungen. Der *Uniform Commercial Code* hat dem in § 2–204 (2) Rechnung getragen, indem er bestimmt, dass eine für einen Vertragsschluss ausreichende Willensübereinstimmung auch dann angenommen werden kann, wenn der genaue Zeitpunkt der Vertragsschlusses nicht bestimmbar ist. Dies bezieht sich insbesondere auf eine längere Phase der Vertragsanbahnung mit wechselseitiger Korrespondenz.

Innerhalb solcher ausgedehnten Vorbereitungs- und Annäherungsverfahren sind zwei große Gruppen erkennbar: formalisierte Prozeduren, insbesondere Ausschreibungsverfahren *(tendering procedures)* und Auftragserteilung aufgrund von informellen Verhandlungen (sog. freihändige Vergabe[180]).

---

[180] Englisch: *negotiated contract*; französisch: *marché conclu de gré à gré*.

II. Ausschreibungsverfahren

Bei den Ausschreibungen[181] ist zwischen offenen und beschränkten Verfahren zu unterscheiden. Bei **offener Ausschreibung** wird das Projekt in der Regel in der internationalen Presse oder zumindest den internationalen Fachmedien bekannt gemacht; zugleich werden interessierte und geeignete Unternehmen zur Abgabe von Angeboten aufgefordert. Bei **beschränkter Ausschreibung** geht meist ein Vorqualifikationsverfahren (*prequalification*) voraus, bei dem zunächst Unternehmen, die an der Teilnahme interessiert sind, aufgefordert werden, ihre Qualifikation nachzuweisen. Diejenigen, die sich dabei qualifiziert haben, erhalten dann – oft gegen entsprechende Kostenerstattung und/oder Stellung einer sog. *Tender Guarantee* (s.u. § 12 IV 1) die Ausschreibungsunterlagen.

Eine internationale Ausschreibung mit *Pre-Qualification* in einer Zeitung sieht zum Beispiel folgendermaßen aus:

---

181 Die Weltbank sieht bei den von ihr finanzierten Projekten Ausschreibungen als die Regel an.

§ 10 Zustandekommen von umfangreichen und komplizierten Verträgen —— 79

HINDUSTAN PETROLEUM CORPORATION LIMITED
(A Govt. of India Enterprise)
6th Floor, Petroleum House, Jamshedji Tata Road,
Churchgate, Mumbai-400 020 Tel:+91-22-2286 3633/3615

GLOBAL NOTICE INVITING TENDER

Hindustan Petroleum Corporation Limited (HPCL) invites sealed bids under single stage two-bid system from Consultants with sound technical and financial capabilities, fulfilling the qualification criteria as stated in the detailed Invitation to Bid (ITB) for **"Appointment of Consultant for Conducting Detailed Feasibility Study for proposed Green Field Refinery cum Petrochemicals (PCPIR) Project at Visakhapatnam"**

Tender No.	CE:474
Earnest Money Deposit	Rs.30 lakhs for Indian Bidders & USD 62,650 for foreign Bidders
Tender Fees	INR 5,000 for Indian Bidders & USD 110 for foreign Bidders
Sale Period of tender	26.09.2011 to 08.11.2011 (From 10AM to 5 PM Monday to Friday except holidays)
Tender Due Date	15.11.2011 (1500 Hrs) at Petroleum House.
Unpriced Bid opening	15.11.2011 (1530 Hrs) at Petroleum House.

Detailed Pre Qualification Criteria as specified in Tender Document shall be applicable.
Tender document shall be obtained from Mr. Ravi Kumar Budha, Sr.Engineer, Central Engineering on payment of tender fees by way of Demand Draft.
Tender document can also be downloaded from the link provided below http://www.hindustanpetroleum.com/En/UI/Publictenders.aspx and tender Fees shall be paid along with the bid. Offers received without either EMD or the applicable tender fees shall be rejected.

**Senior Manager-Materials,
Central Engineering**

**VISAKHAPATNAM PORT TRUST
VISAKHAPATNAM**
ISO 9001, ISO 14001, OHSAS 18001

MATERIALS MANAGEMENT DIVISION
NOTICE INVITING GLOBAL TENDER

Tender No. II/R-478/2010-11/GT Dt. 16.09.2011
Only reputed steel cord Belt manufacturers having ISO-9001 certification and proven experience need to quote.

Description of Stores : 1. STEEL CORD CONVEYOR BELT ST 2500 X 1600 mm wide for conveyor system.
Quantity : 2520 metres. (Detailed description is contained in the tender document)
Estimated Cost : Indian Rupees 3,53,04,500/-
E.M.D. : Indian Rupees 7,06,100/-
Cost of tender Documents : By hand : Rs.1,500/-, By speed Post : Rs.1,600/-, Overseas : Rs.3,000/- By down loading from website Rs.1,500/- or equivalent foreign currency.
Due date for tender opening : **31-10-2011**, Time : **15.00 Hours(IST)**
Contact Person : **Chief Mechanical Engineer.**
Ph: 0091-891-2874700, Fax : 0091-891-2563837/2565023

For details visit website : www.vizagport.com

Quelle: *Financial Times* vom 28.9.2011

Bei allen Arten der Ausschreibungen müssen die **Ausschreibungsunterlagen** so ausführlich sein, dass den Bietern eine Kalkulation möglich wird, die zu vergleichbaren Angeboten führt.[182] Auf Seiten des Auftraggebers ist deshalb eine weitgehende Vorbereitung und Vorplanung (Bedarfsanalysen, *Feasibility-Studies*, Ausarbeitung von Plänen, Leistungsverzeichnissen, Vertragsbedingungen, technischen Bedingungen etc.) erforderlich, zu denen er einen *Consulting Engineer* oder sonstige Fachleute einsetzt. Interessierte Unternehmen, die von einem Projekt Kenntnis erlangen, werden häufig schon vor der Ausschreibung bemüht sein, Kontakte zu dem Auftraggeber aufzunehmen und eventuell über Außenstellen im Projektland auf die Vorplanungen Einfluss zu nehmen. Letzteres ist allerdings mit dem Risiko verbunden, vom Angebotsverfahren ausgeschlossen zu werden, da mit dieser Vorgehensweise aus Sicht vieler Rechtsordnungen ein faires Vergabeverfahren konterkariert wird.

In den Ausschreibungsbedingungen wird im Allgemeinen eine **Frist** gesetzt, innerhalb derer die Bieter an ihre Angebote gebunden sind. Außerdem wird von den Bietern regelmäßig eine **Sicherheitsleistung**, meist in der Form einer Bankgarantie[183] gefordert. Unter Umständen machen Bieter Angebote mit Alternativvorschlägen. Dies ist keineswegs unzulässig, sondern oft erwünscht und kann für beide Seiten vorteilhaft sein, wenn sich die Alternative gegenüber den aus der Ausschreibung ersichtlichen geplanten Verfahren als deutlich überlegen darstellt und auf diese Weise die Erfahrung und besondere Qualifikation dieses Bieters indiziert. Andererseits können Bieter auch Vorbehalte machen, die eine Bindung vor Klärung bestimmter Punkte vermeiden sollen.[184] In diesen und anderen Fällen kommt es nicht selten zu Zwischenverhandlungen. Danach erteilt der Auftraggeber einem der Angebote den **Zuschlag**. Damit kommt aber – anders als nach der deutschen VOB/A[185] – bei internationalen Verträgen in der Regel der Vertrag noch nicht endgültig zustande, sondern der Auftraggeber bringt damit seine Bereitschaft zum Ausdruck, mit dem betreffenden Bieter den Vertrag zu schließen.[186] Es entsteht damit aber ein engeres vorvertragliches Vertrauensverhältnis, das bei schuldhaften Verstößen u.U. Schadensersatzansprüche auslösen kann. Es folgen dann abschließende Verhandlungen, in denen der Vertragsinhalt – soweit erforderlich – noch konkretisiert wird, und endlich der formelle Vertragsschluss in einem besonderen Dokument.

---

182 Das ist anders bei sog. Ideenwettbewerben, z.B. Architektenwettbewerb für ein geplantes Bauprojekt, u.U. mit Verleihung von Preisen.
183 S. dazu u. § 12 IV.1.
184 Vgl. *Brabant*, aaO (Fn. 109) p. 109.
185 Vergabe- und Vertragsordnung für Bauleistungen (VOB) Teil A, insbes. dort § 28 Nr. 2 Abs. 1.
186 *Hopfenbeck*, Planung und Errichtung von kompletten Industrieanlagen in Entwicklungsländern ... (1974), S. 170; *Maskow* Der Anlagenvertrag, in: *Enderlein* u.a., Handbuch der Außenhandelsverträge Bd. 2, 2. Aufl. 1980 S. 104.

Die Ausschreibungsverfahren sind in einigen Staaten in besonderen Vorschriften geregelt.[187] Bei den Ausschreibungen wird keineswegs immer dem billigsten Angebot der Zuschlag erteilt. Mit einem solchen Schematismus hat man nämlich in der Geschichte der Ausschreibungen schlechte Erfahrungen gemacht, weil dabei nicht die zu erwartende Qualität der Ausführung sowie die Zuverlässigkeit und Solidität des Auftragnehmers berücksichtigt werden können. In einigen Ländern versucht man jedoch, die Auswahl wieder dadurch zu formalisieren, dass aus allen Angeboten zunächst ein Durchschnitt errechnet und danach ein sog. **„Standard"** bestimmt wird. Das Angebot, das am nächsten an dem „Standard" liegt, hat dann die besten Chancen für den Zuschlag.[188]

III. Informelle Verfahren

Bei der **freihändigen Vergabe** (*negotiated contract*, *marché de gré à gré*) hängt das vorvertragliche Verhältnis zwischen den Parteien von deren individuellem Verhalten ab. Dennoch haben sich inzwischen einige typische Formen herausgebildet, die allmählich auch rechtliche Konturen annehmen.

An einem **Beispiel** soll im Folgenden die schrittweise Annäherung der beiden Partner veranschaulicht werden:

Das deutsche Anlagenbau-Unternehmen U, das 60% seines Umsatzes im Auslandsgeschäft macht, erfährt aus der *„International Construction Week"*, einer einschlägigen Fachzeitschrift, von der Planung einer Kunststofffabrik in einem Staat X im Nahen Osten. U hat in diesem Land keine Niederlassung und hatte bisher dort auch noch keine Aufträge.

U stellt durch Anfrage bei der Wirtschafts-Abteilung der Deutschen Botschaft in X fest, welche Dienststelle für das Projekt zuständig ist. Gleichzeitig erkundigt U sich bei einem in X erfahrenen Bauunternehmen, mit dem es gelegentlich zusammenarbeitet, nach dessen bisherigen Erfahrungen.

U schreibt an den zuständigen Minister der Regierung von X einen Brief, in dem es sich als fachkompetentes Unternehmen vorstellt, auf einschlägige Erfahrungen mit dem Bau von entsprechenden Fabriken in Nigeria hinweist und sein Interesse an dem Projekt bekundet.

Das Ministerium bestätigt, dass unter seiner Federführung Vorüberlegungen zu dem Projekt angestellt werden. Es äußert ebenfalls Interesse und teilt mit, dass man U über die weitere Entwicklung informieren werde.

U möchte aber nicht bloß warten, sondern schickt nun eine Gruppe kompetenter Fachleute, einen Techniker, einen Betriebswirt und einen Juristen, in die Hauptstadt von X zur Kontaktaufnahme. Die Fachleute sollen sich zugleich nähere Ortskenntnis von dem geplanten

---

[187] Z.B. in Saudi-Arabien und den Philippinen, vgl. *Dünnweber*, aaO (Fn. 81) S. 17. In Deutschland ist es die Vergabeverordnung i.d.F. v. 2012 (BGBl I 1508) mit speziellen Vergabeordnungen für die verschiedenen Leistungsarten, z.B. VOB/A für Bauleistungen oder VOF für freiberufliche Leistungen.
[188] Vgl. *McNeill Stokes*, Construction Law in Contractor's Language, 1980, pp. 2ff.

Standort verschaffen und persönliche Kontakte anknüpfen. Die Firma U geht dabei von der Erfahrung aus, dass persönliches Vertrauen in solchen Fällen häufig wichtiger ist als umfangreiche Korrespondenz und formale Qualifikation.

Die zuständigen Personen im Ministerium zeigen sich von den vorgelegten Referenzen, Fotos und Erfolgsmeldungen über frühere Projekte der U beeindruckt. Ein Ausschreibungsverfahren ist in diesem Fall nicht beabsichtigt. U erhält einen Brief, in dem das Ministerium seine unverbindliche Absicht erklärt, in nähere Vertragsverhandlungen mit U einzutreten. Der Minister hat inzwischen eine *Consulting*-Firma C in Großbritannien beauftragt, die Vorplanungen, eine Machbarkeits-Studie und eine grobe Kostenschätzung vorzunehmen.

U möchte „den Fuß in der Tür behalten" und möglichst auf die Vorplanungen Einfluss nehmen. Deshalb knüpft es Kontakte zu C an und intensiviert zugleich die Kontakte zum Auftraggeber.

C schließt seine Studien und Vorplanungen ab, teilt die Ergebnisse U mit und fordert U im Namen des Auftraggebers zu einem Angebot auf, das auch Teile der Einzelplanung enthalten soll. Dabei wird aber ausdrücklich darauf hingewiesen, dass hiermit noch keinerlei vorvertragliche Bindung entsteht und keine Kostenerstattung erfolgt.

U ist trotzdem zufrieden, denn ihm wird jetzt möglich, eigene technische Entwicklungen in die Planung einzubringen. Zu dieser Zeit weiß man nicht genau, ob der Auftraggeber oder C mit anderen Unternehmen Parallelverhandlungen führt.[189] Man vermutet das aber.

U macht ein sog. **Vorangebot** (*preliminary offer*) mit erheblichen Vorbehalten, die vor allem die Wasser- und Energieversorgung betreffen. U hat inzwischen für dieses Vorangebot schon von potentiellen Subunternehmern und Lieferanten vorläufige Angebote eingeholt.

Der Auftraggeber teilt U mit, dass für die Erd- Maurer- und Betonarbeiten Firmen im Staat X als Subunternehmer beauftragt werden müssten. U sagt das zu, kann aber nach Einschaltung des C den Auftraggeber davon abbringen, dass dieser die Subunternehmer benennt *(„nominated sub-contractors");* U kann sie sich also selbst aussuchen.

Der Auftraggeber und C wollen nun ernsthaft mit U ins Geschäft kommen, weil seine bisherigen Vorleistungen und die Kooperation mit ihm überzeugt haben. Er schreibt nach einem vorherigen Gespräch mit U einen **Letter of Intent,** in dem der Stand der Verhandlungen und die bereits abgeklärten Punkte bestätigt werden.

U wird darin ferner aufgefordert, in Zusammenarbeit mit C die noch offenen Fragen zu klären und die Detailplanungen zu vervollständigen. Erstmals wird Kostenerstattung für diese Planungsarbeiten zugesichert. Ferner wird die Absicht erklärt, den Vertrag alsbald nach Klärung der restlichen Punkte abzuschließen.

U bestätigt den *Letter of Intent* und schickt ein Exemplar zurück.

U klärt mit C die noch offenen Fragen und macht ein **vollständiges Projektangebot** zu einem Pauschalpreis, allerdings mit gewissen Gleitklauseln für Löhne und Materialpreise.

Der Auftraggeber in X verlangt **Nachverhandlungen** über den Preis. Damit hat U gerechnet. In den Verhandlungen macht U gewisse Zugeständnisse, wobei zur Wahrung seines Gesichts kleinere Modifikationen der Leistungsbeschreibung gewünscht werden, die allerdings den Preisunterschied nicht abdecken.

Der Auftraggeber stimmt dem endgültigen Angebot des U zu, teilt mit, dass die Finanzierung aus staatlichen Mitteln sowie einem von Banken eingeräumten Bestellerkredit gesichert

---

189 *Brabant*, aaO (Fn. 109) 138 sieht darin u.U. einen Pflichtenverstoß von Seiten des Auftraggebers. M.E. gibt es keine entsprechende international anerkannte Regel. Ein solcher Verstoß könnte allenfalls in einem späteren Stadium der Verhandlungen in Frage kommen.

ist, stellt aber klar, dass der endgültige Vertragsschluss erst mit der offiziellen Unterzeichnung erfolgt.[190]

In der Hauptstadt von X findet schließlich die formelle **Vertragsunterzeichnung** durch Repräsentanten des Auftraggebers und U statt. Die Vertragsdokumente bestehen aus mehreren umfangreichen Texten, u.a. den *FIDIC Conditions of Contract for Plant and Design-Build ("Yellow Book")*. Für die in diesem Vertragsmodell wichtige Rolle des *"Engineer"* wird C benannt.

Das Beispiel zeigt, dass es in der ersten Phase der Annäherung noch zu keinerlei Bindungen und Ansprüchen kommt. In dieser Phase hat U zwar schon gewisse Aufwendungen für Reisekosten, Telefon, Korrespondenz und Präsentation von Unterlagen, aber das geschieht auf eigene Kosten. Von einem bestimmten Punkt der Verhandlungen, der hier wohl in der Aufforderung an U liegt, ein detailliertes Angebot abzugeben, setzt eine erste Verrechtlichung ein. Nach einigen Rechtsordnungen würde damit eine Pflicht der Parteien entstehen, nach Treu und Glauben weiter zu verhandeln, die Verhandlungen also nicht grundlos und willkürlich abzubrechen.[191] Problematisch ist allerdings, nach welchen Maßstäben diese ersten Verpflichtungen bzw. Berechtigungen beurteilt werden sollen.[192] Ferner ist zu beachten, dass mit der Aufforderung zur Abgabe des Angebots noch keine Kostenübernahme zugesagt wurde, so dass auch hier U noch auf eigenes Risiko Vorleistungen erbringt, die es im günstigsten Fall mit der endgültigen Bezahlung des Projekts wieder hereinholen kann.

Das Vorangebot des U ist bis zu dessen „Annahme" widerruflich. Falls der Auftraggeber es akzeptiert, entsteht nicht etwa schon ein Vorvertrag i.S. des deutschen Rechts, aber es werden gewisse Pflichten der Parteien begründet, wobei zweifelhaft ist, welchen Inhalt die Pflichten im Einzelnen haben. Gerichte in den USA haben aufgrund einer *„doctrine of reliance"* eine Haftung entwickelt, die vor allem darauf hinausläuft, Subunternehmer an ihren vorläufigen Angeboten festzuhalten, wenn darauf ein Hauptangebot aufbaut.[193]

In einem weiteren Stadium der Annäherung kommt es hier zum **„Letter of Intent"** (übliche Abkürzung: LoI oder LOI), einer eigenartigen Schöpfung der Vertragspraxis, die wohl in den USA ihren Ursprung hatte, aber auch in Frankreich und frankophonen Ländern als *„lettre d'intention"* Karriere gemacht hat.[194] Es handelt sich dabei nicht um ein rechtliches Instrument mit scharfen Konturen und fester

---

190 In der Praxis wird das oft durch die Kurzformel *„formal contract contemplated"* zum Ausdruck gebracht.
191 *Brabant*, aaO (Fn. 109) p. 138 m.Nw.
192 Vgl. o. § 8 I.1.und 2.
193 *Brabant*, aaO (Fn. 109) p. 114; *McNeill Stokes*, Construction Law in Contractor's Language, New York 1980, pp. 8–14 (zit. nach *Brabant*, aaO).
194 Die deutsche Übersetzung „Absichtserkläung" ist unspezifisch und eher irreführend; die deutsche Praxis verwendet den englischen Begriff.

Dogmatik, sondern der Begriff umfasst eine Palette von Erklärungen in der Vertragspraxis, die vor allem vor größeren Verträgen über den Kauf von Flugzeugen, den Bau von Schiffen, die Errichtung von Industrieanlagen etc. abgegeben werden, oder bei anderen komplexen Projekten, in denen die Verhandlungen noch zeigen müssen, ob eine erfolgreiche Zusammenarbeit zum gewünschten Projektergebnis führen kann. Sie reichen von knappen Texten auf einer Seite bis hin zu 30seitigen Dokumenten.[195] Näheres dazu u. Abschn. IV.1. In unserem Beispielfall kann man das Schreiben des Auftraggebers, in dem er seine unverbindliche Absicht erklärte, in nähere Vertragsverhandlungen mit U einzutreten, *nicht* als LOI ansehen. Manche sprechen in einem solchen Fall von „reiner Absichtserklärung", aber auch das ist eher irreführend. Es fehlt in diesem Schreiben noch jede Konkretisierung von vorvertraglichen Pflichten. Anders verhält es sich mit dem eigentlichen *„Letter of Intent"*, den der Auftraggeber an U geschickt hat. Zu diesem Zeitpunkt waren die Partner schon zu einem teilweisen, vorläufigen Konsens gelangt. Dem U wurde nun grünes Licht zu kostenintensiveren **Vorarbeiten** gegeben und dies mit einer **Zusage der Kostenerstattung** verbunden. Diese Zusage ist vor allem wichtig für den Fall, dass die Verhandlungen nicht zu einem Vertragsschluss führen. Aus dem konkreten LOI ergeben sich ferner Pflichten der Partner zur **weiteren Zusammenarbeit** auf der Grundlage von Treu und Glauben. Dies schließt u.E. die Pflicht zur **Vertraulichkeit** ein, weil U dem Partner damit auch eigene innerbetriebliche Informationen übermittelt, die auf keinen Fall an andere Unternehmen und mögliche Konkurrenten weitergegeben werden dürfen. Dagegen kann man aus dem LOI nicht ohne weiteres auf ein allgemeines Verbot weiterer Kontakte des Auftraggebers zu Dritten bei diesem Vorhaben schließen.

Allerdings darf der Auftraggeber in diesem Stadium die Verhandlungen nun nicht mehr willkürlich abbrechen, wenn man dies nicht schon bei seiner ersten Aufforderung zur Angebotsabgabe annimmt[196]. Macht er das dennoch, so treffen ihn Schadensersatzpflichten, die über die zugesagte Kostenerstattung hinausgehen können.[197] Zu beachten ist ferner, dass die Kosten der Ausarbeitung des Angebots normalerweise nicht ersetzbar sind; diese können je nach dem intendierten Projekt schnell siebenstellige Euro-Beträge erreichen. *Ohne* die Zusage im LOI könnte also ein Anbieter nicht mit der Erstattung solcher u.U. erheblichen Kosten rechnen.

Was den eigentlichen **Vertragsschluss** betrifft, so ist zweifelhaft, ob man das Zustandekommen schon mit der Zustimmungserklärung des Auftraggebers zu dem durch die Nachverhandlungen ermäßigten Angebot des U annehmen kann oder ob wirklich erst die formelle Vertragsunterzeichnung maßgebend ist. Dies ist vom Ein-

---

195 *Lutter*, aaO (Fn. 113), S. 9.
196 Vgl o. zu Fn. 165.
197 Nach deutschem Recht aus *„culpa in contrahendo"*, in den USA z.T. über *„reliance"*, vgl. z.B. *Hoffmann* v *Red Owl Stores* 26 Wis 2d 683 (1965).

zelfall abhängig. Bringen die Parteien eindeutig – und hier ist der beratende Jurist besonders gefragt – zum Ausdruck, dass alle vorherigen Erklärungen nur vorläufigen Charakter ohne endgültige Verbindlichkeit haben sollen, so ist die formelle Unterzeichnung maßgebend, und eine der Parteien kann sich dann nicht im Nachhinein auf einen früheren Vertragsschluss berufen. In anderen Fällen[198] mag die feierliche Unterzeichnung nur eine reine Formalität sein, welche die vorherige vertragliche Bindung nicht ausschließt.

IV. Letter of Intent

Wie schon erwähnt, hat die internationale Vertragspraxis bestimmte Instrumente für die vorvertragliche Phase entwickelt, die inzwischen weltweit verwendet werden. Dazu gehören der „Letter of Intent (LOI)", das „Memorandum of Understanding (MOU)" und „Heads of Agreement subject to contract".

Ein **Muster** eines Letter of Intent findet sich im Anhang Nr. 5.

Die oben genannten rechtlichen Instrumente sind nicht derart typisiert, dass sie automatisch bestimmte Regeln und Rechtsfolgen implizieren. Der **Letter of Intent (LOI)** ist wohl das am weitesten entwickelte Modell, aber auch bei ihm handelt es sich um eine **breite Palette von Erscheinungsformen**, die von knappen Texten bis zu 30seitigen Dossiers reichen. Für die rechtliche Würdigung kommt es entscheidend auf den Inhalt des einzelnen Dokuments an. Typisch ist jedoch Folgendes: In einer bestimmten Phase fortgeschrittener Verhandlungen schreibt ein Partner an den anderen einen Brief mit der Bitte am Schluss, diesen auf der Kopie zu bestätigen. Der Brief bezieht sich auf den Stand der Verhandlungen sowie schuldrechtliche Leistungs- und Verhaltenspflichten aus einem noch zu schließenden Vertrag. Von atypischen Fällen abgesehen, führt der LOI normalerweise nicht zu einer Verpflichtung in Bezug auf Hauptpflichten des in Aussicht genommenen Vertrages. Er führt auch nicht, wie der Vorvertrag im engeren Sinn, zu einer Verpflichtung zum Abschluss des Hauptvertrages, denn es fehlt in der Regel noch an der Bestimmtheit des Inhalts des Hauptvertrages und an einem entsprechenden Bindungswillen der Partner[199]. *Lutter* bezeichnet die in dem LOI und seiner Bestätigung liegende Einigung als **„Vorfeldvertrag"**. Die Frage ist dann, welche Bedeutung dem Dokument überhaupt zukommen kann. Gegenstände eines LOI können vor allem sein:
– Beschreibung der Parteien, ihrer Geschäftsfelder und/oder Expertise;
– Ziel der Verhandlungen;
– Zusammenfassung der bisherigen Verhandlungsergebnisse;

---

198 Z.B. bei einer Formulierung im Text der Annahmeerklärung *„binding agreement, formal contract contemplated"*.
199 *Lutter*, aaO (Fn. 113), S. 26.

- Vorleistungen, Pflichten zu bestimmten Vorbereitungshandlungen, Nebenpflichten;
- Aufwendungsersatz für Vorarbeiten, Vorprüfungen, Entwürfe etc. oder auch in negativer Hinsicht den Ausschluss der Erstattung bestimmter Kosten;
- Konkretisierungen des Grundsatzes von Treu und Glauben, insbes. Pflichten zur Unterlassung von Parallelverhandlungen (sog. Exklusivitätsklausel);
- Pflichten zur Wahrung der Vertraulichkeit, was besonders wichtig ist, wenn eine Partei der anderen schon interne Informationen oder technisches Knowhow zugänglich gemacht hat;
- Pflichten zur gegenseitigen Information über vertragsrelevante Tatsachen;
- Pflichten zur Bildung einer Expertengruppe zur Vorbereitung des eigentlichen Vertragsschlusses;
- Pflichten zum Weiterverhandeln gemäß Treu und Glauben, z.B. die Pflicht, dass nicht Punkte, über die schon ein Konsens erzielt wurde, im späteren Verlauf wieder in Frage gestellt werden, ferner Pflicht, die Verhandlungen nicht willkürlich abzubrechen;
- Punkte, die noch expizit oder ausführlicher im Hauptvertrag zu klären sind;
- Regelungen für den Fall, dass es nicht zum Abschluss des Hauptvertrages kommt.

Es zeigt sich also, dass der LOI eine breite Skala von möglichen rechtlichen Folgen umfassen kann. Dabei sollten seine Verfasser nicht darauf vertrauen, dass im Wege der Auslegung, der Annahme von konkludenten Pflichten oder von *implied terms* sich schon konkrete Folgen aus der Existenz eines LOI ergeben. Vielmehr sollte alles, was der ausstellenden Partei und ihrem Partner wichtig ist, auch ausdrücklich in den LOI aufgenommen werden. Die Verletzung der so begründeten Pflichten kann dann zu Schadensersatzansprüchen und im Extremfall sogar zum Recht auf Abbruch der Verhandlungen führen, wobei die rechtliche Grundlage je nach dem anzuwendenden nationalen oder internationalen Recht verschieden sein kann.

Seit der Schuldrechtsreform von 2002 ist der bestätigte LOI im deutschen Recht als „ähnlicher geschäftlicher Kontakt" nach § 311 Abs. 2 Nr. 3 BGB einzuordnen, der ein Schuldverhältnis mit Pflichten nach § 241 Abs. 2 BGB begründen kann.

In unserem **Beispielfall** der Kunststofffabrik in einem Staat X[200] ist das Schreiben des Auftraggebers, in dem er seine unverbindliche Absicht erklärt, in nähere Vertragsverhandlungen einzutreten, kein LOI. Auch das Schreiben des C, in dem er im Namen des Auftraggebers U zu einem Angebot auffordert, ist kein LOI. Dieser liegt erst in dem ausdrücklich so bezeichneten Schreiben, das U dann bestätigt. Zu diesem Zeitpunkt waren die Partner in den vorangegangenen Verhandlungen schon

---

200 Vgl. o. § 10 III.

zu einem teilweisen vorläufigen Konsens gekommen. Dem U wurde nun grünes Licht zu kostenintensiveren Vorarbeiten gegeben und dies mit der Zusage einer Kostenerstattung verbunden. Aus dem konkreten LOI ergibt sich ferner die Pflicht für U und den Auftraggeber, gemäß Treu und Glauben weiter mit dem Ziel des endgültigen Vertragsschlusses zusammenarbeiten. U.E. ist darin auch die Pflicht zur Vertraulichkeit hinsichtlich von gegenseitigen Informationen und technischen Details der Vorplanungen impliziert. Der Auftraggeber darf diese nicht etwaigen Konkurrenten des U zukommen lassen und die Wettbewerber auf diese Weise gegeneinander ausspielen. Die Pflicht zur Vertraulichkeit hätte aber in den LOI des Auftraggebers ausdrücklich aufgenommen werden müssen. Dagegen kann man aus dem LOI als solchen nicht ohne weiteres schließen, dass der Auftraggeber keine Kontakte zu dritten Interessenten mehr haben darf. Die Partner dürfen aber nach einem LOI die Verhandlungen nicht mehr grundlos oder willkürlich abbrechen.[201]

Praxis-Tipps

Mit *Letter of Intent* (LOI) bezeichnet man bestimmte schriftliche Erklärungen eines Verhandlungspartners im Vorfeld eines Vertragsschlusses. Wird der LOI vom Empfänger bestätigt, so liegt darin eine vorläufige Vereinbarung, die jedoch keinen Vorvertrag im Rechtssinne darstellt. Aus dem LOI ergeben sich keine Pflichten der Parteien zum Abschluss des Hauptvertrages und i.d.R. auch keine Festlegungen im Hinblick auf dessen Inhalt.

Inhalt und Bedeutung des LOI hängen von der konkreten Gestaltung ab. Der LOI kann u.a. die bisherigen Verhandlungsergebnisse zusammenfassen, Vorleistungspflichten einer Partei und entsprechende Vergütungsansprüche begründen, Pflichten zur Wahrung der Vertraulichkeit und zu gegenseitigen Informationen regeln und die Pflicht beider Parteien zum Weiterverhandeln gemäß Treu und Glauben festlegen. Die Verletzung solcher Pflichten kann zu Schadensersatz und in extremen Fällen auch zum Recht auf Abbruch der Verhandlungen führen. Es ist also falsch, wenn gelegentlich behauptet wird, ein LOI verpflichte zu nichts und habe keinerlei rechtliche Konsequenzen.

Schrifttum zu IV. (Letter of Intent)

Bergjan, Haftung aus Culpa in Contrahendo beim LoI nach neuem Schuldrecht, ZIP 2004, 395 ff.
Fontaine, Les lettres d'intention dans la négociation des contrats internationaux, dpci 1977, 105 ff.
Lutter, Marcus, Der Letter of Intent, 3. Aufl. Köln 1998.
Münchener Kommentar/*Kramer*, BGB, 5. Aufl. München 2006, Vor § 145 BGB Rn. 48.

V. Memorandum of Understanding

Eine weitere relativ häufige Form der Vereinbarung im Vorfeld eines Vertragsschlusses ist das Memorandum of Understanding (MOU). Im Allgemeinen geht es

---

[201] *Lutter*, aaO (Fn. 113), S. 69 f.

dabei um ähnliche Gegenstände wie bei dem LOI: Feststellung der bereits geklärten Punkte, Bezeichnung offener Punkte und Weiterverhandlungspflicht, allgemeine Zusammenarbeitspflicht auf der Grundlage von Treu und Glauben etc. Allerdings wird es typischerweise in einem schon etwas weiter fortgeschrittenen Stadium als der LOI verwendet. Es kann schon Vereinbarungen über Teile des Projekts enthalten, auch schon einen vorläufigen Preis beziffern oder bestimmte standardisierte Vertragsbedingungen benennen, die dem zukünftigen Vertrag zugrunde gelegt werden. *Lutter* sieht den Unterschied zum LOI darin, dass das MOU **oft schon** einen **stärkeren Bindungscharakter** hat,[202] den die Parteien aber wieder selbst steuern können. Auch hier ergeben sich also aus dem bloßen Begriff nicht schon bestimmte Konsequenzen.

Muster eines Memorandum of Understanding im Anhang Nr. 6.

Die Form des MOU lässt deutlicher den Typus Vereinbarung erkennen. Es wird normalerweise von beiden Parteien unterzeichnet, während beim LOI die Vereinbarung erst aus dem einseitigen „Letter" und dessen „Bestätigung" konstruiert werden muss.

Sanktionen im Fall von Verletzungen sind auf zwei Ebenen möglich. In Rechtsordnungen, wo man es als klagbare Vereinbarung bewertet, kommen entsprechende Ansprüche in Betracht, meist aber wie bei Verträgen nur Schadensersatz. Auf einer zweiten außerrechtlichen Ebene liegen Sanktionen, die u.U. sogar für das betroffene Unternehmen schmerzhafter sein können als Schadensersatz, nämlich Verruf in der Branche, Streichung von *mailing lists* und andere wirtschaftliche Druckmittel.

VI. Heads of Agreement/Term Sheet/Heads of Terms

Bei einem Dokument „*Heads of Agreement Subject to Contract*" (HOA), „*Term Sheet*" oder „Heads of Terms" (HoT) handelt es sich um eine weitere Variante der Vereinbarung in der Verhandlungsphase. Man kann es in deutscher Übersetzung als „Eckdatenpapier" bezeichnen. Es ist relativ häufig in der Vorphase von Gesellschaftsverträgen. Typisch für die Verwendung dieser Form ist, dass Führungskräfte der beiden Unternehmen bereits eine Einigung über die wesentlichen Punkte des zukünftigen

---

[202] *Lutter* aaO (Fn. 113), S. 13 f. Im Gegensatz dazu sieht der chinesische Autor *Guo Guang*, Rechtsfragen der Gründung und des Betriebs von Joint Ventures in der Volksrepublik China, Berlin u.a. 1998, S. 31, das MOU als Vorstufe zum LOI an. Auch in die Sphäre der völkerrechtlichen Vereinbarungen ist der Begriff inzwischen vorgedrungen. So wurde z.B. im Oktober 2012 zwischen Griechenland einerseits und dem IWF, der EZB und der Europäischen Kommission andererseits ein MOU über Schuldenabbau und weitere Hilfskredite unterzeichnet.

Vertrages absegnen und unterschreiben, während die Ausarbeitung der Details noch von den Mitarbeitern erledigt werden muss.

Das HOA bzw. „Term Sheet" ist als solches im Hinblick auf den Hauptvertrag nicht bindend, kann aber in diesen integriert und damit bindend werden. Im Übrigen ist der Grad der rechtlichen Verbindlichkeit ähnlich wie bei LOI und MOU von der Gestaltung im Einzelfall abhängig. Enthält das Dokument z.B. Geheimhaltungs- oder Exklusivitätsklauseln, so können *diese* sehr wohl schon vorvertragliche Pflichten begründen.

Allen drei vorvertraglichen Dokumenten ist gemeinsam, dass sie im Hauptvertrag, kommt er denn zustande, in der Regel in der **Präambel** erwähnt werden. Häufig werden die Inhalte wiederholt oder konkretisiert. Unverändert „überleben" dagegen erfahrungsgemäß meist die Klauseln zur „Exklusivität" und „Vertraulichkeit", die typischerweise wichtige und bereits sorgfältig durchformulierte Bestandteile der vorvertraglichen Vereinbarungen sind.

4. Teil: Gestaltung der Vertragsbeziehungen

Grenzüberschreitende und internationale Verträge kommen heute nicht mehr nur im Handelsverkehr vor, sondern füllen **praktisch des ganze Spektrum der Vertragstypen** aus. Hinzu treten jedoch speziell für die internationalen Wirtschaftsbeziehungen entwickelte Vertragsformen. Es geht also nicht nur um Warenkauf oder Warentransport, sondern zum Beispiel auch um Werk- und Werklieferungsverträge, Handelvertreterverträge, Vertragshändler- und Franchisingverträge, Miet- und Leasingverträge, Lizenz- und Know-how-Verträge, Tauschverträge und andere Kompensationsgeschäfte, Finanzierungs- und Sicherungsgeschäfte, Versicherungsverträge, Zusammenarbeitsverträge, *Joint Ventures*, Gesellschaftsgründungen sowie eine breite Palette von Kombinations- und Mischformen.

Vertragsgestaltung in diesem Bereich ist also eine unendliche Geschichte. Im Rahmen dieses Buches werden daher vorrangig zwei Grundmodelle[203] behandelt, die in der deutschen Praxis im Vordergrund stehen:
– Geschäfte, deren Kern ein Warenkaufvertrag ist, um den sich Logistikverträge, Verträge zur Finanzierung und finanziellen Abwicklung, Versicherungsverträge u.a. gruppieren (s.dazu u. §§ 11–13);
– Geschäfte, die sich auf die Errichtung von Bauten, Infrastrukturanlagen oder Industrieanlagen beziehen, deren Kern also in der Regel ein Werkvertrag ist, die aber oft mit andersartigen Leistungen (z.B. Lieferung von Maschinen und Ausrüstungen, Software, Lizenzerteilung, Ausbildung, Wartung und anderen Dienstleistungen) kombiniert sind, so dass ein komplexes Leistungspaket entsteht (s. dazu insbes. u. § 14).

Bei dem zweiten Modell gruppieren sich um den Kern zahlreiche auf die Realisierung des Gesamtprojekts gerichtete zusätzliche Verträge, die nebeneinander stehen können oder in einem Über- und Unterordnungsverhältnis (vor allem Subunternehmerverträge). Gerade die Verhandlung der Neben- und Unterverträge parallel zum Hauptvertrag ist ein wichtiges Thema. Der Ansatz, man werde sich zu einem späteren Zeitpunkt mit dem Subunternehmer, Unterlieferanten etc. einigen können, hat schon manchen Margen-Prozentpunkt gekostet: Nach Unterzeichnung des Hauptvertrages verschiebt sich die Verhandlungsposition deutlich zugunsten des notwendigerweise in das Projekt einzubindenden Subunternehmers bzw. Unterlieferanten.

In späteren Kapiteln soll dann noch ein Überblick über spezielle Vertragsformen gegeben werden, insbesondere im Zusammenhang mit Geschäftstätigkeiten

---

[203] *Schmitthoff* The Export Trade, 11th ed. London 2007 von *Murray* u.a., no. 1–001, teilte die Export- Transaktionen in diese zwei großen Kategorien ein. Das wird der heutigen Vielfalt der Exportgeschäfte nicht mehr ganz gerecht.

und Investitionen im Ausland und grenzüberschreitender Logistik. Im Zusammenhang mit internationaler Kooperation wird dann ein Schwerpunkt bei Joint Venture-Verträgen gesetzt.

§ 11 Allgemeine Vertragsgestaltung für internationale Warengeschäfte

I. Typische Regelungsgegenstände

Beim einfachen Inlandskauf mag es genügen, wenn im Vertrag Ware, Lieferzeit, Leistungsort und Preis bestimmt werden. Alles Andere kann man der gesetzlichen Regelung überlassen; sie stellt mit ihren detaillierten Vorschriften eine Art Sicherheitsnetz zur Verfügung, das etwaige Konflikte auffängt. Schon bei Kaufgeschäften mittleren Umfangs, vor allem wenn auf beiden Seiten Kaufleute beteiligt sind, entspricht das nicht mehr der Realität, sondern es werden in der Regel umfangreiche und meist standardisierte Geschäftsbedingungen zum Inhalt des Vertrages gemacht.

Bei internationalen Kaufverträgen ist noch sehr viel mehr zu bedenken. Viele Verträge bemühen sich, die wichtigsten Fragen, die sich stellen können, selbst detailliert zu regeln; sie überlassen diese also nicht den dispositiven bzw. ergänzenden Rechtsvorschriften eines Staates, dessen Recht auf den Vertrag anzuwenden ist. Selbst wenn internationales Einheitsrecht, z.B. das UN-Kaufrecht (CISG), anwendbar ist, verlassen sich die Parteien selten auf dessen Vorschriften, sondern sind bestrebt, eine ausführliche vertragliche Regelung zu vereinbaren. Die Gründe dafür liegen zum Teil in der Lückenhaftigkeit des Einheitsrechts, zum Teil in dem Misstrauen der Vertragsparteien gegenüber den relativ neuen und fremdartigen Regelungen, zu denen noch wenig Judikatur vorliegt. Zum Teil hat auch nur *eine* Partei vertiefte Kenntnis der betreffenden Rechtsvorschriften mit der Folge, dass der andere Verhandlungspartner erst recht seine Zustimmung dazu verweigert.

Zu den **wichtigsten Punkten in einem internationalen Kaufvertrag** unter Kaufleuten gehören:
- Vertragsgegenstand, also die Ware, ihr Qualitätsgrad (z.B. Normen) und die Art ihrer Verpackung,
- Preis, evtl. mit Gleitklausel,
- Zahlungsbedingungen,
- Festlegung der Währung(en), in der (bzw. in denen) gezahlt werden soll,
- Beschaffung staatlicher Genehmigungen u.ä. (z.B. Export- und Importgenehmigungen, Verkehrsfähigkeitszeugnisse, Steuerbescheinigungen),
- Lieferzeit,
- Art der Lieferung (z.B. ab Werk, ab Kai),
- „Lieferbasis", d.h. Pflichten der Parteien hinsichtlich Übergabe, Abnahme etc.,

- Qualitätskontrolle bzw. technische Kontrolle,
- Rechtsmängelhaftung (z.B. Patentverletzung bei eingebauter Software),
- Sachmängelhaftung (z.B. Qualitätsgarantien, Rechtsbehelfe, Fristen),
- Haftung für Folgeschäden, Beschränkung des Schadensersatzes,
- Rechtsfolgen der Leistungsverzögerung (insbes. pauschalierter Schadensersatz, Vertragsstrafen),
- Sicherheiten (hier evtl. Kombination mit finanzieller Abwicklung in der Form des Dokumentenakkreditivs)[204],
- Verteilung von Risiken („Gefahrtragung")/*Force majeure, Hardship*,
- Versicherungen (z.B. für die Transportphase),
- Änderungen der Leistungspflichten (z.B. anderer Leistungsgegenstand, Fristverlängerungen, zusätzliche Leistungen),
- Übertragbarkeit (Ausführung durch andere, Abtretung von Forderungen),
- Rechte zur Vertragsbeendigung,
- Vertragssprache,
- anzuwendendes Recht,
- Behandlung von Streitigkeiten (z.B. Schlichtungsverfahren, Schiedsklausel).

Die genannten Punkte zeigen teilweise schon **Abweichungen von der deutschen Rechtsdogmatik**, aber z.B. auch von der englischen.[205] Zum Teil handelt es sich eher um die pragmatische Zusammenstellung von regelungsbedürftigen Punkten. Vertragsjuristen sind keine Rechtsdogmatiker, sondern Pragmatiker. Auf jeden Fall ist es verfehlt, bei einem internationalen Vertrag von deutschen Rechtsbegriffen, wie „nachfolgende Unmöglichkeit", „Gewährleistung" oder „positive Vertragsverletzung" auszugehen, weil das wahrscheinlich beim ausländischen Vertragspartner auf Unverständnis stößt und weil bei Anwendung des Einheitlichen Kaufrechts oder eines ausländischen Rechts als Vertragsstatut Diskrepanzen entstehen.

II. Verknüpfung mit bestimmten Transportarten

Die inhaltliche Gestaltung internationaler Warenkaufverträge wird wesentlich beeinflusst von den jeweiligen Transportmodalitäten.[206] Vom Standpunkt der juristi-

---

204 S. dazu näher u. § 12 V.
205 So ist der englische Rechtsbegriff „*breach of contract*" für die Vertragspraxis zu weit und wird folglich in den Vertragsbedingungen meistens aufgegliedert. Auch der Rechtsbegriff „*frustration of contract*" wird in dieser Form selten in den Verträgen erscheinen; entsprechende Tatbestände kann z.B. eine *Force majeure-* Klausel implizieren.
206 Nach *D. M. Day* The Law of International Trade, London 1981, p.V, wird jede etablierte Form von Kaufvertrag unvermeidlich geformt durch den Transporttyp, den die Vertragsparteien beabsich-

schen Dogmatik handelt es sich eigentlich um ganz verschiedene Dinge. Dort ist der Kaufvertrag mit seinen wechselseitigen Pflichten (§§ 433 ff BGB, 373 ff HGB) deutlich getrennt vom Frachtvertrag (§§ 425 ff HGB) und dem eventuell abgeschlossenen Speditionsvertrag (§§ 407 ff HGB).

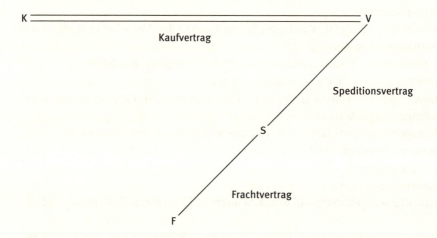

Aber schon beim Inlandskauf, bei dem eine Lieferung über eine größere Entfernung erfolgen soll, muss der Vertrag oder hilfsweise das dispositive Recht Näheres über Erfüllungsort, Versandart, Gefahrübergang u. dgl. bestimmen. Selbstverständlich hängt auch der Preis vom Umfang der vom Verkäufer zu erbringenden Leistungen ab, wie die zwei Extreme „ab Werk" und „Lieferung frei Haus" zeigen.

Bei **grenzüberschreitenden Geschäften** und erst recht beim Überseekauf kommt diesen Punkten noch größere Bedeutung zu. Es ergeben sich weitere Komplikationen durch Import- und Exportgenehmigungen, Zölle und andere Abgaben im Zusammenhang mit der Einfuhr, längere Transportdauer und höhere Risiken, Ausbildung spezieller Dokumente, welche die Verfügung über die Ware erleichtern sollen, u.a.m. So kommt es, dass die Gestaltung des Kaufvertrages bereits die Transportphase mitberücksichtigen muss. Soll der Käufer im Betrieb des Verkäufers abholen, so ergibt sich eine ganz andere Vertragsgestaltung als z.B. dann, wenn der Verkäufer die Ware bis in einen Hafen im Land des Käufers schaffen muss.

Die traditionellen Handelsklauseln haben sich am Seetransport orientiert, wie sich leicht an den Beispielen *„free on board"*, *„ex quai"* oder *„free alongside ship"*

---

tigen, und das Verständnis der Einzelheiten der Kaufverträge ist schwierig ohne Grundkenntnisse der Frachtverträge.

erkennen lässt. Für Land- und Lufttransporte sowie multimodale Transportformen wurden eigene Standardklauseln entwickelt (s. dazu näher u. Abschnitt III).

Die Ausrichtung der Vertragsgestaltung an bestimmten Transportformen zeigt sich am deutlichsten bei den Lieferklauseln der *Incoterms* (s. u. III.). Sie kommt aber auch bei sonstigen standardisierten und individuellen Vertragsklauseln zum Ausdruck.[207]

Diese Orientierung der internationalen Kaufverträge an bestimmten Transportmodalitäten ändert allerdings nichts daran, dass für die Transportphase noch besondere Verträge mit Logistikunternehmen geschlossen werden müssen. Alle müssen jedoch aufeinander abgestimmt sein. Ob der Käufer oder der Verkäufer die transportbezogenen Verträge abschließen muss, welche Formen er wählt und wie sie inhaltlich ausgestaltet werden, ist weitgehend durch den Kaufvertrag programmiert. Als weiterer Bereich kommen dann die Versicherungsverträge (insbes. die Transportversicherung) hinzu, die wiederum mit der Risikoverteilung im Kaufvertrag und den Transportverträgen verknüpft sind. Das Ganze muss ein System sinnvoll aufeinander abgestimmter Regelungen sein.

Beispiel: Vertragsnetz beim FOB-Vertrag (vereinfacht)

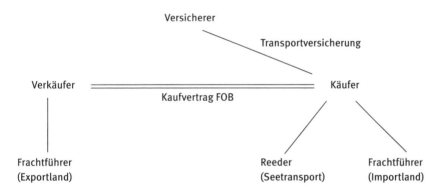

---

207 So enthalten z.B. die Geschäftsbedingungen des Waren-Vereins der Hamburger Börse (WVB) i.d.F. v. 2007 zunächst Allgemeine Bestimmungen und dann spezielle für „Abladegeschäfte", d.h. Geschäfte über Waren, die zur Beförderung über See abzuladen sind oder die bereits schwimmen (§§ 32–51), für Einfuhrgeschäfte über Land, Ab-Kai-Geschäfte etc. Vgl. zu den WVB auch u. § 12 VI.

III. Incoterms

1. Entwicklung

Kurze Lieferklauseln sind keine Erfindung der letzten Jahrzehnte, sondern werden schon lange im internationalen Handel gebraucht und haben sich vor allem nach Erfindung der Telegrafie sehr verbreitet. Die Formel „FOB" (für „Free on Board") wird schon um die Wende vom 18. zum 19. Jahrhundert verwendet.[208] Anfänglich waren diese Klauseln fast nur auf den Schiffstransport zugeschnitten. Teilweise handelte es sich um branchenspezifische Formeln („vertikale Normung"), teilweise um allgemein gebräuchliche, die über die verschiedenen Branchen verbreitet waren („horizontale Normung"). Zu der letzteren Gruppe gehören die sog. Basisklauseln (FOB, CIF, EXW usw.). Obwohl sich im Handelsverkehr einheitliche Kurzfassungen eingebürgert hatten, wurden die Klauseln jedoch in verschiedenen Ländern und an verschiedenen Handelsplätzen unterschiedlich ausgelegt, wozu vor allem die nationalstaatlichen Gerichte beitrugen. Die **Internationale Handelskammer (ICC)** in Paris, eine nach dem 1. Weltkrieg gegründete nichtstaatliche Organisation, begann zunächst, die verschiedenen Auslegungen zu sammeln und ab 1923 unter dem Namen *„Trade Terms"* zu veröffentlichen. Insoweit handelte es sich also noch nicht um „Einheitsrecht", sondern nur um Übersichten zu der divergierenden Auslegungspraxis im Zusammenhang mit einheitlichen Kurzformeln. Die 3. Auflage der *Trade Terms* von 1955 umfasste 10 Klauseln in 18 verschiedenen Staaten. Seit 1936 war es aber das Bestreben der ICC, ein Klauselwerk mit **einheitlicher Auslegung** zu entwickeln. Daraus entstanden die *„Incoterms"* (Abkürzung für *International Commercial Terms*). Sie sind bisher seit 1953 in unregelmäßigen Abständen, in jeweils überarbeiteter und ergänzter Form herausgegeben worden. Die neueste Ausgabe von 2010 ist seit 1. Januar 2011 in Kraft.

Es ging also bei der Ausarbeitung der *Incoterms* zunächst nicht um die Aufstellung neuer Klauseln, sondern grundsätzlich um die in der internationalen Vertragspraxis bereits entwickelten Klauseln, denen man eine einheitliche Auslegung verschaffen wollte. Dabei sollte wiederum das übliche oder am meisten verbreitete Verständnis der Klauseln zugrunde gelegt werden. Im Laufe der Zeit wurden die *Incoterms* auf alle Transportarten erweitert, und so kam es auch zu Neuschöpfungen, zum Beispiel 1980 zur Einfügung der auf den multimodalen Transport bezogenen Klausel „FREE CARRIER (FCA)" oder 2010 zu den neuen Klauseln DAT (*delivered at terminal*) und DAP (*delivered at point*). Manche Klauseln wurden auch wieder aus den *Incoterms* gestrichen.[209]

---

[208] *Großmann-Doerth*, Recht des Überseekaufs, 1930, S. 44.
[209] Z.B. die Klausel FOR/FOT (free on rail/free on truck), die nicht mehr in die Incoterms 2010 aufgenommen wurde. Gerade die Klausel FOT war ein typisches Beispiel für sprachlich-juristisches Halbwissen: „Truck" ist in amerikanischer Nomenklatur nicht nur der LKW, sondern auch der Eisenbahnwaggon. Die Folge war, dass bei Verladung auf einen LKW manche Banken die Akkreditive

Der Mechanismus für die Durchsetzung einer einheitlichen Auslegung und Anwendung ist vor allem die **Parteivereinbarung**. Die Vertragspartner müssen also grundsätzlich bei der Verwendung der entsprechenden Klauseln **klarstellen, dass sie Klauseln im Sinne der *Incoterms* in einer bestimmten Fassung verwenden**, zum Beispiel nach der Kurzform der Klausel durch den Zusatz „*Incoterms 2010*". In einigen Rechtsordnungen gibt es aber auch andere Möglichkeiten, bei Verwendung einer der betreffenden Klauseln die *Incoterms* zum Vertragsinhalt zu machen. In manchen Ländern, z.B. Frankreich, werden sie als Handelsbrauch angesehen und als solcher zum Inhalt des Vertrages. In anderen Rechtsordnungen können sie über den Mechanismus der „*implied terms*" in den Vertrag einbezogen werden. Dies ist insbesondere dann der Fall, wenn sich zwischen den Parteien des konkreten Vertrages eine bestimmte Übung herausgebildet hat, aufgrund derer eine Vertragsklausel immer im Sinne der *Incoterms* zu verstehen ist. Die Rechtsfigur der *implied terms* deckt also sowohl Fälle der konkludenten Vereinbarung als auch Fälle der ergänzenden Vertragsauslegung ab. Der Erfolg der *Incoterms* ist weltweit groß. Zwar stehen Unternehmen in den USA teilweise noch abseits und wenden ihre eigenen „*Revised American Foreign Trade Definitions 1941*" an. Auch im UCC sind einige Basisklauseln geregelt[210], die nicht mit den *Incoterms* übereinstimmen. Dennoch haben die *Incoterms* seit 1980 auch in den USA Anklang gefunden, was in entsprechenden Empfehlungen wichtiger Handelsorganisationen der USA zum Ausdruck kommt.[211] Im Handel mit China sind die *Incoterms* ebenfalls üblich. *Incoterms*-Klauseln finden auch in nationalen Handelsverträgen Anwendung.

2. Inhalt

Zur kurzen Orientierung dient die folgende Übersicht über die gegenwärtig geltenden 11 Klauseln der *Incoterms 2010*.

a) 7 Klauseln für alle Transportarten einschließlich des multimodalen Transports

EXW = Ex Works/ab Werk
FCA = Free Carrier/Frei Frachtführer

---

wegen falscher Dokumente nicht honorierten – mit der weiteren Folge, dass die Parteien sich nachträglich einigen mussten, mit damit verbundenen Preisnachlässen.

210 Z.B. F.O.B. und F.A.S. (§§ 2–319 UCC).
211 *Eisemann/Ramberg* Die Incoterms heute und morgen (1980) S. 291f, 314f; s. auch USA Export Import Industry B2B Portal, wo die *Incoterms 2000* als „worldwide accepted commercial terms" bezeichnet werden (www.usaexportimport.com/index.html). In den USA werden jetzt laufend Seminare zu den *Incoterms 2010* veranstaltet, weil die Exporteure in den USA offenbar merken, dass sie sich mit ihren amerikanischen *Trade Definitions* in der Welt nicht durchsetzen können.

CPT = Carriage paid to/Frachtfrei
CIP. = Carriage and Insurance paid to/Frachtfrei versichert
DAP = Delivered at Place/Geliefert benannter Ort
DAT = Delivered at Terminal
DDP = Delivered Duty paid/Geliefert verzollt

b) **4 Klauseln für den See- und Binnenschiffstransport**
FAS = Free alongside Ship/Frei Längsseite Schiff
FOB = Free on Board/Frei an Bord
CFR = Cost and Freight/Kosten und Fracht
CIF = Cost, Insurance and Freight/Kosten, Versicherung und Fracht

Man unterscheidet innerhalb der Incoterms 2010 heute zwischen den beiden Gruppen der „Klauseln für alle Transportarten" (oben a) und der sog. „Blauen Klauseln" (oben b), d.h. Klauseln, die sich nur auf den Schiffstransport beziehen. Innerhalb dieser Abschnitte gibt es wie bisher sog. E-F-C-D-Klauseln[212]. Die Klauseln passen insofern in das heutige Wirtschaftsleben, als sie auch Anwendung finden können, wenn keine zollrelevanten Grenzen überschritten werden, wie z.B. bei Liefergeschäften innerhalb der EU.

Die Incoterms befassen sich mit einer Vielzahl von **vertraglichen Pflichten** und sonstigen Problemen. Dazu gehören vor allem:
- die Verpflichtungen der Parteien in Bezug auf Transport und Transportversicherung,
- die Verpflichtungen der Parteien zur Beschaffung von Import- und Exportgenehmigungen und sonstigen staatlichen Dokumenten,
- die Verpflichtungen der Parteien zur Zahlung von Zöllen und anderen Abgaben,
- die Verpflichtungen der Parteien hinsichtlich Verpackung und Kennzeichnung der Waren,
- die Verpflichtungen der Parteien zu Qualitäts- und Quantitätsnachweisen bzw. zur Veranlassung entsprechender Kontrollen,
- die Verpflichtungen der Parteien in Bezug auf die Beschaffung und Übergabe von sonstigen Dokumenten, insbes. Konnossement, Empfangsbestätigung, Ursprungszeugnis oder Handelsrechnung,
- die Verpflichtungen der Parteien zur Tragung von Kosten und Aufwendungen,
- der Gefahrübergang.

---

[212] Nach den Anfangsbuchstaben, z.B. E für EX WORKS, F für FCA oder FOB, C für CIP oder CIF und D für DAT. Bei den „blauen Klauseln" gibt es zzt. keine E- und keine D-Klausel.

Eine weitere wichtige Regelung ergibt sich aus der Rechtsprechung zu der Klausel FOB, bei der ein Verschiffungshafen angegeben werden muss. Dieser Verschiffungshafen im Zusammenhang mit der Incoterms-Klausel FOB ist zugleich – vorbehaltlich anderer Vereinbarung durch die Vertragsparteien – als Lieferort und damit als **Erfüllungsort** i.S. von Art. 5 Nr. 1b) EuGVVO anzusehen, was wiederum im Fall eines Rechtsstreits Konsequenzen für die internationale Zuständigkeit hat.[213]

Das Raffinierte bei den Incoterms ist nun, dass man für diese zahlreichen Einzelprobleme und die jeweilige Lösung nicht langatmige Allgemeine Geschäftsbedingungen aushandeln, drucken und übermitteln muss, sondern dass eine knappe Formel aus wenigen Worten existiert, für die dann (übrigens in Abstimmung mit der United Nations Economic Commission for Europe-UNECE) auch noch die **Kurzformen** aus i.d.R. drei Buchstaben mit dem **Zusatz „Incoterms 2010"** verwendet werden können.

Zu beachten ist aber auch, dass die Incoterms 2010 (wie ihre Vorgänger) bestimmte Aspekte des Vertragsverhältnisses nicht regeln. Dazu gehören die Zahlungsbedingungen, die Rechtsfolgen von Vertragsverletzungen und der Eigentumsübergang. Umgekehrt sollte sich der beratende Jurist darüber im Klaren sein, dass mit der Vereinbarung einer Incoterm-Klausel Widersprüche zu anderen Vertragsbestandteilen entstehen können. Hier ist eine Klarstellung im Vertrag dringend erforderlich.[214] Als Hilfestellung dient die Abarbeitung der Check-Liste Incoterms 2010 (Anhang Nr. 9).

Die Incoterms 2010 gelten seit dem 1. Januar 2011. Längerfristige Lieferbeziehungen, die bereits vor dem 1.1.2011 begründet wurden, nehmen möglicherweise noch Bezug auf die Incoterms 2000, die in dieser Form heute nicht mehr sachgerecht sind. Hier besteht ggf. Handlungsbedarf, damit die Parteien nicht unrichtige Vorstellungen über ihre Rechte und Pflichten haben. Im Zweifel wird man bei einer Streitigkeit davon ausgehen, dass die Fassung der Incoterms, die zzt. eines Vertragsschlusses vor 2011 galt, auch für die Zeit nach dem 1.1.2011 maßgebend ist. Die Parteien sollten das aber klarstellen, damit es darüber gar nicht erst zum Streit kommt.

3. Beispiele: CIF, FOB und FCA

Traditionsreiche Klauseln, die schon in den Incoterms 1953 definiert waren, sind die Klauseln CIF (cost, insurance and freight) und FOB (free on board). Bei der Klausel CIF muss zusätzlich ein Bestimmungshafen angegeben werden (z.B. „CIF Hamburg"), bei der FOB-Klausel ein Verschiffungshafen (z.B. „FOB Izmir").

---

213 BGH v. 22.4.2009 – VIII ZR 156/07, Begründung Nrn. 19–21, NJW 2009, 2606 (2607 f); ebenso House of Lords in *Othon Ghalanos Ltd.* v *Scottish & Newcastle International Ltd.* [2008] UKHL 11 Nos. 48 ff.
214 S. dazu näher u. Abschn. 4.

Der Verkäufer hat bei **CIF** relativ umfangreiche Pflichten. Er muss die Ware auf seine Kosten zum Bestimmungshafen bringen lassen und auch bis dahin die Transportversicherung bezahlen. Über die Bedingungen der Versicherung ist Näheres unter Ziff. A3b der Auslegungsregeln zu dieser Klausel gesagt. Die Versicherung muss gemäß CIF Incoterms 2010 einer bestimmten Mindestdeckung[215] entsprechen. Zu beachten ist auch, dass diese Mindestklausel zwar bestimmte Elementarschadensereignisse (z.B. Große Havarie oder Kentern des Schiffes) abdeckt, aber gerade für typische Transportgefahren zu kurz greift, z.B. für den Fall des Warenverlusts aus anderen Gründen oder für den Fall der unzureichenden Ladungssicherung. Hier wird daher der Unternehmensjurist auf der Käuferseite zusammen mit seiner Versicherungsabteilung für eine zusätzliche Absicherung sorgen müssen. Der Käufer hat bei CIF außer der Pflicht zur Zahlung des vereinbarten Kaufpreises die Pflicht zur Übernahme der Ware im benannten Bestimmungshafen. Er muss ferner die für die Einfuhr erforderlichen behördlichen Genehmigungen beschaffen und Einfuhrzollformalitäten erledigen.

CIF ist eine sog. **Zwei-Punkte-Klausel**, d.h. die Preisgefahr geht nicht zusammen mit der Kostentragungspflicht auf den Käufer über. Die Preisgefahr geht vielmehr schon über, wenn die Ware auf das Schiff gelangt ist[216], die Kostentragungslast dagegen erst im Bestimmungshafen, wobei die Entladekosten grundsätzlich der Käufer trägt. Neu ist bei CIF und FOB Incoterms 2010, dass die Ladung auf dem Schiff abgesetzt sein muss; bei früheren Fassungen war die Überquerung der Reling maßgebend. Diese Regelung war unklar: Ein geradezu klassischer Fall war, dass die Ladung am Haken verrutschte und ein Teil an Bord, ein anderer Teil auf den Kai oder ins Hafenwasser fiel. Dann gab es Streit, ob der Gefahrübergang stattgefunden hatte oder nicht. Demgegenüber bietet die neue Klausel mehr Rechtssicherheit.

Hinsichtlich der Beförderungsdokumente sagt CIF Regel A8, dass der Verkäufer dem Käufer das „übliche Transportdokument"[217] verschaffen muss, auf jeden Fall

---

[215] Mindestdeckung der Klausel C der „*Institute Cargo Clauses*" (oder ähnlicher Klauseln). Hierbei handelt es sich um vom *Institute of London Underwriters* und der *London Underwriters Association* aufgestellte Standardklauseln. S. dazu Anh. Nrn. 14, 15.

[216] „*... placing them on board the vessel ...*".

[217] Das ist i.d.R. in der deutschen Terminologie ein Konnossement (englisch: *bill of lading*, französisch *connaissement*). Ein Muster ist u. S. 208 f. abgedruckt. Es handelt sich um ein i.d.R. übertragbares Wertpapier, in dem der Verfrachter (Reeder) dem Ablader (Absender der Ware) die Annahme bestimmter Güter zur Beförderung bescheinigt und sich zur Auslieferung an den legitimierten Inhaber des Papiers verpflichtet. Das Konnossement ist ein Traditionspapier, d.h. seine Übergabe ersetzt die Übergabe der Ware. Für manche Handelsware führt diese Konstruktion dazu, dass die Ware bereits „im Verlauf des Transports" an einen Dritten weiter veräußert werden kann. Dies wird insbes. bei hoch fungiblen Produkten, wie Rohstoffen, praktiziert. Es kann sich aber bei dem Transportdokument, wenn es den Parteien so genügt, auch um eine einfache Empfangsbescheinigung des Kapitäns oder Ladeoffiziers handeln.

ferner eine Handelsrechnung (A1) über die verschiffte Ware und den Transportversicherungsschein (A3).

Beispiel: CIF Hamburg

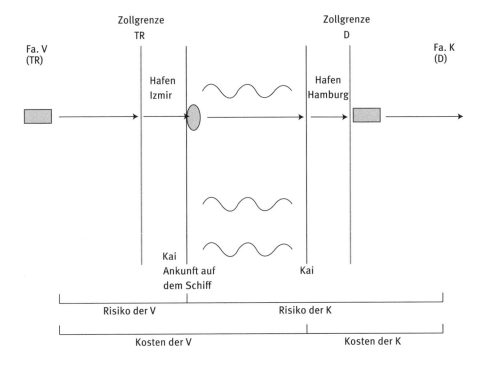

Bei der Klausel **„FOB"** muss, wie oben erwähnt, zusätzlich ein Hafen als Verschiffungshafen genannt werden. Der Verkäufer muss die Ware in diesem Hafen an Bord des Schiffes bringen bzw. bringen lassen. Dies setzt wiederum voraus, dass der Käufer ein entsprechendes Seeschiff chartert bzw. sonst Schiffsraum beschafft und dem Verkäufer rechtzeitig Schiff, Ladeplatz und Ladetermin mitteilt. Alle Kosten sind vom Verkäufer bis zu dem Zeitpunkt zu tragen, in dem die Ware an Bord des Schiffes abgesetzt ist. Zum gleichen Zeitpunkt geht auch die Gefahr auf den Käufer über; es handelt sich bei FOB also um eine **„Ein-Punkt-Klausel"**. Der Verkäufer muss hierbei nach den Incoterms die Exportgenehmigung sowie alle anderen für den Export erforderlichen staatlichen Bescheinigungen besorgen (A2), eine Handelsrechnung ausstellen (A1) und auf eigene Kosten das handelsübliche Dokument zum Nachweis der Lieferung an Bord des benannten Schiffes beschaffen. Bei diesem Dokument handelt es sich nach dieser Klausel nicht um ein Konnossement, sondern es kann, je nach Parteivereinbarung, z.B. auch eine bloße Empfangsbescheinigung des

Kapitäns sein. Nach Regel A8 hat der Verkäufer im letztgenannten Fall dem Käufer bei der Beschaffung eines Konnossements nur Hilfe zu leisten. Haben sich die Parteien auf elektronische Datenkommunikation (EDI) statt Dokumentenübergabe geeinigt, so wird die Übergabe des handelsüblichen Dokuments durch eine EDI message ersetzt.

Beispiel: FOB Izmir

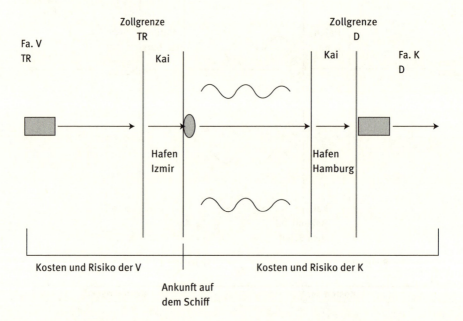

Bei der Klausel **FCA** (free carrier, deutsch: frei Frachtführer) handelt es sich um eine der 1980 eingefügten Klauseln, die den modernen Transportarten Rechnung tragen soll. Sie kann also **unabhängig von der gewählten Transportart** verwendet werden, vor allem aber auch, wenn für den betreffenden Transportweg mehrere Transportarten eingesetzt werden. Man spricht dabei von „multimodaler Beförderung" (multi-modal transport)[218] im Gegensatz zur Beförderung allein über See oder Land. **Multimodal** ist z.B. die Übernahme eines Containers durch ein Logistikunternehmen, das den Container dann über die gesamte Strecke mit verschiedenen Verkehrsmitteln bis hin zum Empfänger befördert. Deshalb muss bei dieser Klausel anstelle der Ankunft an Bord eines Schiffes ein anderer Zeitpunkt bzw. Ort benannt

---

218 S. dazu näher u. § 17 II.3.

werden, der ergänzend zu FCA möglichst präzise zu bezeichnen ist, z.B. „ Lieferung FCA Incoterms 2010. Die Ware ist dem Frachtführer Fa. Trucker in 80000 X-Stadt, Lagerstr. 27, zu übergeben." Der Verkäufer muss nach der Fassung von 2010 die Ware dem Frachtführer oder einer anderen vom Käufer benannten Person an der vereinbarten Stelle zum vereinbarten Zeitpunkt liefern (A4). Ab diesem Lieferort und -zeitpunkt muss grundsätzlich der Käufer auf seine Kosten die Beförderungsverträge abschließen (A3a), doch kann das auf Verlangen des Käufers auch anders vereinbart werden. Das Risiko des Verlusts oder der Beschädigung der Ware geht mit der Lieferung an die vereinbarte Stelle über (mit gewissen engen Ausnahmen gemäß B5). Die Kosten trägt der Verkäufer grundsätzlich auch nur bis zu Lieferung an die vereinbarte Stelle (A8).

Beispiel: FCA Fa. Trucker, 20 Rue Tronchet, Paris (France) Incoterms 2010

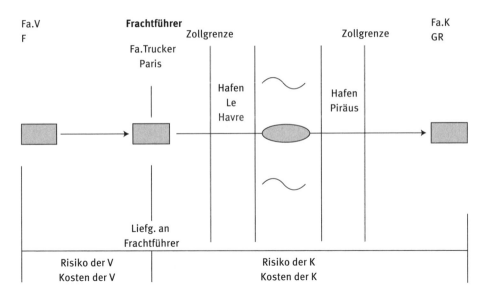

4. Lücken und Konkretisierungen

Die *Incoterms* sagen nichts dazu, wann das Eigentum an der Ware übergeht. Auch Eigentumsvorbehalt und ähnliche Sicherungen werden in den Klauseln offengelassen. Im Zweifel richten sich diese Rechtsbeziehungen nach dem Sachenrechtsstatut, also dem nationalen Recht, das nach dem Kollisionsrecht auf die sachenrechtlichen Beziehungen anwendbar ist. Die verschiedenen Rechtsordnungen setzen unterschiedliche Zeitpunkte und Voraussetzungen für den Eigentumsübergang fest. Nach dem deutschen Recht geht beim Warenhandel das Eigentum in der Regel mit Eigentum und Übergabe eines Traditionspapiers über, wobei letzteres die körperliche

Übergabe der Ware ersetzt. Für das Konnossement ergibt sich das aus § 650 HGB. Falls zum Beispiel beim CIF-Vertrag der Verkäufer ein Konnossement beschaffen muss, dann wird dieses vorausgeschickt und auf den Käufer bzw. einen sonstigen Empfänger durch Indossament (Übertragungserklärung) übertragen. Zu diesem Zeitpunkt findet dann in der Regel auch der Eigentumsübergang hinsichtlich der Ware statt. Abgesehen vom Eigentumsübergang werden auch andere Probleme in den *Incoterms* nicht geregelt, zum Beispiel Willensmängel, Fälligkeit des Kaufpreises, Zahlungsmodalitäten, Falsch- oder Schlechtlieferung. Dafür sind also noch andere Vertragsbedingungen erforderlich, z.B. im folgenden Fall BGH WM 1975, 917[219] die zusätzliche Klausel „Kasse gegen Dokumente" in Bezug auf die Fälligkeit. In Ermangelung vertraglicher Vereinbarung greifen die ergänzenden Regelungen des anwendbaren Rechts ein. Die *Incoterms* enthalten also nur eine teilweise Standardisierung des Vertragsinhalts. Eine Kombination mit den UNECE-Standardbedingungen[220] kann jedoch eine größere Bandbreite von vertraglichen Problemen abdecken. Als Hilfe zur Vermeidung von unerwünschten Lücken in den Vertragsbedingungen dient die „Checkliste Incoterms 2010". im Anhang Nr. 9.

Wegen des stetig wachsenden Handelsverkehrs werden auch die Hafenanlagen immer größer.[221] Man sollte deshalb nicht nur den Hafen, wie Rotterdam oder Hamburg, benennen, sondern möglichst den sog. Terminal definieren. Dies gilt vor allem für die D-Klauseln. Dann heißt es folgerichtig nicht nur „DAT Bremerhaven (*Incoterms 2010*)", sondern z.B. „DAT Bremerhaven Wilhelm-Kaisen-Terminal CT III (*Incoterms 2010*)". Durch diese Präzisierung werden die Kurzklauseln zwangsläufig wieder etwas länger. Kommt es aber nicht zu einer solchen Spezifikation des Lieferortes, so kann sich der Verkäufer die ihm passende Ablade- oder Ankunftstelle im Hafen aussuchen – mit der Folge, dass dem Käufer möglicherweise weitere vermeidbare Kosten entstehen.

5. Verhältnis zum übrigen Vertragsinhalt

Schließlich muss damit gerechnet werden, dass der standardisierte Vertragsinhalt durch spezielle Klauseln im konkreten Vertrag abgeändert worden ist. Auch insoweit gilt nach deutschem Recht der Vorrang der Individualvereinbarung. Gilt ein ausländisches Recht als Vertragsstatut, kann das aber Anderes vorsehen. Kollisionen können sich auch zwischen den *Incoterms* und anderen standardisierten Vertragsbestandteilen, z.B. Allgemeinen Lieferbedingungen ergeben; dann hilft auch der Vorrang der Individualvereinbarung nicht weiter. Zum Beispiel kann in AGB des

---

219 Vgl. u. Abschn. 6.
220 S. dazu u. Abschn. IV.
221 Ähnliches gilt für entsprechende Anlagen im Land, z.B. ein Cargo Terminal bei einem Binnenhafen oder bei einem großen Bahnhof.

Verkäufers oder in den konkreten Vertragsbedingungen eine andere Risikoverteilung vorgesehen werden als in der verwendeten CIF-Klausel, oder es kann abweichend von den Regeln der FOB-Klausel im konkreten Vertrag der Verkäufer verpflichtet sein, das Konnossement zu beschaffen (so im Fall BGH WM 1975, 917). Ein solches Verfahren ist vertragstechnisch bedenklich, denn die Regeln der *Incoterms* sind ein sinnvoll aufeinander abgestimmtes Gefüge, und Abweichungen davon an anderer Stelle des Vertrages können von juristischen Laien leicht übersehen oder missverstanden werden. Aber die Parteien können für solche Sonderwege gute Gründe haben. Ein weiteres Beispiel der Abweichung ist § 34 WVB („unechtes FOB-Geschäft"), bei denen es sich ebenfalls um standardisierte Vertragsbedingungen handelt. Hiernach muss bei bestimmten Warenarten trotz Vereinbarung von FOB (Incoterms) der Verkäufer das Schiff beschaffen. Für den beratenden Juristen bedeutet dies, dass er den Vertrag immer in seiner Gesamtheit würdigen muss und sich nicht auf die standardisierte Bedeutung bestimmter Klauseln verlassen darf. Andererseits ist bei Verwendung von Incoterms-Klauseln dringend anzuraten, dass Abweichungen von deren standardisierter Bedeutung in AGB oder Individualklauseln ausdrücklich klargestellt werden. Hilfestellung gibt auch in dieser Hinsicht die Check-Liste Incoterms 2010 im Anhang Nr. 9.

6. Voraussetzungen für die Geltung im konkreten Vertrag

Beispielfall: BGH WM 1975, 917 (etwas vereinfacht)[222]
Vorbemerkung: Die Entscheidung ist von grundsätzlicher Bedeutung. Dabei ist zu berücksichtigen, dass Fälle dieser Art selten vor die deutschen Obergerichte kommen, weil sie normalerweise von Schiedsgerichten entschieden werden.

> Der deutsche Kaufmann K schloss am 11.8.1969 mit der türkischen Weinhandelsfirma V einen Vertrag über Lieferung von 6.000 hl Smyrna-Weißwein Ernte 1969. Im Vertrag war der Preis mit dem Zusatz „FOB Izmir" angegeben. Als Liefertermin war vereinbart: „Prompt, mit nächster Verlademöglichkeit, jedoch erst nach Erhalt der Einfuhrgenehmigung". Ferner enthielt der Vertrag die Klausel „Kasse gegen Dokumente" mit dem Zusatz, dass die Zahlung spätestens 45 Tage nach Konnossementsdatum erfolgen müsse, jedoch vorbehaltlich Einfuhrfähigkeit nach Deutschland. K erklärte außerdem, dass der Auftrag vorbehaltlich Einfuhrfähigkeit des Weines gelte und dass bei negativem Befund der Untersuchungsbehörden alle Unkosten zu Lasten der V gingen. Dem widersprach V nicht. Im Vertrag war die Anwendbarkeit des Rechts der Bundesrepublik Deutschland vereinbart. Im Herbst 1969 erhielt K eine befristete Einfuhrgenehmigung. Damit war aber noch nicht die Bescheinigung der Einfuhr- und Verkehrsfähigkeit des von V zu liefernden Weins verbunden. Mit Schreiben vom 25.2.1970 teilte die V dem K mit, dass sie den Wein angeschafft habe und um Bekanntgabe des Abruftermins bitte. Nach weiterer Korrespondenz erklärte V, dass sie die Einfuhr- und Verkehrsfähigkeit in Deutschland garantiere. Die

---

[222] Auch auszugsweise abgedruckt in RIW/AWD 1975, 578.

Parteien einigten sich darauf, dass zunächst nur 3.000 hl und nach Bescheinigung der Einfuhr- und Verkehrsfähigkeit für diese Partie der Rest geliefert werden sollte. Bis 20.7.1970 hatte K trotz mehrfacher Aufforderung durch V diese erste Teillieferung noch nicht abgerufen. V verklagte daraufhin K vor dem zuständigen deutschen Gericht auf Zahlung des Kaufpreises.

Das Berufungsgericht verurteilte den Beklagten zur Zahlung des Kaufpreises Zug um Zug gegen Übergabe bestimmter Dokumente (Handelsfaktura, Empfangsschein des Reeders u.a.).

Der **BGH** hob das Berufungsurteil zwar auf und verwies zurück, weil geklärt werden müsse, ob die Lieferung aus der durch den Vertrag beschränkten Gattung noch möglich sei. In den wesentlichen Punkten entschied aber auch der BGH zugunsten der V. Unter der Voraussetzung, dass der Wein noch geliefert werden könne, sei der Kaufpreisanspruch begründet und die Zahlung fällig. Auf die Vorleistungspflicht der V zur Vorlage der Dokumente, die ursprünglich die V traf, könne sich K nach Treu und Glauben (§ 242 BGB) nicht berufen. Dazu führt der BGH in der Begründung Folgendes aus:

„Die im Kaufvertrag vom 11. August 1969 getroffene Vereinbarung ‚Kasse gegen Dokumente, spätestens 45 Tage nach Konnossementsdatum' ist eine echte Regelung der Fälligkeit des Kaufpreisanspruchs dahingehend, daß einerseits die Beklagte als Käuferin teilweise vorleistungspflichtig sein sollte, andererseits aber auch die Klägerin als Verkäuferin eine Vorleistungspflicht insoweit übernahm, als sie erst bei Vorlage von ihr zu beschaffender Dokumente den Kaufpreisanspruch geltend machen konnte (vgl. dazu Senatsurteil vom 17. Februar 1971 – VIII ZR 4/70 = WM 1971 S. 385). Welche Dokumente dabei die Klägerin im einzelnen zur Herbeiführung der Fälligkeit vorlegen musste, ergibt sich aus der (…) Abrede, daß die Klägerin den Wein ‚fob' zu liefern hatte. Nach dieser Klausel, die mit dem Inhalt der Nr. 4 der internationalen Regeln für die Auslegung handelsüblicher Vertragsformeln – Incoterms – (…) auch dann gilt, wenn das nicht ausdrücklich vereinbart ist, war die Klägerin gehalten, den Wein an Bord des von der Beklagten zu benennenden Seeschiffs zu liefern und das der Beklagten durch Vorlage der Dokumente nachzuweisen. (…)

Da die Vorlage dieser Urkunden Gegenstand der Vorleistungspflicht ist, von deren Erfüllung die Fälligkeit der Gegenleistung abhängt, kann die Klägerin selbst eine Zug-um-Zug-Verurteilung gemäß § 322 Abs. 1 BGB nur mit der Begründung begehren, die Beklagte könne sich auf ihre, der Klägerin, ursprüngliche Vorleistungspflicht nicht mehr berufen (§ 242 BGB). Die ist zu bejahen. Die Erfüllung des Kaufvertrages vom 11. August 1969 mußte, nachdem die Klägerin ihre Verladebereitschaft erstmals am 25. Februar 1970 angezeigt und um Angabe des Verladetermins gebeten hatte, Ende April 1970 mindestens mit dem Abruf einer Teilmenge (…) und der Benennung des Seeschiffs beginnen.

Ohne Bekanntgabe des Seeschiffs konnte die Klägerin weder das Konnossement noch den Empfangsschein des Reeders beschaffen, wobei unterstellt wird, es sei ihre Aufgabe gewesen, auch das Konnossement zu besorgen. Die Beschaffung der übrigen Dokumente wäre zwar technisch auch ohne Bekanntgabe des Schiffs möglich, aber ohne praktische Bedeutung gewesen (…).

Von der Benennung des Schiffes war die Beklagte auch nicht deshalb befreit, weil das Einfuhr- und Verkehrsfähigkeitszertifikat einer staatlichen chemischen Untersuchungsanstalt nicht vorliegt. Nach den Vorschriften (…) wurden die aus dem Ausland eingehenden Sendungen bei der Einfuhr einer Untersuchung durch eine öffentliche Fachanstalt unterzogen (Art. 10 Abs. 2 Ausführungsverordnung zum Weingesetz). Dies geschah von Amts wegen durch die Zollstelle und setzte voraus, daß der Wein in die Bundesrepublik Deutschland verbracht worden war. Seine Verschiffung war die notwendige Voraussetzung (...). Diese von Amts wegen durchzuführende Untersuchung konnte durch eine vom Exporteur oder Importeur veranlaßte Voranalyse erleichtert, aber nicht ersetzt werden. (...) Die Möglichkeit hierzu (bestand) ab Mai 1970 nicht mehr. Dies hat keine Partei zu vertreten (...). Treu und Glauben rechtfertigen es nicht, die Beklagte nach Wegfall der Voranalysemöglichkeit besser zu stellen, als sie vorher gestanden hätte (...).

Die Beklagte mußte danach ab Mai 1970 mit der Erfüllung des Kaufvertrages ihrerseits durch Bereitstellung von Schiffsraum beginnen. Das hat sie nicht getan, und zwar auch nicht hinsichtlich einer Teilmenge von 2.000–3.000 hl, mit deren demnächst zu veranlassender Abnahme, Verschiffung und Untersuchung auf Einfuhr- und Verkehrsfähigkeit in der Bundesrepublik Deutschland die Klägerin sich (...) einverstanden erklärt hatte. Die Beklagte (...) mußte sich nach dem Geschehen selbst, jedenfalls was die Teilmenge von 2.000–3.000 hl angeht, vertragstreu verhalten. Durch die völlige Untätigkeit konnte sie nicht den Eintritt der Fälligkeit des Gesamtkaufpreises vereiteln."

Die Entscheidung zeigt zunächst einen Vertrag, in dem eine sog. Basisklausel des internationalen Handels, nämlich **„FOB"**, verwendet wird. Diese Klausel findet sich sowohl in den *Incoterms* als auch in der deutschen Version der *„Trade Terms"*.[223] Kombiniert wird sie jedoch im Vertrag mit einer in Deutschland üblichen Standardklausel „Kasse gegen Dokumente", die hier noch durch die 45 Tage-Frist individuell ergänzt wird. Solche aus verschiedenen standardisierten und individuellen Elementen zusammengesetzten Verträge sind im internationalen Geschäftsverkehr häufig. Die Klausel FOB besagt nichts über die Fälligkeit des Kaufpreises; diesen Punkt soll dann die andere Klausel regeln. Zum anderen zeigt der Fall anschaulich, wie das öffentliche Recht in die internationalen privatrechtlichen Beziehungen hineinwirkt.[224] In diesem Fall sind es Vorschriften des deutschen Lebensmittelrechts (Weingesetz mit einschlägigen Verordnungen) und Bestimmungen der EG.

Um die **Fälligkeit der Kaufpreiszahlung** herbeizuführen, musste der Verkäufer dem Käufer **bestimmte Dokumente vorlegen**. Hier wird nun wieder die Klausel „FOB" interessant. In den *Incoterms* – im vorliegenden Fall galt noch die Fassung von 1953 – sind folgende vom Verkäufer zu beschaffende Dokumente genannt: Ausfuhrbewilligung und andere für die Ausfuhr der Ware erforderliche amtliche Bescheinigungen, auf Verlangen des Käufers ein Ursprungszeugnis und das zum Nachweis der Lieferung an Bord des benannten Schiffes übliche Dokument. Letzteres ist nicht notwendig ein Konnossement, aber im vorliegenden Fall haben die Gerichte dem Vertrag entnommen, dass der Verkäufer ein Konnossement besorgen und dem Käufer vorlegen musste. Aus dem Berufungsurteil ergibt sich ferner, dass

---

223 Zu diesen s.o. III.1.
224 Vgl. dazu o. § 6 I.2 und § 7.

im konkreten Fall noch einige weitere Dokumente vom Verkäufer beschafft werden mussten. Andererseits kann der Verkäufer die Empfangsbescheinigung des Schiffsreeders und das Konnossement nur beschaffen, wenn er Schiff, Hafen und Verladetermin weiß. Hier stellt nun die Klausel FOB in der standardisierten Auslegung der *Incoterms* klar, dass es **Sache des Käufers ist, den Schiffsraum zu beschaffen** und dem Verkäufer Verladeort und -termin mitzuteilen.[225]

Voraussetzung wäre jedoch, dass die *Incoterms* im konkreten Vertrag überhaupt gelten. Im Vertrag wurde **zwar die Klausel FOB verwendet, aber es fehlte ein ausdrücklicher Hinweis auf die *Incoterms*.** Auch für deren schlüssige Vereinbarung fehlten ausreichende Anhaltspunkte. Der BGH zieht sie dennoch für seine Beurteilung heran und begründet das mit einem einzigen Satz: „Nach dieser Klausel, die mit dem Inhalt der Nr. 4 der internationalen Regeln für die Auslegung handelsüblicher Vertragsformeln – *Incoterms* (...) auch dann gilt, wenn das nicht ausdrücklich vereinbart ist, war der Kläger gehalten, den Wein an Bord des von der Beklagten zu benennenden Seeschiffs zu liefern und das der Beklagten durch Vorlage der Dokumente nachzuweisen ...". Damit greift der BGH eine Meinung in der Literatur auf, die allerdings umstritten war und immer noch ist. Die Entscheidung von 1975 ist vor allem wegen dieser Stellungnahme zur „automatischen Geltung der *Incoterms*" berühmt geworden, eine Stellungnahme, die allerdings in einem Nebensatz versteckt ist und die auch nicht auf die Problematik näher eingeht. Wir wollen das hier kurz tun. Bei ausdrücklicher Vereinbarung, z. B. durch die Formel „*FOB Incoterms 2010*" sind die *Incoterms* in dieser Fassung Vertragsinhalt; die Auslegung richtet sich nach ihren Regeln und nicht nach abweichendem nationalem Recht. Dem sind die Fälle gleichzustellen, dass die Parteien durch schlüssiges Verhalten entsprechende Erklärungen abgegeben haben, z.B. indem sie in ihren Verhandlungen zum Ausdruck brachten, dass sie die Klausel im Sinne der *Incoterms* verstehen.[226]

Problematisch wird es aber dann, wenn im Vertrag Klauseln vereinbart werden, die in den *Incoterms* näher definiert sind, die Geltung der *Incoterms* aber weder ausdrücklich noch konkludent vereinbart ist. Im Schrifttum ist die Frage seit längerer Zeit umstritten. Nach einer restriktiven Auffassung muss dann auf die nationalen *Trade Terms* zurückgegriffen werden, da die *Incoterms* keine allgemeingültigen Handelsbräuche wiedergäben und auch nicht auf andere Weise Eingang in den Vertrag finden könnten.[227] Die entgegengesetzte Meinung will dagegen die *Incoterms*

---

[225] In den *Incoterms* 2010 wären das Regeln B3a und B7; in den *Incoterms* 1953 galt aber schon Entsprechendes.
[226] § 305 Abs. 2 BGB zur Geltung von AGB hätte, wenn sich der Fall heute abspielen würde, keine Bedeutung, weil es, wie im Außenhandel fast immer, um einen Vertrag unter Unternehmern geht.
[227] Schlegelberger/*Hefermehl* HGB, Bd.IV, 5. Aufl. 1976, § 346 HGB Rn. 54; *Ratz* in Staub, HGB-Großkommentar, Bd.III/2, 3. Aufl. 1978, § 346 HGB Anm. 238; anders dann schon *Koller* in der 4. Aufl., Vor § 373 HGB Rn. 11: Incoterms als „Auslegungsmittel eigener Art".

auch dann anwenden, wenn sie nicht ausdrücklich oder konkludent vereinbart sind.[228] Eine mittlere Position nehmen Autoren ein, die den *Incoterms* über ergänzende Vertragsauslegung gemäß Treu und Glauben eine Rolle als Ausdruck des faktisch Üblichen zuerkennen[229] oder die den Rückgriff auf sie jedenfalls dann zulassen, wenn „sie einen Handelsbrauch bilden".[230]

Die hier besprochene Entscheidung des **BGH** wird meist als Bestätigung der zweiten Meinung verstanden, nach der die *Incoterms* auch ohne Vereinbarung gelten, also normähnlichen Charakter haben. Sicher ist das nicht, weil der BGH keine Begründung gibt, aber er **folgt jedenfalls nicht der erstgenannten Auffassung, nach der es auf jeden Fall einer ausdrücklichen oder konkludenten Vereinbarung bedarf.** Gegen diese Position, die dann auf die nationalen *Trade Terms* zurückgreifen will, spricht auf jeden Fall, dass es dann zwangsläufig zu Divergenzen zwischen den verschiedenen nationalen Auslegungen kommen würde. Die Schiedsgerichte müssten also wieder auf Kollisionsnormen zurückgreifen, um die maßgebliche nationale Variante zu bestimmen. Es zeigt sich, dass diese Auffassung keineswegs zu größerer Sicherheit führt. Man fällt damit in ein Entwicklungsstadium zurück, zu dessen Überwindung die *Incoterms* bereits wesentlich beigetragen hatten. Noch weniger kann überzeugen, dass der Vertrag verschiedenen *Trade Terms* unterliegen soll, je nachdem ob es sich um Pflichten der einen oder der anderen Partei handelt.[231] Dies könnte u.U. zu Patt-Situationen führen. Interessanterweise hat ausgerechnet ein US-amerikanisches Bundesgericht sich die Ansicht zueigen gemacht, dass die Incoterms auch ohne ausdrücklichen Hinweis im Vertrag gelten, wenn die Parteien entsprechende Klauseln, wie FOB, CIF etc. verwenden.[232] In einer neuen Entscheidung[233] hat der BGH die Incoterms zwar nicht ausdrücklich als Handelsbrauch eingeordnet, aber die Klausel „DDP" mit Bestimmungsort auch ohne

---

228 *Basedow*, RabelsZ 43 (1979), 116 (121 f); *von Hoffmann* AWD 1970, 247 (252) mit Einschränkung für nicht internationalen Benutzerkreis. S. ferner die u. zu Fn. 230, 231 zitierten Entscheidungen.
229 *Eisemann*, Die Incoterms im internat. Warenkaufrecht, 1967, S. 46 ff, 56. Ähnlich auch OLG München NJW 1958, 426, das zwar für die Incoterms von 1953 die Qualität als „allgemein gültigen Handelsbrauch" verneint, aber dennoch von der in den Incoterms gegebenen Auslegung ausgehen will, wenn entgegen stehende Anhaltspunkte fehlen.
230 *Martiny* in Reithmann/Martiny, Internationales Vertragsrecht, 7. Aufl. 2010, Rn. 952; ein Handelsbrauch könne nicht ohne weiteres bejaht werden, doch werde diese Rolle den Incoterms „in Ländern oft zufallen, deren Vertreter in der IHK die Incoterms angenommen haben" (*Martiny* aaO, Rn. 3). Ähnlich *Karsten Schmidt* Handelsrecht, 5. Aufl. 1999, S. 843, der außerdem die Möglichkeit sieht, einzelne Regelungen als „Interpretationshilfe" heranzuziehen.
231 Schlegelberger/*Hefermehl*, aaO (Fn. 227) Rn. 52.
232 U.S. District Court for the Southern District of New York v. 26.3.2002 – 00 Civ. 934 *(St. Paul Guardian Insurance* v *Neuromed Medical Systems)* = 2002 U.S. Dist. Lexis 5096. Die Entscheidung erging im Zusammenhang mit Art. 9 CISG, was dafür spricht, dass das Gericht in den Incoterms schon eine Art internationalen Handelsbrauch sah.
233 BGH v. 7.11.2012 –VIII ZR 108/12, ZIP 2013, 44 = BeckRS 2012, 24430.

ausdrücklichen Hinweis auf die Incoterms in deren Sinne ausgelegt und dabei u.a. auf Art. 8 Abs. 3 CISG Bezug genommen. Auch der EuGH hat kürzlich die Incoterms als Handelsbräuche eingestuft, die „besonders hohe Anerkennung" genössen und „in der Praxis besonders weit verbreitet" seien.[234]

Andererseits müssen sich die Befürworter einer direkten Geltung der *Incoterms* entgegenhalten lassen, dass es dafür eigentlich keine stichhaltige Begründung im Rahmen der geltenden Rechtsquellenlehre gibt. Eine Geltung kraft Gesetzes ist nur in wenigen Staaten gegeben. Dass die *Incoterms* insgesamt internationaler Handelsbrauch oder gar Gewohnheitsrecht seien, ist nicht zu begründen, jedenfalls nicht für die jeweilige Neufassung.

Dennoch ist damit nicht eine **Bedeutung der *Incoterms* im Rahmen der Auslegung** ausgeschlossen. Hier überzeugt am meisten die Begründung von *Eisemann*, die auf den Grundsatz von Treu und Glauben und die darauf aufbauende ergänzende Auslegung abstellt. Wenn Kaufleute im internationalen Handelsverkehr Basisklauseln, wie FOB oder CIF, verwenden, dann ist ihnen zumindest die Existenz der *Incoterms* bekannt. Dass sie letztere nicht ausdrücklich nennen, ist meist auf Nachlässigkeit oder die unjuristische Vorstellung zurückzuführen, dass die Bedeutung, welche die *Incoterms* der Klausel geben, ohnehin maßgebend sei.[235] Auf jeden Fall liegt es dem Praktiker des internationalen Handels fern, nationale Regeln aus verschiedenen Ländern für die Auslegung der gängigen Klauseln in Betracht zu ziehen und die Auswahl dann den Kollisionsnormen des IPR, also wiederum nationalem Recht, zu überlassen oder sie gar vom zufälligen Sitz des Schiedsgerichts abhängig zu machen[236]. Deshalb ist es gerechtfertigt, den Willen der Parteien eines internationalen Handelsgeschäfts im Zweifel dahin auszulegen, dass – hätten sie die Schwierigkeiten bedacht – die Auslegung der Klausel in den *Incoterms* zugrunde gelegt werden soll, weil sie die international am weitesten verbreitete und anerkannte Auslegung wiedergibt. Ob das auch bei Beteiligung von US-Kaufleuten gilt, soll hier offen bleiben.

Auch mit dieser Begründung über ergänzende Vertragsauslegung wäre die Äußerung des BGH in WM 1975, 917 (920) über die Geltung der *Incoterms* vereinbar, aber man hätte sich dort wenigstens den Ansatz einer Begründung gewünscht. In neueren Entscheidungen des BGH wird dieser Auslegungsansatz deutlicher, z.B. in BGH v. 7.11.2012 (BeckRS 2012, 24430, Begründung bei Nr. 24): „.... im Zweifel anhand des verbreiteten und auf weltweite Vereinheitlichung abzielenden Verständnisses auszulegen (...), wie es im Regelwerk der ICC seinen Niederschlag gefunden hat."

---

[234] EuGH v. 9.6.2011 – C 87/10, Begründung Nrn. 21–25 und Tenor Abs. 2.
[235] Ähnliche Erfahrung bei *Eisemann/Ramberg*, Die Incoterms heute und morgen, 2. Aufl. 1980, S. 34, dass die Parteien die Geltung der Incoterms oft als selbstverständlich voraussetzen.
[236] So tatsächlich Schlegelberger/*Hefermehl*, aaO (Fn. 227) Rn. 52.

Legt man danach die Auslegung der *Incoterms* für die Klausel FOB zugrunde, so handelt es sich bei der Benennung von Schiff, Verladeort und Verladetermin um eine Vorleistungspflicht des Käufers, die dann die Pflicht des Verkäufers bezüglich der Dokumente auslöst. Die Vorlage der Dokumente ist dann wiederum Vorleistung im Verhältnis zur Kaufpreiszahlung. Der Fall macht also das Ineinandergreifen der verschiedenen Verpflichtungen der Parteien deutlich. Zwar konnte der Verkäufer Ausfuhrbewilligung und Ursprungszeugnis schon vor Kenntnis von Schiff und Verladeort beschaffen, aber diese Dokumente nützten ihm noch nichts in Bezug auf die Auslösung der Zahlungspflicht, was der BGH mit den Worten ausdrückt, die Beschaffung dieser Dokumente sei „technisch möglich, aber ohne praktische Bedeutung".

Ein weiteres Zahnrad in der Maschinerie scheint die **Bescheinigung über die Einfuhr- und Verkehrsfähigkeit** zu sein. Diese richtete sich nach dem deutschen öffentlichen Recht. Die im Urteil zitierten Vorschriften sind inzwischen überholt, aber ähnliche gelten auch heute im Verhältnis zur Türkei. Diese Bescheinigung muss aber der Verkäufer nicht vorweg beschaffen, sondern sie wird von Amts wegen erst im Einfuhrland erteilt. Der Sinn ist, dass der konkret eingeführte Wein untersucht werden soll und nicht irgendeine vorweg geschickte Probe. Über die Pflichten der Parteien hinsichtlich dieser Bescheinigung sagen die *Incoterms* nichts. Gerade die Ablehnung der Verkehrsfähigkeit in Deutschland hing aber wie ein Damoklesschwert über dem Vertrag. Falls nach Erteilung der allgemeinen Einfuhrgenehmigung bestimmte Weinlieferungen bei der Ankunft in Deutschland als nicht einfuhr- und verkehrsfähig qualifiziert werden sollten, blieb der Vertrag gültig, aber der Verkäufer übernahm insofern eine „Garantie". Das dem Verkäufer dadurch drohende Risiko wurde durch die Vereinbarung von Teillieferungen gemildert. Trotzdem verzögerte der Käufer die Benennung von Schiff, Verladeort und Verladezeit. Der Grund war im vorliegenden Fall wohl, dass sich infolge von Änderungen der betreffenden EG-Vorschriften inzwischen seine Gewinnaussichten verschlechtert hatten. Dies war aber eine Angelegenheit des Käufers. Er hätte die Rechtslage nach EG-Recht eher kennen bzw. ihr Änderungen voraussehen müssen als sein Vertragspartner aus einem nicht zur EG gehörenden Land. Letztlich ist auch das Zögern des Käufers schuld daran, dass inzwischen die neue Rechtslage eingetreten ist; bei Abruf im Februar/März 1970 wäre das noch nicht der Fall gewesen. Für eine Anwendung der Grundsätze über den Wegfall der Geschäftsgrundlage liegen aber auch nicht ausreichende Anhaltspunkte vor.

Aus diesen Gründen hat der **Käufer seine Pflicht hinsichtlich der Benennung von Schiff, Verladeort und -zeit nicht erfüllt** und dadurch die weiteren Leistungsstörungen zu verantworten. Er kann sich nach § 242 BGB dann nicht darauf berufen, V habe hinsichtlich der Dokumente ihre Vorleistungspflicht nicht erfüllt. Die Klage des Verkäufers ist begründet.

Praxis-Tipps
Die Incoterms sind ein von der ICC herausgegebenes Regelwerk, das standardisierte Auslegungen von zzt. (Incoterms 2010) 11 Handelsklauseln enthält. Die Incoterms haben keine Gesetzeskraft und müssen deshalb, wenn sie Vertragsinhalt werden sollen, im konkreten Vertrag präzise vereinbart werden (z.B. „FOB Hamburg Incoterms 2010"). Auf gelegentliche Versuche, die Geltung auch ohne ausdrückliche Vereinbarung über „Handelsbrauch" o.ä. zu begründen, sollte sich die Praxis nicht verlassen.

Die Incoterms 2010 enthalten 4 Klauseln für den See- und Binnenschifffahrtstransport und 7 Klauseln für alle Transportarten (einschließlich multimodalen Transport).

Durch gleichförmige Anwendung haben die Incoterms zu einer fast weltweiten Vereinheitlichung zahlreicher Aspekte grenzüberschreitender Verträge geführt, z.B. Transportleistungspflichten, Beschaffung von Genehmigungen und Dokumenten, Pflichten zur Kostentragung, Informationspflichten, Pflichten zum Abschluss von Versicherungen, Gefahrübergang. Nicht geregelt werden in den Incoterms z.B. der Zahlungsbedingungen, Vertragsverletzungen und deren Rechtsfolgen sowie der Eigentumsübergang.

Die Regeln der Incoterms können durch konkrete Vertragsbedingungen abgeändert werden. Dann sollte das aber im Vertrag klar zum Ausdruck gebracht werden. Außerdem ist zu beachten, dass die Auslegung der einzelnen Incoterms-Klauseln jeweils ein sinnvoll abgestimmtes System ist und dass sich beim Eingriff in dieses System Ungereimtheiten und unerwünschte Nebenwirkungen ergeben können.

Als Hilfe zur Vermeidung von Widersprüchen und Lücken in den Vertragsbedingungen dient die Checkliste Incoterms 2010 im Anhang Nr. 9.

Schrifttum zu III. (Incoterms)

Baumbach/Hopt, HGB, 35. Aufl., München 2012, 2. Teil, (6) Incoterms und andere Handelskaufklauseln, S. 1613–1700.
Bredow/Seiffert, Incoterms 2010, Torgau 2013.
Eisemann, Die Incoterms, 1976.
Eisemann/Ramberg, Die Incoterms heute und morgen: zur Klauselpraxis des internationalen Warenhandels, Wien 1980.
Graf von Bernstorff, Incoterms 2010 der Internationalen Handelskammer (ICC), Köln 2010.
ICC Deutschland, Incoterms 2010 by the International Chamber of Commerce (ICC) (engl./deutsch), Berlin 2010.
Schmidt, Karsten, Handelsrecht, 5. Aufl. Köln u.a. 1999, S. 26, 840 ff.
Weick, Incoterms 2010 – Ein Beispiel für die „neue lex mercatoria", ZJS 2012, 584–592.
Wörlen/Metzler-Müller, Handelsklauseln im nationalen und internationalen Warenverkehr, Stuttgart 1997.

IV. UNECE-Standardbedingungen

Den neben den *Incoterms* umfassendsten Versuch der Standardisierung von allgemeinen Vertragsbedingungen für verschiedene Branchen stellen die *„General Conditions of Sale and Standard Clauses"* dar, die im Rahmen der *Economic Commission* *for Europe (UNECE)*, einer Unterorganisation der UNO, erarbeitet und von ihr herausgegeben werden.

1. Entwicklung

Die UNO hat für verschiedene Kontinente jeweils sog. *Economic Commissions* gebildet. UNECE wurde bereits 1947 gegründet. In ihr waren auch in der Zeit der politischen Blöcke fast alle europäischen Staaten vertreten. Heute hat sie 56 Mitgliedsstaaten (einschließlich Russische Föderation und Türkei). Ferner arbeiten ca. 70 internationale professionelle Organisationen und Nichtregierungsorganisationen mit.[237]

1951 wurde ein erster Versuch unternommen, Standardbedingungen für internationale Verträge zu erarbeiten. Die Regierungen der Mitgliedstaaten wurden aufgefordert, Vertreter für ein entsprechendes Arbeitsgremium zu entsenden. In einer kleinen Runde wurden so zunächst 3 Klauseln ausgearbeitet. Als die Arbeit auf wachsendes Interesse stieß, wurde die Arbeitsgruppe verstärkt, u.a. auch von Seiten der Bundesrepublik Deutschland. Dies führte schon 1953 zu den **General Conditions No. 188** (s. Anhang Nr. 3), die immerhin die wesentlichen Punkte eines internationalen Exportvertrages für Maschinen und Anlagen ohne Montage berücksichtigen. In dieser Phase schlossen sich auch die UdSSR und die anderen osteuropäischen sozialistischen Staaten an. Man arbeitete in der Folge auch Versionen der Vertragsbedingungen für den Ost-West-Handel aus. Gegenwärtig gibt es **21 verschiedene Vertragsmuster**, überwiegend in der Form allgemeiner Vertragsbedingungen, zum Teil auch in der Form von standardisierten Verträgen.[238] Hinzu kommen einzelne zusätzliche Musterklauseln und Muster für Schiedsvereinbarungen. Die UNECE hat außerdem *Guidelines* für Vertragsentwürfe sowie Vermarktungsnormen ausgearbeitet und befasst sich in letzter Zeit mit der Entwicklung und Vereinheitlichung des papierlosen Handelsverkehrs.[239]

2. Rechtspolitische Vorstellungen und inhaltliche Gestaltung

Obwohl in den verschiedenen Arbeitsgruppen der UNECE jeweils von den Regierungen ernannte Vertreter saßen, wollte man keine offiziellen Staatenvereinbarungen treffen. Es wurde also weder angestrebt, Rechtsnormen auszuarbeiten, wie es im Rahmen des früheren RGW (der Wirtschaftsgemeinschaft der sozialistischen Staaten) in Form der Allgemeinen Lieferbedingungen etc. geschah, noch sollte sonst

---

[237] Informationen nach der Website der UNECE: www.unece.org/: s. ferner *Cornil*, The ECE General Conditions of Sale, 3 J.W.T.L. (1969) 390 ff.
[238] Liste aller UNECE General Conditions and Standard Clauses im Anhang Nr. 2.
[239] S. dazu die Tätigkeiten des *Centre for Trade Facilitation and E-business* (UN/CEFACT).

eine Bindungswirkung begründet werden. Stattdessen sollten die Standardbedingungen für den beliebigen Gebrauch zur Verfügung stehen, also auch frei abgeändert werden können.

Bei der Besetzung der Gremien achtete man auf eine **annähernd gleiche Vertretung von Verkäufer- und Käuferinteressen**. Im Zusammenhang damit stand das Ziel einer angemessenen „internationalen Mischung", das zumindest bei den späteren Ausarbeitungen annähernd durch Beteiligung aller Wirtschaftssysteme und „Blöcke" erreicht wurde.[240]

Auch inhaltlich strebte man einen fairen Interessenausgleich zwischen den Vertragsparteien an. Die ist wohl annähernd gelungen; nur so ist der Erfolg der meisten UNECE-Bedingungen und Musterverträge zu erklären. Es war ferner die erklärte Absicht, sich möglichst an der Praxis des internationalen Handels und an bestehenden Handelsbräuchen zu orientieren.

Ein Hauptproblem bei der Ausarbeitung war, auf welche rechtlichen Grundlagen man die Vertragsbedingungen stellen sollte. Man wollte sie nicht an ein einzelnes Rechtssystem oder einen Rechtskreis anlehnen. Vielmehr sollten die **Vertragsbedingungen möglichst mit allen Rechtsordnungen vereinbar** sein und in ihnen praktiziert werden können. Deshalb wurden die Ausgangspunkte nicht nach dogmatischen Gesichtspunkten, sondern möglichst pragmatisch bei bestimmten zu lösenden Sachfragen internationaler Verträge gesetzt. Zu diesen Problemen erarbeiteten die Kommissionen dann rechtliche Lösungen, die eine Kollision mit dem Recht eines der beteiligten Staaten vermeiden sollten, so dass die Vertragsbedingungen praktisch in allen Ländern einheitlich verwendet werden könnten. Zwangsläufig musste man aber an vielen Stellen von dispositiven gesetzlichen Vorschriften der nationalen Rechte abweichen, doch bedeutete das keine besonderen Probleme, denn auch national konzipierte Verträge machen das täglich.

Die geschilderten Zielvorstellungen machten es auch erforderlich, sich in der **Terminologie** weitgehend von nationalen Rechtsbegriffen zu lösen. Als authentische Sprachen verwendete man Englisch, Französisch, später auch Russisch und vereinzelt Spanisch.[241] Mit diesen Rechtssprachen kamen dann auch gewisse Begriffe der nationalen Rechte in die Texte hinein. Hier war es wohl unmöglich, sich völlig von der Terminologie einzelner Rechtsordnungen frei zu machen; eine Art juristisches Esperanto existiert bisher nicht.

---

240 Insgesamt waren 20 Staaten bei der Ausarbeitung der frühen Standardbedingungen in den 50er Jahren beteiligt, darunter auch die UdSSR, Bulgarien, die CSSR, Polen, Rumänien, Ungarn, die DDR und Jugoslawien.
241 Die gegenwärtig angebotenen Vertragsbedingungen sind meistens in drei Sprachen erhältlich, i.d.R. Englisch, Französisch und Russisch.

Beispiele

(a) In den Vertragsbedingungen wollte man den Rechtsbegriff *„force majeure"* vermeiden. Ebenso wenig sollten aber Begriffe aus der deutschen Unmöglichkeitslehre oder der Begriff „Wegfall der Geschäftsgrundlage" verwendet werden. Stattdessen wählte man für **Entlastungstatbestände** die Begriffe *„reliefs"* im englischen Text (bzw. *„causes d'exonération"* in der französischen Version) und umschrieb sie in Klausel 10 der Vertragsbedingungen Nr. 188 durch eine Aufzählung von Störungen und eine allgemeine Umschreibung, die der heute üblichen Definition der *force majeure* nahekommt.[242]

(b) Man wollte **Verschuldensgrade** unterscheiden. In der französischen Rechtsdogmatik gibt es die schwerere Form *„faute lourde"*, im deutschen Recht die „grobe Fahrlässigkeit". In England gibt es dagegen keinen entsprechenden Rechtsbegriff. Als Ausweg kam man auf die neue Formel *„gross misconduct"* die sich deutlich absetzt von den französischen und deutschen Basisbegriffen *„faute"* und „Fahrlässigkeit", die jeweils mit bestimmten – aber eben nicht deckungsgleichen – Bedeutungen aufgeladen sind. Der Begriff *„gross misconduct"* umfasst nach deutschem Rechtsverständnis ungefähr Vorsatz und grobe Fahrlässigkeit. Die deutsche Übersetzung behilft sich ungenau mit „grobes Verschulden". Klausel 9.17 gibt dazu aber eine Definition[243], die abweichend von deutschen Begriffen u.a. auf die „schwerwiegenden Folgen" abstellt.

(c) In Bezug auf eine **Vertragsbeendigung** werden bestimmte Rechtsbegriffe, wie Rücktritt, *repudiation, rescission,* oder *résiliation,* vermieden, weil sie jeweils in ihren Rechtsordnungen ein bestimmtes dogmatisches Profil haben. Stattdessen spricht Klausel 12.1 der Nr. 188 neutral von ***„termination"***. Diese soll keine Rückwirkung haben und die vorher erworbenen Rechte der Parteien nicht berühren. Die Rückabwicklung des Vertrages wird wenigstens zum Teil in den Vertragsbedingungen geregelt[244]. In diesen Regelungen zeigt sich aber auch schon eine Schwäche: Weil man sich anscheinend nicht auf Details einigen konnte, wird die Rückerstattung nur noch vage geregelt, und zwar in Klausel 10.3 von Nr. 730 durch Rückgriff auf die allgemeine Formel *„just and as the circumstances ... may permit"*. In Klauseln 10.4. und 10.5 von Nr. 188 wird die Teilung der Kosten primär der gütlichen Einigung der Parteien überlassen, hilfsweise eine Kostenverteilung durch den Schiedsrichter vorgesehen. So etwas ist im Grunde ein Regelungsverzicht.

---

[242] In UNECE Conditions No. 574 cl. 25.1.: „... *other circumstances ... beyond the control of the parties"*. Hier fehlt die Aufzählung einzelner Tatbestände. In No. 188 cl. 10 heißt es dagegen: „... *any other circumstances (e.g. fire ...) when such circumstances are beyond the control of the parties."*
[243] Vgl. u. Anhang Nr. 3.
[244] S. z.B. Klauseln 6.4. und 10.3 der Vertragsbedingungen 730.

3. Bedeutung

Die UNECE-Bedingungen gehen also in der Standardisierung einen ganz anderen Weg als die *Incoterms*. Während letztere Standardinterpretationen von Kurzklauseln enthalten, die möglichst einheitlich in der ganzen Welt praktiziert werden sollen, hat man bei der ECE einen bescheideneren Ansatz gewählt, nämlich die Aufstellung von **Musterbedingungen,** die Freiraum für die Gestaltung im Einzelfall und für Varianten lassen. Die Geltung im Einzelvertrag hängt von der Vereinbarung der Vertragsparteien ab. Dass die UNECE-Bedingungen Handelsbrauch oder etwas Ähnliches darstellten oder ohne besondere Vereinbarung gelten, wird nicht ernsthaft behauptet. Andererseits verstärken die UNECE-Bedingungen zum Teil die regelnde Wirkung der *Incoterms*, indem sie auf sie verweisen (z.B. in General Conditions No. 188, clause 6.1, vgl. Anhang Nr. 3).

Der quantitative Erfolg, d.h. die Verbreitung und Durchsetzung in der Praxis, lässt sich nur schwer beurteilen. Es wird berichtet, dass sie im Handel unter den skandinavischen Ländern große Bedeutung haben. Ein Indiz dafür ist, dass Fachverbände der „Engineering Industries" in Dänemark, Finnland, Norwegen und Schweden im Jahr 2002 eine Ergänzung (Addendum 2002) zu den General Conditions No. 188 herausgegeben haben. Im Ost-West-Handel hatten die darauf zugeschnittenen Vertragsbedingungen ebenfalls erhebliche Bedeutung.[245] Das hat sich aber inzwischen weitgehend erledigt. Die Verwendung zwischen westeuropäischen Vertragspartnern zeigt der Fall BGH BB 1969, 1504. Dabei ging es um die Nr. 188 in einem Vertrag zwischen einem schweizerischen und einem deutschen Unternehmen. Dagegen wird die Akzeptanz bei den Entwicklungs- und Schwellenländern in anderen Kontinenten durch die Tatsache beeinträchtigt, dass diese bei der Ausarbeitung nicht beteiligt waren. Die Parallelorganisationen für Asien und Lateinamerika haben aber die Ausarbeitung eigener Standardbedingungen nach dem Vorbild der ECE aufgenommen.

Selten werden die UNECE-Bedingungen unverändert Vertragsinhalt. Häufig werden sie als anpassungsbedürftige Muster oder sogar als „Steinbruch" für Vertragsteile behandelt. Wenn sich annähernd gleichstarke Partner gegenüber stehen, bilden sie oft eine gute **Grundlage für das individuelle Aushandeln** konkret angepasster oder ergänzender Bedingungen.

Beispiel

V in Stuttgart verkauft an K in Zürich eine Druckmaschine. Das Vertragswerk besteht aus der eigentlichen Vertragsurkunde mit der Festlegung der Hauptleistungen, der Lieferzeit, der Lie-

---

245 Dafür spricht auch die Tatsache, dass sie inzwischen außer den ursprünglichen authentischen Fassungen in 7 weitere Sprachen übersetzt wurden.

ferung *Free Carrier* (Incoterms 2010) und den Unterschriften sowie verschiedenen Anlagen. Im Vertrag wird die Geltung des Einheitlichen Kaufrechts (CISG) ausgeschlossen. Dem Vertrag werden die UNECE-Bedingungen Nr. 188 zugrunde gelegt und in deutscher Übersetzung beigefügt. Ferner sind eigene „Besondere Vertragsbedingungen" der V Bestandteil des Vertrages, in denen die UNECE-Bedingungen zum Teil abgeändert und ergänzt werden. Schließlich werden „Technische Vertragsbedingungen" der V in den Vertrag einbezogen, in denen u.a. Wartungsvorschriften, technische Leistungsfähigkeit und Toleranzen vorgegeben werden.

Die **UNECE-Bedingungen** sind interessante Beispiele für eine pragmatische Methode zur **„weichen" Angleichung** des internationalen Handelsrechts. Sie sind nicht so ehrgeizig wie Übereinkommen zur Schaffung von Einheitsrecht oder wie internationale Kodifikationsprojekte. *Cummins*[246] hat ihren Beitrag zutreffend auf zwei Ebenen gesehen: zum einen in der faktischen Vereinheitlichung durch verbreiteten Gebrauch, zum anderen in einem praktischen Test der Rechtsgrundsätze, die sich für internationale Handelsgeschäfte (und darüber hinaus inzwischen für andere wirtschaftliche Transaktionen) entwickelt haben. Gerade dieser zweite Beitrag sollte nicht unterschätzt werden. Die Entwicklung und Erprobung von rechtlichen Lösungen auf einer Ebene, die sich von den nationalen Rechtsordnungen absetzt und eigenständige Begriffe bzw. rechtliche Mechanismen sucht, ist eine **Pionierleistung,** auf der spätere Rechtsvereinheitlichung aufbauen konnte. Längst haben praktisch arbeitende Vertragsjuristen diesen Wert erkannt; rechtliche Formeln, die erstmals in den UNECE-Bedingungen auftauchten, sind inzwischen in die Muster und die Rechtssprache der weltweit tätigen Praktiker eingegangen. Die Praxis der UNECE-Bedingungen ist so zu einer Art Labor geworden und zu einer Vorstufe für die Entwicklung von echtem internationalem Handelsrecht.

Praxis-Tipps
Die UNECE hat für zahlreiche Vertragsarten Mustervertragsbedingungen aufgestellt, die von den Vertragsparteien verwendet werden können. Sie enthalten kein Einheitsrecht und lassen Freiräume für die Gestaltung und Anpassung im Einzelfall. In der Vertragspraxis werden sie häufig verwendet, aber meist nur auszugsweise oder mit Änderungen und Ergänzungen übernommen.
    Die UNECE-Bedingungen machen den Versuch, sich in der Rechtsterminologie weitgehend von nationalen Rechtsbegriffen zu lösen, was jedoch nicht vollkommen gelungen ist. Sie sind in Englisch, Französisch, Russisch und (vereinzelt) in Spanisch erhältlich.

---

246 N.Y. University Law Review 1963, 549 (573).

§ 12 Inhaltliche Ausgestaltung der Vertragsbeziehungen

I. Pflichten der Vertragsparteien (Beispiel: FOB-Geschäft)

Im Folgenden soll die typische Ausgestaltung der beiderseitigen vertraglichen Pflichten bei einem FOB-Geschäft dargestellt werden, das zu den häufigsten Formen im Außenhandel gehört. Wie bereits erwähnt wurde,[247] ist für die Durchführung einer Warentransaktion in der Regel ein Bündel von verschiedenen Verträgen erforderlich, zum Beispiel bei einem FOB-Geschäft in der folgenden – relativ unkomplizierten – Konstellation.

V in Spanien verkauft an K in Deutschland Waren „FOB Cadiz". Dann gestalten sich die diversen Vertragsbeziehungen wie aus der Skizze ersichtlich.

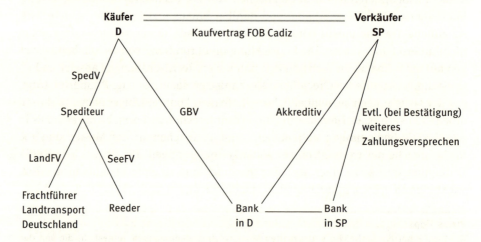

Obwohl zum Verständnis der Pflichtenlage das gesamte Vertragsgefüge im Auge behalten werden muss, geht es im Folgenden nur um die Verpflichtungen aus dem Kaufvertrag, der das Kernstück der Transaktion ist. Alle anderen Verträge sind funktional auf ihn bezogen. Ferner soll die Pflichtenlage auf der Grundlage des UN-Kaufrechts (CISG) in Verbindung mit den *Incoterms* untersucht werden, damit sich die Betrachtung nicht ins Uferlose aller denkbaren Vertragsgestaltungen verliert.

Nehmen wir als Beispiel einen Kaufvertrag über 1.000 hl einer bestimmten Sherrysorte zwischen V in Spanien und K in Deutschland. Es ist Lieferung „FOB Cadiz" (*Incoterms 2010*) vereinbart. Auf den Vertrag ist gemäß Art. 1 Abs. 1 lit. a) CISG das UN-Kaufrecht anwendbar. Der Käufer K hat sich verpflichtet, für den Kaufpreis ein Akkreditiv zugunsten des Verkäufers zu

---

247 S. o. § 1 und § 11 II.

stellen. Einzelheiten dazu sind in der betreffenden Klausel des Kaufvertrags festgelegt, wobei die ERA 600[248] maßgebend sein sollen.

In diesem Fall treffen den **Verkäufer** folgende Pflichten:
- Er muss die **vertragsgemäße Ware liefern** (Artt. 30, 35 CISG), d.h. nach Art. 31 CISG grundsätzlich dem ersten Beförderer (zu dem nicht eigenes Transportpersonal rechnet) zur Übermittlung an den K übergeben. Im vorliegenden Fall wird durch Vereinbarung von FOB (*Incoterms 2010*) die Lieferpflicht dahin präzisiert, dass V die Ware „an Bord des vom Käufer benannten Schiffs an der gegebenenfalls vom Käufer bestimmten Ladestelle im benannten Verschiffungshafen verbringt". Der Verkäufer hat „die Ware innerhalb des vereinbarten Zeitraums und in der im Hafen üblichen Weise zu liefern" (*Incoterms* Nr. A 4).
- Er muss dem Käufer die **Lieferung an Bord des Schiffes in angemessener Weise mitteilen** (*Incoterms* Nr. A 7)[249].
- Er muss dem Käufer die **Dokumente** übergeben, die sich auf die Ware beziehen (Art. 30 CISG).[250] Welche Dokumente das sind, kann wieder weitgehend den *Incoterms* entnommen werden; im Übrigen sollte der Kaufvertrag dies präzisieren. Bei FOB (*Incoterms 2010*) gehört dazu auf jeden Fall,
    - „die Ausfuhrgenehmigung oder andere behördliche Genehmigungen zu beschaffen sowie alle Zollformalitäten zu erledigen, die für die Ausfuhr der Ware erforderlich sind" (A 2),
    - das zum Nachweis der Lieferung an Bord übliche Dokument zu beschaffen (A 8); dies ist nicht notwendig ein Konnossement; auf Verlangen des K muss V ihn aber bei dessen Beschaffung unterstützen, wobei K die Beschaffungskosten trägt (A 8).
- Er muss dem K das **Eigentum an der Ware übertragen**. Wie das zu geschehen hat, regeln weder das UN-Kaufrecht noch die *Incoterms*. Es kommt also auf das Sachenrechtsstatut an. Nach deutschem Recht wäre Einigung und Übergabe eines Traditionspapiers (z.B. des Konnossements) die Regel für ein Handelsgeschäft.
- Da hier K die **Transportversicherung** abschließt, muss V nach Art. 32 Abs. 3 CISG dem K auf Verlangen alle ihm verfügbaren und zum Abschluss der Versicherung erforderlichen Auskünfte erteilen.

---

[248] Einheitliche Richtlinien und Gebräuche für Dokumentenakkreditive, Fassung 2006, hrsg. von der ICC.
[249] Ohne die *Incoterms* würde nur die eingeschränkte Anzeigepflicht nach Art. 32 Abs. 1 CISG gelten.
[250] Haben sich die Parteien im Vertrag auf elektronische Datenkommunikation geeinigt, so werden Dokumente in Papierform zum Teil durch Mitteilungen im elektronischen Datenaustausch (*EDI messages*) ersetzt.

Der **Käufer** hat in diesem Fall vor allem folgende Pflichten:
- Er muss den **Kaufpreis zahlen** (Art. 53 CISG). Art. 57 CISG erläutert, wo das in Ermangelung näherer vertraglicher Bestimmung zu geschehen hat, und Artt. 58, 59 CISG sagen Näheres zum Zahlungszeitpunkt. Hier ist jedoch die Zahlungsmodalität im Vertrag genauer festgelegt: Dokumentenakkreditiv. K muss danach bei seiner Bank in Deutschland ein Akkreditiv zugunsten des V eröffnen. U.U. muss noch eine weitere Bank in Spanien eingeschaltet werden. Bei Vorlage der im Vertrag bezeichneten Dokumente wird dann von der Bank die Kaufpreissumme ausgezahlt.[251]
- K muss die **Ware annehmen**, d.h. „alle Handlungen vornehmen, die vernünftigerweise von ihm erwartet werden können, damit dem Verkäufer die Lieferung ermöglicht wird" (Art. 60 lit. a CISG), und er muss die Ware **„übernehmen"** (Art. 60 lit. b CISG), d.h. körperlich in Empfang zu nehmen. Hier ist K nach der FOB-Klausel verpflichtet, den erforderlichen Schiffsladeraum ab Cadiz zu beschaffen und dem V das Schiff und, falls erforderlich, die gewählte Lieferzeit zu benennen, die innerhalb des vereinbarten Lieferzeitraums liegen muss.
- Nach den *Incoterms* muss K ferner alle **Kosten** ab Ankunft auf dem betreffenden Schiff tragen, ferner alle Zölle, Steuern und anderen Abgaben bei der Einfuhr sowie die Kosten der Einfuhr-Zollformalitäten (FOB Ziff. B 6).

Der Abschluss von Transportversicherungen (insbes. der Seeversicherung), der Abschluss von weiteren Speditions- oder Frachtverträgen, die Beschaffung von Einfuhrbewilligung u.a. behördlicher Zertifikate seines Landes sind bei FOB nicht vertragliche *Pflichten* des K, sondern Handlungen des K im eigenen Interesse zur Realisierung des Geschäftserfolges.

Insgesamt zeigt sich also bei diesem Gefüge von beiderseitigen Pflichten, dass sich im Zusammenspiel von CISG und *Incoterms* schon eine viel dichtere und detailliertere Regelung ergibt als nach dem BGB, wobei hier noch nicht einmal Bestimmungen über etwaige Störungen ins Auge gefasst wurden.[252]

II. Währungs- und Zahlungsklauseln

1. Vertragliche Währungsklauseln

War im vorigen Abschnitt nur von der Zahlung des Kaufpreises die Rede, so muss dies noch präzisiert werden. Im internationalen Geschäftsverkehr stellt sich immer die Frage, in welcher Währung gezahlt werden soll. Bei starken Wechselkursschwankungen, hohen Inflationsraten oder Transferbeschränkungen kann dies sehr

---

[251] Näheres zum Dokumentenakkreditiv u. Abschn. V.
[252] Dazu insbes. u. § 12 VI und VII und § 13.

wichtig sein. Besonders dramatisch könnte das Währungsproblem werden, wenn ein Land aus einer Währungsunion (z.B. der Euro-Gruppe) ausscheidet und zur nationalen Währung zurückkehrt.

Internationale Lieferverträge enthalten in der Regel Währungsklauseln, die keineswegs nur formale Bedeutung haben, sondern oft zäh ausgehandelt werden. Die Parteien versuchen dabei, ihre meist gegensätzlichen Interessen in Bezug auf die Ausschaltung von Risiken oder die Wahrnehmung von Vorteilen (sog. *windfall profits*) durchzusetzen.

Bei den Währungsklauseln lassen sich drei Grundkategorien unterscheiden:[253]
- einfache Währungsklauseln,
- kombinierte Währungsklauseln,
- Währungsoptionsklauseln.

a) Bei **einfachen Währungsklauseln** wird die Geldschuld nur in *einer* Währung ausgedrückt, in der dann in der Regel auch gezahlt werden muss. Ist es die Währung des Gläubigers, spricht man von „Gläubigerwährungsklausel", im umgekehrten Fall von „Schuldnerwährungsklausel". Wird eine dritte Währung vereinbart, so wird das als „Drittwährungsklausel" oder „ Valutaklausel" bezeichnet. Im Allgemeinen wird der Gläubiger, wenn er in einem Land mit harter Währung seinen Sitz hat, an einer Gläubigerwährungsklausel interessiert sein, die dem Schuldner aus einem Land mit instabiler Währung das gesamte Kursrisiko und damit auch das Risiko der Geldwertminderung im Schuldnerland auferlegt. Andererseits sind Gläubiger aus Ländern mit schwacher Währung naturgemäß an Zahlungen in harter Währung, also z.B. an einer Schuldnerwährungsklausel in norwegischen Kronen oder einer Drittwährungsklausel in Schweizer Franken, interessiert.[254] Sind internationale Organisationen Gläubiger, so müssen sie in Ermangelung eigener Währungen Schuldner- oder Drittwährungsklauseln vereinbaren. Eine Drittwährungsklausel kommt z.B. dann in Betracht, wenn sowohl die Währung der Verkäufers (z.B. Euro in 2012) als auch die des Käufers (z.B. Zloty in 2012) starken Schwankungen ausgesetzt ist oder sogar in einem der beteiligten Länder eine Währungsumstellung droht. Im letzteren Fall werden allerdings auch andere vertragliche Mechanismen, z.B. eine Vertragsanpassung nach einer *Hardship*-Klausel[255] oder ein außerordentliches

---

[253] *Braun, W.*, Monetärrechtliche Probleme vertraglicher Geldwertsicherung ..., Stuttgart 1979, S. 43; *Zehetner*, aaO (Schrifttum S. 127) S. 11f.
[254] Die Währungsklausel ist auch im Zusammenhang mit den Basisklauseln zu sehen. Ein Verkäufer aus einem Land mit schwacher Währung wird i.d.R. an CIF interessiert sein, weil er dann wahrscheinlich viele Kosten in eigener Währung tragen kann. Deshalb gibt es für diese Konstellation auch die Faustregel „Buy FOB, sell CIF".
[255] Vgl. dazu o. § 7 III.3.

Kündigungsrecht aufgrund einer MAC-Klausel.[256] Neuerdings werden auch spezielle Vertragsklauseln für derartige Fälle empfohlen.[257]

b) **Kombinierte Währungsklauseln** kommen ebenfalls in zahlreichen Varianten vor. In einfachen Fällen werden bestimmte Quoten der Geldschuld in zwei oder mehr Währungen festgelegt, zum Beispiel

> „Der Kaufpreis ist in folgenden Währungen zu entrichten: 50% in Schweizer Franken, 50% in US-Dollar."

Dadurch wird das Risiko von Kursschwankungen immerhin etwas gestreut. Andererseits kommt man einem Schuldner aus den USA damit entgegen.

Etwas komplizierter sind schon solche Klauseln, die den Gesamtpreis in einer Währung angeben, jedoch Zahlungen in mehreren Währungen kumulieren und außerdem einen bestimmten Wechselkurs festlegen, zum Beispiel:

> „Der Kaufpreis von 50.000 US-Dollar ist zu 50% in US-Dollar und zu 50% in Schweizer Franken zu zahlen. Für den Teil, der in US-Dollar zu zahlen ist, soll der Wechselkurs 1 US-Dollar = 0,9 Schweizer Franken betragen."

Damit wird die Quote in US-Dollar vom Devisenmarkt abgekoppelt und auf einem bestimmten Stand stabilisiert.

Kombinierte Klauseln in langfristigen Erdölverträgen haben raffinierte Systeme entwickelt, um Kursschwankungen auszugleichen. Als Beispiel nennt *Orange*[258] ein Modell der OPEC von 1973, nach dem monatliche Anpassungen des Preises vorgenommen werden sollten, wenn der US-Dollar sich gegenüber 11 Referenzwährungen um mindestens 1% verändert. In der Praxis sind kombinierte Währungsklauseln verbreitet, weil sie einen Kompromisscharakter haben, die Diskriminierung bestimmter Landeswährungen zu vermeiden scheinen und Parität ermöglichen.

c) Bei **Währungsoptionsklauseln** wird dem Gläubiger ein Recht eingeräumt, die Leistung nach seiner Wahl in verschiedenen Währungen oder an verschiedenen Zahlungsorten zu fordern. Hier muss der maßgebliche Kurs bezeichnet werden, zum Beispiel der Tageskurs an einem bestimmten Börsenplatz am Vortag des Zahlungstermins. Währungsoptionsklauseln **sind schwer durchsetzbar. In**

---

256 Abkürzung für „Material Adverse Change", vgl. dazu u. § 13 V.5.b).
257 Vgl. zu dem Problem *Kindler*, Vertragskontinuität und Vertragsgestaltung, NJW 2012, 1617–1622 (mit Klauselbeispielen).
258 *Orange*, in: *Horn* (Hrsg.), Monetäre Probleme ... 1976, S. 105.

Kaufverträgen sind sie selten, häufiger dagegen auf dem internationalen Anleihenmarkt, wo sie für Anleger einen Anreiz bilden sollen.[259]

2. Andere Möglichkeiten der Absicherung gegen Kurs-, Inflations- und Transferrisiken

a) Geldschuld in Rechnungseinheiten

Eine weitere Möglichkeit der Risikoabsicherung ist die Bezeichnung der Geldschuld in echten Rechnungseinheiten statt in nationalen Währungen. Solche Rechnungseinheiten sind die Sonderziehungsrechte des IMF[260], früher auch die Europäische Währungseinheit ECU,[261] die aus einem Standardwährungskorb von nationalen Währungen innerhalb der EG berechnet wurde. Die Verwendung solcher „Kunstwährungen" wird in internationalen Lieferverträgen kaum praktiziert, spielt jedoch auf dem Kreditmarkt eine Rolle.

b) Wertsicherungsklauseln

Wertsicherungsklauseln (z.B. Indexklauseln oder Preisgleitklauseln hinsichtlich einzelner Kostenfaktoren) stellen eine weitere Möglichkeit der Risikominderung dar. Geldwertklauseln unterliegen nicht selten Beschränkungen durch nationales Währungsrecht, zum Beispiel in Deutschland durch § 3 Währungsgesetz. Ferner kann sich ein deutscher Gläubiger einer Forderung, die in fremder Währung zu begleichen ist (echte Fremdwährungsforderung), durch eine Wertsicherungsklausel schützen, ohne gegen § 3 Währungsgesetz zu verstoßen.[262]

c) Außervertragliche Mechanismen gegen Währungsrisiken

Während die oben dargestellten Instrumente zur Absicherung gegen Währungsrisiken in den betreffenden Vertrag eingebaut werden, gibt es daneben auch außervertragliche (sog. wirtschaftliche) Möglichkeiten, die Risiken zu kontrollieren und einzuschränken. Diese sollen hier nur kurz erwähnt werden, da sie eigentlich nicht zur Vertragsgestaltung gehören.

---

259 *Braun*, aaO (Fn. 253), S. 58; *Horn*, Recht der internationalen Anleihen, Frankfurt a.M. 1972, S. 267 ff.
260 Zu ihrer Ermittlung aus diversen Währungen vgl. *Hahn*, in: FS Bärmann (1975) S. 395, 418.
261 Sie wurde 1999 durch den Euro abgelöst.
262 Näheres zum Problem der Anwendung des Währungsgesetzes auf Außenhandelsgeschäfte bei *Graf von Westphalen*, Rechtsprobleme der Exportfinanzierung, 3. Aufl. 1987, S. 110 ff.

aa) Devisentermingeschäfte

Der deutsche Unternehmer, der z.B. einen Betrag in US-Dollar zu einem bestimmten Termin erwartet, kann diesen an eine Bank im voraus zu einem durch Vereinbarung festgelegten Kurs verkaufen. Die Bank sollte dafür Gegenpositionen aufbauen, indem sie entsprechende Termingeschäfte mit Kunden abschließt, die in Zukunft Dollarbeträge brauchen. Natürlich berechnet die Bank für die übernommenen Risiken und ihre Tätigkeit auch Gebühren, die umso höher sind, je stärker die betreffende Währung fluktuiert.

bb) Devisenoptionen

Hierbei erwirbt zum Beispiel ein deutscher Exporteur, der eine Zahlung in US-$ zu einem bestimmten Termin erwartet, gegen Zahlung einer Prämie das Recht, einer Bank zu einem bestimmten Kurs diesen Betrag zu verkaufen (*„put option"*; im entgegengesetzten Fall spricht man von *„call option"*). Diese Option wird beschränkt auf einen bestimmten Zeitraum. Ist der Dollarkurs bis dahin unter den vereinbarten Kurs gesunken, so wird der Exporteur von der Option Gebrauch machen, im umgekehrten Fall nicht. Auch hier wird die Bank Gegenpositionen aufbauen. Im Vergleich zu aa) ist diese Gestaltung für den Kunden der Bank günstiger, weil er nicht verpflichtet ist zu einem bestimmten Zeitpunkt den Dollarbetrag zu verkaufen, sondern sich je nach Kurslage flexibel verhalten kann. Allerdings sind nach den heftigen Schwankungen bei US-$ und Euro in den letzten Jahren die Prämien für Devisenoptionen gestiegen. Auch werden Optionen normalerweise erst ab einem bestimmten Betrag angeboten, so dass der größte Teil der Kurssicherungsgeschäfte noch immer bei klassischen Devisentermingeschäften liegt.

cc) Theoretisch können auch **Währungsswaps** (Währungstauschgeschäfte) für solche Zwecke eingesetzt werden. Sie werden aber seltener von Parteien in Liefergeschäften verwendet, sondern mehr im Zusammenhang mit Anleihegeschäften, und sind inzwischen ein Routinegeschäft mit standardisierten Vertragsbedingungen.

dd) Schließlich gibt es auch **staatliche Wechselkursgarantien** und -bürgschaften. Wegen hoher Gebühren und hoher Schwellen für das zu übernehmende Eigenrisiko des Unternehmers finden sie – jedenfalls in Deutschland – wenig Anklang in der Praxis.[263]

---

[263] *Mürmann*, in: *Horn* (Hrsg.) Monetäre Probleme ..., 1976, S. 53 (60 f). Beim Airbus-Projekt hatte die BRD zugunsten deutscher Hersteller eine solche Garantie übernommen.

Bei dramatischer Verteuerung der Währung des Exportlandes leidet dessen Exportwirtschaft. In diesem Fall greift nicht selten der betreffende Staat bzw. seine Nationalbank ein. Die geschah zum Beispiel 2011 im Fall der Schweizer Franken, der durch die Schwäche von Euro und US-$ sowie durch Spekulationsgeschäfte stark aufgewertet wurde. Daraufhin beschloss die Schweizer Nationalbank im August 2011, den Kurs an den Euro zu koppeln, d.h. den Franken auf einen bestimmten Euro-Kurs[264] „einzufrieren".

Praxis-Tipps
Währungsklauseln legen die Währung(en) für finanzielle Verpflichtungen im Vertrag fest. Sie werden oft zäh ausgehandelt, weil die Parteien gegenläufige Interessen hinsichtlich der Risiken und möglicher Vor- und Nachteile haben.
   Bei einfachen Währungsklauseln wird die Geldschuld nur in einer Währung ausgedrückt, bei kombinierten Währungsklauseln in zwei oder mehr Währungen, wobei auch bestimmte Wechselkurse festgelegt werden können. Bei Währungsoptionsklauseln wird dem Gläubiger ein Recht eingeräumt, die Geldleistung nach seiner Wahl in verschiedenen Währungen oder an verschiedenen Orten zu fordern.
   Bei längerfristig in der Zukunft zu erfüllenden Geldschulden in fremder Währung sollten die Möglichkeiten von sog. Kurssicherungsgeschäften (z.B. Devisentermingeschäften) immer in Betracht gezogen werden.

---

3. Zahlungsklauseln

In engem Zusammenhang mit Währungsklauseln stehen in internationalen Verträgen meist die Zahlungsklauseln. Trotz dieser äußerlichen Verknüpfung verfolgen sie jedoch andere **Zwecke**. Es geht primär darum, exakt festzulegen, welche Beträge zu welchen Zeitpunkten und unter welchen Modalitäten (z.B. Zahlstellen, Vorlage von Dokumenten) gezahlt werden müssen. Dabei spielt die Sicherung der Gegenseitigkeit, also des Austauschs von Sachleistung und Zahlung bzw. Teilleistung und Teilzahlung eine entscheidende Rolle. Bewährte Instrumente dafür sind das Dokumentenakkreditiv und das Dokumenteninkasso (s. dazu u. Abschn. V.). Bei sich länger hinziehenden Verträgen mit gestreckter Ausführungsphase und komplizierten Leistungen haben die Zahlungsklauseln die Funktion, einen kontinuierlichen Zahlungsfluss zu organisieren, der dem Auftragnehmer bzw. Verkäufer die finanziellen Lasten und Risiken der umfangreichen Ausführung erleichtert, andererseits aber auch mit der Wertschöpfung zugunsten des Auftraggebers Schritt hält.
   Für eine **Kombination verschiedener Zahlungsmodalitäten**, die als „durchaus üblich" bezeichnet wird, gibt *Graf von Westphalen*[265] das folgende Beispiel:

---

264 In diesem Fall (bis Jan. 2013) 1 €: 1,20 SFR.
265 Rechtsprobleme der Exportfinanzierung, 3. Aufl., 1987, S. 175.

„10% Anzahlung, zahlbar innerhalb von 15 Tagen nach Unterzeichnung/Inkrafttreten des Vertrages;

10% zahlbar pro rata aus einem unwiderruflichen, von einer erstklassigen deutschen Bank bestätigten Akkreditiv gegen Vorlage folgender Dokumente...;

80% in zehn gleichen, in Solawechseln verbrieften Halbjahresraten, beginnend mit Abnahme der Maschine/Anlage, spätestens jedoch 24 Monate nach Unterzeichnung/Inkrafttreten des Vertrages, sofern Umstände eine Verzögerung der Abnahme der Maschine/Anlage zur Folge haben, die der Verkäufer nicht zu vertreten hat."

Die entsprechenden Bestimmungen in einem Muster-Industrieanlagen-Vertrag der UNIDO[266] zeigen ein hoch differenziertes System, bei dem Preisbestimmung, Zahlungsmodalitäten und Währungsangaben miteinander verknüpft sind. Der Preis setzt sich gemäß cl. 20.1 aus festen und variablen Komponenten zusammen. Für bestimmte Leistungen sind Einzelpreise angegeben.[267] Für diese sind dann jeweils besondere Zahlungsklauseln vereinbart, die wiederum bis zu 5 Zahlungsabschnitte vorsehen, wobei ein Abschnitt noch mehrere Raten umfassen kann. So sind z.B. in cl. 10.12.3 monatliche Raten für Tiefbauarbeiten vorgesehen. Für dieses Großprojekt einer Industrieanlage wird dem Auftragnehmer (*contractor*) also nicht die Vorfinanzierung zugemutet, sondern er erhält sogar bestimmte Quoten als Vorauszahlungen, und im Übrigen soll eine kontinuierliche finanzielle Abwicklung nach dem Fortschritt der Erstellung der Anlage stattfinden. Am Schluss sind auch Bonusse für Beschleunigung der Ausführung vorgesehen.

Praxis-Tipp

Zahlungsklauseln legen fest, welche Beträge zu welchen Zeitpunkten und unter welchen Modalitäten (z.B. Zahlstellen, Wechsel, Vorlage von Dokumenten) gezahlt werden müssen. Dabei spielt die Gegenseitigkeit, also der Austausch von Sachleistung und Zahlung bzw. Teilleistung und Teilzahlung eine entscheidende Rolle. Bei Langzeitverträgen haben die Zahlungsklauseln auch die Funktion, durch eine Vorauszahlung dem Auftragnehmer die Finanzierung der Vorarbeiten und des Projektbeginns zu sichern sowie einen kontinuierlichen Zahlungsfluss zu organisieren, der dem Auftragnehmer einerseits die finanziellen Lasten und Risiken erleichtert, andererseits mit der Wertschöpfung Schritt hält.

Schrifttum zu I. und II.

Braun, W., Monetärrechtliche Probleme vertraglicher Geldwertsicherung im grenzüberschreitenden Wirtschaftsverkehr unter besonderer Darstellung der Wertsicherung der Young-Anleihe, Stuttgart 1979.
ders., Vertragliche Geldwertsicherung im grenzüberschreitenden Wirtschaftsverkehr, Berlin 1982.

---

266 UNIDO Model Form of Turnkey Lump Sum Contract for the Construction of a Fertilizer Plant ..., überarbeitete Ausgabe 1983, Verlag UNIDO, 298 S.
267 Cls. 20.1.2 bis 20.9.

Grothe, Fremdwährungsverbindlichkeiten, Berlin 1999.
Gruber, Geldwertschwankungen und handelsrechtliche Verträge in Deutschland, Berlin 2002.
Gutteridge/Megrah's Law of Bankers' Commercial Credits, 8th ed. by *Richard King,* London 2001.
Horn (Hrsg.), Monetäre Probleme im internationalen Handel und Kapitalverkehr, Baden-Baden 1976.
Martiny, in Reithmann/Martiny, Internationales Vertragsrecht, 7. Aufl. Köln 2010, Rn. 333f, 364, 971ff.
Zahn/Ehrlich/Haas, Zahlung und Zahlungssicherung im Außenhandel, 8. Aufl. Berlin 2009.
Zehetner, Geldwertklauseln im grenzüberschreitenden Wirtschaftsverkehr, Tübingen 1976.

III. Sicherheiten

1. Sicherheitsleistung nach deutschem Zivilrecht

Im deutschen Zivilrecht wird der Begriff „Sicherheitsleistung" in erster Linie durch die allgemeinen Vorschriften in **§§ 232–240 BGB** konkretisiert. Einzelne Formen der Sicherheitsleistung sind in den Rechtsnormen über Bürgschaft, Grundpfandrechte, Eigentumsvorbehalt oder (gewohnheitsrechtlich und § 216 Abs. 2 BGB) Sicherungsübereignung geregelt. Im Rechtsverkehr haben Sicherheiten eine große Bedeutung, vor allem natürlich in der Kreditwirtschaft, aber auch im Warenhandel und in der Zwangsvollstreckung. § 232 BGB zählt mögliche Arten der Sicherheitsleistung auf: Hinterlegung von Geld oder Wertpapieren, Verpfändung von Forderungen oder beweglichen Sachen, Grundpfandrechte, Bürgschaft und einige mehr. Wichtige Formen für den innerstaatlichen Wirtschaftsverkehr, wie Sicherungsübereignung und Sicherungszession, werden dort aber nicht erwähnt. Es fehlt erst recht eine Berücksichtigung der besonderen Bedürfnisse und Interessenlagen im Zusammenhang mit internationalen Wirtschaftsbeziehungen.

2. Zur Interessenlage im internationalen Handels- und Wirtschaftsverkehr

Im internationalen Handel und sonstigen internationalen Wirtschaftsbeziehungen spielen die meisten der in § 232 BGB genannten Formen der Sicherheitsleistung keine Rolle. Das Gleiche gilt für die Sicherungszession und die Sicherungsübereignung. Die Gründe dafür sind unterschiedlich: Teilweise liegen sie darin, dass es sich um spezifisch deutsche Rechtsinstitute handelt, die in vielen ausländischen Rechten entweder unbekannt oder wenig entwickelt sind. Andererseits sind Grundpfandrechte für den internationalen Handel zu umständlich, vor allem auch hinsichtlich ihrer Verwertung, und sie sind außerdem sehr stark an das jeweilige nationale Recht des Lageorts gekettet. Die Stellung von Privatpersonen als Bürgen ist meist zu unsicher, und die Dimensionen der Wirtschaftstransaktionen überschreiten in der Regel die Leistungsfähigkeit natürlicher Personen. Bankbürgschaften sind eher denkbar, spielen aber im Außenhandel kaum eine Rolle.[268] Ein ernstes Hindernis in diesem Zusammenhang ist auch die Akzessorietät der Bürgschaft.

Sicherheitsleistung ist stets ein Mittel zur Vorbeugung oder Abwendung von Gefahren künftiger Rechtsverletzungen oder wirtschaftlicher Ausfälle seitens eines Schuldners oder zur Abwehr sonstiger Nachteile für den Gläubiger. Solche Gefahren können sich auf beiden Seiten einer internationalen Vertragsbeziehung ergeben. Stellt man sich beispielsweise einen internationalen Kaufvertrag vor, so hat der Käufer ein Interesse, sich dagegen zu sichern, dass der Verkäufer seine Liefer- oder Gewährleistungspflichten nicht erfüllt, während der Verkäufer eine Interesse daran hat, sich gegen die Risiken der Nichtzahlung, des Zahlungsverzug oder der Nichtabnahme zu sichern. Möglich ist, das gleiche rechtliche Instrumentarium sowohl zur Sicherung des Käufers als auch des Verkäufers zu verwenden. Das **Dokumentenakkreditiv** sichert im Grunde beide Vertragsparteien gegen Störungen im Austausch der Leistungen.[269] Häufig sind die Sicherungsformen aber auf beiden Seiten unterschiedlich. Die Absicherung gegen spezifische wirtschaftliche und politische Risiken der Verkäufer, Werkunternehmer oder der Auftragnehmer komplexer Verträge bieten die verschiedenen Formen der **Exportkreditversicherung**.[270] Für die Sicherung der Interessen der Käufer, Werkbesteller und sonstigen Auftraggeber (z.B. den Auftraggeber eines Industrieanlagenvertrages) hat sich dagegen ein besonderes Instrumentarium von Sicherungsformen entwickelt. Hierzu gehören vor allem die Garantien, häufig in der Form der **Bankgarantie.** An sich stehen diese Instrumente beiden Vertragsseiten zur Verfügung, doch haben die Auftraggeber bzw. Käufer häufiger bei den Verhandlungen die stärkere Position, so dass sie in der Lage sind, ihre Sicherungsinteressen eher durchzusetzen, während Interessen der Verkäufer, Werkunternehmer etc. an „Gegengarantien" seltener bedient werden.

3. Überblick über typische und atypische Sicherungsformen im internationalen Bereich

a) Alte Sicherungsformen
Ursprünglich gab es für die Sicherheitsleistung durch einen Verkäufer, Werkunternehmer oder sonstigen Auftragnehmer – also der Vertragspartei, die i.d.R. die Sachleistungen und u.U. auch Dienstleistungen erbringt – vor allem zwei Formen, das **Bardepot** und den Depot- oder Kautionswechsel. Das erste war praktisch eine Hinterlegung von Geld (oder Wertpapieren oder beidem) bei einer für den Sicherungs-

---

[268] Die sog. HERMES-Bürgschaften des Staates im Rahmen der Exportkreditversicherung sind Sonderformen sui generis.
[269] S. dazu näher u. Abschn. IV.
[270] Vgl. u. § 17 I.

nehmer leicht zugänglichen Stelle, zum Beispiel einer Bank in seinem Land. Im Sicherungsfall konnte man auf das Depot zugreifen. Der **Depot- oder Kautionswechsel** war in der Regel ein auf eine Bank des Sicherungsgebers gezogener Wechsel, für den die Bank bei Einlösung das Konto des Sicherungsgebers belastete. Trat der Sicherungsfall nicht ein, legte der Sicherungsnehmer den Wechsel nicht zur Zahlung vor, sondern gab ihn zurück.

Beide Formen sind relativ aufwendig und kostenintensiv; beim Wechsel fallen u.U. noch Wechselsteuern an. Vor allem blockieren sie Kapital des Sicherungsgebers, und zwar möglicherweise auf längere Zeit, etwa für die Dauer der Gewährleistungsfrist bei einem Werkvertrag. Am deutlichsten ist die liquiditätsbeschränkende Wirkung beim Bardepot; es gilt heute als archaische Sicherungsform. Hinzu kommen auch Devisenbarrieren,[271] die diese Sicherung bzw. ihre Rückführung erschweren.

b) Bankgarantien

Deshalb suchte man nach anderen, eleganteren und zugleich effektiven Sicherungsformen. Die internationale Praxis entwickelte die sog. Bankgarantien, die aber nicht unbedingt von einer Bank, sondern zum Beispiel auch von einer Versicherungsgesellschaft gestellt werden können. Die ICC sprach deshalb von „Vertragsgarantien"[272]. In den USA heißt das funktionsgleiche Instrument *standby letter of credit*, also wörtlich übersetzt „Bereitschafts-Akkreditiv".[273] Der Grund für diese Terminologie liegt in der – inzwischen gelockerten – US-Vorschrift, dass Banken keine Garantieverträge eingehen dürfen. Wegen ihrer enormen Bedeutung für den internationalen Handels- und Wirtschaftsverkehr werden die Bankgarantien in einem bsonderen Abschnitt (u. IV.) behandelt.

Andere von der Praxis entwickelte Instrumente sind „Patronatserklärungen". In begrenztem Umfang spielt auch der Eigentumsvorbehalt als Sicherungsmittel im Außenhandel eine Rolle.

In den folgenden Abschnitten sollen die beiden zuletzt genannten Sicherungsformen etwas näher untersucht werden. Beginnen wir mit dem alten „Klassiker" der Sicherung eines Warenlieferanten.

---

271 Das Devisenrecht der betreffenden Staaten kann z.B. das Bardepot im Exportland oder seinen Rücktransfer blockieren.
272 Vgl. ICC Publ. Nr. 325: Einheitl. Richtlinien für Vertragsgarantien (ERV) v. 1978, die sich aber in der Praxis nicht durchgesetzt haben; s. jetzt ICC, Uniform Rules for Demand Guarantees 2009 (u. § 12 IV.4. Fn. 310).
273 Tatsächlich ist die Bankgarantie wohl eine Weiterentwicklung des Akkreditivs und hat ähnliche Vertragsstrukturen.

c) Eigentumsvorbehalt

Der Eigentumsvorbehalt als Sicherungsmittel ist zwar außer im deutschen Recht auch in einer Reihe anderer Rechtsordnungen bekannt, jedoch in sehr **unterschiedlichen Ausgestaltungen**.[274] So ist in Italien die Einhaltung einer bestimmten Form erforderlich, damit der Eigentumsvorbehalt absolute Wirkung entfalten kann.[275] Ähnlich ist es in Spanien. Nach anderen Rechtsordnungen ist die Wirkung im Konkurs des Sicherungsgebers eingeschränkt.[276] Nach englischem Recht hat die *„retention of title"* ohne Registrierung keine absolute Wirkung.[277] Große Unterschiede bestehen vor allem in der Beurteilung der „Verlängerungen" und „Erweiterungen" des Eigentumsvorbehalts.[278] Will ein deutscher Verkäufer Ware unter Eigentumsvorbehalt ins Ausland liefern, so ist bei der Vereinbarung des Eigentumsvorbehalts die Einhaltung der relativ geringen Anforderungen des deutschen Rechts in der Regel nicht ausreichend, sondern es muss auch die Rechtslage nach dem Recht desjenigen Landes berücksichtigt werden, in das die Ware geliefert werden soll, weil nach den Kollisionsnormen fast aller Staaten der Grundsatz der *lex rei sitae* (Recht des Lageortes) gilt. Da der Eigentumsvorbehalt regelmäßig seine Wirkung gerade dann entfalten soll, wenn sich die Ware bereits im Bestimmungsland befindet, müssten also auch die Anforderungen dieser Rechtsordnung – sofern sie überhaupt den Vorbehalt mit absoluter Wirkung anerkennt – erfüllt sein. Auch dann ist der Verkäufer gegen Beeinträchtigung seines Rechts in *Transitländern* nicht ohne weiteres gesichert. Bei der „Verlängerung" des Eigentumsvorbehalts durch Sicherungsabtretung müssen wiederum die Rechtsordnungen herangezogen werden, denen die abzutretenden Forderungen unterliegen; folglich müsste die Gültigkeit nach jeweils wechselnden Rechtsordnungen beurteilt werden.[279] Fest steht, dass die im deutschen Recht relativ großzügig behandelten **Verlängerungen** (Voraus-Sicherungsabtretung) und **Erweiterungen** (z.B. Verarbeitungsklausel) in den meisten ausländischen Rechtsordnungen so nicht anerkannt werden.[280] Deshalb ist der Eigentumsvorbehalt im Außenhandel zwar nicht völlig unüblich, aber nur von sehr

---

274 Vgl. *H.G. Graf Lambsdorff*, Handbuch d. Eigentumsvorbehalts im deutsch. u. ausl. Recht, Frankfurt a.M., 1974, S. 327 ff; *Martina Schulz*, Der Eigentumsvorbehalt in europäischen Rechtsordnungen, Frankfurt a.M. 1998.
275 Artt. 1524, 2704 ital.Cc; *Bodenstein/Jahn*, Kreditsicherung im Geschäftsverkehr mit dem Ausland, Bd. 2 Italien, Köln 1980, S. 145 ff.
276 *Graf Lambsdorff*, aaO (Fn. 274), S. 360 f; *Schulz*, aaO (Fn. 274) S. 95 ff. In Frankreich muss der Eigentumsvorbehalt, um im Konkurs gegenüber Dritten wirksam zu sein, schriftlich vereinbart sein (Art. L 624–16 Code de Commerce i.d.F. der Reform von 2008).
277 *Schulz*, aaO (Fn. 274), S. 108.
278 S. zu Frankreich *Schulz*, aaO (Fn. 274), S. 178 ff; *Wilhelm*, ZEuP 2009, 152 f.
279 *Graf von Westphalen*, Rechtsprobleme der Exportfinanzierung, 3. Aufl., S. 382 f.
280 *Graf von Westphalen*, aaO (Fn. 279), S. 380; Übersichten bei *Graf Lambsdorff*, aaO (Fn. 274), S. 327–400; zu Frankreich *Wilhelm*, aaO (Fn. 278) 165.

begrenztem Wert.[281] Eigentumsvorbehaltsklauseln, die sowohl den Weiterverkauf als auch die Verarbeitung des Vorbehaltsguts verbieten, sind für kommezielle Käufer wirtschaftlich wenig sinnvoll.

Schrifttum zu 3.c) (Eigentumsvorbehalt)

Brinkmann, M., Kreditsicherheiten an beweglichen Sachen und Forderungen, Tübingen 2011, insbes. S. 176–224.
Bürgers, Epstein, French, Jitta, Novo, Seassaro, Sommer, in: Case Study Retention of Title, Keeping title until you are paid, European Counsel, Sept. 1996, pp. 35–44.
Kieninger (Hrsg.), Security Rights in Movable Property in European Private Law, Cambridge 2004.
Lehr, Eigentumsvorbehalt als Sicherungsmittel im Exportgeschäft, RIW 2000, 747 ff.
Schulz, Martina, Der Eigentumsvorbehalt in europäischen Rechtsordnungen, Frankfurt a.M. 1998.
Wilhelm, C., Das neue französische Mobiliarkreditsicherungsrecht, ZEuP 2009, 152 ff.

d) Patronatserklärungen

Unter dem Begriff „Patronatserklärungen" wird eine breite Skala verschiedenartiger Erklärungen zusammengefasst, die in der Praxis verwendet werden, um die Kreditwilligkeit einer Person gegenüber einem Dritten positiv zu beeinflussen.[282] In der englischen Rechtsterminologie spricht man von *„comfort letters"*, was man aber keinesfalls mit „Trostbriefe" übersetzen darf. Gemeinsam ist ihnen, dass der Erklärende („Patron") eine Aussage über eine besondere Beziehung zu dem Dritten („Klient" oder „Patronierter") macht, die bei dem Erklärungsempfänger („Adressat") einen günstigen Eindruck über die Kreditwürdigkeit des Klienten hervorrufen soll, ohne dass jedoch der Patron eine der typisierten Sicherheiten (z.B. Bürgschaft, Schuldbeitritt) gibt. Häufig ist der Patron eine Muttergesellschaft und der Klient eine ihrer Tochtergesellschaften. Patronatserklärungen werden selten bei Exportverträgen gegenüber dem Vertragspartner verwendet[283], eher schon zur Beeinflussung von Kreditentscheidungen von Banken.

aa) Erklärungsgegner

Die Erklärung kann sowohl gegenüber dem Klienten als auch gegenüber dem potentiellen Gläubiger abgegeben werden. Im ersten Fall spricht man von „interner" im zweiten Fall von „externer Patronatserklärung". Gelegentlich werden solche Erklärungen auch an die Allgemeinheit (*ad incertas personas*) abgegeben, z.B. auf einer

---

281 Vgl. dazu *Bürgers*, u.a., in: Case Study Retention of Title, European Counsel, Sept. 1996, pp. 35 ff mit Länderberichten, Checkliste und Klauselvorschlägen.
282 S. allgemein *Jens Koch*, Die Patronatserklärung, Tübingen 2005.
283 *Graf von Westphalen*, aaO (Fn. 279), S. 385.

Pressekonferenz. Dann macht allerdings im Fall einer „harten" Erklärung die Begründung eines eventuellen Vertragsverhältnisses Schwierigkeiten.[284]

bb) Erklärungstypen

Das Spektrum der entsprechenden Aussagen der Patrone ist breit. Eine sehr einfache und schwache Variante ist die sog. **Kenntnisnahme-Erklärung**, z.B.

> „Wir, die Muttergesellschaft M-AG, haben von der Kreditaufnahme unserer Tochtergesellschaft T-GmbH bei Ihnen in Höhe von € 100.000,– Kenntnis genommen."[285]

Etwas weiter geht schon folgende Fassung:

> „Wir, die M-GmbH in ..., sind mehrheitlich an der T-GmbH in ... beteiligt. Wir bestätigen hiermit die Kenntnisnahme davon, dass die G-AG mit der T-GmbH einen Vertrag vom 27.2.2013 über die Lieferung von Kleidung in Höhe von EUR 100.000,– zzgl. gesetzlicher Mehrwertsteuer geschlossen hat. Wir sind als Konzern-Mutterunternehmen mit dem Abschluss des vorbezeichneten Vertrages durch die Konzerngesellschaft einverstanden. Auf Verlangen werden wir die Konzerngesellschaft zur ordnungsgemäßen Ausführung des Vertrages anhalten und unsere im Rahmen des Gesellschaftsrechts zulässigen Einflussmöglichkeiten auf die Geschäftsführung des Konzerngesellschaft in dem Sinne ausüben, dass die Konzerngesellschaft in der Weise geleitet wird, dass sie allen ihren Verbindlichkeiten aus dem obengenannten Vertrag fristgemäß nachkommt. Diese Verpflichtung endet mit ......, spätestens jedoch am 31.12.2013. Diese Urkunde ist innerhalb von fünf Werktagen danach an uns zurückzugeben.
> Es gilt das Recht der Bundesrepublik Deutschland. Gerichtsstand ist Frankfurt am Main (Deutschland)."

Hier wird die Kenntnisnahme- schon mit einer **Einflussnahme-Klausel** verbunden, aber auch insofern ist die Formulierung noch zurückhaltend. Außerdem ist die Erklärung befristet. (S. dazu auch Muster im Anhang Nr. 7.)

Eine deutlich weitergehende Formulierung findet sich in folgender Patronatserklärung:[286]

> „Wir, die M-AG, haben zustimmend davon Kenntnis genommen, dass unsere Tochtergesellschaft T-GmbH mit Ihnen in Geschäftsverbindung steht. (...) Sie ist ein hundertprozentiges Tochterunternehmen unserer Firma. (...) Solange die obengenannte Geschäftsverbindung mit Ihnen besteht bzw. Sie allfällige Forderungen hieraus gegen unsere Tochtergesellschaft haben, werden wir die Beteiligung in unveränderter Höhe aufrechterhalten. Sollten wir eine Änderung in Erwägung ziehen, werden wir uns rechtzeitig mit Ihnen in Verbindung setzen und mit Ihnen einvernehmlich vorgehen. Im übrigen übernehmen wir hiermit Ihnen gegenüber unwiderruf-

---

284 Vgl. dazu *Allstadt-Schmitz* aaO (Schrifttum S. 137), Rn. IV 685 ff.
285 Zitiert aus *Gerth*, Atypische Sicherheiten, 2. Aufl. S. 31, 37 ff.
286 Gekürzte und leicht angepasste Fassung aus BGH NJW 1992, 2093.

lich die uneingeschränkte Verpflichtung, auf unsere Tochtergesellschaft in der Zeit, in der sie den bei Ihnen in Anspruch genommenen Kredit (...) nicht vollständig zurückgezahlt hat, in der Weise Einfluss zu nehmen und sie finanziell so auszustatten, dass sie stets in der Lage ist, ihren gegenwärtigen und künftigen Verbindlichkeiten Ihnen gegenüber fristgemäß nachzukommen.

Diese Erklärung unterliegt österreichischem Recht."

Hier wird also die Kenntnisnahme und Einflussnahme ergänzt durch eine **„Ausstattungsklausel"**.

Eine Ausstattungsklausel mit Erweiterung lag einer Entscheidung des BFH aus dem Jahr 2006[287] zugrunde:

„Wir verpflichten uns, unsere Tochtergesellschaft „X", ..., finanziell so ausgestattet zu halten, dass diese ihren Verpflichtungen gegenüber Dritten in vollem Umfang pünktlich nachkommen kann. Wir verpflichten uns weiterhin, unsere Darlehensforderung gegen „X", ..., solange und in vollem Umfang nicht geltend zu machen, als diese Gesellschaft überschuldet ist."

Ein Muster einer „harten Patronatserklärung steht im Anhang Nr. 8.

cc) Zivilrechtliche Beurteilung

Für die rechtliche Beurteilung ist der jeweilige Wortlaut der Erklärung und deren Auslegung entscheidend;[288] der Begriff „Patronatserklärung" als solcher hat noch keine bestimmten rechtlichen Wirkungen. Rechtlich unverbindliche Fassungen werden salopp als **„weiche"**, rechtlich verbindliche als **„harte" Patronatserklärungen** bezeichnet. Die Abgrenzung zwischen beiden Gruppen ist jedoch nicht ganz scharf. In § 1 Abs. 2 der Großkredit- und Millionenkredit-VO vom 14.12.2006 (BGBl I 3065) ist vom Verordnungsgeber ein Definitionsversuch unternommen worden. Er ist aber so eng, dass er eigentlich nur für den Begriff im Rahmen der Verordnung taugt, nicht dagegen als Sammelbezeichnung für die oben beschriebenen Phänomene. Dogmatisch ist eine externe harte Patronatserklärung nach ihrer Annahme durch den Adressaten als einseitig verpflichtender unechter Vertrag zugunsten Dritter anzusehen.

Das oben an erster Stelle genannte Beispiel einer „Kenntnisnahme-Klausel" ist eindeutig eine weiche Patronatserklärung. Die Muttergesellschaft teilt nur eine Tatsache mit, bringt aber in keiner Weise zum Ausdruck, dass sie eine eigene Verpflichtung eingehen will. Auch die Verknüpfung mit der „Einflussnahme-Klausel" im

---

[287] BFH BStBl 2007 II 384. Vgl. zu dieser Entscheidung auch u. dd) zu Fn. 298.
[288] BGH 25.11.1991 – III ZR 199/90; konkreter dagegen BGH NJW 1992, 2093 zu einer harten Patronatserklärung.

zitierten zweiten Text begründet noch keine rechtliche Verpflichtung der Patronin; die Erklärung bleibt „weich".

Die sog. **Vertrauensklausel** (z.B. „T ist eine hundertprozentige Tochtergesellschaft von uns. Ihre Geschäftsleitung genießt unser uneingeschränktes Vertrauen ...") wird in der Regel dahin ausgelegt, dass durch das beiderseitige Verhalten der Beteiligten ein stillschweigender Auskunftsvertrag zwischen dem Erklärenden und dem Erklärungsempfänger zustande kommt.[289] Danach haftet der Patron, also die Muttergesellschaft, aber nur für die Vollständigkeit und Richtigkeit ihrer Auskunft. Ob sich aus dem Vertrag eine Verpflichtung der Muttergesellschaft ergibt, bei späteren Änderungen hinsichtlich der Beteiligung und des Vertrauens ihre Auskunft zu berichtigen, ist umstritten.[290] Jedenfalls übernimmt die Mutter damit keine Haftung für die Rückzahlung des Kredits. Auch diese Variante ist deshalb, obwohl sie rechtlich nicht völlig irrelevant ist, als „weiche" Patronatserklärung anzusehen.

Auch eine Erklärung vom Typ „**Verbindlichkeits-Klausel**"[291] begründet keine Verpflichtung für die Zukunft. Sie teilt nur eine Tatsache über ein früheres Verhalten mit, nämlich dass die Muttergesellschaft mit Rücksicht auf ihr Ansehen und das ihrer Tochtergesellschaft deren Verbindlichkeiten stets wie eigene Verbindlichkeiten betrachtet habe. Mit dem Hinweis auf das Ansehen wird eine Kategorie der Geschäftsmoral und des *goodwill* ins Spiel gebracht; auf dieser Basis soll Vertrauen erzeugt werden. Das ist ein sensibler Bereich, aber eben leider nicht für alle Mitspieler, und keine ausreichende rechtliche Haftungsgrundlage für Schulden der Klientin.

Erst die an letzter Stelle (zu Fn. 287) zitierte Klausel hinsichtlich der **Liquiditätsausstattung** wird man als **harte Patronatserklärung** qualifizieren können, denn sie wird in der Literatur fast einhellig als vertragliche Verpflichtung der Muttergesellschaft ausgelegt, die Tochter mit ausreichenden Finanzmitteln auszustatten, dass sie ihre Verpflichtungen aus der Kreditaufnahme erfüllen kann.[292] Ein Muster einer anderen harten Patronatserklärung findet sich im Anhang Nr. 8. Der Patron muss aber im Fall einer Kreditgewährung nicht an den Kreditgeber selbst zurückzahlen, sondern schuldet (neben der Pflicht zur **hinreichenden Ausstattung** der Tochter) dem Kreditgeber bei Ausfall der Tochter **Schadensersatz**.[293] Ein Beispiel für eine harte Patronatserklärung, bei der zwischen Patron und Klientin keine ge-

---

289 *Graf von Westphalen*, aaO (Fn. 279) S. 387 f; *Schaffland*, BB 1977, 1021 (1024).
290 Dafür *Graf von Westphalen*, aaO (Fn. 279) S. 388; dagegen *Obermüller*, ZGR 1975, 1 (6).
291 Vgl. *Graf von Westphalen*, aaO (Fn. 279) 388. Der Wortlaut könnte z.B. folgender sein: „Mit Rücksicht auf unseren geschäftlichen Ruf und den unserer Tochtergesellschaft haben wir deren Verbindlichkeiten stets wie eigene Verbindlichkeiten betrachtet."
292 *Graf von Westphalen*, aaO (Fn. 279), S. 393; *Schaffland*, aaO (Fn. 289), 1022f; *Obermüller*, aaO (Fn. 290) S. 25; *Möser*, DB 1979, 1469 (1471).
293 OLG Naumburg 13.1.2000, OLGR 2000, 407; OLG München ZIP 2004, 2102.

sellschaftsrechtliche Verbindung bestand, bietet ein 2012 entschiedener Fall des OLG Frankfurt a.M.[294] In der Insolvenz der Klientin haftet der Patron den Gläubigern gemäß **§ 43 InsO** (früher § 68 KO)[295]. Da diese Verpflichtung einer Garantie nahe kommt, wird mit Verweis auf § 251 HGB eine Pflicht, sie *unter* der Bilanz zu vermerken, im Schrifttum überwiegend bejaht[296]; vgl. dazu unten dd).

dd) Bilanzrechtliche Behandlung

Das Thema „Patronatserklärungen" beschäftigt also nicht nur die Juristen und die am Geschäft beteiligten Vertriebs- und Einkaufsspezialisten. Spätestens zum Geschäftsjahresende der Firma, die die Patronatserklärung herausgegeben hat, kommt es immer wieder zu „einem bösen Erwachen": Die herausgelegte Erklärung kann sich in der **Bilanz** niederschlagen (oder jedenfalls in der Rechnungslegung außerhalb der eigentlichen Bilanz) – und das immer wieder ungeplant und von der Finanzabteilung nicht ausreichend im Vorfeld begleitet und beraten. Die Bilanzierung richtet sich bei immer mehr Firmen nach IAS 39.2 (sicherungshalber gegebene Kreditzusagen, z.B. Patronatserklärungen). Je nach Eintrittswahrscheinlichkeit, verlässlicher Schätzung der Höhe und/oder definierbarem Eintrittszeitpunkt richtet sich die Bilanzierung nach IAS 37.11, 37.13 oder 37.14 bzw. F 49 (b).[297]

Die **Rechtsprechung der Finanzgerichte** behandelt Patronatserklärungen sehr differenziert. Nach dem gegenwärtigen Stand müssen „weiche" Erklärungen in der Bilanz nicht dokumentiert werden. „Harte" Patronatserklärungen dagegen sind zwar nicht *in* der Bilanz als Passiva aufzuführen, aber sie müssen nach überwiegender Meinung *unter* der Bilanz als Eventualverbindlichkeit (§§ 251, 268 Abs. 7 HGB) vermerkt werden. Dies wird nun auch vom BFH bestätigt.[298] Die Regel über den Vermerk harter Patronatserklärungen *unter* der Bilanz gilt jedenfalls, solange die Wahrscheinlichkeit der Inanspruchnahme durch den Gläubiger nicht besonders groß ist. Wenn jedoch „die Gefahr einer Inanspruchnahme ernsthaft droht", müssen harte Patronatserklärungen *passiviert*, d.h. *in* der Bilanz bei den Passiva (und zwar unter „Rückstellungen") aufgeführt werden.[299] Das wirft natürlich die Frage auf,

---

294 OLG Frankfurt a.M. 30.10.2012 – 14 U 141/11, BeckRS 2012, 24989.
295 BGH NJW 1992, 2093 (2095).
296 *Graf von Westphalen*, aaO (Fn. 279) S. 394; *Schaffland*, aaO (Fn. 289) 1023; *Rümker*, WM 1974, 990 (991); *Köhler*, WM 1978, 1338 (1346).
297 IAS bedeutet „*International Accounting Standards*"; vgl. z.B. die „*International Financial Reporting Standards" (IFRS)* (= Internationale Bilanzierungs-Standards) einschließlich *International Accounting Standards IAS* und Interpretationen, IDW-Textausgabe, 6. aktual. Aufl. Dez. 2010, Düsseldorf 2011.
298 BFH 25.10.2006, BStBl 2007 II 384, Begründung unter II.2.b).
299 BFH BStBl II 2007, 384. In diesem Fall hatte die Muttergesellschaft eine harte Patronatserklärung in der Form der „Ausstattungs-Klausel" gegeben.

wann diese „ernsthaft drohende" Situation gegeben ist: Der BFH hat dazu immerhin gesagt, wann sie *nicht* anzunehmen ist: Falls die Schuldnerin zwar in der Krise sei, innerhalb des Konzerns aber ein Schwesterunternehmen die erforderlich Liquidität bereitstelle und aufgrund der gesellschaftsrechtlichen Verbundenheit nicht damit zu rechnen sei, dass dieses Schwesterunternehmen die Muttergesellschaft in Anspruch nehmen werde, liege keine ernsthaft drohende Inanspruchnahme der Patronin vor.[300] Eine Liquiditätskrise der Schuldnerin allein genügt dafür also nicht.

ee) Beendigung

Andererseits kann eine Krise der Klientin aber Anlass für den Patron sein, seine Patronatserklärung mit Wirkung für die Zukunft zu **kündigen**. So war es in einem vom BGH im Jahr 2010 entschiedenen Fall.[301] Voraussetzung war aber laut BGH, dass ein entsprechendes Kündigungsrecht zwischen den Parteien *vereinbart* worden war. Dann stehen einer solchen Kündigung keine rechtlichen Bedenken entgegen.[302] Freilich ist eine Patronatserklärung, in der sich der Patron deren Kündigung vorbehält, nicht gerade eine besonders wirksame Sicherung, aber der Adressat kann Gründe haben, sich darauf einzulassen.

Da eine Patronatserklärung auch unbefristet und ohne ausdrückliches Kündigungsrecht gegeben werden kann, stellt sich die Frage, ob dann eine *ordentliche* Kündigung möglich ist. Dies liegt nahe, denn die Rechtsordnung kennt keine unendlichen Dauerschuldverhältnisse. Ein Kündigungsrecht mit Dreimonatsfrist lässt sich analog § 488 Abs. 3 BGB begründen.[303] Problematischer ist dagegen eine *außerordentliche* Kündigung, z.B. wenn sich die Vermögensverhältnisse des Klienten wesentlich verschlechtern. Dies ist umstritten, denn eigentlich soll die harte Patronatserklärung ja den Adressaten gerade dann absichern. *Maier-Reimer/Etzbach* wollen das dennoch aus § 490 BGB herleiten.[304]

e) Credit Default Swaps (CDS)

Bei CDS handelt es sich um ein Sicherungsinstrument aus der Gruppe der außerbörslich gehandelten Kreditderivate (vgl. § 2 Abs. 2 WpHG). Sie sind zeitlich begrenzt und können verwendet werden, um einen Gläubiger gegen bestimmte Kreditrisiken abzusichern oder um „Klumpenrisiken" abzubauen (sog. Kreditdiversifi-

---

300 BFH, aaO (Fn. 299), Gründe zu II.2. b) bb) und 3.a).
301 BGH NJW 2010, 3442.
302 BGH, aaO (Fn. 301) 3443 f.
303 So *Maier-Reimer/Etzbach*, NJW 2011, 1110 (1115) m.w.Nw.
304 NJW 2011, 1110 (1116). Gemeint kann nur eine analoge Anwendung sein. Dagegen z.B. *Allstadt-Schmitz*, aaO (Schrifttum S. 137) Rn. IV 743 m.w.Nw.

kation). Daneben werden sie aber in der Praxis auch zu Spekulationszwecken eingesetzt. Die *International Swaps and Derivates Association (ISDA)* hat standardisierte Rahmenverträge für CDS ausgearbeitet (letzte Fassung von 2009).

f) Atypische Sicherungsformen

Gerth[305] hat neben den Patronatserklärungen noch weitere atypische Erklärungsformen zusammengestellt, die im Einzelfall auch zusätzliche Motivationen für die Kreditbereitschaft eines Gläubigers schaffen sollen, zum Beispiel Liquiditätsgarantien, Negativerklärungen, Abkaufverpflichtungen oder Rangrücktrittserklärungen. Wegen relativ geringer Bedeutung im Außenhandel sollen sie hier nur der Vollständigkeit halber erwähnt werden.

Schrifttum zu 3.d), e) und f)

Allstadt-Schmitz, Patronatserklärung, in: *Ebenroth/Boujong/Joost/Strohn*, HGB, Bd. II, 2. Aufl. München 2009, Bank- und Börsenrecht, Rn. IV 662–743.
Bösch, Derivate – Verstehen, anwenden und bewerten, 2. Aufl. Müchen 2012, insbes. Teile D. und E.
Borelli, S.J., Introduction to Credit Default Swaps, Moody's Credit Quotes, 2009.
Deutsche Bundesbank, Monatsbericht Dez. 2004, S. 43 ff: Credit Default Swaps – Funktionen, Bedeutung und Informationsgehalt.
Gerth, Atypische Sicherheiten, 2. Aufl. 1980.
Hausser/Heeg, Überschuldungsprüfung und Patronatserklärung, ZIP 2010, 1427–1433.
Junggeburth, Interne harte Patronatserklärungen als Mittel zur Insolvenzabwehr, Frankfurt(M) u.a. 2009.
Kieninger, Nationale, europäische und weltweite Reformen des Mobiliarsicherungsrechts – Teile I und II, WM 2005, 2305 ff, 2352 ff.
Koch, Jens, Die Patronatserklärung, Tübingen 2005.
La Corte, Nicola, Die harte Patronatserklärung, Berlin 2006.
Maier-Reimer/Etzbach, Die Patronatserklärung, NJW 2011, 1110–1117.
Merkel/Tetzlaff, Atypische Sicherheiten, in: *Schimansky* u.a. (Hrsg.), Bankrechts-Handbuch, 4. Aufl. München 2011, § 98 Rn. 4 ff.
Wolf, Christian Ulrich, Die Patronatserklärung, Baden-Baden 2005.

IV. Bankgarantien

Bankgarantien sind die wichtigste Entwicklung der internationalen Praxis im Bereich der Sicherheitsleistungen. Sie werden nicht nur von Banken, sondern zum Beispiel auch von Versicherungsunternehmen gegeben. Deshalb wäre der Begriff

---

[305] *Gerth*, Atypische Sicherheiten, 2. Aufl., S. 19 f, 270 ff m.w.Nw.

„Vertragsgarantien", den die ICC geprägt hat, eigentlich vorzuziehen. Er hat sich aber in der internationalen Praxis nicht durchgesetzt. Auch der gelegentlich verwendete Begriff „Außenhandelsgarantien" ist zu eng und wenig gebräuchlich. Im Folgenden wird daher der Terminus „Bankgarantien" beibehalten.[306] Was über diese gesagt wird, gilt entsprechend für *„contract bonds"* als Sicherheiten.

1. Anwendungsbereiche

Bankgarantien sind **vielseitig verwendbar**. Sie können zur Sicherung aller Arten von Verpflichtungen eingesetzt werden. Der Schwerpunkt liegt nicht bei der Sicherung von Geldschulden[307] – hierfür gibt es andere Instrumente wie das Akkreditiv oder das Dokumenteninkasso – sondern bei anderen Verpflichtungen. Die Garantien müssen ferner nicht unbedingt zur Sicherung von Erfüllungsansprüchen dienen, sondern können auch für andere Zwecke gegeben werden.

Die wichtigsten Arten sind:

a) Bietergarantie *(tender guarantee, garantie de soumission, bid bond)*

Hier übernimmt der Garant gegenüber einem Ausschreibenden die Verpflichtung, für die Erfüllung der Verpflichtungen eines Bieters einzustehen, z.B. dass das Gebot nicht vorzeitig zurückgezogen wird oder dass der Bieter nach dem Zuschlag den Vertrag auch unterzeichnet und dass er später die Erfüllungsgarantie beschafft. Gesichert wird in diesem Fall also die Ernsthaftigkeit des Gebots. In der Regel wird eine Garantie zwischen 1% und 5% der Vertragssumme verlangt.

b) Anzahlungsgarantie *(advance payment guarantee, garantie d'acompte o.ä.)*

Bei der Anzahlungs- oder Vorauszahlungsgarantie geht es um die Sicherung eines Auftraggebers für Vorleistungen, die der Auftragnehmer im Falle der Vertragsauflösung zurückzahlen muss. Die Höhe der Garantie entspricht meistens der Höhe der Vorauszahlung.

c) Erfüllungsgarantie *(performance guarantee, garantie de bonne exécution, performance bond)*

Die Erfüllungsgarantie, zum Teil auch unter den Bezeichnungen „Leistungsgarantie" oder „Lieferungsgarantie", dient zur Sicherung von Erfüllungsansprüchen, ins-

---

[306] Was im Folgenden über Bankgarantien gesagt wird, gilt entsprechend auch für Garantien anderer Garanten und für im anglo-amerikanischen Rechtskreis verbreiteten *„contract bonds"*.
[307] Einen solchen seltenen Fall betrifft BGH WM 1985, 684.

besondere also Ansprüchen auf vertragsgerechte Leistungen bzw. Ausführung eines Werkes oder Anlagenprojekts. Sie kann zum Beispiel abgerufen werden, wenn ein Auftragnehmer mit seiner Leistung nicht beginnt oder ein mangelhaftes Werk hergestellt hat, der Auftraggeber ihn zum Ausführungsbeginn bzw. zur Nachbesserung zwingen will oder sich berechtigterweise für Ersatzvornahme entschieden hat. Der Sicherungszweck kann begrenzt sein, z.B. bei einer **„Gewährleistungsgarantie"** beschränkt auf den Fall mangelhafter Leistung. In der Regel beträgt die Garantie 10 bis 15% des Vertragswertes.

Wie bereits oben erwähnt, unterliegen Garantien ebenfalls der Bilanzierung, so dass es auch in diesem Zusammenhang grundsätzlich ratsam ist, den Wortlaut derartiger Dokumente nicht nur eng unter juristischem Blickwinkel zu prüfen, sondern auch die bilanziellen Auswirkungen durch Wirtschaftsprüfer beurteilen zu lassen. Für die Bilanzierung von selbständigen, bedingten Garantien[308] kommt aufgrund des ihnen innewohnenden Versicherungscharakters eine Bewertung nach IFRS 4 (*insurance contracts*) oder IAS 39 (*financial instruments*) in Betracht.[309] Ein entsprechendes Wahlrecht ist im Bilanzierungsrecht anerkannt. Entscheidend für das Wahlrecht ist, wie der Garant in der Vergangenheit derartige rechtliche Instrumente behandelt hat:

a) Hat er sie wie Versicherungsverträge behandelt, dann besteht ein uneingeschränktes Wahlrecht zwischen IFRS 4 und IAS 39;
b) fehlt es daran (so häufig bei Industrie- und Handelsunternehmen), so entfällt das Wahlrecht zu Lasten von IFRS 4 mit der Folge der zwingenden Anwendbarkeit von IAS 39.

2. Beispielfall (direkte Garantie)

Das staatliche nigerianische Unternehmen B bestellt bei dem deutschen Unternehmen U eine komplette Industrieanlage. Im sog. Anlagenvertrag wird Sicherheitsleistung des U für die ordnungsgemäße Erfüllung in Form einer Bankgarantie einer erstklassigen deutschen Bank vereinbart, und zwar mit näher bezeichneten Bedingungen: Garantie auf erstes Anfordern, unwiderruflich, Laufzeit, Höhe etc. U wendet sich an seine Hausbank BayBank AG. Diese ist für eine bestimmte Gebühr bereit, die Garantie zu übernehmen. Darauf kommt folgendes Vertragsgefüge zustande:

---

308 Vgl. dazu u. Abschn. 4.
309 IFRS bedeutet „International Financial Reporting Standards"; IAS bedeutet „International Accounting Standards"; vgl. IDW Textausgabe, 6. aktualis. Aufl. (Stand Dez. 2010), Düsseldorf 2011. Zu den Voraussetzungen des bilanziellen Wahlrechts vgl. *Lüdenbach/Hoffmann*, Haufe IFRS Kommentar, 10. Aufl. Freiburg i.Br. 2012, § 28 Rn. 207; *Sauer* in *Lüdenbach/Hoffmann*, aaO, § 39 Rn. 5ff.

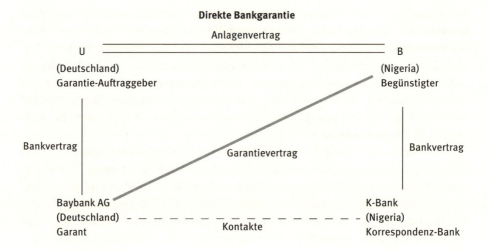

3. Rechtsbeziehungen

Die Skizze zeigt, dass bei den Bankgarantien **mindestens drei Vertragsbeziehungen** zu unterscheiden sind. Zugrunde liegt zunächst eine Vertragsbeziehung zwischen dem Garantieauftraggeber und dem Begünstigen. Dabei kann es sich zum Beispiel um einen Kauf- oder Werkvertrag handeln. Dieses Verhältnis wird auch „Valutaverhältnis" genannt. Die zweite Rechtsbeziehung besteht zwischen dem Garantieauftraggeber und der von ihm beauftragten Bank (dem Garanten). Hierbei handelt es sich um einen Bankvertrag (nach deutscher Einordnung einen Geschäftsbesorgungsvertrag). Man spricht insoweit auch vom „Deckungsverhältnis". Die dritte Beziehung wird durch den eigentlichen Garantievertrag zwischen dem Garanten und dem Begünstigten begründet. Der Garant verpflichtet sich damit, bei Erfüllung der im Garantievertrag genannten Voraussetzungen die Garantiesumme an den Begünstigten auszuzahlen. Man nennt diese Beziehung auch das „Leistungsverhältnis". Bei der **direkten Garantie** bleibt es bei dieser Dreiecksbeziehung, doch kann, wie in der Skizze (s.o.), noch eine „Korrespondenzbank" zur Erleichterung des Kontakts zum Begünstigten beteiligt werden. Diese übernimmt aber bei der direkten Garantie keine Garantieverpflichtung, hat aber eine Vertragsbeziehung zum Begünstigten.

Im Außenwirtschaftsverkehr wird jedoch häufig eine Variante verwendet, die man **indirekte Garantie** nennt. Dabei wird die Beziehung durch einen vierten aktiven Beteiligten erweitert, die „beauftragte Bank" im Land des Begünstigten. Die Bank im Land des Auftraggebers beauftragt dabei die zweite Bank, im Verhältnis zum Begünstigten die Garantie zu übernehmen. Zwischen den zwei Banken kommt also ein weiterer Geschäftsbesorgungsvertrag zustande, während der Garantievertrag dann zwischen der beauftragten Bank und dem Begünstigten geschlossen wird. Häufig verlangt die beauftragte Bank von der anderen Bank im Land des Auftraggebers eine **Rückgarantie**, in der sich diese verpflichten muss, die beauftragte Bank von allen Verlusten, Ausgaben und Kosten freizustellen, die ihr durch Einlösung der Garantie entstehen. Die Voraussetzungen dieser Rückgarantie werden an die des Haupt-Garantievertrages angepasst.

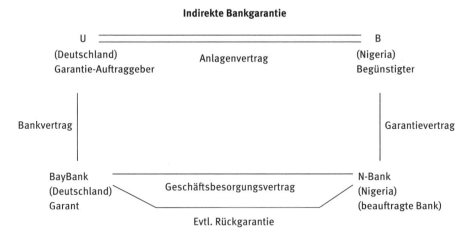

4. Bedingte und unbedingte Garantien

Die Garantie gegenüber dem Begünstigten tritt in zwei Grundformen auf:

Bei der **bedingten** Garantie ist die Auszahlung der Garantiesumme an bestimmte Bedingungen, wie etwa den Nachweis einer Vertragsverletzung, die Vorlage bestimmter Unterlagen oder einen Schiedsspruch geknüpft.

Bei der **unbedingten** Garantie wird der Garantiefall nicht von solchen Voraussetzungen abhängig gemacht, sondern es genügt im Allgemeinen die erste schriftliche Anforderung des Begünstigten. Man kennzeichnet sie deshalb auch mit der Formel *„on first demand"* oder *„à première demande"*. Die ICC hat dafür seit 1992 Einheitliche Richtlinien ausgearbeitet, die kurz von *„demand guarantees"* sprechen. Sie liegen jetzt zusammen mit Musterklauseln in der Fassung von 2010 vor[310]. Bei der Garantie auf erste Anforderung wird die Bank bzw. der sonstige Garant von materiellen Prüfungspflichten weitgehend freigestellt. Sie hat grundsätzlich nur die Pflicht, die in der Garantieerklärung genannte Auszahlungsvoraussetzung zu prüfen, also zum Beispiel das Vorliegen einer schriftlichen Anforderung seitens des Begünstigten. Eine Ausnahme von dieser Rigidität der unbedingten Garantie wird nur im Falle des Rechtsmissbrauchs angenommen (dazu u. Abschn. 5).

---

[310] *ICC*, Uniform Rules for Demand Guarantees (URDG), 2010 edition, ICC public. No. 758.

Sowohl bei der bedingten als auch bei der unbedingten Garantie wird eine **selbständige Verpflichtung des Garanten** hinsichtlich der zu erbringenden Leistung begründet. **Rechtsgrund der Garantie** ist die **Sicherungsabrede,** nicht das Liefergeschäft bzw. der Werkvertrag und auch nicht der Geschäftsbesorgungsvertrag des Garanten mit dem Garantie-Auftraggeber. Die Garantie ist also weder im Verhältnis zum Grundvertrag noch zum Geschäftsbesorgungsvertrag akzessorisch.[311] Folglich kann sich der Garant im Regelfall aus dem Streit zwischen den Parteien des Grundgeschäfts, zum Beispiel über die Mangelhaftigkeit einer Ware oder eines Werkes, heraushalten. Hat der Begünstigte eigentlich keine materielle Berechtigung zum Abruf der Garantiesumme gehabt, so muss sich der Garantie-Auftraggeber das Geld im Klageweg von dem Begünstigten zurückholen.[312] Man bringt das auf die kurze Formel „erst zahlen, dann prozessieren". Darin zeigt sich der hohe Grad von Sicherheit, den vor allem die unbedingte Garantie für den Begünstigten bietet. Einwände gegen den Anspruch aus der Garantie sind jedoch aus dem Garantievertrag selbst denkbar und zulässig, z.B. dessen Unwirksamkeit, die Abtretung des Garantieanspruchs[313] oder ein Gegenrecht des Garanten gegen den Begünstigten, vorausgesetzt, dass all das offensichtlich oder liquide beweisbar ist.[314]

5. Das Problem des missbräuchlichen Abrufs

Beispielfall[315]

Das deutsche Unternehmen V schloss 1975 mit der staatlichen iranischen Einfuhrgesellschaft K einen Vertrag über die Lieferung von 100 Ziegeleimaschinen. V sollte *„ex works"* liefern, also die Maschinen nur verpackt zur Abholung bereitstellen, nicht in den Iran liefern und nicht installieren. Ferner sollte V eine *„performance guarantee"* (Leistungsgarantie) einer Bank in Höhe von 370.500,– DM (= 3% der Auftragssumme) stellen. V beauftragte damit die Bank D in Deutschland, die ihrerseits die Bank M im Iran mit der Garantie zugunsten K beauftragte. Vereinbarungsgemäß wurde die Garantie „unwiderruflich auf erstes Anfordern" gestellt, ohne dass Beweise für eine Vertragsverletzung des V vorgelegt werden müssen. Im Wege der Rückgarantie verpflichtete sich D gegenüber M unwiderruflich, der M den Betrag zu zahlen, sobald

---

311 Es gibt in der Literatur einen dogmatischen Streit, ob die Garantie ein abstraktes oder kausales Rechtsgeschäft sei. Unbestritten ist jedenfalls die Unabhängigkeit vom Grundgeschäft. *Causa* kann allenfalls die Sicherungsabrede sein.
312 Rechtsgrundlage ist dafür § 812 BGB, nach a.A. (*Einsele* JZ 1999, 466) die Sicherungsabrede.
313 OLG Saarbrücken ZIP 2001, 1318.
314 S. dazu u. Abschn. 5.c) bb).
315 Nach LG Frankfurt (M) NJW 1981, 56 mit Anm. *Hein*. Der Fall erregte internationale Aufmerksamkeit in der Fachliteratur und Tageszeitungen, doch hat das OLG Frankfurt(M) später eine andere Richtung eingeschlagen, vgl. OLG Frankfurt NJW 1981, 1914: Die Bank dürfe nicht gehindert werden, ihr Garantieversprechen einzulösen, wenn sie dies für geboten halte.

sie mitteilte, dass sie aus der Garantie in Anspruch genommen werde. Entsprechend der Vereinbarung zwischen V und K war die Garantie bis 31.3.1976 befristet.

In der Folgezeit ließ K 97 Maschinen abholen und in den Iran befördern. Wenige Tage vor Ablauf der Garantie verlangte K von V die Verlängerung der Garantie oder aber Zahlung der Garantiesumme. Da V in Anbetracht der politischen Lage im Iran[316] befürchtete, das Geld zu verlieren, stimmte sie der Verlängerung zu. Dies wiederholte sich – ohne Begründungen seitens K mehrmals bis 1979. Gelegentlich kam eine Nachricht der K, dass sie und ihre Abnehmer mit den Maschinen unzufrieden seien, weil sie Schwierigkeiten mit dem Zusammenbau hätten. Schließlich erhielt Bank D von Bank M im September 1979 die Mitteilung, dass K jetzt die Einlösung der Garantie verlange und dass sie deshalb die D aus der Rückgarantie die Zahlung der Garantiesumme auffordere. Als V das erfuhr, beantragte es beim Landgericht Frankfurt eine einstweilige Verfügung gegen die Bank D, die D untersagt, aufgrund der Rückgarantie den Betrag an M auszuzahlen.

Das LG Frankfurt erließ die einstweilige Verfügung. Begründung: V habe glaubhaft gemacht, dass die Bank D nicht zur Zahlung verpflichtet sei, weil die Forderung der M ebenso wie der Abruf seitens K rechtsmissbräuchlich seien. Auch eine abstrakte Garantie stehe unter dem Vorbehalt, dass der Begünstigte nicht „offensichtlich ungerechtfertigt und damit „rechtsmißbräuchlich" die Garantie in Anspruch nehmen dürfe (§ 242 BGB).

(a) Auch eine Garantie auf erste Anforderung, also eine unbedingte Garantie, unterliegt gewissen materiellen Beschränkungen. Zwar könne Einwendungen und Einreden aus dem Grundverhältnis nicht ohne weiteres gegen sie erhoben werden, denn sie ist eben nicht akzessorisch. Aber **auch die unbedingte Garantie steht unter dem allgemeinen Vorbehalt** der Generalklausel über die Ausübung von Rechten, konkret dem Grundsatz, dass sie **nicht rechtsmissbräuchlich** abgerufen werden darf. Der Einwand des Rechtsmissbrauchs oder der „unzulässigen Rechtsausübung" ist in den meisten Rechtsordnungen anerkannt; in Deutschland ist die Grundlage dafür § 242 BGB.[317] Dass dieser Einwand in Ausnahmefällen auch vom Garantie-Auftraggeber dem Garanten bei dessen Rückgriff entgegengehalten werden kann, ist jedenfalls in Deutschland kaum umstritten.

(b) Dennoch sind in diesem Zusammenhang mehrere sehr kontrovers diskutierte **Probleme** aufgetreten:
– Welche Anforderungen müssen an das Verhalten der Parteien gestellt werden, um den Einwand des Rechtsmissbrauchs gegen den Abruf der Garantie zu begründen? Muss es auf Seiten des Begünstigten ein besonders schwerer, „eklatanter" oder „offensichtlicher" Missbrauch (*„clear fraud"*) sein?

---

316 Es war die Vorphase der Revolution, die im Januar 1979 zum Sturz des Schah führte.
317 Näheres dazu in Staudinger/*Looschelders*/*Olzen*, § 242 BGB Rn. 214 ff; Palandt/*Grüneberg*, BGB, 72. Aufl. 2013, § 242 BGB Rn. 38 ff; Palandt/*Sprau*, aaO, Einf. vor §§ 765 ff BGB, Rn. 22 ff m.w.Nw. In Art. 1 Abs. 2 Schweiz. ZGB wurde er ausdrücklich aufgenommen. In Frankreich (*„abus de droit"*) wurde er aus Art. 1383 CC entwickelt, vgl. z.B. Cass. Civ. 2, 26.11.1953, D. 1956, 154 note *Friedel*.

- Wie müssen die Voraussetzungen für einen derartigen Missbrauch von demjenigen, der den Einwand erhebt, nachgewiesen werden? Sind insbesondere „liquide" Beweismittel erforderlich?
- Müssen bei einer indirekten Garantie außer dem Begünstigten, der missbräuchlich abruft, auch die beauftragte Bank in seinem Land und eventuell auch der Garant rechtsmissbräuchlich handeln, damit der Einwand gegen den Rückgriff der Banken begründet ist? Ist also doppelter bzw. dreifacher Rechtsmissbrauch erforderlich?
- Kann der Garantie-Auftraggeber durch Maßnahmen des einstweiligen Rechtsschutzes, d.h. nach deutschem Recht einstweilige Verfügung oder Arrest, verhindern, dass die Garantie eingelöst wird? Ist gegebenenfalls die einstweilige Verfügung nur gegen den direkten Vertragspartner möglich?

(c) Zu diesen Problemen liegt mittlerweile eine Fülle von **Literatur und Rechtsprechung** vor, die in den meisten Punkten (zumindest in Deutschland) auch schon zu einer Klärung geführt hat.

(aa) Der **BGH** hat inzwischen die beiden ersten Punkte dahin beantwortet, dass dem Einwand des Rechtsmissbrauchs stattzugeben ist, wenn offensichtlich oder mit liquiden Beweismitteln beweisbar sei, dass der Garantiefall im Grundverhältnis – also hinsichtlich seiner materiellen Voraussetzungen im Verhältnis Garantieauftraggeber zum Begünstigten – nicht eingetreten sei.[318] Es wird also vom BGH kein besonders hoher Grad des missbräuchlichen Verhaltens gefordert, sondern er knüpft nur den Beweis an strenge Voraussetzungen. Dem ist grundsätzlich zuzustimmen.

(bb) Fraglich ist aber nach wie vor, was genau unter *„liquiden Beweismitteln"* zu verstehen ist. Dies ist eigentlich kein etablierter Begriff des Zivilprozessrechts.[319] Er ist nicht gleichbedeutend mit den im Urkundenprozess nach § 595 Abs. 2 ZPO zulässigen Beweismitteln.[320] Insbesondere wird man Parteivernehmung hier außer Betracht lassen müssen. Da auch Augenschein und Zeugenbeweis ausscheiden, blei-

---

318 BGHZ 90, 287 (292); BGH NJW 1999, 570 (571); BGH NJW 2001, 282 (283). Ähnlich auch das Schweiz. Bundesgericht, BGE 122 III 321 (322 f). Es gibt jedoch auch Staaten, die den Einwand des Rechtsmissbrauchs in solchen Fällen nicht o.w. anerkennen, z.B. Iran, Libyen; vgl. dazu *Schefold* IPRax 1995, 118 (119 Fn. 11) m.w.Nw.
319 *Heinze* Der einstweilige Rechtsschutz im Zahlungsverkehr der Banken, Frankfurt(M) 1984, S. 159, 160.
320 Das wären bezüglich der Echtheit oder Unechtheit einer Urkunde sowie anderer als der zur Begründung des Anspruch erforderlichen Tatsachen nur Urkunden und Antrag auf Parteivernehmung.

ben vor allem Urkunden als Beweismittel übrig.[321] Dabei muss es sich um solche Schriftstücke handeln, die schlüssig und in tatsächlicher Hinsicht ohne weiteres Beweis für die behauptete Tatsache erbringen, so dass weitere Beweiserhebung nicht erforderlich ist.[322] Die Vorlage von eidesstattlichen Versicherungen reicht dafür grundsätzlich nicht aus; damit würde eine Behauptung lediglich glaubhaft gemacht, aber für sie kein Beweis erbracht. Irreführend ist es übrigens, von „liquiden Ansprüchen"[323] oder „liquiden Gegenrechten"[324] zu sprechen. Dabei geht es nicht um die Einwendung aus § 242 BGB, sondern um Einwände anderer Art, z.B. einen Gegenanspruch des Garanten gegen den Begünstigten, mit dem ersterer aufrechnet. „Liquide Rechte" gibt es eigentlich nicht; gemeint ist auch hier ein mit liquiden Beweismitteln beweisbarer Anspruch.[325]

(cc) Zur dritten Frage (doppelter oder dreifacher Rechtsmissbrauch?) hat der BGH inzwischen auch klargestellt, dass der Einwand des Rechtsmissbrauchs gegen den Anspruch aus einer *Rück*garantie voraussetzt, dass die beauftragte Bank die Tatsachen kennt, die den missbräuchlichen Abruf der Hauptgarantie begründen und dass sie *wusste*, dass sie aufgrund der vorliegenden Beweismittel einen hypothetischen Prozess gegen den Begünstigten gewinnen würde.[326] Auch der BGH verlangt in diesem Fall also den **„doppelten Rechtsmissbrauch"**. Konsequent muss man, wenn es bei einer indirekten Garantie um den Rückgriff der (ersten) Garantiebank gegen den Garantie-Auftraggeber geht, auch bei der Garantiebank die entsprechenden objektiven und subjektiven Anforderungen stellen („doppelter Missbrauch bei dem Begünstigten und der Erstbank). Es ist auf jeden Fall ratsam, dass der Auftraggeber, sobald er die Kenntnis der den Rechtsmissbrauch begründenden Tatsachen und gegebenenfalls die liquiden Beweismittel hat, beide Banken so präzise informiert, dass sie damit auch die entsprechenden Kenntnisse haben.

---

321 Nach Staudinger/*Horn*, (Bearb. 2012), Vor §§ 765 ff BGB, Rn. 349 kommen auch rasch verfügbare Sachverständigengutachten in Betracht.
322 Nicht ausreichend als liquides Beweismittel ist die Vorlage einer einstweiligen Verfügung gegen den Begünstigten, die ihm verbietet, die Garantie abzurufen. BGH NJW 2001, 282 (284) hat das allerdings bisher nur für eine ohne mündliche Verhandlung und ohne Anhörung des Antragsgegners ergangene einstweilige Verfügung geklärt. Es muss aber allgemein gelten, denn das Schriftstück, das die einstweilige Verfügung enthält, erbringt nur den Beweis, dass das Gericht die Verfügung erlassen hat, nicht aber den liquiden Beweis für den Missbrauch des Begünstigten; vgl. *Graf von Westphalen*, Die Bankgarantie im internat. Zahlungsverkehr, 2. Aufl., S. 306, aber str.! Zu Bedenken ist immer, dass es sich um eine vorläufige Entscheidung in einem summarischen Verfahren handelt.
323 BGH NJW 1985, 1829 (1831); im Fall ging es um einen unstreitigen wechselrechtlichen Rückgriffsanspruch.
324 LG Stuttgart WM 1981, 633 (635).
325 Vgl o. Abschn. 4. a.E.
326 BGH NJW 2001, 282 (283); weiter geht Staudinger/*Horn*, aaO (Fn. 321) Rn. 341 ff, der schon grobfahrlässige Unkenntnis genügen lassen will.

Zu beachten ist aber außerdem, dass bei indirekten Garantien die Maßstäbe für die Voraussetzungen des Rechtsmissbrauchs seitens der Zweitbank meistens der ausländischen Rechtsordnung entnommen werden müssen, der das Rechtsverhältnis zwischen der Zweitbank und dem Begünstigten unterliegt, da diese Rechtsordnung in der Regel das Vertragsstatut für diesen Garantievertrag ist. Das erschwert die Beweisanforderungen unter Umständen erheblich.

(dd) Zur vierten Frage nach der Zulässigkeit von **einstweiligem Rechtsschutz** fehlt bisher noch eine klare Stellungnahme des BGH.[327] Nachdem bereits in den Jahren um 1980 einige Landgerichte relativ großzügig einstweilige Verfügungen gegen Banken erlassen hatten, die sie bei Rechtsmissbrauch an der Erfüllung von Garantien hindern sollten,[328] waren die am internationalen Garantiegeschäft beteiligten Banken alarmiert. *Kleiner*[329] bezeichnete in einem „Gegenangriff" jede Handlung, die darauf abziele, die Bank an der Erfüllung ihrer Garantieverpflichtung zu hindern, als „offenbaren Rechtsmissbrauch". Das OLG Frankfurt(M) lehnte dann schon 1981[330] in einem der kritischen Fälle entgegen der Vorinstanz eine einstweilige Verfügung ab und zeigte deutlich allgemeine Bedenken gegen den Einsatz dieses Instruments im Verhältnis zur garantieverpflichteten Bank. Nach einigen Schwankungen hat die deutsche Rechtsprechung nun zu einer einigermaßen einheitlichen Linie gefunden. Einstweilige Verfügungen gegen die Banken werden zwar nicht grundsätzlich abgelehnt, aber doch eng beschränkt.[331] Zeitweilig versuchten ausländische Garantie-Begünstigte, die Garantieauftraggber von vornherein zu verpflichten, keine einstweilige Verfügung zu erwirken und den Garanten zu verpflichten, eine solche Verfügung nicht zu beachten. Solche Klauseln sind jedoch wegen Verstoßes gegen den deutschen ordre public (Art. 6 EGBGB) unwirksam.[332] Nach verbreiteter Meinung ist aber eine einstweilige Verfügung mit dem Inhalt, dass der Bank verboten wird, die Garantiesumme auszuzahlen, grundsätzlich unzulässig.[333]

---

327 In BGH NJW 2001, 282 hatte der Garantieauftraggeber gegen den Begünstigten eine einstweilige Verfügung erwirkt. Zu deren Bedeutung s.o. Fn. 322. Die übrigen Streitfragen im Zusammenhang mit dem einstweiligen Rechtsschutz lässt der BGH offen.
328 Z.B. LG Frankfurt(M) NJW 1981, 56.
329 *Kleiner, B.* Bankgarantie – Die Garantie unter besonderer Berücksichtigung des Bankgarantiegeschäfts, 3. Aufl. Zürich 1979, S. 156 ff.
330 OLG Frankfurt(M) NJW 1981, 1914.
331 Kritisch dazu Staudinger/*Horn*, aaO (Rn. 321), Rn. 356.
332 Staudinger/*Horn*, aaO (Fn. 321), Rn. 368.
333 OLG Frankfurt(M) WM 1988, 1480; OLG Köln WM 1991, 1751; *Edelmann* DB 1998, 2453; ebenso schon *Coing* ZHR 147 (1983), 125 (137); a.A. OLG Saarbrücken WM 1981, 275 u. 288 und Staudinger/*Horn*, aaO (Fn. 321), Rn. 357, 368 f. Zwar erscheint es auf den ersten Blick sinnvoll, bei Missbrauch zu verhindern, dass z.B. bei direkter Garantie das Geld überhaupt Deutschland verlässt. Damit nimmt man aber der Bank die Möglichkeit, nach außen ihr Ansehen zu wahren, indem sie die Garantieverpflichtung erfüllt, ohne gleichzeitig im Innenverhältnis den Garantieauftraggeber zu belasten.

Dieser Gedanke klingt bereits in einer englischen Entscheidung aus dem Jahr 1977 an, wo Richter *Kerr* darauf hinweist, dass eine einstweilige Verfügung gegen die Auszahlung *„might cause greater damage to the bank than the plaintiffs could pay on their undertaking as to damages ..."*[334]. Dagegen halten die Oberlandesgerichte mit Recht einstweilige Verfügungen gegen die *Rückbelastung* des Garantieauftraggebers für zulässig.[335] Wenn sich also die garantierende Bank trotz Kenntnis des missbräuchlichen Abrufs für die Zahlung der Garantiesumme entscheidet, darf sie das tun, aber sie handelt auf eigenes Risiko. Liegt ein missbräuchlicher Abruf vor, darf die Bank also das Konto des Auftraggebers nicht belasten. Erwirkt der Auftraggeber in diesem Fall gegen den Rückgriff der Bank eine einstweilige Verfügung, dann bleibt die Bank wahrscheinlich auf den Kosten sitzen, und diese Warnung wird möglicherweise auch im Außenverhältnis Wirkung zeigen.

Zulässig ist dagegen eine einstweilige Verfügung im Verhältnis zwischen dem Garantieauftraggeber und dem Begünstigten, durch die bei Fehlen der zu sichernden Verbindlichkeit (oder in anderen Fällen, in denen der Abruf der Garantie missbräuchlich wäre), dem Begünstigten untersagt wird, die Garantie in Anspruch zu nehmen.[336] Nach Abruf der Garantie kommt eine solche Verfügung aber meist zu spät.

(d) Die **UNO** hat eine **Konvention** über *„Independent Guarantees and Stand-by Letters of Credit"* ausgearbeitet, die im Jahr 2000 in Kraft getreten ist.[337] Bisher ist sie allerdings nur von 8 Staaten ratifiziert worden.[338] Die USA haben unterzeichnet, aber bisher nicht ratifiziert. Deutschland hat weder unterzeichnet noch ratifiziert. In Artt. 19 und 20 widmet sich die Konvention auch den Fragen des missbräuchlichen Abrufs und des einstweiligen Rechtsschutzes.

Praxis-Tipps
Die in §§ 232–240 BGB geregelten Arten der Sicherheitsleistung sind im internationalen Geschäftsverkehr ungebräuchlich. Auch die in Deutschland verbreiteten Formen des Eigentumsvorbehalts, der Sicherungsübereignung und der Sicherungszession versagen hier in den meisten Fällen. Stattdessen wurden von der Vertragspraxis spezielle Instrumente entwickelt, die auf die besonderen

---

334 *Harbottle (Mercantile) Ltd.* v *National Westminster Bank Ltd.* [1978] Q.B. 146 (at p. 155).
335 OLG Frankfurt(M) WM 1988, 1480; Palandt/*Sprau*, BGB, 72. Aufl. 2013, Rn. 26 vor § 765 BGB m.w.Nw. Auch eine Arrestpfändung der Garantieforderung des Begünstigten ist diskutiert worden, aber erst recht problematisch, weil der Arrestgläubiger die Forderung pfänden müsste, von der er in diesem Fall ja gerade behauptet, dass sie unbegründet sei. Vgl. dazu *Heinze* Der einstweilige Rechtsschutz im Zahlungsverkehr der Banken (1984), S. 163 ff; **für** Arrestpfändung bei direkten Garantien Staudinger/*Horn*, aaO (Fn. 321), Rn. 352ff.
336 OLG Stuttgart MDR 1998, 435.
337 S. dazu *Horn*, Die UN-Konvention über unabhängige Bankgarantien, RIW 1997, 717ff.
338 Ecuador, El Salvador, Gabun, Kuwait, Liberia, Panama, Tunesien und Weißrussland (Stand: 1.3.2013).

Verhältnisse des internationalen Handels- und Wirtschaftsverkehrs zugeschnitten sind. An erster Stelle stehen die sog. Bankgarantien (in den USA unter dem Namen *"standby letter of credit"*), die aber nicht unbedingt von einer Bank, sondern z.B. auch von einer Versicherungsgesellschaft gestellt werden können. Sie sind vielseitig verwendbar und inzwischen weltweit verbreitet.

Häufig werden sie vom Gläubiger als Garantie „auf erstes Anfordern" verlangt. Bei dieser „unbedingten" Form ist der Garantiefall nicht von dem Nachweis einer Pflichtverletzung des Garantieauftraggebers abhängig, sondern der Garant muss auf erste schriftliche Anforderung des Begünstigten zahlen. Dagegen ist dann nur noch der Einwand des Rechtsmissbrauchs möglich, der nach der deutschen Rechtsprechung offensichtlich oder mit „liquiden Beweismitteln" beweisbar sein muss. Eine einstweilige Verfügung gegen den Garanten, die ihm in solchen Fällen die Zahlung der Garantiesumme verbietet, ist nach heute h.M. nicht zulässig.

Eine weitere im Außenwirtschaftsverkehr verwendete Sicherung ist die Patronatserklärung (*„comfort letter"*), die aber nur in der „harten" Formulierung (z.B. in der Form der Liquiditätsausstattungs-Erklärung) eine rechtliche Verpflichtung des Patrons gegenüber dem Adressaten begründet. Eine „weiche" Patronatserklärung (z.B. Vertrauensklausel) ist dagegen rechtlich unverbindlich. Eine harte Patronatserklärung sollte eine Kündigungsmöglichkeit vorsehen bzw. zeitlich begrenzt werden. Die Frage der evtl. notwendigen bilanziellen Behandlung der Patronatserklärung sollte auf jeden Fall im Vorfeld der Erklärung geprüft werden.

Schrifttum zu Abschn. IV (Bankgarantien)

Berger, Internationale Bankgarantien, DZWIR 1993, 1 ff.
Bertrams, Roeland F., Bank Guarantees and International Trade. The Law and Practice of Independent (First Demand) Guarantees and Standby Letters of Credit in Civil Law and Common Law Jurisdictions, 3d ed. The Hague 2004.
Coing, Probleme der internationalen Bankgarantie, ZHR 147 (1983), 125 ff.
Drescher, im MünchKomm-ZPO. 3. Aufl. 2007, § 935 ZPO Rn. 33 ff.
Heinze, Der einstweilige Rechtsschutz im Zahlungsverkehr der Banken, Frankfurt a.M. 1984. *Horn*, Bürgschaften und Garantien, 8. Aufl. Köln 2001.
ders., in Staudinger, BGB (Bearb. 2012) Vor §§ 765 ff BGB, insbes. Rn. 334 ff.
ICC, Uniform Rules for Demand Guarantees…(URDG), revised ed., Publ. No. 758, Paris 2009.
ICC/Institute of Internat. Banking Law and Practice, International Standby Practices 1998 (ICP98), ICC public. No. 590.
Lienesch, Rechtsmißbrauch und einstweiliger Rechtsschutz im internationalen Garantiegeschäft, DZWIR 2000, 492 ff.
Mülbert, Missbrauch von Bankgarantien und einstweiliger Rechtsschutz (1985).
Rummel, Ausgewählte Fragen der Bankgarantie, Vortrag Linz 19.6.2012, www.bankrechtsinstitut.at/dokumenta/Gliederung_Juni_2012.pdf.
Schefold, Die rechtsmißbräuchliche Inanspruchnahme von Bankgarantien und das Kollisionsrecht, IPRax 1995, 118–123.
Schütze, R.A./Edelmann, H., Bankgarantien, Köln 2011.
Westphalen, Graf von, Die Bankgarantie im internationalen Handelsverkehr, 3. Aufl. hg. von *Graf von Westphalen* und *B. Jud*, Frankfurt(M) 2005, zum Missbrauchsproblem insbes. S. 192 ff.
ders., Rechtsprobleme der Exportfinanzierung, 3. Aufl. Heidelberg 1987.
Wilhelm, J., Die Kondiktion der Zahlung des Bürgen oder Garanten „auf erstes Anfordern" im Vergleich zur Zession, NJW 1999, 3519–3526.

V. Ausführungsphase

1. Ausführung der Verträge in der vertragsrechtlichen Dogmatik und in der Vertragspraxis

In der Dogmatik des deutschen Vertragsrechts wird der Ausführungsphase der Verträge wenig Aufmerksamkeit geschenkt. Dies entspricht wiederum der Struktur der gesetzlichen Regelungen im BGB. Nach der Begründung der Schuldverhältnisse überlässt das Gesetz diese gewissermaßen sich selbst und interessiert sich meist nur noch für Störungen und die Beendigung. Die Rechte und Pflichten der Vertragsparteien stehen als relativ starres und statisches Schema einerseits, die Leistungsstörungen als pathologische Fälle andererseits im Vordergrund des Interesses. Dies hängt damit zusammen, dass das Leitbild für die vertragsrechtlichen Regelungen – und dementsprechend auch die Darstellung in den traditionellen Lehrbüchern – immer noch der Austauschvertrag mit einer relativ kurzen Laufzeit ist.[339]

Im Gegensatz dazu steht die große Bedeutung, welche die Ausführungsphase in der Vertragspraxis und insbesondere im internationalen Geschäftsverkehr hat. Schon bei durchschnittlichen Lieferverträgen im Außenhandel ist die Ausführung der beiderseitigen Leistungen ein Gegenstand ausführlicher vertraglicher Bestimmungen.[340] Handelt es sich um **Langzeitverträge**, so muss der Ausführungs- und Abwicklungsphase mindestens genauso viel Aufmerksamkeit gewidmet werden wie den möglichen Leistungsstörungen. Der Vertragsjurist muss die wechselseitigen Ausführungshandlungen in rechtlicher Hinsicht planen und organisieren, so dass ein möglichst reibungsloser Ablauf gesichert ist. Für eventuelle Konfliktsituationen müssen vorausschauend Mechanismen eingeplant werden, die verhindern, dass die Konflikte sich nicht zu Rechtsstreitigkeiten entwickeln, welche die Ressourcen und die Nerven der Beteiligten strapazieren, das Vertragsklima verderben und u.U. zukünftige Geschäftsbeziehungen blockieren.

Sieht man daraufhin gängige Vertragsmuster an, so findet man in der Tat eine Fülle von Regelungen, die keineswegs nur technischer oder kaufmännischer Natur sind, sondern durchaus auch rechtlichen Regelungsgehalt haben, und deren gemeinsames Ziel es ist, der „normalen" Ausführung der Verträge zu dienen und sie voranzutreiben. In der englischen Rechtsterminologie hat sich für diesen Bereich der Begriff **„contract administration"** herausgebildet.[341]

---

[339] Das gilt selbst für Werkverträge; bei deren Regelung im BGB stand die kleine Handwerkerleistung Modell. Für größere Bauverträge sind die §§ 631 ff BGB weitgehend ungeeignet, so dass sich für sie die VOB/B als „Ersatzregelung" etablieren konnte. Erst im Jahr 2000 ist z.B. das Phänomen der Abschlagszahlungen im BGB zur Kenntnis genommen und dafür eine Regelung in § 632a BGB versucht worden.
[340] Vgl. etwa den Smyrna-Wein-Fall o. § 11 III.4 oder die Regelungen in den *Incoterms*.
[341] Der Begriff erfasst z.T. auch Mechanismen der Vertragsanpassung, also auch Situationen von Leistungsstörungen, für die aber statt streitauslösender Rechtsbehelfe vertragsinterne Lösungen und konfliktentschärfende Verfahren vorgesehen werden.

Bei der Ausführung im weiteren Sinne geht es zum einen um die Erfüllung der Hauptpflichten, d.h. Lieferung, Übereignung, Werkherstellung etc. und die Durchführung von Zahlungen. Zum anderen geht es aber auch um die Abnahme (die beim Werkvertrag jedenfalls nach deutschem Recht auch Gegenstand einer Hauptpflicht ist), der Abnahme vorausgehende Leistungstests[342], die Annahme beim Kaufvertrag sowie die Erfüllung von sonstigen Nebenpflichten, vor allem auch von vielfältigen Mitwirkungspflichten, die in einer Wechselbeziehung zu den Hauptpflichten stehen.[343]

Schließlich muss der Vertrag auch Vorsorge für seine vorzeitige Beendigung treffen. Gerade bei Langzeitverträgen sind Klauseln verbreitet, die nicht notwendigerweise ein abruptes Ende durch Kündigungserklärung vorsehen, sondern eine Auslaufphase genau beschreiben. Zum Teil können diese Klauseln auch die Vertragsbeziehung zu einem neuen Vertragspartner regeln. Letzteres ist dann notwendig, wenn die ursprüngliche Vereinbarung eine zeitliche und/oder territoriale Exklusivität vorsieht, gleichzeitig aber in der Auslaufphase einen fließenden Übergang auf einen neuen Partner erfordert.

Beispiel

> Firmen K und V einigen sich darauf, dass für die nächsten 5 Jahre V exklusiv eine bestimmte Produktgruppe herstellt. Dazu wird auch das notwendige Firmen-Know-how ausgetauscht. Nach 4 Jahren entscheidet K, die nächste Generation der Produkte durch N als neuen Lieferanten herstellen zu lassen. Dazu ist erforderlich, dass K zumindest sein ursprünglich eigenes Firmen-Know-how dem N zur Verfügung stellt. Wegen der Exklusivität zu V bedarf es daher eigentlich einer Regelung im Vertrag zwischen V und K für das fünfte Jahr der Zusammenarbeit.

Im Hinblick auf derartige Exklusivitätsregeln sollten auch immer die einschlägigen Kartellrechtsvorschriften beachtet werden, da es im Zusammenhang mit derartigen Ausschließlichkeitsbedingungen schnell zu unwirksamen Verträgen kommen kann.

Die folgenden Abschnitte konzentrieren sich auf einige charakteristische Punkte bei der Ausführung von Lieferverträgen einerseits und von Anlagen- oder Großbauverträgen andererseits.

2. Lieferung und Abnahme bei Kaufverträgen

Charakteristisch für internationale Handelsgeschäfte über Waren ist, dass neben die Verpflichtung zur Lieferung der Waren weitere Pflichten in Bezug auf die Beschaf-

---

[342] Vgl. dazu u. § 13 IV.3, S. 192.
[343] S. als Beispiel dafür auch den Smyrna-Wein-Fall o. § 11 III.4.

fung und Übergabe bestimmter **Dokumente** treten. Die dokumentenbezogenen Pflichten sind so bedeutend, dass sie in der deutschen Dogmatik jedenfalls zum Teil auch als Hauptleistungspflichten angesehen werden.[344] Das ist u.a. deshalb geboten, weil Dokumente, sofern sie Traditionspapiere[345] sind, häufig Instrumente zur Eigentumsübertragung darstellen. Im deutschen Recht tritt dann zum Beispiel die Übergabe des Konnossements an die Stelle der Übergabe der Ware.[346] Andere Dokumente können durch Parteivereinbarung zum Gegenstand von Hauptpflichten erhoben werden, z.B. ein Ursprungszeugnis oder ein Qualitätsnachweis. Gerade letzterer ist von großer Bedeutung für die Exkulpationsmöglichkeiten, falls es bei dem Weiterverkauf oder der Weiterverarbeitung zu Drittschäden kommt.

Dieser Bedeutung der Pflichten hinsichtlich der Lieferung und der Beschaffung und Übergabe der Dokumente entspricht es, dass auch das UN-Kaufrecht in **Artt. 31–34 CISG** ausführliche Bestimmungen darüber enthält. Noch detaillierter sind in dieser Beziehung die *Incoterms*, wobei zwischen den verschiedenen Klauseln unterschieden werden muss. Die Verpflichtungen bei Vereinbarung von FOB und CIF wurden oben[347] dargestellt. Wenn allerdings in den *Incoterms* immer zunächst unter Nr. 1 von Lieferpflichten in Übereinstimmung mit dem Kaufvertrag die Rede ist, so sagt das noch nichts über die konkrete Abwicklung der Lieferung. Hierbei geht es um die konkrete Ausgestaltung der Lieferung im Sinne von *delivery* mit den dazu gehörenden Handlungen.

Beim **CIF-Geschäft** sind es nach *Incoterms 2010* auf der **Verkäuferseite** vor allem folgende **Pflichten**: Bereitstellung der Ware nebst Handelsrechnung und Erbringung jedes vertraglich vereinbarten Konformitätsnachweises (A1), z.B. Ursprungszeugnis etc., Beschaffung der Ausfuhrgenehmigung und anderer für die Ausfuhr erforderlicher behördlicher Genehmigungen und Erledigung von Ausfuhrzollformalitäten (A2), Abschluss der Beförderungsverträge auf eigene Kosten bis zum Bestimmungshafen (A3a)[348], Abschluss der Transportversicherung auf eigene Kosten nach konkreten Vorgaben mindestens bis zum Bestimmungshafen. (A3b), Lieferung der Ware i.d.R. durch Verbringen an Bord des Schiffes im vereinbarten Hafen (A4), Gefahrtragung bis zur vertragsgemäßen Lieferung (A5), Zur-Verfügung-Stellen des üblichen Transportdokuments für den vereinbarten Bestimmungshafen (A8). Der **Käufer** hat außer der Kaufpreiszahlung bei **CIF** im Wesentlichen folgende

---

[344] Vgl. z.B. die Definition der „Hauptleistungen" in § 17 I WVB (dazu o. § 11 II).
[345] S. zum Begriff o. § 11 III.3.
[346] Art. 30 CISG nennt aber Übergabe der Dokumente *neben* Eigentumsübertragung, und das mit gutem Grund, denn das Eigentum an der Ware wird nicht stets durch Einigung und Übergabe des Traditionspapiers übertragen; nach anderen Rechtsordnungen kann das anders sein.
[347] § 11 III.3. und § 12 I.
[348] Entladekosten im Bestimmungshafen gehen nur zu Lasten des Verkäufers, wenn sie nach dem Beförderungsvertrag vom Verkäufer zu tragen sind, sonst muss sie der Käufer tragen (A6b, B6c).

Pflichten: Beschaffung der für die Einfuhr erforderlichen Genehmigungen etc. sowie Erledigung der Einfuhrzollformalitäten (B2), Übernahme der Ware, wenn sie vertragsgemäß geliefert worden ist und Entgegennahme vom Frachtführer im benannten Bestimmungshafen (B4), Gefahrtragung ab vertragsgemäßer Lieferung (B5), Kostentragung ab dem Zeitpunkt der vertragsgemäßen Lieferung (B6), Annahme des zur Verfügung gestellten Transportdokuments, wenn dieses mit dem Vertrag übereinstimmt (B8).

Andere spezielle Standardbedingungen, wie zum Beispiel die Geschäftsbedingungen des Waren-Vereins der Hamburger Börse (WVB) gehen noch stärker in die Einzelheiten. So enthalten die WVB in §§ 32–51 allein für Abladegeschäfte[349] eine Fülle von Regelungen der Ausführungsphase.

3. Quantitätskontrolle

Im Konnossement werden die Art der Güter sowie Maß, Zahl oder Gewicht angegeben (vgl. § 643 HGB). Vor oder beim Laden erfolgt dann meist eine Quantitätskontrolle durch Wiegen, Messen etc. Hat der Verfrachter (d.h. das Personal des Reeders) Grund zu der Annahme, dass Angaben des Abladers nicht stimmen, so gibt er die Angaben mit einem Zusatz (sog. Unbekannt-Klausel) weiter (§ 645 HGB). Diese Quantitätsprüfung ist für den Käufer wichtig, weil er sonst im Vertrauen auf die in den Dokumenten angegebenen Mengen und deren Übereinstimmung mit der Lieferung zahlt, dann aber u.U. zu wenig Ware erhält. Wer die **Kosten** für das Wiegen, Messen etc. tragen muss, bestimmen wieder die *Incoterms*. Im Falle des FOB- und des CIF-Geschäfts muss sie der Verkäufer tragen (*Incoterms 2010*, FOB A9, CIF A9).

Bestimmte Waren, z.B. Trockenfrüchte oder „Schalenobst"[350] schrumpfen bei längerem Transport durch Flüssigkeitsverlust. Die Hamburger Kaufleute wissen das und haben diese Fakten in ihre Geschäftsbedingungen eingearbeitet. Eine entsprechende Vermutung für einen **natürlichen Schwund** ist in § 37 Abs. 1 S. 2 WVB enthalten. Der Vertrag kann zum Beispiel Toleranzgrenzen angeben. Man kann ferner durch bestimmte Klauseln klären, wer das Risiko für den Schwund tragen muss, z.B. mit der Klausel „nach ausgeliefertem Gewicht" (Risiko für den natürlichen Gewichtsverlust trägt hier der Verkäufer) oder umgekehrt „Originalgewicht" (Risiko trägt der Käufer). Im letzteren Fall muss der Verkäufer nur – etwa durch einen kaiamtlichen Wiegevermerk – nachweisen, wie viel Ware er im Ursprungsland abgeladen hat.[351] Der Käufer muss dann eventuell den Gegenbeweis antreten, dass eine

---

349 Zum Begriff s.o. Fn. 207.
350 Dazu gehören z.B. Nüsse, Erdnüsse, Mandeln, Pistazien.
351 Ein solcher „Wiegeschein" kann auch unabhängig vom Konnossement nach dem Vertrag erforderlich sein.

Gewichtsdifferenz bei Ankunft nicht auf natürlichem Schwund, sondern z.B. auf Unterschlagung von Teilen der Ware beruht.

Etwas anders stellt sich die Problemlage in Bezug auf die Qualitätskontrolle dar. Obwohl es auch hier routinemäßige Verfahren gibt, die als Teil der Abwicklung der Verträge anzusehen sind, soll wegen des engen Zusammenhangs mit der Gewährleistung die Kontrolle in einem besonderen Abschnitt (unten VI.) behandelt werden.

4. Finanzielle Ausführung

Auch auf der finanziellen Seite der Vertragserfüllung muss zwischen einfachen Liefergeschäften, bei denen in kurzer Zeit Waren und Zahlungen ausgetauscht werden, und langfristigen, komplizierten Projekten unterschieden werden. Für beide stellen sich zwar partiell ähnliche Probleme der Ausführung und Absicherung von finanziellen Leistungen. Für beide steht auch das Akkreditiv als Mittel der Ausführung und zugleich der Sicherung im Vordergrund. Für die komplexen Langzeitverträge ergeben sich jedoch zusätzliche Probleme, die in einem besonderen Abschnitt (unten zu c) behandelt werden sollen.

a) Dokumentenakkreditiv *(documentary letter of credit)*[352]

In Anknüpfung an den früher schon skizzierten Fall des Sherry-Kaufs in Spanien[353] kann man von folgendem Szenario ausgehen:

> Die deutsche Fa. K in Hamburg will von der spanischen Fa. V erstmals Sherry kaufen. K will, dass V für den Transport bis zum Bestimmungshafen verantwortlich ist. Mit dem Gefahrübergang nach Ankunft der Ware auf dem Schiff wäre K einverstanden. V soll aber die Transportversicherung abschließen. V möchte sicher sein, dass K prompt zahlt, und dass er zu einem möglichst frühen Zeitpunkt über das Geld verfügen kann. K will aber sicher sein, dass er ordentliche vertragsgemäße Ware erhält. Keine Seite will vorleisten in der Weise, dass der andere erst abwartet, bis er die Ware bzw. das Geld vollständig erhalten hat.

In einem solchen Fall bietet sich zunächst ein Vertrag „CIF Hamburg" an. Der käme den Interessen der Parteien entgegen, löst aber noch nicht das Problem des Austauschs der Leistungen nach dem Prinzip „*do ut des*". Hierfür ist das Dokumentenakkreditiv die geeignete „mittlere Lösung", eine Art Kompromiss zwischen Vorauszahlung und Zahlung nach Erhalt der Ware. In einer einfachen Form ist dieses Geschäftsmodell schon zu Zeiten der Hanse praktiziert worden, wobei an Stelle einer Bank im Land des Verkäufers auch ein Geschäftsfreund des Käufers eingeschal-

---

[352] Vgl. dazu *Nielsen/Jäger*, Grundlagen des Akkreditivgeschäfts, in: Schimansky u.a. (Hrsg.), Bankrechts-Handbuch, 4. Aufl. 2011, § 120.
[353] Oben § 12 I.

tet sein konnte. Die moderne Entwicklung hat dann vor allem im englischsprachigen Raum stattgefunden, wofür auch der heute international üblich Ausdruck „*Letter of Credit*" (abgekürzt L/C) spricht.[354]

Man unterscheidet im deutschen Sprachgebrauch zwischen dem einfachen Akkreditiv und dem Dokumentenakkreditiv. Beim ersten wird Zahlung an den Legitimierten versprochen, beim zweiten wird für die Zahlung die Legitimation des Zahlungsempfängers und Vorlage bestimmter Dokumente verlangt. Heute geht es typischerweise um **folgendes Vertragsgefüge**:

K und V schließen zunächst den Kaufvertrag ab, in dem Zahlung per Dokumentenakkreditiv gegen Vorlage bestimmter Dokumente vereinbart ist. K wendet sich an seine Hausbank im eigenen Land (Bank 1) und beauftragt sie mit der „Eröffnung" eines Dokumentenakkreditivs zugunsten der Fa. V. Bank 1 eröffnet, d.h. gibt ein entsprechendes abstraktes Zahlungsversprechen gegenüber V ab. Bank 1 erteilt aufgrund eines Geschäftsbesorgungsvertrages mit einer Bank 2 im Land des Verkäufers dieser Bank einen Auftrag zur Zahlung gegen Vorlage der im Kaufvertrag bezeichneten Dokumente. Bank 2 gibt V davon Nachricht. Daraufhin schickt V die Ware los; sie wird (im Fall von „CIF Cadiz") in Cadiz auf ein von V gewähltes Schiff verladen. Vorher wird im Hafen die Ware von einem Qualitätssachverständigen geprüft, der darüber ein Dokument ausstellt. V stellt für die Ware eine Rechnung aus. Die Reederei stellt über die abgeladene Ware ein Konnossement aus. Ferner wird von V eine Transportversicherung abgeschlossen. Alle vier Dokumente – es können im Einzelfall auch mehr sein – legt nun V der Bank 2 vor. Diese muss sie sorgfältig prüfen. Wenn alles in Ordnung ist, zahlt Bank 2 an V die im Auftrag bezeichnete Summe aus. Bank 2 schickt danach (eventuell mit einem internationalen Kurierdienst) die Dokumente an Bank 1, die ihr daraufhin zahlt. Bank 1 gibt die Dokumente an K weiter und belastet dessen Konto. Das alles geht schneller als der Seetransport, so dass K bei Ankunft der Ware sofort unter Vorlage der Dokumente die Ware vom Beförderer übernehmen kann. Eigentum hat er – jedenfalls bei Anwendung des deutschen Rechts – schon mit Übergabe des Konnossements erlangt. Er kann sogar schon über die Ware weiter verfügen, bevor sie in Hamburg angekommen ist (Verkauf „schwimmender Ware").

---

354 Gegenwärtig werden weltweit bei schätzungsweise 15% aller internationalen Handelsgeschäfte Dokumentenakkreditive verwendet.

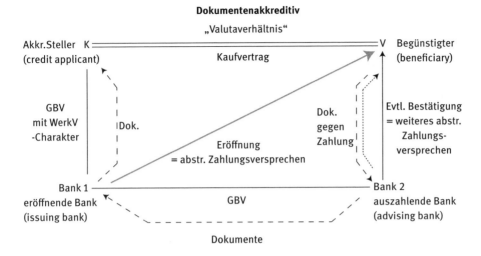

Schon vor längerer Zeit hat die **ICC allgemeine Regeln für Dokumentenakkreditive** aufgestellt, die gegenwärtig in einer Ausgabe von 2006 unter dem Namen *„ICC Uniform Customs and Practice for Documentary Credits, 2006 revision"*[355] vorliegen. Diese einheitlichen Regeln und Gebräuche haben sich weltweit durchgesetzt. Allerdings sind sie ebenso wie die *Incoterms* **keine Rechtsnormen** im engeren Sinne. Ihre Geltung sollte immer ausdrücklich vereinbart werden, z.B. in den betreffenden Dokumenten durch den Zusatz „ERA 600" (englisch „UCP 600"). Für die im Handel mit US-Unternehmen üblichen *„Standby Letters of Credit"* hat die ICC zusammen mit dem Institute of International Banking Law and Practice gesonderte *„International Standby Practices 1998 – ICP98)* veröffentlicht.

Einige Feinheiten zu diesem rechtlichen Instrument sind noch zu ergänzen.

Es gibt **zwei Grundformen:**

(1) **Widerrufliche** (*revocable*) Akkreditive. Diese können jederzeit ohne Angabe von Gründen geändert oder annulliert werden, jedenfalls bis die Dokumente bei der ersten Bank eingereicht worden sind.[356] Damit sind sie für den Verkäufer eine unsichere Sache und wenig gebräuchlich.

(2) **Unwiderrufliche** (*irrevocable*) Akkreditive. Diese stehen mit der Eröffnung fest. Grundsätzlich besteht hier eine unabänderliche Zahlungspflicht der eröffnenden Bank. Sie sind teurer als (1), aber praktisch die Regel.

---

355 ICC public. No. 600, Paris 2006. Deutscher Titel: „Einheitliche Richtlinien und Gebräuche für Dokumenten-Akkreditive" Ausgabe 2006 (ERA 600), Berlin 2007, in Kraft seit 1.7.2007 (engl. Abkürzung UCP 600).
356 Art. 1 ERA 600.

Die Vertragstexte sollten also immer eindeutig erkennen lassen, welche Art von Akkreditiv gemeint ist. Ist das nicht erkennbar, so soll nach Art. 3 ERA 600 das Akkreditiv unwiderruflich sein.

Ferner gibt es die **teilbaren Akkreditive**; diese sind immer dann vertraglich angezeigt, wenn Teillieferungen vereinbart wurden oder wenn bei Langzeitverträgen Teilleistungen vergütet werden sollen (siehe dazu unten 4.e).

Die Gültigkeitsdauer eines Dokumentenakkreditivs ist stets begrenzt. Es muss also immer ein **Verfallsdatum** tragen; auch das ist in den ERA 600 (Art. 6 lit. d und i) geregelt. Wenn die Bank 2 das Akkreditiv „bestätigt" (*confirmed L/C*), übernimmt sie eine eigene Zahlungsverpflichtung (nach deutschem Recht ein abstraktes Schuldversprechen); andernfalls ist sie nur Erfüllungsgehilfin der Bank 1.

Umstritten war, ob die Bank eine materielle **Prüfungspflicht** hat. Die Vorlage *echter* Dokumente ist grundsätzlich erforderlich. Aber nicht jede Fälschung ist gleich erkennbar. Die Frage ist, zu wessen Lasten das Fälschungsrisiko geht. Nach heute wohl einhelliger Auffassung muss die Bank zwar prüfen, ob die Dokumente mit den Angaben ihres Akkreditivauftrags übereinstimmen, z. B. ob das vorgelegte Konnossement, wenn es laut Auftrag „*clean*" (d.h. frei von Vorbehalten, z.B. ohne „Unbekannt-Klausel") sein muss, auch tatsächlich „*clean*" ist. Das bedeutet nach Art. 14 lit. a ERA 600 eine **Prüfung „*on their face*"** (deutsch: „ihrer äußeren Aufmachung nach"). Das Fälschungsrisiko trägt die Bank also nicht. Sie hat auch keine materiellen Nachprüfungspflichten, etwa ob der Verkäufer tatsächlich seine vertraglichen Pflichten erfüllt hat, ob er sich ein Dokument erschlichen hat oder ob er es sonst zu Unrecht erhalten hat. Es gilt der Grundsatz der Dokumentenstrenge. Die Verpflichtung aus dem Akkreditiv ist abstrakt, d.h. unabhängig vom Grundgeschäft (in der Regel einem Kaufvertrag), was in den Art. 4 ERA 600 ausdrücklich betont wird.

Allerdings stellt sich auch hier – ähnlich wie beim **missbräuchlichen Abruf** einer Bankgarantie auf erstes Anfordern[357] – die Frage, ob in extremen Fällen auch gegen die Zahlungsverpflichtung aus einem Dokumentenakkreditiv der Einwand der unzulässigen Rechtsausübung (§ 242 BGB) durchgreift. Dies wird zwar meist mit dem Hinweis abgelehnt, dass die Bank bei Vorlage von „*on their face*" korrekten Dokumenten zahlen *muss*. Aber parallel zu den Fällen der Bankgarantie kann sich auch hier die Konstellation ergeben, dass der Käufer vor der Vorlage von der Fälschung oder sonstigen unlauteren Erlangung eines Dokuments erfährt, dies auch beweisen kann und die Bank rechtzeitig warnt. Dann liegt eine Parallele zum Missbrauchseinwand bei der Bankgarantie nahe. Es gibt hierzu einzelne Entscheidungen

---

357 Vgl o. § 12 IV.5.

und Literaturmeinungen aus verschiedenen Ländern.[358] Die ERA 600 in der Fassung von 2006 sagen dazu nichts.

Dass das Dokumentenakkreditiv sowohl in der vertraglichen Konstruktion als auch bei manchen Problemen Parallelen zur Bankgarantie aufweist, ist kein Zufall. Akkreditive waren früher entwickelt, die Bankgarantie wurde ihnen nachgebildet; seine Erfinder hatten das Akkreditiv vor Augen und haben es für die Sicherungszwecke angepasst. In den USA heißt die Bankgarantie „*standby letter of credit*" (Bereitschafts-Akkreditiv), was ein deutlicher Hinweis auf die Herleitung ist.

Sonderformen

deferred payment	Zahlungsaufschubsfrist nach Vorlage der Dokumente
transferable credit	Übertragbares Akkreditiv (Art. 38 ERA 600)
back to back credit	Gegenakkreditiv (z.B. Akkreditiv zugunsten eines Generalunternehmers wird wirtschaftlich verbunden mit einem weiteren zugunsten dessen Subunternehmer)
red or green clause credit	(Vorfinanzierung, Begünstigter erhält schon vor den Dokumenten Geld)
partial drawings	Teilbares Akkreditiv (vgl. Artt. 31, 32 ERA 600)

b) Dokumenteninkasso *(documentary collection)*

Wenn die Parteien des Grundgeschäfts sich schon besser kennen und die Kosten des Akkreditivs sparen wollen, können sie auf das einfachere Mittel des Dokumenteninkassos zurückgreifen. Hierbei reicht der Verkäufer die Dokumente bei einer Bank oder einem Inkassoinstitut ein mit dem Auftrag, für ihn den Kaufpreis gegen Aushändigung der Dokumente einzuziehen. Zwischen dem Inkassoauftraggeber und dem Inkassobeauftragten handelt es sich dabei um einen Geschäftsbesorgungsauftrag. Die mit dem Inkasso beauftragte Bank kann wiederum im Land des Schuldners eine zweite Bank einschalten und mit dieser einen weiteren Geschäftsbesorgungsvertrag abschließen. Der Schuldner (i.d.R. Käufer) wird dann von dieser Bank zur Zahlung des Kaufpreises gegen Aushändigung der Dokumente aufgefordert. Schematisch ergeben sich damit folgende Vertragsbeziehungen:

---

[358] *Mahler*, Rechtsmissbrauch und einstweiliger Rechtsschutz bei Dokumentenakkreditiven…, Frankfurt(M) u.a. 1986; MünchKommHGB/*Nielsen*, Bd. 5, 2. Aufl. 2009, Anhang I, Rn. H 219 ff m.w.Nw.

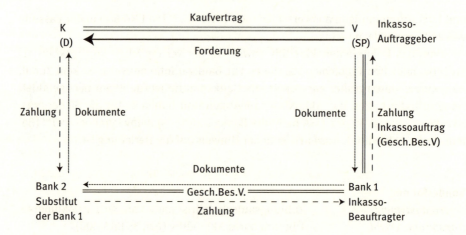

Ähnlich wie beim Dokumentenakkreditiv geht es um ein ganzes Bündel von Dokumenten, zum Beispiel Ursprungszeugnis, Qualitätszeugnis, Lade- oder Transportdokumente (z.B. Konnossement), Handelsrechnung, Zollfaktura (spezielle Rechnung für Zollabfertigung im Importland) und Transportversicherungsschein. Auch für diese Art von Geschäft hat die Internationale Handelskammer in Paris **(ICC) Einheitliche Richtlinien für Inkassi (ERI)** herausgegeben, die zzt. in einer Fassung von 1995 (ERI 522) gelten.[359]

Die Unterschiede zum Dokumentenakkreditiv liegen vor allem in Folgendem:

Die Bank 1 (Inkassobeauftragte) wird grundsätzlich nur im Auftrag und Interesse des Inkassoauftraggebers, also des Exporteurs (i.d.R. Verkäufers) tätig, während beim Akkreditiv umgekehrt der Importeur (i.d.R. der Käufer) den Auftrag an die eröffnende Bank erteilt. Die mit dem Inkasso beauftragte Bank trifft deshalb auch nur eine stark reduzierte Prüfungspflicht. Nach Art. 12 a) der ICC-Richtlinien ERI muss sie nur „... prüfen, ob die erhaltenen Dokumente den im Inkassoauftrag aufgezählten Dokumenten zu entsprechen scheinen".[360] Der Inhalt der Dokumente kann ihr also im Übrigen gleichgültig sein. Vor allem aber gibt die Bank beim Dokumenteninkasso – anders als beim bestätigten Dokumentenakkreditiv – kein abstraktes Zahlungsversprechen. Sie übernimmt nur die **Pflicht, zu versuchen, vom Käufer Zahlung zu bekommen**. Dies ist vergleichbar mit der Situation beim Einzug eines Schecks. Scheitert der Versuch, so hat die Bank nur die Pflicht, den Auftraggeber (also den Verkäufer) davon unverzüglich zu unterrichten. Natürlich händigt sie

---

[359] *ICC*, Uniform Rules for Collections, 1995 revision, public. No. 522, Paris 1995; dazu auch Baumbach/*Hopt*, HGB, 35. Aufl. 2012, 2. Teil (12).
[360] Englischer Text: „... *determine that the documents received appear to be as listed in the collection instruction* ...".

dann auch die Dokumente nicht an den Käufer aus. Bei Beauftragung einer zweiten Bank im Land des Käufers hat diese die Stellung eines Substituten der ersten Bank (§ 664 Abs. 1 S. 2 BGB). Auch diese Bank trifft dann nur die oben beschriebene schwache Prüfungspflicht.

Die Nachteile des Dokumenteninkasso für den Verkäufer liegen auf der Hand. Seine Absicherung ist viel geringer als beim Dokumentenakkreditiv. Wenn der Käufer die Dokumente nicht einlöst, kommen sie an den Verkäufer zurück.[361] Der Verkäufer hat also letztlich das Ausfall- und Kostenrisiko. Andererseits hat er aber beim Inkasso gegen Dokumente immer noch etwas mehr Sicherheit als bei der Vereinbarung „Zahlung gegen Rechnung nach Auslieferung"[362]. Bei dieser hängt er völlig von der Zahlungsfähigkeit und Zahlungsbereitschaft des Käufers ab, ist die Ware los und hat allenfalls noch Vorbehaltseigentum, während er beim Dokumenteninkasso immer noch mit Hilfe der Dokumente anders über die Ware verfügen kann.

Es gibt aber eine Unterform des Dokumenteninkassos, bei der dies anders ist: „*documents against acceptance*"[363]. Hier erhält der Käufer die Dokumente gegen Abgabe eines Zahlungsversprechens (z.B. Wechselakzept), muss also nicht Zug um Zug gegen Aushändigung der Dokumente zahlen, sondern hat noch eine Zahlungsfrist. Die Unterart ist wenig gebräuchlich und eignet sich nur, wenn die Parteien ein hohes Maß von Vertrauen zueinander haben.

c) „Kasse gegen Dokumente" (*cash against documents*)

Bei dieser Klausel, die im Handelsverkehr ebenfalls häufig praktiziert wird, ist der Käufer verpflichtet, den Kaufpreis Zug um Zug gegen Aushändigung der Dokumente zu zahlen. Der Käufer ist ferner verpflichtet, die ihm angedienten Dokumente, sofern sie formal in Ordnung sind, anzunehmen. Dies kann auch ohne Einschaltung von Banken abgewickelt werden. Der Käufer kann dann sofort mit Hilfe der Dokumente über die Waren weiter verfügen, kann diese aber nicht vor Zahlung untersuchen, also eventuelle Mängel erst nach Zahlung geltend machen.[364]

---

361 Entsprechendes gilt für die bereits abgesandte Ware, wenn der Verkäufer sie nicht anderweitig absetzen bzw. umleiten kann.
362 Z.B. bei der Klausel „Kasse gegen Erhalt der Rechnung".
363 Vgl. Art. 7 ERI 522.
364 Vgl. BGH IPRax 1989, 100. Eine Ausnahme davon soll nach dem Grundsatz von Treu und Glauben nur dann eingreifen, wenn der Käufer im Zeitpunkt der Andienung der Dokumente über sichere Beweise verfügt, dass die Ware nicht vertragsgemäß ist und er deshalb entsprechende Gewährleistungsansprüche hat.

d) Zahlungsabwicklung ohne Dokumente (*clean payment*)

Schließlich kann die Zahlungsabwicklung auch ohne Dokumente stattfinden, sog. „clean payment". Sie erfolgt zum Beispiel durch Hingabe eines Schecks oder durch Überweisung nach Erhalt der Ware, oder vorweg, so dass der Verkäufer erst nach Erhalt des Schecks liefern muss. Liefert er erst nach Eingang des Überweisungsbetrages, so handelt es sich um Vorauszahlung. Banken werden hier nur als Übermittler der Zahlung eingeschaltet, ohne dass ihnen Dokumente vorgelegt werden müssen. Diese Formen sind risikoreich: Bei Vorauszahlung trägt der Käufer das volle Risiko. Bei Überweisung nach Erhalt der Ware hat der Verkäufer das Risiko der Nichtzahlung bzw. des Zahlungsverzugs, und bei Leistungspflicht nach Empfang des Schecks hat er immerhin noch das Risiko der Nichteinlösung des Schecks.

e) Langzeitverträge

Bei Verträgen, deren Ausführung sich über einen längeren Zeitraum erstreckt, zum Beispiel einem Anlagenvertrag (etwa Bau einer Industrieanlage, eines betriebsfertigen Flughafens oder einer anderen großen Infrastruktureinrichtung) ergeben sich Besonderheiten der finanziellen Abwicklung vor allem daraus, dass wegen des Umfangs und der langen Dauer eine Vorfinanzierung durch den Auftragnehmer unmöglich ist und deshalb die finanzielle Abwicklung sich über mehrere Jahre hinziehen muss. Häufig wird schon vor Beginn der Bauarbeiten eine Vorauszahlung geleistet. Die weitere Abwicklung erfolgt dann stufenweise nach Maßgabe der erbrachten Leistungsteile. Diese müssen fachkundig beurteilt werden, zum Beispiel durch Aufmaß, Berechnung oder Bewertung. In der Regel spielt dabei der *Consulting Engineer* [365] eine maßgebliche Rolle (vgl. dazu u. Anhang Nr. 12, Klauseln 3.1 ff). Für die Zahlungsabwicklung können teilbare Dokumentenakkreditive[366] eingesetzt werden. Wegen des Zusammenhangs mit anderen Problemen bei langfristigen und komplexen Verträgen werden die speziellen Zahlungsmechanismen in dem Abschnitt mitbehandelt, der sich mit komplexen Langzeitverträgen allgemein befasst.[367]

Praxis-Tipps
Bei der finanziellen Ausführung von internationalen Verträgen spielt das Dokumentenakkreditiv (*letter of credit*) eine zentrale Rolle. Es hat zugleich eine Sicherungsfunktion für beide Vertragsparteien. Die Praxis stützt sich im Wesentlichen auf die von der ICC herausgegebenen „Uniform Customs and Practice for Documentary Credits" (UCP 600, deutsche Abkürzung: ERA 600) i.d.F. von 2007, die keine formellen Rechtsnormen sind, aber zu einer weltweit einheitlichen Anwendung geführt haben.

---

365 S. dazu o. § 10 II und III.
366 Vgl. ERA 600 Art. 31 „*partial drawings*".
367 S. u. § 13.

Beim Dokumentenakkreditiv gibt eine Bank im Auftrag eines Kunden (Akkreditivsteller) einem Dritten (Begünstigten) ein abstraktes Zahlungsversprechen, und zwar Zahlung gegen Vorlage bestimmter näher bezeichneter Dokumente. Regelmäßig ist dann eine weitere Bank im Land des Begünstigten eingeschaltet, die die Zahlung gegen Dokumente ausführt (auszahlende Bank).

Es gibt widerrufliche und unwiderrufliche Akkreditive. Die Vertragstexte sollten immer klar erkennen lassen, welche Art gemeint ist. Unwiderrufliche sind teurer, aber praktisch die Regel. Jedes Akkreditiv muss ein Verfallsdatum haben, denn die Gültigkeitsdauer ist immer begrenzt.

Neben dem Dokumentenakkreditiv gibt es auch das Dokumenteninkasso. Dieses Instrument ist preiswerter, bietet dem Gläubiger der Geldschuld aber nicht die gleiche Sicherheit. Es eignet sich also eher für Vertragsparteien, die sich schon besser kennen. Auch für das Dokumenteninkasso gibt es Einheitliche Richtlinien der ICC (ERI, zzt. i.d.F. von 1995).

Schrifttum zu V.4 (Finanzielle Ausführung)

Bankrechts-Handbuch, hrsg. von Schimansky, Bunte, Lwowski, 4. Aufl. München 2011, § 120 bearb. von *Nielsen/Jäger*.

Baumbach/*Hopt*, HGB, 35. Aufl. München 2012, 2. Teil, (7) Bankgeschäfte, Rn. K/1-K/28.

ICC, Einheitliche Richtlinien für Inkassi (ERI 522), ICC Publik. 522, Paris 1995.

ICC, Einheitliche Richtlinien und Gebräuche für Dokumenten-Akkreditive (ERA 600), ICC- Publik. 600, Berlin 2006.

Seeger in: Kümpel/Wittig/Bauer/Seeger, Bank- und Kapitalmarktrecht, 4. Aufl. Köln 2011, Rn. 13.101 ff.

Nielsen, in: Münchener Kommentar zum HGB, Bd. 5, 2. Aufl. München 2009, Anhang I, H. Das Dokumentenakkreditiv im internationalen Handel, Rn. H 219-H 241.

VI. Qualitätskontrolle und Gewährleistung

1. Es besteht ein enger Zusammenhang zwischen der Qualitätsbestimmung im Vertrag, der Qualitätsprüfung vor dem Versand oder bei der Verladung, der Qualitätskontrolle im Bestimmungshafen oder nach der Auslieferung an den Käufer, der Klärung eventueller Meinungsverschiedenheiten über die Qualität und schließlich den vertraglichen Gewährleistungsrechten des Käufers.[368] Zum Teil werden – vor allem bei längerfristigen Lieferbeziehungen – besondere Qualitätssicherungs (QS)-Vereinbarungen zwischen Verkäufer und Käufer getroffen. Das Ganze sollte ein harmonisches System sein; insbesondere müssen **bei den verschiedenen Phasen der Qualitätsbezeichnung und Qualitätskontrolle sowie bei der Gewährleistung gleiche Maßstäbe** zugrunde gelegt werden, die in der Branche einheitlich verstanden werden. Ein gutes Beispiel bieten wieder die traditionsreichen Bedingungen des

---

[368] Die Unterscheidung zwischen Mangel und Falschlieferung hatte beim Handelskauf schon immer wenig Bedeutung und spielt seit der Schuldrechtsreform von 2002 im deutschen Kaufrecht keine erhebliche Rolle mehr, vgl. § 434 Abs. 3 BGB und BT-Drucks. 14/6040 S. 216.

Waren-Vereins der Hamburger Börse (WVB), zzt. in der Fassung vom 20.3.2007, die übrigens formularmäßig das UN-Kaufrecht ausschließen (§ 2 Abs. 2 WVB).

2. Beispielfall

Die Firma K in Hamburg und die Firma V in einem Land am Mittelmeer, das nicht Mitgliedstaat der EU ist, schließen einen Vertrag über die Lieferung von 20.000 kg getrockneter Feigen Ernte 2011, Region „XY", in Kisten zu je 25 kg.

Als Preis wird € 7,–/kg FOB „XY" (*Incoterms 2010*) vereinbart. Die WVB (Fassung 2007) werden zum Vertragsinhalt gemacht.[369] Der Verkäufer muss auf Wunsch des Käufers ein Ursprungszeugnis und ein Qualitätszeugnis eines vereidigten Sachverständigen über den Zustand der Ware vor Verladung im Verladehafen beschaffen. Die Geltung des UN-Kaufrechts wird für diesen Vertrag ausdrücklich ausgeschlossen. Als Vertragsstatut wird das deutsche Recht gewählt. Ferner wird vereinbart, dass das Schiedsgericht des Warenvereins der Hamburger Börse e.V. alle Streitigkeiten aus dem Vertrag entscheiden soll.

Anmerkungen zum Fall

Die Bezeichnung der Ware im Vertrag erfüllt die elementaren Anforderungen an die Gattungsbezeichnung im Handelsverkehr, nämlich Art der Ware, Herkunft, Erntejahr und Verpackung. Abweichungen in diesen Punkten bedeuten auf jeden Fall, dass die Ware vertragswidrig ist. Nach einhelliger Auffassung zu den WVB sind Abweichungen bezüglich der oben genannten vier Punkte Gattungsmängel, die zur Zurückweisung der Ware berechtigen.[370] Ob das auch für die Größe der Kisten angemessen ist, erscheint fraglich. U.E. kommt es hier auf den Einzelfall an, zum Beispiel ob es sich um wesentlich größere Kisten handelt, ob der Weiterverkauf in bestimmten Größen üblich ist etc. Jedenfalls muss man bedenken, dass das Umpacken für einen Großhandelskaufmann ein Horror ist und die Kosten ganz erheblich erhöhen kann. Es zeigt sich in diesem Fall also, dass der Vertrag nur die engere Gattung festlegt, über die Qualität als solche dagegen nichts aussagt. Hier wäre unter Umständen eine Präzisierung hinsichtlich Handelsklasse, Größe der Feigen etc. nötig. Allerdings können auch solche Angaben je nach Branchenüblichkeit noch engere Gattungsbezeichnungen sein. Ist in Bezug auf Qualität nichts Konkretes vereinbart,

---

[369] Dadurch wird die FOB-Klausel etwas abgewandelt: Nach § 34 der WVB darf der Verkäufer von Trockenfrüchten und Schalenobst das Schiff selbst auswählen und muss es beschaffen. Dass die WVB den Incoterms vorgehen, ergibt sich aus § 2 WVB. Im vorliegenden Fall handelt es sich tatsächlich um Trockenfrüchte. Für die hier behandelte Problematik spielt die Abweichung aber keine Rolle.

[370] § 48 Abs. 2 WVB; *Sieveking*, Die Geschäftsbedingungen des Waren-Vereins der Hamburger Börse e.V., Berlin 1979, § 19 Rn. 19.

so ist mittlere Art und Güte geschuldet (§ 243 Abs. 1 BGB), und es sind ferner eventuelle Handelsbräuche zu berücksichtigen (§ 346 HGB).

Die Untersuchung vor der Verschiffung ist bei FOB nach *Incoterms* 2010 (Nr. A 9 Abs. 1) vom Verkäufer zu bezahlen. Sie hat für beide Parteien einen gewissen Wert; für V ist sie u.U. zu seiner Entlastung wichtig, denn trotz des Qualitätszeugnisses kann es ja sein, dass die Ware dann doch in vertragswidrigem Zustand im Bestimmungshafen ankommt.

> V besorgt im Ursprungsland das Qualitätszeugnis eines vereidigten Sachverständigen und sendet es zusammen mit einem Ursprungszeugnis und den weiteren nach dem Vertrag geforderten Dokumenten mit Kurier an K. Das Schiff mit den Feigenkisten kommt 14 Tage später in Hamburg an. K untersucht am Ankunftstag auf dem Kai im Hamburger Hafen 30 der 800 Kisten und stellt fest, dass in drei Kisten jeweils mindestens 10 Früchte von Milben befallen sind. K fragt nun, welche Rechte er hat und was er tun muss.

Lösungshinweise
(1) Der Milbenbefall ist auf jeden Fall ein vertragswidriger Zustand. Hier handelt es sich jedoch nicht um einen Gattungsmangel, sondern um einen Qualitätsmangel von Teilen der Ware.
(2) Nach § 19 Abs. 1 WVB ist die **Vertragswidrigkeit zzt. des Gefahrübergangs entscheidend**; das stimmt mit dem deutschen Gesetzesrecht überein (vgl. § 434 Abs. 1 BGB). Die Gefahr geht nach der Klausel FOB mit Ankunft auf dem Schiff über (*Incoterms* 2010 Nr. A5). Es ist jedoch nicht sicher, ob die Ware schon zu diesem Zeitpunkt von den Milben befallen war oder ob die Milben erst während des Schiffstransports in die Ware gelangt sind. Das Qualitätszeugnis aus dem Ursprungsland gibt keinen hundertprozentigen Beweis, denn auch dort wurde nicht jede Kiste geöffnet. Allenfalls begründet es eine widerlegliche Vermutung für die Mangelfreiheit der Ware zum Zeitpunkt unmittelbar vor der Verladung.
(3) K muss **unverzüglich** nach Beendigung der „Entlöschung" (d.h. Ausladen im Bestimmungshafen) die **Ware untersuchen**, soweit dies nach ordnungsgemäßem Geschäftsgang tunlich ist (§ 49 WVB). Dabei ist zu unterscheiden, ob die Ware in einem Container befördert wurde und dann in demselben Container alsbald vom Bestimmungshafen weiterbefördert wurde oder ob sie im Bestimmungshafen nach der Entlöschung des Schiffes ausgeladen wurde. Wir nehmen an, dass Letzteres hier zutrifft. Dann muss der Empfänger unverzüglich nach der Entlöschung untersuchen. Er muss ferner die festgestellte vertragswidrige Beschaffenheit unverzüglich dem Verkäufer anzeigen. In § 49 Abs. 4 WVB ist dies konkretisiert: Die Unverzüglichkeit ist gewahrt, wenn die Rüge dem Verkäufer innerhalb von drei Geschäftstagen nach Beginn der Untersuchungsfrist zugeht. K muss also sehr schnell, zum Beispiel durch E-mail oder Fax, dem Verkäufer seine Mängelanzeige übermitteln.

(4) Im vorliegenden Fall hat K die Ware noch am selben Tag unmittelbar am Kai untersucht. Wird nämlich die Ware vom Kai fortgeschafft, bevor ein Gutachten über den Zustand nach der Verfahrensordnung für Sachverständige des Warenvereins erstattet worden ist, so gilt nach den WVB die Ware als genehmigt, es sei denn, die vertragswidrige Beschaffenheit war bei ordnungsgemäßer Untersuchung nicht erkennbar. K darf also die **Ware bis zur Begutachtung nicht vom Kai entfernen.**[371] Zum Kai gehört auch eine Lagerhalle auf dem Kai; man darf sich also nicht vorstellen, dass die Ware schutzlos im Freien liegen bleibt.

(5) Kommt es zu keinem Einverständnis zwischen den Parteien, z.B. weil V behauptet, die Ware sei in einwandfreiem Zustand verladen worden, so greift nun ein eigenartiges Instrument des internationalen Handels ein: die sog. **Qualitätsarbitrage**. Grundlage ist in unserem Fall § 31 WVB, den die Parteien ja schon in ihrem Vertrag mitvereinbart haben. Es geht hier um einen Streit über die Beschaffenheit und den Minderwert der Ware. Für die Parteien ist wichtig, dass schnell entschieden wird, da Lagerkosten entstehen, der Weiterverkauf verzögert wird und sich die Milben weiter ausbreiten können. Hier sieht § 31 WVB ein einfaches „routinemäßiges" Verfahren zur Erledigung typischer Streitfälle durch **Sachverständige** vor. Nach § 11 Abs. 1 der WVB-Verfahrensordnung für Sachverständige[372] sind die Anträge schriftlich unmittelbar an die Sachverständigen zu richten. Die Anträge sollen vom den Sachverständigen möglichst innerhalb von drei Geschäftstagen nach Eingang erledigt werden (§ 12 Verfahr.Ordnung). Auch eine Partei allein kann das Verfahren in Gang setzen. Die Gutachter werden nach folgendem Modell bestimmt: Das Kollegium besteht aus mindestens zwei Sachverständigen. Jede Partei benennt einen Sachverständigen. Diese beiden müssen einen Dritten („Obmann") wählen, wenn sie sich nicht über das Gutachten einigen können oder wenn mindestens eine Partei das verlangt (§ 3 Abs. 2 Verfahr.Ordnung). Was die zwei bzw. drei Gutachter schließlich befinden, ist rechtlich nicht als Schiedsspruch (oder „Schiedsurteil"), sondern als **Schiedsgutachten** zu qualifizieren. Sie stellen vor allem Tatsachen fest (z.B. Beschaffenheit der Feigen, Ausmaß der Mängel, Minderwert)[373] und nehmen grundsätzlich keine rechtliche Subsumtion vor. Das schließt nicht aus, dass Rechtsfragen mittelbar in ihrem Gutachten eine Rolle spielen. So wird es in unserem Fall darauf ankommen, ob der Milbenbefall noch vor dem Zeitpunkt des Gefahrübergangs oder danach eingetreten ist. Diese **Feststellungen** sind **für ein späteres Schiedsverfahren** – falls es überhaupt dazu kommt – **grundsätzlich verbindlich**, es sei denn, dass sie offenbar unrichtig sind oder auf einem unzulässigen Verfahren beruhen (§ 31 Abs. 1 S. 4 WVB).

---

371 Vgl. § 49 Abs. 5 WVB.
372 Zzt. in der Fassung vom 20.3.2007.
373 Man kann das Verfahren deshalb auch als „*fact-finding procedure*" bezeichnen.

Nehmen wir an, dass in unserem Fall zwei Sachverständige nach gründlicher Untersuchung der Ware übereinstimmend zu dem Ergebnis kommen, dass der Milbenbefall sich auf 85 der 800 Kisten beschränkt, dass die Milben bzw. ihre Eier oder Larven schon mindestens 1 Monat in den Kisten gewesen sein müssen, also vor Gefahrübergang, und dass damit ein Minderwert der Gesamtpartie von 12% vorliegt.

Nun wird die Regelung der **Gewährleistungsrechte in den WVB** wichtig. Dabei zeigt sich ein eigenartiges System:
- Grundsätzlich ist die „Partie" im Ganzen zu beurteilen, hier also alle 800 Kisten. Eine Ausnahme gilt dann, wenn weniger als 10% einer Partie vertragswidrig beschaffen sind und der vertragswidrige Teil sich ohne weiteres abtrennen lässt (§ 19 Abs. 9 WVB). Hier lassen sich zwar die befallenen Kisten abtrennen, aber es sind mehr als 10%, nämlich 85 von 800 Kisten vertragswidrig.
- Dann hat der Käufer **folgende Rechte**: Er kann, wenn der Minderwert mehr als 10% des am maßgeblichen Tag geltenden Marktpreises vertragsgemäßer Ware beträgt, Rückgängigmachung des Vertrages oder als Nacherfüllung Lieferung mangelfreier Feigen verlangen (§ 19 Abs. 3 und 3a WVB). Hier kommt es also auf 10% bezüglich des Minderwertes und nicht auf 10% der Quantität der Lieferung an. Er kann aber auch verlangen, dass der Verkäufer ihm „den am maßgeblichen Tage bestehenden Unterschied zwischen dem Wert der vertragwidrig beschaffenen Ware und einer vertragsmäßig beschaffenen Ware (Minderwert) vergütet" (§ 19 Abs. 2 WVB). Das ist nicht ganz identisch mit der Minderung nach § 441 BGB; deshalb wurde eine abweichende Terminologie gewählt.
- Schadensersatz gemäß §§ 437, 440 BGB ist – außer bei Arglist (§ 444 BGB) – aufgrund von § 19 Abs. 6 WVB ausgeschlossen. Die Grenzen des § 307 BGB (Inhaltskontrolle von AGB) müssen aber auf jeden Fall eingehalten werden.

Die Sachverständigen haben also durch ihre Wertbestimmung im Rahmen der Qualitätsarbitrage eine Rückgängigmachung des Kaufvertrages nicht ausgeschlossen, aber zugleich eine eventuelle Minderung begrenzt. K oder V könnten das vor einem Schiedsgericht angreifen, aber dieses hätte in Bezug auf die Tatsachenfeststellungen nur noch einen engen Spielraum. Das Gutachten der Sachverständigen ist „für das Schiedsgericht verbindlich, es sei denn, dass es offenbar unrichtig ist oder auf einem unzulässigen Verfahren beruht" (§ 31 Abs. 1 S. 4 WVB). Die Sachverständigen müssen allerdings ihre Feststellungen ausreichend begründen (§ 13 Abs. 2 und § 18 Verfahr.Ordnung); andernfalls liegt ein Verfahrensmangel vor.

Wir nehmen an, und dass beide Parteien sich – wie meist in solchen Fällen – mit dem Ergebnis der Qualitätsarbitrage zufrieden geben und nicht noch das Schiedsgericht anrufen. Sie sind an weiteren Geschäftsbeziehungen interessiert und wissen als Branchenzugehörige, dass Milben in Trockenfeigen schon mal vorkommen können. Die eher routinemäßige Erledigung des Falles kommt ihnen also entgegen. Dazu trägt auch bei, dass die Regelungen der WVB in vielen Punkten wesentlich präziser sind als die des BGB oder der CISG. K wählt hier allerdings die Rückgängigmachung des Vertrages, weil ihm bei dem relativ hohen Anteil von mangelhaften Kisten das Risiko zu groß ist.

Die **Gebühren** für die Qualitätsarbitrage sind mäßig (vgl. §§ 19–22 Verfahr.Ordnung); sie sind wesentlich geringer als die Kosten eines Schiedsgerichtsverfahrens. Die Kosten muss V als unterliegende Partei tragen (§ 25 Verfahr.Ordnung). V muss dem K außerdem die Lagerkosten während der Dauer der Qualitätsarbitrage und die Kosten der Sachverständigen-Untersuchung bezahlen. Beides ergibt sich als „notwendige Verwendungen" gemäß § 19 Abs. 3 WVB bzw. „notwendige Kosten der Rechtsverfolgung der obsiegenden Partei entsprechend § 91 ZPO"[374]. Dagegen bekommt K keinen weitergehenden Schadensersatz, z.B. wegen inzwischen eingetretener ungünstiger Veränderung des Wiederverkaufspreises.

Die Qualitätsarbitrage im Rahmen der WVB ist also ein Beispiel dafür, wie im internationalen Warenhandel häufige Interessenkonflikte ohne große Streitverfahren durch **vertragsinterne Mechanismen** erledigt werden können. Das Verfahren ist weder aufwendig noch teuer, vor allem schnell und darauf ausgerichtet, das „Klima" der Geschäftsbeziehungen zu schonen. In rechtlicher Hinsicht ist bemerkenswert, dass die WV-Bedingungen mit ihrer Verfahrensordnung zwar auf das deutsche Zivilrecht und Zivilverfahrenrecht abgestimmt sind (teilweise ausdrücklich auf Vorschriften des BGB und HGB Bezug nehmen), aber im Rahmen des Abdingbaren durchaus eigene Wege gehen, die den Besonderheiten des Warenimports angepasst sind.

Es gibt für andere Bereiche[375] und andere Handelsplätze ähnliche Modelle. Qualitätsarbitrage ist für die routinemäßige Erledigung der Qualitätskontrolle, Gewährleistung und entsprechende Streitbeilegung ein international verbreitetes Instrumentarium.

Zur Qualitätssicherung bei Logistikleistungen s. u. § 13 V.5f).

3. In den **UNECE General Conditions No. 188** (Anhang Nr. 3) werden die Qualitätsinspektionen und -tests in cls. 5.1. bis 5.7. geregelt. Unter der Überschrift „Guarantee" finden sich in cls. 9.1. bis 9.17. detaillierte Bestimmungen zur Sachmängelhaftung. Hier fällt auf, dass innerhalb einer bestimmten Frist *(„guarantee period")* der Verkäufer grundsätzlich zur Mängelbeseitigung verpflichtet ist. Kommt er der

---

[374] So die ständige Entscheidungspraxis des Schiedsgerichts des Warenvereins.
[375] In Hamburg z.B. die „Hamburger Privatarbitrage für den Kaffeehandel", den Verein der Getreidehändler der Hamburger Börse mit Schlichtungsverfahren und eigenem Schiedsgericht oder die „Hamburger freundschaftliche Arbitrage".

Pflicht nicht nach, so hat der Käufer das Recht zur Ersatzvornahme auf Kosten des Verkäufers. Verschulden ist keine Anspruchsvoraussetzung, doch greift eine schärfere Haftung im Fall von *„gross misconduct"* des Verkäufers ein. Befreiungen *(reliefs)* von der Verantwortung des Verkäufers gibt es in Fällen der Leistungsstörungen aufgrund von Umständen *„beyond the control of the parties"* (cl. 10.1.), also in *force majeure*-Situationen. Lieferverzögerungen sind in cls. 7.2ff, Zahlung und deren Verzögerung in cls. 8.1. bis 8.7. geregelt. Das System der Leistungsstörungen stellt sich hier also als eine Kombination aus kontinental-europäischen und englischen Komponenten dar.

Praxis-Tipps
Für internationale Lieferverträge ist ein gut durchdachtes Qualitätskontroll-System wichtig. Dabei müssen die Qualitätsbestimmungen im Vertrag, die Qualitätsprüfung vor dem Transport, die Qualitätskontrolle am Bestimmungsort (z.B. Bestimmungshafen), die Klärung eventueller Meinungsverschiedenheiten über die Qualität und die vertraglichen Gewährleistungsrechte aufeinander abgestimmt sein. Soweit es Qualitäts-Normen gibt, sollten diese zugrunde gelegt werden. Wenn in der Branche eine funktionierende Qualitätsarbitrage existiert, sollte diese schon im Vertrag vereinbart werden.

Für Verträge über Maschinen und Industrieausrüstungen kommen als Grundlage die UNECE General Conditions No. 188 in Betracht, die in Bezug auf Sachmängelhaftung und sonstige Leistungsstörungen einen Mittelweg zwischen kontinentaleuropäischem und englischem Recht gehen.

Schrifttum zu VI. (Qualitätskontrolle und Gewährleistung)

Behrens, J., Erfolgsfaktor Qualitätsmanagement, Nürnberg 2001.
Sieveking, Die Vertragsbedingungen des Waren-Vereins der Hamburger Börse e.V., Berlin 1979.
Schlechtriem/Schwenzer, Kommentar zum Einheitlichen UN-Kaufrecht, 5. Aufl. München 2008, Kommentierung zu Artt. 35–44 CISG.

VII. Sonstige Störungen der normalen Erfüllung

1. Allgemeines

Es gibt kein einheitliches „System der Leistungsstörungen" oder der Vertragsverletzungen, das für alle internationalen Verträge anwendbar wäre. Die verschiedenen Rechtsordnungen gehen diesen Problembereich in ganz unterschiedlicher Weise an und haben jeweils ihre eigene Systematik und ihre eigenen Lösungen. Die internationalen Regelwerke, wie die CISG oder die UPICC, haben zwar den Versuch unternommen, übergreifende Systeme zu entwickeln. Sie sind aber vom Anwendungswillen der konkreten Vertragsparteien abhängig: Bei den UPICC müssen sie diese in ihren Vertrag einbeziehen, bei der CISG können sie die Anwendung jedenfalls ausschließen, und das wird in der Praxis überwiegend getan.

So kommt man also zu dem unerfreulichen, aber realistischen Zwischenergebnis, dass letztlich die konkrete Vertragsgestaltung im Zusammenspiel mit dem jeweiligen Vertragsstatut (also nationalem Vertragsrecht) entscheidet. Demnach sieht man sich mit einer großen Vielfalt konfrontiert. Sind die Vertragsbedingungen zum Beispiel an französisches Recht angelehnt, wird von *„vices cachés"*, *„inexécution"* etc. die Rede sein, orientieren sie sich am englischen Recht, regeln sie *„breach of contract"*, *„rescission"* oder *„remoteness of damage"*. In den seltensten Fällen wird bei internationalen Verträgen die deutsche Dogmatik der Leistungsstörungen zugrunde gelegt. Für einen deutschen Juristen bedeutet dies, dass er nicht von vertrauten Kategorien und Begriffen ausgehen kann, sondern sich in die jeweils im konkreten Fall verwendeten Formeln und Regelungsmodelle einarbeiten muss.

Im Folgenden werden wir uns auf typische Regelungsmuster und speziell für den internationalen Geschäftsverkehr entwickelte Klauseln konzentrieren.

2. Vertragsverletzungen auf der Verkäufer- bzw. Auftragnehmerseite

Bei einfachen Lieferverträgen entstehen die Probleme mit Störungen der normalen Erfüllung vor allem auf der Verkäuferseite. Auf der Seite der Käufer, die in erster Linie die Ware abnehmen und zahlen müssen, sind die Fragen der Leistungsstörungen relativ unkompliziert.

Bereits im Kapitel über staatliche und überstaatliche Einwirkungen auf private Verträge[376] haben wir gesehen, dass **internationale Verträge störungsanfälliger** sind als Verträge, die nur in einem Land geschlossen und ausgeführt werden. Bereits beim Vertragsschluss muss ein Export- und Importvertrag diversen Normen aus mindestens zwei verschiedenen Rechtsordnungen gerecht werden, ferner noch sonstigen staatlichen Vorgaben, wie Kontrollen, Anzeigepflichten oder Genehmigungen. Daran kann sein Zustandekommen schließlich sogar scheitern. Im Fall der türkischen Weinlieferung[377] scheiterte die Ausführung an staatlichen Importgenehmigungen und (sich häufig ändernden) europäischen Vorschriften zum Schutz der europäischen Winzer. Die Störungen der Vertragserfüllung durch hoheitliche Eingriffe können noch viel massiver sein, wie die Embargo-Fälle oder die politisch motivierten Störungen (z.B. Sperrung des Suez-Kanals, Revolution oder Bürgerkrieg in einem afrikanischen Land) zeigen. Hinzu kommen naturbedingte Behinderungen bis hin zu Tornados, Erdbeben oder Tsunamis. Die internationale Vertragspraxis hat sowohl für die staatlich-politischen als auch die naturbedingten gravierenden Störungen typische Lösungsmodelle entwickelt, die wir zum Teil schon im Zusammenhang mit den staatlichen Einwirkungen auf die Verträge kennen gelernt haben[378]:

---

376 S.o. § 7.
377 S.o. § 11 II.6.
378 Vgl o. § 7 III.

Force majeure-Klauseln und *Hardship*-Klauseln. Das ist nun noch in etwas größerem Zusammenhang zu betrachten.

Die **Vertragsgestaltungen im internationalen Handels- und Wirtschaftsverkehr** stammen häufig von anglo-amerikanischen oder jedenfalls unter dem **Einfluss des *Common Law*** ausgebildeten Juristen. Dementsprechend liegen ihnen vorwiegend die dogmatischen Ansatzpunkte des *Common Law* zugrunde. Danach haftet der Schuldner grundsätzlich für *breach of contract*, also jede objektive Vertragsverletzung, ohne dass es auf sein Verschulden oder Vertretenmüssen ankommt. Regelmäßige Rechtsfolge ist dann Schadensersatz (*damages*). Dieser wird allerdings nicht uneingeschränkt gegeben, sondern ist durch die Vorhersehbarkeits-Regel (*foreseeablity*) begrenzt. Die weitgehende Haftung wird jedoch eingeschränkt, wenn die objektive Vertragsverletzung auf höherer Gewalt (*force majeure*) beruhte oder von der anderen Vertragspartei verursacht wurde. Der Erfüllungsanspruch ist dagegen ein „*equitable remedy*", d.h. er besteht keineswegs generell, sondern wird nur nach richterlichem Ermessen gewährt, sofern die Beschränkung auf Schadensersatz im konkreten Fall unbillig wäre. Auflösung des Vertrages als Rechtsfolge wird nur bei schwerwiegenden Vertragsverletzungen zugestanden.

Dieses System unterscheidet sich offensichtlich sehr von der deutschen Dogmatik. Durch die Schuldrechtsreform wurde sie zwar einen Schritt an das oben dargestellte System des *Common Law* angenähert, aber es bleibt immer noch ein großer Abstand. Jeder Gläubiger aus einem Vertrag hat **nach deutschem Recht** grundsätzlich einen Erfüllungsanspruch, der auch gerichtlich durchsetzbar ist. Davon gibt es nur geringe Ausnahmen (z.B. bei Dienstverpflichtungen oder Ehevermittlern). Schadensersatz statt der Leistung gibt es nur bei einer „Pflichtverletzung" des Schuldners, die dieser „zu vertreten" hat (§§ 281 Abs. 1, 280 Abs. 1 BGB). Allerdings wird dies durch eine Umkehr der Beweislast gemildert: Der Schuldner muss beweisen, dass er die (objektiv verstandene) Pflichtverletzung nicht zu vertreten hat, d.h. grundsätzlich, dass ihn oder seine Erfüllungsgehilfen kein Verschulden trifft. Außerdem muss der Gläubiger etwas tun, um den primären Erfüllungsanspruch in einen Schadensersatzanspruch überzuleiten, im Allgemeinen durch das Setzen einer angemessenen Frist für die Nacherfüllung. Rücktritt vom Vertrag ist seit der Schuldrechtsreform von 2002 eingeschränkt; hier liegt z.B. eine Annäherung an das *Common Law* vor. Nicht jede Pflichtverletzung führt zum gesetzlichen Rücktrittsrecht. Die Einschränkungen hängen nicht mehr vom Vertretenmüssen des Schuldners ab, sondern von anderen Voraussetzungen, u.a. bei der Verletzung einer Hauptpflicht in gegenseitigen Verträgen von vorheriger angemessener Fristsetzung zur Leistung oder Nacherfüllung. Im Übrigen spielen die Unterschiede zwischen den verschiedenen Arten der Leistungsstörungen (Sachmängelhaftung, Rechtsmängelhaftung, anfängliche oder nachfolgende Unmöglichkeit, Schuldnerverzug usw.) immer noch eine gewichtige Rolle, auch wenn sie seit der Reform von 2002 gewissermaßen in „die zweite Reihe" zurückgetreten sind.

Es verwundert nicht, dass dieses **deutsche Modell** der Folgen von Vertragsverletzungen **im internationalen Handel kaum angenommen** wird. Es ist wesentlich komplizierter und stößt mit dem Erfordernis des „Vertretenmüssens" bei Ausländern auf Bedenken oder sogar Unverständnis.

3. Vertragsstörungen in Langzeitverträgen

Wenn auch bei internationalen Verträgen statt der deutschen Dogmatik häufig der Ansatz des *Common Law* als Ausgangspunkt genommen wird,[379] so zeigt doch die Realität der Vertragsgestaltung – insbesondere von Langzeitverträgen – erhebliche Unterschiede zur Dogmatik in einem englischen Vertragsrechts-Lehrbuch:

(1) Die grundsätzliche Haftung für jede Vertragsverletzung ohne Rücksicht auf Verschulden wird gemildert durch Kataloge oder allgemeine Umschreibungen von Entlastungsgründen (bezeichnet als „*reliefs*", „*excepted risks*", „*war clauses*", und vor allem durch die erwähnten *Force majeure*-Klauseln und *Hardship*-Klauseln). Schon das englische *Common Law* kennt ja enge Ausnahmen unter dem Stichwort „*act of God*". Daraus ist nun in den internationalen Vertragswerken ein komplexes Regelsystem geworden, das wesentlich weiter als Ausnahmen für „*act of God*" reicht.

(2) Die konkreten Vertragsbedingungen in internationalen Verträgen gehen eher wieder nach bestimmten typischen Vertragsverletzungen vor, aber zum Teil nach anderen als in der deutschen Dogmatik der Leistungsstörungen.[380] Es zeigt sich hier, dass für diese unterschiedlichen Verletzungs- und Störungstatbestände die pauschalen Rechtsfolgen nicht genügen, sondern speziellere Prozeduren und Rechtsfolgen geregelt werden müssen. Man braucht eben doch differenzierte Regelungen, aber die Ansätze sind pragmatischer. Im *Common Law* wird das durch hochdifferenziertes *Case Law* abgedeckt, aber davon kann man in der internationalen Vertragspraxis nicht einfach ausgehen; also bedarf es entsprechender präziser Vertragsbestimmungen. Zwangsläufig führt das zu umfangreicheren Verträgen.

(3) Sieht man in die einzelnen Vertragsbedingungen, so erkennt man entgegen der anglo-amerikanischen Dogmatik, dass die Parteien in ihrem Vertragswerk sehr wohl von konkreten Erfüllungsansprüchen ausgehen. Sie können das aufgrund

---

379 Selbst ein Regelwerk wie die UNECE-Bedingungen, das sich um eine neutrale und nicht an ein Rechtssystem gebundene Gestaltung bemüht (vgl. o. § 11 IV.), kann die Orientierung am *Common Law* gelegentlich nicht verbergen, z.B. wenn es in General Conditions No. 188 cl. 11.1. die Schadensersatzpflicht bei Vertragsverletzungen entsprechend der englischen „*foreseeability rule*" begrenzt.

380 So enthalten z.B. die *FIDIC Conditions for Plant and Design-Build 1999 („Yellow Book")* spezielle Regeln für „*delay*", „*delay caused by authorities*", „*defects after taking over*", Unterbrechung der Arbeiten durch den Auftraggeber oder Verzögerung und Behinderung durch Fossilienfunde.

der Vertragsfreiheit vereinbaren. Das zeigt sich besonders deutlich bei Anlagenverträgen oder anderen komplexen Langzeitverträgen. Man will in erster Linie die Ausführung des Projekts vorantreiben. Dazu gibt es diverse vertragsinterne Instrumente, z.B. bei unzureichendem Baufortschritt die Pflicht des Auftragnehmers (*Contractor*), nach Aufforderung durch den „*Engineer*" ein „*revised programme and supporting report*" zur Beschleunigung vorzulegen, oder bei Verzögerung der Abnahme (*taking-over certificate*) durch den Auftraggeber (*Employer*) ein Verfahren, das in eine fiktive Abnahme münden kann. Die Geltendmachung von Schadensersatz ist in den meisten Fällen von Vertragsverletzungen ein eher sparsam eingesetzter Notbehelf. Die Auflösung des Vertrages ist die *ultima ratio*, denn sie ist für beide Parteien solcher Projekte ein Verlustgeschäft. Wenn es zu Kostenerhöhungen kommt oder Terminverschiebungen erforderlich werden, wird das vertragsintern meistens durch entsprechende Anordnungen (Zahlungsanweisungen, Fristverlängerungen, Planungsänderungen etc.) des „*Engineer*" erledigt (vgl. dazu u. Anhang Nr. 12. Cls. 3.3 und 3.5). Schiedsgerichtliche Verfahren sollen möglichst vermieden werden. Näheres dazu u. § 13 und § 20.

Praxis-Tipps
Die Vertragsgestaltungen im internationalen Handels- und Wirtschaftsverkehr sind oft vom angloamerikanischen Common Law beeinflusst. Dementsprechend folgen sie in ihren Grundzügen dessen Dogmatik. Danach haftet der Schuldner grundsätzlich für jede objektive Vertragsverletzung (*breach of contract*), ohne dass es auf sein Verschulden bzw. „Vertretenmüssen" ankommt. Regelmäßige Rechtsfolge ist dann Schadensersatz (*damages*).
Dieser wird allerdings durch die Vorhersehbarkeit (*foreseeability*) begrenzt. Diese weitgehende Haftung wird durch Ausnahmen in Fällen höherer Gewalt (*force majeure*) oder Verursachung durch die andere Vertragspartei eingeschränkt.
In komplexen Langzeitverträgen wird dieses Grundgerüst jedoch erheblich abgewandelt. Die Vertragsbedingungen gehen – anders als das *Common Law* – von einem Erfüllungsanspruch aus. Leitgedanke ist das Vorantreiben und die erfolgreiche Realisierung des betreffenden Projekts. Schadensersatzansprüche werden eher sparsam geregelt und möglichst erst *nach* dem Projektabschluss reguliert. Stattdessen sehen die Vertragsbedingungen oft vertragsinterne Ausgleichsmechanismen vor. Die Auflösung des Vertrages ist *ultima ratio*.
Die konkreten Vertragsbedingungen folgen nicht dem deutschen System der Leistungsstörungen, unterscheiden aber pragmatisch nach bestimmten typischen Arten der Vertragsverletzungen oder sonstigen Störungen. Hierfür werden spezifische Verfahren und Rechtsfolgen vorgesehen. Gerichts- und Schiedsgerichtsverfahren sollen möglichst vermieden werden.

4. Gefahrtragung

Bei „Gefahrtragung" handelt es sich um einen deutschen Rechtsbegriff, den man nur mit Vorsicht im internationalen Geschäftsverkehr verwenden sollte. In der Sache geht es darum, wer die nachteiligen Folgen zu tragen hat, wenn der Leistungsgegenstand verschlechtert wird oder untergeht, ohne dass dies von einer Vertragspartei zu vertreten ist. Es geht also im Grunde um die **Verteilung von Risiken**. Dabei sind zweierlei Folgen zu regeln: Zum einen die Rechtsfolgen für die Leistungspflicht (sog. Leistungsgefahr), zum anderen die Rechtsfolgen für die Vergütungspflicht (sog. Gegenleistungs- oder Preisgefahr). Wir haben an einigen Stellen schon Gefahrtragungsvorschriften kennen gelernt, zum Beispiel bei den *Incoterms*.[381] Nach diesen trägt bei den Klauseln FOB und CIF der Käufer die Gefahr ab Ankunft der Ware auf dem Schiff; bei FREE CARRIER geht die Gefahr am *„named place"* (deutsch: benannten Ort) auf den Käufer über.[382]

Wir können hier nicht alle Einzelregelungen der Gefahrtragung in Gesetzen und Regelwerken verfolgen. Wichtig ist, dass man weiß, wo und unter welchen Stichworten man sie findet, denn sie sind manchmal – jedenfalls für deutsche Juristen – etwas versteckt.

Im **UN-Kaufrecht** finden sich die entsprechenden Bestimmungen in den **Artt. 66–70 CISG.** unter dem englischen Titel *„passing of risk"*. Der deutsche Text spricht von „Gefahrübergang". Art. 66 stellt zunächst klar, dass es um die Gegenleistungsgefahr geht. Gefahrübergang bezeichnet also „das Stadium in der Vertragsabwicklung, von dem ab der Käufer die Ware bezahlen muss, obwohl er sie nicht oder nur beschädigt erhält."[383] Art. 67 CISG behandelt allgemein den Gefahrübergang bei Verkauf von zu befördernder Ware und Art. 68 CISG die Fälle der schwimmenden oder sonst auf dem Transport befindlichen Ware. In den übrigen Fällen geht die Gefahr grundsätzlich mit Übernahme der Ware über (Art. 69 CISG mit einigen Sonderbestimmungen neben diesem Grundsatz). Es handelt sich also um ein anderes System als nach dem BGB.[384] Zusätzlich zu beachten sind in diesem Zusammenhang aber die Artt. 79 CISG zu „Befreiungen" (*force majeure*-Situationen) und 80 CISG (Nichterfüllung, deren Ursache vom Gläubiger verursacht worden ist).

In den **UNECE-Bedingungen** erscheinen die entsprechenden Bestimmungen ebenfalls unter der Überschrift *„passing of risk"*, z.B. in cl. 6 *General Conditions No. 188* (s. Anhang Nr. 3) oder in cl. 6 *General Conditions No. 574*. Die Gefahr geht danach bei vereinbarter Lieferung *„ex works"* vom Verkäufer auf den Käufer über, wenn der Verkäufer nach vorheriger Mitteilung den Liefergegenstand dem Käufer entsprechend der vertraglichen Vereinbarung zur Verfügung gestellt hat (*„placed at the disposal of the Purchaser"*). Für den Fall des Annahmeverzugs enthält cl. 7.6 eine besondere Regelung.

In den **FIDIC (Plant and Design Build) Conditions („Yellow Book")**, die viel in internationalen Anlagenverträgen verwendet werden, gibt es einen ganzen Ab-

---

[381] S. o. § 11 III. insbes. S. 100, 101, 103.
[382] Vgl. o. § 11 III 3.
[383] *Hager/Maultzsch* in Schlechtriem/Schwenzer, Komm. UN-Kaufrecht, 5. Aufl., Art. 66 CISG, Rn. 2.
[384] S. dort insbes. §§ 446, 447 BGB mit einigen verstreuten Sonderregeln.

schnitt über „*Risk and Responsability*"[385]. Der entscheidende Punkt für den Gefahrübergang ist hier grundsätzlich das „*Taking-Over-Certificate*" des *Engineer*, das ungefähr der Abnahme beim Werkvertrag entspricht. Unbedingt zu beachten ist hierbei aber die Zuweisung bestimmter Risiken an den Auftraggeber (Cl. 17.3 „*Employer's Risks*"), die sich teilweise mit der *Force majeure*-Klausel überschneidet. Hier wird also der Gefahrübergang bezüglich Risiken, die außerhalb jeder Kontrolle und Erwartung des Auftragnehmers liegen oder die in den Verantwortungsbereich des Auftraggebers fallen, vorgezogen.

Praxis-Tipps
„Gefahrtragung" ist ein deutscher Rechtsbegriff, den man nur mit Vorsicht im internationalen Geschäftsverkehr verwenden sollte. In der Sache geht es aber um Verteilung von Risiken, die von keiner der Vertragsparteien beherrscht werden können. Der Risikoübergang von einer Partei auf die andere (*passing of the risk*) ist also Regelungsgegenstand in allen Verträgen. Für Lieferverträge finden sich entsprechende Bestimmungen in allen *Incoterms*-Klauseln. Soweit das UN-Kaufrecht (CISG) Anwendung findet, ist der Risikoübergang dort in Artt. 66–70 geregelt.
Bei Großbauten- und Anlagenverträgen geht das Risiko grundsätzlich mit dem *Taking-Over-Certificate* auf den Auftraggeber über. Detaillierte Regelungen dazu finden sich z.B. in den *FIDIC Conditions*.

5. Anpassung von Verträgen

a) Neuverhandlung aufgrund von Hardship- und Force majeure-Klauseln

Im Zusammenhang mit **Hardship-Klauseln** haben wir schon ein Instrument kennen gelernt, das bei Verträgen mit längerer Laufzeit und komplexem Leistungsprogramm zunehmende Bedeutung bekommt. So heißt es in der oben[386] zitierten Musterklausel der ICC, dass die Vertragsparteien unter den näher bestimmten Voraussetzungen der „hardship" verpflichtet sind, innerhalb eines angemessenen Zeitraums „.... *to negotiate alternative contractual terms which reasonably allow for the consequences of the event.*" Hier wird also eine Neuverhandlungspflicht der Parteien festgelegt. Erst in zweiter Linie, wenn die Verhandlungen zu keinem Erfolg führen, erhält die belastete Partei ein Recht zur Beendigung des Vertrages. Auch in *Force majeure* -Klauseln gibt es solche Neuverhandlungspflichten mit dem Ziel der Anpassung des Vertrages. So heißt es zum Beispiel in einer von *Brabant* zitierten Klausel, die häufig in internationalen Bauverträgen verwendet wird: „*In case Force majeure lasts continuously for at least three months, then both parties shall meet to consult and agree on the necessary arrangements for further implementation of the Contract.*"[387]

---

[385] Cls 17.1 bis 17.6 in der Ausgabe 1999, die von Versicherungspflichten „flankiert" werden.
[386] § 7 III.2.
[387] *Brabant*, aaO (Fn. 109) Annexe No. 11A.

Die **Internationale Handelskammer** in Paris (ICC) hat sich ebenfalls des Problems der Vertragsanpassung angenommen. Sie hat 1978 allgemeine *„Adaptation Rules"*[388] ausgearbeitet, die bestimmte Verfahren zur Anpassung vorsehen. Da diese aber kein Erfolg waren, sind sie inzwischen von der ICC zurückgezogen worden.

b) Loyalitäts-Klauseln

Zum Teil vereinbaren die Vertragsparteien auch sog. Loyalitäts-Klauseln (*loyalty clauses*), die unterschiedliche Ausgestaltungsformen annehmen können. Grund für diese Klauseln war ursprünglich die Erkenntnis, dass die gesetzlich vorgesehenen Regelungsmechanismen nicht immer für alle Wechselfälle des Lebens sachgerechte und beiden Seiten gerecht werdende Lösungen vorsehen. Die Vertragsparteien bekunden mit derartigen Klauseln ihren Willen, eigene Lösungen zu finden.

Beispiel

> *„If circumstances arise during the life of the contract which substantially affect the economic or legal effects of the contract and for which no provision has been made in the contract or to which no consideration had been given on the conclusion of the contract, or if provisions of the contract prove to be unreasonable, then these circumstances shall be duly taken into consideration on the basis of reasonableness and fairness, and the type and extent of any necessary amendments of the contract shall depend in particular on the extent to which disadvantage suffered by one contracting party is accompanied by an advantage enjoyed by the other contracting party and vice versa."*

Loyalitäts-Klauseln können auch auf die Tatbestände der *„hardship"* Bezug nehmen. Zum Verhältnis der verschiedenen Klauseln zueinander s.u. § 12 VII.7.

c) Störungen der Geschäftsgrundlage

Auch in der deutschen Doktrin des **Wegfalls (bzw. Änderung) der Geschäftsgrundlage** ist die primäre Rechtsfolge ein Anspruch auf Anpassung des Vertrages (so seit 2002 ausdrücklich in **§ 313 Abs. 1 BGB**). Allerdings wird dort die Überleitung zu einem Rücktrittsrecht bzw. bei Dauerschuldverhältnissen einem Kündigungsrecht zumindest dem Wortlaut nach erschwert: Diese sollen nur dann erfolgen, wenn „eine Anpassung nicht möglich oder einem Teil nicht zumutbar" ist. Das ist eine sehr „weiche" Formulierung, die mehr **Fragen** aufwirft als löst, z.B.:

---

388 *ICC*, Rules for the Adaptation of Contracts.

(1) Besteht eine Neuverhandlungs*pflicht* der Parteien? Das ist umstritten. Eigentlich steht jedem „Anspruch" ja eine korrespondierende Verpflichtung gegenüber.
(2) Kann man auf Anpassung klagen oder nur auf die den veränderten Umständen angepasste Leistung?
(3) Ist die „Unmöglichkeit" der Anpassung objektiv zu verstehen oder genügt schon, dass die Parteien sich nicht über die Anpassung einigen können? Genügt für das Rücktrittsrecht schon die Weigerung einer Partei, über die Anpassung zu verhandeln?
(4) Die Unzumutbarkeit taucht in § 313 Abs. 1 gleich zweimal auf, nämlich als allgemeine Voraussetzung der Anpassung (Abs. 1 a.E.) und als Alternative zur Unmöglichkeit der Anpassung in § 313 Abs. 3 BGB. Wie verhalten sich die beiden „Unzumutbarkeiten" zueinander?

Man sieht, dass die Kodifizierung der Störungen der Geschäftsgrundlage und der daraus folgenden Vertragsanpassung im BGB nicht gerade überzeugend gelungen ist. Die entsprechenden Vertragsklauseln sind meistens präziser.

d) Flexibler und umsichtiger Einsatz der Vertragsanpassung

Allerdings müssen Anpassungsmechanismen sehr flexibel eingesetzt werden und sich an dem jeweiligen Vertrag orientieren. So gibt es in manchen langfristigen Verträgen zum Beispiel auch Pflichten zu *regelmäßigen* Revisions- und Anpassungsbesprechungen.[389] In Verträgen mit kürzerer Laufzeit kann man darauf verzichten. In Verträgen die einen *Consulting Engineer* vorsehen, der *„quasi-arbitral"* Befugnisse hat,[390] kann dieser zumindest kleinere oder häufig notwendig werdende Anpassungen vornehmen (vgl. dazu u. Anhang Nr. 12 Klauseln zu *„Variations and Adjustments"*). Schließlich gibt es Verträge, die eher einem Programm für die zukünftige Zusammenarbeit der Parteien gleichen, die also in die Zukunft offen sind und bei denen dann Anpassung im Wesentlichen Konkretisierung bedeutet. *Force-majeure*-Klauseln und *Hardship*-Klauseln fehlen heute aber in kaum einem internationalen Vertrag; sie sind so weit verbreitet, dass sie von manchen Autoren schon zur „neuen *lex mercatoria*" gerechnet werden.[391] Die unreflektierte Häufung von sich in den Tatbeständen überschneidenden Anpassungs- und Neuverhandlungsklauseln kann Schwierigkeiten bereiten (vgl. dazu auch u. 6.a und 7). Die Methode „Doppelt hält besser" ist bei der Vertragsgestaltung ein Irrweg.

---

389 S. dazu *Berger*, RIW 2000, 1 (4 f.).
390 S. dazu u. § 13 III.3(b).
391 *Goldman*, JDI 1979, 475 (488); *Philippe Kahn*, JDI 1975, 467 (474, 485). S. zu Neuverhandlungsklauseln u. ä. auch *Berger*, RIW 2000, 1 (6 f.).

6. Außerordentliche Beendigung des Vertrages

Ob eine Vertragspartei unter bestimmten Voraussetzungen ein Recht zum Rücktritt vom Vertrag oder zur fristlosen Kündigung hat, ist in erster Linie vom konkreten Vertrag zu regeln. Eine allgemeine normative Grundlage gibt es für internationale Handels- und Wirtschaftsverträge nicht. Das auf den Vertrag anwendbare internationale Einheitsrecht bzw. nationales Recht kann aber so etwas vorsehen. In der CISG ist für Störungen der Geschäftsgrundlage kein Recht der benachteiligten Partei zur Auflösung des Vertrages vorgesehen; vielmehr hat die andere Partei nach Art. 79 Abs. 5 CISG bei Ausbleiben der vertragsgemäßen Leistung alle Rechte außer Schadensersatzansprüchen, also auch das Aufhebungsrecht nach Art. 49 CISG. Folglich müssen die Vertragsparteien bei Geltung des Einheitlichen UN-Kaufrechts dessen Regelung durch besondere Vertragsbestimmungen ergänzen, wenn sie ein Auflösungsrecht der benachteiligten Partei, also des Schuldners der gestörten Leistung, wollen. Im *Common Law* werden derartige Fälle teilweise durch die Doktrin der *Frustration of Contract* erfasst, im französischen Recht durch die Theorie der *„Imprévision"* (die jedoch in die zivilgerichtliche Rechtsprechung nicht recht Eingang gefunden hat) und im deutschen Recht durch § 313 BGB (Störungen der Geschäftsgrundlage). Diese verschiedenen einzelstaatlichen Mechanismen sind keineswegs deckungsgleich und derart lückenhaft, dass sie eine sorgfältige vertragliche Regelung nicht ersetzen können.

a) MAC-Klauseln

Die Möglichkeit für eine der Parteien, sich nachträglich vom Vertrag zu lösen, kann sich aus einer **Material Adverse Change (MAC)-Klausel**[392] ergeben. Solche Klauseln sind in *Mergers & Acquisitions* (Fusion und Übernahme)-Verträgen und anderen Unternehmenskaufverträgen häufig[393], haben sich aber auch schon auf andere Bereiche ausgebreitet.

Ursprünglich stammen sie aus der US-amerikanischen Praxis, haben dort im Rahmen des *Common Law* einen guten Sinn und haben in den USA mit Hilfe der Auslegung durch einschlägige Rechtsprechung einigermaßen klare Konturen gewonnen. Wegen der Besonderheiten des Unternehmens- und Gesellschaftsrechts des Staates Delaware hat hierbei die Rechtsprechung der Gerichte dieses Staates, insbes. des *Court of Chancery,* eine bedeutende Rolle. Kurz gesagt, besteht der Zweck der Klauseln darin, dem Erwerber die Möglichkeit zu geben, sich von einer

---

[392] Deutsch: wesentlich nachteilige Veränderung. Die Klausel schließt natürlich nicht aus, dass sich die Parteien in einer MAC-Situation auf eine Vertragsanpassung, z.B. Preissenkung, einigen, aber die Klausel enthält i.d.R. keine Verpflichtung zu Anpassungsverhandlungen.

[393] S. dazu *Henssler* FS Ulrich Huber, 2006, S. 740ff; vgl. auch *Bartels/Tomes* aaO (Schriftt. S. 178), pp. 36ff m.w.Nw.

bereits eingegangenen Verpflichtung wieder zu lösen, wenn zwischen Vertragsunterschrift und tatsächlicher Durchführung eine wesentlich nachteilige Veränderung eintritt[394]. Es geht also vor allem auch um Verteilung von Risiken. Die nachteilige Veränderung muss nicht nur ein „wesentliches Gewicht" aus Sicht der Parteien haben, sondern vor allem auch von „längerfristiger Natur" sein, bzw. „... *striking at the heart of the purpose of the transaction in question ...*"[395]. Diese Wesentlichkeit (*materiality*) ist ein entscheidender Punkt bei der Auslegung. Der Erwerber hat ein Interesse an einer weiten und möglichst detaillierten Fassung der Klausel bzw. an deren weiter Auslegung[396], der Veräußerer das entgegengesetzte Interesse. Diese gegenläufigen Interessen führen dazu, dass derartige Klauseln bei Verhandlungen stark umkämpft sind; teilweise versuchen auch Parteien, eine rückwärtsgewandte Risikoverlagerung zu ihren Gunsten durch Formulierung von sog. *Carve-out*-Klauseln zu erreichen[397].

Daher ist entscheidend, was die Parteien im Einzelnen unter einem MAC-Ereignis verstehen und wie sie dies im Vertrag verankern. Eine typische Definition, die auch als Klausel-Bestandteil Verwendung finden kann, ist:

> „*Material Adverse Effect*" or „*Material Adverse Change*" *shall mean an event, occurrence or condition that has had, or could reasonably be expected to have, a material adverse change or effect on the business, condition (financial or otherwise), assets, liabilities, working capital or results of operations of the Company or its Subsidiaries, takes as a whole.*"[398]

In der deutschen Wirtschaftspraxis werden jetzt MAC-Klauseln (oder MAE = *Material Adverse Effect*-Klauseln) zum Teil als „*legal transplant*"[399] übernommen, was in dem anderen rechtlichen Umfeld Probleme bereitet. Deshalb wird in der deutschen Literatur vor der unreflektierten Übernahme gewarnt; *Henssler*[400] bezeichnet diese als „Irrweg". Im deutschen Recht überschneiden sich die MAC-Klauseln mit dem Rechtsinstitut des Wegfalls bzw. der Störung der Geschäftsgrundlage (§ 313 BGB) und in der Vertragspraxis auch mit *Force majeure*- und *Hardship*-Klauseln. Das kann zu unerwünschten Mehrfachwirkungen und konkurrierenden Rechtsfolgen führen. Auf jeden Fall sollte die Verwendung von MAC-Klauseln, neben der Definition der MAC auch im Hinblick auf Risikoverteilung zwischen den Parteien und Beweisfüh-

---

394 *Henssler* aaO S. 740.
395 *Busch* aaO (Schriftt. S. 178), S. 151; *Picot/Duggal* aaO, S. 2635 m.w.Nw..
396 Eine allgemeine Formulierung in abstrakter Form ist dagegen riskant, weil Gerichte diese restriktiv anwenden. Vgl. zur US-amerikanischen Rspr. *Londono*, aaO (Schriftt. S. 178), insbes. p. 14: „*The Court of Chancery approaches MAC litigation with the underlying idea that it is desirable to deploy a strict and narrow interpretation ...*" Vgl. auch Court of Chancery des Staates Delaware in *Hexion* v *Huntsman* 2008 WL 4457544 (Del. Ch. Sept. 29, 2008).
397 *Lange*, aaO (Schriftt. S. 178) 456.
398 S. dazu *Bartels/Tomes* aaO (Schrifttum S. 178) p. 44 m.w.Nw. und Formulierungsbeispielen.
399 S. dazu *Picot/Duggal* aaO, S. 2635.
400 AaO, S. 753.

rung sowie – *last but not least* – nach einer sorgfältigen „*Due Diligence*"[401], gut mit dem vertraglichen und sonstigen rechtlichen Umfeld abgestimmt werden.[402]

b) Dass auch aufgrund von **Force majeure-Klauseln** eine vorzeitige Vertragsbeendigung ausgelöst werden kann, wurde bereits oben[403] gezeigt. Allerdings ist dort meistens die primäre Folge zunächst die Verpflichtung zu Anpassungsverhandlungen; erst in zweiter Linie, z.B. nach einer bestimmten Dauer der Störung, folgt das Recht zur Vertragsbeendigung. Ähnlich ist die Rechtslage bei **Hardship-Klauseln**.[404] In die gleiche Richtung (aber in den Voraussetzungen vager formuliert) geht die Regelung für **Störungen der Geschäftsgrundlage** in § 313 BGB[405]: Primär gibt sie ein Recht auf Vertragsanpassung (Abs. 1), bei Unmöglichkeit oder Unzumutbarkeit der Anpassung das Recht des benachteiligten Teils zum Rücktritt bzw. zur Kündigung (Abs. 3).

Busch[406] verwendet den Begriff der MAC-Klausel und der *Force majeure*-Klausel in einem Atemzug, d.h. ohne rechtliche Differenzierung. Das kann nur verwirren. Diese beiden Klauseln dürfen nicht miteinander vermengt werden.

Schrifttum zu VII.6.a) (MAC-Klauseln)

Bartels, Steven S./Tomes, Kenda K, MAC Clauses: „Kill or Close the Deal", in: ACCA Docket 20, no. 9 (2002) pp. 36–53 (mit weiteren Nachweisen und Beispielen, die allerdings dem US-amerikanischen Rechtsraum entnommen sind).

Busch, Torsten, Bedingungen in Übernahmeangeboten, AG 2002, 145 ff.

Gilson/Schwartz, Understanding MACS: Moral Hazard in Acquisitions, 21 J.L.Econ.& Org. 330 (2005).

Henssler, Martin, Material Adverse Change – Klauseln in deutschen Unternehmenskaufverträgen – (r)eine Modeerscheinung? in: FS Ulrich Huber, Tübingen 2006, S. 739 ff.

Lange, Christoph, „Material Adverse Effect" und „Material Adverse Change"-Klauseln in amerikanischen Unternehmenskaufverträgen, NZG 2005, 454 ff.

Londono, M., MAC Litigation in Delaware Courts – A Seller's Friendly Approach, (Internet: MAC_Litigation_in_Delaware_ Courts-ML (Stand Dez. 2012).

Picot/Duggal, Unternehmenskauf: Schutz vor wesentlich nachteiligen Veränderungen der Grundlagen der Transaktion durch sog. MAC-Klauseln, DB 2003, 2535 ff.

Zerbe, A.A., The Material Adverse Effect Provision: Multiple Interpretations and Surprising Remedies, 22 J.L.&Com. 1718 (2002).

---

401 *Bartels/Tomes*, aaO, p. 45 und 52; *Picot/Duggal*, aaO, S. 2639; *Lange*, aaO, S. 457.

402 Dies nicht zuletzt deshalb, weil die Auslegung der Klausel gerade auch im Kontext des übrigen Vertragstextes erfolgt; vgl *Londono*, aaO p. 18: „.... *the MAC clause will always be read by Delaware Courts against the backdrop of other contract provisions.*"

403 § 7 III.2.

404 Vgl. o. § 7 III.3.

405 Vgl. o. Abschn. 5.c).

406 *Busch*, aaO (Schriftt.) S. 150.

7. Verhältnis der verschiedenen Klauselarten zueinander

Betrachtet man die üblicherweise verwendeten Formulierungen von Force majeure-, Hardship-, MAC- und Loyalitätsklauseln, so lässt sich eine wesentliche Gemeinsamkeit feststellen: Eine oder alle am Vertrag beteiligten Parteien versuchen ihre im Zeitpunkt des Vertragsschlusses bekannten Interessenlagen zukunftgerichtet gegen unvorhergesehene bzw. unvorhersehbare und als gravierend einzustufende Ereignisse zu schützen. Dabei bleibt zum Teil bewusst offen, was tatsächlich als gravierendes negatives Ereignis einzustufen ist und wer über diese Tatsachen entscheidet.

Von diesem interessengerichteten Gleichlauf abgesehen, kann man aber die verschiedenen Fallkonstellationen in folgende Gruppen einteilen:

a) Die Force majeure-Klausel erfasst regelmäßig solche Ereignisse, die unabhängig von einer oder allen Parteien von außen kommend auf das Vertragsverhältnis negativ einwirken und von einer vertraglich vereinbarten (Minimum-) Dauer sind, ohne dass der negative Einfluss entfällt oder dass sich das Resultat verbessert. Auch force majeure-Klauseln kennen aber meist für vorübergehende Unmöglichkeit eine Verhandlungspflicht. Die Klausel gilt grundsätzlich für die gesamte Laufzeit des Vertragsverhältnisses.

b) Die Material Adverse Change-Klausel (MAC-Klausel) erfasst regelmäßig solche negativen – nicht notwendig von außen kommenden – Ereignisse[407], die sich im Zeitraum zwischen Vertragsunterzeichnung und einem in der Zukunft liegenden, von den Parteien definierten Zeitpunkt der Vertragsausführung ereignen und die vom Ergebnis erkennbar zumindest eine Vertragspartei derart negativ belasten, dass das ursprüngliche Vertragsziel nicht aufrecht zu erhalten ist. Damit wirkt die MAC-Klausel nur für einen begrenzten Zeitraum während des Vertragsverhältnisses.

c) Die Hardship- und die Loyalitätsklausel regeln demgegenüber eine Situation, in der zwar auch negative Ereignisse eine oder alle Vertragsparteien in unvorhergesehener Weise negativ belasten, allerdings mit dem Unterschied, dass letztendlich die Vertragsparteien ein weiter bestehendes Interesse an der Aufrechterhaltung der Vertragsbeziehung und deren Erfüllung haben. Die negativen Konsequenzen des Ereignisses sollen durch die Verhandlungspflichten aus den Klauseln durch einvernehmliche Anpassung des Vertragsinhalts ausgeglichen werden. Die Hardship- und Loyalitätsklauseln gelten somit regelmäßig während der gesamten Vertragsdauer.

Betrachtet man diese Eingruppierungen, so können zumindest theoretisch alle drei Klauselgruppen in einem Vertrag vorkommen, da sie unterschiedliche Zielsetzun-

---

[407] Bei M & A Verträgen können sie z.B. auch aus der wirtschaftlichen Lage eines der beteiligten Unternehmen stammen.

gen und Tatbestandsvoraussetzungen haben werden. Tatsächlich dürften in der Realität eher nur jeweils zwei Typen gleichzeitig Verwendung finden: aa) und bb) *oder* aa) und cc). Unabhängig von dieser Einschätzung ist aber in jedem Fall empfehlenswert, im Vertragsaufbau auf eine saubere Trennung der Regelungsgegenstände zu achten sowie die Tatbestandvoraussetzungen und Rechtsfolgen der verschiedenen Klauseltypen nicht zu vermischen.

Praxis-Tipps

Längerfristige Verträge müssen u.U. an veränderte, unvorhersehbare, für den Vertrag wesentliche Rahmenbedingungen und neue faktische Situationen angepasst werden. Eine derartige Anpassung wird insbesondere aufgrund von Force majeure-Klauseln, Hardship-Klauseln und Loyalitäts-Klauseln ermöglicht, da diese einer Partei oder beiden Parteien eine ausreichende vertragliche Grundlage für die Aufnahme nachträglicher Vertragsverhandlungen bieten können. Die deutsche Doktrin des „Wegfalls der Geschäftsgrundlage" (§ 313 Abs. 1 BGB) ist für internationale Verträge keine geeignete rechtliche Grundlage.

Anpassungsmechanismen müssen sehr flexibel eingesetzt werden und sich am jeweiligen Vertragstyp und an der Dimension der erforderlichen Anpassung orientieren.

MAC (*Material Adverse Change*)- oder MAE (*Material Adverse Effect*)-Klauseln stammen ursprünglich aus der M & A Vertragspraxis in den USA, haben sich aber auch auf andere Bereiche ausgebreitet. Sie haben den Zweck, einem Vertragspartner (z.B. dem Erwerber eines Unternehmens) die Möglichkeit zu geben, sich von einem Vertrag zu lösen, wenn zwischen Unterzeichnung und Durchführung eine wesentliche nachteilige Veränderung eintritt. Entscheidend ist, was die Parteien als MAC-Ereignis definieren. Die Klauseln müssen nach einer sorgfältigen *„Due Diligence"* gut auf des vertragliche und sonstige rechtliche Umfeld abgestimmt werden. Da auch Force majeure- und Hardship-Klauseln in zweiter Linie (d.h. nach Ablauf einer bestimmten Zeit, Scheitern der Anpassungsverhandlungen o.ä.) ein Recht auf vorzeitige Vertragsbeendigung vorsehen, können sie sich mit MAC-Klauseln überschneiden. Bei der Vertragsgestaltung sollte jedoch auf eine saubere Trennung der verschiedenen Regelungsgegenstände geachtet werden und die verschiedenen Klauseltypen nicht vermengt oder unkoordiniert nebeneinander verwendet werden.

Schrifttum zu Abschn. VII.1. bis 7.

Brödermann, Risikomanagement in der internationalen Vertragsgestaltung, NJW 2012, 971 ff.
Fontaine, Les Clauses de Hardship – Hardship Clauses, dpci 1976, 7 ff, 51 ff.
ders., Les Clauses de Force Majeure dans les Contrats Internationaux, dpci 1979, 469 ff.
Horn, Procedures of Contract Adaptation and Renegotiation in International Commerce, in: Horn (ed.), Adaptation and Renegotiation of Conttracts in International Trade and Finance, Antwerp u.a., 1985, pp. 173 ff (auch veröff. unter http://www.trans-lex.org./130400).
Lange, Christoph, „Material Adverse Effect" und „Material Adverse Change-Klauseln" in amerikanischen Unternehmenskaufverträgen, NZG 2005, 254 ff.

8. Verjährung

Verjährung bedeutet im Zivilrecht, dass einem Recht aus zeitlichen Gründen materiellrechtliche oder verfahrensrechtliche Hindernisse entgegenstehen, so dass es nicht mehr durchgesetzt werden kann. Im deutschen Recht ist sie allgemein in

§§ 194–218 BGB geregelt und als materiellrechtliche Einrede ausgestaltet; die einzelnen Verjährungsfristen finden sich verstreut im jeweiligen Zusammenhang, z.B. im Kaufrecht § 438 BGB, im Werkvertragsrecht § 634a BGB oder in Sondergesetzen, wie § 12 ProdHaftG. Dem materiellrechtlichen Ansatz folgen auch die mit dem deutschen Recht verwandten Rechtsordnungen, insbesondere der Schweiz und Griechenlands. Im englischen Recht[408] und im darauf aufbauenden weltweit verbreiteten *Common Law* ist die entsprechende Einschränkung verfahrensrechtlich ausgestaltet, und zwar als Begrenzung der Klagbarkeit (*limitation of action*).

Die **kollisionsrechtliche Einordnung** (Qualifikation) des Verjährungsproblems folgt grundsätzlich der jeweiligen Einordnung der Sachnormen. Im deutschen Zivilrecht ist die Verjährung als materiellrechtliche Einrede ausgestaltet. Konsequent war dann im deutschen IPR (bis zur europarechtlichen Regelung) nach Art. 32 Abs. 1 Nr. 4 EGBGB a.F. für die Verjährung vertraglicher Ansprüche das auf den Vertrag anwendbare Recht maßgebend. Seit 2009 ist nun stattdessen die europäische **Rom I-VO** anzuwenden. Nach deren **Art. 12 Abs. 1 lit.d)** umfasst das **Vertragsstatut** ebenfalls die Verjährung vertraglicher Ansprüche. Für außervertragliche Schuldverhältnisse ist nach Art. 15 lit.h) Rom II-VO auf die Verjährung der betreffenden Ansprüche das auf diese anwendbare Recht maßgebend, also z.B. auf die Verjährung deliktsrechtlicher Ansprüche das Deliktsstatut. Im *Common Law* (z.B. den meisten Staaten der USA) wird die Verjährung dagegen traditionell als verfahrensrechtliches Problem qualifiziert. Daraus folgt, dass dort grundsätzlich das Recht am Gerichtsort (*lex fori*) angewendet wird. Das gilt jedoch nicht mehr im United Kingdom, weil dort schon seit 1984 ausländische Verjährungsvorschriften materiellrechtlich qualifiziert werden konnten[409] und seit 17.12.2009 auch die Rom I-VO gilt. [410] Ebenso ist die Rechtslage jetzt in Irland.

Extrem lange oder kurze Verjährungsfristen für zivilrechtliche Ansprüche können gegen den *ordre public* des Forumstaates, also Rechts am Sitz des angerufenen staatlichen Gerichts verstoßen (Art. 21 Rom I-VO); ihnen kann deshalb die Anwendung im konkreten Fall versagt werden.[411]

Das **Einheitliche UN-Kaufrecht** hat die Regelung der Verjährung ausgeklammert und lediglich für die Mängelrügefrist eine – auf Verlangen der Entwicklungsländer aufgeweichte – Regelung in Artt. 39, 44 CISG vorgesehen. Das UNCITRAL-

---

408 Vgl. den englischen Limitation Act 1980.
409 Nach dem Foreign Limitation Periods Act 1984 und einer entsprechenden schottischen Regelung. Ähnliche Regelungen gibt es auch in Australien und Neu-Seeland. Die Zahl der Common Law-Rechtsordnungen, die Verjährung noch verfahrensrechtlich qualifiziert, nimmt also ab; vgl. dazu auch *Hay*, IPRax 1989, 197 ff.
410 S. dazu Entscheidung der Europäischen Kommission vom 22.12. 2008, ABl. 2009 L 10. Auch die Rom II- VO über das auf außervertragliche Schuldverhältnisse anzuwendende Recht ist inzwischen im U.K. in Kraft.
411 MünchKommBGB/*Spellenberg*, 5. Aufl. 2010, Art. 12 Rom I-VO Rn. 115 ff m.w.Nw.

Verjährungs-Abkommen[412] sollte diese Lücke füllen, ist aber in der Bundesrepublik Deutschland nicht in Kraft.[413]

Allerdings gilt auch hinsichtlich der Verjährung, dass die **internationale Vertragspraxis** ihre eigenen Wege geht. Die meisten gesetzlichen Verjährungsvorschriften sind heute dispositives Recht. Im BGB war bis 2001 eine Verlängerung oder sonstige Erschwerung der gesetzlichen Verjährung verboten.[414] Durch die Reform von 2002 wurde das erheblich erleichtert. Seitdem sehen § 202 Abs. 1 und 2 gewisse Grenzen vor, die aber für die Geschäftspraxis kaum Relevanz haben: Unzulässig sind eine Erleichterung der Verjährung im Voraus für Haftung wegen Vorsatzes und eine Verlängerung der Verjährungsfrist über 30 Jahre hinaus. Für den Verbrauchsgüterkauf[415] zieht § 475 Abs. 2 BGB noch einmal engere Grenzen zum Schutz des Verbrauchers; auch das wird im internationalen Handel selten relevant werden. Die zusätzliche Einschränkung für Verjährungserleichterungen in AGB zugunsten ihres Verwenders [§ 309 Nr. 8b lit. ff) BGB] gilt nicht für Verträge unter Unternehmen[416]. Allerdings muss damit gerechnet werden, dass im Einzelfall Gerichte auch AGB, die die Verjährung zugunsten des Verwenders verändern, über die sog. Leitbildfunktion und die Generalklausel (§ 307 Abs. 1 i.V.m. Abs. 2 Nr. 1 BGB) auch im Verkehr unter Unternehmern für unwirksam erklären. Das kann im internationalen Handelsverkehr gelegentlich Bedeutung erlangen. Deshalb ist bei der Vertragsgestaltung zu empfehlen, Änderungen der Verjährungsbestimmungen individuell (also nicht über AGB) zu vereinbaren.

Ähnliche Spielräume wie das deutsche Recht räumen die meisten anderen Rechtsordnungen für Verjährungsvereinbarungen in Bezug auf vertragliche Ansprüche ein. Dementsprechend werden in zahlreichen internationalen Verträgen Fristen für Mängelhaftung, Schadensersatzpflichten etc. durch individuelle Vereinbarungen oder Standardvertragsbedingungen vereinbArt. Auch nichtstaatliche Regelwerke sehen solche Bestimmungen vor, z.B. die *UNIDROIT Principles* in **Artt. 10.1 bis 10.11 UPICC**.

Praxis-Tipps
Verjährung ist im deutschen Recht als materiellrechtliche Einrede ausgestaltet, in Rechtsordnungen des anglo-amerikanischen Rechtskreises dagegen als Begrenzung der Klagbarkeit, also als verfahrensrechtliches Hindernis.

---

412 UNCITRAL Übereinkommen über die Verjährung beim internationalen Warenkauf v. 1974 i.d.F. v. 11.4.1980.
413 In der DDR war es in Kraft.
414 § 225 BGB a.F.
415 Verbraucher kauft von Unternehmer eine bewegliche Sache (§ 474 Abs. 1 S. 1 BGB).
416 § 310 Abs. 1 S. 1 BGB. Das Gleiche gilt, wenn der Vertragspartner des AGB-Verwenders eine juristische Person des öffentlichen Rechts oder ein öffentlich-rechtliches Sondervermögen ist.

Im Kollisionsrecht gilt seit 2009 Art. 12 Abs. 1 Rom I-VO. Danach umfasst das Vertragsstatut stets auch die Verjährung der vertraglichen Ansprüche.

Das UN-Kaufrecht hat die Regelung der Verjährung ausgeklammert und enthält nur Bestimmungen über die Mängelrügefrist (Artt. 39, 44 CISG).

Die meisten gesetzlichen Verjährungsvorschriften sind heute dispositives Recht. Dies gilt vor allem für den Bereich der Wirtschaftsverträge. Die Vertragsparteien können also nach deutschem Recht grundsätzlich im konkreten Vertrag Verjährungsfristen vereinbaren, die von den gesetzlichen abweichen. Empfohlen wird eine individuelle Vereinbarung, nicht durch AGB. Extrem lange oder extrem kurze Verjährungsfristen sollten dabei jedoch vermieden werden, weil deren Wirksamkeit zweifelhaft ist. Auch die meisten anderen Rechtsordnungen räumen Spielräume für die Vereinbarung von Verjährungsfristen vertraglicher Ansprüche ein.

Schrifttum zu 8. (Verjährung)

Hay, Die Qualifikation der Verjährung im US-amerikanischen Kollisionsrecht, IPRax 1989, 197 ff.
MünchKomm/*Spellenberg*, 5. Aufl. München 2010, Art. 12 Rom I-VO, Rn. 106 ff.
Martiny, in: Reithmann/Martiny, Internationales Vertragsrecht, 7. Aufl. Köln 2010, Rn. 372 ff.

§ 13 Besonderheiten bei komplexen Langzeitverträgen

Schrifttum zu § 13 (allgemein)

Nicklisch/Alvarado Velloso (Hrsg.), Der komplexe Langzeitvertrag, Heidelberg 1987.
Nicklisch (Hrsg.), Netzwerke komplexer Langzeitverträge, München 2000.
ders., Komplexe Langzeitverträge für neue Technologien und neue Projekte, München 2002.
Schwarze, Das Kooperationsprinzip des Bauvertragsrechts, Berlin 2003.
Weyers (Hrsg.), Die Verflechtung von Verträgen – Planung und Risikoverteilung bei Großprojekten, Baden-Baden 1991.

Schrifttum zu einzelnen Problembereichen folgt am Ende der jeweiligen Abschnitte.

I. Veränderungen im internationalen Wirtschaftsverkehr

Charakteristisch für die Entwicklung der internationalen Wirtschaftsbeziehungen in den letzten 50 Jahren ist die zunehmende Bedeutung des Handels mit Investitionsgütern und des Aufbaus von eigenen Produktionskapazitäten in den sog. Importländern. Die ausländischen Partner in diesen Ländern, also etwa Entwicklungs- oder Schwellenländern und gerade auch in sozialistischen Ländern mit bereits entwickelter Industrie (zum Beispiel der VR China) wollen nicht nur Produkte erwerben oder Waren austauschen, sondern sie wollen selbst Produktionspotential erwerben. Im Bereich der internationalen Verträge hat dies zur **Ausbildung spezifischer Vertragstypen und Vertragsstrukturen** geführt. Neben die klassischen Lieferverträge des internationalen Warenhandels, die auch heute noch einen hohen

Anteil am internationalen Wirtschaftsverkehr haben, sind vielfältige Formen vertraglicher Beziehungen getreten, die über die bloße Lieferung von Gütern weit hinausgehen. Hierzu gehören Verträge über die Errichtung von kompletten Industrieanlagen oder großen Infrastruktureinrichtungen (Häfen, Flughäfen, Telefonnetzen etc.),[417] wobei der Vertrag auch Dienstleistungen, Ausbildung und Einarbeitung des Personals, Management in der Anlaufzeit und sogar eine Unterstützung beim Absatz der hergestellten Produkte umfassen kann. Wegen der **Bündelung von vielen unterschiedlichen Leistungen** spricht man dann von „komplexen" Verträgen oder komplexem Leistungsinhalt. Ferner gehören zu diesen Vertragstypen die Lizenz- und Know-how-Verträge, Verträge über gemeinsame Forschung und Entwicklung[418], über Erschließung von Bodenschätzen, die dann aber von einheimischen Unternehmen abgebaut und vermarktet werden sollen, über Gemeinschaftsunternehmen (*joint ventures*) und schließlich die Vertragssysteme für das sog. Eigenmarkengeschäft[419]. Insbesondere für Entwicklungs- und Schwellenländer sind solche neuartigen Verträge von hoher volkswirtschaftlicher Bedeutung, weil sie dem Ziel dienen, die Abhängigkeit von Rohstoffexporten und Konsumgüterimporten zu überwinden.[420] Ferner werden heute Logistikverträge über längere Zeiträume mit sog. Systemdienstleistern abgeschlossen, die weit über die Speditions- und Transportleistungen hinausgehen und z.B. Kommissionierung, Weiterverteilung, Abwicklung von Retouren oder finanzielle Dienstleistungen umfassen, also komplexe Leistungspakete.[421]

II. Eigenarten der Verträge

Typisch für die im vorigen Abschnitt genannten Verträge und Vertragsgefüge ist, dass sie sich über einen **längeren Zeitraum** erstrecken (sog. *long term contracts*), meist sehr **komplexe Leistungsbeziehungen** begründen und während der Planung und Ausführung eine **Kooperation der Vertragspartner** und daneben häufig weiterer Beteiligten erfordern.

Aus den Eigenarten der Verträge ergeben sich spezifische Probleme bei ihrer Durchführung. Oft können die Ausführungshandlungen nicht in allen Einzelheiten vorausbestimmt werden. Die Verträge sind ferner **in höherem Maße störungsan-**

---

[417] Man spricht hier auch von „schlüsselfertigen" Anlagen, *„turnkey contracts"* oder *„contrats clé en main"*.
[418] In der Praxis unter der Formel R. & D. für *„Research and Development"*.
[419] S. dazu näher u. § 18 IX.
[420] Vgl. dazu *Brabant* aaO (Fn. 109) S. 17–26; *Hopfenbeck* Planung und Errichtung von Industrieanlagen in Entwicklungsländern ... (1974), S. 3 f.
[421] Dazu u. Abschn. V.3.

fällig als kurzfristige Lieferverträge unter zwei Partnern.[422] Schwierigkeiten können zum Beispiel in tatsächlicher Hinsicht auftreten (etwa durch unvorhersehbare äußere Einwirkungen oder unerwartete Beschaffenheit des Untergrunds), sie können sich aus Planungsänderungen[423] oder der technischen Entwicklung ergeben oder auf Veränderungen der wirtschaftlichen und politischen Rahmenbedingungen beruhen. Aus diesen und ähnlichen Gründen wird schon während der Ausführungsphase eine Reihe von unaufschiebbaren **Zwischenentscheidungen** nötig, um das Projekt überhaupt zu realisieren. Es kann auch erforderlich sein, den Vertrag nachträglich zu konkretisieren, zu ergänzen oder sogar zu ändern. In diesen besonderen Vertragsstrukturen liegen also auch Gründe für zahlreiche Interessengegensätze und Konflikte, die so bei gewöhnlichen Lieferverträgen gar nicht auftreten.

Aus der Vielfalt der komplexen Langzeitverträge sollen im Folgenden zwei wichtige Typen ausgewählt und exemplarisch behandelt werden: Verträge über Großbauten und über komplette Industrieanlagen.

III. Internationale Großbauverträge

1. Bedeutung der FIDIC Vertragsbedingungen

Während es im englischen Recht zwischen den Bereichen *„Building"* und *„Civil Engineering"*[424] aufgrund verschiedener Berufsorganisationen und unterschiedlicher Traditionen erhebliche Differenzen in der Vertragsgestaltung gibt und sich ganz unterschiedliche Standardvertragsbedingungen entwickelt haben, ist im internationalen Bereich – wenn man von Verträgen mit US-Firmen absieht – eine klare Dominanz der von der FIDIC geschaffenen Vertragsmodelle festzustellen, der sog. **FIDIC Conditions.**[425] Diese haben sich zwar aus den englischen *Standard Forms* für *Civil Engineering* entwickelt,[426] doch sind sie dann für internationale Bauverträge allgemein ausgestaltet worden. Es gibt also daneben keine besonderen FIDIC *Standard Conditions* für Hochbau, aber es gibt spezielle Regelwerke für *„Electrical and Mechanical Works and for Building and Engineering Works Designed by the Contrac-*

---

422 Vgl dazu *Nicklisch* RIW/AWD 1978, 633 (634); *Oppetit*, Rev. Arbitr. 1976, 91 (92).
423 Der Bau der Brenner-Autobahn musste z.B. in verschiedenen Bauabschnitten mehrfach umgeplant werden.
424 Entspricht annähernd der deutschen Unterscheidung zwischen Hochbau einerseits und Tiefbau/Ingenieurbau andererseits.
425 Es gibt von der FIDIC verschiedene standardisierte Vertragsbedingungen. Gemeint sind hier die *„Conditions of Contract for Construction. For Building and Engineering Works designed by the Employer"* („Red Book", u.a. abgedruckt in *Nicklisch/Weick*, VOB, 3. Aufl. München 2001, S. 977–1074.
426 Vgl. *Weick*, Vereinbarte Standardbedingungen im deutschen und englischen Bauvertragsrecht, München 1977, S. 117 f.

tor"[427] und für schlüsselfertige Projekte[428], ferner eine *„Short Form of Contract"*. Diese Standardvertragswerke lassen immer noch den Ursprung im englischen Recht erkennen und verwenden zahlreiche Begriffe, juristische Denkformen und rechtliche Mechanismen des *Common Law*. Allerdings geht bei den Neubearbeitungen und Neuauflagen aufgrund der internationalen Praxis und der Mitarbeit von Juristen aus aller Welt im Rahmen der FIDIC und der mitbeteiligten professionellen Organisationen diese Prägung allmählich zurück. Die an dritter Stelle genannten Standardvertragsbedingungen *(„Silver-Book")* verwenden auch nicht mehr das aus dem englischen Recht stammende Modell des *„Engineer"* als neutralen und „quasi-schiedsrichterlichen" professionellen Sachwalters zwischen den Parteien.[429] Die beiden zuerst genannten Regelwerke halten aber daran fest.

Für große internationale Bauprojekte sind also die *„FIDIC Conditions for Construction"* die wichtigste Grundlage. Wegen des etwas umständlichen vollständigen Titels (s. Fn. 383) spricht man in der Praxis im Hinblick auf die rote Einbandfarbe einfach vom **„Red Book"**.

2. Vertragsdokumente

Ein Vertrag über ein großes Bauprojekt auf der Grundlage des „Red Book" besteht aus einer größeren Zahl von Vertragsdokumenten. Dazu gehört in der Regel die eigentliche Vertragsurkunde (*Contract Agreement*). Vorausgegangen sind oft ein Angebotsdokument des Auftraggebers (Letter of Tender) und eine schriftliche Annahmeerklärung des Auftragnehmers (*Letter of Acceptance*). Aus diesen beiden, wenn sie sich decken, ergibt sich normalerweise auch der Vertragsschluss; das *Contract Agreement* kann also auch fehlen. Aus dem *Contract Agreement* ergibt sich andererseits die Annahme, falls ein besonderer *Letter of Acceptance* fehlt. Hinzu kommen die *Conditions of Contract* nach dem „Red Book", die *Specification* (entspricht ungefähr der Leistungsbeschreibung bzw. dem Leistungsverzeichnis), die Pläne, Berechnungen, Computerprogramme und andere Software, ferner Modelle, evtl. noch *„memoranda"* über weitere (z.B. nachträgliche) Vereinbarungen der Parteien und schließlich *„schedules"*, d.h. weitere Dokumente, die in den Vertrag einbezogen worden sind und z.B. Mengen- und Massenverzeichnisse (*bills of quantities*), Ter-

---

427 Auch unter dem Haupttitel *„Conditions of Contract for Plant and Design Build"*, Kurzbezeichnung *„Yellow Book"*, abgedruckt in *Nicklisch/Weick*, aaO (Fn. 425) S. 1075–1174; Auszüge im Anhang dieses Buches Nr. 12. Vgl. dazu näher u. Abschn. IV.2.
428 *FIDIC Conditions of Contract for EPC/Turnkey Projects*, abgekürzt *„Silver Book"*, abgedruckt in *Nicklisch/Weick*, aaO (Fn. 425) S. 1175–1263; dazu auch u. IV.2. EPC steht dabei für *„Engineering, Procurement, Construction"* und ist eine US-amerikanische Bezeichnung für schlüsselfertige Projekte. Außerdem gibt es FIDIC Conditions of Contract for Design Build and Turnkey, das sog. *„Orange Book"*.
429 S. dazu näher u. Abschn. III.3.

minpläne, Preislisten etc. enthalten können. Bei einer solchen Vielfalt von Vertragsbestandteilen, die zum Teil in vorformulierter Form in den Vertrag einbezogen worden sind, kann es vorkommen, dass einzelne Teile nicht aufeinander abgestimmt sind oder sogar Widersprüche enthalten. Deshalb enthält das *Red Book* eine besondere „Kollisionsbestimmung"[430], die für die **Interpretation folgende Rangfolge** festlegt:

> „(a) the Contract Agreement (if any),
> (b) the Letter of Acceptance,
> (c) the Letter of Tender,
> (d) the Particular Conditions,
> (e) these General Conditions,
> (f) the Specification,
> (g) the Drawings, and
> (h) the Schedules and any other documents forming part of the Contract."

Ferner ist es die Aufgabe des *Engineer*, Unklarheiten und Diskrepanzen in den Vertragsunterlagen zu klären und durch Anweisungen auszuräumen.

3. Der „Engineer"

In diesem Zusammenhang und in früheren Abschnitten hat sich bereits gezeigt, dass der sog. *Engineer* eine wichtige Stellung in den FIDIC-Verträgen gemäß *Red Book* und *Yellow Book* einnimmt (s.u. Anhang Nr. 12 mit Auszügen aus dem „Yellow Book"). Es handelt sich um ein Modell, das eindeutig aus dem englischen Recht stammt. *Engineer* ist normalerweise ein selbständiger Beratender Ingenieur *(Consulting Engineer)* – oder eine entsprechende Firma von *Consulting Engineers* – der vom Auftraggeber beauftragt worden ist, die Planung, technische Beratung, Ausschreibung oder sonstige Auftragsvergabe vorzunehmen und die Aufgaben der „*contract administration*" zu übernehmen. Englische Standardvertragsbedingungen haben schon im 19. Jahrhundert begonnen, dem Architekten oder Beratenden Ingenieur im Rahmen einer baurechtlichen Vertragsbeziehung eine besondere Stellung einzuräumen. Es haben sich drei verschiedene Rollen entwickelt:
(a) Vertreter (*agent*) des Auftraggebers: In dieser Eigenschaft macht er z.B. seine Planungsarbeiten oder überwacht die Ausführung.
(b) Neutrale Instanz zwischen den Parteien: Die Rolle deckt sich weitgehend (aber nicht völlig) mit seiner Tätigkeit als „*certifier*", also Aussteller der für den Projektablauf wichtigen „*certificates*", so etwa bei der Begründung von Ansprüchen auf Zwischenzahlungen oder der Bescheinigung der „*practical comple-*

---

[430] Cl. 1.5 „Priority of Documents".

tion". Zum Teil wird bei dieser Rolle auch von einer quasi-schiedsrichterlichen Position gesprochen.

(c) Vertreter (*agent*) des Hauptunternehmers. Diese Rolle ist seltener und kommt in Betracht, wenn der Vertrag *„nominated sub-contractors"* vorsieht. Dann verhandelt der Architekt bzw. *Engineer* im Namen des Hauptunternehmers mit den vom Auftraggeber nominierten Subunternehmern, denn der Subunternehmer-Vertrag soll ja im Ergebnis mit dem Hauptunternehmer abgeschlossen werden.

Vgl. zu den entsprechenden Vertragsbedingungen die *FIDIC Conditions „Yellow Book"* cls. 3.1–3.5 (Anhang Nr. 12). Das deutsche Bauvertragsrecht kennt eigentlich nur die unter a) genannte Stellung des Architekten bzw. Ingenieurs. In England wurde und wird diesen selbständigen Fachleuten aufgrund ihrer professionellen Ethik zugetraut, objektive und unparteiische Bewertungen vorzunehmen und auf dieser Basis z.B. Entscheidungen über den Baufortschritt und damit verbundene Abschlagszahlungen, erforderliche Fristverlängerungen, Zusatzzahlungen bei Planungsänderungen, Entscheidungen über die „praktische" oder endgültige Fertigstellung u.ä. zu treffen und dabei auch Konflikte zumindest vorläufig zu entscheiden.[431]

Dieses Modell ist dann von den FIDIC-Bedingungen für die meisten internationalen Bauverträge übernommen worden.[432] Die englische Rechtsprechung hat sich ferner seit über hundert Jahren mit dieser Rolle und den entsprechenden Entscheidungsbefugnissen befasst und dafür nähere Regeln und Korrektive entwickelt. So darf der Auftraggeber z.B. die Ausgabe von *certificates*, die der Architekt bzw. *Engineer* für geboten hält, nicht verhindern (Verbot der *prevention*) und sich nicht in die entsprechenden neutralen Entscheidungen einmischen (Verbot der *interference*).[433] Wenn internationale Schiedsgerichte sich mit entsprechenden Streitfällen befassen müssen, sind sie nicht an dieses englische Fallrecht gebunden, aber sie sollten die Probleme kennen und vergleichbare Korrektive in Erwägung ziehen. Leider fehlen dafür oft das Problembewusstsein und die einschlägigen Kenntnisse.

---

431 Die Erfahrungen der Auftragnehmer mit diesem System, wenn der „Engineer" ein selbständiger professioneller Consulting Engineer ist, sind deshalb im Großen und Ganzen gut, teilweise besser als bei Verträgen ohne Engineer.
432 Vgl. dazu kritisch *Nicklisch*, FS Habscheid (1989) S. 217 ff.
433 Vgl. z.B. *Hickmann* v *Roberts* [1913] A.C. 229; *Smith* v *Howden Union* (1890) 1 Cab.& Ell. 125; *Hudson/Wallace*, Building and Engineering Contracts, 10th ed. London 1970, S. 458 ff m.w.Nw.

4. Konfliktbehandlung

Ist der Auftragnehmer der Ansicht, dass er Ansprüche auf zusätzliche Zahlungen oder Änderungen des Zeitplans (oder beides) hat, so muss er dies dem *Engineer* mit Begründung und innerhalb einer bestimmten Frist mitteilen. Der **Engineer** ist also die erste Anlaufstelle in möglichen Konfliktsituationen. Er kann dem Begehren ganz oder teilweise entsprechen, also zum Beispiel eine Fristverlängerung gewähren. Gegen die Entscheidung kann jede Vertragspartei ein spezielles Gremium, den sog. **Dispute Adjudication Board (DAB)**, anrufen (s. dazu cls. 20.1–20.4 des *„Yellow Book"*, abgedruckt im Anhang Nr. 12). Aber der Engineer trifft dazu vorläufige Entscheidungen, die bis zur Entscheidung eines eventuellen Konfliktverfahrens befolgt werden müssen. Das soll sicherstellen, dass die Fortführung der Arbeiten nicht durch Meinungsverschiedenheiten verzögert wird. Bei dem Verfahren vor dem DAB handelt es sich um ein Vorverfahren vor der eventuellen Einleitung eines Schiedsverfahrens, das im Erfolgsfall aber ein Schiedsverfahren entbehrlich machen kann. Der DAB besteht aus einer oder drei Personen, wird ähnlich wie ein Schiedsgericht gebildet, soll aber weniger formell und aufwändig arbeiten.[434] Er fungiert als Vorprüfer und Schlichter, u.U. auch als *Fact-finding*-Instanz. Damit sollen unnötige Schiedsverfahren verhindert werden, weil sie die Parteien und das Vertragsklima belasten.

Auch abgesehen von den sog. Nachforderungen unterliegen alle Entscheidungen des *Engineer* gemäß den FIDIC-Bedingungen auf Antrag einer Partei normalerweise einer **schiedsrichterlichen Kontrolle**; vorgeschaltet ist auch dann das Verfahren vor dem DAB.

5. Planungsänderungen und Zwischenentscheidungen

Bei jedem großen Bauvorhaben gibt es ein **Spannungsverhältnis zwischen Planung und Realität**. Kaum ein großes Projekt wird genau so ausgeführt, wie es in den ursprünglichen Plänen dargestellt war. Die Gründe liegen u.a. in unzulänglicher Planung, Planungsänderungen und Zusatzwünschen von Seiten des Auftraggebers, lückenhaften Leistungsverzeichnissen, Änderungen des einschlägigen Rechts, unvorhergesehenen technischen oder physischen Schwierigkeiten, ungenau vorausberechneten Mengen/Massen oder Finanzierungsproblemen. In fast allen Verträgen wird dem Auftraggeber das Recht zu Änderungen der Planungen vorbehalten. Es geht also auch hier um Vertragsanpassung[435], aber nicht wegen außergewöhnlicher Störungen oder gar *force majeure*, sondern eher um alltägliche und Routine-Situationen, etwa, weil man bei Ausschachtungen auf Fels gestoßen ist oder weil die tatsächlich ausgeführten Massen die Angaben im Leistungsverzeichnis

---

434 Vgl. cls. 20.1–20.4 des „Red Book" (vgl. Fn. 425).
435 Vgl. o. § 12 V.

über- oder unterschreiten. Üblicherweise geschieht die Anpassung in der Form, dass dem *Engineer* im Vertrag das Recht zu entsprechenden Anordnungen eingeräumt wird, ohne dass dies die Geltung des Vertrages berührt.[436] Der Kern der Problematik solcher **„variations"** liegt erwartungsgemäß bei der finanziellen Regulierung. Die *FIDIC Conditions* sehen dafür detaillierte Regelungen und Verfahren vor, wobei wiederum dem *Engineer* eine Schlüsselstellung zukommt (vgl. die entsprechenden Bestimmungen aus dem *„Yellow Book"* im Anhang Nr. 12) und hinter denen man das Bemühen erkennt, für alle Teile akzeptable Lösungen zu finden. Das deutsche Werkvertragsrecht im BGB sagt dazu übrigens kein Wort.

IV. Anlagenverträge

Von den Besonderheiten bei komplexen Langzeitverträgen war bereits im Zusammenhang mit dem Zustandekommen der Verträge und der Vertragsgestaltung mehrfach die Rede.[437] Ein typisches Beispiel dafür ist der Vertrag über die Errichtung einer **kompletten Industrie- oder Infrastrukturanlage**. Auf seine komplexen Leistungsstrukturen und seine besonderen Probleme wurde bereits oben (Abschnitte I. und II.) hingewiesen.

1. Grundmodelle

Es lassen sich folgende Grundmodelle unterscheiden, die in der Praxis allerdings in zahlreichen Varianten und Übergangsformen erscheinen:

a) Modell der *„Separate Contracts"*[438]

Hier errichtet der Auftraggeber die Anlage in eigener Regie und schließt zur Planung und Ausführung der verschiedenen Leistungen getrennte Verträge ab. Das Modell stellt an ihn hohe technische und organisatorische Anforderungen und ist deshalb für Auftraggeber aus Entwicklungsländern nicht praktikabel.

b) *„Comprehensive Contract"*

Der Auftraggeber schließt mit einem einzigen Unternehmen oder einem Konsortium einen Vertrag über das gesamte Projekt. Dieser Vertrag umfasst alle erforderlichen

---

[436] Cls. 13.1–13.8 des „Red Book" (o. Fn. 425) und cls. 13.1–13.8 des „Yellow Book" (o. Fn. 427).
[437] Vgl. o. §§ 10, 12 IV.4.c), 12 VI.3.
[438] UN/ECE/Trade/117 Guide on Drawing up Contracts for Large Industrial Works, Nos. 3, 4, 13 (s. http//:www.unece.org/welcome.htm).

Leistungen, doch können die wesentlichen Leistungsarten (z.B. Projektierung, Bauleistungen, Lieferungen und Montage, Einräumung von Lizenzen, etc.) im Gesamtvertrag getrennt behandelt werden und hinsichtlich Abnahme, Gewährleistung, Zahlungen usw. unterschiedlich geregelt sein.

c) Noch stärker als beim Modell zu b) ist die Vereinheitlichung der Vertragsbeziehungen beim sog. *„Turnkey Contract"* (Vertrag über die schlüsselfertige Errichtung) zu einem Gesamtpreis. Die schlüsselfertige Errichtung schließt auch die Funktionsfähigkeit ein, die in Leistungstests vor der Abnahme bewiesen werden muss. Nicht selten übernimmt der Auftragnehmer dabei über die funktionsfähige Erstellung hinaus noch weitere Verpflichtungen, beispielsweise zu Ausbildung und Training des Personals aus dem Land des Auftraggebers, zum Management der Anlage für eine Übergangszeit oder zur Unterstützung bei der Vermarktung der mit der Anlage hergestellten Produkte.[439] Dabei geht das *Turnkey*-Modell über in einen vierten Grundtyp,

d) in der Fachliteratur oft als *„BOT-Projekte"* bezeichnet, wobei die Abkürzung für „Build, Operate, Transfer" steht. Der Auftragnehmer plant, finanziert, baut, rüstet aus und betreibt die Anlage für eine gewisse Zeit, deckt die Kosten teilweise oder ganz aus den Betriebseinnahmen und überträgt die Anlage schließlich auf den Auftraggeber oder einen von ihm benannten Dritten.[440] Teilweise werden derartige Vereinbarungen auch als „DCMF-contracts" (Design, Construct, Manage, Finance) bezeichnet.

2. Verträge mit oder ohne „Engineer"

Bei allen vier Grundmodellen kann der Auftraggeber einen *Consulting Engineer* beauftragen, der dann nicht nur Planung, Ausschreibung, Oberaufsicht übernimmt, sondern auch die oben in Abschnitt III. beschriebene besondere Stellung bei der *contract administration* und der Konfliktlösung hat. Insofern ergeben sich viele Parallelen zu Großbauverträgen. Die *FIDIC Conditions* werden für Anlagenverträge häufig angewendet, und zwar vor allem das *„Yellow Book"*, also die *Plant and*

---

439 Für diese Unterformen haben sich zum Teil noch besondere Namen eingebürgert, z.B. „contrat produit en main" (run-in contract) oder „contrat marché en main".
440 S. dazu z.B. *Nicklisch* (Hrsg.), Rechtsfragen privatfinanzierter Projekte – Nationale und internationale BOT-Projekte, Heidelberg 1994; *Goedel*, Vertragsgestaltung bei BOT-Projekten, BB 1991 Beil. 20, S. 19. *Gildeggen/Willburger*, Internationale Handelgeschäfte, 3. Aufl. München 2010, S. 148.

Design Build-Version[441]. Will der Auftraggeber die schlüsselfertige Vergabe ohne die besondere Funktion des „*Engineer*", so steht dafür eine spezielle Version, das „*Silver Book*", zur Verfügung.[442]

3. Abnahme und Tests

Bei einem Werkvertrag ist die Abnahme des Werkes ein wichtiger Punkt im Vertragsablauf. Hier beginnt die Gewährleistung für Werkmängel und deren Verjährungsfrist, hier geht in der Regel die Leistungs- und Vergütungsgefahr auf den Besteller über, hier endet die Vorleistungspflicht des Unternehmers und hier wird nach § 641 BGB die Vergütung fällig. Bei FIDIC-Bauverträgen ist das **Taking-Over Certificate** des Engineer ein ähnlich entscheidendes Stadium der Vertragsausführung.[443] Schon nach den FIDIC-Bauvertragsbedingungen *(„Red Book")* gehen diesem *Certificate* aber **Tests** voraus, insbesondere die *„Tests on Completion"*. Bei modernen Bauwerken geht es eben nicht mehr nur um die Errichtung eines Massivbaus, sondern um eine Vielzahl von technischen Einrichtungen und Funktionen. Klauseln 7.4 und 9.1 bis 9.4 des *Red Book* geben einen Eindruck davon, wie die Tests ablaufen können.[444]

Bei einem Anlagenvertrag sind diese Funktionsprüfungen noch wichtiger. Die entsprechenden Bestimmungen im *„Yellow Book"*[445] laufen teilweise parallel zu denen in den Bauvertragsbedingungen, sind aber noch detaillierter ausgestaltet. Es gibt drei Arten von **Tests on Completion**, außerdem noch **Tests after Completion**. Es geht hier eben um eine produktionsfähige Anlage, für die der Auftragnehmer meistens im Vertrag bestimmte Leistungsgarantien gegeben hat und deren tatsächliche Leistungsfähigkeit nun getestet werden muss. Hinsichtlich der Tests treffen den Auftraggeber Mitwirkungspflichten. Die FIDIC Bedingungen denken auch schon an den Fall, dass der Auftraggeber sich hierbei pflichtwidrig verhält (z.B. durch „*interference*", d.h. Behinderung des Auftragnehmers bei der Vornahme der Tests) und dadurch die für den Auftragnehmer wichtige Abnahme verzögert.[446] In diesem Fall muss der Engineer das Abnahmezertifikat ausstellen, und die Tests werden nachträglich vorgenommen.

---

441 Vgl. o. Fn. 427.
442 Vgl. o. Fn. 428.
443 Cl. 10.1 des „*Red Book*" (Fn. 425).
444 Cl. 7.4 Abs. 2 spricht von *„all apparatus, assistance, documents and other information, electricity, equipment, fuel, consumables, instruments, labour, materials, and suitably qualified and experienced staff ..."*, die der Auftragnehmer für die Tests bereitstellen muss.
445 Für die Bedingungen nach dem *Silver Book* gilt Ähnliches, nur ohne „*Engineer*".
446 Z.B. cl. 10.3 des „*Yellow Book*".

4. Abrechnungs- und Zahlungssystem

Auch das Abrechnungs- und Zahlungssystem ist bei Großbau- und Anlagenverträgen komplizierter als bei Warenlieferverträgen. Das wurde schon oben[447] angedeutet. Zunächst ist entscheidend, welches Vergütungssystem vereinbart worden ist. Grundmodelle sind Pauschalsumme (*lump sum*), Selbstkostenerstattung plus Gewinnzuschlag (*cost reimbursable contract*) und Vergütung nach sog. Einheitspreisen (*unit price contract*), d.h. nach Preisen pro ausgeführten Mengeneinheiten mit Zuschlägen für Gemeinkosten, Gewinn etc. Bei Anlagenverträgen wird meist eine Kombination dieser Grundmodelle vereinbart, weil ja sehr verschiedenartige Leistungen vergütet werden müssen.[448]

Üblich ist eine **Anzahlung** (oder „Vorauszahlung", *advance payment*) zwischen 5% und 30% des Gesamtpreises. Das ist fair, denn der Auftragnehmer hat vor Beginn der eigentlichen Ausführung schon oft erhebliche Vorleistungen erbracht. Als Sicherheit muss er dafür im Gegenzug eine Anzahlungsgarantie stellen.[449] Es schließt sich dann ein kompliziertes System von **Zwischenzahlungen** an, die je nach Projektfortschritt fällig werden. Diese Zahlungen werden bei Vertragsmodellen mit Engineer jeweils durch dessen **certificates** (z.B. *interim certificates, final certificate*) ausgelöst. Geht es um Dokumentenakkreditive – diese können auch teilbar gestaltet sein – so gehören zu den Dokumenten auf jeden Fall diese *certificates*. Bei ausreichendem Vertrauen zueinander kann man die Kosten der längerfristigen Akkreditive sparen und mit Dokumenteninkasso, Wechsel oder Scheck arbeiten. Störungen im Zahlungsfluss bei Auslandsprojekten sind jedoch schon manchem westlichen Bauunternehmen oder Anlagenbauer zum Verhängnis geworden.

5. Mehrzahl von Beteiligten und ihr Zusammenwirken

Bei Anlagenprojekten sind wegen des Umfangs und der Vielfalt der implizierten Leistungen stets eine Mehrzahl von Unternehmen und freiberuflichen Spezialisten beteiligt. Es kommt dadurch zu einem komplizierten Gefüge von Verträgen, die miteinander vernetzt werden müssen. Dies wird unten in § 15 noch näher beschrieben.

Anders als in kurzzeitigen Lieferverträgen sind in Anlagenverträgen die Ausgestaltung von **Rollen** der Beteiligten[450], Bestimmungen über die **Kommunikation** zwischen ihnen und die Regelung von **Verfahren** der Vertragsabwicklung von großer Bedeutung.[451] In den Standardvertragsbedingungen finden sich eine Fülle von

---

447 § 12 II und IV.4.c).
448 So z.B. in UNIDO Turnkey Model Form cl. 20.1 (vgl. o. Fn. 81); die Zahlungsklauseln im Einzelnen erstrecken sich dann über 8 Druckseiten.
449 Vgl. o. § 12 III.1.
450 Zu denen des „*Engineer*" s. schon o. § 13 III., S. 187 f.
451 Vgl. dazu *Weick* Vereinbarte Standardbedingungen ..., 1977, S. 207–212.

Konsultations-, Informations- und Mitwirkungspflichten sowie Verhaltensregeln zur Beseitigung von Unklarheiten oder zur Anpassung des Vertrages an neue Situationen. Die Parteien und anderen Beteiligten werden in Vertragsklauseln häufig angehalten, sich über bestimmte Punkte zu verständigen; falls das misslingt, wird ein weiteres Verfahren vorgesehen. Alle diese Bestimmungen stehen unter dem Leitgedanken, das Projekt in möglichst reibungsloser Zusammenarbeit voranzutreiben und Interessengegensätze nicht zu offenen Konflikten werden zu lassen. Streitverfahren vor Schiedsgerichten oder gar Gerichten sollen vermieden werden. Sind sie unvermeidbar, sollen sie nach Möglichkeit nicht während der Ausführungsphase stattfinden.

6. Besondere Probleme beim Einsatz von Subunternehmern

Bei Großprojekten im Bau- und Anlagensektor wird häufig das gesamte Projekt an einen „Generalunternehmer" (auch „Hauptunternehmer", *main contractor*) vergeben. Dieser verpflichtet sich durch den Vertrag zur Ausführung der gesamten Arbeiten und sonstigen Leistungen, auch wenn klar ist, dass er für bestimmte Spezialarbeiten nicht kompetent ist. Er vergibt dann Teile an sog. Subunternehmer (auch „Nachunternehmer", *sub-contractors, sous-traitants*). Diese stehen also in keinem unmittelbaren Vertragsverhältnis zum Auftraggeber des Projekts; ihr konkreter Auftraggeber ist der Generalunternehmer. Der Subunternehmer wird auch dann nicht Vertragspartner des Generalunternehmers, wenn vereinbart ist, dass der Subunternehmer seine Rechnungen direkt dem Bauherrn zuleiten und dieser direkt an den Subunternehmer zahlen soll.[452]

Aus dieser mehrstufigen Konstruktion[453] ergeben sich jedoch zahlreiche Probleme.

a) Ein Subunternehmer ist vom bloßen Lieferanten *(supplier)* abzugrenzen, der nur Material an den Auftragnehmer liefert, ohne selbst in den Herstellungsprozess einbezogen zu sein.

b) **Generalunternehmervertrag und Subunternehmerverträge** sollten **grundsätzlich aufeinander abgestimmt** sein. Diesen Zustand nennt man auch „back-to-back" mit seinen Vertragspartnern sein. So ist offensichtlich, dass z.B. dem Recht des Auftraggebers, Änderungen des Leistungsinhalts gegenüber dem Generalunternehmer anzuordnen, ein gleiches Recht des Generalunternehmers im Subunternehmervertrag entsprechen muss.

In Bezug auf diese Abstimmung der Vertragsverhältnisse kommt es immer dann zu bösen Überraschungen, wenn im Zuge der Endverhandlungen und in den

---

[452] BGH WM 1974, 197 (198).
[453] Es kann sogar im Einzelfall „Sub-Subunternehmer" geben, wenn der Subunternehmer erster Stufe seinerseits noch einmal an einen anderen einen Teil seines Auftrags weitervergibt.

dort sich entwickelnden stressbedingten Entscheidungssituationen Zugeständnisse gegenüber dem Auftraggeber gemacht werden, die nicht mehr mit den Subunternehmern abgestimmt werden (können). Umgekehrt nutzen Subunternehmer diese spannenden Stunden und Tage der Endverhandlungen zwischen dem Auftraggeber und dem Generalunternehmer, um ihrerseits aus dem rechtlichen Gleichlauf der Verträge auszuscheren, indem sie ihrerseits die Unterzeichnung der back-to-back-Vereinbarung von weiteren Zugeständnissen abhängig machen. Dieser fehlende vertragliche Gleichlauf führt dann immer wieder zu heftigen Kontroversen während der Vertragserfüllungsphase – oftmals mit dem Resultat, dass neben der Suche nach dem Schuldigen, der Generalunternehmer seinen Wunsch nach dem Zuschlag des Auftrages nachträglich mit erhöhten, nicht kalkulierten Kosten bezahlen muss.

Um diesem Dilemma aus dem Weg zu gehen, bieten sich im Wesentlichen **drei Strategien** an. Im optimalen Fall wird für dieses Problem zwischen dem Generalunternehmer und dem Subunternehmer eine Ad hoc-Vorgehensweise vereinbart, die selbst kürzestfristige Absprachen ermöglichen soll. Dies hat jedoch den Nachteil, dass im Fall der Nichtanwendung durch den Generalunternehmer dieser im Fall von Schwierigkeiten bei der Vertragsumsetzung mit dem Auftraggeber eine ungünstige Argumentationsbasis gegenüber dem Subunternehmer hat. Kommt diese Lösung nicht in Frage, so kann zweitens der Generalunternehmer einen Verhandlungsrahmen mit seinem Subunternehmer vereinbaren, in dessen Parametern er selbständig agieren kann. Die dritte Möglichkeit ist, dass er dieses finanzielle Risiko im Rahmen seiner eigenen Kalkulation trägt, die dann insofern die notwendigen Spielräume enthalten muss.

c) Andererseits darf der Generalunternehmer nicht seine meist stärkere wirtschaftliche Position dazu ausnutzen, dass er seine Haftung gegenüber dem Auftraggeber weitgehend auf die Subunternehmer abwälzt oder diesen eine schärfere **Gewährleistung und Haftung** auferlegt als er selbst im Hauptvertrag übernommen hat. Der Auftraggeber kann dem entgegenwirken, indem er den Generalunternehmer verpflichtet, die Vertragsbeziehungen zu den Subunternehmern entsprechend denen im Hauptvertrag zu gestalten, jedenfalls nicht ungünstiger für die Subunternehmer.[454] Häufig gibt es auch in den Hauptverträgen gesonderte **Veto-Rechte**, mit denen der Auftraggeber der Vergabe von Unteraufträgen an bestimmte Subunternehmer vorbeugt. Ergänzt wird dieses Veto-Recht dann mit Klauseln, wonach der Auftraggeber vom Generalunternehmer sogar nachträglich den Austausch bestimmter Subunternehmer verlangen kann. Dieses Recht wird immer dann in Anspruch genommen, wenn der Subun-

---

454 Dem entspricht auch ein Merkblatt für Generalunternehmer, hrsg. von den Spitzenverbänden der Bauindustrie und des Bauhandwerks v. 1.10.1951, abgedruckt bei *Ingenstau/Korbion*, VOB, 15. Aufl., Anhang 3, Rn. 213.

ternehmer z.B. nachhaltig auf einer Baustelle gegen vertragliche oder kulturelle Erfordernisse verstößt.

d) Generalunternehmer neigen dazu, den Beginn der **Gewährleistungsfristen** in den Subunternehmerverträgen bis zum Ende des gesamten Projekts auszudehnen. Das ist unfair, wenn die Leistung des Subunternehmers erheblich früher abgeschlossen und abgenommen worden ist. Hier ist zu berücksichtigen, dass der Subunternehmervertrag i.d.R. kein komplexer Langzeitvertrag, sondern meist ein schlichter Werkvertrag ist, und das muss auch Konsequenzen für die Gewährleistung haben. Gerade die unangemessene Verlängerung ihrer Gewährleistung versuchen die Subunternehmer dadurch zu unterbinden, dass sie in Bezug auf ihre Gewerke Spätest-Termine für den Ablauf der Gewährleistungsfristen vereinbaren. Dieses Ansinnen ist umso verständlicher, wenn man weiß, dass manche Auftraggeber den Beginn der Fristen gegenüber dem Generalunternehmer immer wieder hinauszuzögern wissen, was teilweise berechtigt sein kann, aber zum Teil auch ohne Berechtigung versucht wird.

e) Ferner enthalten vom Generalunternehmer vorformulierte Subunternehmerverträge **pauschale Klauseln,** dass, „im Übrigen" die **Bestimmungen des Hauptvertrages Anwendung finden.**[455] Das soll der Koordinierung von Haupt- und Subunternehmervertrag dienen, wirft aber in dieser pauschalen Form mehr Probleme auf als es löst. Soll dann etwa die Abnahmeregelung des Hauptvertrages schematisch für die Abnahme der Subunternehmerleistung (z.B. eines Dachdeckers) gelten, also erst mit der Abnahme der gesamten Anlage erfolgen? Oder hat der Subunternehmer nach Fertigstellung und Überprüfbarkeit *seiner* Leistung ein Recht auf getrennte Abnahme? Oder sind Beanstandungen des Auftraggebers, die der Generalunternehmer als berechtigt anerkannt hat, nun automatisch auch für den Subunternehmer bindend?[456]

f) Ein notorisches Problem ist der **Zahlungsfluss** *(cash flow)* vom Auftraggeber über den Generalunternehmer zum Subunternehmer. Wie erwähnt, ist er gerade bei Großprojekten für die beteiligten Unternehmen enorm wichtig. Einerseits will der Generalunternehmer nur dann an den Subunternehmer zahlen, wenn er für die betreffenden Leistungen vom Auftraggeber Abschlagszahlungen bzw. die Schlusszahlung erhalten hat. Andererseits muss der Subunternehmer dagegen geschützt werden, dass der Generalunternehmer Zahlungen für Leistungen des Subunternehmers nicht an diesen weiterleitet. Bei strikter Trennung beider Verträge gäbe es dafür keine befriedigende Lösung.[457] Der Auftraggeber ist aber normalerweise selbst daran interessiert, dass ein reibungsloser Zahlungsfluss an die Subunternehmer stattfindet, weil diese sonst die Arbeit unterbrechen könn-

---

455 Vgl. *Nicklisch*, NJW 1985, 2361 (2366).
456 Beispiele nach *Nicklisch*, aaO (Fn. 455) 2366.
457 Vgl. *Nicklisch*, aaO (Fn. 455), 2368.

ten oder sogar in ihrer Existenz gefährdet würden. Deshalb gehen manche Auftraggeber so weit, dass sie sich das Recht vorbehalten, direkt an die Subunternehmer zu zahlen,[458] obwohl das eigentlich den Vertragsstrukturen widerspricht.

g) Schließlich entstehen im Fall der **Insolvenz des Generalunternehmers** Probleme. Kann der Subunternehmer dann noch nicht gezahlte Vergütungen unmittelbar vom Auftraggeber verlangen oder fallen die entsprechenden Forderungen des Generalunternehmers in die Insolvenzmasse? Das französische Recht hat diese Probleme durch ein Sondergesetz geregelt[459], das deutsche Recht schweigt dazu. Für internationale Verträge ist eine vertragliche Regelung dringend anzuraten.

h) Nur angedeutet wird hier die Problematik der *„nominated sub-contractors"*, also **vom Auftraggeber ausgewählte und benannte Subunternehmer**, mit denen der Generalunternehmer die Verträge abschließen muss. Davon war schon oben die Rede.[460] Das Modell stammt aus dem englischen Recht und der englischen Vertragspraxis.[461] Dadurch werden die Beziehungen zwischen den Parteien zweigleisig: Rechtlich soll sich alles so abspielen, als hätte der Auftraggeber es nur mit dem Generalunternehmer zu tun und als wäre die Ausführung der Subunternehmerleistung nur eine vom Auftraggeber gestattete *„vicarious performance"* (Erbringung der Leistung durch Stellvertreter). In tatsächlicher und wirtschaftlicher Sicht ist der nominierte Subunternehmer dagegen Partner des Auftraggebers, mit dem er oft die entscheidenden Konditionen seines Auftrags im Voraus ausgehandelt hat. Der Generalunternehmer ist dabei also nur Vollzieher, eine Rolle, die er oft nur zähneknirschend übernimmt, vor allem dann, wenn ihm von ausländischen Auftraggebern Subunternehmer aus dem Projektland aufgezwungen werden, deren Kompetenz und Zuverlässigkeit er nicht kennt. Dass sich hieraus gehäuft Konflikte ergeben, liegt auf der Hand.

Der Vollständigkeit halber sei darauf hingewiesen, dass zwar nichts Grundsätzliches gegen das System des *„nominated sub-contractor"* spricht, wenn es vernünftig gehandhabt wird. Gleichwohl gibt es zwei rechtliche Gebiete, die der beratende Jurist nicht gänzlich aus dem Auge verlieren sollte: Wenn der *„nominated sub-contract"*-Berater bei der Erstellung der Ausschreibungsunterlagen ist, stehen einer späteren Beauftragung häufig lokale Vergabevorschriften entgegen. Ein weiterer nicht unkritischer Bereich ist die „Beratung im weiterem Sinne": Beratungsleistun-

---

[458] Vgl. o. S. 194. Zur Problematik der Unterbrechung des Zahlungsflusses s. auch BGHZ 83, 197 (iranischer Schlachthof-Fall).
[459] Loi no. 75–1334 v. 31.12.1975.
[460] Oben S. 82.
[461] Vgl. *Weick*, Vereinbarte Standardbedingungen ..., 1977, S. 200–206. Auch die englische Rechtsprechung hat die damit geschaffenen Probleme bisher noch nicht voll in den Griff bekommen.

gen dienen – und dienten in der Vergangenheit – immer wieder der Verschleierung von Bestechungsgeldern an Personen, die maßgeblich an der Auftragsvergabe mitwirken bzw. mitwirkten. Hier greift dann sehr schnell das deutsche Strafrecht ein, das auch im Ausland vorgenommene Bestechungen als nach deutschem Recht strafbar behandelt (vgl. dazu den Abschnitt zur *„Compliance"* u. § 19 IV.).

Praxis-Tipps
Komplexe Langzeitverträge sind Verträge, die sich über einen längeren Zeitraum erstrecken, komplexe Leistungsbeziehungen begründen und während der Planung und Ausführung eine Zusammenarbeit der Vertragsparteien und häufig weiterer am Projekt Beteiligter erfordern (z.B. Anlagenverträge, Verträge über Großbauten, BOT-Verträge). Auch langfristige Logistikverträge mit komplexem Leistungsprogramm kann man dazu rechnen.

Solche Verträge sind in höherem Maße störungsanfällig. Während der Ausführung werden oft Planungsänderungen und unaufschiebbare Zwischenentscheidungen erforderlich. Es kann nötig sein, den Vertrag nachträglich zu konkretisieren, anzupassen und zu ergänzen.

Internationalen Bauverträgen werden häufig die *FIDIC Conditions of Contract for Construction („Red Book")*, internationalen Anlagenverträgen die *FIDIC Conditions for Plant and Design-Build („Yellow Book")* zugrunde gelegt. Nach diesen Standardvertragsbedingungen kommt dem *„Engineer"* eine wichtige Rolle in der Vorphase des Vertrages und der Ausführung zu. Er ist insbesondere in der Funktion als *„certifier"* nicht Beauftragter einer Partei, sondern agiert als neutrale Instanz zwischen beiden Vertragsparteien. Bei Konflikten wird ferner ein spezieller *Dispute Adjudication Board (DAB)* eingeschaltet, um Schiedsgerichtsverfahren möglichst zu vermeiden.

Schrifttum zu III. und IV.

Azpodien/Müller, Die FIDIC Standardbedingungen als Vorlage für europäische AGB im Bereich des Industrieanlagen-Vertragsrechts, RIW 2006, 331.

Boon/Goffin, Les Contrats „Clé en Main", Paris, New York 1981.

Dünnweber, Vertrag zur Erstellung einer schlüsselfertigen Industrieanlage im internationalen Wirtschaftsverkehr, Berlin 1984, Reprint 2011.

Goedel, Vertragsgestaltung bei BOT-Projekten, BB 1991, Beilage 20, S. 19.

Hillig, Die Mängelhaftung des Bauunternehmers im deutschen und englischen Recht, Frankfurt(M) 2010.

Joussen, Der Industrieanlagen-Vertrag, 2. Aufl. Heidelberg 1996.

Mallmann, Bau- und Anlagenverträge nach den FIDIC-Standardbedingungen, München 2002.

Nicklisch, Rechtsfragen des Subunternehmervertrags bei Bau- und Anlagenprojekten im In- und Auslandsgeschäft, NJW 1985, 2361 ff.

ders. (Hrsg.), Der Subunternehmer bei Bau- und Anlagenverträgen im In- und Auslandsgeschäft, Heidelberg 1987.

ders. (Hrsg.), Rechtsfragen privatfinanzierter Projekte – Nationale und internationale BOT-Projekte, Heidelberg 1994.

ders., Der Ingenieur als Schiedsgutachter und Quasi-Schiedsrichter bei internationalen Bau- und Anlagenprojekten – Idee und Wirklichkeit, FS für Habscheid (1989), S. 217 ff.

Weick, Vereinbarte Standardbedingungen im deutschen und englischen Bauvertragsrecht, München 1977, insbes. S. 83–138, 206–227.

ders., Industrieanlagenvertrag, in: Ergänzbares Lexikon der Rechts, 2. Aufl., Neuwied 1991.

V. Internationale Logistikverträge

1. Logistik im Außenhandelsverkehr

Der Begriff „Logistik" hat im Wirtschaftsleben eine vielschichtige Bedeutung bzw. unterschiedliche Definitionen, je nach Gebiet der Anwendung.[462] Auch wenn es Versuche gibt, den Begriff eindeutig zu fassen, so lässt sich doch insgesamt festhalten, dass es nicht *das* Logistikrecht oder *den* Logistikvertrag gibt. Logistik im internationalen Handel ist ein Themenfeld, das weit über die Begriffe Incoterms, Speditions- und Transportrecht hinausgeht. Im Gegenteil: Häufig tritt die eigentliche Transportleistung sogar in den Hintergrund. Dann ist auch der Logistikvertrag ein **„komplexer" Vertrag** und wird **häufig als Langzeitvertrag** ausgestaltet.

Auch im Bereich der Logistik ist durch internationale Abkommen ein erheblicher Grad von internationaler **Rechtsvereinheitlichung** erreicht worden, u.a. in Bezug auf Haftungsrecht und Transportdokumente. Zu nennen sind hier vor allem die Übereinkommen CMR (Straßengütertransport), Montrealer Abkommen (Lufttransport), Hague Rules und Hague Visby Rules (Seetransport), COTIF (Schienentransport) und CMNI (Binnenschifffahrtstransport). Vgl. dazu u. § 14 I.

2. Transport von großen Anlagen

Wenn man den heutigen Verkehr betrachtet, gleichgültig ob Schiff- oder Luftfahrt, Schiene oder Straße, erkennt man, dass jegliche Transportleistung eine Zukunftsperspektive der jeweiligen Branche darstellt – sie ist Bestandteil eines globalisierten „Job Motors"[463]. So kann es bei internationalen Anlagenbauverträgen vorkommen, dass der Transport zunächst umfangreiche Strukturverbesserungen oder -änderungen an der geplanten Transportstrecke erforderlich machen (z. B. „Ertüchtigung" von Brücken, Abriss von [Hilfs-]Gebäuden inkl. Neuaufbau, zeitweise Stilllegung von Stromtrassen, etc.). Alle diese Logistik-Maßnahmen dienen letztendlich dem ungehinderten Transport des eigentlichen Liefergegenstandes. Selbst die Konstruktion von geeigneten Transport-(Hilfs-)Mitteln können die Logistik-Verträge ebenso beinhalten wie Anmeldung bei den für den Transport zuständigen Behörden. Alleine diese Aufzählung lässt erahnen, dass eine äußerst sorgfältige Vorbereitung in technisch-tatsächlicher Sicht notwendig ist, die alle Eventualitäten positiver wie negativer Art beinhalten sollte. Danach beginnt die eigentliche Vertragsgestaltung, die idealerweise mit einer konkreten Ausschreibung beginnt (vgl. Check-Liste Logistic Contract, Anhang Nr. 11). Alle Aspekte, die in der Ausschreibung vergessen wurden, erhöhen zu einem späteren Zeitpunkt die Kosten, entweder als *„change*

---

462 Vgl. *Kollatz* in: Knorre/Demuth/Schmid (Hrsg.), Handbuch des Transportrechts, 2008, S. 12, Rdnr. 49.
463 *Tunn*, Lagerrecht/Kontraktlogistik, 2005, S. V; *Kollatz*, aaO (Fn. 462), S. 12, Rdnr. 50.

request" oder als für den Auftragnehmer unvorhersehbare Posten, die die Risikosphäre des Auftraggebers betreffen. Dass diese Verträge die Haftungstatbestände und damit ggfls. auch die Versicherungsdeckung stark tangieren, liegt auf der Hand.

3. Logistik im Geschäft mit Massenprodukten – Systemdienstleistung

Auf der anderen Seite gehören zum internationalen Handel, quasi als Gegenpol zu den individualvertraglich zu transportierenden Einzelprodukten, wie einer Industrieanlage, die Geschäfte mit Massenprodukten, wie z. B. Konsumartikel des täglichen Gebrauchs (Kleidung, Elektronik). Hier beinhaltet der Logistikauftrag häufig neben der Transportleistung auch die (Zwischen-)Lagerung, Kommissionierung, Weiterverteilung auf andere Länder innerhalb Europas bzw. Verteilung bis auf Ebene des Einzelhandelsgeschäfts (vgl. Anhang Nr. 11, Ziff. B.1). Diese Form der Logistik-Leistungen durch einen solchen „Systemdienstleister" wird auch als sog. **Kontraktlogistik** bezeichnet[464]. Sie bedeutet, dass neben die Transport- und Lagerleistung weitere vertragliche Elemente kommen, die in der heutigen Arbeitswelt eine rechtzeitige, vollständige in die Abläufe des Wirtschaftslebens verzahnte Belieferung *(supply chain management)* sicherstellen.[465]

Sogar die Belieferung an den Endkunden einschließlich der Abwicklung des Zahlungsverkehrs kann Bestandteil der vertraglich vereinbarten Logistikkette sein. Andererseits gibt es Logistikverträge, die die Retouren-Abwicklung[466] beinhalten. Aber auch die Einwirkung auf das Produkt durch Montage-Handlungen oder Mischung mit anderen Produkten durch den Logistikdienstleister sind denkbar[467]. M.a.W.: Die geforderten Logistik-Leistungen werden seitens der Auftraggeber immer komplexer und die Dienstleister, also Spediteur, Transporteur und Lagerhalter müssen sich diesen Forderungen nach Mehrwertleistungen stellen.[468] Es handelt sich damit um eine **koordinierte Gesamtleistung** und nicht mehr um eine Vielzahl von einzelnen Vertragsbausteinen. Es sind vielmehr typengemischte Verträge, bei denen die anwendbaren Rechtsnormen sich entlang der gesetzlich vorgesehenen Vertrags-Typisierung entwickeln.[469] So kommen bei diesen Verträgen Rechtsfolgen aus dem Fracht-, Speditions- und/oder Lagerrecht ebenso zur Anwendung wie Regelungen aus dem Dienst-, Werk- oder Geschäftsbesorgungsrecht.[470]

---

[464] *Tunn*, aaO (Fn. 463), I § 2, Rn. 43f; *Kollatz*, aaO (Fn. 462), S. 12 Rn. 15. Die Begriffe „Systemdienstleister" und „Kontraktlogistik-Dienstleister" werden synonym verwendet.
[465] Vgl. *Tunn* aaO (wie Fn. 464); *Kollatz* aaO (Fn. 462), S. 12, Rn. 49.
[466] S. auch *Tunn*, aaO (Fn. 463) II § 4, Rn. 106 mit weiteren Beispielen für erweiterte Leistungen.
[467] Vgl. *Kollatz*, aaO (Fn. 462), S. 12, Rn. 50.
[468] Vgl. *Tunn*, aaO, S. V.
[469] Vgl. *Tunn*, aaO, I § 2, Rn. 46, 48.
[470] Vgl. *Kollatz*, aaO, S. 12, Rn. 50.

Der Vollständigkeit halber sei auf den Umstand hingewiesen, dass derartige komplexe Logistik-Verträge auch das Risiko der Produkthaftung enthalten können – dies trifft den Logistik-Dienstleister immer dann, wenn er wertschöpfend das transportierte bzw. gelagerte Gut „weiter veredelt" bzw. be- oder verarbeitet. Da dieses Recht der Produkthaftung zwingend eingreift, sind hierzu eindeutige vertragliche Regeln notwendig.[471]

4. Auswirkungen im IT-Sektor

Wichtig in der Beratung derartiger Verträge ist das Bewusstsein aller Beteiligten, dass z.T. massive Investitionen bzw. Prozessänderungen auf dem IT-Sektor zwischen beiden Vertragspartnern stattfinden. Datenströme aus dem Haus des Auftraggebers laufen zum Logistik-Dienstleister und umgekehrt. Die Folge ist, dass die Schnittstelle, an der die Verantwortung des einen Partners endet und die des anderen beginnt, sorgfältig definiert werden muss – und zwar nicht nur im Hinblick auf die zur Anwendung kommende Hard- und Software, sondern auch wie und wann die Daten verarbeitet werden und wer für etwaige Störungen verantwortlich ist.

5. Gestaltung langfristiger Logistikverträge (Kontraktlogistik)

a) Zahlreiche Verhandlungspunkte bei Logistikverträgen, die über eine mehr oder weniger auf den Transport beschränkte Leistung hinausgehen, sind z.T. harten und langwierigen Diskussionen ausgesetzt. Dies liegt insbesondere an der Tatsache, dass derartige Logistikverträge in der Regel über mehrere Jahre laufen, der Logistik-Dienstleister z.T. bedeutende, nur **auf den Kunden zugeschnittene Investitionen** tätigen muss und der Auftraggeber sich in eine zumindest teilweise existentielle Abhängigkeit zum Logistik-Unternehmen begibt. Die Dienstleistung des Systemdienstleisters entwickelt sich quasi entlang der Wertschöpfungskette[472]. So ist die Preisgestaltung insofern eine risikobehaftete Thematik, als über Jahre gesehen **Mengengerüste der Logistik-Leistungen** sich nicht nur saisonbedingt – und damit vorhersehbar –, sondern auch unvorhersehbar verändern können. Daher sollte der beratende Jurist großes Augenmerk auf die Themen Mindest- oder Mehrmengen, Inflationsausgleich/Indexklauseln legen. Bei sog. *Rolling-Forecast*-Klauseln[473] ist in

---

471 Vgl. *Tunn*, aaO, V § 12, Rn. 391 ff.
472 *Tunn*, aaO (Fn. 463), I § 2, Rn. 45; *Müglich*, Transport- und Logistikrecht, 2002, S. 165 ff.
473 Deutsch: rollierende Prognose-Klauseln. Bedeutung: Es werden jeweils mehrere gleich große Zeitabschnitte für eine bestimmte, vertraglich festgelegte Größe als Berechnungsgrundlage genutzt; bei der folgenden Berechnung entfällt aber der erste Zeitabschnitt und wird durch den folgenden ersetzt. Beispiel: Abnahme 120 Stück +/– 10% in drei Monaten, beginnend 1. Januar. Erste Be-

den Formulierungen darauf zu achten, dass die prozentualen Abweichungsmöglichkeiten sich auf eine eindeutige Referenzgröße beziehen; also nicht z.B. +/− 10% vom Vormonatswert, sondern +/− 10% vom Umsatz des Vormonats oder +/− 10% von der Stückzahl/Gewicht des Vormonats. Auch die Frage der Häufigkeit der **Anpassung** sollte geklärt werden, denn die Möglichkeit einer zu häufigen Anpassung lässt den Vertrag zumindest für einen Vertragspartner sehr schnell durch den Abschmelzeffekt wirtschaftlich unattraktiv werden. So sind diese Klauseln ggfls. zu einem späteren Zeitpunkt dafür entscheidend, ob der Auftraggeber oder auch der Logistik-Dienstleister konkurrenzfähig bleibt.

b) Selbst wenn sich beide Parteien auf ein ausgeklügeltes Preisfindungssystem einigen und alle vorhersehbaren Wechselfälle der Geschäftsbeziehung in Klauseln abgebildet haben, bleibt es doch empfehlenswert, eine sog. „Sprechklausel" oder „Loyalitätsklausel" aufzunehmen (vgl. o. § 12 VII.5.b). Sogar eine **MAC (Material Adverse Change)-Klausel** (vgl. dazu o. § 12 VII.6.) ist gerade bei langfristigen und über mehrere Länder verteilten Logistik-Vertragsbeziehungen dringend zu empfehlen.

c) Auf die z.T. weitgehende Abhängigkeit, insbesondere des Auftraggebers von der ordnungsgemäßen Erbringung aller Dienstleistungen, wurde schon hingewiesen; daher erscheint es geradezu zwingend, in den Vertrag Regeln aufzunehmen, ob überhaupt und wenn ja zu welchen Fällen der Logistik-Dienstleister Einbehaltungs-/Zurückbehaltungsrechte an den ihm überlassenen Gegenständen geltend machen kann. Es liegt auf der Hand, dass mit einem durch Einbehaltungsrechte des Logistik-Unternehmens verursachten Lieferstopp von Produkten der Auftraggeber sein Geschäftsmodell nicht mehr erfolgreich fortführen kann. Es kommt damit geradezu zu einem Erpressungspotential auf Seiten des einen Vertragspartners. In der Regel sollte daher aus Sicht des Kunden ein weitgehendes Verbot von Einbehaltungsrechten/Zurückbehaltungsrechten vereinbart werden. Im Zweifel müssen zugunsten des Logistik-Unternehmens andere Sicherungsinstitute erarbeitet werden, um die Risikopriorität aufrecht zu erhalten.

d) Damit stellt sich die Frage nach der eigentlichen Form der Ausgestaltung einer derart komplexen Vertragsbeziehung: Bewährt hat sich der **modulare** bzw. **kaskadenhafte Aufbau**, d.h., es gibt eine **Rahmenvereinbarung** (Frame Contract),[474] die zunächst das Gesamtprojekt und Zielsetzung genau beschreibt und die allgemeingültige Vereinbarungen enthält. Gleichzeitig verweist dieses Dokument auf andere

---

rechnung: Januar 10, Februar 50, März 60; zweite Berechnung: Februar 50, März 60, April 20, usw.

[474] Vgl. *Müglich*, aaO (Fn. 472), S. 169.

Regelungen, die spezielle Themen behandeln. Diese *Service Level Agreements/ Fulfillment Service Agreements (SLA/FSA)* werden als „*Attachments*", „*Schedules*" oder „*Annexes*" bezeichnet und können häufig auch in Verhandlungen gesondert gekündigt, beschränkt oder erweitert werden. Dieses Baukastenprinzip gibt den Parteien die Möglichkeit, ihr Vertragsverhältnis auf der Zeitachse „atmen" zu lassen.

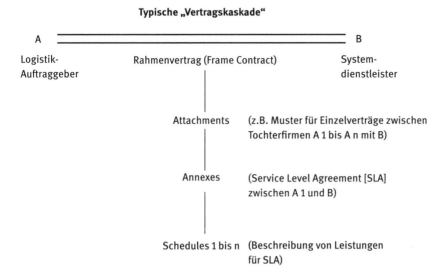

Hinweis: Die Entscheidung, welcher Begriff für die jeweilige Kaskadenstufe Verwendung finden soll, bleibt häufig der Entscheidung der Parteien überlassen. Wichtig ist, dass die Begriffe einheitlich für die entsprechende Stufe verwendet werden.

e) Ein **Logistik-Rahmenvertrag** kann **nicht ohne weiteres** als **Beförderungsvertrag** i.S.der §§ 407ff HGB klassifiziert werden. In BGH NJW-RR 2007, 182[475] ging es um die Verjährung von Ansprüchen, die sich auf eine „Vereinbarung" der Parteien stützte, in der die Bekl. der Klägerin (Transportunternehmen) eine Mindestbeförderungsleistung pro Tag und Fahrzeug zugesichert hatte. Diese Vereinbarung war eine

---

[475] BGH v. 21.9.2006 – I ZR 2/04, u.a. veröffentlicht in DB 2007, 800.

Rahmenvereinbarung, obwohl es daneben auch noch einen „Rahmenvertrag" gab. Der BGH entschied, dass es sich nicht um Ansprüche „aus einer Beförderung" i.S.v. § 439 Abs. 1 HGB handele, folglich die Ansprüche nicht in 1 Jahr, sondern nach § 195 BGB in 3 Jahren verjährten).

f) Ein weiterer in dieser Gemengelage schwer zu fassender Aspekt betrifft die **Sicherstellung der Qualität der Logistik-Leistungen** und die **Verantwortlichkeiten** bei eventuellen Defiziten. Diese *„Reps & Warranties"* (*Representations & Warranties*) bedürfen ebenfalls einer geradezu hellseherischen Fähigkeit der Verhandlungspartner wann, wo und durch wen der Leistungsgegenstand ge- oder zerstört werden könnte und welche Maßnahmen dann zu treffen sind. Diese Fragestellung wird noch dadurch regelungsbedürftiger, dass sich der eigentliche Logistik-Vertragspartner häufig Dritter zur Erfüllung seiner Pflichten bedient. Daher ist es ggfls. ratsam, zu prüfen, ob Veto-Rechte gegen bestimmte Drittbeauftragungen sowie umfassende Audit/Prüf- und Zutrittsrechte beiden Parteien hier eine interessengerechte Lösung anbieten. Auch die Fragen der Haftung, die jenseits der Regelungen aus dem klassischen Speditions- und Lagergeschäft herrühren, bedingen für die besonderen Vertragsbestandteile einer detaillierten Regelung.[476]

6. Anlaufphase, normaler Vertragsmodus, Deadlock und Beendigungsphase

Bevor beide Vertragspartner von einem für beide Seiten zufriedenstellenden „eingeschwungenen Vertragszustand" sprechen können, ist die sog. **Anlaufphase** so optimal wie möglich zu gestalten; es ist quasi die Gewöhnungs- und Anpassungsphase, die beide Parteien benötigen, um eine optimale Zusammenarbeit im Tagesgeschäft zu erreichen. Diese, auch *„ramp-up", „roll-out"* oder *„start-up"* genannte Phase bedarf bei den Vertragsverhandlungen der Antizipation der verschiedenen Szenarien, was erzielt werden soll und was passieren kann. Bewährt hat sich hier ein sehr genauer Meilensteinplan (*milestone-plan*), der die zu bestimmten Zeitpunkten zu erreichenden Vertragserfüllungsparameter enthält. Daran anschließend entwickelt sich der **normale Vertragsmodus**, auch *„operational phase"* genannt.

Die Erfahrung zeigt, dass es in längerfristigen Vertragsbeziehungen zu Situationen kommt, in denen keine Entscheidung getroffen werden kann (sog. **Deadlock-Situation**). Das ist auch bei langfristigen Logistikverträgen nicht anders. Hierzu sollte schon im Vertrag eine Regelung getroffen werden. In der Regel wird der betreffende Entscheidungsgegenstand stufenweise in der Hierarchie-Ebene der beiden Partner weitergereicht, d.h. der Vorstand/die Geschäftsführung bzw. die Aufsichtsgremien des jeweiligen Partners werden mit der Entscheidungsfindung beauftragt.

---

[476] Vgl. *Tunn*, aaO (Fn. 463), IV, § 12, Rn. 381 ff.

Man spricht in diesem Zusammenhang auch von „Eskalationsmechanik". Für diesen Weg wird in der betreffenden Vertragsklausel den Parteien z.B. aufgegeben, „nach bestem Wissen und Gewissen" zu entscheiden („... *who shall upon receiving a Deadlock Notice use their best endeavours and in good faith to resolve such matter by mutual agreement*").

Wenn der beratende Jurist die Vertragsparameter in möglichst eindeutige Formulierungen gegossen hat, kommt häufig für ihn eine der unangenehmsten Aufgaben: Er muss die in den Vertragsverhandlungen auf eine positive Zusammenarbeit eingestimmten Kollegen aus dem kaufmännischen/technischen Bereich davon überzeugen, sich tiefergreifende Gedanken über ein **Trennungs-Szenario** zu machen. Denn selbst wenn die Partnerschaft mit dem Logistik-Partner jahrelang erfolgreich und reibungslos verläuft, sollte die Kündigung und das dann notwendige Auslaufmodell *(fade-out-phase)* der Vertragsbeziehung so weit wie möglich durchdacht sein. Diese Beendigungsphase muss einerseits die Möglichkeit eröffnen, einen neuen Logistik-Dienstleister in einem fließenden Übergang zu beauftragen bzw. zumindest teilweise dem Logistik-Partner zugewiesene Aufgaben in das eigene Unternehmen zurückzuholen; gleichzeitig muss der ursprüngliche Partner für einen gewissen Zeitraum *(Termination Assistance Period)* Hilfestellungen gewährleisten.

Abschließend sei in diesem Zusammenhang darauf hingewiesen, dass allgemeine Floskeln, wie *„business standards"*, *„principles of a prudent and diligent business person"* etc., wenig hilfreich sind, da sich jeder etwas Anderes darunter vorstellen kann und im Streitfall der Interpretationsspielraum letztlich nur gerichtlich abschließend geklärt werden kann. Eine solche „Klärung" im Prozess oder Schiedsgerichtsverfahren ist aber genau das, was die Vertragsparteien normalerweise vermeiden wollen (vgl. dazu und zur konflikt-vorbeugenden Vertragsgestaltung auch u. § 20 II.1.).

Eine **Check-Liste für die Gestaltung eines längerfristigen Logistikvertrages** findet sich im Anhang Nr. 11.

7. Multimodaler Transport

Im internationalen Handelsverkehr ist die Beförderung der Güter durch eine Kette verschiedener Transportmittel inzwischen sehr häufig. Von multimodaler Beförderung (multimodal transport)[477] spricht man dann, wenn die **Beförderung des Gutes aufgrund eines einheitlichen Frachtvertrages mit verschiedenen Beförderungsmitteln** durchgeführt wird. Der multimodale Beförderer (MTO[478]) verpflichtet sich dann i.d.R. zur Durchführung der gesamten Beförderung von Haus zu Haus.

---

477 Gegensatz: unimodale Beförderung.
478 Abkürzung für: Multimodal Transport Operator.

Hinzu kommen oft noch **Nebenleistungen**, wie Verpackung, Zwischenlagerung oder Erledigung von Zollformalitäten. Dennoch wird der multimodale Beförderungsvertrag im HGB als Unterfall des Frachtvertrages behandelt. Ein häufiger Fall der multimodalen Beförderung ist zum Beispiel der grenzüberschreitende Transport eines Containers mit verschiedenartigen Transportmitteln.[479] In diesem Fall spricht die Praxis von *combined transport*;[480] dieser ist also ein Unterfall des multimodalen Transports.

Im deutschen **HGB** sind seit der Transportrechtsreform von 1998 für die multimodale Beförderung in **§§ 452 bis 452d** besondere Vorschriften enthalten, die allerdings nur dann eingreifen, wenn ohne diese Regelung mindestens zwei Teilstrecken verschiedenen Rechtsvorschriften unterworfen wären[481] (z.B. bei Beförderung per LKW von Frankfurt (Main) nach Hamburg deutschem Recht und per Schiff von Hamburg nach Southampton englischem Recht). Gemäß § 452 HGB sind dann auf die gesamte Strecke die §§ 407–450 HGB über den Frachtvertrag anzuwenden, sofern nicht besondere Vorschriften oder anzuwendende internationale Übereinkommen[482] etwas anderes bestimmen. Ein Teil dieser Bestimmungen des HGB können von den Vertragsparteien abgeändert werden.[483] Auf diese Weise werden die gesetzlichen Vorschriften zum Teil durch AGB überlagert. Zwingendes Recht für Teilstrecken hat jedoch Vorrang.

---

[479] Für diesen Transport in standardisierten Transporteinheiten mit verschiedenen Transportträgern wird zum Teil auch der Begriff „intermodaler Transport" verwendet. Eine weltweit einheitliche Terminologie hat sich bisher nicht durchgesetzt. Vgl. zu entsprechenden Ansätzen: UNECE u.a., Terminology on Combined Transport, New York/Geneva 2001

[480] *Combined Transport* ist also der Transport von Gütern in einer Ladeeinheit, die dann mit mindestens zwei verschiedenen Transportmitteln befördert wird. Eine spezielle Definition hat jedoch die EU in Zusammenarbeit mit der UNECE und der Eur. Conference of Ministers of Transport (ECMT) beschlossen: „Combined Transport (CT) ist „intermodal transport where the major part of the journey, in Europe, is by rail, inland waterways or sea, and any initial and/or final legs carried out by road are as short as possible." Dieser Begriff ist auf Europa beschränkt und außerdem verkehrspolitisch orientiert, gibt also nicht den weltweiten Sprachgebrauch wieder. Der in diesem Zusammenhang ebenfalls verwendete Begriff „*intermodal transport*" wird z.T. synonym mit „multimodal transport" verwendet. Dagegen hat die Europ. Verkehrsministerkonferenz folgende Definition für „intermodaler Verkehr" beschlossen: „.... Transport von Gütern in ein und derselben Ladeeinheit oder demselben Straßenfahrzeug mit zwei oder mehreren Verkehrsträgern, wobei ein Wechsel der Ladeeinheit, aber kein Umschlag der transportierten Güter selbst erfolgt." (Terminologie des Kombinierten Verkehrs, http//www.oecd.org/dataoecd/42/32/1941816.pdf). Diese Definition ist aber nicht allgemein anerkannt.

[481] Das sog. hypothetische Teilstreckenrecht.

[482] Eine besondere Vorschrift in diesem Zusammenhang ist z.B. § 452a HGB (bekannter Schadensort), ein einschlägiges besonderes Übereinkommen z.B. die CMR.

[483] Näheres s. § 452d HGB.

Die UNCTAD hatte 1980 den Versuch unternommen, durch ein internationales Übereinkommen[484] den multimodalen Frachtvertrag zu regeln. Mangels einer ausreichenden Zahl von Ratifikationen ist es bisher aber nicht in Kraft getreten und wird wohl auch nicht mehr in Kraft treten. Es fehlt deshalb zzt. eine weltweite einheitliche Regelung.

Von diesem Konventionsprojekt zu unterscheiden sind die **UNCTAD/ICC Rules for Multimodal Transport Documents** (ICC Publ. No. 298), die in der Praxis verbreitet Anwendung finden und wesentlich zur Vereinheitlichung des Rechts der multimodalen Beförderung beitragen.

Von der Praxis wurde ein einheitliches **multimodales Transportdokument** (*multimodal transport document*) entwickelt, das auch mit dem deutschen Begriff „Durchkonnossement" bezeichnet wird. In ihm bescheinigt der multimodale Transporteur (MTO) die Übernahme bestimmter Güter zur multimodalen Beförderung und verpflichtet sich zur Auslieferung an den legitimierten Inhaber des Dokuments[485]. In den ICC Einheitlichen Richtlinien und Gebräuchen für Dokumenten-Akkreditive (ERA 600) wird in Art. 19 derartigen Dokumenten Rechnung getragen; sie werden als von den Banken akzeptabel behandelt.

Das folgende Dokument ist eine *Bill of Lading* (Abkürzung: B/L) für den kombinierten Transport von Ningbo (VR China) nach Hamburg (abgedruckt mit freundlicher Genehmigung von DHL Danmar Lines). Die hier abgebildete B/L ist nicht übertragbar, weil sie nicht „*to order*" (an Order) ausgestellt ist.

---

[484] UN Convention on the International Multimodal Transport of Goods.
[485] Vgl. z.B. die „FIATA Multimodal Transport Bill of Lading", entwickelt aus der FIATA Combined Transport Bill of Lading.

BILL OF LADING	DANMAR LINES
for combined transport or port to port shipment	Registered Office: Danmar Lines Ltd. P.O. Box 2651, 4002 Basel (Switzerland)

Shipper	Document No.	Bill of lading number
PRODUCTS LIMITED 10C,10/F.,MEYER INDUSTRIAL BUILDING ,2 YIP STREET, KWUN TONG,KOWLOON,HONG KONG	5NG/047576	NGB2444
	Export references SHIPPER'S REF. N/A CONSIGNEE'S REF. 7000001535	

Consignee (not negotiable unless consigned to order)	Forwarding agent - references (complete name and address)
RIECK PROJEKT KONTRAKT LOGISTIK HAMBURG GMBH, CO KG ISTRASSE 10-14 22 HAMBURG	DHL GLOBAL FORWARDING (CHINA) CO., LTD. NINGBO BRANCH 7/F, BUILDING A, PACIFIC PLAZA NO. 555 JINGJIA ROAD NINGBO, ZJ 315040 P.R. CHINA

Notify party (see Clause 18)	Unless marked "Express Sea Waybill" (in which case all references in this document and reverse terms to "Bill of Lading" shall be deemed to refer to "this Express Sea Waybill"), one original Bill of Lading must be surrendered duly endorsed in exchange for the goods or delivery order. For the release of goods apply to:
.....MBH C/O HOLDING GMBH .STRASSE STADT , DE	DHL GLOBAL FORWARDING GMBH .STRASSE 46 D-22113 HAMBURG TEL. : +49 (0) 40 FAX : +49 (0) 40

Pre-carriage by	Place of receipt by pre-carrier NINGBO, CHINA	
Vessel/Voy. No. 015W COSCO AFRICA	Port of loading NINGBO, CHINA	On-carriage to
Port of discharge HAMBURG	Place of delivery by on-carrier HAMBURG	

Marks and numbers	Number and kind of packages : description of goods	Gross weight in kilo's	Measurement in cubic metres
	*** AS PER ATTACHED SPECIFICATION ***	6297.730	29.530

*** FREIGHT COLLECT ***   ON BOARD DATE:18 SEP 2012

ABOVE PARTICULARS AS DECLARED BY SHIPPER

Total No. of containers/packages		Freight Payable at	Excess Value Declaration: Refer to clause 13.3 and 13.4 on reverse side
1		DESTINATION	

Freight and charges	Quantity based on	Rate	Per	Prepaid	Collect
		TOTAL			

Carrier's liability is in accordance with clauses 12, 14 and 20 of overleaf STANDARD CONDITIONS RECEIVED by the carrier from the shipper in apparent good order and condition (unless otherwise noted hereon) the total number or quantity of containers or other packages or units indicated stated by the shipper to comprise the goods specified for carriage subject to all the terms hereof (INCLUDING THE TERMS ON PAGE 1 HEREOF AND THE TERMS OF THE CARRIER'S APPLICABLE TARIFF) from the place of receipt or the port of loading, whichever is applicable to to the port of discharge or the place of delivery, whichever is applicable. In accepting the Bill of Lading the merchant expressly accepts and agrees to all its terms, conditions and exceptions whether printed, stamped or written, or otherwise incorporated, notwithstanding the non-signing of this Bill of Lading by the merchant.	IN WITNESS whereof the number of the original Bills of Lading stated below all of this tenor and date has been signed, one of which being accomplished, the others shall on stand void. Number of original B(S)/L (only applicable if marked "Bill of Lading") 3 / THREE	Place and Date of issue NINGBO /12 Signed on behalf of the carrier : Danmar Lines Ltd. DHL Global Forwarding (China) Co.,Ltd as agents (Original)

```
SPECIFICATION OF CARGO                               Page :    1

B/L NUMBER        NGB2444                       DATED     18/09/12

VESSEL            COSCO AFRICA
PORT OF LOADING   NINGBO, CHINA
PORT OF DISCHARGE HAMBURG
FOR TRANSHIPMENT TO


MARKS/NUMBERS     QTY    TYPE DESCRIPTION OF GOODS   WEIGHT KGS   VOLUME CBM

HJCU2013376        1     x 20FT STANDARD CNTR          6297.730    29.530
SEAL CH9281574
                         SAID TO CONTAIN
OK.                        1253 CARTONS
GERMANY                    ORDER NO.700000
HAMBURG                    KEA ORDER NO. 2128IM004
ARTICLE NUMBER:            OHD 130-R HAIR DRYER
OHD 130-R                  QTY:9500 PCS
PACKING QTY:12             SPARE GIFTBOXES:20
PCS                        PCS-FREE OF CHARGE
ORDER:                     OHD 130-W HAIR DRYER
7000001501/                QTY:5500 PCS
C/NO.: 1-792               SPARE GIFTBOXES:20
COUNTRY OF                 PCS-FREE OF CHARGE
ORIGIN:CHINA

SPARE GIFTBOXES
C/NO.: 1

OK.
GERMANY
HAMBURG
ARTICLE NUMBER:
OHD 130-W
PACKING QTY:12
PCS
ORDER:
7000001501/
C/NO.: 1-459
COUNTRY OF
ORIGIN:CHINA

SPARE GIFTBOXES
C/NO.:1

SAY TOTAL ONE (1X20')CONTAINER ONLY (CY/CY)
SHIPPER'S LOAD COUNT&SEAL
```

Transportversicherungsverträge werden meist für die gesamte Beförderungsstrecke, also nicht für einzelne Teilstrecken, abgeschlossen.

Zu den für den multimodalen Transport geeigneten Incoterms-Klauseln s. oben § 11 III 2. a), S. 97 f.

Praxis-Tipps
Logistik im internationalen Handel ist heute ein Wirtschaftssektor, der weit über Speditions- und Transportleistungen hinausgeht. Ein Logistikvertrag kann ein „komplexer" Vertrag sein, der vielfältige Dienst- und Werkleistungen umfasst, sich über mehrere Länder erstreckt und als Langzeitvertrag ausgestaltet ist (sog. Kontraktlogistik). Bei solchen Verträgen ist die Aufnahme einer „Loyalitäts-Klausel" und evtl. auch einer MAC-Klausel zu empfehlen, um eine Anpassung an veränderte Umstände zu ermöglichen.

Bewährt hat sich der modulare oder „Kaskaden"-Aufbau der Vertragsbeziehung. Dabei gibt es eine Rahmenvereinbarung und konkrete Vereinbarungen über mehrere Stufen, die z.B. als *Attachments, Schedules* oder *Annexes* bezeichnet werden.

Besondere Aufmerksamkeit der Vertragsjuristen richtet sich auch auf die Sicherstellung der Qualität der Logistik-Leistungen und die Verantwortlichkeit bei eventuellen Defiziten oder von außen kommenden Störungen.

Der Vertrag sollte auf jeden Fall eine ausführliche Regelung für die Vertragsbeendigung vorsehen, die in der Praxis eher nicht abrupt stattfindet.

Multimodaler Transport ist die Beförderung der Güter durch eine Kette verschiedener Transportmittel (z.B. Land-See-Land). Im HGB sind dafür seit 1998 besondere Vorschriften in §§ 452–452d einschlägig. Die meisten dieser Vorschriften sind dispositives Recht. Eine weltweit einheitliche Regelung fehlt zzt.; das UNCTAD-Übereinkommen von 1980 ist bisher nicht in Kraft getreten. Stattdessen finden die Rules for Multimodal Transport Documents der ICC (ICC Publ. No. 298) verbreitete Anwendung.Von der Praxis wurde ein einheitliches multimodales Transportdokument entwickelt.

Schrifttum zu V. (Internationale Logistikverträge)
Ehrmann, H., Logistik, 7. Aufl. Ludwigshafen 2012.
Knorre/Demuth/Schmid (Hrsg.), Handbuch des Transportrechts, München 2008.
Müglich, A., Logistik in der E-Economy – Rechtliche Rahmenbedingungen, München 2003.
ders., Transport- und Logistikrecht, München 2002.
Ramming, Hamburger Handbuch Multimodaler Transport. Das Recht des Gütertransports mit unterschiedlichen Beförderungsmitteln einschließlich Seestrecke, München 2011.
Tunn, J., Lagerrecht/Kontraktlogistik, Heidelberg, 2005.
Wieske, Transportrecht schnell erfasst, 2. Aufl. Berlin/Heidelberg 2008.

§ 14 Probleme in Bezug auf das anwendbare Recht

I. Anknüpfung nach allgemeinem Kollisionsrecht

Ist auf einen konkreten Vertrag kein internationales Einheitsrecht (z.B. das UN-Kaufrecht nach der CISG) anzuwenden, so muss das maßgebliche nationale Recht über die Kollisionsnormen – das sog. Internationale Privatrecht – ermittelt werden.

Die **CISG** oder anderes in Deutschland geltendes **Einheitsrecht auf völkerrechtlicher Grundlage hat auf jeden Fall Vorrang.** Art. 3 Abs. 1 Nr. 2 EGBGB sagt das noch einmal ausdrücklich, aber auch ohne diese Vorschrift wäre das klar. Die Vertragsparteien können jedoch das UN-Kaufrecht ausschließen oder – vorbehaltlich des Art. 12 CISG – von seinen Bestimmungen abweichen (Art. 6 CISG).

Falls die Vertragsparteien deutsches Recht ohne Einschränkung als Vertragsstatut wählen, schließt das auch das UN-Kaufrecht als Bestandteil des deutschen Rechts mit ein. Wenn das nicht gewollt ist, muss in diesem Fall die Geltung des UN-Kaufrechts ausdrücklich ausgeschlossen werden.

Ferner haben wir schon gesehen, dass das Einheitliche Kaufrecht nicht alle Probleme abdeckt, die sich bei einem internationalen Kaufvertrag ergeben können, z.B. nicht Willensmängel oder die Gültigkeit des Vertrages.[486] Die dingliche Seite der Transaktion, z.B. Eigentumsübergang oder Eigentumsvorbehalt, ist in der CISG ebenfalls ausgeklammert. In diesen Fällen muss man auf das Kollisionsrecht zurückgreifen. Kollisionsnormen sind in erster Linie in nationalen Gesetzen zu finden, in Deutschland vor allem im **EGBGB** (Artt. 3–26 und 38–47), wobei jedoch gerade für das Vertragsrecht und außervertragliche Schuldverhältnisse seit einigen Jahren **europarechtliche Kollisionsnormen** an die Stelle der entsprechenden deutschen Kollisionsnormen getreten sind (vgl. dazu u. S. 212). Weitere europäische Kollisionsnormen mit Bezug auf die Wirtschaft finden sich in Artt. 3 und 4 EuInsVO.[487] Hinzu kommen verstreute Vorschriften in anderen nationalen Gesetzen, zum Beispiel im GWB, HGB, Wechselgesetz und Scheckgesetz. Die beiden letztgenannten beruhen allerdings schon auf internationalen Übereinkommen (Genfer Wechselrechts-Abkommen von 1930 bzw. Genfer Scheckrechts-Abkommen von 1931). Völkerrechtliche Übereinkommen enthalten in großem Umfang Quellen für Kollisionsrecht, und sie haben wiederum Vorrang vor den autonomen Kollisionsnormen in nationalen Gesetzen (Art. 3 Nr. 2 EGBGB).

Dabei ist zwischen **multilateralen und bilateralen Übereinkommen** zu unterscheiden. In unserem Zusammenhang sind wichtige multilaterale Abkommen zum Beispiel im Transportwesen das Übereinkommen über den Beförderungsvertrag im internationalen Straßengüterverkehr (CMR) von 1956, zum internationalen Luftverkehr das Warschauer Abkommen von 1929 mit Zusatzabkommen von Guadalajara aus dem Jahr 1961 und das Montrealer Übereinkommen zur Vereinheitlichung bestimmter Vorschriften über die Beförderung im internationalen Luftverkehr von 1999 (das für seine Vertragsstaaten das Warschauer Abkommen ersetzt), das Über-

---

[486] Vgl. Art. 4 CISG.
[487] Verordnung (EG) Nr. 1346/2000 über Insolvenzverfahren v. 29.5.2000 (ABl EG Nr. L 160, S. 1), in Kraft seit 31.5.2002. Sie gilt für alle EU-Mitgliedstaaten außer Dänemark.

einkommen über den internationalen Eisenbahnverkehr (COTIF) von 1980 sowie das Budapester Übereinkommen über Güterbeförderung in der Binnenschiffahrt von 2000 (CMNI).[488] Durch Übereinkommen zur Vereinheitlichung von Regeln über Konnossemente von 1924 und 1968 (*„Hague Rules"* und *„Hague Visby Rules"*) wurde dieses wichtigste Dokument des Seefrachtverkehrs international geregelt. Andere Vereinheitlichungen durch die internationalen Abkommen betreffen vor allem das Haftungsrecht, weitere Pflichten der Vertragsparteien und die Verjährung. Vgl. dazu auch o. § 13 V.1.

Von zentraler Bedeutung für unsere grenzüberschreitenden Verträge sind schließlich die Normen des **europäischen Gemeinschaftsrechts** und hier in erster Linie die Verordnung über das auf vertragliche Schuldverhältnisse anzuwendende Recht (Rom I-VO) vom 17.6.2008[489]. Es hat die früheren Schuldvertragsnormen im EGBGB ersetzt und ist nun in allen EU-Staaten außer Dänemark unmittelbar geltendes Recht. Darüber hinaus gelten diese Kollisionsnormen aber auch im Verhältnis zwischen Deutschland und nicht zur EU gehörenden Staaten – als sog. *loi uniforme* – (Art. 2 Rom I-VO). Das durch die Verordnung berufene Recht ist also von deutschen Gerichten und Behörden auch dann anzuwenden, wenn es nicht das Recht eines EU-Mitgliedstaates ist. Entsprechendes gilt auch für die europäischen Kollisionsnormen für außervertragliche Schuldverhältnisse (Rom II-VO).[490]

Nach der europäischen Rom I-VO gilt primär die **freie Rechtswahl** der Parteien.[491] Die Rechtswahl muss nach den Umständen nicht unbedingt naheliegend oder sachgerecht sein. Allerdings können sich die Vertragsparteien durch eine derartige Rechtswahl nicht den zwingenden Rechtsnormen des Staates entziehen, zu dem der Vertrag die engste Verbindung hat.[492] Einschränkungen der freien Rechtswahl ergeben sich ferner aus Artt. 5–8 der Verordnung, wobei für den internationalen Handels- und Wirtschaftsverkehr vor allem Art. 5 (Beförderungsverträge) und Art. 7 (Versicherungsverträge) relevant sind. Die in Art. 3 Abs. 1 Rom I-VO gewährte

---

488 Die Abkürzung CMNI leitet sich von dem umständlichen französischen Titel ab:" Convention de Budapest relative au contrat de transport de marchandises en navigation intérieure". In Deutschland ist das Abkommen seit 1.11.2009 in Kraft. Vgl. dazu *Ramming*, Hamburger Handbuch zum Binnenschiffahrtsfrachtrecht, München 2009.
489 ABl Nr. L 177 S. 6, im Wesentlichen in Kraft seit 11.1.2009.
490 Art. 3 Rom II-VO. – Die Verordnungen „Rom III" von 2010 und „Rom IV" von 2012 betreffen Kollisionsnormen zum Familienrecht und Erbrecht, sind also für internationales Handels- und Wirtschaftsrecht nicht einschlägig.
491 Art. 3 Abs. 1 Rom I-VO. Damit ist der Grundsatz der Parteiautonomie in allen Mitgliedstaaten der EU gültig. Im außereuropäischen Ausland, z.B. in Südamerika ist das zum Teil anders.
492 Art. 3 Abs. 3 Rom I-VO formuliert das so:"Sind alle anderen Elemente des Sachverhalts zum Zeitpunkt der Rechtswahl in einem anderen als demjenigen Staat belegen, dessen Recht gewählt wurde ...". S. ferner Art. 3 Abs. 4 der VO, in dem es um das entsprechende Problem bei der Rechtswahl „aus der EU heraus" geht, um zwingenden Bestimmungen des Gemeinschaftsrechts zu entgehen.

Rechtswahlfreiheit bezieht sich nur auf ein staatliches Recht, also nicht auf nichtstaatliche Normenkomplexe, wie „Grundsätze des internationalen Handels" o.ä. Da eine Rechtswahlvereinbarung nur diejenige Reichweite hat, die ihr das Kollisionsrecht des Forumstaates einräumt, ist für die Vertragsgestaltung empfehlenswert, die Rechtswahl und die Wahl der international zuständigen Gerichte aufeinander abzustimmen.[493] Die ist vor allem zu beachten, wenn Verträge mit ausländischen Partnern außerhalb der EU geschlossen werden. Hier sollte nach Möglichkeit vermieden werden, dass für die Streitentscheidung Gerichte eines Staates international zuständig werden können, der die getroffene Rechtswahl nicht anerkennt.[494] Vorzuziehen ist in solchen Fällen auf jeden Fall eine Schiedsvereinbarung.[495]

Für außervertragliche Schuldverhältnisse lässt die Rom II-VO in Art. 14 Abs. 1 für kommerzielle Parteien auch eine Rechtswahl vor dem schädigenden Ereignis zu. Die kommt vor allem dann in Frage, wenn die Parteien eines Vertrages die Rechtswahl für die vertraglichen Ansprüche auch auf eventuell konkurrierende deliktische oder bereicherungsrechtliche Ansprüche erstrecken wollen.

Mangels Rechtswahl gilt der **Grundsatz der engsten Verbindung** des Vertrages. Dieses Prinzip ergibt sich aus Art. 4 Abs. 3 und 4 der Verordnung. Für typische Vertragsarten enthält Art. 4 Abs. 1 jedoch eine Reihe von regelmäßigen Anknüpfungen, so dass nicht in jedem Einzelfall die engste Verbindung ermittelt werden muss. Kaufverträge über bewegliche Sachen unterliegen danach dem Recht des Staates, in dem der Verkäufer seinen gewöhnlichen Aufenthalt hat.[496] Franchise- oder Vertriebsverträge unterliegen dem Recht des Staates, in dem der Franchisenehmer bzw. der Vertriebshändler seinen gewöhnlichen Aufenthalt hat.[497] Falls sich jedoch aus der Gesamtheit der Umstände ergibt, dass abweichend von der Regelanknüpfung der konkrete Vertrag eine offensichtlich engere Verbindung zu einem anderen Staat aufweist, so ist das Recht dieses anderen Staates anzuwenden (Art. 4 Abs. 3 Rom I-VO); dann setzt sich also das og. Prinzip durch. Für internationale Beförderungsverträge enthält Art. 5, für internationale Versicherungsverträge Art. 7 Rom I-VO eine nähere Regelung. Auch für Verbraucherverträge sind besondere Kollisionsnormen in Art. 6 der Verordnung vorgesehen. Einschlägig sind ferner einige europäische Richtlinien, zum Beispiel die Richtlinie über den elektro-

---

493 *Ostendorf*, IHR 2012, 177 (178).
494 *Ostendorf*, aaO (wie Fn. 493).
495 Umstritten ist noch, ob die europäischen Kollisionsnormen auch für Schiedsverfahren anwendbar sind; vgl. dazu *Ostendorf* aaO (Fn. 493) 178 f m.w.Nw. Er empfiehlt deshalb der Vertragspraxis, sich auf eine entsprechende Anwendung dann einzustellen, wenn der Ort des Schiedsverfahrens in der EU liegt.
496 Art. 4 Abs. 1a) Rom I-VO.
497 Art. 4 Abs. 1e) und f) Rom I-VO.

nischen Geschäftsverkehr vom 8.6.2000[498] oder eine Reihe von Richtlinien über Verbraucherschutz.[499]

> In unserem **Beispielfall zum Kauf von Sherry** in Spanien[500] ist das UN-Kaufrecht anwendbar. Soweit dieses Lücken lässt, wäre das einschlägige nationale Vertragsrecht über die Rom I-VO zu ermitteln. Dagegen wäre der Eigentumsübergang nach den Normen des internationalen Sachenrechts zu behandeln, d.h. zunächst nach den Artt. 43 bis 46 EGBGB, denn insoweit gibt es noch keine einheitlichen internationalen oder europäischen Kollisionsnormen.[501] Über die Eigentumsbeziehungen am Wein müsste dann eigentlich das Recht des Staates entscheiden, in dem sich die Ware befindet. Eine Rechtswahl lässt die h.M. insofern nicht zu. Häufig soll der Eigentumsübergang aber während des Transports erfolgen. Hier überzeugt es wenig, dass das Recht eines Transitlandes maßgebend sein soll, wenn sich die Ware zufällig einige Stunden darin befindet. Bei Lage auf hoher See müsste dann auf den Flaggenstaat des Schiffes zurückgegriffen werden, also vielleicht Panama oder Liberia – auch nicht sehr überzeugend. Das ist die Problematik der *„res in transitu"* (Sachen auf dem Transport). Sie ist bei der Neuregelung des internationalen Sachenrecht im EGBGB ausgeklammert worden, und das Recht der EU hat auch noch keine Lösung gefunden. Die überwiegende Meinung plädiert für die Anwendung des Rechts des Bestimmungslandes[502]. Eine Ausnahme davon soll aber für Maßnahmen der Zwangsvollstreckung oder lageortbezogene Rechtsgeschäfte gelten; dann soll es bei dem Recht des jeweiligen Lageorts bleiben.[503]

II. Probleme bei Verknüpfung von Standardvertragsbedingungen mit einem fremden Vertragsstatut

Beispielfall[504]

> Ein deutsches Bauunternehmen U (*Contractor*) schloss mit einem libyschen staatlichen Auftraggeber (*Employer*) A einen Bauvertrag auf der Grundlage der *FIDIC (Civil Engineering) Conditions (3d edition)*, der damaligen Fassung des *„Red Book"*. Diese international weit verbreiteten Vertragsbedingungen waren – damals noch mehr als heute – über weite Strecken eine Über-

---

498 Richtlinie 2000/31/EG, ABl EG 2000 Nr. L 178 S. 1; in der BRD umgesetzt durch das EEG v. 14.12.2001.
499 S. die Übersicht in Staudinger/*Weick* (Bearb. 2004), Vorbem. zu §§ 13, 14 BGB, Rn. 16, zu denen inzwischen weitere Richtlinien hinzugekommen sind.
500 Oben § 12 I.
501 Das Haager Abkommen über das auf den Eigentumserwerb bei internationalen Käufen beweglicher Sachen anwendbare Recht von 1956 ist bisher nicht in Kraft getreten und wird es wohl auch nicht mehr.
502 Vgl. *von Hoffmann/Thorn*, Internat. Privatrecht, 9. Aufl. 2007, § 12 Rn. 9 ff, 39; *Kegel/Schurig*, Internat. Privatrecht, 8. Aufl. 2000, S. 669 f differenziert. Vage Palandt/*Thorn* BGB, 72. Aufl. 2013, Art. 43 EGBGB Rn. 2.
503 *Von Hoffmann/Thorn*, aaO (Fn. 502) § 12 Rn. 40 m.w.Nw.
504 Angelehnt an den Fall des Schiedsspruchs Nr. 3790, JDI 1983, 910.

setzung von englischen Standardbedingungen (*ICE Conditions*) und daher im englischen Recht verwurzelt. Das libysche Recht war als Vertragsstatut vereinbart. Im Verlauf der Ausführung stellte der *Consulting Engineer* des Auftraggebers, der die Funktionen des „*Engineer*" in diesem Vertrag hatte, nach cl. 60 der *FIDIC Conditions* sog. *interim certificates* aus, aufgrund derer dann jeweils eine Bank Abschlagszahlungen an den Auftragnehmer leistete. Mit einigen dieser Zwischenzeugnisse erklärte sich der Auftraggeber nicht einverstanden. In cl. 67 der FIDIC-Bedingungen[505] war vorgesehen, dass die Parteien bei derartigen Meinungsverschiedenheiten dem „*Engineer*" die Angelegenheit zur Entscheidung vorlegen müssen. Dieser sollte darüber innerhalb von 90 Tagen entscheiden. Dagegen konnte jede Partei innerhalb von weiteren 90 Tagen das Schiedsgericht (hier das Schiedsgericht bei der ICC in Paris) anrufen. Geschah das nicht, so wurde die Entscheidung für die Parteien bindend. Der Auftraggeber im vorliegenden Fall hielt jedoch das Verfahren nicht ein, sondern rief nach Erhalt der Schlussrechnung das Schiedsgericht direkt an und machte geltend, der Auftragnehmer habe durch die umstrittenen Teilzahlungen schon zuviel erhalten; diese Überzahlungen fordere er zurück.

(1) Der Fall zeigt ein typisches Vertragsmodell bei internationalen Großbauten und Anlagenprojekten. Der **„Engineer"**, den A für die Aufgaben der Planung, Vergabe, Bauleitung etc. beauftragt hatte, sollte nach den FIDIC-Vertragsbedingungen bei Streitigkeiten auch Entscheidungskompetenzen in einem obligatorischen Vorverfahren haben. Dieses Vorverfahren hatte A hier nicht eingehalten, sondern direkt das Schiedsgericht angerufen, um sog. Überzahlungen geltend zu machen. Die Frage ist, wie ein solches Versäumnis rechtlich zu beurteilen ist. Wird der Rückzahlungsanspruch damit ausgeschlossen, oder kann der Auftraggeber ihn weiterhin vor dem Schiedsgericht geltend machen, z.B. als vertraglichen Anspruch oder als eine Art Bereicherungsanspruch?[506]

Zur Klärung dieser Frage könnte man nun das **libysche Recht als Vertragsstatut** heranziehen. Es gibt ein libysches Zivilgesetzbuch, das vom französischen *Code Civil* beeinflusst ist, daneben aber auch islamisches Recht enthält. Über „*certificates*", die Rollen eines Beratenden Ingenieurs in einem Bauvertrag oder ein Vorverfahren zur Schiedsgerichtsbarkeit enthält dieses Gesetzbuch aber nichts direkt Einschlägiges.[507] Das würde freilich nicht ausschließen, dass man aus allgemeinen Rechtsgrundsätzen des libyschen Rechts eine Entscheidung herleiten kann. Es wäre zum Beispiel denkbar, dass man formale Präklusionsgründe gegen die materielle Berechtigung begründeter Ansprüche abwägt

---

[505] Diese Regelung gibt es in der jetzt geltenden Fassung des *Red Book* so nicht mehr. An die Stelle ist das Verfahren vor dem *Dispute Adjudication Board (DAB)* getreten, vgl. o. § 13 II.4.
[506] Eine dritte Möglichkeit wäre, dass der Auftraggeber erst das Verfahren vor dem *Engineer* nachholen muss. Dafür war inzwischen aber die Frist von 90 Tagen abgelaufen, und nach der Entwicklung des Streitfalles wäre es wohl auch eine sinnlose Formalität gewesen.
[507] Das libysche Zivilgesetzbuch enthält in Anlehnung an französisches Recht Regeln über den Auftrag (*mandat*), aber die wären in unserem Fall eher ein Irrweg, denn es geht ja hier nicht um ein Auftragsverhältnis im rechtstechnischen Sinne, sondern um Werkvertragsrecht und Schiedsverfahrensrecht.

und dabei berücksichtigt, dass hier der *Engineer* in einer sehr prekären Lage entscheiden sollte: Zum einen sollte er eine Entscheidung zwischen A, seinem eigenen Auftraggeber, und dessen Vertragspartner U treffen. Außerdem sollte er dabei über eigene Vorentscheidungen urteilen, die in Zwischenzeugnissen enthalten waren, mit denen er ordnungsgemäße Leistungen bescheinigt hatte, die A aber als nicht korrekt beanstandete.

(2) Fraglich ist jedoch, ob libysches Recht überhaupt der richtige Ansatzpunkt ist. Das vertragliche Instrumentarium, um das es hier geht, hat seine Grundlage in den **FIDIC Conditions**, die wiederum ihre **Grundlage im englischen Recht** haben. Sie sind – damals noch mehr als heute – im englischen Recht verwurzelt, haben als Hintergrund das englische *Law of Contract*, das im Wesentlichen Fallrecht ist, und sie sind in englischer Rechtsterminologie abgefasst. Wenn man also versucht, die Bedeutung der *certificates* und der Rolle des *Engineer* bei diesen Verfahren und bei Vorverfahren zur Streitentscheidung zu erfassen, kann es sinnvoller sein, auf englisches Recht statt auf libysches Recht zurückzugreifen. Fraglich ist aber, ob man das darf.

(3) Damit ist die **Problematik** umrissen. Sie ergibt sich daraus, dass in einem Vertrag vorformulierte Standardbedingungen zugrunde gelegt werden, die in einer bestimmten Rechtsordnung verwurzelt sind, dass als Vertragsstatut dann jedoch ein ganz anderes Recht gewählt wird. *Harries*[508] hat es so ausgedrückt, dass international üblichen Vertragsmustern fremde Rechtsordnungen „aufgepfropft" werden. Beispiele für daraus entstehende Diskrepanzen lassen sich viele finden. So ist beispielsweise in den erwähnten *FIDIC (Civil Engineering) Conditions* (4. Aufl. von 1987) in cl. 47.1 von Zahlungen die Rede die „*as liquidated damages for such default and not as penalty*" zu leisten sind. Diese Klausel nimmt Bezug auf die Unterscheidung des englischen Rechts zwischen zulässigem pauschalierten Schadensersatz (*liquidated damages*) und unzulässigen Vertragsstrafen (*penalties*). Um zu entscheiden, ob eine konkret vereinbarte Summe das eine oder das andere ist, müsste man theoretisch auf das Vertragsstatut zurückgreifen. Wie aber, wenn dieses die Unterscheidung gar nicht kennt[509] oder wenn es beide Instrumente für zulässig ansieht oder wenn es sie anders abgrenzt als das englische Recht?

In anderen Standardbedingungen tauchen die englischen Rechtsbegriffe „*act of God*"[510] oder „*warranty*"[511] auf, wobei dann z. B. deutsches Recht Vertragsstatut sein soll. Entscheidungen aus dem 19. Jahrhundert befassen sich be-

---

508 *Harries*, RabelsZ 46 (1982) S. 618 (619).
509 Dies ist wohl im saudi-arabischen Recht der Fall.
510 Vgl. *Gesang*, Force majeure ...; Königstein/Ts. 1980, S. 62 mit Hinweis auf LG Bochum v. 27.4.1976 – 12 O 18/76.
511 Beispiel bei *Harries*, aaO (wie Fn. 508).

reits mit Charter-Verträgen, denen anglo-amerikanische Formulare zugrunde gelegt wurden, die dann aber dem deutschen Recht als Vertragsstatut unterstellt waren.[512] Schließlich gibt es Fälle, in denen die Problematik etwas verschleiert wird durch eine oberflächliche Abwandlung oder durch Übersetzung von Standardbedingungen[513], die ihren Ursprung in einer anderen Rechtsordnung haben. So berichtet *Schneider*[514] von einem Fall, in dem einige Vertragsbedingungen in Ausschreibungsunterlagen eines westafrikanischen Staates einer französischen Übersetzung von FIDIC-Klauseln nahe kamen, während der Vertrag im Übrigen in französischer Rechtsterminologie abgefasst war und offenbar eine dem französischen Recht eng verwandte afrikanische Rechtsordnung als Vertragsstatut gelten sollte.

(4) Es wäre unangemessen und häufig gar **nicht praktikabel**, in allen oben genannten Beispielfällen **schematisch das Vertragsstatut anzuwenden**. Man müsste das dann konsequenterweise auch bei denjenigen Fällen tun, in denen die Parteien eine bestimmte Rechtsordnung weder ausdrücklich noch konkludent vereinbart hatten, sondern eine objektive Anknüpfung stattfindet, z.B. nach dem gewöhnlichen Aufenthalt der Partei, welche die charakteristische Leistung zu erbringen hat. Das führt oft zu einem noch weiter entfernten nationalen Recht, dessen „Aufpfropfung" noch weniger überzeugt. Eine radikale Lösung schlägt *Harries*[515] vor, indem er die Hoffnung äußert, dass Schiedsrichter oder Richter „derart unsachgemäße Rechtswahlklauseln ignorieren". Als Beispiel für eine derart abqualifizierte Vertragsgestaltung nennt er einen Bauvertrag auf der Grundlage der FIDIC-Bedingungen, der argentinischem Recht unterstellt wird. Nun ist zwar eine derartige Rechtswahl unsachgemäß und schafft unnötige Komplikationen, aber schlechthin unzulässig ist sie nicht. Im Rahmen der Parteiautonomie steht – jedenfalls nach deutschem IPR und dem der meisten europäischen Rechtsordnungen – den Parteien auch eine ungeschickte oder unzweckmäßige Rechtswahl offen. Irgendwelche sachlichen Gründe gibt es eben auch für eine Rechtswahl wie die im Beispielfall, und sei es nur die Wahrung des Prestiges eines staatlichen Auftraggebers gegenüber seinen Staatsangehörigen. Der Rat, die Rechtswahl einfach zu ignorieren, ist also keine vertretbare Lösung.

---

512   RGZ 19, 33 (35 f); weitere bei *Raape*, IPR, 5. Aufl. 1961, S. 490.
513   Von einer Übersetzung englischer Standardvertragsbedingungen in eine Sprache aus einem anderen Rechtskreis ist abzuraten, wenn dieses Elaborat dann allein Vertragsgrundlage sein soll. Es entsteht dabei meist ein schwer verständlicher Mischmasch, weil manche Rechtsbegriffe oder Rechtsfiguren nicht übersetzbar, sondern in anderer Sprache bestenfalls erklärbar sind. Das Original sollte also auf jeden Fall in den Vertrag einbezogen und die Übersetzung nur zur Information beigefügt werden.
514   *M. Schneider*, dpci 1983, 649 (655 N. 255).
515   AaO (Fn. 508), S. 619.

(5) Geht man davon aus, dass die Wahl des gegenüber den Standardvertragsbedingungen fremden Rechts grundsätzlich wirksam ist, so heißt das aber nicht, dass sämtliche Bestimmungen des Vertrages im Sinne dieses unpassenden Statuts ausgelegt und praktiziert werden müssen. Den Vertragsparteien ist **nicht zu unterstellen, dass sie in ihrem Vertrag unsinnige inhaltliche Regelungen** treffen wollten, zum Beispiel eine Abgrenzung zwischen *liquidated damages* und *penalties* nach einem Recht, welches diese Unterscheidung gar nicht kennt. Deshalb hatte das Reichsgericht eine Auslegung bestimmter Rechtsbegriffe in anglo-amerikanischen Formularverträgen nach der „englisch-amerikanische(n) Rechtsauffassung" (sic) befürwortet, obwohl kein entsprechendes Recht Vertragsstatut war.[516] Andere sind ihm gefolgt.[517]

(6) Die Lösung kann allerdings nach der hier vertretenen Auffassung nicht auf der Existenz eines transnationalen Rechts als Auslegungsgrundlage aufbauen. Sie darf auch nicht kurzerhand auf die „Interessen der internationalen Schiffahrt"[518] oder ähnliche abstrakte Maßstäbe gestützt werden. **Ausgangspunkt** muss auch hier die **Parteivereinbarung** bleiben. Die Kombination der in einer bestimmten Rechtsordnung verwurzelten Standardbedingungen mit der gewählten andersartigen Rechtsordnung wird in der Regel nicht in Unkenntnis der Diskrepanz getroffen, sondern unter Mitwirkung erfahrener Vertragsjuristen, die vielleicht aufklären und abraten, aber letztlich doch die Rechtswahl mittragen. Ferner ist zu berücksichtigen, dass – wie oben erläutert – komplexe Langzeitverträge oft aus einer Vielzahl von Vertragsbestandteilen mit juristisch oder technisch orientierten Regeln bestehen. Die FIDIC-Bedingungen sind also zwar ein wichtiges, aber nicht das einzige Vertragsdokument. Andere standardisierte Bestandteile und individuelle Bestimmungen können eine größere Nähe zum gewählten Vertragsstatut haben. Das Vertragsstatut ist dann nicht schlechthin unsachgemäß, sondern passt nur zu einem Teil der Vertragstexte nicht. Es liegt deshalb nahe zu prüfen, ob die Parteien im konkreten Fall neben dem Vertragsstatut konkludent noch eine weitere Rechtsordnung vereinbart haben, die für Teile des Vertrages anwendbar sein soll. Eine solche „Teilverweisung", also quasi eine Kombination mehrerer Vertragsstatuten, ist möglich, wird aber selten gewollt sein.[519]

---

[516] RGZ 19, 33 (34 ff); RGZ 39, 65 (67 f); ähnlich OLG Hamburg MDR 1955, sofern die Klauseln „typisch englisches Rechtsdenken widerspiegeln", was im konkreten Fall allerdings verneint wurde. *Raape*, Internationales Privatrecht, 5. Aufl., S. 490; OLG Hamburg MDR 1955, 109 und VersR 1996, 229.
[517] Staudinger/*Firsching*, BGB, 10/11. Aufl. 1978, Vor Art. 12 EGBGB, Rn. 179; *von Hoffmann*, AWD 1970, 247 (251 f).
[518] So angedeutet bei *Raape*, aaO (Fn. 516).
[519] Vgl. RGZ 126, 196 (206). Für Zurückhaltung bei der Auslegung im Sinne einer Teilverweisung OLG Hamburg, VersR 1970, 1128 (1129).

(7) Dennoch erscheint als richtiger Ansatz, **was die Vertragsparteien vernünftigerweise gewollt haben können**. Dieser sollte weiter verfolgt werden. Er eröffnet den Weg zu einer abgestuften Lösung:

(a) Haben Kaufleute bei internationalen Geschäften **Vertragsklauseln** verwendet, die im internationalen Wirtschaftsverkehr einheitlich in einem bestimmten Sinne verstanden werden, dann ist anzunehmen, dass sie diese **international anerkannte Bedeutung** wollten[520] und eine abweichende Auslegung nach dem Vertragsstatut folglich nicht wollten. Das allgemein als Vertragsstatut gewählte Recht ist insofern als Auslegungsgrundlage nur eingeschränkt brauchbar. Diese Lösung liegt in der Nähe der oben[521] befürworteten ergänzenden Auslegung von Basisklauseln nach den *Incoterms*, doch kann man im vorliegenden Zusammenhang schon über *einfache* Vertragsauslegung zu einem sinnvollen Ergebnis kommen. Allerdings stößt man dabei an Grenzen. Abgesehen von den *Incoterms*-Klauseln gibt es bisher nur wenige internationale Standardklauseln mit gesicherter einheitlicher Auslegung. Für den Begriff „*force majeure*" trifft das zum Beispiel nicht zu.[522]

(b) Haben die Vertragsparteien einzelne **Rechtsbegriffe, Klauseln, standardisierte Rechtsfiguren oder ganze Regelwerke** (wie die *FIDIC Civil Engineering Conditions*) zum Vertragsinhalt gemacht, die **aus einer bestimmten Rechtsordnung** gewachsen und inhaltlich mit ihr eng verbunden sind, so ist aus dieser Tatsache zu schließen, dass sie die entsprechenden Rechtsbegriffe nicht wieder nach einer anderen Rechtsordnung „verfremden", sondern sie so verstanden wissen wollen, wie sie in dieser „Mutter-Rechtsordnung" verstanden werden. Entsprechendes wie für einzelne Rechtsbegriffe[523] gilt auch für Regelsysteme, wie das *Certificate*-System, das in engem Zusammenhang mit den Rollen des *Engineer* in einem Großbau- oder Anlagenvertrag[524] steht. Schneidet man es aus seinem englischen rechtlichen Umfeld heraus und versucht es in eine fremde Rechtsordnung, z.B. libysches Recht, zu verpflanzen, so wird das vernünftige Zusammenspiel der einzelnen Vertragsbedingungen und das Funktionieren des Systems in Frage gestellt. Bei einem großen inhaltlichen Zwiespalt zwischen den zwei Rechtsordnungen kann es zum völligen Versagen des Regelsystems kommen.

---

520 So auch Staudinger/*Firsching* aaO (Fn. 517) m.Nw. aus der Rechtsprechung; *Velten*, Die Anwendung des Völkerrechts auf State Contracts, 1987, S. 48 ff.
521 § 11 III.6.
522 Vgl. dazu o. § 7 III.2.
523 Für diese wie hier *Martiny*, in Reithmann/Martiny, 7. Aufl. 2010, Rn. 310.
524 S. dazu o. § 13 III.3 und § 13 IV.2.

(c) Haben die Parteien des konkreten Vertrages dagegen mit einem bestimmten ausländischen Rechtsbegriff oder einer Klausel **übereinstimmend eine andere Bedeutung verbunden als** sie **im Ursprungsland** gilt, so ist diese Auslegung maßgebend und der oben zu (b) genannte Grundsatz gilt nicht.[525]

(8) Für die Lösung des Beispielfalles folgt daraus: Es ist nicht möglich, den komplizierten Mechanismus der FIDIC-Bedingungen funktionsfähig zu halten, wenn man den *Engineer* einfach als Beauftragten des Auftraggebers ansieht, der für bestimmte Erklärungen dessen Vollmacht hat, für andere nicht, und der letztlich die Weisungen seines Auftraggebers befolgen muss. So wäre es möglicherweise nach deutscher, französischer oder libyscher Rechtsauffassung. Nach englischem Rechtsverständnis hat der *Engineer* zwar für einen Teil der vertraglichen Entscheidungen diese Stellung als *„agent"* des Auftraggebers, zum Beispiel hinsichtlich der Auftragsvergabe oder der Anordnung von Änderungen des Bauentwurfs. Bei Erteilung von *certificates*, die Zwischenzahlungen auslösen sollen, hat er dagegen schon eine **neutrale Stellung** zwischen den Parteien.[526] Dies hat die Begründung des Schiedsspruchs im Einleitungsfall verkannt[527], vielleicht weil die Schiedsrichter selbst nicht mit diesem englischen Modell vertraut waren. Nach englischem Recht wird vom *Engineer* in dieser Rolle als *Certifier* aufgrund seiner Sachkunde und seines Berufsethos eine professionelle Entscheidung nach objektiven Kriterien erwartet, hier also eine Entscheidung darüber, in welchem Umfang der Auftragnehmer vertragsgemäße Leistungen erbracht hat und in welcher Höhe sie anteilig zu vergüten sind. Der Auftraggeber darf sich nach englischem Recht nicht direkt in diese Entscheidung einmischen.[528] Ist er mit einem *certificate* nicht einverstanden, so kann er nach der *„dispute clause"*[529] dagegen vorgehen. Dafür gab es zzt. des Vertrages ein formalisiertes Verfahren, bei dem der *Engineer* in einer weiteren Rolle als „Quasi-Schiedsrichter" in einem **obligatorischen Vorverfahren** vor dem eigentlichen Schiedsgerichtsverfahren tätig wurde.[530] Auch wenn es um Einwände gegen ein vom *Engineer* selbst erteiltes *certificate* geht, musste der Auftraggeber

---

525 OLG München 22.9.1993, IPRspr 1993, Nr. 48 = TranspR 1993, 433; OLG Frankfurt(M) 10.1.2001, IPRspr 2001, Nr. 23.
526 S.o. § 13 III.3; *Sutcliffe* v *Thackrah*, [1974] A.C. 727, insbes. 863, 870, 875, 880; allerdings wurde in dieser Entscheidung das vorher geltende *Haftungs*privileg für *Certifier* beseitigt.
527 Vgl. den veröffentlichten Schiedsspruch Nr. 3790 und seine Begründung in JDI 1983, 910.
528 Er darf insbes. nicht Druck auf den *Engineer* ausüben, doch ist nach heutiger Meinung eine sachliche Stellungnahme des Auftraggebers erlaubt. Vgl. o., S. 188 zu Fn. 433; *Weick*, FS Coing (1982), Bd. 2, S. 543 (563) m.w.Nw.
529 Cl. 67 *FIDIC Civil Eng. Conditions* in der Fassung v. 1987.
530 Nach der jetzigen Fassung des *Red Book* wird das Verfahren i.d.R. vor dem *„Dispute Adjudication Board"* durchgeführt, vgl. o. § 13 III.4.

dieses Vorverfahren durchlaufen. Es sollte sowohl dem *Engineer* als auch den Parteien nochmals Gelegenheit geben, die Meinungsverschiedenheit sachlich und überlegt zu erörtern, bevor das wesentlich „heißere" und emotional aufgeladene Streitverfahren vor dem Schiedsgericht mit Anwälten und wesentlich höheren Kosten eröffnet wurde. Versäumte der Auftraggeber dieses an bestimmte Fristen gebundene Verfahren, so wurde das *certificate* für ihn verbindlich. Entsprechendes galt, wenn er nach einer Entscheidung des *Engineer* in dem Vorverfahren nicht innerhalb bestimmter Fristen das Schiedsverfahren einleitete; dann wurde die im Vorverfahren ergangene Entscheidung bindend. Hier wird also dem Prinzip der Rechtssicherheit und der Erstellung zuverlässiger Abrechnungsunterlagen Rechnung getragen. Bei einem langfristigen Vertrag sollen zurückliegende Streitpunkte nicht über längere Zeit mitgeschleppt werden und schließlich zu unübersichtlichen Streitknäueln führen. Dabei wird auch wieder der Grundgedanke erkennbar, dass der ungestörte Projektablauf nach den *FIDIC Conditions* wichtiger ist als das unbedingte Ausschöpfen der letzten prozessualen Möglichkeiten.

Im **Ergebnis** bleibt es also im Ausgangsfall bei den ausgestellten *interim certificates*. Der Auftraggeber hat das für seine Einwände vertraglich vorgeschriebene Vorverfahren nicht eingehalten. Hat er die dafür eingeräumte Frist von 90 Tagen verstreichen lassen, so kann das Verfahren auch nicht mehr nachgeholt werden. Die daraus eventuell entstandenen materiellen Nachteile hat er sich selbst zuzuschreiben.

(9) Es soll nicht verschwiegen werden, dass viel **Kritik** an dem System und insbesondere an dem Postulat der Neutralität des *Engineer* geübt wurde.[531] Das System hatte zweifellos Schwächen, vor allem wenn es mit der Neutralität und Unabhängigkeit des *Engineer* nicht gut bestellt war. Es wurde absurd, wenn Auftraggeber statt eines selbstständigen professionellen *Consulting Engineer* einen ihrer weisungsgebundenen Bediensteten mit den Rollen des „*Engineer*" betrauten. Das soll bei Aufträgen in afrikanischen und asiatischen Ländern nicht selten gewesen sein. Wenn die Parteien aber bewusst mit den FIDIC-Bedingungen dieses System vereinbart haben, dann sollte man es in einem englischen Sinnzusammenhang lassen.[532] Wegen dieser Schwächen haben die neuen Ausgaben des *Red Book* und *Yellow Book* den *Engineer* im Vorverfahren durch den schon erwähnten „*Dispute Adjudication Board (DAB)*" ersetzt. Das mag das Vorverfahren etwas verteuern, räumt aber die Bedenken gegen eine quasi-schiedsrichterliche Entscheidung „in eigener Sache" aus. An dem grund-

---

531 Vgl. *Goedel*, ZfBR 1978, 10 (11 f); *Nicklisch*, RIW 1978, 633; *ders.*, Ingenieur – Idee und Wirklichkeit, FS Habscheid (1989), 217 (227 ff) m.w.Nw.
532 Ebenso wären auch Vertragsbedingungen zu beurteilen, welche die *FIDIC Conditions* kopieren oder diese lediglich in eine andere Sprache übersetzen.

sätzlichen Problem, das in diesem Abschnitt diskutiert wurde, ändert diese Änderung aber nichts.

(10) Es geht bei der hier vertretenen Lösung also nicht darum, mehrere Vertragsstatuten gleichberechtigt nebeneinander zu stellen, sondern um die **Auslegung und Anwendung einzelner Elemente des Vertrages** (Rechtsbegriffe, Klauseln, vertragliche Mechanismen) im Sinne einer **anderen Rechtsordnung statt des allgemeinen Vertragsstatuts**.[533]

Schrifttum zu II.

Baumann, Antje, Regeln der Auslegung internationaler Handelsgeschäfte, Göttingen 2004.
Harries, Besprechung von „Handbuch der Internationalen Vertragsgestaltung", RabelsZ 46 (1982), 618 ff.
Nicklisch, Ingenieur – Idee und Wirklichkeit, FS Habscheid, Bielefeld 1989, S. 217 ff.
Weick, Zur Auslegung von internationalen juristischen Texten, FS Söllner, Gießen 1990, S. 607 (618–627).

III. Stabilisierung der Rechtswahl bei Langzeitverträgen

Langzeitverträge sind, wie schon erwähnt, besonders anfällig gegen **Störungen in ihrem politischen Umfeld**. Dazu gehören auch die rechtlichen Vorschriften im Importland. Dies wird besonders deutlich bei langfristigen Verträgen über Investitionen oder wirtschaftliche Zusammenarbeit, zum Beispiel in Form eines *Joint Venture*.[534], kann aber auch schon bei einem Anlagenvertrag mit langer Ausführungs- und Anlaufphase akut werden. Eine nach Vertragsschluss eintretende neue Rechtslage, die etwa Zollrecht, Steuerrecht, Gewinntransfer, Devisenrecht, Unternehmens- und Gesellschaftsrecht oder Schiedsverfahrensrecht zum Nachteil des ausländischen Vertragspartners bzw. Investors verändert, kann den ganzen Sinn der Transaktion in Frage stellen, sie im schlimmsten Fall zu einem verlustreichen Fiasko werden lassen.

Deshalb wird seitens des ausländischen Partners bzw. Investors schon beim Vertragsschluss versucht, einer solchen **ungünstigen Rechtsänderung vorzubeugen**. Nun kann er aber normalerweise nicht die Gesetzesänderung als solche verhindern, doch er kann möglicherweise verhindern, dass diese sich auf den konkreten Vertrag auswirkt. Bei Verträgen mit staatlichen oder staatlich kontrollierten Partnern kann das Erfolg haben, insbesondere dann, wenn der betreffende Staat ein erhebliches Interesse an dem Vertragsschluss und der betreffenden Investition hat.

---

533 Zum gleichen Ergebnis kommt *Jayme*, IPRax 1987, 63 (64) über die sog. Datum-Theorie.
534 Vgl. dazu u. § 19 II 6.

Die oben skizzierten Verträge, vor allem die langfristigen Auslandsinvestitionsverträge, sind also in dieser Hinsicht gekennzeichnet durch ein Spannungsverhältnis zwischen Stabilität und Flexibilität.[535] Das Interesse an **Stabilität** hat in erster Linie der ausländische Investor bzw. Vertragspartner, das Interesse an **Flexibilität** dagegen der „Gastgeberstaat", denn er will sich in seiner souveränen Gesetzgebungstätigkeit für die Laufzeit des Vertrages grundsätzlich nicht einschränken oder binden lassen. Beide Interessen sind an sich legitim; die Vertragspraxis muss nun geeignete Kompromisse und Gestaltungsformen finden, um beiden möglichst gerecht zu werden.

1. Vertragsgestaltungen, welche den Interessen des Investors entgegenkommen

a) Stabilisierungsklauseln

Bei diesen soll das nationale Recht des „Gastgeberstaates" gewissermaßen auf dem Stand „eingefroren" werden (deshalb spricht man auch von *„freezing clause"*), auf dem es sich bei Vertragsschluss oder an einem anderen Stichtag befand.[536]

Beispiel

> „The proper law of the contract shall apply as existent at the time of the signature of this contract. All future legislation or all future rulings of the courts shall have no effects whatsoever upon the interpretation, execution, or other implementation of the contract."[537]

Da der Vertrag den betreffenden Staat nicht an Gesetzesänderungen hindern kann, wird hier versucht, das Vertragsstatut in Bezug auf den konkreten Vertrag zu „zementieren". Dabei berücksichtigt die Klausel auch *Case Law* und „Richterrecht", was vor allem in Ländern des *Common Law*-Rechtskreises wichtig ist. Die Stabilisierung kann sich auch nur auf bestimmte Rechtsgebiete, z.B. Steuerrecht oder Zollrecht, beziehen.

b) Klauseln zur Absicherung des vertraglichen Regimes, und zwar in Form von

aa) Klauseln, welche die Anwendung solcher nationaler Rechtsnormen ausschließen, die im Widerspruch zu vertraglichen Vereinbarungen stehen.

---

535 *Velten*, aaO (Fn. 520), S. 1.
536 Ausführlich dazu *Sandrock*, FS Riesenfeld (1983) 211 ff; krit. *Wengler*, 23 ZfRV (1982) S. 11 (29 ff).
537 Klauselvorschlag von *Sandrock*, aaO (Fn. 536), S. 212.

Beispiel

„The Arbitral Tribunal shall apply the law of the Republic of Liberia (...); excluding, however, any enactment passed or brought into force in the Republic of Liberia before or after the date of this Concession Agreement which is inconsistent with or contrary, to the express terms hereof."[538]

Hier handelt es sich um eine Bestimmung vom Typ „Unvereinbarkeit", die sich direkt an ein im Streitfall eingeschaltetes Schiedsgericht wendet, also eine entsprechende Schiedsvereinbarung voraussetzt, die nicht unter dem Vorbehalt der Nachprüfung durch staatliche Gerichte steht. Bei Verfahren vor Gerichten des „Gastgeberstaates" wäre sie ein stumpfes Schwert.

bb) Zusagen des „Gastgeberstaates", dass er in die vertraglich begründeten Positionen und Rechte des Investors nicht eingreifen werde. Ein Beispiel für eine solche Zusage findet sich in Art. 17 des *„Bougainville"* Papua Neuguinea-Vertrages von 1967/1974.[539]

2. Vertragsgestaltungen, welche die Flexibilität und die wirtschaftspolitische Unabhängigkeit des „Gastgeberstaates" betonen

In diese Kategorie gehören
(a) die Vereinbarung der alleinigen Geltung des nationalen Rechts dieses Staates;
(b) Wiederverhandlungs-, Neuverhandlungs- und Anpassungsklauseln, die es insbesondere dem staatlichen Vertragspartner ermöglichen, veränderten Umständen Rechnung zu tragen und wirtschafts- bzw. entwicklungspolitisch notwendige oder erwünschte Korrekturen zu fordern und eventuell durchzusetzen.[540]

Die Variante zu (a) ist für den ausländischen Partner riskant, denn der „Gastgeberstaat" kann das anwendbare Recht jederzeit zum Nachteil des Partners ändern. Die zweite Version ist etwas konzilianter; ihre Nachteile und Chancen hängen von der jeweiligen Verhandlungsstärke und den konkreten Umständen ab.

Schließlich kann eine Lösung des Problems in der Weise versucht werden, dass die Anwendung eines nationalen Rechts als Vertragsstatut überhaupt vermieden und der Vertrag einem irgendwie „internationalisierten" Statut unterstellt wird. Das wirft dann ganz neue und grundsätzliche Fragen auf und soll deshalb in einem besonderen Abschnitt (unten IV.) behandelt werden.

---

538 Art. 17 des Vertrages über das *Bong*-Eisenerzprojekt in Liberia, abgedruckt bei *Schanze*, Investitionsverträge im internat. Wirtschaftsrecht (1986), S. 189 (207).
539 Abgedruckt bei *Schanze*, aaO (Fn. 538) S. 237 f.
540 Vgl. hierzu *Asante*, ICLQ 28 (1979), S. 401 ff mit entsprechenden Klauselbeispielen auf S. 416 f.

Schrifttum zu III.

Asante, Stability of Contractual Relations in the Transnational Investment Process, 28 ICLQ (1979), 401 ff.
Martiny, in Reithmann/Martiny, Internationales Vertragsrecht, 7. Aufl. Köln 2010, Rn. 106–111.
Merkt, Investitionsschutz durch Stabilisierungsklauseln, Frankfurt a.M. 1990.
Sandrock, „Versteinerungsklauseln" in Rechtswahlvereinbarungen für internationale Handelsverträge, in *Sandrock*, Internationales Wirtschaftsrecht in Theorie und Praxis, Münster u.a. 1995, S. 29 ff.

IV. Internationalisierung des Vertragsstatuts

Im internationalen Wirtschaftsverkehr werden zum Teil Rechtswahlklauseln vereinbart, die den Vertrag und daraus eventuell entstehende Streitigkeiten nicht einer nationalen Rechtsordnung, sondern einem international orientierten Statut unterstellen wollen.

Hierbei kommen in der Praxis verschiedene **Gestaltungsmöglichkeiten** in Betracht:

Vereinbart wird zum Beispiel die Geltung

(1) der allgemeinen Grundsätze und Gebräuche des internationalen Handels („les principes généraux et les usages du commerce international"[541]), oder „principles of international trade"); ähnlich die Formel „internationally accepted principles of law governing contractual relations"[542];

(2) der dem nationalen Recht (des „Gastgeberstaates") und dem nationalen Recht einer weiteren beteiligten Partei (oder weiterer beteiligter Parteien) gemeinsamen Rechtsgrundsätze[543];

(3) der allgemeinen Rechtsgrundsätze („general principles of law"[544]); diese Formel wird häufig auch ersatzweise für den Fall verwendet, dass es keine nach der Klausel zu (2) gemeinsamen Rechtsgrundsätze der beteiligten nationalen Rechte gibt, die das zur Debatte stehende Problem lösen können[545];

(4) der dem nationalen Recht (des „Gastgeberstaates") und dem Völkerrecht gemeinsamen Rechtsgrundsätze;[546]

---

541 Vgl. *Goldman*, JDI 1979, 475 (479).
542 Vgl. den Fall *Deutsche Schachtbau- und Tiefbohrgesellschaft mbH v Ras Al Khaimah National Oil Co.* [1987] 2 All ER 769.
543 Vgl. die Beispiele bei *Velten*, aaO (Fn. 520) S. 19 N. 10 und S. 67.
544 Z.B. in Verträgen zwischen Libyen und Mineralölgesellschaften, zit. bei *Velten*, aaO, S. 60 f.
545 Sog. Kombinationsklauseln, vgl. *Velten*, aaO, S. 19 N. 10 u. S. 60 f; *Goldman*, aaO (Fn. 541), S. 480.
546 Vgl. das Beispiel bei *Velten*, aaO, S. 60 f.

(5) des Völkerrechts (so ausdrücklich oder in umschreibender Form);[547]
(6) der „Grundsätze von Treu und Glauben" oder ähnlich weitgefasste Generalklauseln, die auf „bona fides" oder den Billigkeitsgedanken abzielen; verwandt damit sind Klauseln, die den Vertrag – statt einem bestimmten positiven Recht – dem „good will" der beteiligten Parteien oder die Erledigung vertraglicher Streitigkeiten der „ex bono et aequo" Entscheidung (also reiner Billigkeitsentscheidung) von Schiedsrichtern unterstellen.[548]

Ferner kommt es vor, dass **internationale Handelsschiedsgerichte** ihren Entscheidungen **derartige internationale Grundsätze oder Maßstäbe zugrunde legen**, obwohl die Parteien dies in ihrem Vertrag nicht ausdrücklich vereinbart hatten, sondern z.B. nur keine Rechtswahl getroffen hatten.[549] Instruktiv ist der oben[550] zitierte Fall *Deutsche Schachtbau,* der vom englischen *Court of Appeal* im Jahr 1987 entschieden wurde.[551] Ein Erdölexplorationsvertrag enthielt eine Schiedsklausel, die auf die Schiedsordnung der ICC in Paris verwies, traf aber keine Rechtswahl. In Art. 13 der Schiedsordnung war vorgesehen, dass die Parteien frei sind, das vom Schiedsgericht anzuwendende Recht zu bestimmen, und in Ermangelung einer solchen Bestimmung „*the arbitrator shall apply the law designated as the proper law by the rule of conflict which he deems appropriate*". Diese Formulierung verwies mit den Worten „*rule of conflict*" und „*proper law of the contract*" ziemlich eindeutig auf Kollisionsnormen und ein danach zu ermittelndes nationales Recht. Das in der Schweiz verhandelnde Schiedsgericht gründete seinen Spruch aber kurzerhand auf „*internationally accepted principles of law governing contractual relations*", also das oben zu (1) genannte Modell, ohne dies näher zu definieren oder zu konkretisieren. Der englische *Court of Appeal* beanstandete den Schiedsspruch nicht, und das *House of Lords* als oberste Instanz ließ diese Auffassung ebenfalls gelten.[552] Es sah insbesondere in diesem Vorgehen **keinen Verstoß gegen den *ordre public*** („*public policy*"), denn die Entscheidung, Grund-

---

[547] Ausführlich dazu, auch zur Frage der rechtlichen Zulässigkeit, *Velten*, aaO, S. 23 ff; s. ferner Beispiele bei *Böckstiegel*, Der Staat als Vertragspartner ausländ. Privatunternehmen (1971), S. 86 f, N. 46.
[548] Vgl. dazu *Böckstiege*l, aaO, S. 87 N. 46.
[549] Dann müsste eigentlich nach dem IPR eine objektive Anknüpfung stattfinden, z.B. an das nationale Recht, zu dem der Vertrag die engste Verbindung hat.
[550] § 3 IV., Fn. 40.
[551] *Deutsche Schachtbau* v *Ras Al Khaimah.* [1987] 2 All ER 769 = [1987] 3 W.L.R. 1023, insbes. 1053 per *Donaldson* M.R. Vgl. dazu *Beale* in *Weick* (ed.), National and European Law on the Threshold to the Single Market, Frankfurt(M) u.a. 1993, S. 177 (179); *Kappus*, IPRax 1990, 133 f.
[552] Im gleichen Fall [1988] 3 W.L.R. 230, obwohl es in anderen Entscheidungen eine deutliche Abneigung gegen die Zulassung von *homeless contracts* hatte erkennen lassen; s. etwa *Amin Rasheed Shipping Corp.* v *Kuwait Insurance Co* [1983] 3 W.L.R. 241, 249 (*Lord Diplock*). *Kappus*, aaO (Fn. 551) S. 133 f sieht darin eine Trendwende der englischen Rechtsprechung.

sätze des internationalen Handels anzuwenden, liege innerhalb des Rahmens, den die Parteien dem Schiedsgericht gelassen hätten. Internationale Handelsschiedsgerichte weichen also sogar gelegentlich von sich aus ohne entsprechende Anweisung der Parteien dem nationalen Recht und dem Weg über das IPR aus, und staatliche Gerichte segnen das ab.

Auf diese Weise ist das Phänomen des **„homeless contract"** (heimatlosen Vertrages, *contrat sans loi*) entstanden, also eines privatrechtlichen Vertrages, der keinem nationalen Recht mehr unterworfen ist. Das Problem wurde bereits oben in § 3[553] im Zusammenhang mit der Frage einer „neuen *lex mercatoria*" erörtert. Nach der hier vertretenen Auffassung[554] geht es nicht um die gleichsam ontologische Frage, ob es den *homeless contract* „gibt" oder „nicht gibt", sondern um die Erfahrung, dass es in der internationalen Vertragspraxis eine Tendenz gibt, den Weg über – meist nationale – Kollisionsnormen und nationales Vertragsrecht zu vermeiden und stattdessen Verträge unter eine nicht-nationale Ordnung zu unterstellen.

Die Gründe dafür sind inzwischen deutlich geworden und mindestens zum Teil verständlich, man denke an die oben in Abschnitt III. beschriebenen Probleme mit *state contracts* und der nachträglichen Rechtsänderung zum Nachteil des ausländischen Partners. U.E. ist es ein überholter begrifflicher und von falschem staatlichen Souveränitätsdenken getragener Ansatz, dass man den Raum außerhalb der nationalen Rechtsnormen als rechtliches Vakuum ansieht[555], und dass man den Parteien solche Versuche der „Internationalisierung" des auf ihren Vertrag anwendbaren Rechts von vornherein aus der Hand schlägt mit der Begründung, dass es zwischen nationalen Rechtsordnungen und Völkerrecht kein anderes Rechtssystem gebe. Dass diese Versuche bisher oft tastend, unvollkommen und vage formuliert sind, macht sie **nicht schon unzulässig**. Häufig wird sich die Notwendigkeit ergeben, bei Lückenhaftigkeit der „gemeinsamen Grundsätze" etc. ergänzend auf nationale Rechtsnormen zurückzugreifen, die dann auf traditionellem Weg über das IPR zu finden sind. Die Möglichkeit einer solchen Koexistenz gesteht selbst *Goldman*[556] zu. *Last but not least* ist darauf hinzuweisen, dass seit den 80er Jahren, als *Lord Diplock* den *homeless contract* verwarf[557], sich inzwischen einiges in Richtung auf gemeinsame Grundsätze des internationalen Handels entwickelt hat. Hier ist auf die *„Principles of European Contract Law"* der Komsission unter *Ole Lando* und *Hugh Beale*[558] zu verweisen, auf die von UNIDROIT erarbeiteten *„Principles of International Com-*

---

553 § 3 V.3.
554 Oben § 3 IV.
555 So *Lord Diplock* im *Amin Rasheed*-Fall, aaO (wie Fn. 552).
556 JDI 1979, 475 (479 f).
557 Vgl. o. Fn. 552.
558 *Lando/Beale* (eds.), Principles of European Contract Law (PECL), parts I, II, III, 2002.

mercial Contracts"[559] und den *Draft Common Frame of Reference*[560], der jedenfalls für den Raum der Europäischen Union ein beachtliches Harmonisierungs- und Informationssystem sowie Orientierungshilfen bietet. Jedes der drei Regelwerke kann, wenn die Parteien dies wollen, bereits jetzt zur Grundlage von Streitentscheidungen in internationalen Verträgen gemacht werden. *„Internationally accepted principles of law governing contractual relations"* sind also kein Wolkenkuckucksheim mehr, sondern nehmen mehr und mehr Gestalt an.

Praxis-Tipps
Das Prinzip der Parteiautonomie im IPR bedeutet, dass die Vertragsparteien grundsätzlich das auf ihren Vertrag anwendbare Recht frei wählen können. Dieser Grundsatz gilt nun in allen Mitgliedstaaten der EU (Art. 3 Rom I-VO außer Dänemark), in Dänemark aber auch nach autonomem dänischem Recht[561]. Gemeint ist damit die Wahl eines nationalen Rechts als Vertragsstatut. Nach der Rom II-VO gilt freie Rechtswahl unter kommerziellen Parteien auch in Bezug auf außervertragliche Schuldverhältnisse. Gewisse Einschränkungen der Rechtswahl ergeben sich aus den genannten europäischen Verordnungen.

In der Praxis des Außenwirtschaftsverkehrs muss jedoch damit gerechnet werden, dass in außereuropäischen Rechtsordnungen Parteiautonomie nicht oder nur eingeschränkt gilt. Deshalb müssen die Wahl des anzuwendenden Rechts und die internationale Zuständigkeit für eventuelle Streitigkeiten auf einander abgestimmt werden.

In der internationalen Vertragspraxis werden manchmal Rechtswahlklauseln vereinbart, die den Vertrag nicht einer nationalen Rechtsordnung, sondern primär oder vollständig einem näher bezeichneten internationalen Regime (z.B. *„principles of international trade"*) unterstellen wollen. Derartige Bestrebungen können sich zzt. nicht auf die weltweite Anerkennung eines „transnationalen Rechts" stützen. Sie werden von den staatlichen Gerichten zum Teil nicht als gültig anerkannt. Von der freien Rechtswahl nach den europäischen Kollisionsnormen sind sie nicht gedeckt. Mit einer Anerkennung und Praktizierung durch internationale Schiedsgerichte kann eher gerechnet werden. Entsprechende Vertragsgestaltungen sind also riskant, aber nicht von vornherein zu verwerfen. Vertragspraktiker müssen sich jedoch darüber klar sein, dass solche Klauseln keine vollständige Beurteilungsgrundlage garantieren, sondern auf eine vage und lückenhafte Normenschicht verweisen. Dagegen kann im Vertrag auf nichtstaatliche Regelwerke, wie UPICC oder PECL, Bezug genommen werden, doch sollte dann *ergänzend* ein nationales Recht als Vertragsstatut vereinbart werden.

---

559 UNIDROIT, Principles of International Commercial Contracts, Fassung 2004, mit Comments veröff. www.unidroit.org/english/principles/contracts/principles 2004/integral versionprinciples 2004-e.pdf.
560 *Von Bar/Clive* u.a. (eds.), Principles, Definitions and Model Rules of European Private Law, Draft Common Frame of Reference (DCFR), Full Edition, München 2009.
561 In Dänemark gilt ebenfalls der Grundsatz der freien Rechtswahl aufgrund des Eur. Übereinkommen von 1980 über das auf vertragliche Schuldverhältnisse anzuwendende Recht.

Schrifttum zu IV.

Asante, Stability of Contractual Relations in the Transnational Investment Process, 28 ICLQ 1979, 401 ff.
Gaillard, Use of General Principles of International Law in International Long-Term Contracts, Intern.Business Lawyer 1999, 214 ff.
Kondring, Nichtstaatliches Recht als Vertragsstatut vor staatlichen Gerichten – oder Privatkodifikationen in der Abseitsfalle? IPRax 2007, 241 ff.
Martiny, in: Reithmann/Martiny, Internationales Vertragsrecht, 7. Aufl. Köln 2010, Rn. 99–105.
Ostendorf, Die Wahl des auf internationale Wirtschaftsverträge anwendbaren Rechtsrahmens im Europäischen Kollisionsrecht: Rechtswahlklauseln 2.0, IHR 2012, 177 ff.
Roth, Wulf-Henning, Zur Wählbarkeit nichtstaatlichen Rechts, FS Jayme (2004), Bd. I S. 757 ff.
Schilf, S., Allgemeine Vertragsgrundregeln als Vertragsstatut, Tübingen 2005.
Weick, Zur Problematik eines „transnationalen Rechts" des Handels- und Wirtschaftsverkehrs, FS Traub (1994), 451–466.

§ 15 Vernetzung verschiedener Verträge im Rahmen eines Projekts

I. Allgemeines

Bereits in § 11 II, § 12 und in anderen Zusammenhängen war zu beobachten, dass für eine bestimmte wirtschaftliche Transaktion, zum Beispiel die grenzüberschreitende Lieferung einer Warenmenge oder die Errichtung einer kompletten Industrieanlage, eine größere Zahl von zweiseitigen (oder sogar mehrseitigen) Verträgen miteinander verbunden werden. Bei einem Großprojekt, wie dem Bau eines internationalen Flughafens, können es Hunderte von Verträgen sein. Was die Kaufleute als einzelnen einheitlichen „Auftrag" oder Techniker als ein einheitliches „Projekt" ansehen, ist also für die Juristen oft ein kompliziertes **Vertragsgefüge mit zahlreichen Einzelverträgen**, die allerdings alle auf ein bestimmtes Ziel ausgerichtet sind. In den meisten Fällen existiert dabei ein Hauptvertrag, der das Kernstück der ganzen Transaktion darstellt und auf den die anderen Verträge funktional bezogen sind. Dies zeigt sich zum Beispiel anschaulich in unseren Beispielen „Kauf FOB Cadiz"[562], „Anlagenvertrag mit Nigeria" im Abschnitt zu Bankgarantien[563] oder „Sherry-Kauf CIF Hamburg" mit Dokumentenakkreditiv[564]. Dabei wurden aber bestimmte Vertragsbeziehungen noch ausgeblendet, z.B. Logistik- oder Versicherungsverträge. In Wirklichkeit sind die Vertragsgefüge also komplizierter als die dort für den jeweiligen Zusammenhang skizzierten.

---

562 Oben § 12 I.
563 Oben § 12 IV.2.
564 Oben § 12 I.

II. Vertragsgefüge bei einem internationalen Anlagenprojekt

Für ein Projekt, wie die Errichtung einer kompletten Industrieanlage, ist also eine **Vielzahl von Verträgen** nötig, die miteinander **vernetzt** werden müssen.[565] Der Auftraggeber schließt zum Beispiel einen Vertrag mit einem *Consulting Engineer*, sodann meist mit einem Generalunternehmer, mit mehreren Banken als Kreditgebern bzw. Vermittlern von Krediten oder über die Eröffnung eines Akkreditivs, ferner mit Versicherungen u.a. Der Generalunternehmer muss Bankgarantien als Sicherheiten stellen und ebenfalls Versicherungsverträge abschließen. Er muss ferner Verträge mit Subunternehmern, Lieferanten und Logistikunternehmen abschließen. Wie schon früher erläutert wurde,[566] werden ferner in einer Phase vor Abschluss des Anlagenvertrages häufig vorläufige Vereinbarungen getroffen, wie (bestätigter) *Letter of Intent*, *Memorandum of Understanding* oder Einigung unter Vorbehalt der Vertragsunterzeichnung.

In diesem Zusammenhang ergeben sich weitere Komplikationen dadurch, dass bei internationalen Anlagenprojekten Genehmigungen oder sonstige **Entscheidungen staatlicher Dienststellen** erforderlich sind, zum Beispiel über Umweltauflagen, Steuer- und Zollvergünstigungen, Devisentransaktionen, Genehmigungen im Rahmen des Außenwirtschaftsrechts oder staatlich organisierte Exportkreditversicherungen (in Deutschland die sog. HERMES-Bürgschaften oder -Garantien). Diese behördlichen Entscheidungen setzen jedoch meist voraus, dass bereits ein Vertrag geschlossen worden ist. Zu beachten ist auch die oft schleppende Bearbeitung in den jeweiligen staatlichen Dienststellen. Ein häufig verwendetes Verfahren ist deshalb, dass die beiden Parteien des Hauptvertrages den Vertrag *vor* diesen staatlichen Entscheidungen abschließen, seine **Wirksamkeit** aber **unter aufschiebende Bedingungen** der Erteilung der betreffenden Genehmigungen etc. stellen.[567] Erst nach Erfüllung der letzten dieser Bedingungen wird der Hauptvertrag endgültig verbindlich. Dieser Zeitpunkt wird auch als **„*effective date of the contract*"** bezeichnet. Er ist maßgebend für den Lauf der Ausführungsfristen.

Als aufschiebende Bedingungen hinzukommen eventuell Finanzierungszusagen, Beschaffung von Bankgarantien und die Stellung von Akkreditiven. Ihre kostenrelevante Effektivität muss wiederum auf die staatlichen Genehmigungen etc. abgestimmt werden, damit nicht unnötige Bereitstellungskosten entstehen für eine Zeit, in welcher der Hauptvertrag wegen fehlender behördlicher Entscheidungen noch in der Schwebe ist. Schließlich muss der Anlagen-Auftragnehmer (hier Generalunternehmer) möglichst alle Verträge mit seinen **Subunternehmern** unter die gleichen aufschiebenden Bedingungen stellen und zusätzlich noch unter die auf-

---

[565] Vgl. z.B. die Skizze „Anlagenprojekt mit Bestellerkredit" u. S. 231.
[566] Vgl. o. § 10 III. und IV.
[567] Vgl. *Vetter*, RIW 1986, 81 (87); *Axmann*, AWD 1971, 437 (440), *Dünnweber*, aaO (Fn. 81) S. 54f.

schiebende Bedingung des Inkrafttretens des Hauptvertrages, damit er nicht Verpflichtungen in den Subunternehmer-Verträgen eingeht, die im Fall, dass der Hauptvertrag scheitert, in der Luft hängen.

Bedenkt man schließlich, dass alle diese aufschiebend bedingten Vertragsbeziehungen nicht auf unbegrenzte Zeit in der Schwebe bleiben können, sondern dass **Bindefristen** zu beachten sind, dass Risiken der zwischenzeitlichen Änderung von Kostenfaktoren, Kapazitätsplanungen der beteiligten Unternehmen etc. zu berücksichtigen sind, so wird verständlich, warum das Zustandekommen derartiger Großprojekte von den Vertragsparteien und ihren beratenden Juristen fast akrobatische Leistungen fordern und nicht selten zur Nervenprobe werden.

Das Folgende ist ein vereinfachtes Schema eines Anlagenprojekts mit *„Engineer"* und Bestellerkredit.

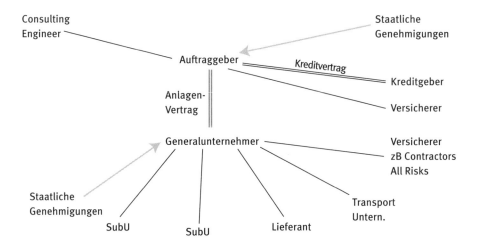

III. Kompensationsgeschäfte

Besonders kompliziert kann es werden, wenn es sich um sog. Kompensationsgeschäfte *(Countertrade)* handelt, also Transaktionen, bei denen der Importeur nicht über genügend Geldmittel in harter Währung verfügt und deshalb die ganze Vergütung oder ein Teil davon in Form von Warenlieferungen erfolgen soll.

Wesentliches Merkmal ist also die **Reziprozität** von (mindestens) zwei **rechtlich getrennten, aber wirtschaftlich verbundenen Transaktionen**: A nimmt Waren oder Werk- und Dienstleistungen von B ab, deshalb kauft B von A (oder nimmt seinerseits von A Werk- und Dienstleistungen ab). Dazwischen geschaltet ist meist ein Dritter, der die Kompensationsware vermarktet, denn z.B. ist ein Anlagen-Hersteller nicht geeignet für den Verkauf von Agrarprodukten. Es kann so sein, dass kein Geldtransfer stattfindet, sondern ein echter Tausch. Das ist aber die Ausnahme. Häufiger werden für beide Transaktionen Geldzahlungen – in der Regel in harter Währung – abgewickelt.

1. Erscheinungsformen

a) *Counterpurchase* (Parallelgeschäft)
Hierbei verpflichtet sich der Exporteur, bestimmte Güter (oder auch andere Leistungen) aus dem Abnehmerland zu kaufen, und zwar über einen bestimmten Zeitraum in Höhe eines bestimmten Prozentsatzes des Exportvertragswertes. In der Regel wird er die Waren über einen Dritten weiter veräußern. Der Abnehmer im Ausland verpflichtet sich im Exportvertrag, Güter, Werk- oder Dienstleistungen vom Exporteur abzunehmen. Beides ist voneinander abhängig.

b) *Buyback* (Rückkauf)
Der Exporteur verpflichtet sich, einen Teil der mit dem Exportgut (z.B. einer Industrieanlage oder hochwertigen Maschinenausrüstung) produzierten Waren abzunehmen und (meist wieder über einen Dritten) zu vermarkten. Solche Vertragsgefüge stehen oft in Verbindung mit einer Projektfinanzierung.

c) *Barter* (Tausch)
Dieses Modell ist selten. Es kommt zum Beispiel im Erdölgeschäft vor („Ölbarter"). Ein Exporteur liefert dabei z.B. eine Anlage zur Erdölförderung oder Erdgasverflüssigung in ein Land mit Öl- oder Erdgasvorkommen. Die staatliche Erdölgesellschaft dieses Landes verkauft Erdöl bzw. Erdgas an ein drittes Unternehmen und zahlt das Geld auf ein Treuhandkonto ein, aus dem dann die Raten für den Anlagenkauf bezahlt werden.

2. Beispielfall für Counterpurchase
In dem im folgenden Diagramm dargestellten Vertragsgefüge geht es um ein Kompensationsgeschäft zwischen einem deutschen Anlagenexporteur und einem ungarischen Auftraggeber, bei dem 70% des Preises durch Lieferungen von Agrarprodukten beglichen werden sollen. Zu diesem Zweck ist ein sog. **Kompensateur** (*Countertrader*) eingeschaltet, der die gelieferten Produkte weiter vermarktet. Für die restlichen 30% des Preises stellt der Anlagenimporteur ein Akkreditiv. Der deutsche Vertragspartner gibt über seine Bank eine Erfüllungsgarantie für die Anlagenerstellung, der ungarische über seine Bank eine Garantie für die Erfüllung seiner Pflichten aus dem Warenkaufvertrag. Die entscheidende **Klammer zwischen den**

beiden Hauptverträgen ist das **„Protokoll"**, das heißt eine Art Grundlagenvertrag, der die Verknüpfung der Hauptelemente des Anlagenvertrages (Exportvertrages) und des Importrahmenvertrages über die Warenlieferungen enthält. U.U. enthält das „Protokoll" noch Weiteres, z.B. Abreden über Finanzierung, Leistung des Baranteils, Leitung der wechselseitigen Zahlungen auf ein Treuhandkonto etc. Eine andere Möglichkeit ist, dass der Kompensateur die Waren direkt vom ungarischen Vertragspartner abnimmt; dann wird der Kompensateur auch am „Protokoll" beteiligt. Wichtig ist die Reihenfolge der Vertragsschlüsse: Das Interesse des deutschen Anlagenexporteurs ist, zunächst den Anlagenvertrag unter Dach und Fach zu bringen. Der ungarische Anlagenimporteur hat ein entgegengesetztes Interesse, er will sich aus diesem Vertrag erst binden, wenn Finanzierung und Gegengeschäft sicher sind. Die Kompromisslösung besteht darin, dass zuerst das „Protokoll" vereinbart wird, z.B. zunächst in Form eines *Memorandum of Understanding*[568]. Auf dieser Basis kann man dann das weitere Vertragsgefüge aufbauen.

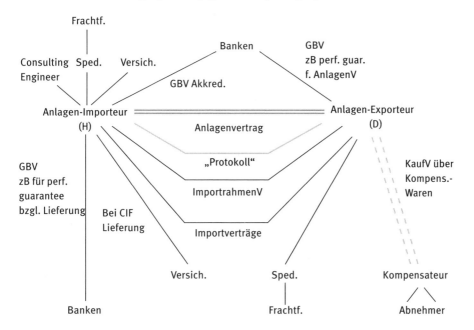

---

568 Vgl. dazu o. § 10 IV.2.

Schrifttum zu III. (Kompensationsgeschäfte)

Fülbier, Das Vertrags- und Wirtschaftsrecht des Gegenkaufs im internationalen Wirtschaftsverkehr, Berlin 1992.
ICC, Countertrade, ICC-Publication No. 944, 3e édition, Paris 1997.
Kunze, V.R.Ch., Countertrade als stategisches Marketinginstrument, Aachen 2005.
Marin/Schnitzer, Contracts in Trade and Transition: the Resurgence of Barter, Cambridge (Mass., USA) 2002.
Rowe, Countertrade, 3d ed. London 1997.
Schmitthoff/Murray u.a., Export Trade, 11th ed. London 2007, reprint 2011, ch. 14 Countertrade nos 14–001 – 14–012.
Schobeß, Barter- und Gegengeschäftsverträge im deutsch-russischen Handels- und Rechtsverkehr, Berlin 1996.
UNCITRAL Legal Guide on International Countertrade Transactions, Wien 1992.

Zeitschrift "Barter News". The Official Journal of the Reciprocal Trade Industry (USA).

IV. Hauptvertrag und Logistikverträge

Selbstverständlich müssen bei Lieferverträgen ebenso wie bei Anlagenverträgen begleitend zum Hauptvertrag Logistikverträge abgeschlossen werden. Logistik-Leistungen werden zunehmend durch Langzeitverträge abgedeckt. Deshalb wurde dieses Thema bereits oben in § 13[569] ausführlich behandelt.

V. Verknüpfung mehrerer Verträge beim normalen Liefergeschäft

Auch bei überschaubaren internationalen Kaufgeschäften ergibt sich schon die Notwendigkeit der Vernetzung und Koordinierung mehrerer Einzelverträge.

1. Kaufvertrag und Transportverträge

Der Kaufvertrag bestimmt in der Regel schon, wer für welche Transportphasen verantwortlich ist. Wir haben das schon oben in § 11[570] gezeigt. So stellt zum Beispiel die FOB-Klausel (*Incoterms*) klar, dass Kosten und Risiko des Transports bis zur Ankunft auf dem Schiff Sache des Verkäufers, von da ab Sache des Käufers ist. Dieser muss also den Speditionsvertrag bzw. Frachtverträge ab dem benannten Hafen abschließen. Alle Transportverträge müssen auf dieses vom Kaufvertrag vorgegebene Programm abgestimmt sein. Wie bereits erwähnt, werden Transportleistungen und

---

[569] § 13 V.
[570] § 11 II.

andere Logistikleistungen heute häufig durch komplexe Langzeitverträge mit einem Systemdienstleister abgedeckt (vgl. oben § 13 V.2. und 4.).

2. Kaufvertrag und Versicherungsverträge

Entsprechendes wie zu 1. gilt für Versicherungsverträge im Zusammenhang mit dem Kaufgeschäft. Bei FOB ist zum Beispiel klar, dass die Transportversicherung der Güter ab der Ankunft auf dem Schiff Sache des Käufers ist.[571] Nun können aber die konkreten Verträge von den Standardklauseln abweichen. Zum Beispiel *muss* bei COST AND FREIGHT (CFR) eigentlich keine Partei versichern, aber es kann zusätzlich vereinbart werden *„insurance to be effected by the buyer"* o.ä. Es ist auch möglich, dass eine Partei den Versicherungsvertrag abschließen muss, aber auf Kosten der anderen Vertragspartei. Das muss überlegt und dann im Kaufvertrag das genaue Programm für den Transportversicherungsvertrag festgelegt werden. Vgl. zu exportbezogenen Versicherungen u. § 17.

3. Kaufvertrag und Sicherheiten

Gibt der Verkäufer dem Käufer Kredit, so wird er das – außer vielleicht bei längerer erprobter Geschäftsbeziehung – nicht ohne Sicherheiten tun. Dass der Eigentumsvorbehalt im internationalen Warenkauf nur von geringer Bedeutung ist, wurde bereits oben[572] dargestellt. Das Dokumentenakkreditiv ist ein Instrument zur Zahlungsabwicklung und Sicherung des Austauschverhältnisses *(„do ut des")*, hat aber wenig Wert, wenn dem Käufer ein längerer Kredit eingeräumt werden soll. Das Akkreditiv mit Zahlungsaufschub (Nachsichtakkreditiv, *deferred payment L/C*) eignet sich dafür kaum, es wird typischerweise auf kurze Fristen (z.B. 3 Monate) begrenzt. Dagegen kann man auch hier mit Bankgarantien und Patronatserklärungen arbeiten.[573] Diese müssen dann wieder auf den konkreten Kaufvertrag abgestimmt sein.

In Anlagenverträgen findet sich die Klausel, dass der Auftragnehmer gleichzeitig mit der Ausfertigung der Vertragsurkunde eine *performance guarantee* einer erstklassigen Bank stellen muss. Er muss also schon vorher mit der Bank einen entsprechenden Geschäftsbesorgungsvertrag abschließen. Da die Laufzeit der Garantie noch nicht genau feststeht und die Garantie pro Tag erhebliche Kosten verursacht, muss der Auftragnehmer darauf achten, dass der Garant ihm die Garantie zusagt und alle Voraussetzungen dafür (z.B. eventuelle Sicherheiten) bestehen, das genaue

---

[571] Vgl. o. § 11 III.2.
[572] § 12 III.3.
[573] Dazu o. § 12 IV und III.3.d).

Datum für das Inkrafttreten aber noch offen bleibt, bis der Vertragsschluss des Hauptvertrages endgültig terminiert ist.

Vgl. zum Recht der Sicherheiten allgemein oben § 12 III. und IV.

VI. Typische Probleme der Abhängigkeit des Hauptvertrages von Finanzierungsverträgen

Bei kleinen Lieferverträgen werden Probleme der Abhängigkeit von Finanzierungsgeschäften nicht akut, dagegen häufig bei größeren Transaktionen und Projekten. Das Problem ist schon jedem normalen Immobilienkäufer bekannt, der für seinen Erwerb eine Finanzierung braucht. Bei größeren internationalen Geschäften hängt der Hauptvertrag ganz entscheidend von der Finanzierung durch Banken und/oder andere Kreditgeber ab. Die Problematik liegt vor allem bei der **zeitlichen Reihenfolge** der Vertragsschlüsse. Unterschreibt man den Hauptvertrag zu früh, kann es passieren, dass anschließend die Finanzierung scheitert und man an einer unbezahlbaren vertraglichen Bindung festgehalten wird. Schließt man den Kreditvertrag zu früh, hat man das Geld sowie die damit verbundenen Kosten und riskiert, dass der Hauptvertrag aus anderem Grund scheitert. Zumindest muss man Bereitstellungszinsen zahlen. Die Lösung kann z.B. folgendermaßen aussehen:

- Exporteur stellt Antrag an die für die Finanzierung vorgesehene Bank unter genauer Bezeichnung des Projekts.
- Bank gibt „Finanzierungszusage" mit verbindlicher Reservierung für 6 Monate; Zinsen dafür sind noch niedrig;
- Exporteur schließt Exportvertrag.
  Mit dessen Inkrafttreten gibt die Bank die endgültige „Kreditzusage".
- Auszahlung nach den Zahlungsbedingungen des Hauptvertrages und darauf abgestimmter Bankverträge (z.B. Akkreditiv).

Die **Verknüpfung** findet auf zwei Ebenen statt: der **Ebene des Vertragsschlusses** und der **Ebene der inhaltlichen Gestaltung**. Die obigen Ausführungen zur Reihenfolge der Vertragsschlüsse betreffen die erste Ebene. Zur Gestaltungsebene gehören dagegen Fragen, wie die Auszahlung des Kredits an einen Dritten oder die Teilbarkeit eines Akkreditivs, wenn im Hauptvertrag Ratenzahlungen vorgesehen sind.

Die inhaltliche „Synchronisation" der Verträge bereitet aber auch Probleme, weil sie den Interessen einiger Beteiligter zuwiderlaufen kann. So will sich bei einer Bankgarantie die Garantin aus Streitigkeiten der Parteien des Hauptvertrages heraushalten. Deshalb bevorzugt sie – ebenso wie der Begünstigte – eine Garantie auf erstes Anfordern[574], was gerade das Gegenteil von Synchronisation beider Verträge bedeutet, die dem Garantieauftraggeber natürlich lieber wäre. Vor allem die beteiligten Banken drängen auf weitgehende Unabhängigkeit der Sicherungen und Finanzierungsinstrumente von den Liefer-, Werk- und Anlagenverträgen. Sie verwenden deshalb entsprechende Vertragsbedingungen, z.B. eine ausdrückliche „Abstraktheitsklausel"[575]:

> „The liability of the Borrower to repay the Loan plus accrued interest thereon on the due date(s) is in no way conditional upon the performance of the Export Contract by the Supplier and shall not be affected in any way by reason of any claim which the Borrower may have or may consider to have against the Supplier or by any other reason whatsoever."

Nun würde eine solche Klausel wenig nützen, wenn zwingend ein „Einwendungsdurchgriff" gegen die Bank gelten würde, wie ihn die deutsche Rechtsprechung zum finanzierten Teilzahlungskauf aus § 242 BGB hergeleitet hatte und wie er heute gemäß §§ 359, 359a BGB für Verbraucherfinanzierungen gilt. Die h.M. lehnt es jedoch ab, solche Maßstäbe auf Exportkreditgeschäfte zu übertragen.[576]

Dennoch sichern sich die Kreditgeber zusätzlich gegen Ausfälle durch die sog. **Exporteurgaranti**e. Damit übernimmt bei einem Bestellerkredit (also einem dem ausländischen Auftraggeber gewährten Darlehen) der Exporteur gegenüber dem Kreditgeber die Garantie, dass er für die Erfüllung des Darlehensvertrages einsteht, wenn (a) der Darlehensnehmer unter Berufung auf mangelhafte Erfüllung des Hauptvertrages die Erfüllung der Darlehenspflichten verweigert und der Exporteur die mangelhafte Erfüllung seiner Pflichten zu vertreten hat; oder (b) wenn Forderungen betroffen sind, für die keine HERMES-Deckung besteht, insbesondere der Selbstbehalt des Kreditgebers. Zwar leistet im Fall der (nach deutscher h.M. eigentlich unberechtigten) Verweigerung der Darlehenstilgung und Zinsen zunächst HERMES, aber dann greift dieses System ebenfalls auf den Exporteur zurück.

Praxis-Tipps
Für die Realisierung einer internationalen wirtschaftlichen Transaktion müssen mehrere Verträge miteinander vernetzt werden. Dies gilt schon für einfache Liefergeschäfte, erst recht aber für komplexe Langzeitverträge (z.B. Anlagenverträge) oder Kompensationsgeschäfte. Hinzu kommt die Abhängigkeit von staatlichen Exportförderungen (z.B. „HERMES-Deckung"), Genehmigungen und eventuellen Befreiungen. Die verschiedenen Verträge und staatlichen Maßnahmen müssen sowohl inhaltlich sinnvoll aufeinander abgestimmt als auch zeitlich koordiniert werden. Das erfordert komplizierte Vertragsgefüge und präzise Ablaufpläne.

---

574 Dazu o. § 12 IV.4. und 5.
575 Muster von *Nielsen*, Bankrecht und Bankpraxis (BuB), Losebl. 1979 ff, 5/213.
576 *Graf von Westphalen*, Rechtsprobleme der Exportfinanzierung, 3. Aufl. 1987, S. 468 f.

Dabei ist zu unterscheiden, ob ein Unternehmen ein derart komplexes Vertragsgebilde nur einmal benötigt (z.B. Kauf einer für die Produktion notwendige Maschine) oder ob solche Transaktionen zum Geschäftsmodell der Firma gehören (z.B. wiederholter Verkauf von Maschinen). In jedem Fall sollten die Fachbereiche einer Firma dergestalt eingebunden werden, dass sie positiv erklären, ob ihr Bereich durch das Geschäft unmittelbar während der Vertragsausführung oder mittelbar nach Vertragsschluss betroffen ist, und gegebenenfalls wie.

5. Teil: Finanzierung und Versicherung

Die Finanzierung von Exportgeschäften oder anderen außenwirtschaftlichen Projekten steht in einem **engen Zusammenhang** mit Versicherungsfragen, der es rechtfertigt, beide in einem Kapitel zu behandeln. So wird zum Beispiel von Kreditgebern die Deckung bestimmter Risiken durch eine staatlich organisierte (und u.U. subventionierte) Exportkreditversicherung (in Deutschland die sog. HERMES-Deckung) zur Voraussetzung gemacht für die Gewährung eines Kredits für ein Exportgeschäft. Die Laufzeiten beider Verträge werden aufeinander abgestimmt. Der Exporteur tritt dann seine Rechte aus der Exportkreditversicherung zur Sicherheit an den Kreditgeber ab. Für diesen bedeutet das eine gewisse Absicherung, allerdings meist keine volle Deckung, denn der Exporteur muss einen bestimmten Selbstbehalt akzeptieren. Für diesen Rest muss der Exporteur u.U. noch besondere Sicherheiten stellen, etwa ihm gegebene Bankgarantien abtreten. Der Kreditgeber kann ferner auch den Abschluss weiterer Versicherungen gegen von HERMES nicht gedeckte Risiken (z.B. Zerstörung des Bauwerks durch Naturgewalten) verlangen.[577] Bei der HERMES-Deckung handelt es sich nicht um einen echten Versicherungsvertrag, sondern um ein Risikodeckungssystem eigener Art.[578]

§ 16 Finanzierung von außenwirtschaftlichen Transaktionen und Projekten

I. Allgemeines

Bei der Finanzierung geht es, schlicht formuliert, um die Tatsache, dass ein Geschäftspartner Leistungen wünscht, die er zzt. mit seinen verfügbaren Mitteln nicht bezahlen kann, oder umgekehrt, dass der andere Partner ihm die Leistungen gern erbringen will, obwohl der Abnehmer sie zzt. nicht bezahlen kann. Im einfachsten Fall gibt dann der Leistende selbst dem Abnehmer Kredit, indem er ihm eine längere Zahlungsfrist oder die Möglichkeit der Ratenzahlung einräumt.

Dieses einfache Verfahren ist im internationalen Wirtschaftsverkehr die seltene Ausnahme und bei größeren Projekten unmöglich. So kann etwa ein Anlagenbau-Unternehmen nicht das gesamte Projekt aus eigenen Mitteln vorfinanzieren. Es müssen dritte Geldgeber eingeschaltet werden. Wir befassen uns hier also mit sog.

---

577 So wie der Kreditgeber für ein Darlehen zum Hausbau oder Hauskauf verlangt, dass der Bau bzw. das Haus gegen Feuer versichert ist.
578 S. dazu u. § 17 I.2.b) und *Schallehn-Stolzenburg*, Garantien und Bürgschaften der BRD zur Förderung der deutschen Ausfuhr, Köln 1974 ff (Losebl.) Kap. II Rn. 1: Vertrag sui generis.

Drittfinanzierung, d.h. Zur-Verfügung-Stellen der gesamten Projektmittel oder eines Teils davon durch dritte juristische Personen (v.a. Banken, Versicherungen) oder Institutionen (z.B. IWF, Weltbank, *European Development Fund*).

In engem Zusammenhang damit steht häufig die – in den meisten Industriestaaten existierende – staatlich getragene Exportkreditversicherung, die weltweit unter dem Kürzel ECA (für *Export Credit Agency*) in Deutschland unter dem Namen „HERMES-Deckung" bekannt ist.

II. Finanzierungsgrundsätze

Wichtig ist zunächst die Unterscheidung zwischen Anlage- und Umlaufvermögen. Unter **Anlagevermögen** versteht man diejenigen Wirtschaftsgüter, die in einem Betrieb längerfristig eingesetzt werden sollen. § 247 Abs. 2 HGB spricht von Gegenständen, „die bestimmt sind, dauernd dem Geschäftsbetrieb zu dienen." Dazu gehören z.B. Betriebsgebäude, Maschinen, Infrastruktureinrichtungen, aber auch immaterielle Güter, wie Patente und Lizenzen. Das Wort „dauernd" schließt nicht Modernisierungen aus. **Umlaufvermögen** sind dann diejenigen Vermögensgegenstände, die nicht längerfristig im Betrieb eingesetzt, sondern in den Betriebsvorgängen umgesetzt werden sollen. Dazu gehören z. B. Rohstoffe, Halbfertigprodukte und die zum Absatz bestimmten Fertigprodukte, aber auch Forderungen, Bargeld und Schecks.

Investitionen im Bereich des Anlagevermögens sollen nach der sog. „Goldenen Finanzregel" **nicht durch kurzfristige Kredite finanziert** werden. Der Erwerber einer langlebigen Industrieanlage, die sich z.B. im Zeitraum von 10 Jahren amortisieren soll, braucht dafür einen längerfristigen Kredit. Dafür haben sich ganz andere Systeme und Instrumente der Finanzierung entwickelt als für kurzfristige Finanzierungen von Material- oder Wareneinkäufen. Die langfristigen Anlagegüter durch kurzfristige Kredite zu finanzieren, ist ausgesprochen riskant. Gegenstände des Umlaufvermögens, die z.B. innerhalb von drei Monaten verarbeitet oder umgesetzt werden sollen, können dagegen, falls die Eigenmittel nicht reichen, über Lieferantenkredit, 3-Monats-Wechsel oder andere kurzfristige Instrumente finanziert werden. Längerfristige Kredite dafür in Anspruch zu nehmen ist zwar nicht so riskant wie der oben erwähnte umgekehrte Fall, aber vom System her nicht adäquat. Ein „Bodensatz" sollte aber wieder durch mittel- oder langfristige Finanzierungen abgedeckt sein.

In den folgenden Abschnitten ist also zwischen kurzfristiger, mittelfristiger und langfristiger Finanzierung zu unterscheiden.

(1) Als **kurzfristig** sieht man Laufzeiten bis zu 6 Monaten an. Entsprechende Instrumente sind u.a.
- Wechsel (meist 3 Monate)[579]
- Akkreditiv (insbes. *deferred payment L/C*)
- Dokumenteninkasso
- Lieferantenkredit (Zahlungsziel 30 Tage)
- Forfaitierung[580]
- Exportfactoring[581]

Kombinationen sind möglich, z.B. Forfaitierung einer Forderung aus *deferred payment L/C*.

(2) **Mittelfristige** Finanzierungen laufen über 6 bis 24 Monate. Dazu gehören u.a.
- Darlehen i.V.m. Exportkreditversicherung
- Forfaiterung

In Deutschland sind die wichtigsten Kreditgeber in diesem Bereich die Kreditanstalt für Wiederaufbau und Entwicklung (KfW) in Frankfurt a.M., eine Gemeinschaftseinrichtung des Bundes (80%) und der Länder (20%), und die AKA Export Credit Bank, ebenfalls in Frankfurt a.M. Letztere ist ein Gemeinschaftsunternehmen von zzt. ca. 20 Privatbanken.

(3) **Langfristige** Finanzierungen laufen über mehr als 2 Jahre. Typische Instrumente im internationalen Geschäftsverkehr sind u.a.
- Darlehen i.V.m. Exportkreditversicherung (oft Konsortien als Kreditgeber), Anleihen,
- Internationale Projektfinanzierung (Kapitaldienst soll ganz oder teilweise aus dem Ertrag des Projekts aufgebracht werden[582], Beispiel: Chinesischer Erdölerschließungs-Vertrag[583],
- Finanzierungsleasing.

---

579 Z.B. Lieferant zieht einen Wechsel auf den Besteller, zahlbar in 3 Monaten, Besteller akzeptiert, Lieferant verkauft den Wechsel an seine Bank.
580 Forderungskauf unter Übernahme des Delkredere-Risikos. Der Name kommt von dem französischen Terminus „à forfait" = in Bausch und Bogen. Forfaitierung wird auch für mittelfristige Finanzierung eingesetzt. Vgl. dazu *Martinek*, Das Forfaitierungsgeschäft, in: Schimansky u.a. (Hrsg.), Bankrechts-Handbuch, 4. Aufl. 2011, § 103.
581 Forderungsankauf mit kurzer Laufzeit, meist unter Einschaltung eines weiteren Factors im Land des Schuldners; der Factor übernimmt typischerweise zusätzlich bestimmte Dienstleistungen; vgl. dazu *Martinek*, Das Factoringgeschäft, in: Bankrechts-Handbuch, 4. Aufl. 2011, § 102.
582 Vgl. dazu *Horn* in *Hinsch/Horn*, Das Vertragsrecht der internat. Konsortialkredite und Projektfinanzierungen, 1985, S. 201; *Stockmayr*, Projektfinanzierung und Kreditsicherung, 1982.
583 Zitiert bei *Horn*, aaO (Fn. 582), S. 259 ff.

III. Modell einer langfristigen Lieferanten-Exportfinanzierung

S, ein staatlicher Auftraggeber im Südsudan, möchte eine Zementfabrik errichten lassen. Er veranlasst eine Ausschreibung für das schlüsselfertige Projekt. Das deutsche Anlagenbau-Unternehmen U macht ein Angebot. Da S auch eine Finanzierungshilfe braucht, nimmt U zu seiner Hausbank B, die u.a. auch an U beteiligt ist, Kontakt auf, außerdem zum Bundesministerium für wirtschaftliche Zusammenarbeit und Entwicklung (BMZ) in Berlin. Die Bank schaltet wiederum die AKA wegen Refinanzierung ein. Die AKA gibt zunächst eine „Finanzierungszusage". Ferner besorgt U eine HERMES-Deckung. Dann unterbreitet U dem S folgendes Finanzierungsangebot: S bekommt die Anlage innerhalb von 2 Jahren, muss aber erst im Verlauf von 4 Jahren ratenweise zahlen. U erhält ein Darlehen in Höhe von 90% des Projektpreises von der Hausbank B, das nach dem Projektfortschritt ausgezahlt wird. Die restlichen 10% sind Selbstbeteiligung des Exporteurs U. Die AKA refinanziert 70% des Darlehens. Die von der Bundesrepublik finanzierte HERMES-Deckung übernimmt eine sog. „Garantie", d.h. die Deckung von politischen und wirtschaftlichen Risiken der Kreditgeber, (also kurz gesagt, dass S aus solchen Gründen nicht vertragsgemäß zahlt). Das BMZ stellt Entwicklungshilfe-Mittel zur Erleichterung der Tilgung bereit.[584] Der Auftraggeber S im Südsudan ist zufrieden und erteilt darauf dem U den Zuschlag.

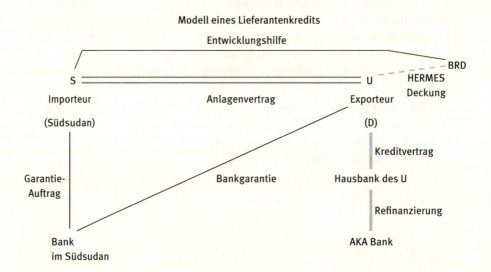

---

[584] Bei Großprojekten kommt es häufig zu Mischfinanzierungen, z.B. Kombination von Darlehen der Weltbank mit weiteren Darlehen, Entwicklungshilfemitteln etc. Vgl. dazu auch die Skizze o. § 7 I. (S. 32).

IV. Lieferanten- und Bestellerkredit

Zu unterscheiden ist zwischen Lieferanten- und Bestellerkredit.

1. Lieferantenkredit

Hier gibt zunächst der Exporteur dem Kunden im Ausland Kredit, indem er ihm ein längeres Zahlungsziel oder Ratenzahlungen gewährt und selbst die Transaktion über Banken refinanziert, d.h. seinerseits von Banken für diesen Zweck Kredit in Anspruch nimmt. Deshalb spricht man hier vom „Lieferantenkredit", d.h. einem von den Banken dem Lieferanten gegebenen Kredit. Die kreditgebende Bank refinanziert sich häufig ihrerseits bei einem Spezialinstitut, z.B. der AKA (Plafonds A). Man spricht in diesem Fall auch von „bankendurchgeleitetem Lieferantenkredit".

2. Bestellerkredit

Dafür wird auch die Bezeichnung „gebundener Finanzkredit" verwendet. Hier wird der Kredit unmittelbar von Banken im Land des Exporteurs oder internationalen Kreditinstituten an den ausländischen Kunden (Besteller) gegeben, damit dieser seinen Kauf bzw. sein Projekt finanzieren kann. Die geschieht z.B. bei Krediten der KfW, der AKA (Plafonds B, C oder E) oder Darlehen der Weltbank. (Beispiel s. oben § 15 II).

Zu dem speziellen Finanzierungsmodell der **Public Private Partnership (PPP)** s.u. § 19 II.8.

Praxis-Tipps

Größere Exportgeschäfte und andere außenwirtschaftliche Projekte brauchen eine Drittfinanzierung und stehen in engem Zusammenhang mit Exportkreditversicherungen, in Deutschland insbes. der HERMES-Deckung.

Zu unterscheiden ist Lieferantenkredit, bei dem der Exporteur die Transaktion über Banken und sonstige Institutionen finanziert, und Bestellerkredit (auch „gebundener Finanzkredit"), bei dem der Besteller von Banken im Land des Exporteurs oder internationalen Institutionen Kredit für die Transaktion in Anspruch nimmt.Der ausländische Besteller erwartet häufig vom Exporteur eine entsprechende Hilfe bei der Beschaffung des Kredits. HERMES-Deckungen sind von der Bundesrepublik Deutschland organisierte und subventionierte Absicherungen für Exporteure gegen politische und wirtschaftliche Risiken in der Form von „Bürgschaften" und „Garantien" und sind von privaten Exportkreditversicherungen zu unterscheiden.

Schrifttum § 16 (Finanzierung)

Graf von Westphalen, Rechtsprobleme der Exportfinanzierung, 3. Aufl. Heidelberg 1987.
Gutteridge/Megrah's Law of Bankers' Commercial Credits, 8th ed. by *Richard King*, London 2001.

Handelskammer Hamburg, Finanzierungsinstrumente im Außenhandel, Stand Juli 2010, aktueller Stand auch unter: www.hk. 24.de.
Häberle, S.G., Handbuch der Außenhandelsfinanzierung, 3. Aufl. München 2002.
Hinsch/Horn, Das Vertragsrecht der internationalen Konsortialkredite und Projektfinanzierungen, Berlin 1985.
Nielsen, in: Bankrecht und Bankpraxis (BuB), (Wolters/Kluwer) 1979 ff. (Losebl.).
Olfert, Finanzierung, 15. Aufl. Herne 2011.
Reuter/Wecker, Projektfinanzierung. Anwendungsmöglichkeiten, Risikomanagement, Vertragsgestaltung, bilanzielle Behandlung, Stuttgart 1999.
Wöhe/Bilstein, Grundzüge der Unternehmensfinanzierung, 10. Aufl. München 2009.

§ 17 Versicherungen im Zusammenhang mit Exportgeschäften

Exportgeschäfte sind mit einer Vielzahl von Risiken verbunden, die ihre Ursachen sowohl in der Natur der Transaktion selbst (z.B. empfindliche Waren, langer Transportweg, komplexer Langzeitvertrag[585]) als auch im wirtschaftlichen und politischen Umfeld haben können.

Dementsprechend wurde eine breite Palette von Instrumenten zur Absicherung entwickelt, wie die bereits erwähnten Mechanismen zur Sicherung gegen Währungs- und Transferrisiken[586], die Sicherungen gegen Vorleistungsrisiken (z.B. Dokumentenakkreditiv) oder die eigentlichen Kreditsicherheiten (z.B. Bankgarantien, harte Patronatserklärungen, Wechselbürgschaften). Hinzu kommen spezielle versicherungsrechtliche und versicherungsähnliche Instrumente und die Veräußerung der Forderung im Wege des Exportfactoring an darauf spezialisierte Unternehmen, die dann das Risiko übernehmen.

I. Exportkreditversicherung

1. Allgemeines

Die Versicherung eines Gläubigers gegen Risiken, dass seine Schuldner nicht oder nicht rechtzeitig zahlen, ist seit langem als privates Versicherungsgeschäft möglich und wird auch vielfach praktiziert (sog. Debitorenversicherung).

Das Besondere an der in diesem Abschnitt behandelten „Exportkreditversicherung" ist, dass es sich eigentlich nicht um eine typische Versicherung handelt. Es geht nämlich nicht um die Deckung von Risiken aus einem durch Prämien aller Versicherten gespeisten Fonds nach dem Prinzip der Risikostreuung, sondern um eine Risikodeckung durch staatliche Finanzmittel, also praktisch um eine Subvention

---

[585] Vgl. dazu o. § 13 II.
[586] S. o. § 12 II.

von bestimmten Exportgeschäften. Solche Modelle haben inzwischen nahezu alle Industriestaaten entwickelt[587], die unter dem Namen „*Export Credit Agencies*" *(ECA)* zusammengefasst werden.

In Deutschland sind es die sog. HERMES-Deckungen, die im folgenden Abschnitt näher erläutert werden. Es gibt sie in der Bundesrepublik bereits seit über 60 Jahren. Sie haben enorme Bedeutung für die Exportwirtschaft. Im Jahr 2010 waren durch die HERMES-Deckungen Exporte im Wert von 32,5 Mrd. Euro abgesichert. Die staatlichen Interventionen verfolgen oft mehrere Ziele: Im Vordergrund steht die Förderung der eigenen Exportwirtschaft, doch verbindet sich dies zum Teil mit Zielsetzungen der Entwicklungshilfe, der Förderung internationaler Wirtschaftsbeziehungen u.a. Über Bestrebungen innerhalb der OECD und anderer internationaler Organisationen zur Koordinierung der verschiedenen staatlichen Systeme s. unten Abschn. 3.

2. HERMES-Deckungen

In Deutschland ist es vor allem das Modell der sog. HERMES-Deckung, durch welches der Bund die Kredite im Exportgeschäft gegen wirtschaftliche und politische Risiken absichert. Allerdings bedient er sich dabei privater Unternehmen („Mandatare") für die Bearbeitung der Anträge und für die Verwaltung und Abwicklung der übernommenen Risikodeckungen. Es handelt sich zzt. um ein Konsortium aus der *EULER HERMES Deutschland AG* und der *PriceWaterhousCoopers-AG*, einer Wirtschaftprüfungsgesellschaft. Nach der ursprünglich federführenden HERMES-Kreditversicherungs-AG hat das Instrumentarium seinen Namen bekommen.[588]

a) Subventionscharakter

Grundlegend ist zunächst **Art. 115 Abs. 1 S. 1 GG**, wonach „... die Übernahme von Bürgschaften, Garantien und sonstigen Gewährleistungen, die zu Ausgaben in künftigen Rechnungsjahren führen können, (...) einer der Höhe nach bestimmten oder bestimmbaren Ermächtigung durch Bundesgesetz (bedürfen)".[589] Dementsprechend muss in jedem jährlichen Bundeshaushaltsgesetz ein entsprechender Haushaltstitel

---

587 In Großbritannien sind es die sog. ECGD-Deckungen (für „*Export Credit Guarantee Department*"), in Frankreich die Garantien von COFACE (*Compagnie française d'assurance pour le commerce extérieur*) und BFCE (*Banque Française du Commerce Extérieur*), in der Schweiz die Schweizerische Exportrisikoversicherung (SERV). Vgl. dazu näher *M. Klein*, dpci 1987, 63 ff.
588 Seit der Übernahme durch die Fa. Euler spricht man jetzt auch von EULER HERMES- Deckungen.
589 Die Vorschrift hat 2011 im Zusammenhang mit dem „Euro-Rettungsschirm" eine aktuelle und brisante Bedeutung bekommen.

ausgewiesen werden. Wichtig für die Ausgestaltung sind ferner Richtlinien des Bundesministers für Wirtschaft und Technologie im Einvernehmen mit anderen Bundesministern, zzt. die „Richtlinien für die Übernahme von Ausfuhrgewährleistungen" i.d.F. vom 26.3.2002, zuletzt geändert am 22.2.2008.

Entsprechend dem staatlichen Subventionscharakter entscheidet über die Deckungsübernahme im konkreten Fall ein staatliches Gremium, der „Interministerielle Ausschuss für Ausfuhrgarantien und Ausfuhrbürgschaften" (IMA).[590] In der Entscheidung liegt ein Verwaltungsakt, durch den im positiven Fall das antragstellende Unternehmen einen Anspruch auf „Abschluss eines Gewährleistungsvertrages" mit dem Bund erhält, allerdings mit dem Vorbehalt, dass die im Haushaltsgesetz festgesetzten Höchstbeträge ausreichen (Ziff. 4.3.3. der Richtlinien). Bei dem Vertrag handelt es sich um ein privates Rechtsgeschäft zwischen dem Unternehmen und dem Bund,[591] vertreten durch den Bundesminister für Wirtschaft und Technologie, der sich seinerseits von den Mandataren vertreten lässt. Die HERMES-Deckungen entsprechen damit der **„Zwei-Stufen-Theorie"**[592], die auf viele Formen staatlicher Subventionen zutrifft.

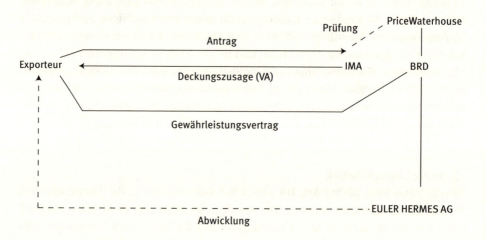

b) Ausgestaltung und rechtliche Einordnung

Die nähere Ausgestaltung der „Gewährleistungsverträge" – die natürlich mit Gewährleistung i.S.v. Sachmängelhaftung nichts zu tun haben – ist in *Allgemeinen*

---

[590] Er besteht aus Vertretern von vier Bundesministerien, den beiden Mandataren und weiteren „Sachverständigen".
[591] *Graf von Westphalen*, Rechtsprobleme der Exportfinanzierung, 3. Aufl. 1987, S. 401.
[592] Entwickelt von *H. P. Ipsen*; vgl. dazu *Tanneberg* Die Zweistufentheorie, Berlin 2011.

Bedingungen geregelt, die in verschiedenen Varianten herausgegeben werden, u.a. die „Allgemeinen Bedingungen für Lieferantenkreditdeckungen"[593]. Danach gibt es grundsätzlich zwei Arten der Deckung: **„Garantien"** für Geschäfte mit privaten Vertragspartnern und **„Bürgschaften"** für Geschäfte mit öffentlichen Vertragspartnern. Diese Bezeichnungen sind traditionell und besagen noch nichts über die nähere rechtliche Einordnung. Die Rechtsnatur der HERMES-Deckungen ist umstritten[594]. Am ehesten wird der eigenartigen Ausgestaltung u. E. eine Einordnung als Vertrag *sui generis* mit gewissen Elementen des Bürgschafts- und Garantievertrages gerecht. Da die Allgemeinen Vertragsbedingungen die Rechtsverhältnisse sehr ausführlich regeln, kommt der Einordnung unter einen der gesetzlichen Vertragstypen keine große Bedeutung zu.

c) Deckungsfälle

Die Garantie- bzw. Bürgschaftsfälle werden allgemein umschrieben als „Uneinbringlichkeit" der Forderung gegen den Schuldner und mitverpflichtete Dritte infolge politischer oder wirtschaftlicher Umstände. Politische Garantiefälle liegen zum Beispiel vor bei kriegerischen Ereignissen, Aufruhr und Revolution im Ausland[595], bei gesetzgeberischen oder behördlichen Maßnahmen im Ausland, die nach Abschluss des Exportvertrages mit Bezug auf die garantierte Forderung ergangen sind, bei näher umschriebenen Kursverlusten oder Beeinträchtigungen des zwischenstaatlichen Zahlungsverkehrs etc. Wirtschaftliche Garantiefälle sind zum Beispiel Insolvenz, amtlicher Vergleich, fruchtlose Zwangsvollstreckung u.dgl.

d) Risikodeckungsarten

Die HERMES-Deckungen unterscheiden sich ferner u.a. nach „Risikopaketen"; sie werden danach in zwei grundsätzlichen Formen erteilt:
- *Fabrikationsrisiko-Deckung.* Hierbei werden näher umschriebene politische und wirtschaftliche Risiken *vor* Versendung der Ware bzw. vor Beginn der Leistung gedeckt. Die Deckung beginnt mit dem Beginn der Fabrikation; erstattet werden im Wesentlichen die Selbstkosten der Lieferungen/Leistungen des Exporteurs.[596]
- *Ausfuhrrisiken-Deckung.* Hier wird die Geldforderung des Exporteurs aus dem Exportgeschäft einschließlich Gewinn gedeckt, und zwar *nach* Versendung der

---

593 Derzeitiger Stand April 2011.
594 Vgl. *Graf von Westphalen*, aaO (Fn. 591), S. 401ff m.w.Nw.; *Nielsen*, in: Bankrecht und Bankpraxis, 5/845.
595 Z.B. die Aufstände in arabischen Ländern oder der Bürgerkrieg in Libyen 2011.
596 Ein neues Entgeltmodell gilt seit Oktober 2010.

Ware bzw. Beginn der Leistung. Sie schließt sich also an die Fabrikationsrisiko-Deckung an und kann mit dieser kombiniert werden.

Ferner gibt es **Finanzkreditrisiken-Deckung**. Diese sichert bei Bestellerkredit der Bank die Rückzahlung nebst Zinsen des dem Importeur gewährten Kredits.

e) Entgelte und Selbstbehalt

Die Exporteure müssen für die HERMES-Deckungen gewisse „Entgelte" zahlen, die je nach Deckungsart verschieden sind. Sie decken im Wesentlichen nur die Verwaltungskosten, auf keinen Fall die gesamten Leistungen; diese werden – wie oben erwähnt – vom Bundeshaushalt getragen. Der Exporteur muss einen **Selbstbehalt** von 5–15% tragen. Es gibt seit 1995 abgestufte Entgelte nach bestimmten Risikoklassen. Leistet das Exportkredit-System, so geht die betreffende Forderung auf den Bund über; es kommt dadurch u.U. zu „Rückflüssen".

3. Politische Implikationen

HERMES-Deckungen gibt es nicht automatisch für alle Exportgeschäfte und Bestimmungsländer, sondern nur nach Maßgabe **vorhandener Haushaltsmittel** und der jeweiligen **Risikosituation**. Dabei werden für bestimmte Länder Kontingente gebildet. Häufige Ausfälle können dazu führen, dass Deckungsmöglichkeiten für einen bestimmten Bereich, ein Land oder eine Region vorübergehend aufgehoben werden. Es kann einem Unternehmen also passieren, dass die Deckung wegen Erschöpfung eines Kontingents oder Aufhebung der Deckung verweigert wird. Hier spielen auch politische Gesichtspunkte eine Rolle.[597]

In der Exportwirtschaft werden immer wieder Klagen über Unzulänglichkeit der staatlichen Exportförderung und Forderungen nach deren Ausweitung und Verstärkung erhoben. Dabei werden häufig Vergleiche mit anderen Exportländern gezogen. Um einen Subventionswettlauf zwischen den Industriestaaten auf diesem Gebiet zu verhindern, haben internationale Organisationen, wie OECD oder WTO, versucht, eine vernünftige Beschränkung und Koordinierung dieser Instrumente zu erreichen.

Ergänzend zur staatlich finanzierten Exportkreditversicherung gibt es **private Ausfuhrkreditversicherungen**, die normalen Versicherungsschutz nach dem Prinzip der Risikostreuung anbieten. Neben der EULER HERMES-AG sind auf diesem Gebiet verschiedene andere Versicherungsunternehmen tätig.

---

[597] So z.B. bei den Sperren der Deckungen während des Balkan-Kriegs in den 90er Jahren.

Praxis-Tipps
HERMES-Deckungen sind ein staatlich organisiertes und subventioniertes Risikodeckungssystem, das von der BRD in Zusammenarbeit mit der EULER-HERMES AG und der Wirtschaftsprüfungsgesellschaft *PriceWaterhouseCoopers* verwaltet wird. Es handelt sich nicht um eine echte Versicherung, sondern um ein Risikodeckungssystem eigener Art, das im Wesentlichen durch Allgemeine Vertragsbedingungen bestimmt wird. HERMES-Deckungen gibt es nicht automatisch für alle Exportgeschäfte und Bestimmungsländer, sondern nur nach Maßgabe verfügbarer Haushaltmittel, von Länderkontingenten und der jeweiligen Risikosituation. Dem Exporteur bleibt im Schadensfall ein Selbstbehalt zwischen 5 und 15%. Es empfiehlt sich, bei Exportgeschäften so früh wie möglich, auf jeden Fall noch vor Vertragsschluss, eine vorläufige Zusage der HERMES-Deckung zu erwirken.

Schrifttum zu I. (HERMES-Deckungen)

Bödeker, Staatliche Exportkreditversicherungssysteme, Berlin 1992.
Büter, Außenhandel. Grundlagen globaler und innergemeinschaftlicher Handelsbeziehungen, Heidelberg 2007 (insbes. Kap. 12).
Bundesmin. für Wirtschaft und Technologie, Exportkreditgarantien der BRD, Allgemeine Bedingungen, Lieferantenkreditdeckungen, Berlin 2011.
Schallehn/Stolzenburg, Garantien und Bürgschaften der Bundesrepublik Deutschland zur Förderung der deutschen Ausfuhr, Köln 1974 ff (Loseblatt).
Schilling, Die Instrumente der HERMES Exportkreditversicherung, Bremen 2007.

Nähere und aktuelle Informationen unter:
www.agaportal.de/pages/aga/downloads/bedingungen.html.

II. Transportversicherungen

Eine andere klassische Form der Risiko-Deckung im Bereich des Außenhandels ist die Transportversicherung, hier vor allem die Seeversicherung. Es gibt sie bereits seit dem Mittelalter.

Das Bedürfnis für Transportversicherungen entsteht schon in dem einfachen Fall eines Frachtvertrages zwischen Verkäufer und Frachtführer. Aus diesem Vertrag haftet zwar der Frachtführer für Beschädigung oder Verlust der beförderten Güter, sofern das (nach deutschem Recht) von ihm zu vertreten ist. Häufig gelten dafür aber vertragliche Haftungsbeschränkungen. Ferner handelt es sich oft um Risiken, die nicht ohne weiteres vom Frachtführer zu vertreten sind, zum Beispiel ein Orkan auf dem Land oder auf hoher See, Piraterie oder Verderb von Waren durch Streik des Hafenpersonals. Deshalb werden heute fast immer – jedenfalls für Überseetransporte – Transportversicherungen abgeschlossen.[598]

---

[598] *Day*, The Law of International Trade, London, 1981, p. 8; *Schmitthoff* The Export Trade, 11th ed. 2007 von *Murray* u.a., no. 19–001.

1. Seeversicherung

Die Seeversicherung als die älteste Versicherung der Transportrisiken ist am weitesten ausgebildet und standardisiert. Sie wurde damit zum Vorbild für Land- und Lufttransportversicherungen. In England sollen sogar zum Teil für Lufttransporte einfach Seeversicherungen abgeschlossen worden sein.[599] Ferner werden noch häufig, falls geeignete multimodale Policen fehlen, die im Transportweg implizierten Landstrecken in die Seeversicherung einbezogen.[600] Wir werden hier deshalb im Folgenden die Seeversicherung in den Vordergrund stellen.

Im deutschen Recht war die Seeversicherung in §§ 778 ff HGB geregelt. Daneben existieren noch die **Allgemeinen Seeversicherungsbedingungen (ADS)**, welche die gesetzliche Regelung weitgehend verdrängten. Inzwischen sind die §§ 778 ff HGB aufgehoben worden, so dass heute die ADS als „Regelwerk" maßgebend sind.

Die ADS wurden erstmals im Jahr 1919 von den Verbänden der Seeversicherungsunternehmen, den deutschen Handelskammern und anderen Fachverbänden (z.B. Verein Hamburger Exporteure, Zentralverband des Deutschen Großhandels, Hamburger und Bremer Reedervereine) unter Vorsitz der Hamburger Handelskammer erarbeitet und herausgegeben. Es handelt sich also von Beginn an um eine **einverständliche Regelung unter Mitwirkung der typischen Marktparteien** und nicht um einseitig aufgestellte AGB. Das erklärt auch, warum sich die ADS allgemein in der deutschen Vertragspraxis durchgesetzt haben, was auch für die gegenwärtige Ausgabe von 1973 i.d.F. von 1984 gilt. Auch in der Rechtsprechung wurde früh die besondere Rolle der ADS anerkannt. Nach RGZ 170, 233, BGHZ 6, 376 und 8, 56 sowie ständiger Rechtsprechung richtet sich die Auslegung und Anwendung der ADS nach den für Gesetze maßgeblichen Grundsätzen. Haben Parteien nicht ausdrücklich ihre Geltung vereinbart, so nimmt man eine **stillschweigende Vereinbarung** an.[601]

Gegenstand der Seeversicherung kann nach § 1 ADS „jedes in Geld schätzbare Interesse (sein), welches jemand daran hat, dass Schiff und Ladung die Gefahren der Seeschifffahrt besteht ...". Die Seeversicherung ist also eine **Schadensversicherung gegen spezifische Risiken der Seeschifffahrt**. Die Definition zeigt zunächst, dass nicht nur der Eigentümer der beförderten Güter gegen deren Beschädigung oder Verlust versichert ist, sondern nach § 1 ADS zum Beispiel auch andere dinglich oder schuldrechtlich Berechtigte an den Gütern, ferner Berechtigte am Schiff sowie andere Forderungsberechtigte (z.B. hinsichtlich der Fracht, Schiffsmiete, Havereigelder). Versicherbar ist auch der von der Ankunft der Güter erwartete Gewinn.

---

599 *Day*, aaO (Fn. 598), p. 104.
600 *Schmitthoff*, aaO (wie Fn. 598).
601 *Schlegelberger*, Seeversicherungsrecht (1960) Vorbem. V.1 (S. 13); *Müller-Collin*, aaO (u. Schriftt. S. 255) S. 20; HansOLG HansRGZ 1935.

Die ADS sollen eine abschließende Regelung der Seeversicherung sein.[602] Deshalb wurden auch zwingende Vorschriften des Versicherungsrechts eingearbeitet.

Nach den ADS für Güterversicherungen gibt es **drei Grundformen der Deckung:**
- Volle Deckung (gilt, wenn nichts anderes vereinbart ist),
- Strandungsunfalldeckung (deckt nur einen Teil der Risiken),
- Mittlere Deckung (für bestimmte Ereignisse volle Deckung, für andere nur Strandungsunfalldeckung).

Zwischen Seeversicherern gibt es internationale Konkurrenz[603]. Das bekannteste „Unternehmen" der Branche ist *Lloyd's* in London, eine eigenartige Dachorganisation von Mitgliedern (*underwriters*), Maklern (*subscribers*) und weiteren Beteiligten. *Lloyd's* ist der größte Transportversicherungsmarkt in der Welt; 2009 betrug das Transportprämienvolumen mehr als 4 Mrd.US $[604].

Im Hinblick auf die Vielzahl der in der Seeversicherung versicherbaren Interessen kommen als Vertragspartner der Versicherer sehr verschiedene am Außenhandel beteiligte Unternehmen und Personen in Betracht. Ob bei einem Exportgeschäft der Käufer oder der Verkäufer die für den Seetransport bestimmten Güter versichert, hängt vom Kaufvertrag ab. Beim FOB-Vertrag[605] trägt der Käufer die Gefahr während des Seetransports; der Verkäufer braucht die Güter also nicht gegen Risiken dieser Phase zu versichern. Allerdings kann er verpflichtet sein, für Rechnung des Käufers zu versichern. Umgekehrt gehört es beim CIF-Geschäft[606] nach *Incoterms* zu den Pflichten des Verkäufers, auf eigene Kosten die Güter zu versichern und dem Käufer eine übertragbare Seeversicherungspolice zu beschaffen.

Die **Seeversicherungspolice** ist auf jeden Fall ein Legitimationspapier[607].

Nach § 363 Abs. 2 HGB kann man eine Transportversicherungspolice auch als Orderpapier (also durch Indossament übertragbares Dokument) gestalten.[608] Dann ist sie ein echtes Wertpapier.[609] Bei Dokumentenakkreditiven[610] gehört zu den vom Begünstigten vorzulegenden Dokumenten häufig auch die Seeversicherungspolice. Dies muss jedoch im Kaufvertrag und in der Vereinbarung zwischen dem Akkredi-

---

602 Vgl. § 126 ADS.
603 Vgl. dazu *Enge/Schwampe*, Transportversicherung, 4. Aufl. 2012, S. 20.
604 *Enge/Schwampe*, aaO (Fn. 603), S. 29.
605 S.o. § 11 III.3.
606 S. o. § 11 III.3.
607 D.h. der Schuldner wird durch Leistung an den Inhaber der Urkunde frei; er muss aber nicht an jeden Inhaber leisten, sondern kann dessen Legitimation nachprüfen.
608 Sie kann ferner auch als Inhaberpapier ausgestellt werden.
609 Zu der Rechtsnatur der Seeversicherungspolice s. auch BGH VersR 1962, 659 ff.
610 Vgl. dazu o. § 12 V.4.a).

tiv-Auftraggeber und der Bank klargestellt und aufeinander abgestimmt sein.[611] Auch in der Seeversicherung gibt es – ähnlich der Qualitätsarbitrage – bei Konflikten ein **Verfahren zur schnellen** und **kostensparenden Schadensfeststellung und Streitbeilegung** mit Einschaltung von Sachverständigen. Die Grundlage dafür ist Art. 74 Ziff. 8.2 ADS Güter 73/84. Vgl. dazu *Schubert*, aaO (Schrifttum S. 255).

2. Andere Transportversicherungen

Für andere Transportarten werden ebenfalls Transportversicherungen angeboten[612].

Rechtsgrundlagen sind in Deutschland das Versicherungsvertragsgesetz (VVG) und die **Allgemeinen Deutschen Binnen-Transportversicherungs-Bedingungen** (ADB), zzt. i.d.F. von 1963)[613], die für Binnenschiffahrts- und Landtransporte gedacht sind, kurioserweise aber auch die Beförderung von Gütern in Flugzeugen umfassen.

3. Multimodaler Transport[614]

Früher wurde für kombinierte See-Land-Transporte meist die Versicherung auf der Grundlage der ADS abgeschlossen. Die ADB erfassen dagegen nur einzelne Transportphasen, nicht einen gesamten multimodalen Transport.

4. Versicherung politischer Risiken

Bei normalen Transportversicherungen werden die Risiken Krieg, Bürgerkrieg und kriegsähnliche Ereignisse ausgeschlossen.[615] Teilweise sind diese Risiken durch HERMES-Deckung abgesichert, wenn man denn eine hat; aber – wie erwähnt – ist das keine vollständige Sicherung. Gerade die kritischen Länder sind oft ausgeklammert. Private Versicherungen bieten dafür besondere Deckungen an, u.a. durch die **DTV-Kriegsklauseln** 1984 „für die Versicherung von Seetransporten sowie Lufttransporten im Verkehr mit dem Ausland."

---

611 Vgl. Art. 28 ERA 600. entsprechend für Bankgarantien ERG Art. 35: *„Insurance documents must be as stipulated in the credit ..."*.
612 *Enge/Schwampe*, aaO (Fn. 603) S. 341 ff, 366 ff.
613 Vgl. *Endermann*, Allgemeine Deutsche Binnen-Transportversicherungs-Bedingungen 1963, Versicherungspraxis 1964, 127 ff, 151 ff.
614 *Enge/Schwampe* aaO (Fn. 603), S. 16; *Day*, aaO (Fn. 598), p. 9; *Schmitthoff*, aaO (Fn. 598) no. 15–001, 16–001 bis 16–009.
615 S. z.B. Art. 35 ADS; § 2 Ziff. 1 a) c) ADB.

5. Nebenzweige der Transportversicherung

Hierzu gehören z.B. die „Ausstellungsversicherung", mit der man Messestände u.ä. mit ihrer Warenausstattung versichern kann, ferner Kühlgut- und Tiefkühlversicherung oder „Valorenversicherung" (für Bargeld, Edelmetalle, Wertpapiere oder andere wertvolle Dokumente).[616]

Praxis-Tipps
Die Seeversicherung ist die älteste und klassische Art der Transportversicherung. Sie wurde zum Vorbild für Luft- und Landtransportversicherungen. Die Regelung in §§ 778–900 HGB ist in der Praxis durch die Allgemeinen Deutschen Seeversicherungsbedingungen (ADS) weitgehend verdrängt worden. Dabei handelt es sich um ein Regelwerk ohne Rechtsnormqualität, das gemeinsam von den beteiligten Wirtschaftskreisen (Verbänden der Versicherer, Reeder, Exporteure, Großhandelskaufleute und der Handelskammern) erarbeitet wurde und sich deshalb in der deutschen Vertragspraxis durchgesetzt hat.

Für Binnenschiffahrts-, Land- und Lufttransporte gibt es die Allgemeinen Deutschen Binnen-Transportversicherungs-Bedingungen (ADB).

Die Transportversicherungspolice ist eines der wichtigsten Dokumente des internationalen Handels. Es ist Legitimationspapier i.S.v. § 808 HGB und kann auch als Orderpapier gestaltet werden.

In der Seeversicherung gibt es bei Konflikten ein schnelles und kostensparendes Verfahren zur Schadensfeststellung und Streitbeilegung unter Einschaltung von Sachverständigen (s. Art. 74 Ziff. 8.2 ADS Güter).

(Schrifttum zu II. s. u. S. 255)

III. Versicherungen für den Bereich der Großbauten und Anlagenprojekte

Während für den Transport von Maschinen, Bauteilen etc. wiederum **Transportversicherungen** abgeschlossen werden[617], entsteht zusätzlicher Bedarf für Risikodeckungen während der Ausführungsphase eines Projekts. Die Baustelle und das im Entstehen begriffene Objekt sind vielfachen Gefahren ausgesetzt (Naturereignisse, Diebstahl, Vandalismus, politische u.a. Störungen). Dem Auftraggeber genügt es im Allgemeinen nicht, dass der Auftragnehmer zum sorgfältigen Umgang mit dem entstehenden Objekt und seiner Umgebung verpflichtet ist und die Gefahr bis zur Abnahme trägt. Es geht oft um hohe Werte, und der Auftragnehmer könnte bei solchen Schadensereignissen finanziell überfordert sein und insolvent werden. Hinzu kom-

---

616 *Enge/Schwampe*, aaO (Fn. 603) S. 368f, 363f.
617 *McNeill Stokes*, International Construction Contracts, 2d ed. New York 1980, p. 190; zum Transport großer Anlagen s. auch o. § 13 V.2.

men **Haftpflichtereignisse** bei Schädigungen Dritter oder der Umwelt, diverse Unfallrisiken oder Haftung für nachträgliche Schäden durch Baumängel, z.B. Einsturz des Bauwerks. Deshalb sehen die Verträge in der Regel für den Auftragnehmer umfangreiche Versicherungspflichten vor[618]. Dazu gehören auch Versicherungspflichten in Bezug auf **Unfälle** von Personen **im Bereich der Baustelle** und im Fall von Schädigungen des Eigentums des Auftraggebers oder Dritter (z.B. Anlieger)[619]. Solche Versicherungen sollen vor allem den Auftraggeber von der Haftung freistellen. Zum Beispiel verpflichten die *FIDIC General Conditions for Plant and Design-Build (Yellow Book)* in cl. 18.2 den Auftragnehmer, umfangreiche Versicherungen abzuschließen, die auch die dem Auftraggeber zugewiesenen Risiken umfassen (z.B. Krieg, Rebellion, Druckwellen von Flugzeugen oder unvorhersehbare und unabwendbare Einwirkungen durch Naturkräfte im Projektland, aber auch Planungsfehler des Auftraggebers oder seiner damit Beauftragten). Allerdings werden diese Versicherungen *„in the joint names of the Parties"* abgeschlossen. Besondere Vertragsbedingungen können das anders regeln.

Für derartige Deckungen kommt vor allem eine **Versicherung CAR (*Contractor's All Risks*)** in Betracht. Eine Verbindung zur Finanzierung ergibt sich hierbei wieder insofern, als Kreditgeber die Finanzierung davon abhängig machen, dass bestimmte große Risiken für das Projekt versichert sind.

Für Bauvorhaben und Anlagenprojekte im Ausland ist aber zu beachten, dass die im Land des Vorhabens geltenden Vorschriften oft zwingend die Versicherung bei einem staatlich zugelassenen oder sogar staatlich organisierten Versicherungsunternehmen im eigenen Land vorschreiben.[620] Die inhaltlichen Anforderungen an solche Versicherungen wechseln von Land zu Land. Die Erfahrungen deutscher Unternehmen mit solchen Versicherungen sind nicht immer gut. Es kommt u.U. auch zu Doppelversicherungen und Deckungslücken. Die Einschaltung von international erfahrenen Versicherungsmaklern ist hier sinnvoll. Eventuell muss die im Projektland vorgeschriebene Versicherung mit einer „maßgeschneiderten" Differenzdeckung kombiniert werden.[621]

---

618 Z.B. cls. 18.1–18.4 des FIDIC „Yellow Book" (vgl. o. Fn. 427).
619 Cls 18.3 und 18.4 FIDIC „Red Book" (o. Fn. 425) und cls. 18.3 und 18.4 FIDIC „Yellow Book" (o. Fn. 427).
620 Vgl. *McNeill Stokes*, aaO (Fn. 617), p. 187 f.
621 Vgl. *McNeill Stokes*, aaO (Fn. 617), p. 188. Einige Versicherungen bieten z.B. eine „Konditionsdifferenz-Versicherung" an, die im Versicherungsfall die Differenz zwischen der Leistung der lokalen Versicherung und der vollen Deckung nach deutschem Verständnis abdeckt. Dort heißt es auch, dass „Interpretations-Unsicherheiten" – im Klartext: der örtliche Versicherer will nicht zahlen, obwohl er eigentlich müsste – zu Lasten des Differenzversicherers gehen.

Schrifttum zu II. und III.

Enge/Schwampe, Transportversicherung: Recht und Praxis, 4. Aufl. Wiesbaden 2012.
Gerhard, Sven, Die Allgemeinen Deutschen Seeschiffsversicherungsbedingungen (DTV-ADS 2009), TranspR 2011, S. 67 ff.
Hartenstein/Reuschle (Hrsg.), Handbuch des Fachanwalts – Transport- und Speditionsrecht, 2. Aufl. Köln 2011, Teil 3, Kap. 16–18.
Müglich, A., Transport- und Logistikrecht, München 2002, Kap. VI, S. 159 ff.
Müller-Collin, Die Allgemeinen Deutschen Seeversicherungsbdingungen (ADS) und das AGB-Gesetz, Karlsruhe 1994.
Prüssmann/Rabe, Seehandelsrecht (Kommentar), 4. Aufl. München 2000.
Ritter/Abraham, Das Recht der Seeversicherung, 2. Aufl. 1967, Reprint 2011.
Schmitthoff, Export Trade, 11th ed. London 2007 by *C.Murray, D.Holloway, D.Timson-Hunt*, ch. 19: Insurance of Goods in Transit, pp. 393–440.
Schubert, Sven, Das Sachverständigengutachten im Seeversicherungsrecht, Frankfurt a.M. u.a. 1998.
Thume, Transportversicherungsrecht, 2. Aufl. München 2010.

6. Teil: Wirtschaftliche Betätigung im Ausland und internationale Kooperation

§ 18 Aktivitäten inländischer Unternehmen im Ausland

Für die Organisation wirtschaftlicher Tätigkeiten im Ausland besteht eine große Bandbreite von Möglichkeiten und Rechtsformen, die branchenmäßig verschieden sein können.

Um die Vielfalt etwas einzuengen, beschränkt sich der folgende Überblick zunächst auf die typische Situation eines deutschen Unternehmens, das hochwertige technische Produkte herstellt und dafür den Absatz im Ausland organisieren will. Hierfür kommt eine breite Skala von vertraglichen und wirtschaftlichen Maßnahmen in Betracht.

I. Repräsentanz

Die Gründung einer Repräsentanz (*representative office, resident office*) ist die einfachste und als Einstieg in einen ausländischen Markt häufig verwendete Form der Betätigung. Eine Repräsentanz hat keine eigene Rechtspersönlichkeit, sondern ist eine Einrichtung zur Sammlung von Erfahrungen, zur Markterforschung, zum Aufbau von Vertriebswegen etc., dagegen nicht zum Abschluss von Verträgen oder zu anderen operative Geschäftstätigkeiten. Vor allem in der **VR China** ist sie oft der Beginn der Aktivität ausländischer Unternehmen. Früher bedurfte die Gründung einer Repräsentanz in China einer staatlichen Genehmigung. Seit 2004 ist diese in den meisten Wirtschaftsbereichen nicht mehr erforderlich, sondern nur noch eine Registrierung.[622] 2011 wurde die einschlägigen chinesischen Regelungen ersetzt durch „Regulations on Administration of Registration of Resident Offices of Foreign Enterprises" v. 19.11.2011.[623]

---

[622] Beschluss des Staatsrates über die dritte Tranche der Aufhebung und Modifizierung genehmigungsbedürftiger Projekte v. 19.5.2004; vgl. auch *Bu, Yuanshi*: Einführung in das Recht Chinas, München 2009, S. 198 f.
[623] Dekret des Staatsrates No. 584; *Schmitz-Bauerdick*, BFAI Recht kompakt: VR China 2012, S. 2, (www.gtai.de/GTAI/Navigation).

II. Direktverkauf

Direktverkauf findet auch im internationalen Handel vielfach statt: auf Bestellungen ausländischer Kunden, die zum Beispiel auf Messen oder Ausstellungen, durch Zusendung von Werbematerial oder durch Außendienstmitarbeiter gewonnen wurden, ferner an Kunden im Ausland, die bereits in Geschäftsbeziehungen mit einem Produzenten stehen und z.B. Nachfolgeprodukte oder Ersatzteile kaufen wollen. Direktverkauf eignet sich aber nicht für die Erschließung neuer Absatzgebiete und bleibt sporadisch. Vorzuziehen sind dauerhaftere Formen des Vertriebs und der Vermarktung.

III. Handelsmakler

Handelsmakler (*brokers*) sind selbständige Kaufleute, die gewerbsmäßig für andere Personen, ohne von ihnen aufgrund eines Vertrages *ständig* damit betraut zu sein, die Vermittlung von Verträgen über Waren- und Wertpapiergeschäfte, Versicherungen, Gütertransport, Schiffsmiete oder sonstige Gegenstände des Handelsverkehrs übernehmen. Sie handeln in fremdem Namen und für fremde Rechnung. Im deutschen Handelsrecht finden sich die entsprechenden Regelungen in **§§ 93–104 HGB**; subsidiär gelten die §§ 652–655 BGB. Die Handelsmakler müssen grundsätzlich die Interessen beider Parteien wahren („ehrliche Makler"). Makler werden im internationalen Wirtschaftsverkehr häufig eingeschaltet, vor allem bei Charterverträgen, großen Fracht- und Versicherungsverträgen.

IV. Selbständige Handelsvertreter

Selbständige Handelsvertreter (*commercial agents*) sind Gewerbetreibende, „die ständig damit betraut sind, für einen anderen Unternehmer Geschäfte zu vermitteln oder in dessen Namen abzuschließen" **(§ 84 Abs. 1 S. 1 HGB)**. Sie sind selbständige Kaufleute und von angestellten Außendienstmitarbeitern zu trennen.[624] Er wird in der Regel für längere Zeiträume von dem Unternehmer betraut, muss sich um die Vermittlung bzw. den Abschluss von Geschäften bemühen und hierbei die Interessen des Unternehmers wahrzunehmen (§ 86 Abs. 1 HGB). Dies unterscheidet ihn vom Handelsmakler, der zwischen den Vertragsparteien steht. Handelsvertreter können Alleinvertretungsrechte für bestimmte Gebiete haben (*exclusive agency*). Dann sind jedoch das Wettbewerbsrecht der betroffenen Länder und das Recht der

---

624 Vgl. § 84 Abs. 1 S. 2 und Abs. 2 HGB.

EU (insbes. Artt. 101, 102 AEUV) zu beachten. Die deutsche gesetzliche Regelung findet sich in **§§ 84–92c HGB**. Ob sie oder ein ausländisches Handelsvertreterrecht im konkreten Fall anwendbar ist, hängt vom Kollisionsrecht ab; vgl. Artt. 3 ff Rom I-VO. Grundsätzlich wird danach das **Recht des Staates** anwendbar sein, **in dem der Handelsvertreter seine geschäftliche Niederlassung hat**, es sei denn, es ergibt sich aus den gesamten Umständen, dass der Vertrag eine offensichtlich engere Verbindung zu einem anderen Staat aufweist.[625] Fragen der Vertretungsmacht sind in der Rom I-VO nicht geregelt. Auch das Haager Stellvertretungs-Übereinkommen von 1977 ist bisher nicht in Kraft getreten. Für die Vertretung durch Handelsvertreter knüpft die Rechtsprechung überwiegend an den Ort an, an dem der Vertreter mit dem Geschäftspartner verhandelt hat, und folgt damit der Theorie vom „Gebrauchsort".[626]

V. Kommissionäre

Der Unternehmer kann Kommissionäre einschalten, die im In- oder Ausland ihren Sitz haben können. Deutsche Regelungen dazu finden sich in **§§ 383–406 HGB**. Im Gegensatz zu Handelsvertretern schließen Kommisssionäre die Verträge im *eigenen* Namen, aber für Rechnung des Verkäufers ab. Der Vorteil für den Verkäufer ist, dass die Akquisition der Geschäfte im Ausland von einem erfahrenen Kaufmann übernommen wird und dass er nicht mit einer Vielzahl von ihm unbekannten Vertragspartnern im Ausland zu tun hat. Diese Vorteile kann er aber auch bei anderen Organisationsformen haben, wie noch gezeigt wird. Die Bedeutung des Kommissionsgeschäfts ist heute etwas zurückgegangen, bei einigen Branchen ist es aber noch verbreitet. In Großbritannien findet man Kommissionäre oft unter der Bezeichnung *„Export House"* oder *„Confirming House"*.

VI. Vertragshändler

Der Produzent kann ferner selbständige Kaufleute im Ausland als Vertragshändler (*dealers* oder *authorized dealers*) gewinnen. Charakteristisch für diese Vertriebsform ist, dass ein **selbständiger Kaufmann** es übernimmt, **im eigenen Namen und auf eigene Rechnung** Geschäfte über die Veräußerung von Waren abzuschließen, wobei er aber in die Vertriebsorganisation eines anderen Unternehmens (i.d.R. des

---

[625] Art. 4 Abs. 3 Rom I-VO. Vgl. dazu *Graf von Bernstorff/Weiß* (Hrsg.), Handbuch Internationales Handelsvertreterrecht, 2007.
[626] BGHZ 43, 21 (26); OLG Koblenz EWiR 96, Art. 37 EGBGB 1/96, S. 305; *Kegel/Schurig*, IPR, 9. Aufl. 2004, S. 621.

Herstellers) eingegliedert ist. Die kann zum Beispiel durch Herausstellen des Markenzeichens des Produzenten oder durch Förderung von dessen Absatz in einem bestimmten Vertriebsgebiet zum Ausdruck kommen. Der Vertragshändlervertrag läuft über einen längeren Zeitraum. Diese Vertriebsform ist inzwischen auch international weit verbreitet, vor allem bei hochwertigen technischen Produkten, wie Kraftfahrzeugen. Im HGB ist sie nicht geregelt. Hinsichtlich der kollisionsrechtlichen Behandlung gilt das Entsprechende wie bei Handelsvertretern (oben zu IV.),[627] aber ohne die besondere vertretungsrechtliche Problematik, da der Vertragshändler ja im eigenen Namen handelt.

VII. Franchising

Das Franchising hat eine gewisse Verwandtschaft mit dem Vertragshändler. Es ist häufiger im Dienstleistungsbereich, jedoch oft auch kombiniert mit gewissen Warenverkäufen (z.B. *Fast Food* Gastronomie, Baumärkte) oder Kfz-Vermietung. Der Franchisenehmer ist **selbständiger Unternehmer** und handelt in eigenem Namen und für eigene Rechnung. Charakteristisch ist ein **typisiertes, standardisiertes und vom Franchisegeber programmiertes Waren- und Leistungsangebot**. Der Franchisenehmer darf gegen ein Entgelt Namen, Warenzeichen, Schutzrechte, Ausstattung etc. des Franchisegebers nutzen und muss sich andererseits nach dessen **Auflagen** richten. Im Gesetz ist dieser Vertragstyp nicht geregelt. Einschlägig ist jedoch die EG-Gruppenfreistellungs-Verordnung über vertikale Vertriebsbindungen vom 20.4.2010 (ABl Nr. L 102, S. 1ff).[628]

VIII. Zweigniederlassung

Mit Zweigniederlassungen (*branch offices*) im Ausland geht der inländische Unternehmer den Schritt zur Errichtung einer eigenen betrieblichen Organisation im Ausland und damit zur **Auslandsinvestition**. Deshalb sind die einschlägigen Vorschriften über Niederlassung ausländischer Wirtschaftsunternehmen in dem betreffenden Land zu beachten. Eine fachkundige Beratung ist dabei unerlässlich. Einschlägige Literatur bezieht sich meist auf einzelne Länder und unterliegt schnellen Veränderungen.[629]

---

[627] Vgl. OLG Düsseldorf RIW 1996, 958.
[628] Dazu näher *D. Ahlert/M. Ahlert*, Handbuch Franchising und Cooperation, Frankfurt(M) 2010.
[629] Allgemein dazu *Schanze*, Investitionsverträge im internationalen Wirtschaftsrecht, Berlin 1986. Zur praktischen Information s. auch *Ruhaltinger* (Hg.), Handbuch für Export, Logistik und Auslandsinvestitionen, Wien 2007.

IX. Tochtergesellschaft

Der Zweigniederlassung im Ausland wird meist die Gründung einer Tochtergesellschaft (*subsidiary*) nach dem Recht des Gastlandes vorgezogen, weil diese in dem betreffenden Land als **inländisches Unternehmen** auftreten kann. Eine völlige Gleichbehandlung ist damit noch nicht garantiert; nationale Vorschriften können engere Grenzen setzen. So wird von einem japanischen Autohersteller berichtet, dass das europäische Importland die Behandlung als inländisches Unternehmen davon abhängig machte, wie viele Kfz-Teile in Europa hergestellt worden waren. Das Tochterunternehmen muss dann allerdings auch alle einschlägigen arbeits- und sozialrechtlichen Vorschriften etc. des Gastlandes einhalten. Konflikte sind nicht selten, weil die Unternehmensführung oft mit eigenen Leuten aus dem Land der Muttergesellschaft besetzt wird, die zunächst einen Anpassungs- und Lernprozess durchlaufen müssen. Arbeitskämpfe und arbeitsrechtliche Streitigkeiten sind in dieser Übergangsphase nicht selten. Beratung durch Fachleute und Engagement von Führungskräften aus dem Gastland sind hierbei wichtig. Die nächsten Schritte sind dann Verlagerung von Serviceeinrichtungen, Ersatzteillagern und Teilen der Produktion ins Gastland, sonst kann es Schwierigkeiten mit dessen Investitionsrecht bzw. mit EU-Recht geben.

Betriebsstättenproblematik
Bei der Wahl zwischen Zweigniederlassung (siehe oben unter VIII.) oder Tochtergesellschaft (siehe oben unter IX.) spielen insbesondere auch international anwendbare Steuerregeln eine entscheidende Rolle. Dies bedeutet, dass, neben rein operativen Fragen, die Anwendbarkeit des ausländischen Steuerrechts und damit verbunden die zu erwartenden Steuerlasten bzw. Steuervorteile durch Fachleute zu prüfen sind (sog. Betriebsstätten-Problematik).

X. Eigenmarkengeschäft

Das sog. Eigenmarkengeschäft (*Own-Brand-Business*) gewinnt eine zunehmende wirtschaftliche Bedeutung. Hierbei kann es auch um den Absatz von Waren im Ausland gehen, aber in erster Linie handelt es sich um ein Geschäftsmodell, das darauf abzielt, durch Zusammenarbeit mit in- und ausländischen Unternehmen kostengünstig hochwertige technische Produkte für den heimischen Markt herzustellen, diese unter eigener Handelsmarke zu verkaufen und dabei zugleich Handelsstufen zu überspringen. Es geht also um ein Modell, das zugleich ein Beispiel für internationale Kooperation (vgl. § 19) bietet.

Ausgangspunkt ist die Überlegung, dass auf der letzten Handelsstufe der Anbieter gegenüber den Verbrauchern nicht nur Produkte von dritten Herstellern mit deren Herstellermarken offeriert, sondern unter seinem eigenen Label oder einer ihm gehörenden Marke qualitativ und funktional vergleichbare Produkte veräußert. Die Produktlinien finden sich häufig im Lebensmittel-Einzelhandel, aber auch im Textil- und Elektronikbereich und anderen Branchen unter klangvollen Namen.

Eines der damit verfolgten Ziele ist, dem permanent drohenden Margen-Verfall entgegen zu wirken, indem eine oder mehrere Handelsstufen (Markenhersteller – Distributoren – Zwischenhändler) übersprungen bzw. ausgelassen werden, denn alle Stufen nehmen auf dem Weg zum Endverbraucher Teile der Gewinnmarge in Anspruch. Der letzte Anbieter hat ferner die Möglichkeit, von verschiedenen Lieferanten Produkte bzw. Produktkomponenten zu beziehen und von deren Wettbewerb untereinander zu profitieren. Die Eigenmarke ist schließlich auch ein Instrument der Kundenbindung an den Händler, indem die Eigenmarkenprodukte ausschließlich oder zumindest größtenteils in den eigenen Verkaufsstätten angeboten werden.

Wenn sich ein Handelspartner zur Aufnahme des Eigenmarkengeschäfts entschließt, muss er die **gesamte Wertschöpfungskette sicherstellen**, von der Spezifikation und dem Design des Produkts über Herstellung/Fertigung, Qualitätsmanagement, Logistikleistungen (z.B. Transport, Zollabfertigung, Anmeldung bei Behörden aufgrund Erst-in-Verkehrbringen in eigener Verantwortung), Absatzplanung etc. Dass in dieser Kette eine Fülle von vertraglichen bzw. rechtlichen Fragen zu klären sind, liegt auf der Hand: Verträge mit den meist in Schwellenländern ansässigen Herstellern, Qualitätsprüfverträge mit international tätigen und zertifizierten Prüfunternehmen, z.B. im Elektrobereich des VDE[630], Speditions-, Transport- und Lagerverträge, Anmeldung bzw. Genehmigung durch Behörden, z.B. für Elektronikprodukte EAR (Stiftung Elektro-Altgeräte-Register, 90763 Fürth). Allen Verträgen ist gemeinsam, dass **komplexe Gewährleistungs- und Haftungsregelungen** vereinbart werden müssen, ebenso wie Leistungsfristen, Zahlungsbedingungen, Rechtswahl etc. Nicht zu vergessen sind die notwendigen juristischen Ablaufszenarien für eventuelle Produkthaftungsfälle oder sonstige epidemische Fehler, wie falsche oder unzureichende Beschriftungen der Produktverpackungen.

---

[630] VDE Prüf- und Zertifizierungsinstitut GmbH, 63069 Offenbach.

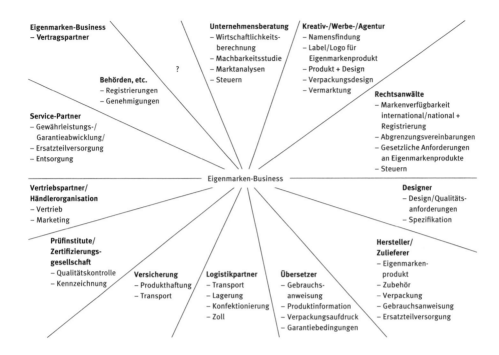

Schrifttum zu § 18

Hesselink/Rutgers/Bueno Díaz/Scotton/Veldmann (Hrsg.), Principles of European Law: Commercial Agency, Franchise and Distribution Contracts, München 2006.
Martinek/Semler/Habermeier/Flohr (Hrsg.), Handbuch des Vertriebsrechts, 3. Aufl. München 2010; darin insbes. *Lakkis,* Internationales Vertriebsrecht, S. 1465 ff.
Campbell/Netzer (Hrsg.), International Franchising, The Hague 2008.
Scheil, Neue Vertriebsformen, insbesondere Franchising, im Einzelhandel der VR China, GRUR Int 1998, 782.
Willmann/Unterbusch, Eigenmarken und ihr Erfolgsgeheimnis, Studie des IFH Köln, 2012.

§ 19 Rechtsformen der internationalen Kooperation

Schrifttum zu § 19 (allgemein)

Fischer, P., Die internationale Konzession, Wien/New York, 1974.
Germidis, D., (ed.), International Subcontracting, A New Form of Investment, Paris 1981.
Handbuch für Internationale Zusammenarbeit, hrsg. von der Vereinigung für internationale Zusammenarbeit u.a., Baden-Baden 1960 ff (Losebl.).
Kirchner/Schanze/Stockmayr u.a. (Hrsg.), Rohstofferschließungsvorhaben in Entwicklungsländern, 2 Bde. Frankfurt(M) 1977.
Nicklisch (Hrsg.), Konsortien und Joint Ventures bei Infrastrukturprojekten, Heidelberg 1998.
Oman, Ch., New Forms of International Investment in Developing Countries, Paris 1984, insbes. pp. 14–17.

Reiser, Joint Ventures in der Europäischen Fusionskontrolle, Linz 2002.
Schanze, Mining Ventures in Developing Countries: Analysis of Project Agreements, Frankfurt(M) 1981.
Smith/Wells, Negotiating Third World Mineral Agreements, Cambridge (Mass.) 1975.
Schulte/Schwindt/Kuhn, Joint Ventures, Nationale und internationale Gemeinschaftsunternehmen, München 2009.

Für die Erschließung neuer Märkte im Ausland kann es hilfreich sein, mit Unternehmen im Gastland zusammenzuarbeiten. Die Zusammenarbeit im Eigenmarkengeschäft wurde schon oben[631] kurz angedeutet. Es gibt aber viele andere Modelle; zum Beispiel kommen sonstige Verträge über Verlagerung von Teilen des Produktionsprozesses (*outsourcing*), über Zusammenarbeit in Forschung und Entwicklung, Vergabe von Lizenzen, *Know-how*-Verträge und vor allem die Bildung von *joint ventures* in Betracht. Diese Kooperationsformen werden im Folgenden kurz dargestellt.

I. Ziele

Internationale Kooperation zwischen zwei oder mehr Unternehmen oder zwischen Unternehmen und staatlichen Organisationen kann sehr verschiedene Ziele verfolgen, u.a.
- Kombination von fortgeschrittener Technologie mit billiger Rohstoffversorgung oder Arbeitskräften,
- Kombination verschiedener Technologien (z.B. Elektroantrieb mit anderer Kfz-Technik),
- Verbindung von Kapazitäten mehrerer Unternehmen für Großprojekte,
- Erschließung von Krediten aus verschiedenen Ländern,
- Erschließung von staatlichen Fördermitteln und -programmen aus verschiedenen Ländern oder von internationalen Organisationen,
- Nutzbarmachung von Marktkenntnis und Know-how von Partnern aus Export- und Importländern,
- Investitionen in Entwicklungs- und Schwellenländern,
- Wirtschaftförderung und Technologietransfer in Entwicklungsländer,
- Aufbau eigener Produktionskapazitäten in Entwicklungsländern,
- Vermittlung von Umweltschutztechnologie und Energiesparmethoden.
- Erschließung von Rohstoffvorkommen,
- Erschließung neuer Absatzmöglichkeiten in Partner-Ländern.

---

[631] § 18 IX.

Vgl. dazu Check-Liste Internationaler Handelsverkehr Anh. Nr. 4 und Business Partner Questionnaire Anhang Nr. 16.

II. Rechtliche Instrumentarien

Im Laufe der Zeit haben sich verschiedene rechtliche Instrumente dafür entwickelt.

1. Konzessionen

Das traditionelle System der Konzession bestand darin, dass ein ausländischer Staat in Form eines öffentlich-rechtlichen Aktes – unter Umständen auch in Form eines Vertrages *(concession agreement)* – einem Unternehmen bestimmte Rechte, insbes. solche zur Ausbeutung einer Rohstoffvorkommens, erteilte und dafür bestimmte Zahlungen erhielt. Mit der Konzession waren oft weitgehende Rechte und Privilegien (z.B. Steuerbefreiungen, Rechte zur eigenständigen Verwaltung des betreffenden Gebiets etc.) verbunden. Bei der Konstruktion als Vertrag war es nicht wesentlich anders, nur ergaben sich dabei vertragsspezifische Probleme, wie Rechtswahl, Neuverhandlung und Vertragsanpassung.

Dieses System erwies sich als **zu wenig flexibel** und setzte sich dem **Vorwurf des Neokolonialismus** und der Ausbeutung der „Dritten Welt" aus. Es entstanden neue Abhängigkeiten. Die Rohstoffländer erhielten außer Geld keine direkte Beteiligung, und das Geld wurde oft für Konsumzwecke oder staatlichen Aufwand statt für Investitionen im betreffenden Land ausgegeben. Nicht selten zeigten sich auch mit der Zeit große **Diskrepanzen** zwischen den vereinbarten Zahlungen und den von den Konzessionären erwirtschafteten Gewinnen. Das führte zu Forderungen nach Neuverhandlung und zum Teil auch zu schärferen Konflikten bis hin zur Enteignung. So wurden zum Beispiel 1970 bis 1973 in Libyen die Erdölkonzessionen aufgehoben und die Erdölindustrie verstaatlicht.

Auch bei Konzessionen ist es möglich, flexible Formeln für die Gewinnbeteiligung (ohne Verlustbeteiligung) zu finden. Es bleibt aber der Einwand, dass das Rohstoffland keine echte unternehmerische Beteiligung erhält, dass es nicht „mündig" und fähig zu eigener Nutzung seiner Bodenschätze wird.

2. Tochtergesellschaft im Rohstoffland

Eine andere Rechtsform ist die Gründung einer Tochtergesellschaft im Rohstoffland nach dessen Recht, die dann eventuell ohne Konzession tätig werden kann. Allerdings gilt in der Regel das ausschließliche Recht des Staates zur Ausbeutung seiner Bodenschätze („Bergregal"); dieser muss dann das Recht zur Ausbeutung erst noch in Form von öffentlich-rechtlichen Erlaubnissen oder von Verträgen auf das Tochterunternehmen übertragen. An dem Unternehmen kann sich der ausländische

Staat oder ein staatlich kontrolliertes Unternehmen dieses Landes als Minderheitsaktionär (u.U. mit Sperrminorität) oder in anderer Form beteiligen. Eine solche Beteiligung kann auch im Rahmen von Investitions- oder Finanzierungsprogrammen geschehen. Dann rückt der betreffende Staat schon in unternehmerische Verantwortung bei dem Projekt ein. Dennoch bleiben dem ausländischen Investor meistens ein Übergewicht und das Management. Anders ist das bei einem *Joint Venture* (s. dazu u. Abschn. 6.).

3. Andere Formen internationaler Kooperation auf vertraglicher Ebene

Kooperation auf rein vertraglicher (im Gegensatz zu unternehmerischer) Ebene kann lockerer und flexibler ausgestaltet sein; zum Beispiel
– *Consulting*-Vertrag, d.h. der Partner aus dem Industrieland übernimmt bestimmte Beratungs- und Dienstleistungen,
– Vertrag über Zusammenarbeit bei Forschung und Entwicklung (Research & Development) und/oder bei der Konstruktion, Exploration, Rohstoffgewinnung, Vermarktung etc.,
– Lizenzvertrag,
– Know-how-Vertrag[632].

Zu den Verträgen der sog. „dritten Generation" s. unten Abschn. 7.

4. Gesellschaftsrechtliche Lösungen

Hierzu rechnen u.a. Formen der Kapitalbeteiligung an Unternehmen im betreffenden Ausland, auf deren Grundlage dann die Zusammenarbeit, Arbeitsteilung, gemeinsame Vermarktung usw. stattfindet. Der Vertrag kann auch vorsehen, dass die Beteiligung des Partners aus dem Industrieland allmählich abgebaut wird (sog. *phasing out*). Eine besondere Form der gesellschaftsrechtlichen Kooperation ist das *Joint Venture* (s. unten 6.).

5. Projektgemeinschaften

Bei diesem Modell schließen sich mehrere in- und ausländische Unternehmen zur Durchführung eines Projekts im Ausland zusammen. So etwas ist typisch für Großprojekte. Die Vorzüge liegen auf der Hand: Nutzung verschiedener Spezialisierungen und Erfahrungen, insbes. auch solche im Projektland, Vereinigung von Fi-

---

[632] Für entsprechende Verträge innerhalb der EU gelten die Gruppenfreistellungen vom Recht gegen Wettbewerbsbeschränkungen, VO Nr. 772/04 der Eur. Komm. für Technologietransfer-Vereinbarungen, ABl L 123 v. 27.4.2004, S. 11 ff.

nanzmitteln und Ressourcen, Teilung der Verantwortung und des Risikos etc. Die Projektgemeinschaft tritt bei einer Ausschreibung i.d.R. schon als Bietergemeinschaft auf. Als Begriff wird meist „Konsortium", seltener auch (untechnisch) *„joint venture"* verwendet. Im deutschen Recht wird dafür meist die Rechtsform der Arbeitsgemeinschaft (d.h. BGB-Gesellschaft) gewählt. Je nach Wunsch des Auftraggebers kann es sich um ein „Außenkonsortium" oder ein „Innenkonsortium" handeln.

Das Wesen eines **Außenkonsortiums** ist, dass der Vertragspartner alle Teilnehmer des Konsortiums als Vertragsparteien erkennt und diese für die erfolgreiche Abwicklung des Vertrages als Gesamtschuldner in Anspruch genommen werden können. Beim **Innenkonsortium oder stillen Konsortium** sieht der Vertragspartner nur einen Konsorten in seinem Vertrag; alle übrigen Vereinbarungen treffen die Konsorten untereinander, insbesondere die Haftungs- und Zahlungsmodalitäten (s. dazu die folgenden Abschnitte). Die Haftungsprobleme im Innenverhältnis bedürfen bei dieser Konstruktion sorgfältiger vertraglicher Regelung. So will z.B. der Rohbauhersteller verständlicherweise nicht für das Versagen der Maschinenausrüstung einstehen, und umgekehrt.

Nicht nur die Haftungsbegrenzungen und Rückgriffe müssen die Konsorten untereinander regeln, sondern insbesondere auch die **Zahlungsströme** seitens des Auftraggebers und die Verteilung eingehender Zahlungen. Gerade im Hinblick auf den letzten Punkt ist auf das nicht unerhebliche Risiko hinzuweisen, das dann entsteht, wenn ein Konsorte ohne besondere Regelungen als Zahlungsempfänger für das Konsortium fungiert: Hier tragen die übrigen Konsorten nicht nur das Insolvenzrisiko dieses Konsorten, sondern auch die Gefahr, dass Hausbanken des die Zahlung empfangenden Konsorten Rechte an den Zahlungen aus ihren Bankverträgen mit ihm geltend machen (z.B. Aufrechnung mit Kreditforderungen, die nichts mit dem Konsortialverhältnis zu tun haben müssen). Eine Lösung für dieses Problem besteht entweder in gesplitteten Zahlungsströmen seitens des Auftraggebers an die jeweiligen Konsorten entsprechend deren Erfüllungshandlungen oder aber die Einrichtung eines Sonderkontos, das zunächst die vom Auftraggeber eingehenden Zahlungen entsprechend der konsortialen Quote auf die Konsorten verteilt, ohne dass die Bank von ihren Rechten in Bezug auf die Gesamtsumme Gebrauch macht.

Im Zusammenhang mit Projektgemeinschaften wird meistens ausdrücklich vereinbart, dass zwischen den Vertragsparteien keinerlei Partnership oder Agency entstehen soll, z.B. durch folgende Klausel: *„Nothing in this contract/agreement, whether explicitly or implied, shall create a partnership or agency between the contractual parties. The relationship of the contractual parties shall be that of supplier/general contractor, etc. and customer/client, etc. and each contractual party shall conduct its own affairs."*

6. Joint Ventures

Bei den *Joint Ventures* handelt es sich um eine **Kooperationsform** mit weltweiter Verbreitung. Allerdings ist der Begriff schillernd und ohne scharfe rechtliche Konturen. International finden sich verschiedene rechtliche Ausgestaltungen und Begriffsbestimmungen. In den USA ist er nicht auf Gemeinschaftsunternehmen beschränkt, sondern meint ursprünglich nur eine gemeinschaftliche Unternehmung (wörtliche Übersetzung: gemeinschaftliches Wagnis) mehrerer Personen zur gemeinsamen Gewinnerzielung. Ferner wird er auch für vorübergehende Projektgemeinschaften[633] verwendet.

Entsprechend den diversen Erscheinungsformen haben sich verschiedene Unterarten herauskristallisiert. Heute unterscheidet man vor allem zwei Gruppen:

a) Equity Joint Venture

Hierbei handelt es sich um „eine rechtlich selbständige gemeinsame Unternehmung zweier oder mehrerer Partner mit Kapitalbeteiligung der Partner. Die Partnerunternehmen (...) tragen gemeinsam das finanzielle Risiko der Investition und nehmen im gemeinsamen Unternehmen Führungsfunktionen wahr."[634] Sie dienen u.a. auch der Kapitalinvestition im Ausland bzw. sind oftmals die einzige Möglichkeit, Wachstumschancen im Ausland wahrzunehmen.[635]

b) *Contractual Joint Venture* (auch unter der Bezeichnung „Cooperative Joint Venture")

Bei diesem „wird kein Gemeinschaftsunternehmen gegründet, sondern es bestehen lediglich Vertragsbeziehungen, die Kosten-, Risiko- und Gewinnverteilung regeln."[636]

In unserem Zusammenhang interessiert in erster Linie die engere Bedeutung: Gründung eines rechtlich selbständigen **Gemeinschaftsunternehmens** von einer gewissen Dauer durch zwei oder mehr juristische oder natürliche Personen des Privatrechts oder staatliche Institutionen.

Im Folgenden konzentrieren wir uns also auf das *Equity Joint Venture*, wobei *„Equity"* hier nicht „Gerechtigkeit" bedeutet, sondern **für Kapitalbeteiligung** steht. Natürlich sollte es in einer derartigen Kooperationsform aber auch gerecht zugehen.

Die Suche nach einem geeigneten Joint Venture – Partner kann wieder individuell oder in einem formalisierten Verfahren, insbesondere im Wege einer Ausschreibung erfolgen. Den Beginn eines internationalen Ausschreibungsverfahrens

---

[633] Dazu o. Abschn. 5.
[634] *Gabler Wirtschaftslexikon*, http://wirtschaftslexikon.gabler.de, Stw. „Equity Joint Venture".
[635] *Kuhn*, in: Schulte/Schwindt/Kuhn, aaO (Schrifttum S. 263), § 3 I.1; Rn. 1.
[636] *Gabler Wirtschaftslexikon*, aaO (Fn. 634), Stw. Contractual Joint Venture.

mit diesem Zweck (Equity Joint Venture für ein Großprojekt in den Philippinen) zeigt das folgende Inserat aus der *Financial Times* vom 9.1.2013.

Republic of the Philippines
Office of the President
BCDA
Bases Conversion and Development Authority

INVITATION TO BID
to be the Joint Venture Partner of the Bases Conversion
and Development Authority
of the Philippines in the Development of a 33.1-hectare Prime Property
in Fort Bonifacio, Taguig City, Metro Manila, Philippines

(Es folgen Einzelheiten des geplanten Joint Venture, Kontaktadresse,
Pre-Bid Conference etc.)

Zur Begründung eines Joint Venture dient ein **zweistufiges Vertragssystem**:

Nach einer Annäherungsphase, in der schon ein *Letter of Intent* oder ein *Memorandum of Understanding*[637] zustande kommen kann, wird der sog. **Joint Venture Vertrag** (auch unter der Bezeichnung „Grundvertrag" oder „Zusammenarbeitsvertrag") abgeschlossen. Das ist ein privatrechtlicher Vertrag, der die Grundlage legt für die zukünftige Zusammenarbeit und Unternehmensgründung. Er soll Zielsetzung, Investitionsumfang, geplante Gesellschaftsform, die Beiträge der Partner, ggf. ihre Finanzierung, die rechtlichen Strukturen und Entscheidungsbefugnisse, Beteiligung an Gewinn und Verlust, Unternehmensführung, Verhältnisse zu den Gründer-Unternehmen, die Eigentumsverhältnisse, evtl. den Technologietransfer und die Dauer des Joint Venture regeln und eine Schiedsklausel enthalten.

Vgl. dazu Übersicht und Erläuterungen zur Vertragsgestaltung im Anhang Nr. 15.

In der zweiten Stufe wird dann das Gemeinschaftsunternehmen konstituiert, und zwar je nach Rechtsform durch einen **Gesellschaftsvertrag** oder (bei einer zu gründenden Aktiengesellschaft) durch die nach dem anwendbaren Recht vorgeschriebenen Rechtshandlungen, in Deutschland durch Feststellung der *Satzung* und Übernahme der Aktien durch die Gründer.

---

637 Vgl. zu beiden o. § 10 IV. und V.

Hinzukommen kann noch ein *Investitionsvertrag* mit dem Gaststaat, doch ist das eher eine Ausnahme, die z.B. in manchen Entwicklungsländern erforderlich wird.

Eine Reihe von Staaten haben spezielle **Joint Venture-Gesetze** erlassen, zum Beispiel die Volksrepublik China ein Gesetz über chinesisch-ausländische *Equity Joint Ventures* von 1979[638].

Kritische Punkte, die sich vor allem in sozialistischen Staaten und Entwicklungsländern zeigen, sollten bei der Rechtsform- und Vertragsgestaltung besonders beachtet werden:

– Eigentum an den Produktionsmitteln (in manchen Ländern ist der Staat der alleinige Eigentümer von Grund und Boden),
– Besteuerung des Unternehmens, der Dividenden und sonstigen Erträge,
– Sonstige steuerrechtliche Vergünstigungen (z.B. bei Reinvestition von Gewinnen oder in Bezug auf direkte Steuern)
– Rücktransfer von Gewinnen, Kapital und Löhnen bzw. Gehältern,
– Schutz vor Enteignung,
– Ein- und Verkauf im Ausland (möglichst direkt, nicht über staatliche Handelsorganisation des Gastlandes,
– Freistellung von anderen Außenhandelsbeschränkungen,
– Besetzung von Führungspositionen/Entscheidungsabläufe
– Ein- und Verkauf im Gastland (Planwirtschaft?),
– Kredite von ausländischen Banken und Zahlungen an ausländische Banken bzw. Kunden (vor allem Freistellung von Devisenbeschränkungen),
– auf die Verträge bzw. Gründungsakte anwendbares Recht,
– Schiedsklausel (inbes. Freistellung von staatlicher Zivil- und Handels-Gerichtsbarkeit oder staatlicher Arbitrage).

Zu den an dritter bis siebter Stelle genannten Punkten (also Besteuerung, Geldtransfer, Devisenrecht und Enteignungsschutz) ist „Flankenschutz" durch staatliche **Investitionsschutz-Abkommen** erwünscht (dazu u. Abschn. III.).

Zur näheren **Gestaltung eines Equity Joint Venture Vertrages** s. **Anhang Nr. 15** mit Inhaltsübersicht und Erläuterungen.

Praktische Bedeutung

In Russland und den anderen ehemals sozialistischen Staaten Osteuropas waren *Joint Ventures* mit westlichen Partnerunternehmen sehr verbreitet, wobei bis in die

---

[638] In englischer Übersetzung *Law on Sino-foreign Equity Joint Ventures (EJVG)* vom 1.7.1979, mit Änderungen v. 4.4.1990 und 15.3.2001, abgedruckt bei *Englert*, Direktinvestitionen in China, Saarbrücken 2008, S. 148ff; auch zugänglich über www.isinolaw.com. S. ferner *Law on Sino-foreign Cooperative Enterprises (CJVG)* v. 13.4.1988, revis. 31.10.2000 (*Englert*, aaO, S. 130ff).

80er Jahre des 20. Jahrhunderts die sozialistischen Staaten sich durch 51% Klauseln u.ä. die Mehrheit sicherten[639]. Nach verschiedenen Studien gab es 1980 in den früheren RGW-Staaten (der nicht mehr existierenden osteuropäischen Wirtschaftsgemeinschaft) noch weniger als 100 *Joint Ventures*. 1993 waren es schon allein in Ungarn über 50.000. In der UdSSR waren 1990 ca. 1200, im Jahre 1995 über 30.000 *Joint Ventures* angemeldet. Eine gleiche Tendenz ist für China zu beobachten: von 188 Gemeinschaftsunternehmen in 1979 wuchs die Zahl bis 1995 auf über 30.000 mit steigender Tendenz[640]. In Osteuropa ist diese Investitionsform jetzt rückläufig, in Ostasien aber noch sehr verbreitet. Auch in Entwicklungs- und Schwellenländern in anderen Erdteilen wird die Rechtsform oft praktiziert; hier ist eine Verknüpfung mit Entwicklungshilfe möglich.

7. Verträge der „dritten Generation"

Nach dem Konzessionssystem und den *joint ventures* ist die Entwicklung nicht stehen geblieben. In den letzten 30 bis 40 Jahren ist eine erneute Umschichtung der Kooperationsformen zu beobachten, die Zeichen des gewachsenen Selbstbewusstseins der Rohstoffländer und der anderen Entwicklungs- und Schwellenländer ist. Die Kapitalbeteiligung und die *joint ventures*, die in den 60er und 70er Jahren des vorigen Jahrhunderts die alten Konzessionen verdrängten, werden nun ihrerseits allmählich durch neuartige Vertragsstrukturen ersetzt oder überlagert. Sie sind in ihren Konturen zum Teil noch unscharf und werden hier nur kurz skizziert.

Allgemeine Kennzeichen

Das Rohstoffland strebt volles Eigentum und volle Kontrolle über die eigenen Bodenschätze bzw. Energiequellen und die entsprechenden Anlagen an und setzt ausländische Unternehmen nur noch als *„contractors"* ein, d.h. als Werkunternehmer bzw. Dienstleister, *„a hired technician rather than an operator of a subsoil interest"*[641]. Das ausländische Unternehmen stellt also ganz oder zum Teil das Kapital, das Management, die Technologie, u.U. auch qualifizierte Arbeitskräfte für begrenzte Zeit zur Verfügung und erhält dafür eine Vergütung, die allerdings nicht notwendig eine feste Summe ist, sondern prozentual vom Produktionsvolumen, vom Umsatz oder von Gewinnen berechnet sein kann, eventuell auch auf der Basis von Kostenerstattung plus Gewinnzuschlag oder der Übernahme eines Teils der Ausbeu-

---

639 Vgl. zu Joint Ventures mit polnischen Partnern *Joschko*, Die Entwicklung der Joint-Venture-Gesetzgebung in Polen unter besonderer Berücksichtigung der politischen und ökonomischen Grundlagen, Lage 1996.
640 Fundstelle: „Absatzwirtschaft" vom 14.5.1996, S. 86.
641 *Smith/Wells*, aaO (Schrifttum S. 264). p. 583.

te. Bei diesen Modellen bleibt das Rohstoffland bzw. Entwicklungs- oder Schwellenland federführend, es übernimmt die volle unternehmerische Kontrolle, auch Gewinn und Risiko. Gleichzeitig macht es sich aber das Kapital, die technische Kompetenz und die Marktkenntnisse des ausländischen Partners zunutze. Das Ganze kann schließlich mit einem Industrieanlagenvertrag gekoppelt werden, bei dem der (u.U. auch mehrere) ausländische Partner wiederum nur Werkunternehmer und Dienstleister sind.

Untertypen
a) *Service Contracts*
Der *Contractor* übernimmt die Exploration und Entwicklungstätigkeiten, z.B. Abbau, Verarbeitung, Marketing, und erhält als Gegenleistung einen Vorzugspreis für die gewonnenen Rohstoffe *("preferential rights")*.
b) *Production Sharing Contracts*
Der *Contractor* übernimmt die Exploration und Entwicklungstätigkeiten; seine Vergütung besteht nach Abdeckung seiner Kosten in einem Anteil an der Ausbeute.
c) *International Subcontracting*
Hier ist der Partner aus dem Rohstoffland bei dem Projekt Hauptunternehmer, während der ausländische Partner als spezialisierter Subunternehmer tätig wird.

Auch in diesen Fällen ist eine Überschneidung mit einem Anlagenvertrag möglich.
Die neuen Modelle eignen sich allerdings nicht für alle Branchen, zum Beispiel nicht für den Maschinenbau oder den Dienstleistungssektor. Die *joint ventures* sind vielseitiger einsetzbar.

8. Public Private Partnership (PPP)

a) Einleitung
Seit etwa den neunziger Jahren des letzten Jahrhunderts hat sich eine neue juristische Form der Zusammenarbeit zwischen den Auftragnehmern und Auftraggebern entwickelt, die nicht zuletzt der **Finanzierung von komplexen Infrastrukturprojekten** dienen soll und kann: die Public Private Partnership (PPP). Ausgangspunkt dieser Entwicklung waren die USA[642] und Großbritannien[643] sowie die sich auch in anderen Ländern durchsetzende Erkenntnis, dass nur durch neue Finanzierungs-

---
642 *Driesen* aaO (Schrifttum S. 276) S. 25.
643 *Keitel* aaO (Schrifttum) S. 184 f: *Driesen* aaO S. 26 f.

formen dem drohenden finanziellen Kollaps der öffentlichen Haushalte entgegengewirkt werden konnte und damit für die jeweilige Volkswirtschaft unter den Gesichtspunkten der Wachstums- und Entwicklungschancen wichtige Infrastrukturprojekte wie z.B. Flughäfen, Brücken, Fernstraßen realisiert werden konnten. So lag beispielsweise die Quote der PPP-Infrastrukturprojekte in Großbritannien im Jahre 2006 bei ca. 15 bis 20%.[644] Mittlerweile gab und gibt es Projekte in zahlreichen Ländern, wie Irland, Portugal, Ungarn, Polen, Chile, Argentinien und Australien.[645] Auch für Staaten wie Russland oder Slowenien ist die Durchführung von PPP-Projekten mittlerweile aktueller Diskussionsgegenstand[646]. Allerdings sind die Erfahrungen mit PPP nicht durchweg positiv. Auch das desaströse Projekt des Großflughafens Berlin-Brandenburg begann als PPP, geriet in Schwierigkeiten und wurde von der öffentlichen Hand allein übernommen, was dann erst recht zu Problemen führte.

b) Definition
Wie immer bei neuen rechtlichen Entwicklungen ist gerade zu Anfang eine rechtliche Definition schwierig oder unmöglich. So heißt es z.B., dass es sich um "eine Kooperation zwischen Öffentlicher Hand und Privatwirtschaft bei der Bereitstellung öffentlicher Leistungen" handele oder „eine freiwillige, projektbezogene Zusammenarbeit zwischen Akteuren aus dem öffentlichen und privaten Sektor, die gemeinwohlorientierte Aufgaben erfülle, wobei öffentliche und privatwirtschaftliche Interessen zum beiderseitigen Nutzen zur Deckung gebracht werden".[647] Tatsache ist auch, dass zahlreiche Staaten mit speziellen Gesetzen zum nationalen Vergabe-, Arbeits- und Steuerrecht dem Phänomen PPP einen Wirksamkeitsrahmen zu geben versuchen[648]; dies geschieht vor allem vor dem Hintergrund der jeweiligen nationalen Besonderheiten der Rechte und Pflichten der Öffentlichen Hand, die nicht ohne weiteres in die Verantwortung der Privatwirtschaft gelegt werden können und dürfen.

Man kann aber feststellen, dass folgende Parameter in jedem Fall **charakterisierende Elemente** der PPP sind:[649]
(1) Jeder Partner trägt die Risiken, die er im Zuge seiner Expertise und Risikosphäre beherrschen kann;
(2) gemeinschaftliche Erfüllung von Infrastrukturaufgaben;

---

644 *Stolpe* aaO (Schrifttum) S. 68.
645 *Keitel* aaO S. 186.
646 *Nikolaenka/Hundt* aaO (Schrifttum) S. 68 ff; *Ferk* aaO (Schrifttum) S. 41 ff.
647 *Driesen* aaO S. 22.
648 Für Deutschland vgl. *Byok* aaO (Schrifttum) S. 281.
649 *Driesen* aaO S. 23.

(3) Bündelung strategischer Ziele;
(4) privates Investment;
(5) langfristige Vertragsbeziehungen.

Diese Elemente können im Wesentlichen folgende Aspekte der Zusammenarbeit erfassen[650]:

Planung, Finanzierung, Errichtung, Betrieb und/oder Instandhaltung der Infrastruktureinrichtung.

c) PPP-Modelle

Man unterscheidet im Wesentlichen zwischen Konzessions-, Betreiber- und Leasing/Pachtmodellen sowie Management- und Betriebsführungsverträgen. Der öffentliche Auftraggeber und die privatwirtschaftlichen Teilnehmer an der PPP gründen **in der Regel eine eigene Gesellschaft**, häufig *"Special Purpose Vehicle (SPV)"* genannt. Als geeignete Rechtsformen kommen eigentlich nur solche gesellschaftsrechtlichen Formen in Betracht, bei denen die Partner eine ausreichende Haftungsbeschränkung einerseits, andererseits die notwendigen Kontroll-und Einflußrechte geltend machen können (z.B. GmbH, GmbH & Co. KG).

d) Vertragsgestaltung

Wie bereits oben dargestellt ist ein wesentlicher Aspekt der Vertragsgestaltung bei PPP-Projekten die **Risikoabschichtung** zwischen dem öffentlichen Auftraggeber und dem privaten Auftragnehmer. Dieses Thema ist deswegen so schwirig, weil einerseits derartige Projekte oftmals eine **Laufzeit von bis zu 30 Jahren** haben können, andererseits unterschiedliche Stufen von der Planung über die Durchführung bis zum sog. *running business* (dem eingeschwungenen Normalbetrieb) durchlaufen werden. Hier ist insbesondere der Jurist gefragt, unterschiedliche Szenarien zu antizipieren und diese mit dem Vertrieb, der Technik und dem Auftraggeber durchzuspielen. Wie entwickeln sich zum Beispiel die Einnahmeströme bei einer mautpflichtigen Brücke, wenn sich beispielsweise der Güterlastverkehr nachhaltig zugunsten der Schienen- oder der Wasserwege verschiebt? Oder was passiert, wenn sich das angenommene Fluggastaufkommen bei einem über PPP finanzierten Flughafen signifikant verändert? Umgekehrt bedarf es durchaus Regelungen zugunsten des öffentlichen Auftragggebers, wenn der private Auftragnehmer seinen Leistungen, die er ja für den öffentlichen Auftrggeber zugunsten der Kunden/Bürger erbringt, nicht oder nur mangelhaft nachkommt?[651]

---

650 *Driesen*, aaO S. 23.
651 Vgl. dazu *Schweiger*, aaO (Schrifttum) S. 137 ff.

Allein dieser kurze Aufriss zeigt die zu erwartenden Komplexität bei der Gestaltung des Projektunterlagen bzw. des -vertrages. **Klauseln zu folgenden Themenfeldern** müssen ausformuliert werden:

(1) Vergabeverfahren
Vorbereitung des Vergabeverfahrens, Ausschreibungsvoraussetzungen, Angebotsprozeß (einschließlich Angebotseröffnung, Zuschlag), ausgeschlossene Personen (Befangenheit)[652]

(2) Leistungsbeschreibung
welche Beistellungen erfolgen durch den AG oder AN
welche Vertragsbestandteile haben werk- oder dienstvertraglichen Charakter mit der Folge für die Haftung (*liability, representations and warranties*), sonstige Leistungsstörungen

(3) Finanzierungsfragen
Kapitalausstattung (Eigen- vs. Fremdkapital), Subventionen (zulässige/unzulässige) Bürgschaften/Sicherheiten; Zahlungspläne (Kredite, Vorfinanzierung, Fälligkeiten nach Projektfortschritt), Insolvenz

(4) Risikoverteilung
Planung, Implementierung(Bau-, Genehmigungs- und Fertigstellungstellungsrisiko), Betrieb (Erhaltungs-, Kapazitäts-, Nutzungsrisiko)

(5) Einnahmeverwendung
spätere Verwendung von Zahlungen der Nutzer (Gebühren/Abgaben)

(6) Governance
Mitbestimmungs- und Kontrollrechte im SPV; Gremienbesetzung, Eskalationsmechanismen

(7) Einordnung von BOT etc.

Im Zuge der Ausgestaltung von PPP Projekten sind verschiedene **Typisierungen der vertraglichen Ausgestaltung** vorgenommen bzw aus der reinen privatwirtschaftlichen Projektarbeit entlehnt worden; dies sind im Wesentlichen[653]

BBO	Buy, Build, Operate
BLT	Build, Lease, Transfer
BOT	Build, Operate, Transfer
BRT	Build, Rent, Transfer
DBFO	Design, Build, Finance, Operate
DBOOT	Design, Build, Own, Operate, Transfer
LDO	Lease, Develop, Operate
MOO	Modernise, Own, Operate
ROO	Refurbish, Own, Operate

---

652 *Byok*, aaO. S. 284 ff.
653 *Specht-Johnen*, aaO (Schrifttum) S. 6.

Schrifttum zu II.8. (PPP)

Byok, Jan, Der novellierte Rechtsrahmen für Auftragsvergaben im Bereich PPP, KommJur 2009, S. 281 ff.

Driesen, Oliver, PPP – Ein Geheimcode wird entschlüsselt, in: Pauly, Lothar (Hrsg.) – Das neue Miteinander (Public Private Partnership für Deutschland), Hamburg 2006, S. 17 ff.

Ferk, Bostjan, Die Öffentlich Private Partnerschaft in Slowenien – Ein Überblick über den gesetzlichen Rahmen und Stand der Entwicklung in: WiRO 2009, 41 ff.

Keitel, Hans-Peter, Vom Ausland lernen, in: Pauly, Lothar (Hrsg.) – Das neue Miteinander (Public Private Partnership für Deutschland), Hamburg 2006, S. 183 ff.

Nikolaenka, Anna/Hundt, Irina, Umfrage zur Beteiligung deutscher Unternehmen an PPP-Projekten in Russland, WiRO 2011, 68 ff.

Schweiger, Daniel, Malus-Regelungen in PPP-Verträgen, NZBau 2011, 137 ff.

Specht-Johnen, Katharina, Newsletter PPP, Privatisierung, PFI; 1/2003.

Stolpe, Manfred, Investitionen mobilisieren, staatliches Handeln modernisieren, in: Pauly, Lothar (Hrsg.) – Das neue Miteinander (Public Private Partnership für Deutschland), Hamburg 2006, S. 65 ff.

Praxis-Tipps

Internationale Kooperation kann unterschiedliche Ziele verfolgen. Die Praxis hat dafür verschiedene Rechtsformen entwickelt, die den verschiedenen Zielsetzungen angepasst sind. Das traditionelle Instrument der Konzession ist heute selten geworden. Stattdessen kommen *Joint Ventures*, Tochtergesellschaften im Gastland, Projektgemeinschaften, Consulting-Verträge, Lizenz- und Know-how-Verträge, Verträge über Zusammenarbeit bei Forschung und Entwicklung, *Service Contracts*, *Production Sharing Contracts* und *International Subcontracting* in Betracht.

Bei *Joint Ventures* kann sich die Zusammenarbeit auf vertraglich geregelte Teilbereiche beschränken, ohne dass ein Gemeinschaftsunternehmen gegründet wird (*Contractual* oder *Cooperative Joint Venture*). Häufiger ist jedoch ein Gemeinschaftsunternehmen mit Kapitalbeteiligung der Partner (*Equity Joint Venture*). Bei diesem gibt es ein zweistufiges Vertragssystem: Zunächst wird ein *Joint Venture*-Vertrag als Grundvertrag geschlossen, und auf dieser Grundlage dann der Gesellschaftsvertrag bzw. der sonstige Gründungsakt des Gemeinschaftsunternehmens.

Als spezielle Form der internationalen Kooperation kommt die Public Private Partnership (PPP) in Betracht. Diese ist vor allem bei komplexen Großprojekten (z.B. großen Infrastrukturanlagen) verbreitet.

III. Investitionsförderung und Investitionsschutz

Wie schon im Zusammenhang mit *Joint Ventures* erwähnt wurde, gibt es bei Auslandsinvestitionen eine Reihe von kritischen Punkten, die vor der entsprechenden Investition bedacht werden müssen. Sie sind bei den meisten der unter II. aufgeführten Kooperationsformen relevant. Der Heimatstaat des investierenden Unternehmens kann dessen Tätigkeit im Ausland erheblich erleichtern, wenn er mit dem Gaststaat ein **Abkommen über Investititionsschutz** abschließt, in dem die Rahmenbedingungen für die Tätigkeit des Unternehmens oder weiterer Unternehmen im Gastland vorteilhaft geregelt werden. Natürlich kann das auch durch mehrseitige Übereinkommen geschehen, z.B. im Rahmen der WTO. Meistens handelt es sich jedoch um bilaterale Verträge. Die Bundesrepublik Deutschland hat mehr als 100 solcher Verträge. Es gibt auch ein deutsches Musterabkommen vom Bundesministerium für Wirtschaft und Technologie[654].

Ein neueres Beispiel ist der **Investitionsförderungs- und Investitionsschutzvertrag** von 2003 **zwischen Deutschland und der VR China**.[655] Er ist am 11.11.2005 in Kraft getreten. Wichtige Regelungspunkte sind die Inländerbehandlung des Investors, der Eigentumsschutz im Fall von Enteignungen, die Garantie des reibungslosen Transfers von Kapital und Erträgen ohne besondere Genehmigungen. Ferner wird in dem Staatsvertrag bei sämtlichen Streitigkeiten wegen Vertragsverletzungen der Zugang zu internationalen Schiedsgerichten gewährleistet.

Investitionsschutz von großen Projekten kann auch durch Investitionsverträge zwischen dem **investierenden Unternehmen und dem Gaststaat** (sog. *State Contracts*) erreicht werden.[656] Ein wichtiges Ziel solcher Verträge ist der Schutz *gegen* Enteignungen bzw. *bei* Enteignungen (volle Entschädigung), weil das Völkergewohnheitsrecht insoweit noch unzureichend ist. Aber auch die anderen im vorigen Absatz erwähnten regelungsbedürftigen Probleme werden in solchen Verträgen angesprochen und mehr oder weniger zufriedenstellend geregelt. Ferner finden sich in diesen Verträgen die oben (§ 14 III und IV) behandelten Stabilisierungs- und Internationalisierungsklauseln. Inzwischen gibt es eine breite Meinung im Völkerrecht, dass der Gaststaat in derartigen Verträgen nicht nur einfache Pflichten nach nationalem Recht, sondern *völkerrechtliche* Verpflichtungen eingehen kann und das private Unternehmen insofern „beschränktes Völkerrechtssubjekt" werden kann.[657]

Ein herausragendes Projekt dieser Art war der Bau des Tunnels durch den Ärmelkanal zwischen Frankreich und England. Zugrunde lag ein bilateraler völkerrechtlicher Vertrag zwischen diesen beiden Staaten, auf dessen Basis dann Konzessionen an je ein französisches und ein britisches Unternehmen gewährt wurden. Diese wurden wieder durch Verträge zwischen den Staaten und den Konzessionären abgesichert.[658]

Als Gremium für die Behandlung derartiger Investitionsstreitigkeiten spielt das ***International Center for Settlement of Investment Disputes (ICSID)*** eine wichtige

---

654 Fassung von 2008 abgedruckt als Anhang bei *Christoph Henke* aaO (Schrifttum S. 278).
655 Abkommen v. 1.12.2003, BGBl 2005 II 732.
656 Vgl. dazu *Herdegen*, Internat. Wirtschaftsrecht, 9. Aufl. 2011, § 22; *Metje*, Der Investitionsschutz im internationalen Anlagenbau, Tübingen 2008, S. 64 ff.
657 TOPCO/CALASIATIC-Schiedsspruch, ILM 17 (1978), S. 1 ff. Bei diesem Schiedsverfahren ging es um Enteignung der amerikanischen Texaco durch den libyschen Staat.
658 Vgl. dazu näher *Herdegen*, Der Konzessionsvertrag aus öffentlich-rechtlicher Sicht: das Beispiel des Kanaltunnelprojekts, in: *Nicklisch* (Hrsg.), Rechtsfragen privatfinanzierter Projekte, 1994, S. 41 ff; Command-Paper Nr. 9726, London 1986, S. 93 ff.

Rolle.[659] Es ist eine internationale Organisation, die zur Weltbankgruppe gehört und ihren Sitz ebenfalls in Washington D.C. hat. Grundlage ist eine internationale Konvention, das „Übereinkommen zur Beilegung von Investitionsstreitigkeiten zwischen Staaten und Angehörigen anderer Staaten" von 1965.[660] Deutschland ist eines der Gründungsmitglieder. Inzwischen sind dem Abkommen ca. 150 Staaten beigetreten, was einen großen Erfolg bedeutet. Das ICSID unterstützt die Durchführung von Schlichtungs-, Mediations- und Schiedsgerichtsverfahren und stellt zu diesem Zweck die Verfahrensorganisation, die Verfahrensregeln, die Räume und Hilfsmittel sowie die Administration zur Verfügung. Seit den *„Additional Facility Rules"* (letzte Fassung 2006) gibt es zusätzlich Möglichkeiten zur Durchführung von *„fact-finding-procedures"*, also auf Experten gestützte Verfahren zur Tatsachenfeststellung.

Schrifttum zu § 19 III (Investitionsförderung und -schutz)

Henke, Christoph, Wie lässt sich der Eigentumsschutz für ausländische Investoren verbessern? Der deutsche Muster-Investitionsschutzvertrag als Beispiel, 2009 (im Internet unter: miami.uni-muenster.de/servlets/.../henke_german_model_treaty.pdf.)
Herdegen, M., Internationales Wirtschaftsrecht, 9. Aufl. München 2011, § 22.
Metje, T., Der Investitionsschutz im internationalen Anlagenbau, Tübingen 2008.
Schanze, E., Investitionsverträge im internationalen Wirtschaftsrecht, Frankfurt a.M. 1986.
Schwartmann, R., Private im Wirtschaftsvölkerrecht. Tübingen 2005, insbes. S. 84 ff.
Theodoru, H., Investitionsschutzverträge vor Schiedsgerichten, Berlin 2001.

IV. Compliance im Außenhandelsrecht und in der internationalen Zusammenarbeit

1. Begriff und Grundlagen

Unter Compliance (wörtlich übersetzt: Regelkonformität) in der betriebswirtschaftlichen Terminologie versteht man die **Einhaltung und die Befolgung gesetzlicher Vorschriften**, sowie **Richtlinien, Verhaltenkodices und anderer vom Unternehmen selbst gesetzter Regularien**.[661] Fragen der Compliance bestimmen seit dem Niedergang der Firma *Enron* in den USA im Jahr 2001 und nach den Bestechungsskandalen u.a. in der deutschen Wirtschaft die Diskussion gerade auch im Geschäft mit Vertragspartnern im Ausland. Diese Diskussion hat nicht zuletzt ihren Ursprung in der durchaus unterschiedlichen Auffassung darüber, was nach Lan-

---

659 S. dazu *Schöbener/Markert,* Das International Center for Settlement of Investment Disputes (ICSID), ZVglRwiss 105 (2006), S. 65–116.
660 Übereinkomnnen v. 18.3.1965, BGBl 1969 II 371, in der BRD in Kraft seit 18.5.1969.
661 vgl. z.B. Nr. 4.1.3. Corporate Governance Kodex Deutschland von 2002, zuletzt geändert 2012, erarbeitet und hrsg. von einer vom BMJustiz eingesetzten und von der Wirtschaft finanzierten Regierungskommission.

desbräuchen als üblich und/oder tolerierbar angesehen bzw. was – aus welchen Gründen auch immer – für gerechtfertigt gehalten wird. Dabei kommen auf der einen Seite verharmlosende Begriffe wie „nützliche Aufwendungen", „Bakschisch" oder „*facilitation payments*" zur Anwendung, auf der anderen Seite gesetzliche Vorgaben[662], die internationalem Standard durchaus genügen können, aber mangels konsequenter Durchsetzung nicht oder nur unzureichend in das Bewusstsein von Entscheidungsträgern eindringen.

Vor diesem komplexen Hintergrund sollen die nachfolgenden Ausführungen einen Abriss dessen darstellen, wie und wo das Thema „Compliance" im Bereich des Außenhandels eine Rolle spielen kann.

2. Compliance bei internationalen Kooperationen

Die Gründung von Gemeinschaftsunternehmen i.w.S. und internationale Kooperation in anderen Formen führt bei den Verhandlungen Partner **unterschiedlicher Rechtssysteme** und damit verbundenen **unterschiedlichen Wertvorstellungen** zusammen. Damit stellt das Thema „Compliance" die Unternehmen vor große Herausforderungen, nicht zuletzt wegen der anzuwendenden ausländischen Jurisdiktionen.[663] In diesem Zusammenhang kann es durchaus sinnvoll sein, bereits vor Verhandlungsbeginn die spezifischen Risiken des Landes des intendierten Partners, aber auch ihn selbst einer genauen Überprüfung *(„partner due diligence", „business partner check"* oder *„partner screening")* zu unterziehen. Hierzu kann man eigene Recherchen anhand von Indices (z.B. *Transparency International Corruption Perception Index = TICPI*) durchführen, Informationen internationaler Organisationen (z.B. *Transparency International)* einholen oder sich spezialisierter Dienstleister (z.B. *Dun & Bradstreet, Dow Jones*, Creditreform) bedienen.

Sodann stellt sich die Frage, welche **unverhandelbaren Wertvorstellungen im Vertrag festgeschrieben** werden müssen; d.h. die Partner der gemeinsamen Unternehmung müssen sich auf die Anforderungen in Bezug auf Compliance einigen. Zu denken ist einerseits an „Einhaltung fairer Arbeitsbedingungen", „gleiche Bezahlung", „Verbot von Kinderarbeit", „Verbot der Bestechung bzw. Bestechlichkeit", usw. Gerade der letzte Aspekt ist von nicht zu unterschätzender Bedeutung, da das deutsche Strafrecht mittlerweile auch Delikte dieser Art, die durch deutsche Staatsangehörige im Ausland begangen wurden, unter Strafe stellt (vgl. **§ 299 StGB**).[664] Grundsätzlich gilt in Deutschland das Legalitätsprinzip, das jede Unter-

---

662 In Deutschland v.a. §§ 9, 30, 130 OWiG, § 299 StGB und EuBestG Art. 2 § 2.
663 Vgl. *Behm*, Herausforderungen an die Organisation, in BUJ – Sonderedition Compliance 2012, S. 74 f mit weiteren praktischen Hinweisen.
664 Zur Strafbarkeit der Abgeordneten-Bestechung im Eur. Parlament oder in deutschen Parlamenten s. § 108e StGB.

nehmensführung als Vertreter des jeweiligen Unternehmens – und damit auch des Kooperationsunternehmens – dazu auffordert, Gesetzesverstöße zu vermeiden bzw. die gesetzlichen Vorgaben einzuhalten (vgl. **§§ 9, 30, 130 OWiG**). Ergänzend können die **Corporate Governance Kodex**-Regelungen herangezogen werden (vgl. dort Ziff. 4.1.2) sowie weitere spezialgesetzliche Vorschriften aus dem Außenwirtschaftsrecht, Kartellrecht, etc.

Hinzu kommt, dass eine Zuordnung der Auslandsstraftaten des ausländischen Partners bzw. des Joint Venture unter bestimmten Voraussetzungen zu Lasten des deutschen Partners in Betracht kommt (§§ 30, 130, 9 OWiG i.V.m. §§ 3–7 StGB). Vgl. zum Strafrecht auch Art. 2 § 2 EUBestG[665]; Art. 2 § 3 IntBestG[666]). In diesem Zusammenhang ist auch der Hinweis wichtig, dass selbst eine Minderheitsbeteiligung in einem *Joint Venture* nicht unbedingt vor einer Sanktion schützt, wenn sich lediglich der Mehrheitsbeteiligte Compliance-widrig (z.B. durch Bestechung) verhält.[667]

3. Compliance im Export-Geschäft

Bei den Exportgeschäften ins Ausland sind mehrere Aspekte zu beachten: Zum einen gibt es sog. **Embargo-Listen,** die sich auf bestimmte Staaten als Rechtssubjekte beziehen; mit erfasst werden dabei häufig auch Unternehmen, die ihren Sitz in diesen Staaten haben, oder Staatsangehörige dieser Staaten. Vertragsabschlüsse mit diesen Vertragspartnern sind entweder vollständig untersagt oder bedürfen einer expliziten Genehmigung des Staates, in dem der exportierende Vertragspartner seinen Sitz hat. An dieser Stelle ist der warnende Hinweis angebracht, dass eine Umgehung eines derartigen Embargos durch Zwischenlieferung an einen vom Embargo nicht betroffenen Dritten zur Weiterbelieferung an den an sich gesperrten Partner ebenfalls unzulässig ist bzw. sein kann – hier bedarf es einer besonders sorgfältigen Prüfung durch den Juristen. Gemeinsam ist allen Verstößen das hohe Risiko behördlicher Sanktionen (vgl. dazu auch die Strafbestimmungen im neuen AWG).

Eine andere Facette im **Export-Geschäft** betrifft die Form bzw. Qualität der Produkte. Insbesondere bestimmte High-Tech-Artikel dürfen nicht oder nur nach behördlicher Genehmigung an den Vertragspartner geliefert werden, da die unzulässige Verwendung durch diesen für verbotene militärische Zwecke vermieden werden soll. Dazu gehört nicht nur Hardware, sondern auch die entsprechende Soft-

---

665 EU Bestechungsgesetz. Vollst. Titel: Gesetz zu dem Protokoll v. 27.9.1996 zum Übereinkommen über den Schutz der finanziellen Interessen der EU v. 10.9.1998 (BGBl II 2340). Dagegen ist das Strafrechts-Übereink. des Europarates über Korruption v. 1999 (ETS-Nr. 173) bisher von Deutschland nicht ratifiziert worden.
666 Gesetz zur Bekämpfung der internationalen Bestechung v. 10.9.1998 (BGBl II 2327), welches das entsprechende Pariser Übereinkommen v. 1997 umsetzt. Vgl. dazu *Zieschang*, NJW 1999, 105–107.
667 *Behm*, aaO (Fn. 663), S. 76.

ware, wobei bei letzterer insbesondere auch sog. Kryptologie-Produkte im Fokus stehen. Der Vollständigkeit halber sei noch auf die sog. **Dual-Use-Produkte** hingewiesen. Hierbei handelt es sich um Produkte, die sowohl zivil als auch militärisch genutzt werden können, wie z.B. LKW-Chassis, PC, Zentrifugen, aber auch elektronische Bauteile. In diesen Fällen ist eine sorgfältige Prüfung notwendig, um den Export nicht illegal werden zu lassen. Es ist nämlich nicht auszuschließen, dass auch derartige „infizierte" Produkte während des Transportweges gestoppt werden – und dann beginnt eine zeitraubende Aufklärungsarbeit.

Umgekehrt gibt es zahlreiche **Importbeschränkungen**, die bei einer Transaktion aus dem Ausland nach Deutschland bzw. in ein anderes EU-Land zu berücksichtigen sind. Das sind einerseits Produkte, die mit sog. Strafzöllen belegt sind, andererseits solche, die vollständig von einer Genehmigung zur Einfuhr ausgeschlossen sind (z. B. bestimmte Tierarten oder Tropenhölzer).

Ein **Muster** für einen Business Partner Questionnaire im Rahmen eines **Compliance Check** findet sich im Anhang Nr. 16.

Praxis-Tipps
Mit dem Sammelbegriff „Compliance" bezeichnet man die Einhaltung und die Befolgung gesetzlicher Vorschriften sowie Richtlinien, Verhaltenskodices und anderer vom Unternehmen selbst gesetzter Regularien.

Es genügt heute nicht, einen beabsichtigten Vertrag unter den Gesichtspunkten der technischen, finanziellen und steuerlichen Machbarkeit zu prüfen, sondern auch im Hinblick darauf, ob Compliance-anfällige Aspekte ein Risiko bergen. Ein separater Compliance-Check ist also auf jeden Fall durchzuführen.

Besonders bei internationaler Kooperation (aber auch bei Export- und Importgeschäften) bedeutet Compliance wegen unterschiedlicher Rechtssysteme und unterschiedlicher Wertmaßstäbe eine große Herausforderung für international aktive Unternehmen.

Es ist sinnvoll, bereits vor Verhandlungsbeginn die spezifischen Risiken des betreffenden Landes und den intendierten Partner selbst genau zu prüfen. Ein Muster für einen typischen *„Business Partner Check"* findet sich im Anhang Nr. 16.

Schrifttum zu IV. (Compliance)

Behringer (Hrsg.), Compliance kompakt: Best Practice im Compliance Management, Berlin 2010.
Behm, B., Herausforderungen an die Organisation, in: BUJ – Sonderedition Compliance 2012, S. 74 ff.
Hauschka (Hrsg.), Corporate Compliance. Handbuch der Haftungsvermeidung im Unternehmen, 2. Aufl. München 2010.
Kort, Verhaltensstandardisierung durch Corporate Compliance, NZG 2008, 81–86.
van Laak, H./Wecker, G. (Hrsg.), Compliance in der Unternehmerpraxis: Grundlagen, Organisation und Umsetzung, Wiesbaden 2008.
Moosmayer, Compliance. Praxisleitfaden für Unternehmen, 2. Aufl. München 2012.
ders., Modethema oder Pflichtprogramm guter Unternehmensführung? – Zehn Thesen zu Compliance, NJW 2012, 3013–3017.

Corporate Compliance Zeitschrift (CCZ), Verlag C.H. Beck, München, seit 2008.

7. Teil: Vorbeugung und Beilegung von Konflikten

§ 20 Mechanismen der Streitvorbeugung und -beilegung außerhalb von Schiedsgerichts- und Gerichtsverfahren

I. Einführung

Wir haben in vorangegangenen Kapiteln einen Trend im modernen Wirtschaftsverkehr festgestellt, dass die ausländischen Partner nicht nur Rohstoffe oder Agrarerzeugnisse liefern und Industrieprodukte abnehmen möchten, sondern selbst hochwertige Produktionskapazitäten mit entsprechenden Infrastrukturanlagen erwerben wollen. Das hat zur Entwicklung neuer Vertragtypen und Vertragsstrukturen geführt, u.a. zu den komplexen Langzeitverträgen.[668] Aus der Eigenart solcher Verträge ergeben sich spezifische Probleme bei ihrer Ausführung. Oft können die dafür erforderlichen Handlungen bei Vertragsschluss nicht in allen Einzelheiten vorausbestimmt werden und erfordern ein Zusammenwirken der Vertragsbeteiligten. Die Verträge sind in höherem Maße störungsanfällig als kurzfristige Verträge. Schwierigkeiten können in tatsächlicher oder technischer Hinsicht durch unvorhersehbare äußere Einwirkungen entstehen, sich aus Planungsänderungen ergeben oder auf Veränderungen der wirtschaftlichen und politischen Rahmenbedingungen beruhen.

Aus diesen und ähnlichen Gründen werden schon während der Ausführungsphase zahlreiche nicht aufschiebbare Zwischenentscheidungen erforderlich, um das Projekt überhaupt zu realisieren. Es kann auch notwendig werden, den Vertrag nachträglich anzupassen, zu ergänzen und zu konkretisieren. In den genannten Vertragsstrukturen liegen auch bereits die Ursachen für zahlreiche Konflikte, teilweise Konflikte, die in dieser Form bei gewöhnlichen Lieferverträgen gar nicht auftreten. Entwickeln sich daraus offene Streitigkeiten, so steht dafür das klassische Instrument der Schiedsgerichtsbarkeit zu Verfügung. Die **Vertragspraxis** hat jedoch **vielfältige Formen der Bewältigung von Interessenkonflikten außerhalb oder vor den eigentlichen Schiedsverfahren** entwickelt. Schiedsgerichtsverfahren sind nämlich keineswegs ein Wunschmodell, sondern sind ähnlich wie Gerichtsverfahren zeitraubend und verheerend für das Vertragsklima oder für zukünftige Geschäftsbeziehungen. Außerdem blockieren sie Arbeitskraft in den streitenden Unternehmen. Die Kosten liegen durchschnittlich über denen von Gerichtsverfahren.[669]

Die Mehrheit der Meinungsverschiedenheiten oder Konflikte kommt nicht vor ein Schiedsgericht (erst recht nicht vor ein staatliches Gericht), sondern wird in an-

---

668 Vgl. o. § 13.
669 Vgl. u. § 21 VII.

derer Weise beigelegt. Ebenso wichtig sind vertragliche Mechanismen, die verhindern sollen, dass es überhaupt zum Ausbruch eines offenen Konflikts kommt, zum Beispiel in der Weise, dass auftretende Mängel, technische Schwierigkeiten oder Anpassungen durch Einschaltung eines neutralen Experten bewältigt werden. Wir haben das früher[670] schon bei der „Qualitätsarbitrage" kennen gelernt, die allerdings normale Liefergeschäfte betraf. Die Vorbeugung von Konflikten und die erwähnte **vertragsinterne Konfliktbewältigung** gehen ineinander über.

Siehe dazu auch im Abschnitt „Internationale Logistikverträge" (§ 13 V.6.) die Eskalationsmechanik zur Beilegung von Meinungsverschiedenheiten über die verschiedenen operativen Stufen, evtl. bis zur Konzernlenkungsebene.

In den folgenden Abschnitten wird ein Überblick gegeben über die Gestaltungsformen und Instrumente, die zur Vorbeugung oder Beilegung von Konflikten außerhalb der eigentlichen Schiedsgerichtsbarkeit eingesetzt werden.

II. Überblick über Gestaltungsformen und Verfahren

Vorbeugung und Beilegung von Konflikten sind zwei Seiten derselben Medaille und lassen sich nicht scharf abgrenzen. „Beilegung" soll nicht nur die einverständliche Aufhebung des Konflikts, sondern auch Vermittlungen und Entscheidungen Dritter einschließen. Als zusammenfassende Bezeichnung für Vorbeugung und Beilegung wird hier der Begriff „Erledigung" von Konflikten verwendet.

1. Vorbeugende Vertragsgestaltung

Eine Konfliktvorbeugung kann bereits bei der **Gestaltung der Vertragsklauseln** ansetzen, die darauf abzielen, typische Schwierigkeiten, die sich bei der Ausführung ergeben, im vorhinein zu erfassen und mögliche Krisensituationen zu verhindern oder wenigstens zu entschärfen. So ergeben sich zum Beispiel bei großen Bau- oder Anlagenverträgen häufig Entwurfsänderungen, Verzögerungen oder Behinderungen einzelner Leistungsteile oder Abweichungen der tatsächlich ausgeführten von den im Vertrag veranschlagten Mengen. So etwas verursacht dem Auftragnehmer meistens höhere Kosten. Will dieser von seinem Vertragspartner dafür Ersatz, so ist er nach allgemeinem Vertragsrecht in der Regel gezwungen, dem Partner eine – u.U. sogar schuldhafte – Vertragsverletzung vorzuwerfen, wodurch ein offener Konflikt ausgelöst werden kann.[671] Deshalb werden solche **notorischen und**

---

670 Oben § 12 VI.
671 Nach der VOB/B gelten in den genannten Fällen schon andere routinemäßige Verfahren, aber dieses Regelwerk hat nach offizieller Beurteilung nur den Rang von (freilich etwas privilegierten) AGB und wird im internationalen Bereich so gut wir nie angewendet.

häufigen Problemzonen schon im Voraus in **speziellen Vertragsbedingungen** berücksichtigt, im Hinblick auf ihre typischen Gründe analysiert und in die vertraglichen Ausgleichsmechanismen einbezogen.[672] So erhält der Auftragnehmer z.B. bei Mengenabweichungen oder Behinderungen unter bestimmten Umständen einen Anspruch auf Erhöhung seiner Vergütung. Das Verfahren für deren Festsetzung wird auch geregelt, wobei bei den meisten FIDIC-Verträgen wieder der *Engineer* eine wichtige Rolle spielt. Damit wird die finanzielle Regulierung derartiger Fälle schon bei der Abfassung des Vertrages der normalen Ausführung angeglichen.

Eine andere Form der konfliktvorbeugenden Vertragsgestaltung liegt darin, dass man statt vager allgemeiner Klauseln oder verschwommener Formulierungen (z.B. *„in due time", „shall use his best endeavours"* oder *„such restitution as shall be just and as the circumstances permit"*)[673] **möglichst konkrete Verhaltenspflichten** normiert, **klare Fristen** setzt und Leistungspflichten mit Hilfe anerkannter **Standards oder Normen** präzisiert.

Konflikte verhindern oder entschärfen sollen ferner zahlreiche Klauseln, welche die Vertragsbeteiligten in bestimmten Situationen zu Informationen, Konsultationen oder Übergabe von Unterlagen verpflichten. Im Vertrag kann ferner die Verpflichtung festgelegt sein, bei Meinungsverschiedenheiten zunächst zu verhandeln, bevor weitere Schritte eingeleitet werden dürfen.[674]

Siehe dazu auch oben zur Stufenleiter der Konfliktbeilegung in Logistikverträgen (§ 13 V.6.) und zu sog. Loyalitäts-Klauseln (§ 12 VII.5.), die ebenfalls primär zu Verhandlungen verpflichten.

2. Vertragsergänzung und -konkretisierung

Beim Abschluss von Langzeitverträgen lassen die Parteien nicht selten bewusst Punkte offen, weil ihnen dazu ausreichende Informationen fehlen. So kann es etwa sein, dass z.B. der zukünftige Einbau einer technischen Neuerung generell umschrieben, die Gegenleistung dafür aber noch offen gelassen wird und später von einem Sachverständigen bestimmt werden soll.[675] Die Parteien können vereinbaren, dass die **Expertenentscheidung** endgültig und verbindlich ist, dass sie nur in be-

---

672 Vgl. dazu *Weick*, Vereinbarte Standardbedingungen im deutschen und englischen Bauvertragsrecht, München 1977, S. 212 ff zu den englischen Vorbildern, denen die FIDIC Bedingungen sowie andere Bau- und Anlagenvertragsmodelle oft folgen.
673 Weitere Beispiele bei *Holtzmann*, Rev.Arb. 1975, 73 f.
674 Angaben bei *P. Fischer*, Die internationale Konzession, 1974, S. 412 f; FIDIC Conditions *„Yellow Book"* (o. Fn. 427) cl. 20.5.
675 Vgl. *Rucellai*, in: Commercial Arbitration, Essays in memoriam E. Minoli, Torino 1974, S. 456 ff zum „arbitral audit".

stimmten zeitlichen oder inhaltlichen Grenzen oder aber unbeschränkt durch ein Schiedsgericht nachprüfbar ist.

Die ICC hat 1978 ein Verfahren zur Vertragsergänzung und -anpassung durch Dritte angeboten, die entweder von den Parteien oder von einer der ICC angeschlossenen Institution benannt werden.[676] Diese Regeln waren aber kein Erfolg und sind inzwischen von der ICC zurückgezogen worden.

Eine große Zahl von Vertragsbestimmungen befasst sich mit Anpassungsproblemen bei Langzeitverträgen. *Fouchard*[677] unterscheidet zwischen speziellen und allgemeinen **Anpassungsklauseln**. Zu den ersten rechnet er Klauseln, die eine näher konkretisierte Anpassung an zukünftigen technischen Fortschritt vorsehen. Die Parteien können z.B. verpflichtet sein, die von ihnen entwickelten technischen Verbesserungen auszutauschen. Die allgemeinen Klauseln können vorsehen, dass in bestimmten Zeitabständen, unter bestimmten Voraussetzungen oder auf Verlangen einer Partei **Verhandlungen über aufgetretene Schwierigkeiten** stattfinden müssen.

3. Zwischenentscheidungen

In den schon mehrfach zitierten FIDIC Bedingungen, die für internationale Großbau- und Anlagenverträge verwendet werden, hat der **„*Engineer*"** eine bedeutende Position. Ihm sind zahlreiche Entscheidungen über Angelegenheiten übertragen, die zwischen den Parteien kontrovers werden können oder schon sind, z.B. Bereinigung von Unklarheiten und Widersprüchen in den Vertragsunterlagen, Verlängerung von Ausführungsfristen bei Störungen, Festsetzung zusätzlicher Vergütungen für erhöhte Kosten, z.B. bei physischen Behinderungen, Entwurfsänderungen, Mengenunter- oder -überschreitungen etc. Seine Entscheidungen über den Baufortschritt und Abschlagszahlungen (*interim certificates*) sichern den Zahlungsfluss.

4. Vorverfahren bei Meinungsverschiedenheiten

Ferner muss nach den *FIDIC Conditions* jede Meinungsverschiedenheit oder Streitfrage zunächst dem *Dispute Adjudication Board (DAB)* vorgelegt werden[678], der eine **Filterfunktion** vor Einleitung des formellen Schiedsverfahrens ausüben soll. Auch die ICC hat für Expertenentscheidungen eine allgemeine Grundlage mit dem *„Inter-*

---

676 ICC Publ. No. 326 Rules for Adaptation of Contracts.
677 Rev.Arb. 1979, 67 (69ff).
678 Vgl. dazu o. § 13 III, S. 189. In früheren Ausgaben war es der *Engineer* in seiner „quasi-schiedsrichterlichen Funktion. Den Vertragsparteien steht es auch nach den gegenwärtigen Ausgaben des „Red Book" und des „Yellow Book" frei, an Stelle des DAB dem *Engineer* die „pre-arbitral decisions" zu übertragen (s. FIDIC Guidance for the Preparation of Particular Conditions, sub-clause 20.2.).

national Centre for Expertise"[679] geschaffen, für das es auch Verfahrensregeln gibt.[680] Die ICC hat ferner ein „Pre-Arbitral Referee"-Verfahren ausgearbeitet.[681]

Beispielklausel

> „Any party to this contract shall have the right to have recourse to and shall be bound by the pre-arbitral referee procedure of the International Chamber of Commerce in accordance with the Rules for a Pre-Arbitral Referee Procedure."

In Rohstofferschließungsverträgen wird z.T. zwischen „disputes of a technical and accounting nature" und „disputes relating to legal questions" unterschieden.[682] Erstere sollen durch Experten in einem strafferen Verfahren, die zweiten in einem normalen Schiedsverfahren behandelt werden.

5. Schlichtungsverfahren

In zahlreichen Verträgen und Schiedsordnungen sind **obligatorisch vorgeschaltete Schlichtungs- oder Güteverfahren** (conciliation procedures) vor Beginn des eigentlichen Schiedsverfahrens vorgeschrieben. Diese können mehr oder weniger formalisiert sein; häufig werden Dritte (Schlichter, Vergleichsausschüsse) beteiligt. Die ICC hat seit 2001 ein Verfahren der „Amicable Dispute Resolution" (Abkürzung: ADR) nach den sog. „ADR Rules"[683] eingeführt. Letztere sind an die Stelle der ICC Conciliation Rules getreten. In diesem Verfahren fungiert ein Vermittler („der Neutrale"); Ziel ist eine gütliche Einigung.

Neuerdings wird auch in grenzüberschreitenden Verträgen oft als vorgeschaltetes Verfahren eine **Mediation** vorgesehen. Die EU hat dazu die Richtlinie 2008/52/EG vom 21.5.2008 über bestimmte Aspekte der Mediation in Zivil- und Handelssachen erlassen (ABl Nr. L 136 v. 24.5.2008 S. 3ff). Sie gilt für grenzüberschreitende Streitigkeiten in Zivil- und Handelssachen, dagegen nicht für die meisten öffentlich-rechtlich einzuordnenden Streitigkeiten. In Deutschland ist die Richtlinie durch das Mediationsgesetz vom 21.7.2012 (BGBl I 1577) umgesetzt worden, das seit 26.7.2012 in Kraft ist. Auch bei Verträgen und Konflikten außerhalb der EU wird Mediation inzwischen zunehmend als Alternative oder Vorschaltverfahren zu gerichtlichen und schiedsgerichtlichen Verfahren angewendet.

---

679 Früher unter dem Namen „International Centre for Technical Expertise".
680 ICC Rules for Expertise.
681 ICC Pre-Arbitral Referee Procedure Rules von 1990, Fundstelle:www.iccx.drl.com.
682 Smith/Wells, Negotiating Third World Mineral Agreements (1975), p. 123f.
683 ICC ADR Rules, gültig ab 1.7.2001.

III. Vielfalt und funktionale Zusammenhänge

Die Auswahl in Abschnitt II. gibt einen Eindruck von der **Vielfalt und Anwendungsbreite** der Regelungen zur Vorbeugung und Beilegung von Konflikten außerhalb der Schiedsverfahren. Man kann nun versuchen, diese Fülle von Verfahren und Instrumentarien in eine Ordnung zu bringen. Dies kann nach drei Gesichtspunkten geschehen: nach dem typischen Bedürfnis, das sie befriedigen sollen, nach den Trägern der betreffenden Funktionen (Vertragsparteien, *Engineer*, Experten, Schlichter etc.) und nach der Bindungswirkung. Danach sind folgende **funktionale Zusammenhänge** erkennbar:

1. **Konfliktvorbeugende Vertragsgestaltung**
   a) ohne besondere Verfahrensregeln (z.B. entschärfende Vertragsklauseln)
   b) mit Verfahrensregeln für die Beziehungen der Parteien (z.B. Informations- und Konsultationspflichten)

2. **Bestimmung eines bewusst offen gelassenen Vertragspunkts**
   a) Bestimmung durch Dritte
   Hierbei sind verschiedene Grade der Verbindlichkeit möglich:
   aa) Drittentscheidung hat lediglich die Bedeutung eines Rates oder einer Empfehlung.
   bb) Drittentscheidung hat eine vorläufige Funktion, ist in späteren Schiedsverfahren oder anderen Streitverfahren voll nachprüfbar.
   cc) Drittentscheidung ist beschränkt nachprüfbar, und zwar
      aaa) zeitlich beschränkt[684] und/oder
      bbb) inhaltlich beschränkt.[685]
   dd) Drittentscheidung ist endgültig und bindend für die Parteien, also auch von einem später angerufenen Schiedsgericht nicht mehr zu überprüfen.
   b) Bestimmung durch eine Vertragspartei
   Auch hier ist eine abgestufte Verbindlichkeit wie oben zu a) möglich; die Rechtsordnungen sehen jedoch teilweise andere Einschränkungen vor (vgl. z.B. § 315 Abs. 3 BGB im Gegensatz zu § 319 BGB).

---

684 Z.B. die Anrufung des Schiedsgerichts ist nur innerhalb einer bestimmten Frist möglich. Hier kann die vorläufige Entscheidung also endgültig bindend werden.
685 Z.B. nur Überprüfung auf „offensichtliche Unbilligkeit".

3. **Entscheidungen zur Interpretation oder Bereinigung des Vertragstextes.**[686]

4. **Vertragsergänzung durch Dritte bei unbewusster Vertragslücke.**

5. **Vorläufige Anordnungen oder Entscheidungen während der Vertragsausführung.**[687]

6. **Anpassung an veränderte Umstände**
   a) Automatische Anpassungsmechanismen (z.B. Indexklauseln, Meistbegünstigungsklauseln)
   b) Anpassung durch Neuverhandlungen (wobei der Vertrag gewisse Leitlinien festlegen kann)
   c) Anpassung durch Entscheidung Dritter (z.B. Fristverlängerung bei unvorhersehbaren Behinderungen, Anpassung der Vergütung bei drastischer Verteuerung von Material). Die Verbindlichkeit kann hier wieder wie bei 2.a) abgestuft sein.

7. **Feststellungen und Bewertungen zur Leistungskontrolle** oder zur **Konkretisierung** vertraglicher Pflichten.[688] Die Verbindlichkeit kann wie oben zu 2.a) abgestuft sein.

8. **Vorgeschaltete Verfahren vor Beginn des eigentlichen Schiedsverfahrens**[689]
Die Verfahren können fakultativ oder obligatorisch sein.
   a) Vorgeschaltete Schlichtungs- oder Vergleichsverfahren:
      aa) informell
      bb) formell mit Vermittler

---

686 Z.B. die Befugnis des *Engineer* zur Klärung von Widersprüchen oder Unklarheiten in den Vertragsdokumenten nach den *FIDIC Conditions Construction („Red Book")* cl. 1.5.

687 Sog. *„interlocutory decisions"*. Hierbei geht es typischerweise um einstweilige Schutzmaßnahmen, z.B. Sicherung eines teilweise ausgeführten Projekts, Beweisssicherung oder Auszahlung eines fälligen unstreitigen Teilbetrages.

688 Bei diesen Verfahren kann es sich um reine Tatsachenfeststellungen handeln (z.B. über Betonqualität) oder eine Verbindung von Feststellung und Wertung (z.B. Feststellung der tatsächlichen Beschaffenheit und Subsumtion unter einen im Vertrag nur allgemein umschriebenen Qualitätsstandard). In die letztere Gruppe fallen z.B. die sog. Qualitätsarbitrage, Gutachten von Materialprüfungsinstituten oder Preisfestsetzungsverfahren (vgl. zu diesen *Glossner*, Das Schiedsgericht in der Praxis, 2. Aufl. 1978, S. 129).

689 Ihr Zweck ist, einen bereits offenen Konflikt gleichsam in letzter Minute zu bereinigen und so ein Schiedsgerichtsverfahren zu vermeiden. Hierzu kann man auch die Vorverfahren vor dem *Dispute Adjudication Board* nach den *FIDIC Conditions* rechnen, vgl. dazu o. § 13 III.4.

        aaa) Äußerungen des Vermittlers ohne Bindungswirkung,
        bbb) Vorschlag des Vermittlers kann bindend werden, wenn nicht innerhalb bestimmter Frist ein Schiedsverfahren eingeleitet wird.
b) Vorgeschaltete Mediation[690]
c) Vorgeschaltete Expertenverfahren. Auch hier kann eine unterschiedliche Wirkung der Expertenäußerung entsprechend oben zu a) vorgesehen sein.

9. Entscheidung eines Konflikts an Stelle eines Schiedsgerichts

In diesen Fällen soll eine Streitigkeit (z.B. um Schadensersatz wegen Vertragsbruchs) außerhalb eines regulären Schiedsverfahrens endgültig entschieden werden. Das Schiedsverfahren i.e.S. wird also bewusst ersetzt durch ein anderes, weniger formelles Verfahren. Typisches Beispiel ist das *arbitrato irrituale* in Italien.[691]

IV. Rechtliche Beurteilung

Wie bisher ersichtlich, zeigt sich bereits bei den Rechtstatsachen eine **große Vielfalt** und Variationsbreite. Auch die rechtliche Behandlung dieser Erscheinungsformen in den westlichen Industrieländern erscheint als eine bunte Palette von Begriffen, Meinungen und Regelungsansätzen, während die Rechtsordnungen der ausländischen Partner in sozialistischen, ehemals sozialistischen, Entwicklungs- und Schwellenländern die Probleme oft noch gar nicht erfasst und geregelt haben. Im Folgenden wird nur ein Überblick über die rechtliche Beurteilung in Deutschland gegeben und durch kurze Bemerkungen zur Rechtslage in England, USA und Italien ergänzt.

1. Deutsches Recht

In der deutschen Dogmatik dominiert in unserem Zusammenhang die **Unterscheidung zwischen Schiedsrichter und Schiedsgutachter**. Seit mehr als 130 Jahren hat man sich um eine möglichst exakte Abgrenzung bemüht. Die **h.M.** sieht Schiedsvertrag und Schiedsgutachtervertrag als „wesensverschieden" an[692] und will zwischen beiden nach der Aufgabe unterscheiden, die dem Dritten übertragen wird: Gehe es um die Entscheidung eines Rechtsstreits über einen Anspruch oder ein

---

[690] Hier ist das Verfahren der ICC *Amicable Dispute Resolution (ADR)* einzuordnen (vgl. dazu www.iccadr.org), falls sich die Parteien nicht auf eine andere Methode der gütlichen Streitbeilegung geeinigt haben.
[691] S. o. III.2.
[692] Z.B. BGHZ 48, 25 (28).

Rechtsverhältnis, so sei der Dritte Schiedsrichter; gehe es dagegen um Feststellung von Tatsachen oder einzelnen Elementen eines Rechtsverhältnisses, so sei er Schiedsgutachter.[693] Der Schiedsgutachter könne aber auch über eine rechtliche Vorfrage oder über die rechtliche Einordnung der ermittelten Tatsachen mitentscheiden.[694] Im Übrigen soll der Begriff des Schiedsgutachters nicht nur die Feststellung von Tatsachen und Elementen eines Rechtsverhältnisses umfassen, sondern auch die Klarstellung des Inhalts sowie die Ergänzung und gestaltende Anpassung eines Vertrages.[695] Damit erweist sich das Schiedsgutachten als weite Sammelkategorie für Drittentscheidungen zwischen den Vertragspartnern, die nicht unter die eigentlichen Schiedsgerichtsentscheidungen fallen. Nach h.M. ist das **Schiedsgutachten immer nach materiellem Recht**, nicht nach Verfahrensrecht zu behandeln. Deshalb sollen die **§§ 317–319 BGB** auf leistungsbestimmende Schiedsgutachten direkt, auf die übrigen analog angewendet werden.

Diese Positionen der h.M. sind mehrfach angegriffen worden. Eine Auffassung lehnt die Unterscheidung nach Aufgabenbereichen ab, und will die Abgrenzung nach der Wirkung der Entscheidung vornehmen, insbesondere dem Grad der Nachprüfbarkeit durch die ordentlichen Gerichte.[696] *Habscheid*[697] will den Begriff des Schiedsgutachtens auf feststellende und rechtsklärende Gutachten beschränken und diese dem Prozessrecht zuordnen, während Vertragsergänzung oder -anpassung eine besondere Kategorie (Rechtsgestaltung durch Dritte) darstelle, die materiellrechtlich zu qualifizieren sei. Seine Position läuft also auf eine starke Ausdehnung der Geltung des Verfahrensrechts hinaus. Eine weitere Meinung sieht die dogmatische Zuordnung zum materiellen Recht oder Prozessrecht nicht als entscheidend an, sondern will auf die funktionale Ähnlichkeit zum Schiedsverfahren abstellen, die vor allem in der bindenden Wirkung der Entscheidung zum Ausdruck komme.[698] Deshalb müssten auch hierbei die verfahrensrechtlichen Mindestgarantien gewahrt werden, z.B. der Grundsatz des rechtlichen Gehörs und die Überparteilichkeit des Schiedsgutachters mit Ablehnungsmöglichkeit bei Besorgnis der Befangenheit.[699]

---

693 BGHZ 6, 335 (338) und 48, 25 (27); *Glossner*, Das Schiedsgericht in der Praxis, 2. Aufl. 1978, S. 117; *Schwab*, Schiedsgerichtsbarkeit, 5. Aufl. 2005, S. 7.
694 BGHZ 48, 25 (30 f); BGH NJW 1975, 1556.
695 RGZ 96, 57 (59 f) und st. Rspr.
696 *Habscheid*, FS Lehmann (1956), Bd.II, S. 789 (800, 809); *Wittmann*, Struktur und Grundprobleme des Schiedsgutachtenvertrages, 1978, S. 10 f.
697 AaO (Fn. 696) S. 810, *ders.* in: International Arbitration, Liber Amicorum for M. Domke, The Hague 1967, 103 ff (115).
698 *Nicklisch*, RIW/AWD 1978, 633 (641 f); *Rosenberg/Schwab/Gottwald*, Zivilprozessrecht, 17. Aufl. 2010, § 174 Rn. 18.
699 *Nicklisch*, aaO (wie Fn. 689); *Rosenberg/Schwab/Gottwald*, aaO (wie Fn. 698).

2. England, USA, Italien

In England und USA wird zwar auch die Schiedsgerichtsbarkeit (***arbitration***) von sonstigen Entscheidungen Dritter abgegrenzt, doch hat man für letztere nicht einen einheitlichen Begriff ausgebildet, sondern bezeichnet die Entscheidungen je nach den Umständen als ***appraisal, valuation, certification*** u.a.[700] Die Abgrenzungen zwischen diesen Begriffen sind unscharf. *Certification* setzt auf jeden Fall voraus, dass – wie bei den *certificates* des *Engineer* – die Beurteilung des Dritten in einer Bescheinigung verkörpert wird. Eine Abgrenzung des Schiedsverfahrens von den übrigen Drittentscheidungen ist u.a. deshalb erforderlich, weil es spezielle gesetzliche Regelungen des Schiedsgerichtswesens gibt,[701] danach bestimmte Verfahrensweisen eingehalten werden müssen und weil Schiedsrichter den Parteien nicht für Fahrlässigkeit haften. *Certifier, appraiser* oder *valuer* haben dagegen seit einer Wende der englischen Rechtsprechung in den 1970er Jahren[702] kein Haftungsprivileg mehr. Es wird jedoch nicht angenommen, dass sich *arbitration* und *certification* etc. durch wesensverschiedene Aufgaben unterscheiden.[703] Praktisch sind die Funktionen weitgehend austauschbar. Ein *valuer* kann z.B. auch in einer offenen Streitigkeit entscheiden, und durch Parteivereinbarung kann seine Entscheidung auch endgültige Bindungswirkung erhalten.[704] Die Unterscheidung hängt also vor allem vom **Parteiwillen** ab. Für dessen konkrete Ermittlung hat die Rechtsprechung gewisse Tests entwickelt. Aus dem Urteil in *Minster Trust*[705] wird überwiegend hergeleitet, dass die Entscheidung eines *certifier* oder *valuer* vom Gericht aufgehoben werden kann, wenn sie „*unreasonable*" ist.[706] Im Vergleich dazu liegt die Schwelle für die Nachprüfung von Schiedsurteilen in England wesentlich höher. Auch die deutsche Regelung in § 319 S. 1 BGB hat übrigens einen strengeren Maßstab („offenbar unbillig") als die Maßstäbe für die Kontrolle von Schiedsurteilen[707].

In den **USA** ist die Abgrenzung zwischen *arbitration* einerseits und *appraisal, valuation* und *certification* andererseits eher noch schwächer. Nach dem Recht des Bundes und der meisten Einzelstaaten ist Schiedsgerichtsbarkeit ein elastisches Instrument, das sich auch für die Füllung von Vertragslücken und für andere Entscheidungen eignet, die bei uns unter Schiedsgutachten fallen.[708] Zum Teil wird die

---

700 Vgl. *Halsbury's* Laws of England, 4th ed., Stw. „Arbitration" no. 504.
701 In England z.B. den *Arbitration Act 1996*.
702 *Sutcliffe* v *Thackrah* [1974] A.C. 727; *Arenson* v *Casson Beckman, Rutley & Co.* [1975] 3 W.L.R. 815.
703 Englische Richter halten ohnehin nicht viel von dem in Deutschland beliebten Begriff des „Wesens" im Recht. Es gibt dafür eigentlich keinen englischen Begriff.
704 Vgl. z.B. die Vereinbarung im Fall *Arenson*, aaO (Fn. 702).
705 *Minster Trust Ltd.* v *Traps Tractors Ltd.* [1954] 3 All ER 136 (145).
706 *Habscheid*, in: International Arbitration, Liber Amicorum for Martin Domke, The Hague 1967, 103 (107).
707 Vgl. zu letzterer u. § 21 VIII.
708 *Holtzmann*, Rev.Arb. 1975, 60 ff; *Aksen* 1977 Bus.Law. 595 m.w.Nw.

Unterscheidung beider Bereiche schlicht vernachlässigt,[709] zum Teil werden Grundsätze der Schiedsgerichtsbarkeit auf *appraisals* unbedenklich übertragen.[710] Doch finden sich in der mannigfaltigen Rechtsprechung auch Beispiele für eine genauere Abgrenzung und weitergehende Kontrolle von *appraisals*.[711]

Stärker als die bisher genannten Rechtsordnungen differenziert das **italienische Recht**. Es kennt neben der Schiedsgerichtsbarkeit im engeren Sinne (*arbitrato rituale*) noch drei verschiedene Arten von Drittentscheidungen: *arbitraggio* (Art. 1349 ital. Cc), *perizia contrattuale* und *arbitrato irrituale*.[712] Während sich das *arbitraggio* ungefähr mit der Leistungsbestimmung durch Dritte (also §§ 317ff BGB) und die *perizia contrattuale* mit dem Tatsachen feststellenden Schiedsgutachten vergleichen lässt, ist das *arbitrato irrituale*[713] als Fluchtreaktion der Praxis auf die lange Zeit sehr restriktive italienische Gesetzgebung gegenüber der Schiedsgerichtsbarkeit zu verstehen. Praktisch ist es ein informelles System der Streitentscheidung, mit dessen Hilfe die Praxis weitgehend den Restriktionen des „rituellen" Schiedsverfahrens aus dem Wege geht und das erstaunlicherweise als rein vertragliches Instrument anerkannt wird, was zur analogen Anwendung des Art. 1349 ital. Cc führt.[714]

V. Folgerungen für die internationalen Verträge

1. Prämissen

(a) Die rechtliche Beurteilung der hier interessierenden Instrumente der Konflikterledigung kann, wenn sie dem internationalen Charakter gerecht werden will, nicht von Begriffen und dogmatischen Einordnungen *einer* Rechtsordnung ausgehen.

(b) Es sollten **nicht voreilig aus der Sicht *einer* Rechtsordnung Beschränkungen** errichtet werden. Dies gilt vor allem für Rechtsordnungen, die von einer „Wesensverschiedenheit" der einzelnen Systeme ausgehen. Entsprechendes gilt ferner für die Einengung der verbindlichen Expertise auf Tatsachenfeststellungen.

---

709 Nachweise bei *Domke*, Law and Practice of Commercial Arbitration, Mundelein (Ill.) 1968, § 1.02 N. 13–15; *Holtzmann*, aaO (Fn. 708), 77.
710 S. z.B. die Bemerkung in *Davis Cattle Co. v Great W Sugar*, 393 F Supp 1165 (1178).
711 Vgl. *Holtzmann* aaO (Fn. 708) 76 f m.w.Nw.
712 *Bernini/Holtzmann*, Rev.Arb. 1975, 18 (31 f); *Rucellai*, Rev.Arb. 1975, 121 (123 ff); *Habscheid* aaO (Fn. 706) 105.
713 S. dazu Art. 808ter Codice procedura civile. Auch nach dieser Reform von 2006 bleibt es bei der vertragsrechtlichen Einordnung des arbitrato irrituale.
714 *Schlosser*, Recht der internationalen privaten Schiedsgerichtsbarkeit, 2. Aufl. Tübingen 1989, § 1 Rn. 27 m.w.Nw.

(c) Hinter den meisten oben dargestellten Instrumenten steht als **Leitgedanke die Vermeidung von schiedsgerichtlichen und anderen formellen Streitverfahren**. Es ist inzwischen ein Gemeinplatz, dass Schiedsverfahren keineswegs eine verlockende Alternative zu Gerichtsverfahren sind[715]. Die Parteien eines Langzeitvertrages können sich oft gar nicht leisten, während der Vertragsdauer ein Schiedsverfahren durchzuführen, weil sie weiter zusammenarbeiten müssen. Für viele der erforderlichen Zwischenentscheidungen wäre es ohnehin zu schwerfällig.

(d) Andererseits muss auch in internationalen Verträgen nicht alles toleriert werden, weil es vereinbart wurde. Bekanntlich kann hierbei ebenfalls ein Ungleichgewicht bestehen. Auch Vereinbarungen über Konflikterledigung können **nicht schrankenlos** sein.

2. Lösungsansätze

a) Vertragsinterne Erledigung von Konflikten

Nach der Feststellung von neun typischen Funktionen (Übersicht oben S. 288 ff.) können nun engere Bereiche herausgearbeitet werden, die einer gemeinsamen rechtlichen Beurteilung zugänglich sind. So ist zum Beispiel den oben zu 8. und 9.[716] genannten Gruppen gemeinsam, dass bereits ein offener Konflikt vorliegt, der aber nach dem Willen der Parteien nicht (oder noch nicht) in einem regulären Streitverfahren ausgetragen werden soll. Ferner ist ein anderer Bereich abgrenzbar, der als „vertragsinterne Erledigung von Konflikten" bezeichnet werden kann. In den modernen Langzeitverträgen ist die Vertragsgestaltung offener, auf die Verwirklichung eines Projekts oder einer Zusammenarbeit angelegt. Er entspricht teilweise eher einem Programm für den zukünftigen Ablauf, bei dem manche Details noch nicht festliegen und die Vertragsbeteiligten fortwährend zusammenarbeiten müssen. Unter diesen Umständen haben konfliktvorbeugende Mechanismen eine höhere Bedeutung als beim normalen Liefervertrag.[717] Bei diesem dynamischen Vertragskonzept lässt sich die Konflikterledigung nicht ohne weiteres von der Ausführung des Vertrages absondern. Die Probleme müssen häufig während der Vertragsabwicklung gelöst werden, und möglichst in einer Weise, die das Vertragsklima schont. Deshalb ist die Entscheidung über eine Kontroverse oft mit der normalen *contract administration* (Materialprüfungen, Bewertung von Leistungsteilen, Anweisung von Abschlagszahlungen etc.) verzahnt. Darüber hinaus gibt es viele andere **Verfahren**

---

[715] Vgl. zu den Gründen o. I.
[716] S. 289 f.
[717] Dass sich auch dort schon für häufige Problemfälle konfliktentschärfende Methoden verbreitet haben, zeigt das o. § 12 VI. vorgestellte Modell der Qualitätsarbitrage.

und Entscheidungen, durch die Konflikte erledigt werden und die zugleich integrierte Bestandteile der Realisierung des Vertragsprojekts sind. Dieser Bereich wird hier als vertragsinterne Erledigung von Konflikten bezeichnet.

Vergleicht man unter diesem Aspekt die oben zusammengestellten Funktionen, so liegt der Schwerpunkt dieser Mechanismen bei den zu 2.–6. genannten Gruppen. Die unter 1. erfassten konfliktvorbeugenden Vertragsgestaltungen sind zweifellos auch „vertragsintern", aber liegen noch auf einer Vorstufe, weil dort noch kein Mechanismus zur Entscheidung vorgeformt ist. In den Gruppen 7.–9. *können* sich vertragsinterne Mechanismen finden; sie umfassen aber auch Instrumente, die sich stärker von der Ausführung absondern, wie die traditionelle Qualitätsarbitrage oder das *„arbitrato irrituale"*.[718]

b) Vertragsrechtliche Einordnung

Wie erwähnt, ist in Deutschland umstritten, ob Schiedsgutachten vertragsrechtlich oder verfahrensrechtlich zu qualifizieren sind. Die h.M. folgt der erstgenannten Position. Erweitert man die Frage auf den Bereich dieses Kapitels, also auf alle in der Übersicht auf S. 288–290 angeführten Phänomene, so kann eine einheitliche Zuordnung nicht erwartet werden, zumal sie weiter reichen als der Begriff des Schiedsgutachtens. Für den im vorigen Abschnitt umrissenen engeren Bereich der vertragsinternen Konflikterledigung lässt sich dagegen eine Antwort finden. Die Aufgabe besteht darin, international anerkennungsfähige Maßstäbe dafür zu finden, dass in diesem Sektor ein unverzichtbares Maß an Gerechtigkeit gewährleistet ist.

Es ist keineswegs zwingend, dass es nur mit Hilfe der verfahrensrechtlichen Prinzipien erreicht werden kann. **International vorherrschend ist die vertragsrechtliche Einordnung.** Dass die Kategorien *certification, appraisal* etc. manchmal mit Schiedsgerichtsbarkeit vermengt werden, beruht eher auf Ignoranz oder Nachlässigkeit. Dafür, dass Maßstäbe zur Kontrolle und zur Wahrung der Gerechtigkeit besser im Rahmen des Vertragsrechts zu finden sind, sprechen vor allem folgende Gründe:

(1) Die **Ursachen** für die hier behandelten Konfliktregelungen liegen **in neuartigen Vertragsformen und Vertragsstrukturen**. Eine adäquate Reaktion darauf kann nicht Vertragstheorie und Vertragsrecht aussparen und sich allein auf Erweiterung der Arbitragetechniken und Übertragung verfahrensrechtlicher Prinzipien beschränken.[719] Die Probleme, die sich hier stellen, fordern vielmehr zur Rückbesinnung auf vertragsrechtliche Grundlagen und deren Weiterentwicklung auf. Auf deren Grundlage können dann konkretere Fragen beantwortet werden, wie z.B. die Maßstäbe für die korrekte Auswahl und den Einsatz der

---

718 S. zu diesem o. IV.2, S. 293.
719 So auch *Harmathy*, in: *Szabó/Péteri* (eds.), Comparative Law, Budapest 1978, S. 131 (148).

Experten, für *„reasonableness"* ihrer Entscheidungen oder Grenzen der Bindungswirkung.

(2) Ein weiteres, mehr praxisorientiertes Argument gegen die verfahrensrechtliche Behandlung ist, dass die Vertragsparteien ja gerade Alternativen zu schiedsgerichtlichen Verfahren suchen. Unterwirft man diese Mechanismen nun wiederum verfahrensrechtlichen Maßstäben, wie dem rechtlichen Gehör, so gibt man den Parteien **Steine statt Brot**. Die Verfahren werden wieder länger, teurer, formeller und einem gerichtlichen Verfahren angenähert mit allen schädlichen Folgen für das Vertragsklima und die weitere Zusammenarbeit. Gerade diejenigen Zwischenentscheidungen, die das Projekt vorantreiben sollen, würden durch Verfahrensformen aus dem Schiedsgerichtswesen *ad absurdum* geführt. Man darf sich nicht damit beruhigen, dass es nur um verfahrensrechtliche Mindestgarantien geht. Grundsätze wie die Wahrung des rechtlichen Gehörs haben ihre eigene Dynamik. Um sicher zu gehen, werden die Parteien Anwälte hinzuziehen, die es dann als ihre Pflicht ansehen werden, das rechtliche Gehör in justizförmiger Weise voll auszuschöpfen. Bezeichnend ist die Auffassung des Berufungsgerichts vor der Entscheidung BGHZ 6, 335, nach der bei einem Schiedsgutachten das rechtliche Gehör verletzt sein sollte, weil der Schiedsgutachter nach vier Besprechungen mit den Parteien nicht eine in Aussicht gestellte fünfte Gelegenheit zur Stellungnahme einräumte.[720]

c) Folgen des vertragsrechtlichen Ansatzes

Der vertragsrechtliche Ansatz verdient also in dem hier interessierenden Bereich der internationalen Verträge den Vorzug, zumal er auch international die weiteste Anerkennung findet. Dies gilt auch dann, wenn es sich um feststellende und rechtsklärende Entscheidungen der Dritten handelt. Er darf aber nicht voreilig mit der Meinung identifiziert werden, dass sich alle wesentlichen Maßstäbe aus den Regeln der Leistungsbestimmung durch Dritte herleiten lassen, wie sie etwa in §§ 317–319 BGB enthalten sind. Sie können Anhaltspunkte geben für die in der Übersicht genannten Gruppen 2.a. und 6.c., sind aber insoweit schon ergänzungsbedürftig. Dagegen eignen sie sich kaum für die Gruppen 3. (Drittentscheidungen zur Interpretation und Bereinigung des Vertragstextes), 5. (vorläufige Maßnahmen) oder 7. (Entscheidungen zur Leistungskontrolle). Offen bleiben in den §§ 317ff BGB die **Grenzen, die schon der vertraglichen Vereinbarung gezogen sind**[721], die Auswahl der Entscheidungsbefugten, die Zulässigkeit der Einflussnahme durch eine Vertragspartei, die Folgen fehlender Sachkunde des Dritten oder die Kontrollmaßstäbe für nicht

---

[720] Der BGH verwarf diese Auffassung zwar, aber man sieht, wohin die „Mindestgarantien" führen können.
[721] Z.B. die AGB-Inhaltskontrolle.

rechtsgestaltende Entscheidungen. Diese Fragen können hier nur zur Diskussion gestellt werden. Im Folgenden werden jedoch einige Ansatzpunkte für vertragsrechtliche Lösungen genannt.

aa) In den weltweit verwendeten *FIDIC Conditions* sind dem **Engineer** zahlreiche vertragsinterne Konfliktentscheidungen zugewiesen. Sie sind zwar innerhalb bestimmter Fristen durch *DAB*[722] und Schiedsgericht nachprüfbar, werden aber häufig von den Parteien akzeptiert, zumindest dann, wenn es sich um einen selbständigen *Consulting Engineer* handelt. Die Frage ist, ob solche Kompetenzen schon deshalb beanstandet werden müssen, weil der *Engineer* zugleich Vertragspartner einer Partei ist. Sicherlich ist er dann nicht unparteiisch im Sinne des Prozessrechts und wäre dort der Besorgnis der Befangenheit ausgesetzt. Aber es ist nicht von vornherein zu verwerfen, dass die Parteien im Rahmen des Vertrages einem Dritten, der bereits für das Projekt Funktionen ausübt und die beste Sachkenntnis hat, Befugnisse zu unaufschiebbaren Entscheidungen übertragen, zumal diese nicht *a priori* endgültig und bindend sind. So etwas ist keineswegs immer Ausdruck ungleicher Verhandlungspositionen. Außerdem beruht das Modell darauf, dass der *Engineer* ein selbständiger Beratender Ingenieur ist, der auf seine berufliche Reputation achten muss. Natürlich wäre die Einschaltung eines neutralen Experten eine sauberere Lösung, aber dieser Außenstehende müsste sich erst in die Einzelheiten des Vertrages einarbeiten, wäre als vielbeschäftigter Experte nicht so schnell verfügbar, und es würden zusätzliche Kosten anfallen. Eventuell müsste ihm eine „Bereitschaftsgebühr" gezahlt werden.

Wenn sich unter diesen Umständen die Parteien für eine Lösung mit weniger Neutralität entscheiden, ist das aus Sicht des Vertragsrechts **nicht schon unzulässig**, doch es müssen **Korrektive** eingebaut werden. Die englische Rechtsprechung hat sich – wie früher[723] erwähnt – schon länger mit entsprechenden Befugnissen von Architekten und Ingenieuren befasst. Sie unterscheidet sorgfältig zwischen den verschiedenen Rollen des Betreffenden[724] und hat dann für die Ausübung der neutralen Funktionen zwischen den Parteien nähere Regeln entwickelt, z.B. die Verbote der Verhinderung (*prevention of certificates*) oder der Einmischung (*interference*) von Seiten des Auftraggebers. Diese Korrektive könnten auch für internationale Verträge nutzbar gemacht werden.

bb) Als weiterer materiellrechtlicher Maßstab kommt der **Vertrauensgrundsatz** in Betracht. Wenn die Parteien auf einen Dritten vertragsinterne Entscheidungsbefugnisse übertragen, geben sie einen Teil ihrer „Autonomie" auf und setzen dabei ein

---

722 Vgl. dazu o. § 13 III.4.
723 § 13 III.3.
724 S. o. § 13 III.

bestimmtes Maß von Vertrauen in seine Sachkunde und seine Objektivität. Je größer die Verbindlichkeit der Entscheidung, desto größer der Vertrauensvorschuss. Werden den Parteien oder einer von ihnen *neue* Umstände bekannt, die Zweifel an der Objektivität und der Kompetenz begründen, so können sie je nach dem Gewicht dieser Tatsachen die Verbindlichkeit der Entscheidung in Frage stellen. Dafür braucht man aber nicht den verfahrensrechtlichen Maßstab der Befangenheit. Der Vertrauensgrundsatz kann ferner auch für die Art und Weise herangezogen werden, wie der Dritte zu seiner Entscheidung gelangt. Wer ein bestimmtes Vorgehen ankündigt, darf dann nicht ohne Grund davon abweichen. Auf diesem Weg hätte man in dem oben erwähnten Fall BGHZ 6, 335 auch zu einer angemessenen Entscheidung kommen können.

Die vertragsinternen Mechanismen der Konflikterledigung stellen somit einen **eigenständigen Bereich neben der Schiedsgerichtsbarkeit** dar. Seine rechtliche Erfassung und zukünftige Behandlung sollte im Rahmen des **Vertragsrechts** erfolgen, das allerdings für diese neue Problematik weiterentwickelt werden muss. Dies kann im hier behandelten Kontext nur in internationaler Zusammenarbeit geschehen.

Praxis-Tipps

Schiedsgerichtsverfahren sind keineswegs immer eine verlockende Alternative zur staatlichen Gerichtsbarkeit. Sie werden ebenso wir Gerichtsverfahren von der internationalen Praxis nach Möglichkeit vermieden, weil sie teuer, zeitraubend und verheerend für das Vertragsklima sind. Die Mehrzahl von Meinungsverschiedenheiten zwischen den Vertragsparteien kommt nicht vor ein Schiedsgericht, sondern wird anders erledigt. Dafür wurden in der Vertragspraxis vielfältige Mechanismen zur Vorbeugung und Beilegung von Konflikten außerhalb von oder vor eigentlichen Schiedsverfahren entwickelt.

Streitvorbeugung kann bereits bei der Gestaltung der Vertragsklauseln ansetzen, indem statt vager auslegungsbedürftiger Formeln (z.B. *„in due time"*) präzisere Angaben (z.B. *„within 30 days after the discovery"*) verwendet werden oder indem typische Schwierigkeiten der Ausführungsphase schon im Vertrag erfasst werden und dafür ein vertragsinternes Verfahren zu ihrer Bewältigung vorgesehen wird.

Andere Instrumenten sind z.B. automatische Anpassungsmechanismen (z.B. Gleitklauseln), Neuverhandlungsklauseln, Zwischenentscheidungen des *„Engineer"* in seiner neutralen Rolle, Konfliktlösungen mithilfe des *„Dispute Adjudication Board"*, Expertenverfahren, *fact-finding oder referee procedures*, *„Amicable Dispute Resolution"* der ICC, und andere vorgeschaltete Schlichtungs- oder Mediationsverfahren.

Überwiegend werden solche Mechanismen dem Vertragsrecht und nicht dem Zivilverfahrensrecht zugeordnet. Das hat Konsequenzen für die Kontrolle und eventuelle Einschränkungen (z.B. keine Geltung von Verfahrensgrundsätzen, aber Neutralität des Vermittlers, Experten etc., Billigkeitskontrolle).

Zeichnen sich Konflikte zwischen den Vertragsparteien ab, so empfiehlt es sich, die „Eskalationsmechanik" zur Beilegung von Meinungsverschiedenheiten (oben § 13 V.6) zu nutzen. Ein entsprechendes Verfahren ist schon bei den Vertragsverhandlungen zu vereinbaren. In dieser „Treppe" sollte keine mögliche und sinnvolle Stufe übersprungen oder „vergeudet" werden, weil sonst die Streitigkeit unnötigerweise bei der Unternehmensleitung ankommt. Diese sollte aber bei Konflikten so lange wie möglich im Hintergrund bleiben.

Schrifttum zu § 20

Goedel, Vertragliche Regelungen zur Streitbeilegung in internationalen Bau- und Anlagenbauverträgen, in: Böckstiegel (Hrsg.),Vertragsgestaltung und Streiterledigung in der Bauindustrie und im Anlagenbau(II), Köln 1995, S. 67–84.
ICC, The International Centre for Expertise, Publ. No. 307, Paris.
ICC, The New Revised ICC Rules for Expertise: A Presentation and Commentary, Paris 2012.
ICSID, Additional Facility for the Administration of Conciliation and Fact-Finding Proceedings, Washington D.C. 1978, Doc. ICSID/11), Sched. B.
Jiménez-Figueres, D., Amicable Means to Resolve Disputes – how the ICC ADR Rules Work, Journal of Internat. Arbitration 2004, im Internet unter „djarbitraje.com".
Nicklisch, Alternative Formen der Streitbeilegung und internationalen Handelsschiedsgerichtsbarkeit, in: FS für K.H.Schwab, München 1990, S. 381–397.
von Oppen, Der internationale Industrieanlagenvertrag – Konfliktvermeidung und -erledigung durch alternative Streitbeilegungsverfahren, Heidelberg 2001.
Pörnbacher/Baur, Lieber zum Schlichter als zum Richter, FAZ 21.11.2012, S. 21.

§ 21 Internationale Schiedsgerichtsbarkeit

I. Gründe für die Vermeidung von Streitverfahren vor staatlichen Gerichten

– Die Streitentscheidung durch staatliche Gerichte eines Staates kann das Prestige der anderen ausländischen Partei berühren, insbesondere dann, wenn diese ein staatlich kontrolliertes Unternehmen oder eine staatliche Organisation ist.
– Die Streitentscheidung durch staatliche Gerichte steht bei internationalen Rechtsstreitigkeiten unter dem Verdacht der Parteilichkeit, insbesondere dann, wenn staatliche oder staatsnahe Wirtschaftseinheiten betroffen sind.[725]
– Die richterliche Unabhängigkeit ist in manchen Staaten nicht gewährleistet. Unter anderem deshalb ist die Streitentscheidung durch staatliche Gerichte in manchen Staaten unzuverlässig oder sogar unter rechtsstaatlichen Gesichtspunkten bedenklich.
– Die Fachkompetenz der staatlichen Gerichte ist in internationalen Wirtschaftsprozessen fraglich, vor allem wenn die Geschäftsverteilung nach dem Zufallsprinzip oder formalen Kriterien (z.B. Alphabet) erfolgt. Außerdem befürchten die Parteien eine Vernachlässigung wirtschaftlicher Aspekte des Rechtsstreits.
– Die Parteien haben mehr Flexibilität hinsichtlich der Gestaltung des Verfahrens und der Wahl der Entscheidungsgrundlagen. Das Kollisionsrecht mancher Staaten schränkt die Rechtswahl erheblich ein, so dass von deren Gerichten vertragliche Rechtswahlklauseln u.U. nicht anerkannt werden.

---

[725] Dieser Verdacht war in den USA der Grund für die Einführung der *Diversity of Citizenship-Jurisdiction* der Bundesgerichte.

- Die Streitparteien scheuen die Öffentlichkeit des gerichtlichen Verfahrens, während Schiedsverfahren eher die Diskretion wahren können. Gerichtsurteile werden in der Regel veröffentlicht oder auf Datenbanken gespeichert, Schiedsurteile normalerweise nicht.[726]
- Abschreckend ist die lange Dauer der Gerichtsverfahren, insbesondere wenn sie sich über drei Instanzen erstrecken. Bei Schiedsverfahren gibt es i.d.R. nur eine Instanz.
- Schließlich haben Schiedsurteile gegenüber staatlichen Gerichtsentscheidungen auch in Bezug auf Anerkennung und Vollstreckung Vorteile. Das New Yorker Übereinkommen über die Anerkennung und Vollstreckung von 1958 ist inzwischen in ca. 150 Staaten in Kraft. Dagegen ist die Anerkennung und Vollstreckung staatlicher Gerichtsurteile außerhalb der EU keineswegs sicher. Sie ist lückenhaft und meist von zweiseitigen Staatsverträgen abhängig.

II. Verhältnis der staatlichen Gesetzgebung zur Schiedsgerichtsbarkeit

1. Vorbehalte des staatlichen Rechts

Nicht alle Staaten stehen der Schiedsgerichtsbarkeit tolerant gegenüber. Sie wird zumTeil als Zeichen des Misstrauens gegenüber dem eigenen Gerichtssystem angesehen – was nach der Auflistung der Gründe oben zu I. ja auch teilweise zutrifft. Die staatliche Souveränität soll betont und das Renommee der eigenen Gerichte gewahrt werden. Außerdem brauchen Streitparteien, wenn es später zur Zwangsvollstreckung eines Schiedsurteils kommt, doch staatliche Hilfe. Deshalb gibt es in fast allen Staaten gesetzliche Mindestanforderungen, Einschränkungen und vor allem die Festlegung der zwingenden Voraussetzungen für die Vollstreckung von Schiedssprüchen.

Das *deutsche Recht* ist insofern relativ tolerant. Die entsprechenden Vorschriften finden sich in den **§§ 1025–1066 ZPO**, die 1998 neugefasst wurden[727] und deren Neufassung sich an einem Modellgesetz der UNCITRAL von 1985 orientiert. Vorrangig gelten jedoch die **internationalen Übereinkommen über die Handelsschiedsgerichtsbarkeit**. Die Neufassung des § 1061 ZPO verweist darauf. Diese Vorschrift erwähnt ausdrücklich das Übereinkommen vom 10.Juni 1958 über die Anerkennung und Vollstreckung ausländischer Schiedssprüche (BGBl 1961 II S. 121), das sog. UN (oder New Yorker) Übereinkommen.[728] Sie sagt aber auch in einer pau-

---

[726] Allerdings publiziert die ICC seit 1974 z.T die Schiedsurteile ihres Schiedsgerichts (ohne Namensnennung) in Sammelbänden, so dass man auf diese Weise Einblick in dessen Praxis erhält; vgl. z.B.: Collection of ICC Arbitral Awards 2001–2007, ICC Publ. No. 699, 2009.
[727] Dazu *Habscheid* JZ 1998, 445 ff.
[728] Abgedruckt im Anhang Nr. 18.

schalen Formel, dass einschlägige Vorschriften in anderen Staatsverträgen unberührt bleiben (§ 1961 Abs. 1 S. 2 ZPO). Hier ist in erster Linie das „Europäische" Übereinkommen über die internationale Handelsschiedsgerichtsbarkeit vom 21. April 1961 (BGBl 1964 II S. 425) zu nennen. Die Bestimmung erfasst ferner auch bilaterale Abkommen [729] und zukünftige Staatsverträge.

Andere Rechtsordnungen waren zunächst sehr viel restriktiver. Italien und Frankreich hatten lange Zeit große Vorbehalte gegen die Schiedsgerichtsbarkeit, was sich in engen Einschränkungen und strengen Anforderungen äußerte. **Saudi-Arabien** ist zuzeit noch gegenüber der internationalen Schiedsgerichtsbarkeit sehr zurückhaltend. Zwar ist die Vereinbarung eines ausländischen oder internationalen Schiedsgerichts rechtlich zulässig, doch werden deren Entscheidungen i.d. R. nicht anerkannt.[730] Das **United Kingdom** kannte das Verfahren *„to state the case"*, das heißt nach dem dortigen Recht bis 1979 konnten jederzeit Rechtsfragen aus dem Schiedsgerichtsverfahren den staatliche Gerichten zur Entscheidung vorgelegt werden,[731] auch auf Antrag einer der streitenden Parteien. Nach den heute geltenden englischen Vorschriften ist diese Möglichkeit erheblich eingeschränkt; die Parteien können das auch in der Schiedsvereinbarung weitgehend ausschließen. Auch in anderen Ländern ist eine Tendenz zur Liberalisierung und zu größeren Spielräumen in der Schiedsgerichtsbarkeit zu beobachten.[732] Dementsprechend ist in den letzten Jahren der Anteil der Streitigkeiten, die vor Schiedsgerichten ausgetragen werden, kontinuierlich gestiegen.[733]

Ein Schiedsspruch kann nach deutschem Recht aufgehoben werden, wenn der Streitgegenstand nicht **schiedsfähig** ist (§ 1059 Abs. 2 Nr. 2a ZPO). Ebenso kann auch nach Art. V Abs. 2 lit. a des New Yorker UN-Übereinkommens von 1958 die Anerkennung und Vollstreckung internationaler Schiedssprüche versagt werden, wenn im Anerkennungs- und Vollstreckungsland der Gegenstand des Streites nicht im schiedsrichterlichen Verfahren geregelt werden kann. Schiedsfähig sind nach

---

729 Z.B. den „Freundschafts-, Handels- und Schiffahrtsvertrag zwischen der BRD und den USA v. 29.10.1954 (BGBl 1956 II S. 488).
730 *Wülfing*, Internationale Handelsschiedsgerichtsbarkeit im Nahen und Mittleren Osten (2009), S. 8, wzr- legal.com/.../Internationale Handelsschiedsgerichtsbarkeit ...; vgl. ferner *Schütze*, RIW 1984, 261; *Nerz*, RIW 1987, 23.
731 Auf diese Weise gaben englische *Law Reports* öfters Einblicke in den Streitstoff von Schiedsverfahren, was den Parteien gar nicht recht war.
732 So z.B. in Italien durch die Reformen in den 1990er Jahren und 2006. In Frankreich sind im Mai 2011 neue Vorschriften zur internen und zur internationalen Schiedsgerichtsbarkeit in Kraft getreten, nachdem sich das Gesetzesrecht und die tolerantere höchstrichterliche Rechtsprechung auseinander entwickelt hatten; vgl. Décret No. 2011–348 v. 13.1.2011.
733 Beim Schiedsgerichtshof der ICC hat die Zahl der Verfahren von 2007 bis 2011 um 30% zugenommen, bei der DIS in diesem Zeitraum um mehr als 70% (Angaben nach *Pörnbacher/Baur*, FAZ v. 21.11.2012, S. 21).

§ 1030 ZPO alle vermögensrechtlichen Ansprüche mit Ausnahme des Bestands eines Mietverhältnisses über Wohnraum). Damit sind praktisch alle Streitstoffe des Außenwirtschaftsverkehrs in Deutschland schiedsfähig.

2. Calvo-Doktrin

Im 19. Jahrhundert wurde von dem argentinischen Wissenschaftler *Carlos Calvo* der Grundsatz aufgestellt, dass bei privatrechtlichen Streitigkeiten unter Beteiligung von ausländischen Staatsangehörigen oder ausländischen Unternehmen die Gerichte des Gastlandes vor Ort zuständig sind und eine diplomatische Intervention ihrer Heimatstaaten zur Durchsetzung etwaiger Rechtsansprüche unterbleiben muss.[734] Die Klausel wurde vor allem von südamerikanischen Staaten, aber auch von einigen anderen Entwicklungsländern in ihre Rechtssysteme integriert, z.T. auch in die Verfassungen.

Die Konsequenz war, dass für diesen Bereich der Justiz praktisch der diplomatische und konsularische Schutz ausgeschlossen wurde. In unserem Zusammenhang bedeutete es die Ablehnung der freien Wahl des Gerichtsstandes, des anzuwendenden materiellen Rechts und vor allem auch der Schiedsgerichtsbarkeit. Wenn die eigenen staatlichen Gerichte in derartigen Rechtsstreitigkeiten ausschließlich zuständig sind, bleibt kein Raum für Schiedsverfahren, und diese Gerichte wendeten nach einer (jedenfalls damals) verbreiteten Vorstellung immer das eigene Recht an.

Die UNO hat seitdem Erhebliches geleistet, um die *Calvo*-Doktrin zu demontieren. Im Bereich der Schiedsgerichtsbarkeit ist das vor allem dem **UN-Übereinkommen von 1958**[735] zu verdanken. Es ist für die BRD 1961 in Kraft getreten und inzwischen von ca. 150 Staaten ratifiziert worden, u.a. auch von Argentinien, Brasilien und Chile.

III. Arten von Schiedsgerichten

1. Ständige (institutionelle) Schiedsgerichte

Zu diesen gehören z.B. der Schiedsgerichtshof der ICC in Paris, der *London Court of Arbitration* oder die „Hamburger Freundschaftliche Arbitrage". Ihnen liegt jeweils ein festes Regelwerk, z.B. ein Statut und eine Verfahrensordnung zugrunde. Das ICSID in Washington D.C. ist dagegen kein institutionelles Schiedsgericht, sondern eine Organisation zur Beilegung von Investitionsstreitigkeiten im Wege von Schlichtungs- und Schiedsgerichtsverfahren etc.; vgl. dazu näher o. § 19 III.

---

734 Vgl. z.B. http://de.wikipedia.org/wiki/Calvo-Doktrin. Andere Formulierung in Englisch: *„... jurisdiction lies with the country in which the investment is located."*
735 S. oben II.1 und Anhang Nr. 18.

2. Ad hoc-Schiedsgerichte

Diese werden aufgrund der Vereinbarung der Parteien eines Vertrages erst für den konkreten Streitfall gebildet, können sich aber auch einer fertigen Verfahrensordnung bedienen. Für diese bietet z.B. UNCITRAL seit 1976 eine Schiedsordnung an: *UNCITRAL Rules of Arbitration*, jetzt in revidierter Fassung von 2010.

3. Staatliche Schiedsgerichte

Die ehemals sozialistischen Staaten hatten eigene institutionellen Arbitrage-Organisationen, z.B. die DDR das „Schiedsgericht bei der Kammer für Außenhandel der DDR".

Heute hat u.a. noch Kuba ein Schiedsgericht unter staatlicher Regie[736]. Auch in der Volksrepublik China gibt es noch staatliche Schiedskommissionen, z.B. die China International Economic and Trade Arbitration Commission (CIETAC) und die China Maritime Arbitration Commission (CMAC). Art. 128 des chinesischen Vertragsgesetzes erlaubt aber prinzipiell bei Verträgen mit Auslandsbezug auch die Vereinbarung eines ausländischen bzw. internationalen Schiedsgerichts. Ferner wird im chinesisch-deutschen Investitionsschutzabkommen von 2003 für Streitigkeiten wegen Vertragsverletzungen der Zugang zu internationalen Schiedsgerichten gewährleistet.[737]

Mit vietnamesischen Partnern kann nach dem vietnamesischen Investitionsgesetz von 2005 die Zuständigkeit eines internationalen Schiedsgerichts vereinbart werden.[738]

4. Mehrparteienschiedsverfahren (*Multiparty Arbitration*)

Hierbei handelt es sich nicht um besondere Schiedsgerichte, sondern um eine besondere Verfahrensart. Anlass dazu können Rechtsstreitigkeiten in einem Vertragsgefüge sein, von denen mehr als zwei Beteiligte betroffen sind, zum Beispiel Auftraggeber, Hauptunternehmer und Subunternehmer. In der ICC Schiedsgerichtsordnung (abgedruckt im Anhang Nr. 17) ist dieses Verfahren in Artt. 7–10 geregelt. Vgl. dazu *Nicklisch*, NJW 1985, 2359 (2369) und BB 2000, 2166 ff; *Lazareff*, Multiparty

---

[736] *Corte Cubana de Arbitraje Comercial Internacional* aufgrund einer Regelung von 2005; seit 2007 besteht dort nun auch die Möglichkeit einer Mediation.
[737] Vgl. o. § 19 III. zu Fn. 655.
[738] Ähnlich ist die Lage in Nordkorea. Die Vertragsparteien können sich auf ein internationales Schiedsgericht einigen. Blockiert der nordkoreanische Partner dies aber, so entscheidet eine nationale Instanz Nordkoreas. Nordkorea ist auch nicht Vertragsstaat des UN-Übereinkommens von 1958. Im Übrigen ist der Außenhandel zwischen deutschen und nordkoreanischen Partnern zzt. geringfügig, doch das könnte sich in Kürze ändern.

Arbitration, Paris 2010; *Hanotiau, B./Schwartz, E.A.* (eds.), Multiparty Arbitration, ICC Publ. No. 701, Paris 2010.

IV. Grundlagen der schiedsgerichtlichen Entscheidung

Sowohl das deutsche Recht als auch die internationalen Übereinkommen gehen im Prinzip davon aus, dass die Schiedsgerichte nach Rechtsnormen entscheiden. Dies gilt jedenfalls für das **materielle Recht**. Darauf weisen zum Beispiel Art. VII (1) des Europ. Übereinkommens von 1961 und § 1051 Abs. 1 und 2 ZPO, die mit einer gewissen Selbstverständlichkeit von „Rechtsanwendung" oder „Rechtsvorschriften" sprechen. Bei der **Verfahrensgestaltung** sind die Schiedsgerichte **freier**.[739] Grenzen setzt in beiden Fällen der *ordre public*.

Das Schiedsgericht kann aber auch, wenn die Parteien es wollen und ausdrücklich dazu ermächtigt haben (§ 1051 Abs. 3 ZPO) bzw. „wenn dies dem Willen der Parteien entspricht und wenn das für das schiedsrichterliche Verfahren maßgebende Recht es gestattet" (Art. VII Abs. 2 Europ. Übereinkommen v. 1961), **„nach Billigkeit"** entscheiden. Hierfür gibt es auch die Formeln Entscheidung *„ex aequo et bono"* oder als *„amiable compositeur"*.[740] Dann kann das Schiedsgericht z.B. auch stärker wirtschaftliche oder soziale Gesichtspunkte in den Vordergrund stellen. Die Vorhersehbarkeit und Berechenbarkeit der Entscheidung ist in diesem Fall aber sehr eingeschränkt.

Ist die Entscheidung aufgrund von Rechtsnormen zu fällen, so stellt sich die Frage: nach welchem Recht? An erster Stelle gilt nach allen einschlägigen Normen der Grundsatz der **Parteiautonomie** (§ 1051 Abs. 1 S. 1 ZPO, Art. II Abs. 1 S. 1 Europ.Üb. von 1961). So heißt es etwa in Art. VII Abs. 1 S. 1 Europ. Übereinkommen von 1961:

> „Den Parteien steht es frei, das Recht zu vereinbaren, welches das Schiedsgericht in der Hauptsache anzuwenden hat."

Die Wahl eines nationalen Rechts durch die Parteien ist als Wahl der Sachnormen (nicht der Kollisionsnormen) dieser Rechtsordnung zu verstehen. § 1051 Abs. 1 S. 2 ZPO sagt das noch einmal ausdrücklich; es gilt aber auch allgemein.

---

739 Vgl. Art. IV Europ. Üb. von 1961 und § 1042 Abs. 3 und 4 ZPO. Die Grundsätze der Gleichbehandlung der Parteien und des rechtlichen Gehörs müssen jedoch beachtet werden (§ 1042 Abs. 1 ZPO).
740 Dies darf nicht mit der sog. *Amicable Dispute Resolution* (ADR) verwechselt werden, vgl. dazu o. § 20 II.5. ADR bei der ICC ist eine Alternative zum schiedsgerichtlichen Verfahren.

Die Frage ist, was gelten soll, wenn die Parteien keine solche Wahl getroffen haben (was gar nicht so selten ist). Internationale Schiedsgerichte sind nicht an nationale Kollisionsnormen gebunden. **Art. VII Abs. 1 S. 2 Eur. Üb. von 1961** hat dafür die seltsame Formulierung:

> „Haben die Parteien das anzuwendende Recht nicht bestimmt, so hat das Schiedsgericht das Recht anzuwenden, auf das die Kollisionsnormen hinweisen, von denen auszugehen das Schiedsgericht jeweils für richtig erachtet."

Da das **internationale Schiedsgericht** ja nicht wie ein staatliches Gericht an die Kollisionsnormen am Sitz des Gerichts gebunden ist, kann es also **selbst die Kollisionsnormen auswählen**. Es kann z.B. die am Niederlassungsort einer der beteiligten Parteien oder die am Sitz des Schiedsgerichts geltenden Kollisionsnormen heranziehen. Über diese ermittelt es also die maßgeblichen Sachnormen. Etwas anders regelt es § 1051 Abs. 2 ZPO: Hier ist in Ermangelung einer Parteiwahl das Recht anzuwenden, mit dem der Gegenstand des Verfahrens die engste Verbindung hat. Mit diesem vagen Maßstab hat das Schiedsgericht freilich zunächst eine unangenehme Aufgabe zu lösen, bevor es zur eigentlichen Sache kommen kann.

Nach der hier vertretenen (aber umstrittenen) Auffassung können die Parteien auch eine Rechtswahl treffen, die sich von allen nationalen Rechtsvorschriften löst und zum Beispiel die „allgemeinen Grundsätze und Gebräuche des internationalen Handels" als Grundlage des Schiedsspruches bestimmen. Eine solche **„Internationalisierung"** des anzuwendenden Rechts ist – wie oben[741] näher ausgeführt – riskant, aber nach unserem Rechtsverständnis nicht verboten.

Der Schiedsspruch ist grundsätzlich zu begründen. Zwar können die Parteien nach den einschlägigen Vorschriften[742] vereinbaren, dass keine Begründung gegeben werden muss, doch ist davon abzuraten, weil die Entscheidung dann nicht nachvollziehbar ist und der Begründungszwang zu einer gut überlegten und rationalen Entscheidung beiträgt.

V. Beispiele für Schiedsklauseln

1. Beispiele für Schiedsklauseln mit Vereinbarung der Zuständigkeit des ICC-Schiedsgerichts

> „All disputes arising out of or in connection with the present contract shall be finally settled under the Rules of Arbitration of the International Chamber of Commerce by one or more arbitrators

---

[741] § 14 IV.
[742] § 1054 Abs. 2 ZPO; Art. VIII Eur. Üb. v. 1961.

appointed in accordance with the said Rules. The Emergency Arbitrator Provisions shall not apply.[743]

Deutsche Übersetzung

„Alle Streitigkeiten, die sich aus oder im Zusammenhang mit dem vorliegenden Vertrag ergeben, werden nach der Schiedsgerichtsordnung der Internationalen Handelskammer (ICC) von einem oder mehreren gemäß dieser Ordnung ernannten Schiedsrichtern endgültig entschieden. Die Bestimmungen zum Eilschiedsgerichtsverfahren finden keine Anwendung."

Falls die Parteien auch das Eilschiedsgerichtsverfahren wollen, bleibt der letzte Satz weg.

Die Parteien können ferner folgende Punkte in die Schiedsklausel aufnehmen:
- das auf den Vertrag anzuwendende Recht,
- die Zahl der Schiedsrichter,
- den Ort des Schiedsverfahrens,
- die Verfahrenssprache.

2. Beispiel einer Schiedsklausel für ein Verfahren nach den UNCITRAL Arbitration Rules

„Any dispute or claim arising out of or relating to this contract, or the breach, termination or validity thereof, shall be settled by arbitration in accordance with the UNCITRAL Arbitration Rules as in present in force."

VI. Skizze eines Schiedsverfahrens nach der Schiedsgerichtsordnung der ICC

Beispielfall

Die deutsche Firma D hat mit der französischen Firma F einen Vertrag über die Lieferung und Montage einer großen Zeitungsdruckmaschine geschlossen. Darin ist auch eine Schiedsklausel

---

[743] Musterklausel der ICC i.d.F. von 2012, Copyright der ICC. Abgedruckt mit freundlicher Genehmigung der ICC. Der hier abgedruckte Text ist gültig zur Zeit der Publikation dieses Buches. Offizielle Textversionen sind nur die englische und französische. Zu späteren Änderungen und mehr Informationen über den ICC Dispute Resolution Service s. www.iccwbo.org. Die offiziellen englischen und französischen Texte sind auch zugänglich in der ICC Dispute Resolution Library unter www.iccdrl.com.

nach dem Vertragsmuster UNECE Nr. 188 (Anhang Nr. 3) enthalten. Als Vertragsstatut ist deutsches Recht vereinbart.

F ist mit der gelieferten und montierten Maschine unzufrieden. Die garantierte Zahl von Zeitungen pro Minute werde nicht erreicht, da es bei voller Geschwindigkeit dauernd Störungen gebe. D behauptet, das liege an dem minderwertigen Papier, das F verwende. F verweigert den noch ausstehenden Rest von 40% des Kaufpreises.

Ein Schlichtungsversuch ist gescheitert.

(1) Daraufhin erhebt D **Schiedsklage** auf die Restzahlung nach Art. 4 SchGO ICC v. 2012[744] beim Sekretariat des SchGH der ICC in Paris. Außer den üblichen Bestandteilen einer Klage sind die besonderen Anforderungen nach Art. 4 Abs. 3c) bis h) zu beachten. Wir gehen davon aus, dass sie hier erfüllt sind.

(2) Hier zeigen sich zwei Besonderheiten:
 – Der SchGH der ICC ist zwar ein institutionelles Schiedsgericht, aber gleichwohl muss das Schiedsgericht für den konkreten Fall erst konstituiert werden. Es ist nicht wie das Entscheidungsgremium beim staatlichen Gericht schon vorgegeben.
 – Die Bestimmung der Rechtsregeln und sonstigen Maßstäbe für die Entscheidung sind flexibler als beim Staat. Mangels Vereinbarung gilt, was das Schiedsgericht „für angemessen erachtet".

(3) In unserem Fall enthält schon die vertragliche Schiedsklausel die Rechtswahl: Recht des Verkäuferlandes, also deutsche Sachnormen. Das entspricht auch der Rechtswahlklausel im Vertrag.

(4) F reicht binnen 30 Tagen ihre **Klageantwort** ein (Art. 5 SchGO).

(5) Die Parteien haben nach Absprache in ihren Schriftsätzen ein sog. **Dreier-Schiedsgericht** gewählt. Das wird nach Art. 12 Abs. 4 und 5 SchGO gebildet: Jede Partei benennt einen Schiedsrichter, der dritte, der zugleich Vorsitzender ist, wird vom Gerichtshof ernannt (häufig ist auch in den Regeln die Benennung durch die beiden von den Parteien bestimmten Schiedsrichter vorgesehen). Der Vorsitzende muss grundsätzlich eine andere Staatsangehörigkeit haben als die Parteien. (Art. 13 Abs. 5 SchGO).[745] Obwohl die SchGO das nicht ausdrücklich vorsieht, ist es ratsam sicherzustellen, dass zumindest einer der Schiedsrichter Jurist ist.

(6) Die Schiedsrichter müssen gemäß Art. 11 Abs. 2 SchGO eine Erklärung über ihre Verfügbarkeit, Unparteilichkeit und Unabhängigkeit unterschreiben. Die Ablehnung eines Schiedsrichters durch eine Partei ist möglich; endgültig entscheidet darüber aber der Schiedsgerichtshof (Art. 14 SchGO).

---

[744] In Kraft seit 1.1.2012, abgedruckt im Anhang Nr. 17.
[745] In dieser Phase ergeben sich oft Verzögerungen. Die Parteien benennen die Schiedsrichter oft nicht gleich in der Klage und Klageantwort. Es gibt auch keine eindeutigen Fristen.

(7) Nach 4 Monaten steht das Schiedsgericht fest: Der Vorsitzende ist ein pensionierter Richter vom niederländischen *Hooge Rat*, die anderen beiden erfahrene Praktiker aus der Sparte Maschinenbau, einer aus Deutschland, der andere aus Frankreich.

(8) Dennoch kann nicht sofort verhandelt werden, denn es sind weitere Hürden zu nehmen. Das Schiedsgericht muss den **Ort der Verhandlung** festlegen, worüber die Parteien schon uneinig sind. Schließlich wird Paris bestimmt, weil sich dort auch die Maschine befindet.

Außerdem muss die **Verfahrenssprache** festgelegt werden (Art. 20 SchGO). Auch hier wird eine Entscheidung des Schiedsgerichts nötig: Verfahrenssprachen sollen Französisch und Deutsch sein; der niederländische Vorsitzende kann glücklicherweise beides.

Der Kläger muss einen **Kostenvorschuss** zahlen, der vom Schiedsgerichtshof festgesetzt wird; und die voraussichtlichen Kosten bis zur Erstellung des Schiedsauftrags decken soll (Art. 36 SchGO). Alle Beträge sind grundsätzlich in US $ zu zahlen. Wird der Vorschuss nicht bezahlt, so kann das Verfahren ausgesetzt werden (Art. 36 Abs. 6 SchGO).

In unserem Fall zahlt der Kläger den Vorschuss unverzüglich.

(9) Das Sekretariat schickt die Akten an das Schiedsgericht. Seit Erhebung der Klage sind nun 8 Monate vergangen. Jetzt kommt als Besonderheit der SchGO der ICC der „**Schiedsauftrag**" (*Terms of Reference*).[746] Er wird vom Schiedsgericht formuliert und ist von den Parteien zu unterzeichnen. In ihm soll das „Programm" des Prozesses einverständlich festgelegt werden:

Er besteht neben formellen Angaben (z.B. Vertreter der Parteien, Kontaktdaten, Zustellungsadressen etc.) aus einem Sachbericht, den Anträgen der Parteien, Verfahrensbesonderheiten (z.B. Ermächtigung zur Entscheidung „*ex aequo et bono*") und einer „Liste der zu entscheidenden Streitfragen" (Art. 23 Abs. 1d SchGO).

Problem: Hier geht oft der Streit zwischen den Parteien und die Verhärtung der Standpunkte schon los, denn die Frage was entscheidungserheblich ist, stellt bereits Weichen, und das Schiedsgericht kann später schlecht gegen den Willen der Parteien davon abweichen. Falls sich eine Partei weigert, den Schiedsauftrag zu unterschreiben, wird dieser dem Schiedsgerichtshof zur Genehmigung vorgelegt. Wenn es so weit kommt, sind die Beteiligten allerdings schon in einer Krisenstimmung und das weitere Verfahren belastet. Das Schiedsgericht kann ausnahmsweise auch von der Erstellung der „Liste der zu entscheidenden Streitfragen" absehen (Art. 23 Abs. 1d SchGO).

---

[746] Dazu gab es viel Kritik, jetzt ist ein Kompromiss in Art. 23 SchGO verankert.

9 Monate nach Erhebung der Schiedsklage stellt das Schiedsgericht den Schiedsauftrag fertig, und sendet ihn an die Parteien; alle unterschreiben.
(10) Das Schiedsgericht beruft nun eine **„Verfahrensmanagement-Konferenz"** ein (Art. 24 SchGO), um die Parteien zu möglichen Verfahrensmaßnahmen anzuhören. Bei dieser Konferenz oder danach erstellt das Schiedsgericht einen Zeitplan für den Ablauf des Verfahrens („Verfahrenskalender"), der jedoch vom Schiedsgericht nach Anhörung der Parteien später auch geändert werden kann.
(11) 10 Monate nach Erhebung der Schiedsklage beginnt das **eigentliche Verfahren**, also u.a.:
   – Feststellung der Tatsachen „mit allen geeigneten Mitteln" (Art. 25 Abs. 1 SchGO), d.h. es gilt sog. Freibeweis,
   – weitere Schriftsätze der Parteien,
   – mündliche Verhandlung,
   – Beweisbeschlüsse,
   – Beweisaufnahme (z.B. Ortstermin, Zeugenvernehmung, Sachverständigengutachten).
(12) Nach weiteren 4 Monaten erklärt das SchG den **Schluss des Verfahrens** (Art. 27 SchGO). Danach können keine weiteren Schriftsätze mehr eingereicht werden.
(13) Der endgültige **Schiedsspruch** muss innerhalb 6 Monaten seit der letzten Unterschrift unter den Schiedsauftrag ergehen (Art. 30 Abs. 1 SchGO); hier ist das Bemühen um Beschleunigung erkennbar.[747] Eine Verlängerung der Frist durch den Schiedsgerichtshof ist aber möglich.

In unserem Fall stellt das Schiedsgericht den Schiedsspruch ca. 15 Monate nach Erhebung der Schiedsklage fertig, was als relativ gute Zeit anzusehen ist. Wenn eine Partei verschleppt, kann es sehr viel länger dauern. Der Schiedsspruch wird vom Schiedsgerichtshof genehmigt und, nachdem sämtliche Kosten bezahlt worden sind, den Parteien zugestellt.
(14) Wir nehmen an, dass nach Anhörung der Sachverständigen und Überzeugung des Schiedsgerichts die Papierqualität für die vertraglich vereinbarte Leistung der Maschine keine Rolle spielt, weil die F normales Zeitungspapier verwendet und bei der Leistungsgarantie keine höhere Papierqualität vereinbart worden war. Es haben sich aber Mängel der Anlage erwiesen, und es wurde festgestellt, dass sie deshalb nur maximal 60% der garantierten Leistung erbringen kann. Eine Nachbesserung ist nicht möglich. Der Schiedsspruch lautet, dass die F das Recht hat, den Kaufpreis um 40% zu mindern. D hat daher keinen Anspruch auf die Restzahlung. Die Schiedsklage wird in vollem Umfang abgewiesen. Der

---

[747] Es gibt auch die Möglichkeit eines „Eilschiedsverfahrens", vgl. die Eilschiedsrichterverfahrensordnung, Anhang V zu SchGO ICC.

Schiedsspruch enthält eine kurze Ausführung der tragenden Gründe (vgl. Art. 31 Abs. 2 SchGO: Begründungspflicht).[748]

(15) Die gesamten **Kosten** des Verfahrens werden der D auferlegt, weil sie in vollem Umfang unterlegen ist. Das ist aber kein unabwendbares Schema; vielmehr soll das Schiedsgericht bei der Kostenentscheidung „alle ihm relevant erscheinenden Umstände berücksichtigen", also z.B. auch Verschleppung durch eine Partei (Art. 37 Abs. 5 SchGO).[749]

VII. Kosten von Schiedsverfahren

Dass schiedsgerichtliche Verfahren keineswegs eine preiswerte Alternative zu Verfahren vor staatlichen Gerichten sind, wurde bereits angedeutet. Da bei größeren Streitwerten normalerweise Rechtsanwälte hinzugezogen werden, entstehen im Allgemeinen erheblich höhere Kosten als in einem Prozess vor einem Landgericht in erster Instanz.[750]

Bei einem Verfahren gemäß der Verfahrensordnung der **Deutschen Institution für Schiedsgerichtsbarkeit e.V. (DIS)** entstehen nach dem Stand vom 23.9.2011 folgende Gesamtkosten eines mit drei Schiedsrichtern besetzten Schiedsgerichts in einem Zweiparteien-Rechtsstreit ohne Widerklage[751]:

- Streitwert: € 100.000,–
- Kosten des Schiedsverfahrens mit Schiedsrichterhonoraren ca. € 16.500,–
- Hinzu kommen eventuelle Auslagen der Schiedsrichter, Sachverständigenhonorare und Zeugenentschädigungen, Vergütungen für Dolmetscher und den *„Court Reporter"* (Protokollführer) sowie die Anwaltskosten der Parteien.

Da es in der Regel keine Berufungs- und Revisionsinstanz gibt,[752] kann das Schiedsverfahren, sofern nicht ein Aufhebungsverfahren vor einem staatlichen Gericht

---

[748] Falls die Schiedsordnung das nicht schon vorsieht, sollten die Parteien schon bei der Schiedsvereinbarung vorsehen, dass das evtl. ergehende Schiedsurteil eine schriftliche Begründung enthalten muss.

[749] Falls die Schiedsordnung das nicht schon vorsieht, müssen die Streitparteien sicherstellen, dass das Schiedsgericht auch über die Kosten entscheidet.

[750] Vor einem LG erster Instanz entständen bei einem Abschluss des Verfahrens durch Endurteil Gebühren von ca. € 3.000,– zuzüglich Auslagen, Sachverständigenhonorare, Zeugenentschädigungen, Dolmetscher- und Anwaltskosten (Stand von 1.1.2012).

[751] Quelle: http://www.dis-arb.de/de/22/gebuehrenrechner/uebersicht-idO. Die DIS wird zunehmend auch in internationalen Schiedsverfahren tätig.

[752] Eine Ausnahme ist insofern die Schiedsgerichtsordnung des Waren-Vereins der Hamburger Börse (§§ 28 ff), die u.U. ein Berufungsverfahren zulässt.

stattfindet (s.u. VIII), im Ergebnis immerhin die Kosten für die Verfahren vor höheren Gerichten ersparen.

Bei einem Schiedsverfahren vor dem **Schiedsgerichtshof der ICC**[753] fallen bei einem Streitwert von US $ 1.000.000 Verwaltungskosten in Höhe von ca. US $ 21.700 und Schiedsrichterhonoraransprüche zwischen ca. US $ 9.540 und 40.280 für *jeden* Schiedsrichter an. Hinzu kommen Sachverständigen- und Zeugenentschädigungen, Auslagen und vor allem die Anwaltskosten, die ein Mehrfaches der Kosten des Schiedsgerichts betragen können. Insgesamt übersteigt das die Kosten eines Zivilprozesses vor einem deutschen Landgericht ganz erheblich.[754] Die Kosten liegen auch noch höher, wenn man die Endsumme mit deutschen Gerichtskosten in zwei Instanzen (LG und OLG) vergleicht.

VIII. Gerichtliche Kontrolle von Schiedssprüchen

Gegen einen Schiedsspruch gibt es in aller Regel **keine Rechtsmittel**, also nicht Berufung oder Revision zu einem „Oberschiedsgericht". Es gibt nach deutschem Recht auch keine Vorabentscheidung von Rechtsfragen durch staatliche Gerichte, wie bis 1979 in England mit dem Verfahren *„to state the case"*. Dennoch kann es zu einer begrenzten Nachprüfung von Schiedssprüchen durch staatliche Richter kommen. Das wird immer dann erforderlich, wenn eine Partei die **Aufhebung des Schiedsspruchs nach § 1059 ZPO** beantragt oder wenn ein Schiedsspruch nicht freiwillig erfüllt wird und deshalb die Hilfe staatlicher Instanzen in Anspruch genommen werden muss. Denn eine private Vollstreckung im Wege einer Art „Selbsthilfe" ist nicht zulässig; eine entsprechende Parteivereinbarung wäre nichtig.[755] Im **UN-Übereinkommen von 1958** verpflichten sich die Vertragsstaaten zur gegenseitigen **Anerkennung und Vollstreckung von Schiedssprüchen** (Art. III). Allerdings müssen diese bestimmte Voraussetzungen erfüllen. Hierzu enthält Art. IV gewisse formelle Bedingungen und Art. V des Übereinkommens eine Liste von materiellen Gründen, die – sofern bewiesen – die Versagung der Anerkennung und Vollstreckung rechtfertigen. Dazu gehören z.B. Verletzung von **prozessualen Min-**

---

[753] Stand vom 1.1.2012.
[754] Die reinen Gerichtsgebühren in der ersten Instanz vor dem LG lägen bei einem vergleichbaren Streitwert von € 780.000,– bei ca. € 11.560,– (Stand: Sept. 2012); hinzu kämen auch hier Auslagen, Sachverständigenhonorare, Zeugenentschädigungen und die Anwaltskosten. Ginge das Verfahren in die zweite Instanz vor dem OLG, kämen noch einmal ca. € 15.400,– an Gerichtskosten zuzüglich Auslagen etc. hinzu.
[755] Ein Fall des Verstoßes nicht nur gegen den deutschen, sondern auch gegen den internationalen *ordre public*.

destgarantien, wie des Grundsatzes des rechtlichen Gehörs (Art. V lit. b) oder ein Verstoß gegen die öffentliche Ordnung (*ordre public*)[756] des Landes, in dem anerkannt und vollstreckt werden soll (s. im Einzelnen Anhang Nr. 18). Eine ähnliche Liste enthält § 1059 ZPO.[757] Nach dieser Vorschrift kann ein Antrag auf Aufhebung eines Schiedsspruchs beim staatlichen Gericht gestellt werden. Die Gründe sind nach § 1059 Abs. 2 ZPO eng begrenzt. In geeigneten Fällen kann das Gericht die Sache an das Schiedsgericht zurückverweisen. Darüber hinaus findet keine inhaltliche Überprüfung in tatsächlicher oder rechtlicher Hinsicht statt.

Das UN-Übereinkommen über die Anerkennung und Vollstreckung ausländischer Schiedssprüche ist inzwischen von ca. 150 Staaten ratifiziert worden. Damit ist die internationale Praxis von einem **weltumspannenden System der Anerkennung und Vollstreckung von Schiedssprüchen** nicht mehr weit entfernt. Demgegenüber ist die Anerkennung und Vollstreckung von staatlichen Gerichtsentscheidungen – wenn man von der EU absieht – stark im Rückstand. Sie beruht im Wesentlichen auf bilateralen oder auf enge Regionen beschränkten Staatsverträgen.[758]

Praxis-Tipps

Aus der Sicht der internationalen Wirtschaftspraxis spricht Vieles gegen die Anrufung staatlicher Gerichte. Internationale Schiedsgerichtsverfahren haben die Vorteile, dass das Schiedsgericht in der betreffenden Materie kompetent ist, dass die Verfahren nicht öffentlich sind, dass sie i.d.R. nur eine Instanz kennen und deshalb schneller abgeschlossen werden können, dass sie in der Gestaltung des Verfahrens freier sind, dass sie nicht an ein bestimmtes Kollisionsrecht gebunden sind, dass die Parteien ohne Einschränkung das anzuwendende materielle Recht wählen können und dass, wenn die Parteien dies wollen, auch eine Entscheidung nach Billigkeit („*ex aequo et bono*") möglich ist. Allerdings machen Schiedsgerichtsverfahren höhere Kosten, jedenfalls im Vergleich zu einem Gerichtsverfahren in einer Instanz.

Im deutschen Recht sind die §§ 1025–1066 ZPO maßgebend, vorrangig aber zwei internationale Abkommen: Das UN-Übereinkommen über die Anerkennung und Vollstreckung ausländischer Schiedssprüche von 1958 und das Europäische Übereinkommen über die Internationale Handelsschiedsgerichtsbarkeit von 1961. Deutschland ist bei beiden Abkommen Vertragsstaat.

Bei der Vorbereitung eines Schiedsverfahrens ist darauf zu achten, dass der Schiedsspruch eine schriftliche Begründung und eine Kostenentscheidung enthält. Ferner ist ratsam, dass zumindest einer der Schiedsrichter Jurist ist. Sollte die gewählte Schiedsordnung das nicht vorsehen, so sind entsprechende Vereinbarungen der Parteien zu empfehlen.

---

[756] Als Verstoß gegen den deutschen *ordre public* ist z.B. ein Schiedsrichter in eigener Sache gewertet worden (*Schlosser*, Recht der internat. priv. Schiedsgerichtsbarkeit, 2. Aufl. 1989, Rn. 515) oder sittenwidrige Schädigung nach § 826 BGB (BGH NJW 2001, 373).

[757] Sie ist auf das UN-Übereinkommen abgestimmt worden. Zu beachten ist ferner Art. IX des Europ. Üb. von 1961.

[758] So wäre z.B. ein deutsches Gerichtsurteil gegen einen vietnamesischen Vertragspartner in Vietnam nicht vollstreckbar, wohl aber ein Schiedsspruch eines internationalen Schiedsgerichts.

Falls ein Schiedsspruch von der unterlegenen Partei nicht freiwillig erfüllt wird, muss staatliche Hilfe in Anspruch genommen werden. Wichtig hierfür sind die beiden og. internationalen Übereinkommen.

Ein Schiedsspruch kann von einem deutschen Gericht nur unter sehr engen Voraussetzungen aufgehoben werden (§ 1059 ZPO in Abstimmung mit dem UN-Übereinkommen). Entsprechend eng sind auch die Voraussetzungen für die Ablehnung der Vollstreckung. Darüber hinaus findet in Deutschland keine gerichtliche Nachprüfung internationaler Schiedssprüche statt.

Schrifttum zu § 21

Aden, Internationale Handelsschiedsgerichtsbarkeit, 2. Aufl. München 2003.
Coing, Ellwood u.a., Materielles Recht und Verfahrensrecht in der internationalen Schiedsgerichtsbarkeit, Frankfurt a.M. 1972.
Fouchard/Gaillard/Goldman, On International Commercial Arbitration, (Kluwer) 1999.
Geimer/Schütze, Internationaler Rechtsverkehr in Zivil- und Handelssachen, 43. Aufl. München 2012 (Loseblatt-Handbuch).
ICC, Schiedsgerichtsordnung (s. Anhang Nr. 17) und ADR-Regeln der ICC, 2012 (deutsche Übersetzung; rechtsverbindlich sind nur die englische und französische Fassung).
Lachmann, Handbuch für die Schiedsgerichtspraxis, 3. Aufl. Köln 2008.
Lionnet, K./Lionnet, A., Handbuch der internationalen und nationalen Schiedsgerichtsbarkeit, 3. Aufl. München 2005.
Nicklisch, Schiedsgerichtsverfahren mit integrierter Schlichtung, RIW 1998, 169–173.
ders., Vernetzte Projektverträge und vernetzte Streitbeilegungsverfahren, BB 2000, 2166 ff.
Redfern/Hunter/Blackaby/Partasides, Law and Practice of International Commercial Arbitration, 4th revised ed. London 2004.
Rosenberg/Schwab/Gottwald, Zivilprozessrecht, 17. Aufl. München 2010, § 184.
Schlosser, Das Recht der internationalen privaten Schiedsgerichtsbarkeit, 2. Aufl. Tübingen 1989.
Schroeder, Hans-Patrick, Die lex mercatoria arbitralis, München 2007.
Schütze, Schiedsgericht und Schiedsverfahren, 4. Aufl. München 2007.
Schwab/Walter, Schiedsgerichtsbarkeit, Kommentar, 7. Aufl. München 2005.

Anhang

Inhalt

Nr. 1	Auswahl von wichtigen Normen und sonstigen Regelungen im internationalen Handels- und Wirtschaftsverkehr —— 316	
Nr. 2	General Conditions of Sale and Standard Clauses Drawn up under the Auspices of the United Nations Economic Commission for Europe —— 319	
Nr. 3	General Conditions No. 188 for the Supply of Plant and Machinery for Export prepared under the auspices of the United Nations Economic Commission for Europe, Geneva —— 322	
Nr. 4	Check-Liste Internationaler Handelsverkehr —— 333	
Nr. 5	Muster eines Letter of Intent (LOI) —— 336	
Nr. 6	Memorandum of Understanding (MOU) —— 338	
Nr. 7	„Weiche" Patronatserklärung —— 340	
Nr. 8	„Harte" Patronatserklärung —— 341	
Nr. 9	Check-Liste (Incoterms 2010) —— 342	
Nr. 10	Import Letter of Credit —— 343	
Nr. 11	Auszüge aus FIDIC Conditions of Contract for Plant and Design-Build („Yellow Book"), First Edition 1999 —— 345	
Nr. 12	Check-Liste Logistic Contract —— 354	
Nr. 13	Institute Cargo Clauses (A) —— 355	
Nr. 14	Institute War Clauses (Cargo) —— 362	
Nr. 15	Übersicht über den Inhalt eines Equity Joint Venture-Vertrages —— 369	
Nr. 16	Metro Group Business Partner Questionnaire —— 378	
Nr. 17	Schiedsgerichtsordnung der Internationalen Handelskammer (ICC) —— 380	
Nr. 18	Übereinkommen vom 10. Juni 1958 über die Anerkennung und Vollstreckung ausländischer Schiedssprüche (UN-Übereinkommen) —— 406	

Anhang Nr. 1
Auswahl von wichtigen Normen und sonstigen Regelungen im internationalen Handels- und Wirtschaftsverkehr

I. Internationale Übereinkommen und internationales Einheitsrecht

1) Übereinkommen der UNO über Verträge über den internationalen Warenkauf (CISG) von 1980.
2) Einheitliches Wechsel- und Scheckrecht (s. das deutsche Wechselgesetz und Scheckgesetz). Zugrunde liegen Genfer Abkommen von 1930 und 1931.
3) Abkommen für den Bereich des internationalen Transports:
    a) Übereinkommen über die Beförderung im internationalen Straßengüterverkehr (CMR) v. 19.5.1956/16.8.1961, BGBl 1961 II 119.
    b) Übereinkommen über den internationalen Eisenbahnverkehr (COTIF) v. 9.5.1980, BGBl 1985 II 130.
    c) Übereinkommen zur Vereinheitlichung bestimmter Vorschriften über die Beförderung im internationalen Luftverkehr von Montreal 28.5.1999, BGBl 2004 II 458, 1027 (Nachfolger des Warschauer Abkommens von 1929/1955, das für einige Staaten noch weiter gilt).
    d) Budapester Übereinkommen über die Güterbeförderung in der Binnenschifffahrt von 2000 (CMNI), BGBl 2007 II 298.
    e) Verschiedene Abkommen zur Vereinheitlichung des Seefrachtrechts:
    Internationales Übereinkommen zur einheitlichen Feststellung von Regeln über Konnossemente vom 24.8.1924, RGBl 1939 II 1049 („Hague Rules").
    Brüsseler Protokoll v. 1968 („Hague-Visby Rules").
    UN-Konvention über die Beförderung von Gütern zur See v. 31.3.1978 („Hamburg Rules"), von Deutschland nicht ratifiziert.
    UN-Konvention über Verträge zur internationalen Güterbeförderung ganz oder teilweise zur See, Rotterdam, 23.10.2009 („Rotterdam Rules"), noch nicht in Kraft.
4) Übereinkommen zur internationalen Streitbeilegung und Schiedsgerichtsbarkeit:
    a) New Yorker UN-Übereinkommen über die Anerkennung und Vollstreckung ausländischer Schiedssprüche v.10.6.1958, BGBl 1961 II 121.
    b) Europäisches Übereinkommen über die internationale Handelsschiedsgerichtsbarkeit v. 21.4.1961, BGBl 1964 II 425.
    c) ICSID Convention on the Settlement of Investment Disputes between States and Nationals of other States v. 18.3.1965, BGBl 1969 II 371.
5) UNIDROIT Übereinkommen über das internationale Factoring vom 28.5.1988 („Ottawa Übereinkommen"). Deutschland hat ratifiziert (BGBl 1998 II 172), in Deutschland in Kraft seit 1.12.1998.

6) UNIDROIT Übereinkommen über internationale Sicherungsrechte an beweglicher Ausrüstung von 2001 („Cape Town Convention"). Deutschland hat unterzeichnet, bisher aber nicht ratifiziert.

II. Europarechtliche Normen

1) Verordnung (EG) Nr.593/2008 über das auf vertragliche Schuldverhältnisse anzuwendende Recht („Rom I") vom 17.6.2008, ABl EU 2008 Nr. L 177, S.6.
2) Verordnung (EG) Nr. 864/2007 über das auf außervertragliche Schuldverhältnisse anzuwendende Recht („Rom II") vom 11.7.2007, ABl EU 2007 Nr. L 199, S.40.
3) Richtlinie 2000/31/EG des Eur. Parlaments und des Rates über bestimmte Aspekte des elektronischen Geschäftsverkehrs im Binnenmarkt (E-Commerce-Richtlinie) vom 8.6.2000, ABl EG 2000 Nr. L 178, S.1 (in Deutschland umgesetzt durch Elektron. Geschäftsverkehr-Gesetz v. 14.12.2001, BGBl I 3721).
4) Verordnung (EG) Nr.44/2001 über die gerichtliche Zuständigkeit und die Anerkennung und Vollstreckung von Entscheidungen in Zivil- und Handelssachen („Brüssel I", auch abgekürzt EuGVVO) vom 22.12.2000, ABl EG 2001 Nr. L 12, S.1.

III. Regelungen ohne Rechtsnormcharakter

1) Von der UNECE herausgegebene Allgemeine Vertragsbedingungen für spezielle Vertragsarten:
   z.B.
   – Form 188 – for the Supply of Plant and Machinery for Export.
   – Form 188A – for the Supply and Erection of Plant and Machinery for Export.
   – Form 730 – for the Export of Durable Consumer Goods and Engineering Articles.
2) Incoterms, Fassung von 2010, ICC Publication engl.-deutsch, 2010.
3) Einheitliche Richtlinien und Gebräuche für Dokumenten-Akkreditive, hrsg. von der ICC, Fassung von 2006 („ERA 600"), engl. Fassung abgekürzt UCP 600; ICC Publ. Nr.600.
4) Einheitliche Richtlinien für Inkassi, hrsg. von der ICC, Fassung von 1995 („ERI 522"), ICC Publ. Nr. 522.
5) Einheitliche Richtlinien für auf Anfordern zahlbare Garantien, hrsg. von der ICC, Fassung von 2010 („URDG 758"), ICC Publ. Nr.758.
6) Allgemeine Vertragsbedingungen und Standardvertragsdokumente für internationale Bau- und Anlagenverträge:
   a) FIDIC Conditions of Contract for Construction („Red Book"), 1999 edition.
   b) FIDIC Conditions of Contract for Plant and Design-Build („Yellow Book"), 1999 edition.

7) York Antwerp Rules (YAR) für die Große Haverei, hrsg. vom Comité Maritime International (CMI), Fassung 2004.
8) Regelungen zur Vorbeugung oder Beilegung von Konflikten vor Durchführung von Schiedsverfahren:
   a) ICC Amicable Dispute Resolution (ADR) Rules, hrsg. von der ICC, Fassung 2001.
   b) ICC Rules for Expertise 2003.
   c) UNCITRAL Conciliation Rules 1980
   d) ICSID Additional Facility for the Administration of Conciliation and Fact-Finding Proceedings, 2006.
9) Regelungen in Bezug auf Schiedsgerichtsverfahren, z.B.
   a) Rules of the ICC Court of Arbitration, Fassung 2010.
   b) UNCITRAL Rules of Arbitration, 1976, 2010 revision, New York 2011.
   c) London Court of International Arbitration, Rules 1998.
10) Private Regelwerke für Verträge:
    a) UNIDROIT Principles of International Commercial Contracts (UPICC), hrsg. v. International Institute for the Unification of Private Law (UNIDROIT), Rom 2010.
    b) Principles of European Contract Law (PECL), erarbeitet von der sog. Lando-Kommission, hrsg. von O.Lando und H.Beale, Parts I–III, Dordrecht u.a. 2002.

Anhang Nr. 2
General Conditions of Sale and Standard Clauses Drawn up under the Auspices of the United Nations Economic Commission for Europe[1]

General Conditions of Sale	Special doc ref. No.	UNSymbol or sales code	Lang.*	Year of adoption
INDUSTRIAL PRODUCTION				
General Conditions for the Supply of Plant and Machinery for Export; and	188	ME/188 bis/53	EFR	1953
Commentary on the General Conditions for the Supply of Plant and Machinery for Export		E/ECE/169: E/ECE/IM/WP.5/9	EFR	1953
General Conditions for the Supply and Erection of Plant and Machinery for Import and Export	188A	57.II.E/Min.3	EFR	1957
Additional Clauses for Supervision of Erection of Plant and Machinery Abroad	188B	64.II.E/Min.19	EFR	1964
General Conditions for the Erection of Plant and Machinery Abroad	188D	63.II.E/Min.22	EFR	1963
General Conditions for the Supply of Plant and Machinery for Export; and	574	ME/574/55	EFR	1955
Commentary on the General Conditions for the Supply of Plant and Machinery for Export		E/ECE/220: E/ECE/IM/WP.5/16	EFR	1955
General Conditions for the Supply and Erection of Plant and Machinery for Import and Export	574A	57.II.E/Min.4	EFR	1957
Additional Clauses for Supervision of Erection of Plant and Machinery Abroad	574B	64.II.E/Min.20	EFR	1964
General Conditions for the Erection of Plant and Machinery Abroad	574D	63.1I.E/Min.21	EFR	1963
General Conditions of Sale for the Import and Export of Durable Consumer Goods and of other Engineering Stock Articles	730	61.II.E/Min.l2	EFR	1961
Commentary on the General Conditions of Sale for the Import and Export of Durable Consumer Goods and of other Engineering Stock Articles		62.II.E/Min.29	EFR	1962

---

1 Abgedruckt mit freundlicher Genehmigung der United Nations Economic Commission for Europe (UNECE).

* Languages: E = English, F= French, R = Russian, S = Spanish.

General Conditions of Sale	Special doc ref. No.	UNSymbol or sales code	Lang.*	Year of adoption
AGRICULTURAL PRODUCTS				
Contracts for the sale of cereals		65.II.E/Min.15	EF	1964 (Rev.)
Contracts for the sale of cereals		(AGRI/133/Rev.1 (AGRI/141/Rev.1 (AGRI/179/Rev.1 (AGRI/192/Rev.1 (AGRI/238	R	
UN/ECE General Conditions of Sale for Fresh Fruit and Vegetables including Citrus Fruit		ECE/AGRI/40: 79.II.E.21	EFR	1977 (Rev.)
UN/ECE General Conditions of Sale for Dry (Shelled and Unshelled) and Dried Fruit		ECE/AGRI/41: 79.II.E.15	EFR	1977 (Rev.)
UN/ECE General Conditions of Sale for Potatoes		ECE/AGRI/42: 79.II.E.30	EFR	1979 (Rev.)
TIMBER				
General Conditions for Export and Import of Sawn Softwood		ME/410/56	EFR	1956
General Conditions for the Export and Import of Hardwood Logs and Sawn Hardwood from the Temperate Zone		62.II.E/Min.1	EFR	1961
Other General Conditions of Sale				
General Conditions for the Export and Import of Solid Fuels		59.II.E/Min.1	EFR	1958
General Conditions for International Fumiture Removal		62.II.E/Min.15	EFR	1962
Guides for drawing up contracts				
Guide for use in drawing up contracts relating to the international transfer of know-how in the engineering industry		TRADE/222/Rev.1 70.II.E.15	EF	1970
Guide on drawing up contracts for large industrial works		ECE/TRADE/117 73.II.E.13	EFR	1973
Guide on drawing up international contracts for industrial cooperation		ECE/TRADE124 79.II.E.14	EFR	1976
Guide for drawing up international contracts between parties associated for the purpose of executing a specific project		ECE/TRADE131 79.II.E.22	EFR	1978

* Languages: E = English, F= French, R = Russian, S = Spanish.

General Conditions of Sale	Special doc ref. No.	UNSymbol or sales code	Lang.*	Year of adoption
Guide for drawing up international contracts on engineering, consulting including aspects of some related technical assistance		ECE/TRADE145 83.II.E.83	EFR S	1983
Guide on drawing up international contracts for services relating to maintenance, repair and operation of industrial and other works		ECE. TRADE154 87.II.E.2	EFR	1987
East- West Joint Venture Contract		ECE/TRADE/165 E.88.II.E.30	EFR	1989
International Counterpurchase Contracts		ECE/TRADE/169 E.90.II.E.3	EFR	1990
International Buy- Back Contracts		ECE/TRADE/176 E.90.II.E.35	EFR	1990
International Commercial Arbitration Final Act and European Convention on International Commercial Arbitration		E/ECE/42: E/ECE/TRADE/48	Tril.	1961
Arbitration Rules of the United Nations Economic Commission for Europe		70.II.E./Min.14	EFR	1966
UN/ECE Arbitration Rules for certain categories of perishable agricultural products		ECE/AGRI/43 79.II.E.13	EFR	1978
Guide for the economies in transition Guide on Legal Aspects of Privatization in Industry		ECE/TRADE/180 E.92.II.E.2	EFR	1991
Management Development in East- West Joint Ventures: A Guide for Managers in the Economies in Transition		ECE/TRADE/185 E.93.II.E.18	EFR	1993
Financing Private Enterprises and Trade: A Guide for the Transition Economies		ECE/TRADE/191 E.94.II.E.9	EFR	1994

* Languages: E = English, F= French, R = Russian, S = Spanish.

Anhang Nr. 3
General Conditions No. 188 for the Supply of Plant and Machinery for Export prepared under the auspices of the United Nations Economic Commission for Europe, Geneva[1]

1. Preamble

1.1. These General Conditions shall apply, save as varied by express agreement in writing by both parties.

2. Formation of Contract

2.1. The Contract shall be deemed to have been entered into when, upon receipt of an order, the Vendor has sent an acceptance in writing within the time-limit (if any) fixed by the Purchaser.

2.2. If the Vendor, in drawing up his tender, has fixed a time-limit for acceptance, the Contract shall be deemed to have been entered into when the Purchaser has sent an acceptance in writing before the expiration of such time-limit, provided that there shall be no binding Contract unless the acceptance reaches the Vendor not later than one week after the expiration of such time-limit.

3. Drawings and descriptive documents

3.1. The weights, dimensions, capacities, prices, performance ratings and other data included in catalogues, prospectuses, circulars, advertisements, illustrated matter and price lists constitute an approximate guide. These data shall not be binding save to the extent that they are by reference expressly included in the Contract.

3.2. Any drawings or technical documents intended for use in the construction of the Plant or of part thereof and submitted to the Purchaser prior or subsequent to the formation of the Contract remain the exclusive property of the Vendor. They may not, without the Vendor's consent, be utilised by the Purchaser or copied, reproduced, transmitted or communicated to a third

---

[1] Abgedruckt mit freundlicher Genehmigung der United Nations Economic Commission for Europe (UNECE).

party. Provided, however, that the said plans and documents shall be the property of the Purchaser:
(a) if it is expressly so agreed, or
(b) if they are referable to a separate preliminary Development Contract on which no actual construction was to be performed and in which the property of the Vendor in the said plans and documents was not reserved.

3.3. Any drawings or technical documents intended for use in the construction of the Plant or of part thereof and submitted to the Vendor by the Purchaser prior or subsequent to the formation of the Contract remain the exclusive property of the Purchaser. They may not, without his consent, be utilised by the Vendor or copied, reproduced, transmitted or communicated to a third party.

3.4. The Vendor shall, if required by the Purchaser, furnish free of charge to the Purchaser at the commencement of the Guarantee Period, as defined in clause 9, information and drawings other than manufacturing drawings of the Plant in sufficient detail to enable the Purchaser to carry out the erection, commissioning, operation and maintenance (including running repairs) of all parts of the Plant. Such information and drawings shall be the property of the Purchaser and the restrictions on their use set out in paragraph 2 hereof shall not apply thereto. Provided that if the Vendor so stipulates, they shall remain confidential.

4. Packing

4.1. Unless otherwise specified:
(a) prices shown in price lists and catalogues shall be deemed to apply to unpacked Plant;
(b) prices quoted in tenders and in the Contract shall include the cost of packing or protection required under normal transport conditions to prevent damage to or deterioration of the Plant before it reaches its destination as stated in the Contract.

5. Inspection and Tests

Inspection

5.1. If expressly agreed in the Contract, the Purchaser shall be entitled to have the quality of the materials used and the parts of the Plant, both during manufacture and when completed, inspected and checked by his authorised representatives. Such inspection and checking shall be carried out at the place of manufacture during normal working hours after agreement with the Vendor as to date and time.

5.2. If as a result of such inspection and checking the Purchaser shall be of the opinion that any materials or parts are defective or not in accordance with the Contract, he shall state in writing his objections and the reason therefore.

Tests

5.3. Acceptance tests will be carried out and, unless otherwise agreed, will be made at the Vendor's works and during normal working hours. If the technical requirements of the tests are not specified in the Contract, the tests will be carried out in accordance with the general practice obtaining in the appropriate branch of the industry in the country where the Plant is manufactured.

5.4. The Vendor shall give to the Purchaser sufficient notice of the tests to permit the Purchaser's representatives to attend. If the Purchaser is not represented at the tests, the test report shall be communicated by the Vendor to the Purchaser and shall be accepted as accurate by the Purchaser.

5.5. If on any test (other than a test on site, where tests on site are provided for in the Contract) the Plant shall be found to be defective or not in accordance with the Contract, the Vendor shall with all speed make good the defect or ensure that the Plant complies with the Contract. Thereafter, if the Purchaser so requires, the test shall be repeated.

5.6. Unless otherwise agreed, the Vendor shall bear all the expenses of tests carried out in his works, except the personal expenses of the Purchaser's representatives.

5.7. If the Contract provides for tests on site, the terms and conditions governing such tests shall be such as may be specially agreed between the parties.

6. Passing of Risk

6.1. Save as provided in paragraph 7.6., the time at which the risk shall pass shall be fixed in accordance with the International Rules for the Interpretation of Trade Terms (Incoterms) of the International Chamber of Commerce in force at the date of the formation of the Contract.

Where no indication is given in the Contract of the form of sale, the Plant shall be deemed to be sold „ex works".

6.2. In the case of a sale „ex works", the Vendor must give notice in writing to the Purchaser of the date on which the Purchaser must take delivery of the Plant. The notice of the Vendor must be given in sufficient time to allow the Purchaser to take such measures as are normally necessary for the purpose of taking delivery.

7. Delivery

7.1. Unless otherwise agreed, the delivery period shall run from the latest of the following dates:
   (a) the date of the formation of the Contract as defined in Clause 2;
   (b) the date on which the Vendor receives notice of the issue of a valid import licence where such is necessary for the execution of the Contract;
   (c) the date of the receipt by the Vendor of such payment in advance of manufacture as is stipulated in the Contract.

7.2. Should delay in delivery be caused by any of the circumstances mentioned in Clause 10 or by an act or omission of the Purchaser and whether such cause occur before or after the time or extended time for delivery, there shall be granted subject to the provisions of paragraph 5 hereof such extensions of the delivery period as is reasonable having regard to all the circumstances of the case.

7.3. If a fixed time for delivery is provided for in the Contract, and the Vendor fails to deliver within such time or any extension thereof granted under paragraph 2 hereof, the Purchaser shall be entitled, on giving to the Vendor within a reasonable time notice in writing, to claim a reduction of the price payable under the Contract, unless it can be reasonably concluded from the circumstances of the particular case that the Purchaser has suffered no loss. Such reduction shall equal the percentage named in paragraph A of the Appendix of that art of the price payable under the Contract which is properly attributable to such portion of the Plant as cannot in consequence of the said failure be put to the use intended for each complete week of delay commencing on the due date of delivery, but shall not exceed the maximum percentage named in paragraph B of the Appendix. Such reduction shall be allowed when a payment becomes due on or after delivery. Save as provided in paragraph 5 hereof, such reduction of price shall be to the exclusion of any other remedy of the Purchaser in respect of the Vendor's failure to deliver as aforesaid.

7.4. If the time for delivery mentioned in the Contract is an estimate only, either party may after the expiration of two thirds of such estimated time require the other party in writing to agree a fixed time.
Where no time for delivery is mentioned in the Contract, this course shall be open to either party after the expiration of six months from the formation of the Contract.
If in either case the parties fail to agree, either party may have recourse to arbitration, in accordance with the provisions of Clause 13, to determine a reasonable time for delivery and the time so determined shall be deemed to be the fixed time for delivery provided for in the Contract and paragraph 3 hereof shall apply accordingly.

7.5. If any portion of the Plant in respect of which the Purchaser has become entitled to the maximum reduction provided for in paragraph 3 hereof, or in respect of which he would have been so entitled had he given the notice referred to therein, remains undelivered, the Purchaser may by notice in writing to the Vendor require him to deliver and by such last mentioned notice fix a final time for delivery which shall be reasonable taking into account such delay as has already occurred. If for any reason whatever the Vendor fails within such time to do everything that he must do to effect delivery, the Purchaser shall be entitled by notice in writing to the Vendor, and without requiring the consent of any Court, to terminate the Contract in respect of such portion of the Plant and thereupon to recover from the Vendor any loss suffered by the Purchaser by reason of the failure of the Vendor as aforesaid up to an amount not exceeding the sum named in paragraph C of the Appendix or, if no sum be named, that part of the price payable under the Contract which is properly attributable to such portion of the Plant as could not in consequence of the Vendor's failure be put to the use intended.

7.6. If the Purchaser fails to accept delivery on due date, he shall nevertheless make any payment conditional on delivery as if the Plant had been delivered. The Vendor shall arrange for the storage of the Plant at the risk and cost of the Purchaser. If required by the Purchaser, the Vendor shall insure the Plant at the cost of the Purchaser. Provided that if the delay in accepting delivery is due to one of the circumstances mentioned in Clause 10 and the Vendor is in a position to store it in his premises without prejudice to his business, the cost of storing the Plant shall not be borne by the Purchaser.

7.7. Unless the failure of the Purchaser is due to any of the circumstances mentioned in Clause 10, the Vendor may require the Purchaser by notice in writing to accept delivery within a reasonable time.

If the Purchaser fails for any reason whatever to do so within such time the Vendor shall be entitled by notice in writing to the Purchaser, and without requiring the consent of any Court, to terminate the Contract in respect of such portion of the Plant as is by reason of the Purchaser aforesaid not delivered and thereupon to recover from the Purchaser any loss suffered by reason of such failure up to an amount not exceeding the sum named in paragraph D of the Appendix or, if no sum be named, that part of the price payable under the Contract which is properly attributable to such portion of the Plant.

8. Payment

8.1. Payment shall be made in the manner and at the time or times agreed by the parties.

8.2. Any advance payments made by the Purchaser are payments on account and do not constitute a deposit, the abandonment of which would entitle either party to terminate the Contract.

8.3. If delivery has been made before payment of the whole sum payable under the Contract, Plant delivered shall, to the extent permitted by the law of the country where the Plant is situated after delivery, remain the property of the Vendor until such payment has been effected. If such law does not permit the Vendor to retain the property in the Plant, the Vendor shall be entitled to the benefit of such other rights in respect thereof as such law permits him to retain. The Purchaser shall give the Vendor every assistance in taking any measures required to protect the Vendor's right of property or such other rights as aforesaid.

8.4. A payment conditional on the fulfilment of an obligation by the Vendor shall not be due until such obligation has been fulfilled, unless the failure of the Vendor is due to an act or omission of the Purchaser.

8.5. If the Purchaser delays in making any payment, the Vendor may postpone the fulfilment of his own obligations until such payment is made, unless the failure of the Purchaser is due to an act or omission of the Vendor.

8.6. If delay by the Purchaser in making any payment is due to one of the circumstances mentioned in Clause 10, the Vendor shall not be entitled to any interest on the sum due.

8.7. Save as aforesaid, if the Purchaser delays in making any payment, the Vendor shall on giving to the Purchaser within a reasonable time notice in writing be entitled to the payment of interest on the sum due at the rate fixed in paragraph E of the Appendix from the date on which such sum became due. If at the end of the period fixed in paragraph F of the Appendix, the Purchaser shall still have failed to pay the sum due, the Vendor shall be entitled by notice in writing to the Purchaser, and without requiring the consent of any Court, to terminate the Contract and thereupon to recover from the Purchaser the amount of his loss up to the sum mentioned in paragraph D of the Appendix.

9. Guarantee

9.1. Subject as hereinafter set out, the Vendor undertakes to remedy any defect resulting from faulty design, materials or workmanship.

9.2. This liability is limited to defects which appear during the period (hereinafter called „the Guarantee Period") specified in paragraph G of the Appendix.

9.3. In fixing this period due account has been taken of the time normally required for transport as contemplated in the Contract.

9.4. In respect of such parts (whether of the Vendor's own manufacture or not) of the Plant as are expressly mentioned in the Contract, the Guarantee Period shall be such other period (if any) as is specified in respect of each of such parts.

9.5. The Guarantee Period shall start from the date on which the Purchaser receives notification in writing from the Vendor that the Plant is ready for dispatch from the works. If dispatch is delayed, the Guarantee Period shall be extended by a period equivalent to the amount of the delay so as to permit the Purchaser the full benefit of the time given for trying out the Plant. Provided however that if such delay is due to a cause beyond the control of the Vendor such extension shall not exceed the number of months stated in paragraph H of the Appendix.

9.6. The daily use of the Plant and the amount by which the Guarantee Period shall be reduced if the Plant is used more intensively are stated in paragraph I of the Appendix.

9.7. A fresh Guarantee Period equal to that stated in paragraph G of the Appendix shall apply, under the same terms and conditions as those applicable to the original Plant, to parts supplied in replacement of defective parts or to parts renewed in pursuance of this Clause. This provision shall not apply to the remaining parts of the Plant, the Guarantee Period of which shall be extended only by a period equal to the period during which the Plant is out of actions as a result of a defect covered by this Clause.

9.8. In order to be able to avail himself of his rights under this Clause the Purchaser shall notify the Vendor in writing without delay of any defects that have appeared and shall give him every opportunity of inspecting and remedying them.

9.9. On receipt of such notification the Vendor shall remedy the defect forthwith and, save as mentioned in paragraph 10 hereof, at his own expense. Save where the nature of the defect is such that it is appropriate to effect repairs on site, the Purchaser shall return to the Vendor any part in which a defect covered by this Clause has appeared, for repair or replacement by the Vendor, and in such case the delivery to the Purchaser of such part properly repaired or a part in replacement thereof shall be deemed to be a fulfilment by the Vendor of his obligations under this paragraph in respect of such defective part.

9.10. Unless otherwise agreed, the Purchaser shall bear the cost and risk of transport of defective parts and of repaired parts or parts supplied in replacement of such defective parts between the place where the Plant is situated and one of the following points:
(i) the Vendor's works if the Contract is „ex works" or F.O.R.;
(ii) the port from which the Vendor dispatched the Plant if the Contract is F.O.B., F.A.S., C.I.F. or C.&F.;

(iii) in all other cases the frontier of the country from which the Vendor dispatched the Plant.

9.11. Where, in pursuance of paragraph 9 hereof, repairs are required to be effected on site, the conditions covering, the attendance of the Vendor's representatives on site shall be such as may be specially agreed between the parties.

9.12. Defective parts replaced in accordance with this Clause shall be placed at the disposal of the Vendor.

9.13. If the Vendor refuses to fulfil his obligations under this Clause or fails to proceed with due diligence after being required so to do, the Purchaser may proceed to do the necessary work at the Vendor's risk and expense, provided that he does so in a reasonable manner.

9.14. The Vendor's liability does not apply to defects arising out of materials provided, or out of a design stipulated, by the Purchaser.

9.15. The Vendor's liability shall apply only to defects that appear under the conditions of operation provided for by the Contract and under proper use. It does not cover defects due to causes arising after the risk in the Plant has passed in accordance with Clause 6. In particular it does not cover defects arising from the Purchaser's faulty maintenance or erection, or from alterations carried out without the Vendor's consent in writing, or from repairs carried out improperly by the Purchaser, nor does it cover normal deterioration.

9.16. Save as in this Clause expressed, the Vendor shall be under no liability in respect of defects after the risk in the Plant has passed in accordance with Clause 6, even if such defects are due to causes existing before the risk so passed. It is expressly agreed that the Purchaser shall have no claim in respect of personal injury or of damage to property not the subject matter of the Contract or of loss of profit unless it is shown from the circumstances of the case that the Vendor has been guilty of gross misconduct.

9.17. „Gross misconduct" does not comprise any and every lack of proper care or skill, but means an act or omission on the part of the Vendor implying either a failure to pay due regard to serious consequences which a conscientious Contractor would normally foresee as likely to ensue, or a deliberate disregard of any consequences of such act or omission.

10. Reliefs

10.1. The following shall be considered as cases of relief if they intervene after the formation of the Contract and impede its performance: industrial disputes and any other circumstances (e.g. fire, mobilization, requisition, embargo, currency restrictions, insurrection, shortage of transport, general shortage of materials and restriction in the use of power) when such other circumstances are beyond the control of the parties.

10.2. The party wishing to claim relief by reason of any of the said circumstances shall notify the other party in writing without delay on the intervention and on the cessation thereof.

10.3. The effects of the said circumstances, so far as they affect the timely performance of their obligation by the parties, are defined in Clauses 7 and 8. Save as provided in paragraphs 7.5., 7.7. and 8.7., if, by reason of any of the said circumstances, the performance of the Contract within a reasonable time becomes impossible, either party shall be entitled to terminate the Contract by notice in writing to the other party without requiring the consent of any Court.

10.4. If the Contract is terminated in accordance with paragraph 3 hereof, the division of the expenses incurred in respect of the Contract shall be determined by agreement between the parties.

10.5. In default of agreement it shall be determined by the arbitrator which party has been prevented from performing his obligations and that party shall bear the whole of the said expenses. Where the Purchaser is required to bear the whole of the expenses and has before termination of the Contract paid to the Vendor more than the amount of the Vendor's expenses, the Purchaser shall be entitled to recover the excess.

If the arbitrator determines that both parties have been prevented from performing their obligations, he shall apportion the said expenses between the parties in such manner as to him seems fair and reasonable, having regard to all the circumstances of the case.

10.6. For the purposes of this Clause „expenses" means actual out-pocket expenses reasonably incurred, after both parties shall have mitigated their losses as far as possible. Provided that as respects Plant delivered to the Purchaser the Vendor's expenses shall be deemed to be that part of the price payable under the Contract which is properly attributable thereto.

11. Limitation of damages

11.1. Where either party is liable in damages to the other, these shall not exceed the damage which the party in default could reasonably have foreseen at the time of the formation of the Contract.

11.2. The party who sets up a breach of the Contract shall be under a duty to take all necessary measures to mitigate the loss which has occurred provided that he can do so without unreasonable inconvenience or cost. Should he fail to do so, the party guilty of the breach may claim a reduction in the damages.

12. Rights at termination

12.1. Termination of the Contract, from whatever cause arising, shall be without prejudice to the rights of the parties accrued under the Contract up to the time of termination.

13. Arbitration and law applicable

13.1. Any dispute arising out of the Contract shall be finally settled, in accordance with the Rules of Conciliation and Arbitration of the International Chamber of Commerce, by one or more arbitrators designated in conformity with those Rules.
13.2. Unless otherwise agreed, the Contract shall be governed by law of the Vendor's country.
13.3. If the parties expressly so agree, but not otherwise, the arbitrators shall, in giving their ruling, act as *amiable compositeurs*.

Appendix (to be completed by parties to the Contract)

		Clause	
A.	Percentage to be deducted for each week's delay	7.3	.... per cent
B.	Maximum percentage which the deductions above may not exceed	7.3	.... per cent
C.	Maximum amount recoverable for non-delivery	7.5	.... in the agreed currency
D.	Maximum amount recoverable on termination by Vendor for failure to take delivery or make payment	7.7 and 8.7	.... in the agreed currency
E.	Rate of interest on overdue payments	8.7	.... per cent per annum
F.	Period of delay in payment authorizing termination by Vendor	8.7	.... months
G.	Guarantee Period for original Plant and parts replaced or renewed	9.2 and 9.7	.... months

			Clause	
H.	Maximum extension of Guarantee Period		9.5	.... months
I.	1)	Daily use of Plant	9.6	.... hours/day
	2)	Reduction of Guarantee Period for more intensive use	9.6	

Anhang Nr. 4
Check-Liste Internationaler Handelsverkehr

Die folgenden Prüfungspunkte können und/oder sollten bei der juristischen Beratung Beachtung finden; die Frage der Tiefe der Behandlung wird von den konkreten Umständen maßgeblich beeinflusst.

I. Länder-Risiko

1. Bevölkerungsentwicklung/Wirtschaftliche Entwicklung
2. Politisches System/Stabilität
3. Embargo-Listen (EU, USA, D)
4. Transparency International Corruption Perception Index (TICPI)

II. Regulatorisches Umfeld[1]

1. Welche rechtlichen Beschränkungen für Auslandsinvestitionen gibt es?
2. Gibt es staatliche Förderprogramme für Auslandsinvestitionen?
3. Welches sind die üblicherweise gewählten gesellschaftsrechtlichen Unternehmensformen und welche Aspekte bzgl. Registrierung, Kapital, Geschäftsanteile, Management, Haftung (inkl. Durchgriffshaftung) etc. sind zu beachten?
4. Welche kartellrechtlichen Bedingungen und Anmeldeerfordernisse sind zu beachten (finanzielle Schwellenwerte, zeitliche Vorgaben, Gebühren/Strafen)?
5. Welche steuerrechtlichen Aspekte sind wesentlich (z.B. Steuern auf Gewinn, Zinszahlungen ins Ausland, Arten der Steuer, etc.)?
6. Welche arbeitsrechtlichen Aspekte (z.B. Minimum-Arbeitsbedingungen [z.B. Urlaub, Gehalt, Kündigungsfristen], kollektives Arbeitsrecht), Sonderregelungen für ausländische Mitarbeiter sind einschlägig?
7. Wie werden Patente, Markenrechte, Gebrauchsmuster und sonstige Urheberrechte geschützt bzw. behandelt?
8. Welche rechtlichen Vorschriften sind zum Thema Datenschutz, E-Commerce/Internet einschlägig?
9. Welche Vermarktungsstrategien/Geschäftsmodelle für den Markteintritt sind zulässig (z.B. Handelsvertreter, Franchise, Distributor)?

---

1 Die folgenden Abschnitte sind eine Adaption und Weiterentwicklung von PLC Global Counsel Handbooks 2004; EU Accession Handbook 2004, London 2004, pp. 17 ff. Abgedruckt mit freundlicher Genehmigung von PLC.

III. Rechtssystem

1. Wie sind die Gerichte aufgebaut?
   - Kollegialgericht
   - Einzelrichter
   - Laienrichter
2. Welche Qualität hat das Rechtssystem des Landes des Vertragspartners im Bezug auf gerichtliche/außergerichtliche Kosten (inkl. Übersetzungs- und Reisekosten), Unabhängigkeit der Richter, Form und Dauer eines Verfahrens, Rechtsmittel? Welches ist die Rechtssprache/Verfahrenssprache?
3. Sind Urteile des Heimatstaates des anderen Vertragspartners im eigenen Land vollstreckbar und umgekehrt?
4. Sind Schiedsurteile vollstreckbar oder anfechtbar vor dem ordentlichen Gericht?
5. Welche Schiedsordnung wird im Land des Vertragspartners anerkannt?
6. Gibt es ausreichend qualifizierte Schiedsrichter der Nationalität des Vertragspartners? Rechtskundigkeit des Schiedsrichters bzgl. des ggfls. anzuwendenden ausländischen Rechts?
7. Gibt es einen einstweiligen Rechtsschutz?
8. Gibt es eine freie Rechtswahl oder gibt es Gebiete, in denen eine solche nach dem Land des anderen Vertragspartners unzulässig ist (z.B. Sachenrecht)? Reichweite der freien Rechtswahl?

IV. Administrative Aspekte

1. Gibt es internationale Handelskammern im Land des Vertragspartners, die nützliche Hinweise/Unterstützung leisten können?
2. Gibt es staatliche/semi-staatliche Anreizsysteme/Fördermittel (steuerliche Anreize) bzgl. des konkret geplanten Geschäftstypus/Produktbereiches?
3. Sind Behördenentscheidungen transparent, nachvollziehbar, willkürlich, etc.?
4. Wie sehen Bedingungen der Kreditversicherer bzgl. des Landes des Vertragspartners aus?
5. Gibt es devisenrechtliche Bedingungen?
6. Gelten devisenrechtliche Beschränkungen von staatlichen Institutionen/Banken als *Force majeure*?
7. Unterliegt der Wechselkurs der staatlichen Kontrolle?
8. Kosten für grenzüberschreitenden Geldtransfer?
9. Ist das Land des Vertragspartners in der WTO/EU/Partei in einem anderen Freihandelsabkommen?
10. Gibt es Lizenzerfordernisse für den Export?

11. Gibt es Beschränkungen beim Weiterverkauf / bei einer Weiterverarbeitung bei Produkten aus dem Land des Vertragspartners (z.B. sog. Israel-Klausel)?
12. Müssen bestimmte prozentuale Anteile von Produkten/Grundstoffen/Komponenten im Land des Vertragspartners produziert sein (local content)?
13. Vorteile/Nachteile beim Handel von kompletten Produkten vs. Komponenten/Semi-/Completely-/Partly Knocked Down-Produkten (SKD/CKD/PKD)?
14. Wie wird das Exportgeschäft besteuert?
15. Gibt es Vorschriften zur Produkthaftung?

V. Vertragspartner (insbes. bei geplantem Joint Venture, etc.)

1. Welche Informationen gibt es über den Vertragspartner (Datenbanken, Presse, Internet, Referenzen anderer Vertragspartner als Informationsquelle nutzen)?
2. Welche Kriterien sollten an eine Business Partner Check-Liste gestellt werden?
   - Anforderungen
     a) Mindestanforderungen (z.B. finanzieller oder technischer Hintergrund, interne Organisations-Strukturen, Compliance-Systeme)
     b) Maximalanforderungen
   - Self-Assessment/Selbstauskunft des Vertragspartners
   - Privatwirtschaftlich oder öffentlich-rechtlich bzw. staatlich organisierter Vertragspartner
3. Welche finanzielle Ausstattung bzw. Finanzkraft hat der Vertragspartner (finanzieller Status [Banken-Auskunft])?
4. Besteht beim Vertragspartner eine Compliance-Organisation i.w.S. (Code of Conduct, Ethik-Code, Compliance Management System)?

VI. Compliance

Wie sind folgende Aspekte im Umfeld des Vertragspartners geregelt bzw. zu beurteilen?
1. Gesetzliches/regulatorisches Umfeld
2. Einkauf (Qualitätsstandards, Marktverhältnisse, Lieferantenstrukturen)
3. Marken-und Lizenzrecht
4. Kartell- und Wettbewerbsrecht
5. Immobilien (Eigentum vs. Miete; Errichtung in Eigenregie vs. turn-key)
6. Vertrieb (Kundenstrukturen; Besonderheiten [Handelsvertreter/Agenten/etc.])
7. Sonstiges (Berater, Makler, Staatsangehöriger des Gastlandes in Entscheidungsgremien der eigenen Organisation, Teilhaber-Verpflichtungen)

Anhang Nr. 5
„Muster eines Letter of Intent (LOI)

(Gesellschaft, Name)

An

....

Letter of Intent

Sehr geehrte Damen und Herren,

Wir dürfen Ihnen das mit Ihnen erzielte Einverständnis hinsichtlich (*Geschäftsgegenstand in Kurzform*) durch uns oder eines unserer verbundenen Unternehmen (*Gesellschaft*) vorbehaltlich des Abschlusses der entsprechenden rechtlich bindenden Verträge wie folgt bestätigen:

1. Vertragsgegenstand
(*genauere Beschreibung des zukünftigen Vertragsgegenstandes*)

2. Finanzierung (ggfls.)

3. Patentschutz (ggfls.)

4. Exklusivität
Die Parteien werden bis zum (*Datum*) ausschließlich mit (*Name*) nach Maßgabe dieses Letter of Intent verhandeln und keinerlei Gespräche oder Verhandlungen mit Dritten führen. Soweit solche Gespräche oder Verhandlungen zurzeit geführt werden, werden diese unverzüglich beendet.

5. Zeitplan
Angestrebt wird ... (*Terminvorschlag*: ....)

6. Kostentragung
Sofern eine der Parteien den Abschluss der in diesem Letter of Intent vorgesehenen Verträge aus anderen Gründen als der Abweichung von den in diesem Letter of In-

tent ausgeführten Bedingungen ablehnt, ist diese Partei der anderen Partei zum Ersatz sämtlicher Kosten, die dieser im Zusammenhang mit der Prüfung und Vorbereitung des Vertragsschlusses entstanden sind, verpflichtet.

7. Bindungswirkung
Dieser Letter of Intent enthält rechtsverbindliche Willenserklärungen lediglich im Hinblick auf die Ziffern 4 (Exklusivität), 6 (Kostentragung) und 7 und steht im Übrigen unter dem Vorbehalt des Abschlusses der in diesem Letter of Intent vorgesehenen endgültigen Verträge.

8. Anwendbares Recht; Gerichtsstand
Auf diese Absichtserklärung findet das Recht der Bundesrepublik Deutschland Anwendung. Nicht ausschließlicher Gerichtsstand ist (*Stadt*) Bundesrepublik Deutschland.

9. Aufsichtsrat
Der Aufsichtsrat unserer Gesellschaft hat (*Vertragsgegenstand*) dem Grundsatz nach gebilligt. Der Abschluss der endgültigen Verträge steht unter dem Vorbehalt der abschließenden Genehmigung durch den Aufsichtsrat.

Wenn diese Absichtserklärung den Stand unserer Gespräche zutreffend wiedergibt, bitten wir Sie, Ihr Einverständnis mit dieser Absichtserklärung durch rechtsverbindliche Unterzeichnung der beigefügten Kopie dieses Letter of Intent zu bestätigen und diese von Ihnen unterzeichnete Kopie an uns zurückzugeben.

Mit freundlichen Grüßen

(Unterschrift)

Anhang Nr. 6
Memorandum of Understanding (MOU)

1. This Memorandum confirms that
.... („Employer") and .... („Contractor")
have reached an agreement on a price equivalent to Euro ....
for the construction of the BOT Project „XYZ" in .... in accordance with
the construction drawings, specifications and schedules prepared by ....
(the „Engineer") and passed on to the Contractor.

2. The above-mentioned price will be paid in [currencies] ....
in the percentages specified in ....
The exchange rates for the conversion are ....

3. The above-mentioned price will be firm until .... However, this price may be adjusted to take account of any change in the Laws of .... after the signatures of both Parties to this Memorandum, which affects the cost of the performance by the Contractor.

4. This Memorandum confirms the further understanding of the Employer and the Contractor on the following points:
a) The Employer and the Contractor are substantially in agreement on the terms and conditions of the intended contract, consisting of
   – the Construction Agreement,
   – the General Conditions,
   – the Particular Conditions,
   – the Specification,
   – the Drawings, and
   – the Schedules,
   – the latest drafts of which have been handed over to the Contractor.
b) The Employer and the Contractor will continue to negotiate in good faith the remaining points of difference between them concerning the Construction Contract, so that the final text of the Contract can be completed by the Employer and the Contractor until ....
c) The Employer promises that all necessary approvals and permissions in connection with the Project will be obtained until ....
d) The funds required for the Project will be provided by the Employer on the basis of financial arrangements to be made between the Employer and (bank/banks in ....). The negotiations of the financial terms and conditions are expected to be completed in due time for all contractual agreements with regard

to the financing of the Project, and these agreements will be signed not later than ....

e) It is understood that the Engineer shall carry out the duties of contract administration assigned to him in the Contract.

f) The Employer and the Contractor hereby agree that during the validity of this Memorandum of Understanding they will not negotiate on the above-mentioned project with third parties.
They further agree that all technical or legal details concerning the above-mentioned project shall be treated as confidential and must not be made available to any person other than the Parties to this Memorandum, their employees and the Engineer.

g) The Employer and the Contractor hereby undertake to use their best endeavours, in good faith, to achieve all the objectives mentioned above and not to impose any unreasonable demands or objections that are inconsistent with the intent and contents of this Memorandum.

h) It is understood that the law applicable to this Memorandum of Understanding will be ....

i) If any controversies or disputes arise out of or in connection with this Memorandum, the Employer and the Contractor shall try to settle these on an amicable basis. If such an attempt had failed the dispute shall be finally settled under the Rules of Arbitration of the International Chamber of Commerce in Paris.

[*Place*] ...., [*date*] ....

[*Signatures*]

Employer   Contractor

Anhang Nr. 7
„Weiche" Patronatserklärung

An die
_____
[Vertragspartner des Kreditnehmers]

Wir, *[Gesellschaft, Anschrift, etc.]*, nachstehend „Gesellschaft" genannt, sind mehrheitlich an der *[Gesellschaft, Anschrift, etc.]*, nachstehend „Konzerngesellschaft" genannt, beteiligt.

Die *[Gesellschaft]* bestätigt hiermit die Kenntnisnahme darüber, dass die *[Vertragspartner des Kreditnehmers]* mit der Konzerngesellschaft einen Vertrag vom [ ].[ ].20[ ] über ____ *[genaue Beschreibung]* in Höhe von EUR[ ] (in Worten EUR [ ]), zzgl. gesetzlicher Umsatzsteuer geschlossen hat.

Die *[Gesellschaft]* ist als Konzernmutterunternehmen mit dem Abschluss des vorbezeichneten Vertrages durch die Konzerngesellschaft einverstanden.

Auf Verlangen wird die *[Gesellschaft]* die Konzerngesellschaft zur ordentlichen Abwicklung des Vertrages anhalten und ihre im Rahmen des Gesellschaftsrechts zulässigen Einflussmöglichkeiten auf die Geschäftsführung der Konzerngesellschaft in dem Sinne ausüben, dass die Konzerngesellschaft in der Weise geleitet wird, dass sie allen ihren finanziellen Verbindlichkeiten auf Grund des Vertrages fristgemäß nachkommt.

Diese Verpflichtung der *[Gesellschaft]* endet mit ____ *[ggf. Ereignis einfügen]*, spätestens jedoch am _____ *[Datum einfügen]*. Diese Urkunde ist innerhalb von 5 (fünf) Werktagen danach an die *[Gesellschaft]* als Aussteller zurückzugeben.

Es gilt das Recht der Bundesrepublik Deutschland. Gerichtsstand ist *[Stadt]*, Bundesrepublik Deutschland.

[Stadt], den

_____
[Rechtsverbindliche Unterschrift]

Anhang Nr. 8
„Harte" Patronatserklärung

An die
_____

[Vertragspartner]

Wir, [Gesellschaft, Anschrift, etc.], nachstehend „Gesellschaft" genannt, sind mehrheitlich an der *[Gesellschaft, Anschrift, etc.]*, nachstehend „Konzerngesellschaft" genannt, beteiligt.

Die *[Gesellschaft]* bestätigt hiermit die Kenntnisnahme darüber, dass die [Vertragspartner], nachstehend „Gläubiger" genannt, mit der Konzerngesellschaft einen Vertrag vom [ ].[ ].20[ ] über _____ *[genaue Beschreibung]* in Höhe von EUR [ ] (in Worten EUR [ ]), zzgl. gesetzlicher Umsatzsteuer) geschlossen hat.

Als Sicherheit für sämtliche Zahlungsansprüche des Gläubigers auf Grund des vorbezeichneten Vertrages, einschließlich hieraus entstehender Ansprüche auf Schadensersatz, übernimmt die [Gesellschaft] hiermit gegenüber dem Gläubiger die uneingeschränkte Verpflichtung sicherzustellen, dass die Konzerngesellschaft in der Weise geleitet und finanziell ausgestattet wird, dass sie stets in der Lage ist, allen ihren finanziellen Verbindlichkeiten auf Grund des Vertrages fristgemäß nachzukommen, und dass dem Gläubiger die auf die finanziellen Verbindlichkeiten gezahlten Beträge, insbesondere auch bei Insolvenz der Konzerngesellschaft, endgültig verbleiben. Die [Gesellschaft] kann ihre Verpflichtung auch durch Zahlung der jeweils fälligen Beträge an den Gläubiger erfüllen.

Die Zahlungspflicht der [Gesellschaft] hieraus ist begrenzt auf einen Höchstbetrag in Höhe von EUR ____ *[Betrag einfügen]*.

Diese Verpflichtung der *[Gesellschaft]* endet mit ____ *[ggf. Ereignis einfügen]*, spätestens jedoch am _____ *[Datum einfügen]*. Diese Urkunde ist innerhalb von 5 (fünf) Werktagen danach an die [Gesellschaft] als Aussteller zurückzugeben.

Es gilt das Recht der Bundesrepublik Deutschland. Gerichtsstand ist *[Stadt]*, Bundesrepublik Deutschland.

[Stadt], den

_____

[Rechtsverbindliche Unterschrift]

Anhang Nr. 9
Check-Liste (Incoterms 2010)

1) Vorliegen eines internationalen oder nationalen Geschäfts
2) Welche Form des Transports:
   - See- oder Binnenschiffstransport: „Blaue Klauseln"
     FAS, FOB, CFR, CIF
   - Sonstige Transportarten einschließlich multimodaler Transport: EXW, FCA, CPT, CIP, DAT, DAP, DDP
3) Eindeutige Formulierung
   Bestimmungsort genauer definieren als z.B. „Hafen Hamburg";
   statt dessen „Hamburg, Containerterminal No. x"
4) a) Analyse der eigenen Pflichten aus der vertraglich vorgesehenen Klausel
   b) Analyse der Pflichten der anderen an dem Liefergeschäft direkt/indirekt beteiligten Parteien
5) Abgleich der Klausel mit dem Liefervertrag/Purchase Order
6) Abgleich der Klausel ggfls. mit Rahmenvereinbarung/Frame Contract
7) Abgleich der Klausel mit eigenen weitergehenden Vertrags- bzw. Lieferverpflichtungen gegenüber Dritten für den Fall, dass Transport scheitert
8) Differenzanalyse zu eigenen Versicherungs-Rahmenverträgen
9) Abweichungen von Incoterms-Klausel und Lücken definieren und in den Vertragsdokumenten klären bzw. weitere Verträge (z.B. Versicherungsdifferenz-Vertrag) schließen

Anhang Nr. 10
Import Letter of Credit[1]

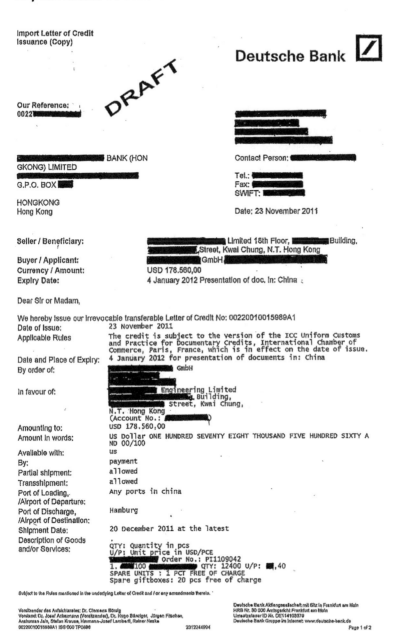

---

[1] Abgedruckt mit freundlicher Genehmigung der Deutschen Bank AG.

Import Letter of Credit Issuance (Copy)

FOB - (INCOTERMS 2010) ANY PORTS IN CHINA

Against presentation of following documents:

1. Manually signed Commercial Invoice in 3 originals and 3 copies
2. Full set of clean on board marine Bills of Lading issued in negotiable form to order, blank endorsed, marked "freight payable at destination" and notify:
   ▮▮▮▮▮▮ GmbH
3. Packing List in 3 originals and 3 copies
4. Certificate of Origin in 1 original and 1 copy, issued by the chamber of commerce or any equal public authority.
5. Inspection Certificate/Result in 1 copy, issued by VDE Global Services Hong Kong or by Jiangsu TUV Product Service Limited Shenzhen Branch.

Additional Instructions:

1. Art. 32 of UCP is not applicable.
2. Consolidated shipment of different materials are allowed.
3. Forwarder Bill of Lading is acceptable.
4. Third party documents (excl. commercial invoice) are acceptable.
5. In case of late shipment and/or late presentation the purchaser is authorized to deduct 5,00 pct. from the invoice value.

Dispatch of documents:
Please forward the documents to: DEUTSCHE BANK AG, Promenadeplatz 15, 80333 München, Germany, in one lot by courier.
Kindly acknowledge receipt quoting our reference number.

▮▮▮▮▮▮ BANK (HON GKONG) LIMITED, ▮▮▮▮▮▮
▮▮▮▮▮ G.P.O. BOX ▮▮▮ HONGKONG, Hong Kong is authorized as transferring Bank under this Letter of Credit.
Article 12b UCP 600 is excluded.

Charges: All charges - other than ours - are for account of the beneficiaries.

Presentation Period: The documents are to be presented within 15 days after the date of shipment, however within the validity of the credit.

Confirmation Instructions: Please advise this credit to the beneficiary without adding your confirmation.

Kind regards

Deutsche Bank AG

Anhang Nr. 11
Auszüge aus FIDIC Conditions of Contract for Plant and Design-Build („Yellow Book")
First edition 1999[1]

3 The Engineer

3.1 Engineer's Duties and Authority

The Employer shall appoint the Engineer who shall carry out the duties assigned to him in the Contract. The Engineer's staff shall include suitably qualified engineers and other professionals who are competent to carry out these duties.

The Engineer shall have no authority to amend the Contract.

The Engineer may exercise the authority attributable to the Engineer as specified in or necessarily to be implied from the Contract. If the Engineer is required to obtain the approval of the Employer before exercising a specified authority, the requirements shall be as stated in the Particular Conditions. The Employer undertakes not to impose further constraints on the Engineer's authority, except as agreed with the Contractor.

However, whenever the Engineer exercises a specified authority for which the Employer's approval is required, then (for the purposes of the Contract) the Employer shall be deemed to have given approval.

Except as otherwise stated in these Conditions:
(a) whenever carrying out duties or exercising authority, specified in or implied by the Contract, the Engineer shall be deemed to act for the Employer;
(b) the Engineer has no authority to relieve either party of any duties, obligations or responsibilities under the Contract; and
(c) any approval, check, certificate, consent, examination, inspection, instruction, notice, proposal, request, test, or similar act by the Engineer (including absence of disapproval) shall not relieve the Contractor from any responsibility he has under the Contract, including responsibility for errors, omissions, discrepancies and non-compliances.

3.2 Delegation by the Engineer

The Engineer may from time to time assign duties and delegate authority to assistants, and may also revoke such assignment or delegation. These assistants may

---

[1] Abgedruckt mit freundlicher Genehmigung der Fédération Internationale des Ingenieurs-Conseils (FIDIC).

include a resident engineer, and/or independent inspectors appointed to inspect and/or test items of Plant and/or Materials. The assignment, delegation or revocation shall be in writing and shall not take effect until copies have been received by both Parties. However, unless otherwise agreed by both Parties, the Engineer shall not delegate the authority to determine any matter in accordance with Sub-Clause 3.5 [*Determinations*].

Assistants shall be suitably qualified persons, who are competent to carry out these duties and exercise this authority, and who are fluent in the language for communications defined in Sub-Clause 1.4 [*Law and Language*].

Each assistant to whom duties have been assigned or authority has been delegated shall only be authorized to issue instructions to the Contractor to the extent defined by the delegation. Any approval, check, certificate, consent, examination, inspection, instruction, notice, proposal, request, test, or similar act by an assistant, in accordance with the delegation, shall have the same effect as though the act had been an act of the Engineer. However:

(a) any failure to disapprove any work, Plant or Materials shall not constitute approval, and shall therefore not prejudice the right of the Engineer to reject the work, Plant or Materials;
(b) if the Contractor questions any determination or instruction of an assistant, the Contractor may refer the matter to the Engineer, who shall promptly confirm, reverse or vary the determination or instruction.

3.3 Instructions of the Engineer

The Engineer may issue to the Contractor (at any time) instructions which may be necessary for the execution of the Works and the remedying of any defects, all in accordance with the Contract. The Contractor shall only take instructions from the Engineer, or from an assistant to whom the appropriate authority has been delegated under this Clause. If an instruction constitutes a Variation, Clause 13 [*Variations and Adjustments*] shall apply.

The Contractor shall comply with the instructions given by the Engineer or delegated assistant, on any matter related to the Contract. These instructions shall be given in writing.

3.4 Replacement of the Engineer

If the Employer intends to replace the Engineer, the employer shall, not less than 42 days before the intended date of replacement, give notice to the Contractor of the name, address and relevant experience of the intended replacement Engineer. The Employer shall not replace the Engineer with a person against whom the Contractor raises reasonable objection by notice to the Employer, with supporting particulars.

3.5 Determinations

Whenever these Conditions provide that the Engineer shall proceed in accordance with this Sub-Clause 3.5 to agree or determine any matter, the Engineer shall consult with each Party in an endeavor to reach agreement. If agreement is not achieved, the Engineer shall make a fair determination in accordance with the Contract, taking due regard of all relevant circumstances.

The Engineer shall give notice to both Parties of each agreement or determination, with supporting particulars. Each Party shall give effect to each agreement or determination unless and until revised under Clause 20 [*Claims, Disputes and Arbitration*].

13 Variations and Adjustments

13.1 Right to vary

Variations may be initiated by the Engineer at any time prior to issuing the Taking-Over Certificate for the Works, either by an instruction or by a request for the Contractor to submit a proposal. A Variation shall not comprise the omission of any work which is to be carried out by others.

The Contractor shall execute and be bound by each Variation, unless the Contractor promptly gives notice to the Engineer stating (with supporting particulars) that (i) the Contractor cannot readily obtain the Goods required for the Variation, (ii) it will reduce the safety or suitability of the Works, or (iii) it will have an adverse impact on the achievement of the Schedule of Guarantees. Upon receiving this notice, the Engineer shall cancel, confirm or vary the instruction.

13.2 Value Engineering

The Contractor may, at any time, submit to the Engineer a written proposal which (in the Contractor's opinion) will, if adopted, (i) accelerate completion, (ii) reduce the cost to the Employer of executing, maintaining or operating the Works, (iii) improve the efficiency or value to the Employer of the completed Works, or (iv) otherwise be of benefit to the Employer.

The proposal shall be prepared at the cost of the Contractor and shall include the items listed in Sub-Clause 13.3 [*Variation Procedure*].

13.3 Variation Procedure

If the Engineer requests a proposal, prior to instructing a Variation, the Contractor shall respond in writing as soon as practicable, either by giving reasons why he cannot comply (if this is the case) or by submitting:

(a) a description of the proposed design and/or work to be performed and a programme for its execution,
(b) the Contractor's proposal for any necessary modifications to the programme according to Sub-Clause 8.3 [*Programme*] and to the Time for Completion, and
(c) the Contractor's proposal for adjustment to the Contract Price.

The Engineer shall, as soon as practicable after receiving such proposal (under Sub-Clause 13.2 [*Value Engineering*] or otherwise), respond with approval, disapproval or comments. The Contractor shall not delay any work whilst awaiting a response.

Each instruction to execute a Variation, with any requirements for the recording of Costs, shall be issued by the Engineer to the Contractor, who shall acknowledge receipt.

Upon instructing or approving a Variation, the Engineer shall proceed in accordance with Sub-Clause 3.5 [*Determinations*] to agree or determine adjustments to the Contact Price and the Schedule of Payments. These adjustments shall include reasonable profit, and shall take account of the Contractor's submissions under Sub-Clause 13.2 [*Value Engineering*] if applicable.

13.4 Payment in Applicable Currencies

If the Contract provides for payment of the Contract Price in more than one currency, then whenever an adjustment is agreed, approved or determined as stated above, the amount payable in each of the applicable currencies shall be specified. For this purpose, reference shall be made to the actual or expected currency proportions of the Cost of the varied work, and to the proportions of various currencies specified for payment of the Contract Price.

13.5 Provisional Sums

Each Provisional Sum shall only be used, in whole or in part, in accordance with the Engineer's instructions, and the Contract Price shall be adjusted accordingly. The total sum paid to the Contractor shall include only such amounts, for the work, supplies or services to which the Provisional Sum relates, as the Engineer shall have instructed. For each Provisional Sum, the Engineer may instruct:
(a) work to be executed (including Plant, Materials or services to be supplied) by the Contractor and valued under Sub-Clause 13.3 [*Variation Procedure*]; and/or
(b) Plant, Materials or services to be purchased by the Contractor, for which there shall be included in the Contract Price:
    (i) the actual amounts paid (or due to be paid) by the Contractor, and
    (ii) a sum for overhead charges and profit, calculated as a percentage of these actual amounts by applying the relevant percentage rate (if any) stated in

the appropriate Schedule. If there is no such rate, the percentage rate stated in the Appendix to Tender shall be applied.

The Contractor shall, when required by the Engineer, produce quotations, invoices, vouchers and accounts or receipts in substantiation.

13.6 Daywork

For work of minor or incidental nature, the Engineer may instruct that a Variation shall be executed on a daywork basis. The work shall then be valued in accordance with the daywork schedule included in the Contract, and the following procedure shall apply. If a daywork schedule is not included in the Contract, this Sub-Clause shall not apply.

Before ordering Goods for the work, the Contractor shall submit quotations to the Engineer. When applying for payment, the Contractor shall submit invoices, vouchers and accounts or receipts for any Goods.

Except for any items for which the daywork schedule specifies that payment is not due, the Contractor shall deliver each day to the Engineer accurate statements in duplicate which shall include the following details of the resources used in executing the previous day's work:

(a) the names, occupations and time of Contractor's Personnel,
(b) the identification, type and time of Contractor's Equipment and Temporary Works, and
(c) the quantities and types of Plant and Materials used.

One copy of each statement will, if correct, or when agreed, be signed by the Engineer and returned to the Contractor. The Contractor shall then submit priced statements of these resources to the Engineer, prior to their inclusion in the next Statement under Sub-Clause 14.3 [*Application for Interim Payment Certificates*].

13.7 Adjustments for Changes in Legislation

The Contract Price shall be adjusted to take account of any increase or decrease in Cost resulting from a change in the Laws of the Country (including the introduction of new Laws and the repeal or modification of existing Laws) or in the judicial or official governmental interpretation of such Laws, made after the Base Date, which affect the Contractor in the performance of obligations under the Contract.

If the Contractor suffers (or will suffer) delay and/or incurs (or will incur) additional Cost as a result of these changes in the Laws or in such interpretations made after the Base Date, the Contractor shall give notice to the Engineer and shall be entitled subject to Sub-Clause 20.1 [*Contractor's Claims*] to:

(a) an extension of time for any such delay, if completion is or will be delayed, under Sub-Clause 8.4 [*Extension of Time for Completion*], and
(b) payment of any such Cost, which shall be included in the Contract Price.

After receiving this notice, the Engineer shall proceed in accordance with Sub-Clause 3.5 [*Determinations*] to agree or determine these matters.

13.8 Adjustments for Changes in Cost

In this Sub-Clause, „table of adjustment data" means the completed table of adjustment data included in the Appendix to Tender. If there is no such table of adjustment data, this Sub-Clause shall not apply.

If this Sub-Clause applies, the amounts payable to the Contractor shall be adjusted for rises or falls in the cost of labour, Goods and other inputs to the Works, by the addition or deduction of the amounts determined by the formulae prescribed in this Sub-Clause. To the extent that full compensation for any rise and fall in Costs is not covered by the provisions of this or other Clauses, the Accepted Contract Amount shall be deemed to have included amounts to cover the contingency of other rises and falls in costs.

The adjustment to be applied to the amount otherwise payable to the Contractor, as valued in accordance with the appropriate Schedule and certified in Payment Certificates, shall be determined from formulae for each of the currencies in which the Contract Price is payable. No adjustment is to be applied to work valued on the basis of Cost or current prices. The formulae shall be of the following general type:

$$P_n = a + b \frac{L_n}{L_o} + c \frac{E_n}{E_o} + d \frac{M_n}{M_o} + \cdots$$

where:

„P_n" is the adjustment multiplier to be applied to the estimated contract value in the relevant currency of the work carried out in period „n", this period being a month unless otherwise stated in the Appendix to Tender;

„a" is a fixed coefficient, stated in the relevant table of adjustment data, representing the non-adjustable portion in contractual payments;

„b", „c", „d", ... are coefficients representing the estimated proportion of each cost element related to the execution of the Works, as stated in the relevant table of adjustment data; such tabulated cost elements may be indicative of resources such as labour, equipment and materials;

„L_n", „E_n", „M_n", ... are the current cost indices or reference prices for period „n", expressed in the relevant currency of payment, each of which is applicable to the relevant tabulated cost element on the date 49 days prior to the last day of the period (to which the particular Payment Certificate relates); and

„Lo", „Eo", „Mo", ... are the base cost indices or reference prices, expressed in the relevant currency of payment, each of which is applicable to the relevant tabulated cost element on the Base Date.

The cost indices or reference prices stated in the table of adjustment data shall be used. If their source is in doubt, it shall be determined by the Engineer. For this purpose, reference shall be made to the values of the indices at stated dates (quoted in the fourth and fifth columns respectively of the table) for the purposes of clarification of the source; although these dates (and thus these values) may not correspond to the base cost indices.

In cases where the „currency of index" (stated in the table) is not the relevant currency of payment, each index shall be converted into the relevant currency of payment at the selling rate, established by the central bank of the Country, of this relevant currency on the above date for which the index is required to be applicable.

Until such time as each current cost index is available, the Engineer shall determine a provisional index for the issue of Interim Payments Certificates. When a current cost index is available, the adjustment shall be recalculated accordingly.

If the Contractor fails to complete the Works within the Time for Completion, adjustment of prices thereafter shall be made using either (i) each index or price applicable on the date 49 days prior to the expiry of the Time for Completion of the Works, or (ii) the current index or price: whichever is more favourable to the Employer.

The weightings (coefficients) for each of the factors of cost stated in the table(s) of adjustment data shall only be adjusted if they have been rendered unreasonable, unbalanced or inapplicable, as a result of Variations.

20 Claims, Disputes and Arbitration

20.1 Contractor's Claims

If the Contractor considers himself to be entitled to any extension of the Time for Completion and/or any additional payment, under any Clause of these Conditions or otherwise in connection with the Contract, the Contractor shall give notice to the Engineer, describing the event or circumstance giving rise to the claim. The notice shall be given as soon as practicable, and not later than 28 days after the Contractor became aware, or should have become aware, of the event or circumstance.

If the Contractor fails to give notice of a claim within such period of 28 days, the Time for Completion shall not be extended, the Contractor shall not be entitled to additional payment, and the Employer shall be discharged from all liability in connection with the claim. Otherwise, the following provisions of this Sub-Clause shall apply.

The Contractor shall also submit any other notices which are required by the Contract, and supporting particulars for the claim, all as relevant to such event or circumstance.

The Contractor shall keep such contemporary records as may be necessary to substantiate any claim, either on the Site or at another location acceptable to the Engineer. Without admitting the Employer's liability, the Engineer may, after receiving any notice under this Sub-Clause, monitor the record-keeping and/or instruct the Contractor to keep further contemporary records. The Contractor shall permit the Engineer to inspect all these records, and shall (if instructed) submit copies to the Engineer.

Within 42 days after the Contractor became aware (or should have become aware) of the event or circumstance giving rise to the claim, or within such other period as may be proposed by the Contractor and approved by the Engineer, the Contractor shall send to the Engineer a fully detailed claim which includes full supporting particulars of the basis of the claim and of the extension of time and/or additional payment claimed. If the event or circumstance giving rise to the claim has a continuing effect:
(a) this fully detailed claim shall be considered as interim;
(b) the Contractor shall send further interim claims at monthly intervals, giving the accumulated delay and/or amount claimed, and such further particulars as the Engineer may reasonably require; and
(c) the Contractor shall send a final claim within 28 days after the end of the effects resulting from the event or circumstance, or within such other period as may be proposed by the Engineer and approved by the Contractor.

Within 42 days after receiving a claim or any further particulars supporting a previous claim, or within such other period as may be proposed by the Engineer and approved by the Contractor, the Engineer shall respond with approval, or with disapproval and detailed comments. He may also request any necessary further particulars, but shall nevertheless give his response on the principles of the claim within such time.

Each Payment Certificate shall include such amounts for any claim as have been reasonably substantiated as due under the relevant provision of the Contract. Unless and until the particulars supplied are sufficient to substantiate the whole of the claim, the Contractor shall only be entitled to payment for such part of the claim as he has been able to substantiate.

The Engineer shall proceed in accordance with Sub-Clause 3.5 [*Determinations*] to agree or determine (i) the extension (if any) of the Time for Completion (before or after its expiry) in accordance with Sub-Clause 8.4 [*Extension of Time for Completion*], and/or (ii) the additional payment(if any) to which the Contractor is entitled under the Contract.

The requirements of this Sub-Clause are in addition to those of any other Sub-Clause which may apply to a claim. If the Contractor fails to comply with this or another Sub-Clause in relation to any claim, any extension of time and/or additional payment shall take account of the extent (if any) to which the failure has prevented or prejudiced proper investigation of the claim, unless the claim is excluded under the second paragraph of this Sub-Clause.

20.2 Appointment of the Dispute Adjudication Board
Disputes shall be adjudicated by a DAB in accordance with Sub-Clause 20.4 [*Obtaining Dispute Adjudication Board's Decision*]. The Parties shall jointly appoint a DAB by the date 28 days after a Party gives notice to the other Party of its intention to refer a dispute to a DAB in accordance with Sub-Clause 20.4.

(Die folgenden Bestimmungen unter 20.2 regeln Einzelheiten der Zusammensetzung, Ernennung, Ersetzung und Entschädigung des DAB bzw. seiner Mitglieder.)

20.3 Failure to Agree Dispute Adjudication Board

20.4 Obtaining Dispute Adjudication Board's Decision

20.5 Amicable Settlement

20.6 Arbitration

20.7 Failure to Comply with Dispute Adjudication Board's Decision

20.8 Expiry of Dispute Adjudication Board's Appointment

Anhang Nr. 12
Check-Liste Logistic Contract

A. General Provisions
   1. Parties; Purpose
   2. Object of this Agreement
   3. Cooperation; Roll-out Plan / Principles /Organization
   4. Representations and Warranties
   5. Remuneration, Invoices & Records
   6. Software and Data
   7. Liability, Force Majeure and Indemnification
   8. Insurance
B. Project and Start-up
   1. Services provided by logistic partner or affiliates
   2. Start-up Phase; Milestones; Start-up Costs; Service Levels; Supporting Services
C. Operational Phase
   1. Operational Phase
   2. Investments
D. Term, Termination and Exit Transition
   1. Term and Termination
   2. Exit Transition / Supporting Services
E. Miscellaneous
   1. Use of (name) as reference
   2. Subcontractors
   3. Non Complete Agreement
   4. Confidentiality and Data Protection
   5. Compliance
   6. Deadlock
   7. Material Adverse Change
   8. Final Provisions

Anhang Nr. 13
Institute Cargo Clauses (A)[1]

Fassung 2009

RISKS COVERED

Risks
1. This insurance covers all risks of loss of or damage to the subject-matter insured except as excluded by the provisions of Clauses 4, 5, 6 and 7 below.

General Average
2. This insurance covers general average and salvage charges, adjusted or determined according to the contract of carriage and/or the governing law and practice, incurred to avoid or in connection with the avoidance of loss from any cause except those excluded in Clauses 4, 5, 6 and 7 below.

„Both to Blame Collision Clause"
3. This insurance indemnifies the Assured, in respect of any risk insured herein, against liability incurred under any Both to Blame Collision Clause in the contract of carriage. In the event of any claim by carriers under the said Clause, the Assured agree to notify the Insurers who shall have the right, at their own cost and expense, to defend the Assured against such claim.

EXCLUSIONS
4. In no case shall this insurance cover
   4.1 loss damage or expense attributable to wilful misconduct of the Assured
   4.2 ordinary leakage, ordinary loss in weight or volume, or ordinary wear and tear of the subject-matter insured
   4.3 loss damage or expense caused by insufficiency or unsuitability of packing or preparation of the subject-matter insured to withstand the ordinary incidents of the insured transit where such packing or preparation is carried out by the Assured or their employees or prior to the attachment of this insurance (for the purpose of these Clauses „packing" shall be deemed to include

---

[1] Abgedruckt mit freundlicher Genehmigung von Lloyd's Market Association (LMA) und International Underwriting Association of London (IUA).

stowage in a container and „employees" shall not include independent contractors)

4.4 loss damage or expense caused by inherent vice or nature of the subject-matter insured

4.5 loss damage or expense caused by delay, even though the delay be caused by a risk insured against (except expenses payable under Clause 2 above)

4.6 loss damage or expense caused by insolvency or financial default of the owners managers charterers or operators of the vessel where, at the time of loading of the subject-matter insured on board the vessel, the Assured are aware, or in the ordinary course of business should be aware, that such insolvency or financial default could prevent the normal prosecution of the voyage

This exclusion shall not apply where the contract of insurance has been assigned to the party claiming hereunder who has bought or agreed to buy the subject-matter insured in good faith under a binding contract

4.7 loss damage or expense directly or indirectly caused by or arising from the use of any weapon or device employing atomic or nuclear fission and/or fusion or other like reaction or radioactive force or matter.

5. 5.1 In no case shall this insurance cover loss damage or expense arising from

5.1.1 unseaworthiness of vessel or craft or unfitness of vessel or craft for the safe carriage of the subject-matter insured, where the Assured are privy to such unseaworthiness or unfitness, at the time the subject-matter insured is loaded therein

5.1.2 unfitness of container or conveyance for the safe carriage of the subject-matter insured, where loading therein or thereon is carried out

prior to attachment of this insurance or
by the Assured or their employees and they are privy to such unfitness at the time of loading.

5.2 Exclusion 5.1.1 above shall not apply where the contract of insurance has been assigned to the party claiming hereunder who has bought or agreed to buy the subject-matter insured in good faith under a binding contract.

5.3 The Insurers waive any breach of the implied warranties of seaworthiness of the ship and fitness of the ship to carry the subject-matter insured to destination.

6. In no case shall this insurance cover loss damage or expense caused by

6.1 war civil war revolution rebellion insurrection, or civil strife arising therefrom, or any hostile act by or against a belligerent power

6.2 capture seizure arrest restraint or detainment (piracy excepted), and the consequences thereof or any attempt thereat

6.3 derelict mines torpedoes bombs or other derelict weapons of war.

7. In no case shall this insurance cover loss damage or expense
    7.1 caused by strikers, locked-out workmen, or persons taking part in labour disturbances, riots or civil commotions
    7.2 resulting from strikes, lock-outs, labour disturbances, riots or civil commotions
    7.3 caused by any act of terrorism being an act of any person acting on behalf of, or in connection with, any organisation which carries out activities directed towards the overthrowing or influencing, by force or violence, of any government whether or not legally constituted
    7.4 caused by any person acting from a political, ideological or religious motive.

DURATION

Transit Clause
8. 8.1 Subject to Clause 11 below, this insurance attaches from the time the subject-matter insured is first moved in the warehouse or at the place of storage (at the place named in the contract of insurance) for the purpose of the immediate loading into or onto the carrying vehicle or other conveyance for the commencement of transit,
    continues during the ordinary course of transit
    and terminates either
        8.1.1 on completion of unloading from the carrying vehicle or other conveyance in or at the final warehouse or place of storage at the destination named in the contract of insurance,
        8.1.2 on completion of unloading from the carrying vehicle or other conveyance in or at any other warehouse or place of storage, whether prior to or at the destination named in the contract of insurance, which the Assured or their employees elect to use either for storage other than in the ordinary course of transit or for allocation or distribution, or
        8.1.3 when the Assured or their employees elect to use any carrying vehicle or other conveyance or any container for storage other than in the ordinary course of transit or
        8.1.4 on the expiry of 60 days after completion of discharge overside of the subject-matter insured from the oversea vessel at the final port of discharge,
    whichever shall first occur.
    8.2 If, after discharge overside from the oversea vessel at the final port of discharge, but prior to termination of this insurance, the subject-matter insured is to be forwarded to a destination other than that to which it is

insured, this insurance, whilst remaining subject to termination as provided in Clauses 8.1.1 to 8.1.4, shall not extend beyond the time the subject-matter insured is first moved for the purpose of the commencement of transit to such other destination.

8.3 This insurance shall remain in force (subject to termination as provided for in Clauses 8.1.1 to 8.1.4 above and to the provisions of Clause 9 below) during delay beyond the control of the Assured, any deviation, forced discharge, reshipment or transshipment and during any variation of the adventure arising from the exercise of a liberty granted to carriers under the contract of carriage.

Termination of Contract of Carriage

9. If owing to circumstances beyond the control of the Assured either the contract of carriage is terminated at a port or place other than the destination named therein or the transit is otherwise terminated before unloading of the subject-matter insured as provided for in Clause 8 above, then this insurance shall also terminate *unless prompt notice is given to the Insurers and continuation of cover is requested when this insurance shall remain in force, subject to an additional premium if required by the Insurers,* either

    9.1 until the subject-matter insured is sold and delivered at such port or place, or, unless otherwise specially agreed, until the expiry of 60 days after arrival of the subject-matter insured at such port or place, whichever shall first occur,

    or

    9.2 if the subject-matter insured is forwarded within the said period of 60 days (or any agreed extension thereof) to the destination named in the contract of insurance or to any other destination, until terminated in accordance with the provisions of Clause 8 above.

Change of Voyage

10. 10.1 Where, after attachment of this insurance, the destination is changed by the Assured, *this must be notified promptly to Insurers for rates and terms to be agreed. Should a loss occur prior to such agreement being obtained cover may be provided but only if cover would have been available at a reasonable commercial market rate on reasonable market terms.*

    10.2 Where the subject-matter insured commences the transit contemplated by this insurance (in accordance with Clause 8.1), but, without the knowledge of the Assured or their employees the ship sails for another destination, this insurance will nevertheless be deemed to have attached at commencement of such transit.

CLAIMS

Insurable Interest
11. 11.1 In order to recover under this insurance the Assured must have an insurable interest in the subject-matter insured at the time of the loss.
    11.2 Subject to Clause 11.1 above, the Assured shall be entitled to recover for insured loss occurring during the period covered by this insurance, notwithstanding that the loss occurred before the contract of insurance was concluded, unless the Assured were aware of the loss and the Insurers were not.

Forwarding Charges
12. Where, as a result of the operation of a risk covered by this insurance, the insured transit is terminated at a port or place other than that to which the subject-matter insured is covered under this insurance, the Insurers will reimburse the Assured for any extra charges properly and reasonably incurred in unloading storing and forwarding the subject-matter insured to the destination to which it is insured.
This Clause 12, which does not apply to general average or salvage charges, shall be subject to the exclusions contained in Clauses 4, 5, 6 and 7 above, and shall not include charges arising from the fault negligence insolvency or financial default of the Assured or their employees.

Constructive Total Loss
13. No claim for Constructive Total Loss shall be recoverable hereunder unless the subject-matter insured is reasonably abandoned either on account of its actual total loss appearing to be unavoidable or because the cost of recovering, reconditioning and forwarding the subject-matter insured to the destination to which it is insured would exceed its value on arrival.

Increased Value
14. 14.1 If any Increased Value insurance is effected by the Assured on the subject-matter insured under this insurance the agreed value of the subject-matter insured shall be deemed to be increased to the total amount insured under this insurance and all Increased Value insurances covering the loss, and liability under this insurance shall be in such proportion as the sum insured under this insurance bears to such total amount insured.

In the event of claim the Assured shall provide the Insurers with evidence of the amounts insured under all other insurances.
14.2 Where this insurance is on Increased Value the following clause shall apply:

The agreed value of the subject-matter insured shall be deemed to be equal to the total amount insured under the primary insurance and all Increased Value insurances covering the loss and effected on the subject-matter insured by the Assured, and liability under this insurance shall be in such proportion as the sum insured under this insurance bears to such total amount insured.

In the event of claim the Assured shall provide the Insurers with evidence of the amounts insured under all other insurances.

BENEFIT OF INSURANCE

15. This insurance
    15.1 covers the Assured which includes the person claiming indemnity either as the person by or on whose behalf the contract of insurance was effected or as an assignee,
    15.2 shall not extend to or otherwise benefit the carrier or other bailee.

MINIMISING LOSSES

Duty of Assured
16. It is the duty of the Assured and their employees and agents in respect of loss recoverable hereunder
    16.1 to take such measures as may be reasonable for the purpose of averting or minimising such loss, and
    16.2 to ensure that all rights against carriers, bailees or other third parties are properly preserved and exercised

and the Insurers will, in addition to any loss recoverable hereunder, reimburse the Assured for any charges properly and reasonably incurred in pursuance of these duties.

Waiver
17. Measures taken by the Assured or the Insurers with the object of saving, protecting or recovering the subject-matter insured shall not be considered as a waiver or acceptance of abandonment or otherwise prejudice the rights of either party.

AVOIDANCE OF DELAY

18. It is a condition of this insurance that the Assured shall act with reasonable despatch in all circumstances within their control.

LAW AND PRACTICE

19. This insurance is subject to English law and practice.

NOTE:– Where a continuation of cover is requested under Clause 9, or a change of destination is notified under Clause 10, there is an obligation to give prompt notice to the Insurers and the right to such cover is dependent upon compliance with this obligation.

© *Copyright:* 11/08 – *Lloyd's Market Association (LMA) and International Underwriting Association of London (IUA).*

CL382
01/01/2009

Anhang Nr. 14
Institute War Clauses (Cargo)[1]

(Fassung 2009)

RISKS COVERED

Risks

1. This insurance covers, except as excluded by the provisions of Clauses 3 and 4 below, loss of or damage to the subject-matter insured caused by
   1.1 war civil war revolution rebellion insurrection, or civil strife arising therefrom, or any hostile act by or against a belligerent power
   1.2 capture seizure arrest restraint or detainment, arising from risks covered under 1.1 above, and the consequences thereof or any attempt thereat
   1.3 derelict mines torpedoes bombs or other derelict weapons of war.

General Average

2. This insurance covers general average and salvage charges, adjusted or determined according to the contract of carriage and/or the governing law and practice, incurred to avoid or in connection with the avoidance of loss from a risk covered under these Clauses.

EXCLUSIONS

3. In no case shall this insurance cover
   3.1 loss damage or expense attributable to wilful misconduct of the Assured
   3.2 ordinary leakage, ordinary loss in weight or volume, or ordinary wear and tear of the subject-matter insured
   3.3 loss damage or expense caused by insufficiency or unsuitability of packing or preparation of the subject-matter insured to withstand the ordinary incidents of the insured transit where such packing or preparation is carried out by the Assured or their employees or prior to the attachment of this insurance (for the purpose of these Clauses „packing" shall be deemed to include stowage in a container and „employees" shall not include independent contractors)

---

[1] Abgedruckt mit freundlicher Genehmigung von Lloyd's Market Association (LMA) und International Underwriting Association of London (IUA).

3.4 loss damage or expense caused by inherent vice or nature of the subject-matter insured

3.5 loss damage or expense caused by delay, even though the delay be caused by a risk insured against (except expenses payable under (Clause 2 above)

3.6 loss damage or expense caused by insolvency or financial default of the owners managers charterers or operators of the vessel where, at the time of loading of the subject-matter insured on board the vessel, the Assured are aware, or in the ordinary course of business should be aware, that such insolvency or financial default could prevent the normal prosecution of the voyage
This exclusion shall not apply where the contract of insurance has been assigned to the party claiming hereunder who has bought or agreed to buy the subject-matter insured in good faith under a binding contract

3.7 any claim based upon loss of or frustration of the voyage or adventure

3.8 loss damage or expense directly or indirectly caused by or arising from any hostile use of any weapon or device employing atomic or nuclear fission and/or fusion or other like reaction or radioactive force or matter.

4. 4.1 In no case shall this insurance cover loss damage or expense arising from

    4.1.1 unseaworthiness of vessel or craft or unfitness of vessel or craft for the safe carriage of the subject-matter insured, where the Assured are privy to such unseaworthiness or unfitness, at the time the subject-matter insured is loaded therein

    4.1.2 unfitness of container or conveyance for the safe carriage of the subject-matter insured, where loading therein or thereon is carried out
prior to attachment of this insurance or
by the Assured or their employees and they are privy to such unfitness at the time of loading.

  4.2 Exclusion 4.1.1 above shall not apply where the contract of insurance has been assigned to the party claiming hereunder who has bought or agreed to buy the subject-matter insured in good faith under a binding contract.

  4.3 The Insurers waive any breach of the implied warranties of seaworthiness of the ship and fitness of the ship to carry the subject-matter insured to destination.

DURATION

Transit Clause

5. 5.1 This insurance

    5.1.1 attaches only as the subject-matter insured and as to any part as that part is loaded on an oversea vessel
and

5.1.2 terminates, subject to 5.2 and 5.3 below, either as the subject-matter insured and as to any part as that part is discharged from an oversea vessel at the final port or place of discharge,

or

on expiry of 15 days counting from midnight of the day of arrival of the vessel at the final port or place of discharge, whichever shall first occur;

nevertheless,

subject to prompt notice to the Insurers and to an additional premium, such insurance

5.1.3 reattaches when, without having discharged the subject-matter insured at the final port or place of discharge, the vessel sails therefrom,

and

5.1.4 terminates, subject to 5.2 and 5.3 below, either as the subject-matter insured and as to any part as that part is thereafter discharged from the vessel at the final (or substituted) port or place of discharge,

or

on expiry of 15 days counting from midnight of the day of re-arrival of the vessel at the final port or place of discharge or arrival of the vessel at a substituted port or place of discharge, whichever shall first occur.

5.2 If during the insured voyage the oversea vessel arrives at an intermediate port or place to discharge the subject-matter insured for on-carriage by oversea vessel or by aircraft, or the subject-matter insured is discharged from the vessel at a port or place of refuge, then, subject to 5.3 below and to an additional premium if required, this insurance continues until the expiry of 15 days counting from midnight of the day of arrival of the vessel at such port or place, but thereafter reattaches as the subject-matter insured and as to any part as that part is loaded on an on-carrying oversea vessel or aircraft. During the period of 15 days the insurance remains in force after discharge only whilst the subject-matter insured and as to any part as that part is at such port or place. If the subject-matter insured is on-carried within the said period of 15 days or if the insurance reattaches as provided in this Clause 5.2

5.2.1 where the on-carriage is by oversea vessel this insurance continues subject to the terms of these Clauses,

or

5.2.2 where the on-carriage is by aircraft, the current Institute War Clauses (Air Cargo) (excluding sendings by Post) shall be deemed to form part of the contract of insurance and shall apply to the on-carriage by air.

5.3 If the voyage in the contract of carriage is terminated at a port or place other than the destination agreed therein, such port or place shall be deemed the final port of discharge and this insurance terminates in accordance with 5.1.2. If the subject-matter insured is subsequently reshipped to the original or any other destination, then *provided notice is given to the Insurers before the commencement of such further transit and subject to an additional premium,* this insurance reattaches
    5.3.1   in the case of the subject-matter insured having been discharged, as the subject-matter insured and as to any part as that part is loaded on the on-carrying vessel for the voyage;
    5.3.2   in the case of the subject-matter not having been discharged, when the vessel sails from such deemed final port of discharge;
thereafter this insurance terminates in accordance with 5.1.4.
5.4 The insurance against the risks of mines and derelict torpedoes, floating or submerged, is extended whilst the subject-matter insured or any part thereof is on craft whilst in transit to or from the oversea vessel, but in no case beyond the expiry of 60 days after discharge from the oversea vessel unless otherwise specially agreed by the Insurers.
5.5 *Subject to prompt notice to Insurers, and to an additional premium if required,* this insurance shall remain in force within the provisions of these Clauses during any deviation, or any variation of the adventure arising from the exercise of a liberty granted to carriers under the contract of carriage.

(For the purpose of Clause 5 „arrival" shall be deemed to mean that the vessel is anchored, moored or otherwise secured at a berth or place within the Harbour Authority area. If such a berth or place is not available, arrival is deemed to have occurred when the vessel first anchors, moors or otherwise secures either at or off the intended port or place of discharge „oversea vessel" shall be deemed to mean a vessel carrying the subject-matter from one port or place to another where such voyage involves a sea passage by that vessel.)

Change of Voyage
6.   6.1   Where, after attachment of this insurance, the destination is changed by the Assured, *this must be notified promptly to Insurers for rates and terms to be agreed. Should a loss occur prior to such agreement being obtained cover may be provided but only if cover would have been available at a reasonable commercial market rate on reasonable market terms.*
       6.2   Where the subject-matter insured commences the transit contemplated by this insurance (in accordance with Clause 5.1), but, without the knowledge

of the Assured or their employees the ship sails for another destination, this insurance will nevertheless be deemed to have attached at commencement of such transit.
7. Anything contained in this contract which is inconsistent with Clauses 3.7, 3.8 or 5 shall, to the extent of such inconsistency, be null and void.

CLAIMS

Insurable Interest
8.   8.1 In order to recover under this insurance the Assured must have an insurable interest in the subject-matter insured at the time of the loss.
    8.2 Subject to Clause 8.1 above, the Assured shall be entitled to recover for insured loss occurring during the period covered by this insurance, notwithstanding that the loss occurred before the contract of insurance was concluded, unless the Assured were aware of the loss and the Insurers were not.

Increased Value
9.   9.1 If any Increased Value insurance is effected by the Assured on the subject-matter insured under this insurance the agreed value of the subject-matter insured shall be deemed to be increased to the total amount insured under this insurance and all Increased Value insurances covering the loss, and liability under this insurance shall be in such proportion as the sum insured under this insurance bears to such total amount insured.

      In the event of claim the Assured shall provide the Insurers with evidence of the amounts insured under all other insurances.

    9.2 Where this insurance is on Increased Value the following clause shall apply:

      The agreed value of the subject-matter insured shall be deemed to be equal to the total amount insured under the primary insurance and all Increased Value insurances covering the loss and effected on the subject-matter insured by the Assured, and liability under this insurance shall be in such proportion as the sum insured under this insurance bears to such total amount insured.

      In the event of claim the Assured shall provide the Insurers with evidence of the amounts insured under all other insurances.

BENEFIT OF INSURANCE

10. This insurance
    10.1   covers the Assured which includes the person claiming indemnity either as the person by or on whose behalf the contract of insurance was effected or as an assignee,
    10.2   shall not extend to or otherwise benefit the carrier or other bailee.

MINIMISING LOSSES

Duty of Assured
11. It is the duty of the Assured and their employees and agents in respect of loss recoverable hereunder
    11.1   to take such measures as may be reasonable for the purpose of averting or minimising such loss, and
    11.2   to ensure that all rights against carriers, bailees or other third parties are properly preserved and exercised
    and the Insurers will, in addition to any loss recoverable hereunder, reimburse the Assured for any charges properly and reasonably incurred in pursuance of these duties.

Waiver
12. Measures taken by the Assured or the Insurers with the object of saving, protecting or recovering the subject-matter insured shall not be considered as a waiver or acceptance of abandonment or otherwise prejudice the rights of either party.

AVOIDANCE OF DELAY

13. It is a condition of this insurance that the Assured shall act with reasonable despatch in all circumstances within their control.

LAW AND PRACTICE

14. This insurance is subject to English law and practice.

NOTE: – Where a *reattachment* of *cover* is requested under Clause 5, or a *change* of destination is notified under Clause 6, there is an obligation to give prompt notice to the

Insurers and the right to such cover is dependent upon compliance with this obligation.

© Copyright: 11/08 – Lloyd's Market Association (LMA) and International Underwriting Association of London (IUA).

CL385
01/01/2009

Anhang Nr. 15
Übersicht über den Inhalt eines Equity Joint Venture-Vertrages

1. Präambel
2. Definitionen und Interpretationen
3. Bedingungen
4. Inkrafttreten
5. Kapitalausstattung
6. Management
7. Warenzeichen und Domain-Namen
8. Deadlock -Situation
9. Laufzeit und Kündigung/Kündigung aus wichtigem Grund
10. Wettbewerbsverbot/Abwerbungsverbot
11. Gewährleistungen und andere Verpflichtungen
12. Höhere Gewalt
13. Bekanntmachungen/Presse
14. Rechtsmittel
15. Kosten
16. Abtretung
17. Vollständige Vereinbarung
18. Änderung
19. Mitteilungen
20. Verzicht
21. Salvatorische Klausel
22. Ausfertigungen
23. Weiterbestehen der Bestimmungen
24. Geltendes Recht und Schiedsgerichtsbarkeit

Erläuterungen zur Vertragsgestaltung

1. Präambel

Eine Präambel wird typischerweise den eigentlichen Vertragsregelungen eines JV-Vertrages vorangestellt. In dieser werden regelmäßig solche Vereinbarungen erwähnt, die die JV-Partner im Vorfeld der eigentlichen Verhandlungen in Vorbereitung der JV-Partnerschaft getroffen haben; hierzu gehören z.B. die Vertraulichkeitsvereinbarungen (Non-Disclosure Agreement [NDA]), das Memorandum of Understanding (MoU) oder der Letter of Intent (LOI)). Außerdem werden standardmäßig die Vertragsparteien kurz vorgestellt, insbesondere auf welchem wirtschaftlichen Gebiet die JV-Partner ihre jeweilige Expertise haben und welche Ziele sie mit ihrem JV verfolgen. Insgesamt stellt damit die Präambel häufig eine eher im Prosa-Text gehaltene Zusammenfassung der bereits erfolgten Verhandlungen und Ziele der Partner dar. Zu erwähnen ist, dass es immer wieder zu der Diskussion unter Juristen kommt, inwieweit die Präambel in Streitfällen zur Auslegung herangezogen werden kann.

2. Definitionen und Interpretationen

Es hat sich als hilfreich für jeden JV-Vertrag erwiesen, wenn den eigentlichen Regelungen eine alphabetisch aufgebaute Liste von Begriffen und Definitionen vorangestellt wird. Diese Vorgehensweise dient einerseits der Klarheit und Eindeutigkeit der häufig verwendeten Begriffe, andererseits wird der Text der verschiedenen folgenden Paragraphen leichter verständlich bzw. übersichtlicher. Manchmal wird die Definition von Begriffen noch dadurch indirekt erweitert, indem in diesem Teil des JV-Vertrages auf Anlagen zum JV-Vertrag Bezug genommen wird, die teilweise äußerst ausführlich den Begriff erläutern.

Beispiel

Business Plan	means the business plan of the JV-Company as per Annex 1, approved by the Board of the JV-Company from time to time pursuant to clause x
oder	
Material Adverse Change (MAC)	means any macroeconomic event which significantly and adversely affects or could reasonably be expected to significantly and adversely affect the commercial or economic viability of the Business as laid down in the business plan.

3. Bedingungen

Dieser Artikel regelt die teilweise umfassenden Voraussetzungen, die erfüllt sein müssen, damit der JV-Vertrag überhaupt in Kraft treten kann. Hierzu gehören regelmäßig Finanzierungsfragen, behördliche und/oder staatliche Genehmigungen, insbesondere auch solche von Kartellbehörden und staatlichen Zentralbanken. Aber auch die Genehmigungsvorbehalte bzgl. der Aufsichtsgremien der jeweiligen JV-Partner gehören in diesen Paragraphen, denn diese können erst bei Vorliegen eines unter einer aufschiebenden Bedingung stehenden endverhandelten Vertrages ihre Zustimmung geben. Alle im Vorfeld der Verhandlungen getätigten positiven Äußerungen zum Abschluss des JV-Vertrages seitens Aufsichtsgremien können keine rechtliche Bindung erzeugen, sondern dienen allenfalls dem Fortschritt der laufenden Verhandlungen. Erwähnenswert ist dabei auch, dass eine Regelung aufgenommen wird, welche Partei durch welches Kommunikationsmittel die andere Partei über den Eintritt bzw. Nicht-Eintritt der Bedingung informiert. Ebenfalls in diese Klausel gehört die Regelung, was mit dem geplanten JV passiert, wenn eine oder mehrere Bedingungen nicht erfüllt werden bzw. nicht eintreten. Dazu gehört auch die Aufnahme eines Spätestdatum, zu dem alle Bedingungen eingetreten sein sollen (sog. long-stop-date). Für den Fall des Nicht-Eintritts der Bedingungen ist eine Regelung erforderlich, die die Frage der Erstattung der vergeblich aufgewendeten Kosten der JV-Parteien klarstellt.

4. Inkrafttreten
Dieser Paragraph regelt die genaue Definition des Inkrafttretens des JV-Vertrages und die dann startenden Rechtsfolgen und Verpflichtungen der Vertragspartner.

5. Kapitalausstattung
Da das JV als neue Gesellschaft aus der Taufe gehoben wird, ist die finanzielle Ausstattung von elementarer Bedeutung. Da es hierzu eine Vielzahl von Finanzierungsmöglichkeiten gibt, ist eine vollständige Übersicht unmöglich. Hinzu kommen bei der Entscheidung über die Finanzierung auch steuerliche Fragen. Zu beachten ist, dass die Finanzierung auch die Frage nach der Kontrolle innerhalb des JV beantwortet; die Partei, die den größten Teil der Finanzierung trägt und damit die meisten gesellschaftsrechtlichen Anteile am JV hält, hat auch in der Regel die Kontrolle innerhalb des JV. Inhaltlich sind auch die Fragen von Nachschusspflichten, etc. zu regeln.

6. Management
Erfahrungsgemäß stellt die Ausstattung des JV mit geeignetem Management-Personal die Parteien immer wieder insoweit vor Diskussionen, als jede Partei ihre guten Manager in Schlüsselpositionen sehen möchte. Hintergrund für dieses Ansinnen ist einerseits die jeweilige vom JV dringend benötigte Expertise dieser Personen, andererseits die Hoffnung der JV-Partner, darüber entscheidenden Einfluss auf das JV ausüben zu können. Daher werden in dieser Klausel die Management-Funktionen bzw. Verantwortungsbereiche (Areas of responsibilities/core competences) beschrieben, z.B. Chief Executive Officer (CEO), Chief Human Resources Officer (CHRO), Chief Operating Officer (COO), etc. Geregelt werden darüber hinaus die Mechanismen zur Entscheidungsfindung innerhalb der JV- Gremien, d.h. wann liegt ein Quorum vor und was passiert, wenn dieses nicht erreicht wird. Klassischerweise wird auch geregelt, welche Themenbereiche vom Management des JV entschieden werden können und welche den JV-Parteien vorbehalten bleiben; letzteres sind regelmäßig z.B. Namen des JV, Erwerb von anderen Unternehmen durch das JV, Grundstücksgeschäfte, außergewöhnliche Finanzierungsgeschäfte, Änderung der JV-Satzung, etc.

7. Warenzeichen/DomainNamen/Patente

In diese Klausel gehören solche Klarstellungen, die Warenzeichen, Patente und Domain-Namen, etc., die die JV-Partner in das JV einbringen, betreffen; das heißt, wer wird oder bleibt Eigentümer solcher Rechte, welche Lizenzgebühren werden gezahlt und wer trägt die Verantwortung für etwaig notwendige Verteidigungsschritte, sollten Dritte diese Rechte, etc. angreifen. Diese Regelungen bedürfen einer besonderen Beachtung, da gerade bei JV-Vereinbarungen es immer wieder zu rechtlichen Auseinandersetzungen über diese Rechte kommt, insbesondere ab dem Zeitpunkt, wo das JV beendet wird oder sonst als gescheitert gilt. Da Warenzeichen etc. zu den wertvollsten Vermögensgegenständen in der global vernetzten Welt gehören, ist hier sorgfältigste juristische Arbeit verlangt; international tätige Spezial-Kanzleien sollten im Zweifel herangezogen werden, da an dieser Stelle Inhouse-Counsel regelmäßig nicht über den ausreichenden praktischen Erfahrungsschatz in den betroffenen Ländern verfügen.

8. Deadlock

Weltweite Erfahrungen zeigen, dass es im Verhältnis der JV-Partner zueinander immer wieder zu Situationen kommen kann, in denen keine Entscheidung getroffen werden kann oder soll (deal-lock-situation). Hierzu sollte daher im JV-Vertrag eine Regelung getroffen werden, wie das JV doch zu einem eindeutigen Ergebnis kommt. Regelmäßig wird der fragliche Entscheidungsgegenstand in der Hierarchie-Ebene innerhalb der beiden JV-Partner weitergereicht, d.h. der Vorstand/die Geschäftsführung des jeweiligen JV-Partners bzw. die jeweiligen Aufsichtsgremien des JV-Partners werden mit der Entscheidungsfindung beauftragt. Wenn auch auf dieser Ebene keine einvernehmliche Entscheidung gefunden werden kann, dann steht das JV tatsächlich vor dem endgültigen Scheitern. Für diesen Weg wird den betroffenen Parteien aufgegeben, nach „bestem Wissen nach Gewissen" zu entscheiden; (...,who shall upon receiving a Deadlock Notice use their best endeavours and in good faith to resolve such matter by mutual agreement).

9. Laufzeit und Kündigung/Kündigung aus wichtigem Grund

Regelmäßig werden JV-Verträge nicht für eine bestimmte Laufzeit abgeschlossen, sondern auf unbestimmte Zeit. Gleichwohl sollte geregelt werden, wie und unter welchen Umständen ein JV-Partner sein Engagement im JV beenden kann. Wichtig ist in diesem Zusammenhang klar festzulegen, welche Klauseln auch über das Ende des JV hinaus Geltung behalten sollen. Hierzu gehören insbesondere solche Klauseln, die sich um die Themen Vertraulichkeit, Betriebsgeheimnisse, Abwerbungsverbote ranken. Außerdem sollte geregelt werden, was mit sonstigen juristischen Dokumenten, die im Zusammenhang mit der Entstehung und dem Fortbestand des JV stehen, im Falle einer Kündigung geschehen soll. Dieser Bereich ist nicht immer einfach in den Griff zu bekommen, da z. T. diese juristischen Dokumentationen erst im Laufe des JV entstehen. Zu nennen sind hier insbesondere Finanzierungsinstrumente mit Banken, Patronatserklärungen, Lieferverträge etc. zwischen dem JV und den JV-Partnern.

Erfahrungsgemäß sind die Parteien während der JV-Verhandlung voll positivem Enthusiasmus. Gleichwohl zeigt die Realität, dass viele JV eine begrenzte Lebensdauer haben – und zwar aus unterschiedlichsten kommerziellen und/oder politischen Gründen. Daher sollten die beratenden Juristen sich mit einem Auflösungs- bzw. Auseinandersetzungsszenario befassen. In diesen Klausel-Bereich gehört auch die Darstellung der Umstände, die als Kündigungsgründe aus wichtigem Grund gelten sollen. Ebenfalls wird hier geregelt, welche Fristsetzungen zur Beseitigung des vertragswidrigen Zustandes sinnvoll sind. Sollte der Kündigungsgrund durch die gegen den Vertrag verstoßende Partei nicht innerhalb der gesetzten Frist beseitigt werden, wird als ultima-ratio die Kündigung des JV-Vertrages durch die andere Partei bleiben. In diesem Zusammenhang wird dann eine put-Option vereinbart, d.h. die verletzte Partei kann ihre Gesellschaftsanteile an dem JV der verletzenden Partei zu einem festen Betrag andienen. Der Wert dieser Anteilsandienung wird regelmäßig durch bereits im JV-Vertrag festgelegte Prüfungsparameter festgestellt. Je nach Gegenstand des JV, nach Dauer und sonstigen Umständen ist diese Regelung ausführlich auszugestalten; entscheidend ist die juristische Phantasie, welche wirtschaftlichen Szenarien zum Zeitpunkt der Kündigung aus wichtigem Grund denkbar sind.

10. Wettbewerbsverbot/Abwerbungsverbot

In einer JV-Situation ist auch sorgfältig das Thema des Wettbewerbs zwischen den JV-Parteien im weiteren Sinne zu behandeln. Dabei kann man grob zwei Sachverhalte unterscheiden:

a) Zum einen die unmittelbare geschäftliche Aktivität einer Vertragspartei auf dem (Teil-)Geschäftsgebiet des JV und

b) zum anderen die wettbewerbliche Vorteilsbeschaffung durch die Abwerbung und nachfolgende Einstellung von Schlüsselpersonen/-gruppen der anderen Vertragspartei.

Zu regeln ist im Hinblick auf den unter a) genannten Fall, wie, durch wen und wo durch einen JV-Partner überhaupt Wettbewerb während der Laufzeit des JV-Vertrages stattfinden darf. Hier ist insbesondere auf klare Definition des JV-Partners zu achten, damit nicht zum Konzern des JV-Partners gehörende „entfernte" Unternehmen oder Unternehmensgruppen mit z. T. völlig anders lautenden Namen unbeabsichtigt das Recht behalten, wettbewerblich aktiv zu werden. Hier bietet sich als Lösung natürlich primär eine Referenzierung auf die Mehrheitsverhältnisse (z.B. analog §§ 15 ff. AktG) an den Unternehmen an; aber auch eine die Ausnahmen abdeckende Positiv-Liste ist denkbar im Sinne, dass bestimmte Firmen des JV-Partners auf Teilgebieten aktiv werden können. Ergänzt werden kann eine solche Regelung durch Definition von Regionen oder Ländern oder Produktgruppen. Eine typische Formulierung könnte daher lauten: The JV-Partners undertake that none of them will not in any country or place where the JV carries on business, either on its own account or in conjunction with or on behalf of any person, firm or company carry on or be engaged, concerned or interested directly or indirectly whether as shareholder, director, employee, partner, agent or otherwise in carrying on any business, which is in direct competition with the JV.

Bei der Formulierung der entsprechenden Klausel ist auch die Dauer des Wettbewerbsverbots zu definieren; dabei kann es sinnvoll sein, die Dauer des Verbots, die eine JV-Partei hält, abhängig von den Anteilen am JV zu gestalten. Das heißt, wenn ein JV-Partner sein wirtschaftliches Interesse am JV verliert und dementsprechend eine Verwässerung stattfindet, kann eine abweichende Regelung zum Wettbewerbsverbot sinnvoll erscheinen.

Besonderes Augenmerk bei der Gestaltung des Wettbewerbsverbots/Abwerbungsverbots ist auf die arbeitsrechtliche Facette zu legen: Wie lange nach Beendigung des JV darf eine Abwerbung von bestimmten qualifizierten Mitarbeitern des anderen JV-Partners nicht stattfinden? Der guten Ordnung halber sei erwähnt, dass sich gerade diese Regelung z.T. an der rechtlichen Durchsetzbarkeit als stumpfes Schwert erweist: Wie soll der Nachweis erbracht werden, dass eine aktive Abwerbung und nicht eine Bewerbung des Mitarbeiters vorliegt? Davon abgesehen ist in diesem Kontext auch das lokale einschlägige Arbeitsrecht zu beachten. Als Ausweg bleibt nur, die insoweit eher moralisch wirkende Verbotswirkung durch eine am objektiven Tatbestand der Beschäftigung anknüpfende Vertragsstrafenverpflichtung bzw. pauschalierte Schadensersatzzahlung zu verstärken.

11. Gewährleistungen

In einer solchen Klausel sollten beide JV-Parteien niederlegen, dass sie für ihre Erklärungen, die sie im JV-Vertrag abgeben, unbedingt einstehen und insoweit auch die involvierten Personen die nötigen Autorisierungen, Vollmachten, etc. haben. Die zum Inkrafttreten des JV erforderlichen weiteren Dokumente wie Genehmigungen, Lizenzen, etc. werden in ordnungsgemäßer Form zur Verfügung gestellt. Ebenso werden sonstige Erklärungen der JV-Parteien, wie z.B. zur Frage von anhängigen Rechtsstreitigkeiten, gesellschaftsrechtlichen Verhältnissen, Fragen zur Insolvenz als wahrheitsgemäß abgegeben definiert.

12. Höhere Gewalt

Hier ist auf die entsprechenden Ausführungen oben in § 7 III 2 und § 12 VII 5 a zu verweisen.

13. Bekanntmachungen/Presse

Dieses Thema mag zunächst banal klingen, kann aber bei nicht sorgfältiger Gestaltung zu späterem Zeitpunkt zumindest image-mäßig Schäden provozieren. Zu denken ist an ein negatives Ereignis während der Laufzeit des JV (z.B. Produkthaftungsfall), bei dem z.b. der eine JV-Partner aus unterschiedlichen Gründen eine eher „defensive" Pressepolitik verfolgen, während der andere JV-Partner eine offensive Kommunikation möchte. Auch in Bezug auf börsenrechtlich veranlasste Veröffentlichungspflichten ist eine genaue Abstimmung der Veröffentlichungen notwendig, und dafür bedarf es klarer „Spielregeln" im JV-Vertrag, insbesondere im Hinblick auf zeitnahe Kooperation der jeweiligen Kommunikationsabteilungen. Hier ist auf jeden Fall eine Klausel ratsam, dass im Zweifel bei börsenaufsichtsrechtlich notwendigen Veröffentlichungen eine solche ohne Genehmigung des anderen JV-Partners erfolgen kann.

14. Rechtsmittel

In bestimmten JV-Konstellationen mag es angeraten sein, für bestimmte Situationen des nicht vertragsgemäßen Verhaltens des einen JV-Partners bestimmte, an sich von der Rechtsordnung zur Verfügung gestellte, Rechtsmittel auszuschließen, um weiteren Schaden vom JV fernzuhalten.

15. Kosten

In der Regel trägt jede JV-Partei die ihr entstehenden Kosten während der Vertragsverhandlung bis zum Inkrafttreten des JV-Vertrages. Eine Ausnahme wird ggfls. für solche Kosten vorgesehen, die eine Partei auch im Sinne der anderen JV-Partei auf sich nimmt. Als Beispiel seien hier die kartellrechtlichen Vorprüfungen und Anmeldeschritte genannt. Hierzu sollte es dann eine explizite Kostentragungsregelung geben.

16. Abtretung

Bei einem JV-Vertrag sollte explizit geregelt werden, dass eine Abtretung von Rechten und Pflichten aus dem Vertrag ohne vorherige Zustimmung des anderen JV-Partners ausscheidet; dabei ist „Abtretung" durchaus weit zu verstehen.

17. Vollständige Vereinbarung

In einer klarstellenden Klausel wird, vor allem wenn der JV-Vertrag anglo-amerikanischem Rechtseinfluss unterliegt, eine derartige Bestimmung aufgenommen; Ziel ist, dass bei späteren Auseinandersetzungen so wenig wie möglich auf außerhalb der Vertragsurkunde liegende Dokumente Bezug genommen werden kann.

Daher wird ausdrücklich geregelt, welche Dokumente, Urkunden, etc. Gültigkeit haben bzw. behalten sollen und welche nicht. So wird beispielsweise die Fortgeltung eines MoU, welches dem JV vorgeschaltet war, für ganz oder teilweise unwirksam erklärt. An dieser Stelle sei darauf aufmerksam gemacht, dass im MoU häufig Regelungen getroffen werden, die auch nach Beendigung des MoU fortgelten sollen; es ist also darauf zu achten, dass die Parteien nicht unabsichtlich eine wichtige Klausel (z.B. Vertraulichkeit) mit dieser Klausel „Vollständige Vereinbarung" eliminieren.

18. Änderungen
Zu empfehlen ist, dass geregelt wird, wann und wie überhaupt Änderungen des JV-Vertrages rechtsgültig vereinbart werden können. Wenn die Parteien sicher gehen wollen, dass nicht zu einem späteren Zeitpunkt während der Laufzeit des JV Dokumente mit nachhaltiger Wirkung vorgelegt werden, dann sollte hier der Änderungsmodus genau beschrieben werden.

19. Mitteilungen
Viele JV enthalten Regelungen zur Abgabe/zum Empfang von Erklärungen. Bewährt hat sich, keine Personen/Mitarbeiter/Manager namentlich zu benennen, sondern als Empfänger übergeordnete Abteilungen/Bereiche zu nennen (z.B. Rechtsabteilung, Leiter Finanzen oder dergleichen). Auch die Form der Mitteilungen sollte definiert werden (Brief, Fax, E-Mail). In Bezug auf den Nachweis des Eingangs von Kommunikationen ist darauf hinzuweisen, dass der Brief per Einschreiben/Rückschein nicht überall auf der Welt erfolgversprechend ist, abgesehen von nicht kalkulierbaren Postlaufzeiten. Daher bietet sich für derartige Kommunikationen die ausdrückliche Aufnahme von Botenlieferungen (delivered by messenger/courier) an. Hier ist eine nachweisbare zeitnahe Zustellung weltweit weitestgehend gesichert. Übrigens sollte man auch eine Verpflichtung zur Information aufnehmen, wenn sich wesentliche Änderungen in der Adresse, etc. bei einem JV-Partner ergeben.

20. Verzicht
Gerade im anglo-amerikanischen Rechtskreis sind Klauseln üblich, dass bestimmte Unterlassungshandlungen bei an sich vorhandenen Rechtspositionen kein Verzicht bzw. keine Verwirkung begründen sollten – und dies insbesondere nicht als Indiz für anderweitige Unterlassungen.

21. Salvatorische Klausel
Diese Klausel dient letztlich der Regelung, was bei einer unbeabsichtigten Lücke im Vertrag oder einer nachträglich sich als wichtig erweisenden Klausel geschehen

soll. Je nach Ausgestaltung kommt man auch sehr schnell in den Bereich, wo man von einer Loyalitätsklausel sprechen kann (vgl. dann § 7 III bzw. § 12 VII 5).

22. Ausfertigungen
Eine genaue Beschreibung, wie viele Original-Dokumente erstellt werden und wer Empfänger ist, ist insbesondere im anglo-amerikanischen Rechtskreis üblich. Besonderes Interesse bekommt diese Klausel dann, wenn genauer definiert wird, wann die letzte Unterschrift/der letzte Stempel auf die Originale gesetzt wurde.

23. Weiterbestehen der Bestimmungen
In diesem Bereich können insbesondere solche Klauseln aufgenommen werden, die auch nach Beendigung des JV für zumindest einen gewissen Zeitraum fortgelten sollen.

24. Geltendes Recht und Schiedsgerichtsbarkeit
Siehe dazu die ausführlichen Darstellungen oben in §§ 20f.

Anhang Nr. 16
Metro Group Business Partner Questionnaire[1]

SIMPLY METRO GROUP
RIGHT
METRO GROUP Compliance

Business Partner Questionnaire

1. General Information
1.1 Business Partner [„BP"] name of legal entity and mailing address
....

1.2 Contact person at BP
   Name   Position
   ....

   Full address
   ....

   Phone   Fax   Email
   ....

1.3 Global Location Number [GLN] of BP [if available][2]
   ....

1.4 Intended business relation: content and scope
   Subject matter of the contract   Area of Business/Country/   Anticipated
                                    Region   business volume p.a.
   ....

1.5 In case of BP being an intermediary or sales agent: legal name and full address incl. country of BP
   Name of legal entity   Full address
   ....

   Contact person
   ....

2. Business Partner Information
2.1 Which of BP's directors and employees will be authorized to represent and/or sign binding documents for the BP? – Please provide full names and positions.
   Representatives (key accounts only):
   ....
   ....
   ....

---

[1] Wiedergabe mit freundlicher Genehmigung der Metro Group.
[2] Explanation: GLN (ILN) for international unique identification of companies, locations and for generating of article numbers with GTIN (EAN barcode) via GS-1 Germany www.gs1-germany.de.

2.2 Was there any renaming of BP's company name during the past years?
☐ yes ☐ no If yes, further information required:
....
....

2.3 Which are the intermediate and ultimate shareholders/owners of BP? – Please provide full names of legal entities and location of headquarter (city, country)
Intermediate shareholder(s):
....
....
....
Ultimate shareholder(s):
....
....
....

2.4 In the past years and at present, has BP or controlled subsidiaries, one of its owners or management been subject to conviction regarding corruption/bribery, fraud, or other white-collar crimes or violation of antitrust laws?
☐ yes ☐ no If yes, description required:
....
....

2.5 Is there a possible conflict of interest on side of the BP that might affect the business relation with METRO GROUP? – Examples (non-exhaustive):
– Relatives of, or BP's owners or authorized employees working for METRO GROUP
– Conflicting sideline jobs or sideline businesses of BP's owners or representatives
– BP employs former METRO GROUP employees that will be or could be able to influence decisions concerning the intended business relation
☐ yes ☐ no If yes, description required:
....
....

2.6 Has BP implemented measures in order to prevent corruption and antitrust related risks?
☐ yes ☐ no If yes, further information required:
....
....
If no, further information required:
....
....

....
Name of authorized representative GP (in capital letters)/Signature/Function/Date
....
Return Address (to be completed by METRO GROUP company)
....
Name METRO GROUP authorized representative (in capital letters)/Approved by (Signature/Function/Date)

Anhang Nr. 17
Schiedsgerichtsordnung der Internationalen Handelskammer (ICC)[1]

Gültig ab 1. Januar 2012

Einführende Bestimmungen —— 381
    Artikel 1:   Internationaler Schiedsgerichtshof —— 381
    Artikel 2:   Definitionen —— 382
    Artikel 3:   Schriftliche Zustellungen und Mitteilungen; Fristen —— 382

Einleitung des Schiedsverfahrens —— 383
    Artikel 4:   Schiedsklage —— 383
    Artikel 5:   Klageantwort; Widerklage —— 384
    Artikel 6:   Wirkung der Schiedsvereinbarung —— 385

Mehrere Parteien, mehrere Verträge, Verbindung von Schiedsverfahren —— 387
    Artikel 7:   Einbeziehung zusätzlicher Parteien —— 387
    Artikel 8:   Ansprüche zwischen mehreren Parteien —— 388
    Artikel 9:   Mehrere Verträge —— 388
    Artikel 10:   Verbindung von Schiedsverfahren —— 388

Das Schiedsgericht —— 389
    Artikel 11:   Allgemeine Bestimmungen —— 389
    Artikel 12:   Bildung des Schiedsgerichts —— 390
    Artikel 13:   Ernennung und Bestätigung von Schiedsrichtern —— 391
    Artikel 14:   Ablehnung von Schiedsrichtern —— 392
    Artikel 15:   Ersetzung von Schiedsrichtern —— 392

Das Verfahren vor dem Schiedsgericht —— 393
    Artikel 16:   Übergabe der Schiedsverfahrensakten an das Schiedsgericht —— 393
    Artikel 17:   Nachweis der Vollmacht —— 393
    Artikel 18:   Ort des Schiedsverfahrens —— 394
    Artikel 19:   Verfahrensbestimmungen —— 394
    Artikel 20:   Verfahrenssprache —— 394
    Artikel 21:   Bei der Sachentscheidung anwendbare Rechtsregeln —— 394
    Artikel 22:   Ablauf des Schiedsverfahrens —— 394
    Artikel 23:   Schiedsauftrag —— 395
    Artikel 24:   Verfahrensmanagementkonferenz und Verfahrenskalender —— 396
    Artikel 25:   Ermittlung des Sachverhalts —— 396
    Artikel 26:   Mündliche Verhandlungen —— 397

---

[1] © Internationale Handelskammer (ICC) 2011.
Abgedruckt mit freundlicher Genehmigung der ICC. Der folgende Text ist gültig zzt. der Publikation dieses Buches. Zur jeweils neuesten Version und für mehr Informationen über den ICC Dispute Resolution Service, inkl. die offiziellen englischen und französischen Texte s. www.iccwbo.ora. Die offiziellen Texte sind auch zugänglich unter www.iccdrl.com.

Artikel 27:	Schließung des Verfahrens, Zeitpunkt der Vorlage des Entwurfs von Schiedssprüchen —— 397
Artikel 28:	Sicherungsmaßnahmen und vorläufige Maßnahmen —— 398
Artikel 29:	Eilschiedsrichter —— 398

Schiedssprüche —— 400
Artikel 30:	Frist zum Erlass des Endschiedsspruchs —— 400
Artikel 31:	Schiedsspruch —— 400
Artikel 32:	Schiedsspruch aufgrund Einvernehmens der Parteien —— 400
Artikel 33:	Prüfung des Schiedsspruchs durch den Schiedsgerichtshof —— 400
Artikel 34:	Zustellung, Hinterlegung und Vollstreckbarkeit des Schiedsspruchs —— 401
Artikel 35:	Berichtigung und Auslegung des Schiedsspruchs; Zurückverweisung des Schiedsspruchs —— 401

Kosten —— 402
| Artikel 36: | Vorschuss für die Kosten des Verfahrens —— 402 |
| Artikel 37: | Entscheidung über die Kosten des Verfahrens —— 403 |

Verschiedenes —— 404
Artikel 38:	Abgeänderte Fristen —— 404
Artikel 39:	Verlust des Rügerechts —— 404
Artikel 40:	Haftungsbeschränkung —— 405
Artikel 41:	Allgemeine Bestimmung —— 405

Einführende Bestimmungen

Artikel 1: Internationaler Schiedsgerichtshof
(1) Der Internationale Schiedsgerichtshof der ICC (der „Gerichtshof") ist die von der Internationalen Handelskammer (die „ICC") eingerichtete selbständige Institution der Schiedsgerichtsbarkeit. Die Satzung des Gerichtshofs ist im Anhang I abgedruckt.

(2) Der Gerichtshof entscheidet die Streitfälle nicht selbst. Er verwaltet die Entscheidung von Streitfällen durch Schiedsgerichte im Einklang mit der Schiedsgerichtsordnung der ICC (die „Schiedsgerichtsordnung"). Der Gerichtshof ist die einzige Institution, die zur Verwaltung von Schiedsverfahren nach der Schiedsgerichtsordnung, einschließlich der Prüfung und Genehmigung von danach ergangenen Schiedssprüchen, befugt ist. Er gibt sich eine Geschäftsordnung, die im Anhang II abgedruckt ist (die „Geschäftsordnung").

(3) Der Präsident des Gerichtshofs (der „Präsident") oder, in seiner Abwesenheit oder sonst auf dessen Ermächtigung hin, einer der Vizepräsidenten kann: für den Gerichtshof dringende Entscheidungen treffen, muss jedoch den Gerichtshof in der nächsten Sitzung von den getroffenen Entscheidungen unterrichten.

(4) Der Gerichtshof kann gemäß seiner Geschäftsordnung einem oder mehreren Ausschüssen, die aus seinen Mitgliedern gebildet werden, die Befugnis übertragen,

bestimmte Entscheidungen zu treffen; er muss jedoch über die getroffenen Entscheidungen in seiner nächsten Sitzung unterrichtet werden.

(5) Der Gerichtshof wird in seiner Arbeit vom Sekretariat des Gerichtshofs (das „Sekretariat") unterstützt, welches unter der Leitung seines Generalsekretärs (der „Generalsekretär") steht.

Artikel 2: Definitionen
In dieser Schiedsgerichtsordnung bezieht sich
(i) „Schiedsgericht" auf einen oder mehrere Schiedsrichter/innen;
(ii) „Kläger" auf eine(n) oder mehrere Kläger/innen; „Beklagter" auf eine(n) oder mehrere Beklagte(n); und „zusätzliche Partei" auf eine oder mehrere zusätzliche Partei(en);
(iii) „Partei" oder „Parteien" auf Kläger, Beklagte oder zusätzliche Parteien;
(iv) „Anspruch" oder „Ansprüche" auf jedweden Anspruch einer Partei gegen irgendeine andere Partei; (v) „Schiedsspruch" unter anderem auf Zwischen-, Teil- oder Endschiedssprüche.

Artikel 3: Schriftliche Zustellungen und Mitteilungen; Fristen
(1) Alle Schriftsätze und schriftlichen Mitteilungen, die eine Partei einreicht, sowie alle beigefügten Dokumente müssen in so vielen Exemplaren eingereicht werden, dass jede Partei, jeder Schiedsrichter und das Sekretariat je ein Exemplar erhalten. Das Sekretariat erhält Kopien aller schriftlichen Zustellungen und Mitteilungen des Schiedsgerichts an die Parteien.

(2) Alle Zustellungen und Mitteilungen des Sekretariats und des Schiedsgerichts sind an die letzte bekannte Adresse der Partei oder ihres Vertreters, für die sie bestimmt sind, zu richten, so wie diese von dem Empfänger oder gegebenenfalls der anderen Partei mitgeteilt worden ist. Zustellungen und Mitteilungen können erfolgen gegen Empfangsbescheinigung, durch eingeschriebenen Brief, Kurierdienst, E-Mail oder jede andere Form der Telekommunikation, bei der ein Sendebericht erstellt wird.

(3) Zustellungen und Mitteilungen gelten als an dem Tag erfolgt, an dem sie durch die Partei oder ihren Vertreter empfangen wurden oder an dem bei Übersendung in Übereinstimmung mit Artikel 3(2) von ihrem Empfang auszugehen ist.

(4) Fristen in dieser Schiedsgerichtsordnung beginnen an dem Tag zu laufen, der dem Tag folgt, an dem eine Zustellung oder Mitteilung gemäß Artikel 3(3) als erfolgt gilt. Handelt es sich bei diesem Tag in dem Land der Zustellung um einen offiziellen Feiertag oder Ruhetag, so beginnt die Frist erst am darauf folgenden Arbeitstag zu

laufen. Im Übrigen werden offizielle Feiertage und Ruhetage in die Berechnung der Fristen einbezogen. Ist der letzte Tag der betreffenden Frist im Land der Zustellung ein offizieller Feiertag oder Ruhetag, dann läuft die Frist erst am Ende des darauffolgenden Arbeitstags ab.

Einleitung des Schiedsverfahrens

Artikel 4: Schiedsklage
(1) Wenn eine Partei das Schiedsverfahren nach dieser Schiedsgerichtsordnung einleiten will, so hat sie ihre Schiedsklage (die „Klage") beim Sekretariat, in einem beliebigen der in der Geschäftsordnung angegebenen Büros, einzureichen. Das Sekretariat unterrichtet den Kläger und den Beklagten über den Eingang und den Tag des Eingangs der *Klage*.

(2) Der Tag, an dem die Klage beim Sekretariat eingeht, gilt in jeder Hinsicht als Zeitpunkt des Beginns des Schiedsverfahrens.

(3) Die Klage muss folgende Angaben enthalten:
a) vollständigen Namen, Rechtsform, Adresse und sonstige Kontaktdaten jeder Partei;
b) vollständigen Namen, Adresse und sonstige Kontaktdaten der Vertreter des Klägers im Schiedsverfahren;
c) Darstellung der anspruchsbegründenden Tatsachen und Umstände sowie der Anspruchsgrundlage, auf die die Ansprüche gestützt werden;
d) die Anträge, unter Angabe der Höhe der bezifferten Ansprüche, und, soweit möglich, eine Schätzung des Geldwerts sonstiger Ansprüche;
e) einschlägige Vereinbarungen zwischen den Parteien, insbesondere die Schiedsvereinbarung(en);
f) bei Ansprüchen aus mehr als einer Schiedsvereinbarung: Angabe der Schiedsvereinbarung, auf deren Grundlage der jeweilige Anspruch geltend gemacht wird;
g) alle sachdienlichen Angaben und Anmerkungen oder Vorschläge zur Anzahl der Schiedsrichter und ihrer Wahl gemäß den Bestimmungen der Artikel 12 und 13 sowie die gemäß diesen Bestimmungen gegebenenfalls erforderliche Benennung eines Schiedsrichters;
h) alle sachdienlichen Angaben und Anmerkungen oder Vorschläge zum Schiedsort, zu den anwendbaren Rechtsregeln und zur Verfahrenssprache.

Der Kläger kann mit der Klage weitere Dokumente oder Informationen einreichen, soweit er es für geboten hält oder soweit diese zu einer effizienten Streitbeilegung beitragen können.

(4) Der Kläger hat die Klage
a) in der nach Artikel 3(1) erforderlichen Anzahl von Exemplaren einzureichen und
b) gleichzeitig die Registrierungsgebühr zu zahlen, die sich aus dem am Eingangstag der Klage gültigen Anhang III („Kosten und Honorare für Schiedsverfahren") ergibt.

Sollte der Kläger einer dieser Verpflichtungen nicht nachkommen, kann das Sekretariat ihm eine Frist setzen, nach deren fruchtlosem Ablauf das Verfahren endet, unbeschadet des Rechts des Klägers, dieselben Ansprüche in einer neuen Klage zu einem späteren Zeitpunkt geltend zu machen.

(5) Sobald das Sekretariat eine ausreichende Anzahl von Exemplaren und die Registrierungsgebühr erhalten hat, übersendet es dem Beklagten ein Exemplar der Klage und der ihr beigefügten Dokumente zur Beantwortung.

Artikel 5: Klageantwort; Widerklage
(1) Binnen einer Frist von 30 Tagen ab Empfang der vom Sekretariat übersandten Klage hat der Beklagte eine Klageantwort (die „Antwort") einzureichen, welche folgende Angaben enthalten muss:
a) seinen vollständigen Namen, seine Rechtsform, Adresse und sonstige Kontaktdaten;
b) vollständigen Namen, Adressen und sonstige Kontaktdaten der Vertreter des Beklagten im Schiedsverfahren;
c) seine Stellungnahme zur Darstellung der anspruchsbegründenden Tatsachen und Umstände sowie zur Anspruchsgrundlage, auf die die Klageansprüche gestützt werden;
d) seine Stellungnahme zu den Klageanträgen;
e) Anmerkungen oder Vorschläge zur Anzahl der Schiedsrichter und ihrer Wahl im Hinblick auf die Vorschläge des Klägers und gemäß den Bestimmungen der Artikel 12 und 13 sowie die gemäß diesen Bestimmungen gegebenenfalls erforderliche Benennung eines Schiedsrichters;
f) Anmerkungen oder Vorschläge zum Schiedsort, zu den anwendbaren Rechtsregeln und zur Verfahrenssprache.

Der Beklagte kann mit der Antwort weitere Dokumente oder Informationen einreichen, soweit er es für geboten hält oder soweit diese zu einer effizienten Streitbeilegung beitragen können.

(2) Das Sekretariat kann die Frist des Beklagten zur Einreichung seiner Antwort verlängern, wenn der Antrag auf Fristverlängerung alle Anmerkungen oder Vorschläge des Beklagten zur Anzahl und Wahl der Schiedsrichter und gegebenenfalls die ge-

mäß den Artikeln 12 und 13 erforderliche Benennung eines Schiedsrichters enthält. Unterlässt der Beklagte dies, führt der Gerichtshof das Schiedsverfahren gemäß der Schiedsgerichtsordnung fort.

(3) Die Antwort ist beim Sekretariat in der gemäß Artikel 3(1) erforderlichen Anzahl von Exemplaren einzureichen.

(4) Das Sekretariat übermittelt allen anderen Parteien jeweils ein Exemplar der Antwort und der ihr beigefügten Dokumente.

(5) Will der Beklagte Widerklage erheben, so hat er diese zusammen mit der Antwort einzureichen. Sie enthält:
a) Darstellung der anspruchsbegründenden Tatsachen und Umstände sowie der Anspruchs grundlage, auf die die Widerklageansprüche gestützt werden;
b) die Widerklageanträge, unter Angabe der Höhe der bezifferten Ansprüche, und, soweit möglich, eine Schätzung des Geldwerts sonstiger Ansprüche;
c) einschlägige Vereinbarungen zwischen den Parteien, insbesondere die Schiedsvereinbarung(en);
d) bei Widerklagen aus mehr als einer Schiedsvereinbarung: Angabe der Schiedsvereinbarung, auf deren Grundlage der jeweilige Widerklageanspruch geltend gemacht wird.

Der Beklagte kann mit der Widerklage weitere Dokumente oder Informationen einreichen, soweit er dies für geboten hält oder soweit diese zu einer effizienten Streitbeilegung beitragen können.

(6) Der Kläger hat binnen einer Frist von 30 Tagen ab Empfang der vom Sekretariat übersandten Widerklage diese zu beantworten. Vor Übergabe der Schiedsverfahrensakten an das Schiedsgericht kann das Sekretariat dem Kläger die Frist für die Beantwortung der Widerklage verlängern.

Artikel 6: Wirkung der Schiedsvereinbarung
(1) Mit der Vereinbarung, das Schiedsverfahren gemäß der Schiedsgerichtsordnung durchzuführen, vereinbaren die Parteien ihre Unterwerfung unter die bei Beginn des Schiedsverfahrens gültige Schiedsgerichtsordnung, es sei denn, sie haben die Anwendbarkeit der zum Zeitpunkt des Abschlusses der Schiedsvereinbarung gültigen Schiedsgerichtsordnung vereinbart.

(2) Mit der Vereinbarung eines Schiedsverfahrens gemäß der Schiedsgerichtsordnung haben die Parteien anerkannt, dass das Schiedsverfahren vom Gerichtshof verwaltet wird.

(3) Wenn eine Partei, gegen die Ansprüche geltend gemacht wurden, keine Antwort einreicht, oder wenn sie eine oder mehrere Einwendungen in Bezug auf Bestehen, Gültigkeit oder Anwendungsbereich der Schiedsvereinbarung oder in Bezug auf die Frage geltend macht, ob alle in dem Schiedsverfahren geltend gemachten Ansprüche gemeinsam in einem einzigen Schiedsverfahren entschieden werden können, so wird das Schiedsverfahren fortgesetzt und die Frage der Zuständigkeit oder die Frage, ob alle erhobenen Ansprüche gemeinsam in diesem Schiedsverfahren entschieden werden können, unmittelbar von dem Schiedsgericht entschieden, es sei denn, der Generalsekretär verweist die Angelegenheit zur Entscheidung gemäß Artikel 6(4) an den Gerichtshof.

(4) In allen nach Artikel 6(3) an den Gerichtshof verwiesenen Fällen hat der Gerichtshof zu entscheiden, ob und in welchem Ausmaß das Schiedsverfahren fortgesetzt wird. Das Schiedsverfahren wird fortgesetzt, sofern und soweit der Gerichtshof aufgrund des ersten Anscheins überzeugt ist, dass eine ICC-Schiedsvereinbarung bestehen könnte. Insbesondere:
(i) wenn mehr als zwei Parteien an dem Schiedsverfahren beteiligt sind, so wird das Schiedsverfahren zwischen denjenigen Parteien und gemäß Artikel 7 einbezogenen zusätzlichen Parteien fortgeführt, von denen der Gerichtshof aufgrund des ersten Anscheins überzeugt ist, dass eine für sie verbindliche ICC-Schiedsvereinbarung bestehen könnte; und
(ii) wenn Ansprüche gemäß Artikel 9 auf mehr als eine Schiedsvereinbarung gestützt werden, so wird das Schiedsverfahren hinsichtlich der Ansprüche fortgesetzt, bezüglich derer der Gerichtshof aufgrund des ersten Anscheins überzeugt ist, (a) dass die Schiedsvereinbarungen, auf die die Ansprüche gestützt werden, miteinander vereinbar sein könnten und, (b) dass alle Parteien des Schiedsverfahrens vereinbart haben könnten, dass die Ansprüche gemeinsam im Rahmen eines einzigen Schiedsverfahrens entschieden werden können.

Die Entscheidung des Gerichtshofs gemäß Artikel 6(4) lässt die Entscheidung über die Zulässigkeit und Begründetheit der Anträge der Parteien unberührt.

(5) In allen vom Gerichtshof nach Artikel 6(4) entschiedenen Angelegenheiten entscheidet das Schiedsgericht anschließend selbst über seine Zuständigkeit, mit Ausnahme der Fälle, in denen der Gerichtshof hinsichtlich einzelner Parteien oder Ansprüche entschieden hat, dass das Schiedsverfahren nicht fortgesetzt werden kann.

(6) Wenn die Parteien von der Entscheidung des Gerichtshofs gemäß Artikel 6(4) unterrichtet werden, dass das Schiedsverfahren bezüglich einiger oder aller Parteien nicht stattfinden kann, behält jede Partei das Recht, ein zuständiges Gericht hinsichtlich der Frage anzurufen, ob und bezüglich welcher Parteien eine verbindliche Schiedsvereinbarung besteht.

(7) Wenn der Gerichtshof gemäß Artikel 6(4) entschieden hat, dass das Schiedsverfahren hinsichtlich bestimmter Ansprüche nicht stattfinden kann, hindert eine solche Entscheidung die Parteien nicht daran, dieselben Ansprüche zu einem späteren Zeitpunkt in anderen Verfahren geltend zu machen.

(8) Weigert sich oder unterlässt es eine Partei, am Schiedsverfahren oder einem Teil desselben teilzunehmen, ist dieses trotz ihrer Weigerung oder Unterlassung fortzusetzen.

(9) Vorbehaltlich anderweitiger Vereinbarung hat die Behauptung, der Vertrag sei nichtig oder bestehe nicht, nicht die Unzuständigkeit des Schiedsgerichts zur Folge, sofern dieses die Gültigkeit der Schiedsvereinbarung feststellt. Das Schiedsgericht bleibt auch dann befugt, über die Rechtsbeziehungen der Parteien und ihre Anträge und Ansprüche zu entscheiden, wenn der Vertrag im Übrigen nicht bestehen oder unwirksam sein sollte.

Mehrere Parteien, mehrere Verträge, Verbindung von Schiedsverfahren

Artikel 7: Einbeziehung zusätzlicher Parteien
(1) Eine Partei, die die Einbeziehung einer zusätzlichen Partei zum Schiedsverfahren bewirken möchte, hat ihre Schiedsklage gegen die zusätzliche Partei (den „Antrag auf Einbeziehung") beim Sekretariat einzureichen. Der Tag, an dem der Antrag auf Einbeziehung beim Sekretariat eingeht, gilt in jeder Hinsicht als Zeitpunkt des Beginns des Schiedsverfahrens gegen die zusätzliche Partei. Für eine solche Einbeziehung gelten die Bestimmungen der Artikel 6(3)–6(7) und 9. Nach Bestätigung oder Ernennung eines Schiedsrichters kann die Einbeziehung zusätzlicher Parteien nur mit dem Einvernehmen sämtlicher Parteien, einschließlich der zusätzlichen Partei, erfolgen. Das Sekretariat kann eine Frist für die Einreichung des Antrags auf Einbeziehung setzen.

(2) Der Antrag auf Einbeziehung soll folgende Angaben enthalten:
a) das Aktenzeichen des laufenden Schiedsverfahrens;
b) vollständige Namen, Rechtsform, Adressen und sonstige Kontaktdaten der Parteien, einschließlich der zusätzlichen Partei; und
c) die gemäß Artikel 4(3) c), d), e) und f) erforderlichen Angaben.

Die Partei, die den Antrag auf Einbeziehung stellt, kann in Verbindung damit weitere Dokumente oder Informationen einreichen, soweit sie es für geboten hält oder soweit diese zu einer effizienten Streitbeilegung beitragen können.

(3) Die Bestimmungen der Artikel 4(4) und 4(5) gelten für den Antrag auf Einbeziehung entsprechend.

(4) Für die Einreichung der Antwort der zusätzlichen Partei gelten die Bestimmungen der Artikel 5(1)–5(4) entsprechend. Die zusätzliche Partei kann ihrerseits Ansprüche gegen jedwede andere Partei des Schiedsverfahrens gemäß den Bestimmungen von Artikel 8 geltend machen.

Artikel 8: Ansprüche zwischen mehreren Parteien
(1) In einem Schiedsverfahren mit mehreren Parteien kann jede Partei gegen jede andere Partei Ansprüche geltend machen, vorbehaltlich der Artikel 6(3)–6(7) und 9 und mit der Maßgabe, dass, gemäß Artikel 23(4), nachdem der Schiedsauftrag unterschrieben oder vom Gerichtshof genehmigt worden ist, keine neuen Ansprüche ohne Zulassung durch das Schiedsgericht erhoben werden dürfen.

(2) Jede Partei, die gemäß Artikel 8(1) Ansprüche geltend macht, hat die nach Artikel 4(3) c), d), e) und f) erforderlichen Angaben zu machen.

(3) Bevor das Sekretariat die Schiedsverfahrensakten gemäß Artikel 16 an das Schiedsgericht übergibt, sind die Bestimmungen der Artikel 4(4) a), Artikel 4(5), Artikel 5(1) – ausgenommen a), b), e) und f) –, Artikel 5(2), Artikel 5(3) und Artikel 5(4) auf jeden geltend gemachten Anspruch entsprechend anzuwenden. Danach entscheidet das Schiedsgericht über das Verfahren für die Geltendmachung von Ansprüchen.

Artikel 9: Mehrere Verträge
Vorbehaltlich der Bestimmungen der Artikel 6(3)–6(7) und 23(4) können Ansprüche, die sich aus oder im Zusammenhang mit mehr als einem Vertrag ergeben, in einem einzigen Schiedsverfahren geltend gemacht werden; dies gilt unabhängig davon, ob diese Ansprüche aufgrund einer oder mehrerer der Schiedsgerichtsordnung unterliegenden Schiedsvereinbarungen geltend gemacht werden.

Artikel 10: Verbindung von Schiedsverfahren
Auf Antrag einer Partei kann der Gerichtshof zwei oder mehrere der Schiedsgerichtsordnung unterliegende Schiedsverfahren in einem einzigen Schiedsverfahren verbinden, sofern
a) die Parteien die Verbindung vereinbart haben; oder
b) alle Ansprüche in den Schiedsverfahren aufgrund derselben Schiedsvereinbarung geltend gemacht werden; oder
c) sofern die Ansprüche in den Schiedsverfahren aufgrund mehr als einer Schiedsvereinbarung geltend gemacht werden, die Schiedsverfahren zwischen denselben Parteien anhängig sind, die Streitigkeiten in den Schiedsverfahren

sich im Zusammenhang mit derselben Rechtsbeziehung ergeben und der Gerichtshof die Schiedsvereinbarungen für miteinander vereinbar hält.

Der Gerichtshof kann bei der Entscheidung über die Verbindung alle Umstände berücksichtigen, die er für bedeutsam hält, so auch, ob ein oder mehrere Schiedsrichter in mehr als einem der Schiedsverfahren bestätigt oder ernannt worden sind und, wenn dies so ist, ob die selben oder verschiedene Personen bestätigt oder ernannt worden sind.

Wenn Schiedsverfahren verbunden werden, werden sie in dem zuerst eingeleiteten Schiedsverfahren verbunden, es sei denn, alle Parteien vereinbaren etwas anderes.

Das Schiedsgericht

Artikel 11: Allgemeine Bestimmungen
(1) Jeder Schiedsrichter muss unparteiisch und von den Parteien des Schiedsverfahrens unabhängig sein und bleiben.

(2) Jede Person, die als Schiedsrichter vorgeschlagen wird, muss vor ihrer Ernennung oder Bestätigung eine Erklärung über die Annahme des Amtes, Verfügbarkeit, Unparteilichkeit und Unabhängigkeit unterzeichnen. Der künftige Schiedsrichter muss dem Sekretariat schriftlich alle Tatsachen und Umstände offenlegen, die geeignet sein könnten, bei den Parteien Zweifel an seiner Unabhängigkeit entstehen zu lassen, sowie sämtliche Umstände, die nicht unerhebliche Zweifel an der Unparteilichkeit des Schiedsrichters aufwerfen könnten. Das Sekretariat leitet diese Information schriftlich an die Parteien weiter und setzt ihnen eine Frist zur Stellungnahme.

(3) Ein Schiedsrichter muss dem Sekretariat und den Parteien unverzüglich alle derartigen in Artikel 11 (2) genannten und die Unabhängigkeit und Unparteilichkeit des Schiedsrichters betreffenden Tatsachen und Umstände offenlegen, sobald diese im Laufe des Schiedsverfahrens auftreten.

(4) Die Entscheidungen des Gerichtshofs betreffend Ernennung, Bestätigung, Ablehnung oder Ersetzung eines Schiedsrichters sind endgültig. Die Gründe für diese Entscheidungen werden nicht bekanntgegeben.

(5) Mit der Annahme der Tätigkeit als Schiedsrichter verpflichten sich diese, ihre Aufgaben gemäß der Schiedsgerichtsordnung zu erfüllen.

(6) Soweit die Parteien nichts anderes bestimmt haben, wird das Schiedsgericht gemäß den Bestimmungen der Artikel 12 und 13 gebildet.

Artikel 12: Bildung des Schiedsgerichts

Anzahl der Schiedsrichter
(1) Alle Streitigkeiten werden durch einen Einzelschiedsrichter oder durch drei Schiedsrichter entschieden.

(2) Haben die Parteien die Anzahl der Schiedsrichter nicht vereinbart, ernennt der Gerichtshof einen Einzelschiedsrichter, sofern er nicht angesichts der Bedeutung der Streitigkeit die Ernennung von drei Schiedsrichtern für gerechtfertigt hält. In diesem Falle benennt der Kläger einen Schiedsrichter binnen 15 Tagen ab Zustellung der Entscheidung des Gerichtshofs. Der Beklagte benennt einen Schiedsrichter binnen 15 Tagen ab Zustellung der vom Kläger vorgenommenen Benennung. Unterlässt es eine Partei, einen Schiedsrichter zu benennen, so wird dieser vom Gerichtshof ernannt.

Einzelschiedsrichter
(3) Sind die Parteien übereingekommen, dass die Streitigkeit durch einen Einzelschiedsrichter entschieden werden soll, können sie den Einzelschiedsrichter gemeinsam zur Bestätigung benennen. Einigen sich die Parteien nicht binnen 30 Tagen ab Zustellung der Klage an den Beklagten oder innerhalb einer dafür vom Sekretariat gewährten Fristverlängerung, so wird der Einzelschiedsrichter durch den Gerichtshof ernannt.

Drei Schiedsrichter
(4) Sind die Parteien übereingekommen, dass die Streitigkeit durch drei Schiedsrichter entschieden werden soll, benennt jede Partei – der Kläger in der Klage und der Beklagte in der Antwort – einen Schiedsrichter zur Bestätigung. Unterlässt es eine Partei, einen Schiedsrichter zu benennen, so wird er vom Gerichtshof ernannt.

(5) Ist ein Schiedsgericht mit drei Schiedsrichtern zu bilden, wird der dritte Schiedsrichter, der den Vorsitz im Schiedsgericht führt, durch den Gerichtshof ernannt, es sei denn, die Parteien haben ein anderes Benennungsverfahren vorgesehen; in letzterem Falle bedarf seine Benennung der Bestätigung gemäß Artikel 13. Führt dieses Verfahren nicht innerhalb von 30 Tagen nach Bestätigung oder Ernennung der Mitschiedsrichter oder innerhalb einer anderen von den Parteien vereinbarten oder dem Gerichtshof gesetzten Frist zu einer Benennung, wird der dritte Schiedsrichter durch den Gerichtshof ernannt.

(6) Mehrere Kläger oder mehrere Beklagte haben im Falle der Bildung eines Schiedsgerichts mit drei Schiedsrichtern jeweils gemeinsam einen Schiedsrichter zur Bestätigung nach Artikel 13 zu benennen.

(7) Soweit eine zusätzliche Partei einbezogen wurde und ein Schiedsgericht mit drei Schiedsrichtern zu bilden ist, kann diese zusätzliche Partei gemeinsam mit dem (oder den) Kläger(n) oder gemeinsam mit dem (oder den) Beklagte(n) einen Schiedsrichter zur Bestätigung nach Artikel 13 benennen.

(8) Erfolgt keine gemeinsame Benennung gemäß Artikel 12(6) oder 12(7), und können sich die Parteien nicht auf ein Verfahren zur Benennung von Schiedsrichtern einigen, so kann der Gerichtshof alle Schiedsrichter ernennen und soll einen von ihnen als Vorsitzenden bestimmen. Bei der Ernennung zum Schiedsrichter kann der Gerichtshof jede ihm geeignet erscheinende Person auswählen, wobei er gemäß Artikel 13 vorgehen kann, wenn er dies für sachdienlich hält.

Artikel 13: Ernennung und Bestätigung von Schiedsrichtern
(1) Bei der Ernennung oder Bestätigung der Schiedsrichter berücksichtigt der Gerichtshof die Staatsangehörigkeit, den Wohnsitz und sonstige Beziehungen der betreffenden Person zu den Ländern, deren Staatsangehörigkeit die Parteien oder die anderen Schiedsrichter haben, sowie die Verfügbarkeit und Fähigkeit der betreffenden Person, das Schiedsverfahren in Übereinstimmung mit der Schiedsgerichtsordnung durchzuführen. Das gilt auch, wenn Schiedsrichter vom Generalsekretär gemäß Artikel 13(2) bestätigt werden.

(2) Der Generalsekretär kann Personen als Mitschiedsrichter, Einzelschiedsrichter und Vorsitzende von Schiedsgerichten bestätigen, die von den Parteien oder gemäß deren besonderer Vereinbarung benannt wurden, wenn diese eine uneingeschränkte Erklärung ihrer Unparteilichkeit und Unabhängigkeit abgegeben haben oder eine eingeschränkte Erklärung über ihre Unparteilichkeit und Unabhängigkeit keinen Anlass zu Einwendungen gegeben hat. Der Gerichtshof ist in seiner nächsten Sitzung von der Bestätigung zu unterrichten. Die Angelegenheit ist dem Gerichtshof vorzulegen, wenn der Generalsekretär der Ansicht ist, dass ein Mitschiedsrichter, Einzelschiedsrichter oder Vorsitzender nicht bestätigt werden sollte.

(3) Hat der Gerichtshof einen Schiedsrichter zu ernennen, erfolgt dies auf Vorschlag eines von diesem für geeignet gehaltenen ICC-Nationalkomitees oder einer für geeignet gehaltenen ICC-Gruppe. Nimmt der Gerichtshof den Vorschlag nicht an, oder macht das Nationalkomitee oder die Gruppe binnen der vom Gerichtshof gesetzten Frist keinen Vorschlag, so kann er sein an dieses Nationalkomitee oder diese Gruppe gerichtetes Gesuch wiederholen oder ein anderes geeignetes Nationalkomitee oder eine andere geeignete Gruppe um einen Vorschlag ersuchen, oder direkt eine von ihm für geeignet gehaltene Person ernennen.

(4) Der Gerichtshof kann ferner direkt eine von ihm für geeignet gehaltene Person als Schiedsrichter ernennen, wenn
a) eine oder mehrere der Parteien ein Staat ist oder geltend macht, eine staatliche Institution zu sein; oder
b) der Gerichtshof es für sinnvoll hält, einen Schiedsrichter aus einem Land oder Gebiet zu ernennen, in dem kein Nationalkomitee oder keine Gruppe besteht; oder
c) der Präsident dem Gerichtshof bescheinigt, dass Umstände vorliegen, die nach seiner Meinung eine Direkternennung notwendig und sachdienlich machen.

(5) Der Einzelschiedsrichter oder der Vorsitzende des Schiedsgerichts muss eine andere Staatsangehörigkeit besitzen als die Parteien. Wenn die Umstände dies als sinnvoll erscheinen lassen und keine der Parteien innerhalb einer vom Gerichtshof gesetzten Frist Einwendungen erhebt, kann jedoch ein Einzelschiedsrichter oder Vorsitzender des Schiedsgerichts mit einer Staatsangehörigkeit ausgewählt werden, die dieselbe ist wie die einer der Parteien.

Artikel 14: Ablehnung von Schiedsrichtern
(1) Der Antrag auf Ablehnung eines Schiedsrichters, sei er auf die Behauptung fehlender Unparteilichkeit oder Unabhängigkeit oder auf andere Gründe gestützt, ist schriftlich beim Sekretariat einzureichen. Darin sind die Tatsachen und Umstände darzulegen, auf die sich der Antrag stützt.

(2) Ein Antrag auf Ablehnung ist nur zulässig, wenn die Partei ihn binnen 30 Tagen ab Mitteilung über die Ernennung oder Bestätigung des Schiedsrichters durch den Gerichtshof stellt, oder binnen 30 Tagen nach dem Zeitpunkt, zu dem die beantragende Partei von den Tatsachen und Umständen Kenntnis erhalten hat, auf die sich der Antrag stützt, sofern dieser Zeitpunkt später als diese Mitteilung liegt.

(3) Der Gerichtshof entscheidet über die Zulässigkeit und, wenn diese gegeben ist, gleichzeitig über die Begründetheit eines Ablehnungsantrags, nachdem das Sekretariat dem betreffenden Schiedsrichter, der oder den anderen Partei(en) und den anderen Mitgliedern des Schiedsgerichts Gelegenheit zur schriftlichen Stellungnahme binnen angemessener Frist gegeben hat. Diese Stellungnahmen sind den Parteien und den Schiedsrichtern zu übermitteln.

Artikel 15: Ersetzung von Schiedsrichtern
(1) Im Falle seines Ablebens, nach Annahme seines Rücktritts durch den Gerichtshof, bei Stattgabe eines Ablehnungsantrags durch den Gerichtshof oder nach Annahme eines Antrags aller Parteien durch den Gerichtshof wird ein Schiedsrichter ersetzt.

(2) Der Gerichtshof kann außerdem von sich aus einen Schiedsrichter ersetzen, wenn er feststellt, dass dieser Schiedsrichter de iure oder de facto gehindert ist, seinen Pflichten nachzukommen oder seine Pflichten nicht gemäß der Schiedsgerichtsordnung oder binnen der gesetzten Fristen erfüllt.

(3) Wenn der Gerichtshof aufgrund einer ihm bekannt gewordenen Information erwägt, nach Artikel 15(2) vorzugehen, entscheidet er, nachdem dem betreffenden Schiedsrichter, den Parteien und den anderen Mitgliedern des Schiedsgerichts Gelegenheit zur schriftlichen Stellungnahme binnen angemessener Frist gegeben worden ist. Diese Stellungnahmen sind den Parteien und den Schiedsrichtern zu übermitteln.

(4) Wenn ein Schiedsrichter zu ersetzen ist, steht es im Ermessen des Gerichtshofs, ob dem ursprünglichen Ernennungsverfahren zu folgen ist. Das neu besetzte Schiedsgericht bestimmt, ob und in welchem Umfang vorausgegangene Verfahrensabschnitte vor ihm wiederholt werden sollen, nachdem es zuvor die Parteien um Stellungnahme hierzu gebeten hat.

(5) Nachdem das Schiedsgericht das Verfahren geschlossen hat, kann der Gerichtshof, wenn er dies für angemessen hält, anstatt einen verstorbenen oder gemäß Artikel 15(1) oder 15(2) entfernten Schiedsrichter zu ersetzen, entscheiden, dass die verbleibenden Schiedsrichter das Schiedsverfahren fortsetzen. Bei dieser Entscheidung berücksichtigt der Gerichtshof die Meinungen der verbleibenden Schiedsrichter und der Parteien hierzu sowie etwaige anderen Aspekte, die er unter den gegebenen Umständen für relevant erachtet.

Das Verfahren vor dem Schiedgericht

Artikel 16: Übergabe der Schiedsverfahrensakten an das Schiedsgericht
Das Sekretariat übergibt die Schiedsverfahrensakten dem Schiedsgericht, sobald dieses gebildet ist und der vom Sekretariat zu diesem Zeitpunkt angeforderte Kostenvorschuss bezahlt worden ist.

Artike 17: Nachweis der Vollmacht
Das Schiedsgericht oder das Sekretariat kann zu jedem beliebigen Zeitpunkt nach Beginn des Schiedsverfahrens einen Nachweis der Vollmacht von jedem Parteivertreter verlangen.

Artikel 18: Ort des Schiedsverfahrens
(1) Der Gerichtshof bestimmt den Ort des Schiedsverfahrens, falls die Parteien darüber keine Vereinbarung getroffen haben.

(2) Das Schiedsgericht kann nach Anhörung der Parteien mündliche Verhandlungen und Zusammenkünfte an jedem ihm geeignet erscheinenden Ort abhalten, es sei denn, die Parteien haben etwas anderes vereinbart.

(3) Das Schiedsgericht kann an jedem ihm geeignet erscheinenden Ort beraten.

Artikel 19: Verfahrensbestimmungen
Auf das Verfahren vor dem Schiedsgericht ist die Schiedsgerichtsordnung anzuwenden und soweit diese keine Regeln enthält, sind diejenigen Regeln anzuwenden, die von den Parteien oder, falls diese es unterlassen, vom Schiedsgericht festgelegt werden, unabhängig davon, ob damit auf eine auf das Schiedsverfahren anzuwendende nationale Prozessordnung Bezug genommen wird oder nicht.

Artikel 20: Verfahrenssprache
Fehlt eine Parteivereinbarung, bestimmt das Schiedsgericht die Verfahrenssprache(n) unter Berücksichtigung aller Umstände, einschließlich der Sprache des Vertrags.

Artikel 21: Bei der Sachentscheidung anwendbare Rechtsregeln
(1) Die Parteien können die Rechtsregeln, die das Schiedsgericht bei der Entscheidung in der Sache über die Streitigkeit anwenden soll, frei vereinbaren. Fehlt eine solche Vereinbarung, so wendet das Schiedsgericht diejenigen Rechtsregeln an, die es für geeignet erachtet.

(2) Das Schiedsgericht berücksichtigt die Bestimmungen des zwischen den Parteien etwaig bestehenden Vertrages und etwaiger einschlägiger Handelsbräuche.

(3) Das Schiedsgericht entscheidet nur dann als *amiable compositeur* oder *ex aequo et bono*, wenn die Parteien es dazu ermächtigt haben.

Artikel 22: Ablauf des Schiedsverfahrens
(1) Das Schiedsgericht und die Parteien wirken mit allen Mitteln darauf hin, dass das Schiedsverfahren unter Berücksichtigung der Komplexität und des Streitwerts zügig und kosteneffizient geführt wird.

(2) Um eine effiziente Verfahrensführung sicherzustellen, kann das Schiedsgericht nach Anhörung der Parteien alle Verfahrensmaßnahmen ergreifen, die es für geeignet hält, sofern diese nicht einer Vereinbarung der Parteien widersprechen.

(3) Auf Antrag einer Partei kann das Schiedsgericht Verfügungen zur Wahrung der Vertraulichkeit des Schiedsverfahrens oder von anderen in Verbindung mit dem Schiedsverfahren stehenden Angelegenheiten erlassen und kann Maßnahmen zum Schutz von Geschäftsgeheimnissen und vertraulichen Informationen ergreifen.

(4) In jeder Situation handelt das Schiedsgericht fair und unparteiisch und stellt sicher, dass jede Partei ausreichend Gelegenheit erhält, zur Sache vorzutragen.

(5) Die Parteien verpflichten sich, alle vom Schiedsgericht erlassenen Verfügungen und Beschlüsse zu befolgen.

Artikel 23: Schiedsauftrag
(1) Sobald das Schiedsgericht vom Sekretariat die Schiedsverfahrensakten erhalten hat, formuliert es aufgrund der Aktenlage oder in Gegenwart der Parteien unter Berücksichtigung ihres aktuellen Vorbringens den Schiedsauftrag. Dieser enthält folgende Angaben:
a) vollständigen Namen, Rechtsform, Adresse und sonstige Kontaktdaten jeder der Parteien und der Vertreter der Parteien im Schiedsverfahren;
b) Adressen, an die alle Zustellungen und Mitteilungen im Verlauf des Schiedsverfahrens erfolgen können;
c) zusammenfassende Darlegung des Vorbringens der Parteien und ihre Anträge unter Angabe der Höhe der bezifferten Ansprüche, und, soweit möglich, eine Schätzung des Geldwerts sonstiger Ansprüche;
d) eine Liste der zu entscheidenden Streitfragen, es sei denn, das Schiedsgericht hält dies nicht für angemessen;
e) vollständige Namen, Adressen und sonstige Kontaktdaten der Schiedsrichter;
f) Ort des Schiedsverfahrens, und
g) Einzelheiten hinsichtlich der anzuwendenden Verfahrensbestimmungen und, sofern dies zutrifft, einen Hinweis auf die Ermächtigung des Schiedsgerichts, als *amiable compositeur* oder *ex aequo et bono* zu entscheiden.

(2) Der Schiedsauftrag ist von den Parteien und dem Schiedsgericht zu unterschreiben. Innerhalb von zwei Monaten nach Übergabe der Schiedsverfahrensakten übersendet das Schiedsgericht den von ihm und den Parteien unterschriebenen Schiedsauftrag dem Gerichtshof. Der Gerichtshof kann diese Frist auf begründeten Antrag des Schiedsgerichts oder von sich aus verlängern, falls er dies für notwendig erachtet.

(3) Weigert sich eine der Parteien, bei der Formulierung des Schiedsauftrags mitzuwirken oder ihn zu unterschreiben, so wird dieser dem Gerichtshof zur Genehmigung vorgelegt. Sobald der Schiedsauftrag gemäß Artikel 23(2) unterschrieben oder vom Gerichtshof genehmigt worden ist, wird das Schiedsverfahren fortgesetzt.

(4) Nachdem der Schiedsauftrag von den Parteien unterschrieben oder durch den Gerichtshof genehmigt worden ist, kann eine Partei neue Ansprüche nur geltend machen, soweit diese sich in den Grenzen des Schiedsauftrags halten oder das Schiedsgericht diese zugelassen hat. Das Schiedsgericht berücksichtigt dabei die Art der neuen Ansprüche, den Stand des Schiedsverfahrens und andere maßgebliche Umstände.

Artikel 24: Verfahrensmanagementkonferenz und Verfahrenskalender
(1) Anlässlich der Formulierung des Schiedsauftrags oder so früh als möglich danach beruft das Schiedsgericht eine Verfahrensmanagementkonferenz ein, um die Parteien zu möglichen Verfahrensmaßnahmen nach Artikel 22(2) anzuhören. Dabei kann es sich um eine oder mehrere der im Anhang IV beschriebenen Verfahrensmanagementtechniken handeln.

(2) Während oder nach dieser Konferenz erstellt das Schiedsgericht den Verfahrenskalender, dem es in der Führung des Schiedsverfahrens zu folgen gedenkt. Der Verfahrenskalender und diesbezügliche Änderungen werden dem Gerichtshof und den Parteien übermittelt.

(3) Um die stetige Effizienz der Verfahrensführung zu gewährleisten, kann das Schiedsgericht nach Anhörung der Parteien im Wege einer weiteren Verfahrensmanagementkonferenz oder in sonstiger Weise weitere Verfahrensmaßnahmen ergreifen oder den Verfahrenskalender abändern.

(4) Verfahrensmanagementkonferenzen können als Treffen in Person, per Videokonferenz, Telefon oder unter Nutzung ähnlicher Kommunikationsmittel geführt werden. Haben die Parteien keine Vereinbarung getroffen, entscheidet das Schiedsgericht, in welcher Form die Konferenz durchgeführt wird. Das Schiedsgericht kann die Parteien auffordern, vor einer Verfahrensmanagementkonferenz Vorschläge zum Verfahrensmanagement einzureichen, und es kann bei jeder Verfahrensmanagementkonferenz die persönliche Teilnahme der Parteien oder ihrer internen Vertreter verlangen.

Artikel 25: Ermittlung des Sachverhalts
(1) Das Schiedsgericht stellt den Sachverhalt in möglichst kurzer Zeit mit allen geeigneten Mitteln fest.

(2) Nach Prüfung der Schriftsätze der Parteien und der Dokumente, auf die diese Bezug genommen haben, führt das Schiedsgericht auf Antrag einer der Parteien oder von sich aus mit den Parteien eine mündliche Verhandlung durch.

(3) Das Schiedsgericht kann Zeugen, von Parteien ernannte Sachverständige oder jede andere Person in Gegenwart der Parteien oder, wenn diese ordnungsgemäß geladen worden sind, auch in deren Abwesenheit hören.

(4) Das Schiedsgericht kann nach Anhörung der Parteien einen oder mehrere Sachverständige ernennen, ihren Auftrag bestimmen und ihre Gutachten entgegennehmen. Auf Antrag einer Partei ist den Parteien Gelegenheit zu geben, in einer mündlichen Verhandlung Fragen an jeden Sachverständigen zu stellen.

(5) In jedem Stadium des Schiedsverfahrens kann das Schiedsgericht jede der Parteien auffordern, zusätzliche Beweise beizubringen.

(6) Das Schiedsgericht kann den Fall allein aufgrund der Aktenlage entscheiden, es sei denn, eine Partei beantragt eine mündliche Verhandlung.

Artikel 26: Mündliche Verhandlungen
(1) Findet eine mündliche Verhandlung statt, so fordert das Schiedsgericht die Parteien rechtzeitig auf, an dem von ihm festgesetzten Tag und Ort zu erscheinen.

(2) Bleibt eine Partei trotz ordnungsgemäßer Ladung ohne ausreichende Entschuldigung aus, so ist das Schiedsgericht befugt, die mündliche Verhandlung durchzuführen.

(3) Das Schiedsgericht bestimmt den Ablauf der mündlichen Verhandlung, in der alle Parteien anwesend sein dürfen. Ohne Zustimmung des Schiedsgerichts und der Parteien sind an dem Verfahren nicht Beteiligte nicht zuzulassen.

(4) Die Parteien können persönlich erscheinen oder sich durch ordnungsgemäß bevollmächtigte Beauftragte vertreten lassen. Zusätzlich können sie von Beratern begleitet sein.

Artikel 27: Schließung des Verfahrens, Zeitpunkt der Vorlage des Entwurfs von Schiedssprüchen
Sobald als möglich nach der letzten mündlichen Verhandlung über die in einem Schiedsspruch zu entscheidenden Angelegenheiten oder nach der Einreichung der

letzten bewilligten Schriftsätze betreffend solche Angelegenheiten, wobei jeweils der spätere der beiden vorstehend genannten Zeitpunkte maßgeblich ist,
a) erklärt das Schiedsgericht das Verfahren hinsichtlich der in dem Schiedsspruch zu entscheidenden Angelegenheiten für geschlossen; und
b) informiert das Schiedsgericht das Sekretariat und die Parteien über den Zeitpunkt, zu dem es beabsichtigt, seinen Entwurf des Schiedsspruchs dem Gerichtshof zur Genehmigung gemäß Artikel 33 vorzulegen.

Nachdem das Verfahren geschlossen ist, können hinsichtlich der in dem Schiedsspruch zu entscheidenden Angelegenheiten keine weiteren Schriftsätze eingereicht, Erklärungen abgegeben oder Beweise erbracht werden, es sei denn, das Schiedsgericht genehmigt oder ordnet dies an.

Artikel 28: Sicherungsmaßnahmen und vorläufige Maßnahmen
(1) Soweit die Parteien nichts anderes vereinbart haben, kann das Schiedsgericht, sobald ihm die Schiedsverfahrensakten übermittelt worden sind, auf Antrag einer Partei ihm angemessen erscheinende Sicherungsmaßnahmen oder vorläufige Maßnahmen anordnen. Das Schiedsgericht kann die Anordnung solcher Maßnahmen von der Stellung angemessener Sicherheiten durch die antragstellende Partei abhängig machen. Solche Anordnungen ergehen nach Ermessen des Schiedsgerichts in Form eines begründeten Beschlusses oder eines Schiedsspruchs.

(2) Vor Übergabe der Schiedsverfahrensakten an das Schiedsgericht und in geeigneten Fällen auch nach diesem Zeitpunkt können die Parteien bei jedem zuständigen Justizorgan Sicherungsmaßnahmen und vorläufige Maßnahmen beantragen. Der Antrag einer Partei bei einem zuständigen Justizorgan auf Anordnung solcher Maßnahmen oder auf Vollziehung solcher vom Schiedsgericht angeordneter Maßnahmen stellt keinen Verstoß gegen oder keinen Verzicht auf die Schiedsvereinbarung dar und lässt die dem Schiedsgericht zustehenden Befugnisse unberührt. Ein solcher Antrag sowie alle durch das Justizorgan angeordneten Maßnahmen sind unverzüglich dem Sekretariat mitzuteilen. Das Sekretariat unterrichtet das Schiedsgericht.

Artikel 29: Eilschiedsrichter
(1) Wenn eine Partei dringende Sicherungsmaßnahmen oder vorläufige Maßnahmen benötigt, die nicht bis zur Bildung eines Schiedsgerichts warten können („Eilmaßnahmen"), kann sie einen entsprechenden Antrag gemäß der Eilschiedsrichterverfahrensordnung im Anhang V stellen. Ein derartiger Antrag ist nur zulässig, wenn er vor Übergabe der Schiedsverfahrensakten an das Schiedsgericht gemäß Artikel 16 beim Sekretariat eingeht, und unabhängig davon, ob der Antragsteller seine Schiedsklage bereits eingereicht hat oder nicht.

(2) Die Entscheidung des Eilschiedsrichters ergeht in Form eines Beschlusses. Die Parteien verpflichten sich zur Einhaltung jedweder Beschlüsse, die der Eilschiedsrichter erlässt.

(3) Der Beschluss des Eilschiedsrichters bindet das Schiedsgericht nicht in Bezug auf irgendeine im Beschluss entschiedene Frage, Angelegenheit oder Streitigkeit. Das Schiedsgericht kann Beschlüsse des Eilschiedsrichters, einschließlich von Änderungen hierzu, ändern, in ihrer Wirkung beenden oder aufheben.

(4) Das Schiedsgericht entscheidet über Anträge oder Ansprüche der Parteien, die sich auf das Eilschiedsrichterverfahren beziehen, einschließlich der Neuverteilung der Kosten dieses Verfahrens und jedweder Ansprüche, die sich aus oder in Zusammenhang mit der Einhaltung oder Nichteinhaltung von Eilbeschlüssen ergeben.

(5) Artikel 29(1)–29(4) und die im Anhang V abgedruckte Eilschiedsrichterverfahrensordnung (gemeinsam die „Bestimmungen zum Eilschiedsrichterverfahren") finden nur Anwendung auf Parteien, die die dem Eilantrag zugrundeliegende ICC-Schiedsvereinbarung unterzeichnet haben, oder auf deren Rechtsnachfolger.

(6) Die Bestimmungen für Eilschiedsrichter finden keine Anwendung, wenn:
a) die ICC-Schiedsvereinbarung vor dem Datum des Wirksamwerdens dieser Schiedsgerichtsordnung abgeschlossen wurde;
b) die Parteien die Nichtanwendbarkeit der Bestimmungen zum Eilschiedsrichterverfahren vereinbart haben; oder wenn
c) die Parteien ein anderes, dem Schiedsverfahren vorgeschaltetes Verfahren vereinbart haben, in dessen Rahmen Sicherungsmaßnahmen, vorläufige Maßnahmen oder vergleichbare Maßnahmen angeordnet werden können.

(7) Zweck der Bestimmungen zum Eilschiedsrichterverfahren ist es nicht, Parteien die Möglichkeit zu nehmen, jederzeit vor Antragstellung auf Erlass entsprechender Maßnahmen nach dieser Schiedsgerichtsordnung – und, sofern dies den Umständen nach geboten ist, auch danach – bei einem zuständigen Justizorgan dringende Sicherungsmaßnahmen oder vorläufige Maßnahmen zu beantragen. Ein Antrag auf Erlass entsprechender Maßnahmen bei einem zuständigen Justizorgan gilt nicht als Verletzung der Schiedsvereinbarung und nicht als Verzicht auf die Schiedsvereinbarung. Ein solcher Antrag und von dem zuständigen Justizorgan getroffene Maßnahmen müssen dem Sekretariat unverzüglich mitgeteilt werden.

Schiedssprüche

Artikel 30: Frist zum Erlass des Endschiedsspruchs
(1) Das Schiedsgericht muss seinen Endschiedsspruch binnen sechs Monaten erlassen. Diese Frist beginnt mit dem Tag der letzten Unterschrift des Schiedsgerichts oder der Parteien unter den Schiedsauftrag oder, im Falle der Anwendung des Artikel 23(3), mit der Zustellung der Genehmigung des Schiedsauftrags an das Schiedsgericht zu laufen. Der Gerichtshof kann auf Grundlage des gemäß Artikel 24(2) erstellten Verfahrenskalenders eine andere Frist bestimmen.

(2) Der Gerichtshof kann die Frist auf begründeten Antrag des Schiedsgerichts oder von sich aus verlängern, falls er dies für notwendig erachtet.

Artikel 31: Schiedsspruch
(1) Der Schiedsspruch wird mit Stimmenmehrheit gefällt, wenn das Schiedsgericht aus mehr als einem Schiedsrichter besteht. Kommt diese nicht zustande, so entscheidet der Vorsitzende allein.

(2) Der Schiedsspruch ist zu begründen.

(3) Der Schiedsspruch gilt als am Ort des Schiedsverfahrens und zum angegebenen Datum erlassen.

Artikel 32: Schiedsspruch aufgrund Einvernehmens der Parteien
Einigen sich die Parteien in der Sache einvernehmlich, nachdem dem Schiedsgericht gemäß Artikel 16 die Schiedsverfahrensakten übergeben worden sind, so ergeht ein Schiedsspruch aufgrund Einvernehmens der Parteien, wenn die Parteien dies beantragen und das Schiedsgericht dem zustimmt.

Artikel 33: Prüfung des Schiedsspruchs durch den Schiedsgerichtshof
Vor der Unterzeichnung eines Schiedsspruchs legt das Schiedsgericht seinen Entwurf dem Gerichtshof vor. Dieser kann Änderungen in der Form vorschreiben. Unter Wahrung der Entscheidungsfreiheit des Schiedsgerichts kann der Gerichtshof dieses auf Punkte hinweisen, die den sachlichen Inhalt des Schiedsspruchs betreffen. Kein Schiedsspruch kann ergehen, ohne dass er vorn Gerichtshof in der Form genehmigt worden ist.

Artikel 34: Zustellung, Hinterlegung und Vollstreckbarkeit des Schiedsspruchs
(1) Nach Erlass des Schiedsspruchs stellt das Sekretariat den Parteien ein vom Schiedsgericht unterzeichnetes Exemplar zu, jedoch erst nachdem sämtliche Kosten des Schiedsverfahrens an die ICC durch die Parteien oder eine von ihnen bezahlt worden sind.

(2) Der Generalsekretär erteilt auf Antrag den Parteien und nur ihnen jederzeit von ihm beglaubigte Abschriften.

(3) Mit der Zustellung gemäß Artikel 34(1) verzichten die Parteien auf jede andere Form der Zustellung oder eine Hinterlegung des Schiedsspruchs durch das Schiedsgericht.

(4) Eine Ausfertigung von jedem gemäß dieser Schiedsgerichtsordnung erlassenen Schiedsspruch wird im Sekretariat hinterlegt.

(5) Das Schiedsgericht und das Sekretariat unterstützen die Parteien bei der Erfüllung aller weiteren erforderlichen Formalitäten.

(6) Jeder Schiedsspruch ist für die Parteien verbindlich. Durch Inanspruchnahme der Schiedsgerichtsbarkeit gemäß der Schiedsgerichtsordnung verpflichten sich die Parteien, jeden Schiedsspruch unverzüglich zu erfüllen; soweit rechtlich zulässig, gilt diese Inanspruchnahme als Verzicht der Parteien auf ihr Recht zur Geltendmachung jedweder Rechtsbehelfe.

Artikel 35: Berichtigung und Auslegung des Schiedsspruchs; Zurückverweisung des Schiedsspruchs
(1) Das Schiedsgericht kann von sich aus Schreib-, Rechen- oder ähnliche Fehler im Schiedsspruch berichtigen, wenn eine derartige Berichtigung dem Gerichtshof binnen 30 Tagen ab dem Datum des Schiedsspruchs zur Genehmigung vorgelegt wird.

(2) Jeder Antrag einer Partei auf Berichtigung eines in Artikel 35(1) erwähnten Fehlers oder auf Auslegung des Schiedsspruchs ist in der gemäß Artikel 3(1) erforderlichen Anzahl von Exemplaren binnen 30 Tagen ab Zustellung des Schiedsspruchs an diese Partei beim Sekretariat zu stellen. Sobald dem Schiedsgericht dieser Antrag übermittelt worden ist, gibt es der anderen Partei Gelegenheit zur Stellungnahme binnen einer kurzen, regelmäßig 30 Tage nicht überschreitenden Frist, welche mit Zustellung des Antrages an diese Partei zu laufen beginnt. Das Schiedsgericht legt den Entwurf seiner Entscheidung über den Antrag dem Gerichtshof spätestens 30 Tage nach Ablauf der der anderen Partei gesetzten Frist zur Stellungnahme oder innerhalb der vom Gerichtshof anderweitig gesetzten Frist vor.

(3) Die Entscheidung, mit der der Schiedsspruch berichtigt oder ausgelegt wird, ergeht in der Form eines Nachtrags und wird zu einem Bestandteil des Schiedsspruchs. Die Bestimmungen der Artikel 31, 33 und 34 finden entsprechende Anwendung.

(4) Wenn ein Gericht einen Schiedsspruch an das Schiedsgericht zurückverweist, finden die Bestimmungen der Artikel 31, 33, 34 und dieses Artikels 35 entsprechende Anwendung auf jeden Nachtrag oder Schiedsspruch, der aufgrund der Zurückverweisung ergeht. Der Gerichtshof kann alle notwendigen Maßnahmen treffen, um es dem Schiedsgericht zu ermöglichen, den Vorschriften der gerichtlichen Zurückverweisung zu entsprechen; und er kann einen Vorschuss festsetzen, um zusätzliche Honorare und Auslagen des Schiedsgerichts und weitere ICC-Verwaltungskosten abzudecken.

Kosten

Artikel 36: Vorschuss für die Kosten des Verfahrens
(1) Nach Erhalt der Klage kann der Generalsekretär den Kläger auffordern, einen vorläufigen Kostenvorschuss in einer Höhe zu bezahlen, die die voraussichtlichen Kosten des Schiedsverfahrens bis zur Erstellung des Schiedsauftrags deckt. Ein vorläufiger Kostenvorschuss wird als vom Kläger geleistete Teilzahlung auf einen vom Gerichtshof gemäß diesem Artikel 36 festgesetzten Kostenvorschuss angerechnet.

(2) Sobald wie möglich setzt der Gerichtshof den Kostenvorschuss auf der Grundlage der voraussichtlichen Honorare und Auslagen der Schiedsrichter sowie der ICC-Verwaltungskosten für die ihm bekanntgegebenen Ansprüche fest; etwas anderes gilt für Ansprüche gemäß Artikel 7 oder 8, auf die Artikel 36(4) Anwendung findet. Der vom Gerichtshof gemäß Artikel 36(2) festgesetzte Kostenvorschuss ist zu gleichen Teilen vom Kläger und vom Beklagten zu bezahlen.

(3) Falls vom Beklagten gemäß Artikel 5 oder in sonstiger Weise Widerklage erhoben wird, kann der Gerichtshof für die Klage- und die Widerklageansprüche getrennte Kostenvorschüsse festsetzen. Wenn der Gerichtshof für die Klage- und die Widerklageansprüche getrennte Kostenvorschüsse festsetzt, hat jede Partei den für ihre Klage oder Widerklage festgesetzten Kostenvorschuss zu bezahlen.

(4) Falls Ansprüche gemäß Artikel 7 oder 8 geltend gemacht werden, setzt der Gerichtshof einen oder mehrere Kostenvorschüsse fest, die von den Parteien zu zahlen sind, wie vom Gerichtshof entschieden. Falls der Gerichtshof bereits einen Kostenvorschuss nach diesem Artikel 36 festgesetzt hat, wird dieser durch gemäß

Artikel 36(4) festgesetzte Kostenvorschüsse ersetzt, und jeder bereits von einer Partei gezahlte Vorschuss wird als Teilzahlung auf ihren Anteil der vom Gerichtshof gemäß diesem Artikel 36(4) festgesetzten Kostenvorschüsse angerechnet.

(5) Der vom Gerichtshof gemäß Artikel 36 festgesetzte Kostenvorschuss kann jederzeit während des Schiedsverfahrens abgeändert werden. In allen Fällen kann jedoch jede der Parteien den vollen Anteil jeder anderen Partei am Kostenvorschuss bezahlen, falls diese andere Partei ihren Anteil nicht bezahlt.

(6) Wenn ein verlangter Kostenvorschuss nicht bezahlt wird, kann der Generalsekretär, nach Rücksprache mit dem Schiedsgericht, dieses anweisen, seine Arbeit auszusetzen und eine Frist von wenigstens 15 Tagen setzen, nach deren fruchtlosem Ablauf die betroffenen Ansprüche als zurückgenommen gelten. Wenn die betroffene Partei dagegen Einwendungen erheben will, muss sie innerhalb der gesetzten Frist einen Antrag auf Entscheidung dieser Frage durch den Gerichtshof stellen. Die aufgrund dieser Vorschrift erfolgte Rücknahme hindert die betroffene Partei nicht, dieselben Ansprüche zu einem späteren Zeitpunkt in einem anderen Verfahren geltend zu machen.

(7) Wenn sich eine der Parteien in Bezug auf einen Anspruch auf eine Aufrechnung beruft, so wird diese Aufrechnung bei der Berechnung des Kostenvorschusses in derselben Weise berücksichtigt wie ein eigenständiger Anspruch, soweit er die Prüfung zusätzlicher Fragen durch das Schiedsgericht erforderlich machen könnte.

Artikel 37: Entscheidung über die Kosten des Verfahrens
(1) Die Kosten des Verfahrens umfassen das Honorar und die Auslagen der Schiedsrichter sowie die Verwaltungskosten der ICC, die der Gerichtshof gemäß der bei Beginn des Schiedsverfahrens gültigen Kostentabelle festsetzt, die Honorare und Auslagen der vom Schiedsgericht ernannten Sachverständigen und die angemessenen Aufwendungen der Parteien für ihre Vertretung und andere Auslagen im Zusammenhang mit dem Schiedsverfahren.

(2) Der Gerichtshof kann das Honorar der Schiedsrichter höher oder niedriger festsetzen, als dies in der anwendbaren Kostentabelle vorgesehen ist, sollte dies aufgrund der besonderen Umstände des Einzelfalles notwendig erscheinen.

(3) In jedem Stadium des Schiedsverfahrens kann das Schiedsgericht Entscheidungen über Kosten treffen und Zahlung anordnen, ausgenommen Entscheidungen über Kosten, die vom Gerichtshof festzusetzen sind.

(4) Im Endschiedsspruch werden die Kosten des Verfahrens festgesetzt und bestimmt, welche der Parteien die Kosten zu tragen hat oder in welchem Verhältnis sie verteilt werden sollen.

(5) Bei der Entscheidung über die Kosten kann das Schiedsgericht alle ihm relevant erscheinenden Umstände berücksichtigen, einschließlich des Ausmaßes, in dem jede der Parteien das Verfahren in einer zügigen und kosteneffizienten Weise betrieben hat.

(6) Bei vollständiger Klagerücknahme oder Beendigung des Schiedsverfahrens vor Erlass eines Endschiedsspruchs setzt der Gerichtshof das Honorar und die Auslagen der Schiedsrichter und die ICC-Verwaltungskosten fest. Wenn die Parteien keine Vereinbarung über die Verteilung der Verfahrenskosten oder andere kostenrelevante Fragen getroffen haben, entscheidet das Schiedsgericht über diese Fragen. Falls zum Zeitpunkt der Klagerücknahme oder Beendigung des Verfahrens das Schiedsgericht noch nicht gebildet worden ist, kann jede Partei beim Gerichtshof beantragen, dass die Bildung des Schiedsgerichts gemäß der Schiedsgerichtsordnung fortgesetzt wird, damit das Schiedsgericht über die Kosten entscheiden kann.

Verschiedenes

Artikel 38: Abgeänderte Fristen
(1) Die Parteien können durch Vereinbarung die in der Schiedsgerichtsordnung vorgesehenen Fristen verkürzen. Nach Bildung des Schiedsgerichts bedarf eine solche Vereinbarung zu ihrer Wirksamkeit der Zustimmung des Schiedsgerichts.

(2) Der Gerichtshof kann von sich aus jede gemäß Artikel 38(1) verkürzte Frist verlängern, wenn er dies für die Erfüllung seiner oder der Aufgaben des Schiedsgerichts gemäß dieser Schiedsgerichtsordnung für notwendig erachtet.

Artikel 39: Verlust des Rügerechts
Eine Partei, die mit dem Schiedsverfahren fortfährt, ohne einen Verstoß gegen die Schiedsgerichtsordnung, gegen andere auf das Verfahren anwendbare Vorschriften, gegen Anordnungen des Schiedsgerichts oder gegen Anforderungen aus der Schiedsvereinbarung betreffend die Zusammensetzung des Schiedsgerichts oder die Verfahrensführung zu rügen, wird als eine Partei betrachtet, die auf ihr Rügerecht verzichtet hat.

Artikel 40: Haftungsbeschränkung
Die Schiedsrichter, vom Schiedsgericht beauftragte Personen, der Eilschiedsrichter, der Gerichtshof und seine Mitglieder, die ICC und ihre Beschäftigten, die ICC-Nationalkomitees, ICC-Gruppen und ihre Beschäftigten und Vertreter haften niemandem gegenüber für Handlungen oder Unterlassungen im Zusammenhang mit dem Schiedsverfahren, soweit eine solche Haftungsbeschränkung nach dem anwendbaren Recht nicht unzulässig sein sollte.

Artikel 41: Allgemeine Bestimmung
In allen nicht ausdrücklich in dieser Schiedsgerichtsordnung vorgesehenen Fällen handeln der Gerichtshof und das Schiedsgericht nach Sinn und Zweck der Schiedsgerichtsordnung. Sie sind gehalten, alle Anstrengungen zu unternehmen, um die Vollstreckbarkeit des Schiedsspruchs sicherzustellen.

Anhang Nr. 18
Übereinkommen vom 10. Juni 1958 über die Anerkennung und Vollstreckung ausländischer Schiedssprüche (UN-Übereinkommen)

Artikel I. (1) ¹Dieses Übereinkommen ist auf die Anerkennung und Vollstreckung von Schiedssprüchen anzuwenden, die in Rechtsstreitigkeiten zwischen natürlichen oder juristischen Personen in dem Hoheitsgebiet eines anderen Staates als desjenigen ergangen sind, in dem die Anerkennung und Vollstreckung nachgesucht wird. ²Es ist auch auf solche Schiedssprüche anzuwenden, die in dem Staat, in dem ihre Anerkennung und Vollstreckung nachgesucht wird, nicht als inländische anzusehen sind.

(2) Unter „Schiedssprüchen" sind nicht nur Schiedssprüche von Schiedsrichtern, die für eine bestimmte Sache bestellt worden sind, sondern auch solche eines ständigen Schiedsgerichts, dem sich die Parteien unterworfen haben, zu verstehen.

(3) ¹Jeder Staat, der dieses Übereinkommen unterzeichnet oder ratifiziert, ihm beitritt oder dessen Ausdehnung gemäß Artikel X notifiziert, kann gleichzeitig auf der Grundlage der Gegenseitigkeit erklären, daß er das Übereinkommen nur auf die Anerkennung und Vollstreckung solcher Schiedssprüche anwenden werde, die in dem Hoheitsgebiet eines anderen Vertragsstaates ergangen sind. ²Er kann auch erklären, daß er das Übereinkommen nur auf Streitigkeiten aus solchen Rechtsverhältnissen, sei es vertraglicher oder nichtvertraglicher Art, anwenden werde, die nach seinem innerstaatlichen Recht als Handelssachen angesehen werden.

Artikel II. (1) Jeder Vertragsstaat erkennt eine schriftliche Vereinbarung an, durch die sich die Parteien verpflichten, alle oder einzelne Streitigkeiten, die zwischen ihnen aus einem bestimmten Rechtsverhältnis, sei es vertraglicher oder nichtvertraglicher Art, bereits entstanden sind oder etwa künftig entstehen, einem schiedsrichterlichen Verfahren zu unterwerfen, sofern der Gegenstand des Streites auf schiedsrichterlichem Wege geregelt werden kann.

(2) Unter einer „schriftlichen Vereinbarung" ist eine Schiedsklausel in einem Vertrag oder eine Schiedsabrede zu verstehen, sofern der Vertrag oder die Schiedsabrede von den Parteien unterzeichnet oder in Briefen oder Telegrammen enthalten ist, die sie gewechselt haben.

(3) Wird ein Gericht eines Vertragsstaates wegen eines Streitgegenstandes angerufen, hinsichtlich dessen die Parteien eine Vereinbarung im Sinne dieses Artikels

getroffen haben, so hat das Gericht auf Antrag einer der Parteien sie auf das schiedsrichterliche Verfahren zu verweisen, sofern es nicht feststellt, daß die Vereinbarung hinfällig, unwirksam oder nicht erfüllbar ist.

Artikel III. ¹Jeder Vertragsstaat erkennt Schiedssprüche als wirksam an und läßt sie nach den Verfahrensvorschriften des Hoheitsgebietes, in dem der Schiedsspruch geltend gemacht wird, zur Vollstreckung zu, sofern die in den folgenden Artikeln festgelegten Voraussetzungen gegeben sind. ²Die Anerkennung oder Vollstreckung von Schiedssprüchen, auf die dieses Übereinkommen anzuwenden ist, darf weder wesentlich strengeren Verfahrensvorschriften noch wesentlich höheren Kosten unterliegen als die Anerkennung oder Vollstreckung inländischer Schiedssprüche.

Artikel IV. (1) Zur Anerkennung und Vollstreckung, die im vorangehenden Artikel erwähnt wird, ist erforderlich, daß die Partei, welche die Anerkennung und Vollstreckung nachsucht, zugleich mit ihrem Antrag vorlegt:
a) die gehörig legalisierte (beglaubigte) Urschrift des Schiedsspruches oder eine Abschrift, deren Übereinstimmung mit einer solchen Urschrift ordnungsgemäß beglaubigt ist;
b) die Urschrift der Vereinbarung im Sinne des Artikels II oder eine Abschrift, deren Übereinstimmung mit einer solchen Urschrift ordnungsgemäß beglaubigt ist.

(2) ¹Ist der Schiedsspruch oder die Vereinbarung nicht in einer amtlichen Sprache des Landes abgefaßt, in dem der Schiedsspruch geltend gemacht wird, so hat die Partei, die um seine Anerkennung und Vollstreckung nachsucht, eine Übersetzung der erwähnten Urkunden in diese Sprache beizubringen. ²Die Übersetzung muß von einem amtlichen oder beeidigten Übersetzer oder von einem diplomatischen oder konsularischen Vertreter beglaubigt sein.

Artikel V. (1) Die Anerkennung und Vollstreckung des Schiedsspruches darf auf Antrag der Partei, gegen die er geltend gemacht wird, nur versagt werden, wenn diese Partei der zuständigen Behörde des Landes, in dem die Anerkennung und Vollstreckung nachgesucht wird, den Beweis erbringt,
a) daß die Parteien, die eine Vereinbarung im Sinne des Artikels II geschlossen haben, nach dem Recht, das für sie persönlich maßgebend ist, in irgendeiner Hinsicht hierzu nicht fähig waren, oder daß die Vereinbarung nach dem Recht, dem die Parteien sie unterstellt haben, oder, falls die Parteien hierüber nichts bestimmt haben, nach dem Recht des Landes, in dem der Schiedsspruch ergangen ist, ungültig ist, oder

b) daß die Partei, gegen die der Schiedsspruch geltend gemacht wird, von der Bestellung des Schiedsrichters oder von dem schiedsrichterlichen Verfahren nicht gehörig in Kenntnis gesetzt worden ist oder daß sie aus einem anderen Grund ihre Angriffs- oder Verteidigungsmittel nicht hat geltend machen können, oder
c) daß der Schiedsspruch eine Streitigkeit betrifft, die in der Schiedsabrede nicht erwähnt ist oder nicht unter die Bestimmungen der Schiedsklausel fällt, oder daß er Entscheidungen enthält, welche die Grenzen der Schiedsabrede oder der Schiedsklausel überschreiten; kann jedoch der Teil des Schiedsspruches, der sich auf Streitpunkte bezieht, die dem schiedsrichterlichen Verfahren unterworfen waren, von dem Teil, der Streitpunkte betrifft, die ihm nicht unterworfen waren, getrennt werden, so kann der erstgenannte Teil des Schiedsspruches anerkannt und vollstreckt werden, oder
d) daß die Bildung des Schiedsgerichtes oder das schiedsrichterliche Verfahren der Vereinbarung der Parteien oder mangels einer solchen Vereinbarung, dem Recht des Landes, in dem das schiedsrichterliche Verfahren stattfand, nicht entsprochen hat, oder
e) der Schiedsspruch für die Parteien noch nicht verbindlich geworden ist oder daß er von einer zuständigen Behörde des Landes, in dem oder nach dessen Recht er ergangen ist, aufgehoben oder in seinen Wirkungen einstweilen gehemmt worden ist.

(2) Die Anerkennung und Vollstreckung eines Schiedsspruches darf auch versagt werden, wenn die zuständige Behörde des Landes, in dem die Anerkennung und Vollstreckung nachgesucht wird, feststellt,
a) daß der Gegenstand des Streites nach dem Recht dieses Landes nicht auf schiedsrichterlichem Wege geregelt werden kann, oder
b) daß die Anerkennung oder Vollstreckung des Schiedsspruches der öffentlichen Ordnung dieses Landes widersprechen würde.

Artikel VI. Ist bei der Behörde, die im Sinne des Artikels V Absatz 1 Buchstabe e zuständig ist, ein Antrag gestellt worden, den Schiedsspruch aufzuheben oder ihn in seinen Wirkungen einstweilen zu hemmen, so kann die Behörde, vor welcher der Schiedsspruch geltend gemacht wird, sofern sie es für angebracht hält, die Entscheidung über den Antrag, die Vollstreckung zuzulassen, aussetzen; sie kann aber auch auf Antrag der Partei, welche die Vollstreckung des Schiedsspruches begehrt, der anderen Partei auferlegen, angemessene Sicherheit zu leisten.

Artikel VII. (1) Die Bestimmungen dieses Übereinkommens lassen die Gültigkeit mehrseitiger oder zweiseitiger Verträge, welche die Vertragsstaaten über die Anerkennung und Vollstreckung von Schiedssprüchen geschlossen haben, unberührt und nehmen keiner beteiligten Partei das Recht, sich auf einen Schiedsspruch nach Maßgabe des innerstaatlichen Rechts oder der Verträge des Landes, in dem er geltend gemacht wird, zu berufen.

(2) Das Genfer Protokoll über die Schiedsklauseln von 1923 und das Genfer Abkommen zur Vollstreckung ausländischer Schiedssprüche von 1927 treten zwischen den Vertragsstaaten in dem Zeitpunkt und in dem Ausmaß außer Kraft, in dem dieses Übereinkommen für sie verbindlich wird.

Artikel VIII. (1) Dieses Übereinkommen liegt bis zum 31. Dezember 1958 zur Unterzeichnung durch jeden Mitgliedstaat der Vereinten Nationen sowie durch jeden anderen Staat auf, der Mitglied einer Sonderorganisation der Vereinten Nationen oder Vertragspartei des Statutes des Internationalen Gerichtshofes ist oder später wird oder an den eine Einladung der Generalversammlung der Vereinten Nationen ergangen ist.

(2) Dieses Übereinkommen bedarf der Ratifizierung; die Ratifizierungsurkunde ist bei dem Generalsekretär der Vereinten Nationen zu hinterlegen.

Artikel IX. (1) Alle in Artikel VIII bezeichneten Staaten können diesem Übereinkommen beitreten.

(2) Der Beitritt erfolgt durch Hinterlegung einer Beitrittsurkunde bei dem Generalsekretär der Vereinten Nationen.

Artikel X. (1) [1]Jeder Staat kann bei der Unterzeichnung, bei der Ratifizierung oder beim Beitritt erklären, daß dieses Übereinkommen auf alle oder auf einzelne der Gebiete ausgedehnt werde, deren internationale Beziehungen er wahrnimmt. [2]Eine solche Erklärung wird wirksam, sobald das Übereinkommen für den Staat, der sie abgegeben hat, in Kraft tritt.

(2) Später kann dieses Übereinkommen auf solche Gebiete durch eine an den Generalsekretär der Vereinten Nationen gerichtete Notifikation ausgedehnt werden; die Ausdehnung wird am neunzigsten Tage, nachdem die Notifikation dem Generalsekretär der Vereinten Nationen zugegangen ist oder, sofern dieses Übereinkommen für den in Betracht kommenden Staat später in Kraft tritt, erst in diesem Zeitpunkt wirksam.

(3) Hinsichtlich der Gebiete, auf welche dieses Übereinkommen bei der Unterzeichnung, bei der Ratifizierung oder beim Beitritt nicht ausgedehnt worden ist, wird jeder in Betracht kommende Staat die Möglichkeit erwägen, die erforderlichen Maßnahmen zu treffen, um das Übereinkommen auf sie auszudehnen, und zwar mit Zustimmung der Regierungen dieser Gebiete, falls eine solche aus verfassungsrechtlichen Gründen notwendig sein sollte.

Artikel XI. Für einen Bundesstaat oder einen Staat, der kein Einheitsstaat ist, gelten die folgenden Bestimmungen:
a) hinsichtlich der Artikel dieses Übereinkommens, die sich auf Gegenstände der Gesetzgebungsbefugnis des Bundes beziehen, sind die Verpflichtungen der Bundesregierung die gleichen wie diejenigen der Vertragsstaaten, die keine Bundesstaaten sind;
b) hinsichtlich solcher Artikel dieses Übereinkommens, die sich auf Gegenstände der Gesetzgebungsbefugnis der Gliedstaaten oder Provinzen beziehen, die nach der verfassungsrechtlichen Ordnung des Bundes nicht gehalten sind, Maßnahmen im Wege der Gesetzgebung zu treffen, ist die Bundesregierung verpflichtet, die in Betracht kommenden Artikel den zuständigen Behörden der Gliedstaaten oder Provinzen so bald wie möglich befürwortend zur Kenntnis zu bringen;
c) ein Bundesstaat, der Vertragspartei dieses Übereinkommens ist, übermittelt auf das ihm von dem Generalsekretär der Vereinten Nationen zugeleitete Ersuchen eines anderen Vertragsstaates eine Darstellung des geltenden Rechts und der Übung innerhalb des Bundes und seiner Gliedstaaten oder Provinzen hinsichtlich einzelner Bestimmungen dieses Übereinkommens, aus der insbesondere hervor geht, inwieweit diese Bestimmungen durch Maßnahmen im Wege der Gesetzgebung oder andere Maßnahmen wirksam geworden sind.

Artikel XII. (1) Dieses Übereinkommen tritt am neunzigsten Tage nach der Hinterlegung der dritten Ratifikations- oder Beitrittsurkunde in Kraft.

(2) Für jeden Staat, der dieses Übereinkommen nach Hinterlegung der dritten Ratifikations- oder Beitrittsurkunde ratifiziert oder ihm beitritt, tritt es am neunzigsten Tage nach der Hinterlegung seiner Ratifikations- oder Beitrittsurkunde in Kraft.

Artikel XIII. (1) [1]Jeder Vertragsstaat kann dieses Übereinkommen durch eine an den Generalsekretär der Vereinten Nationen gerichtete schriftliche Notifikation kündigen. [2]Die Kündigung wird ein Jahr, nachdem die Notifikation dem Generalsekretär zugegangen ist, wirksam.

(2) Jeder Staat, der gemäß Artikel X eine Erklärung abgegeben oder eine Notifikation vorgenommen hat, kann später jederzeit dem Generalsekretär der Vereinten Nationen notifizieren, daß die Ausdehnung des Übereinkommens auf das in Betracht kommende Gebiet ein Jahr, nachdem die Notifikation dem Generalsekretär zugegangen ist, ihre Wirkung verlieren soll.

(3) Dieses Übereinkommen bleibt auf Schiedssprüche anwendbar, hinsichtlich derer ein Verfahren zum Zwecke der Anerkennung oder Vollstreckung eingeleitet worden ist, bevor die Kündigung wirksam wird.

Artikel XIV. Ein Vertragsstaat darf sich gegenüber einem anderen Vertragsstaat nur insoweit auf dieses Übereinkommen berufen, als er selbst verpflichtet ist, es anzuwenden.

Artikel XV. Der Generalsekretär der Vereinten Nationen notifiziert allen in Artikel VIII bezeichneten Staaten:
a) die Unterzeichnung und Ratifikation gemäß Artikel VIII;
b) die Beitrittserklärung gemäß Artikel IX;
c) die Erklärungen und Notifikationen gemäß den Artikeln I, X und XI;
d) den Tag, an dem dieses Übereinkommen gemäß Artikel XII in Kraft tritt;
e) die Kündigungen und Notifikationen gemäß Artikel XIII.

Artikel XVI. (1) Dieses Übereinkommen, dessen chinesischer, englischer, französischer, russischer und spanischer Wortlaut in gleicher Weise maßgebend ist, wird in dem Archiv der Vereinten Nationen hinterlegt.

(2) Der Generalsekretär der Vereinten Nationen übermittelt den in Artikel VIII bezeichneten Staaten eine beglaubigte Abschrift dieses Übereinkommens.

Sachregister

Abladegeschäfte 95, 152
Abnahme
– beim Kaufvertrag 92, 120, 150
– beim Werkvertrag 150, 173, 192
Abrechnungssystem 193
Abstraktheitsklausel 237
Abwehrklausel 54
Act of God 35, 170, 216
ADB 252
ADS 250 ff
Akkreditiv 153 f, 235, 241
  (s. auch Dokumentenakkreditiv)
Allgemeine Geschäftsbedingungen (AGB) 50 ff
Amicable Dispute Resolution (ADR) 287, 290, 298
Angebot (s. Vertragsangebot)
Anlagenvertrag 190 ff, 230 f
Anpassungsklauseln (s. Vertragsanpassung)
Anwendbares Recht 67 f, 210 ff, 304 f, 331
Anzahlungsgarantie 138
appraisal 292 f, 295
Arbitration (s. Schiedsgerichtsbarkeit)
arbitrato irrituale 290, 293
Ausfuhrrisiken 247
Auslandsinvestitionen (s. Investitionen im Ausland)
Ausschreibung 78 ff
Außenwirtschaftsgesetz (AWG) 30 f

back-to-back 194
Bankgarantie 129, 137 ff
– Vorauszahlungs- 138
– auf erstes Anfordern 141
– Bieter- 138
– direkte 139
– Erfüllungs- 138 f
– Exporteur- 237
– indirekte 140 f
– missbräuchlicher Abruf 142 ff
– Rück- 140 f
Barter 232
battle of forms 44, 45, 51 ff, 73
Bestellerkredit 231, 237, 240, 243
Betriebsstätten-Problematik 261
Bietergarantie 138
bill of lading 100, 207 ff
  (s. auch Konnossement)

Bindefrist 231
BOT-Projekte 191 f, 198
BRICS-Staaten 21
Business Partner Questionnaire 378 f
Buyback 232, 233

Calvo-Doktrin 302
CAR-Versicherung 254
Carve out-Klauseln 177
Certificates 193, 198, 215, 219, 220 f, 286, 292, 297
change request 61, 199 f
Checkliste
– Incoterms 2010 342
– Internationaler Handelsverkehr 333 ff
– Logistic Contract 354
CIF-Klausel (s. Incoterms – CIF)
CISG (s. UN-Kaufrecht)
clean payment 160
comfort letter (s. Patronatserklärung)
Compliance 30, 178 ff, 198, 335
Comprehensive Contract 190
Consulting-Vertrag 266
Conciliation (s. Schlichtungsverfahren)
contract administration 149, 294
Contractor's All Risks (s. Versicherung)
Counterpurchase 232, 233
Credit Default Swap 136 f
culpa in contrahendo 43, 45, 47 ff, 74

DAT -Klausel (s. Incoterms – DAT)
Deadlock-Situation 204 f, 372 f
demand guarantee (s. Bankgarantie auf erstes Anfordern)
Devisenoptionen 124
Devisentermingeschäfte 124
Dispute Adjudication Board (DAB) 189, 221, 286, 353
Dokumentenakkreditiv 128, 153 ff, 160 f, 251, 317
– Einheitliche Richtlinien und Gebräuche (ERA) 155 ff
Dokumenteninkasso 157 ff
Draft Common Frame of Reference (DCFR) 45, 55, 228
DTV-Kriegsklauseln 252
Dual-Use-Produkte 281

Dual-Use-VO 25
Durchkonnossement 207

E-Commerce 74ff
Eigenmarkengeschäft 261ff
Eigentumsvorbehalt 130ff, 147
Einheitliches Kaufrecht (s. UN-Kaufrecht)
Einheitliche Richtlinien für Inkassi (ERI) 158
Electronic Commerce (s. E-Commerce)
Elektronischer Geschäftsverkehr
   (s. E-Commerce)
Embargo 30, 33ff, 288
Engineer 187f, 191, 215ff, 231, 286, 297, 345ff
Engste Verbindung (s. Vertragsstatut)
Erfüllungsgarantie 138f
Erfüllungsort 59, 99
Eskalationsmechanik 204f, 284, 298
European Development Fund 31, 32, 33, 240
EWIV 27
Expertenverfahren 278, 284, 285f
Exporteurgarantie 237
Exportfactoring 241
Exportfinanzierung 239ff
Exportkontrolle 25, 280f
Exportkreditversicherung 31, 128, 240, 244f
   (s. auch HERMES-Deckung)

Fabrikationsrisiko 247
fact-finding-procedures 164, 278, 298
FIDIC Conditions 83, 185ff, 198, 214ff, 345ff
Finanzkredit, gebundener 243
FOB-Klausel (s. Incoterms – FOB)
force majeure 35ff, 171
– official evidence 36, 41
Force majeure-Klausel 35ff, 170, 173ff, 178f
foreseeability 170, 171
Forfaitierung 241
Franchising 260
Free Carrier (FCA)-Klausel (s. Incoterms – FCA)
Freihändige Vergabe 81ff
Funktionstests (s. Tests)

Gas-Pipeline Embargo 34
Gebundener Finanzkredit (s. Finanzkredit)
Gefahrtragung 93, 151, 152, 171ff
Gefahrübergang 98, 100ff, 163, 171ff, 324
Geschäftsgrundlage
– Wegfall, Störungen 174f, 176, 178, 180

Gewährleistung 54, 128, 161ff (s. auch Sachmängelhaftung)
Gewährleistungsgarantie 139
Global Frame Contract (s. Rahmenvertrag)
Großbauverträge 185ff, 253f
gross misconduct 115

Handelsbrauch 9, 97, 109f, 112, 163
Handelsmakler 258
Handelsvertreter 258f
Hardship-Klauseln 39f, 170, 173, 179f
Heads of Agreement 88f
Heads of Terms (HoT) 88f
Helms-Burton-Act 34
HERMES-Deckung 31f, 239, 245ff, 252
– Deckungszusage 246
– Risikodeckungsarten 247f
– Rückflüsse 248
– Selbstbehalt 248
– Zwei-Stufen-Theorie 246
Höhere Gewalt (s. force majeure)
homeless contract 16f, 227f

IAS 135, 139
ICSID 277f, 302, 318
IFRS 135, 139
Incoterms 4, 96ff, 116, 118ff, 151f, 324
– „Blaue Klauseln" 98
– CIF 100f, 151f, 251
– DAT 96, 98
– FCA 102f
– FOB 96, 101f, 105ff, 118ff, 251
– Geltung 105ff
– Multimodaler Transport 97f
Industrieanlagen-Vertrag (s. Anlagenvertrag)
Institute Cargo Clauses 38, 100, 355ff
Institute War Clauses 362
International Monetary Fund (IMF) 25, 26, 123
Internationale Organisationen 23ff, 26ff
Internationales Privatrecht (s. Kollisionsrecht)
Investitionen im Ausland 21, 22, 24, 222, 264, 276ff
Investitionsförderung 276ff
Investitionsschutz 24, 270, 276ff
invitatio ad offerendum 68f

Joint Venture
– Contractual 268, 276

– Cooperative 268, 276
– Equity 268 ff, 276, 369 ff
Joint Venture-Vertrag 92, 269, 270, 369 ff

Kaskadenaufbau der Vertragsbeziehung
 (s. Vertragskaskade)
„Kasse gegen Dokumente" 104, 105, 106 f, 159
Know-how- Vertrag 91, 266
Kollisionsrecht 16, 43, 46 ff, 73 f, 103, 181, 183, 211 ff, 259, 299, 305, 312
Kommissionär 259
Kompensateur 233
Kompensationsgeschäfte 231 ff
Komplexer Langzeitvertrag 183 ff
 (s. auch Langzeitvertrag)
Konnossement 100, 106, 119
 (s. auch bill of lading)
Konsortium 267
Kontraktlogistik (s. Logistik)
Konzession 265
Kurier-Service 65 f

Langzeitvertrag 149, 160, 170 f, 294
 (s. auch komplexer Langzeitvertrag)
Legitimationspapier 251, 253
Leistungstests (s. Tests)
Letter of Credit (s. Akkreditiv)
Letter of Intent (LoI) 44, 82, 83 f, 85 ff, 336 f
lex mercatoria
– alte 10, 15
– neue 9, 10 ff, 175, 227
Lieferantenkredit 242, 243
Liquide Beweismittel 144 f
Lloyd's 251
Logistikverträge 199 ff, 234
– Kaskadenaufbau 202 f
– Kontraktlogistik 200, 201 ff
– Systemdienstleister 200
– Transport großer Anlagen 199 f
long-arm-statute 34
Loyalitätsklausel 40 f, 174, 179 f, 210

mailbox rule 64, 66, 72, 73
Material Adverse Change (MAC)-Klausel 41, 176 ff, 179 f, 202, 370
Material Adverse Effect (MAE)-Klausel 177, 180
Mediation 287, 290
Mehrparteienschiedsverfahren
 (s. Schiedsverfahren)

Memorandum of Understanding (MOU) 87 f, 233, 338 f
Multimodaler Transport 97 f, 205 ff, 210, 252
 – multimodaler Beförderer (MTO) 205
 – Multimodales Transportdokument 207
Muttergesellschaft 131 ff

Nacherfüllung 169
negotiated contract (s. freihändige Vergabe)
Neuverhandlung 173, 175, 224, 289, 298
New Law Merchant (s. neue lex mercatoria)

OECD 1, 26
Orderpapier 251, 253
ordre public
– nationaler 276, 312, 408
– internationaler 17

Parallelgeschäft (s. Counterpurchase)
parol evidence rule 64
Parteiautonomie 212, 304 (s. auch Rechtswahl)
passing of risk (s. Gefahrübergang)
Patronatserklärung 131 ff, 148
– Bilanzierung 135 f, 148
– harte – 133 ff, 341
– weiche – 133 ff, 340
performance guarantee (s. Erfüllungsgarantie)
Pre-Arbitral Referee 287 (s. auch Expertenverfahren)
Principles of European Contract Law (PECL) 18, 45, 49, 54 f, 228
Projektgemeinschaft 266 f
public policy (s. ordre public)
Public Private Partnership (PPP) 23, 24, 272 ff
– Special Purpose Vehicle (SPV) 274
– Vertragsgestaltung 274 f

Qualitätsarbitrage 164 ff, 252, 289
Qualitätskontrollen 93, 161 ff, 166 f, 167
Qualitätsmängel 163 ff
Qualitätszeugnis 158, 162, 163
Quantitätskontrolle 152 f
Quasi-schiedsrichterliche Funktion 175, 187 f, 220

Rahmenvertrag 64, 74, 202, 203, 233
Rechtsmängelhaftung 93, 169
Rechtsnormen 5, 7 f, 17, 27, 212, 304, 316 f

Rechtsordnungsloser Vertrag
    (s. homeless contract)
Rechtswahl 211, 212f, 217, 228
– Internationalisierung 225ff, 305
– Letter of Intent 44, 337
– Memorandum of Understanding 339
– Schiedsklausel 307
– Stabilisierung 222ff
Repräsentanz 257
Research & Development 47, 49, 184, 266
res in transitu 214
retention of title (s. Eigentumsvorbehalt)
Richtlinien der EU 8, 27
Rolling-Forecast-Klausel 201
Rom I-Verordnung 43, 46f, 67, 212, 228
Rom II-Verordnung 48f, 213, 228
Rückgarantie 140f
ruling language (s. Vertragssprache)

Sachmängelhaftung 93, 116ff, 169
    (s. auch Gewährleistung)
Schiedsauftrag 308, 395f
Schiedsgerichtsbarkeit 299ff
– Ad hoc-Schiedsgericht 303
– Institutionelles – 302
– staatliches – 303
Schiedsgutachter 164, 290f
Schiedsklauseln 305f
Schiedsspruch
– amiable compositeur 304
– Begründung 305, 400
– ex aequo et bono 17, 226, 304, 312
– gerichtliche Kontrolle 311f, 313, 407f
Schiedsverfahren
– Kosten 308, 310f, 312, 402f
– Mehrparteien- 303f
– Parteiautonomie 299, 304
– Verfahrensgestaltung 304
Schlichtungsverfahren 287, 289f
Schlüsselfertige Errichtung
    (s. Turnkey Contract)
Schriftformklausel 65
Seeversicherung 250ff
Service Level Agreements 203
Sicherheiten 127ff
Societas Europaea (SE) 27
Special Purpose Vehicle (SPV)
    (s. Public Private Partnership)
Sprachenrisiko 62f

Stabilisierung der Rechtswahl (s. Rechtswahl)
Standby Letter of Credit (s. Bankgarantie)
State Contracts 277
Sub-contractor 194ff, 230f
– nominated 197f
Subunternehmer (s. Sub-contractor)
Supranationales Recht 1, 26f
Systemdienstleister (s. Logistik)

Taking Over (s. Abnahme)
Telemediengesetz 75
Tender (s. Ausschreibung)
Term Sheet 88f
Tests (beim Anlagenvertrag) 150, 192f, 324
– on Completion 192
– after Completion 192
Tochtergesellschaft 132ff, 261, 265f
Trade Terms 96, 108, 109
Traditionspapiere 100, 103f, 119, 151
Transnationales Recht (s. lex mercatoria)
Transportversicherung 95, 98, 100, 119, 120,
    151, 249ff, 253, 355ff, 362ff
Transportversicherungspolice 251, 253
Turnkey Contract 191

UNCITRAL 8, 26, 33, 306, 318
UNCTAD 26
UNECE 8, 26
UNECE Conditions of Contract 104, 112f, 317,
    319ff, 322ff
UNIDO 26
UNIDROIT 27
UNIDROIT Principles of International Commer-
    cial Contracts (UPICC) 18, 49, 54, 228
Uniform Customs and Practice for Documentary
    Credits (s. Dokumentenakkreditiv)
UN-Kaufrecht (CISG) 4, 5f, 44, 46, 52f, 118ff,
    172, 181, 210f
– Ausschluss 6
– Vertragsschluss 66ff
Ursprungszeugnis 158, 162

Valuation 292
Variations (gemäß FIDIC Conditions) 189f,
    347ff
Vergabeverfahren
– Ausschreibung 78ff
– Freihändige Vergabe 81ff
Verhandlungssprache 55ff

Verjährung 180 ff
Vernetzung von Verträgen 94 f, 118 f, 193, 229 ff, 234 ff
Verordnungen der EU 8, 9, 15, 27, 48 f, 50, 212, 228
Verschulden bei Vertragsverhandlungen (s. culpa in contrahendo)
Versicherungen
– Ausstellungs- 253
– Binnen-Transport- 252, 253
– Contractor's All Risks (CAR)- 254
– Exportkredit- 31, 128, 240, 244 f
– Kriegsklauseln 252
– See- 250 ff
– Transport- 249 ff
– Valoren- 253
Vertragsangebot 68 ff
– Bindung 71 ff, 74
– Gegenangebot 69
– Widerruf 71 f, 74
Vertragsanpassung 173 ff, 286, 289, 298
Vertragsbeendigung, außerordentliche 36, 41, 176 ff, 180
Vertragshändler 259
Vertragskaskade 202 f, 210
Vertragsschluss 64 ff, 66 ff, 80, 84 f, 173 ff
Vertragssprache(n) 55 ff
– ruling language 60 f
Vertragsstatut 5, 211 ff, 217
– engste Verbindung 16, 49, 57, 213
– Internationalisierung 225 ff, 305
– putatives 43, 46, 48, 49
– Stabilisierung 222 ff
Vorangebot (preliminary offer) 82

Vorauszahlungsgarantie 138
Vorfeldvertrag 85
Vorhersehbarkeit von Schäden 170, 171
Vorvertragliche Phase 43 ff

Währungsklauseln 120 ff
– einfache 121
– kombinierte 122
Währungsoptionsklauseln 122 f
Währungsswaps 124
Waren-Verein der Hamburger Börse 152, 162
Waren-Vereins-Bedingungen (WVB) 95, 152, 162
Wechsel 129, 193, 241
Wechselgesetz 7, 211
Wechselkursgarantie 124
Wegfall der Geschäftsgrundlage (s. Geschäftsgrundlage)
Weltbank 26, 31, 78, 240, 242
Wertsicherungsklauseln 123
Wiener Einheitliches Kaufrecht (s. UN-Kaufrecht)
WIPO 26
WTO 23, 26, 29

Zahlungsklauseln 125 f
Zustandekommen des Vertrags (s. Vertragsschluss)
Zugangsprinzip 73
Zweigniederlassung 260
Zwei-Stufen-Theorie 246
Zwischenentscheidungen 185, 189 f, 286, 289, 294
– des Engineer 286, 297, 298